SUPPLEMENT
AU
MANUEL
LEXIQUE.

SUPPLÉMENT
A LA PREMIERE ÉDITION
DU
MANUEL LEXIQUE,
OU
DICTIONNAIRE
PORTATIF
DES MOTS FRANÇOIS

DONT LA SIGNIFICATION N'EST PAS FAMILIERE
A TOUT LE MONDE.

Ouvrage fort utile à ceux qui ne sont pas versés dans les Langues anciennes & modernes, & dans toutes les connoissances qui s'acquerent par l'étude & le travail,

Pour donner aux Mots leur sens juste & exact, dans la lecture; dans le langage & dans le style.

On y a joint les Noms & les Propriétés de la plûpart des Animaux & des Plantes.

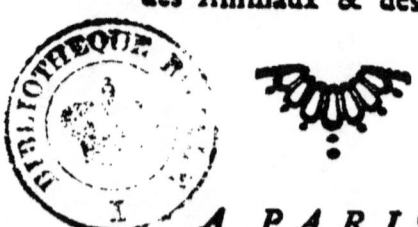

A PARIS,

Chez DIDOT, Libraire & Imprimeur, Quai des Augustins, à la Bible d'or.

──────────

M. DCC. LV.

Avec Approbation & Privilege du Roi.

SUPPLEMENT
AU
MANUEL LEXIQUE
OU
DICTIONNAIRE,
PORTATIF
DES MOTS FRANÇOIS DONT LA SIGNIFICATION
n'est pas familiere à tout le monde.

A

A Seul, dans le Commerce, après avoir parlé d'une lettre de change, signifie *accepté*. A. S. P., *accepté sous protest*. A. S. P. C., *accepté sous protest pour mettre à compte*. A. P., *à protester*. Le double AA est la marque & le caractere de la Monnoye de la Ville de Metz.

AAM, *ou* **HAAM**, f. m. Nom d'une mesure des liquides, en usage à Amsterdam, & qui contient 128 mingles.

AAVORA, f. m. Fruit des Indes Occidentales & d'Afrique, qui est de la grosseur d'un œuf de poule, & qui croît avec plusieurs autres, en forme de bouquets, dans une grande gousse, sur une espece de Palmier fort haut & fort épineux. La chair renferme un noyau fort dur, osseux, de la grosseur d'un noyau de pêche, avec trois trous, aux côtés, & deux plus petits l'un proche de l'autre. Il contient une belle amande, blanche, astringente, & qu'on mange utilement pour arrêter le cours-de-ventre.

ABAB, f. m. Nom que les Rela-

tions du Levant donnent à une forte de Milice Turque, qui se leve dans les villages de quelques Provinces de l'Empire Ottoman, pour suppléer aux Esclaves qui manquent sur mer. On prend un Abab sur vingt Maisons, & les autres dix-neuf fournissent sa paye pour le voyage.

ABACA, f. f. Espece de lin, ou de chanvre, qui croît & que l'on recueille dans quelques-unes des Isles Philippines. Cette Plante est une forte de platane des Indes. On distingue la blanche & la grise.

ABAISSEMENT, f. m. En termes d'Astronomie, on nomme l'*Abaissement* d'une étoile sous l'horizon, l'arc du cercle vertical, qui se trouve compris entre cette étoile & l'horizon.

ABAS, f. m. Nom d'un poids, qui sert, en Perse, pour peser les perles, & qui est moins fort d'un huitième que le carat d'Europe. Les Espagnols le nomment *Quitatre*. Ce poids est divisé en quatre grains, dont chacun se divise en demi quitale, en huitiéme de quitale, en seiziéme; & c'est avec ces divisions qu'on donne leur juste valeur aux perles & aux pierres précieuses.

ABASOURDIR, verbe actif, d'origine obscure, qui signifie étourdir, jusqu'à causer une sorte d'abbattement & de consternation. Il se soutient, malgré sa vieillesse.

ABAT-CHAUVE'E, s. f. Nom qu'on donne en Poitou, & dans quelques autres Provinces de France, à une laine grossiere ou de moindre qualité.

ABATELLEMENT, s. m. Les François, dans les Echelles du Levant, donnent ce nom à une Sentence du Consul, par laquelle le Commerce est interdit aux Négocians de la Nation qui desavouent leurs marchés, ou qui refusent de payer ce qu'ils doivent.

ABAVE, s. m. Nom d'un grand arbre d'Ethiopie, qui porte un fruit semblable à la citrouille.

ABDAL, ou ABDALLAS, s. m. Nom général que les Persans donnent aux Religieux, comme les Turcs leur donnent celui de *Dervis*, ou *Derviches*, & les Chrétiens celui de *Moines*. Il signifie *consacré à Dieu*. Les *Cadrisles*, les *Calenders*, & les *Bretachistes*, sont différentes sortes d'ABDALS.

ABDELAVI, s. m. Plante d'Egypte, qui porte un fruit oblong, assez semblable au melon, mais plus aigu aux deux extrémités.

ABDEST, s. m. Nom que les Mahometans, Turcs & Persans, donnent à leurs Ablutions légales. Les Turcs se purifient en versant de l'eau sur leur tête, & se lavant les mains, les bras, le front, le visage & les pieds; les Persans se bornent à passer deux fois leur main mouillée sur leur tête & leurs pieds. AB, en Persan, signifie *Eau*, & EST, *la Main*. ABDAR est le nom de l'Officier qui sert de l'eau au *Sophi* de Perse, & qui en garde, pour cet usage, dans une cruche cachetée.

ABE'E, s. f. Ouverture, par où coule l'eau qui fait moudre un moulin, & qui peut se fermer avec une palle. L'origine de ce mot est incertaine; quelques-uns le font venir de *Beant*.

ABELICE'O, s. m. Nom d'un grand arbre de l'Isle de Créte. C'est une espéce de *Sandal*, qui se nomme aussi *Faux-sandal*, ou *Sandalbâtard*.

ABELMELUCH, s. m. Arbre qui croît dans le païs de la Mecque, & qui est une espéce de *Ricin*, ou de *Palme-Christ*. Sa semence est un purgatif violent.

ABEL-MOSC, s. m. Espéce de musc, qui est la semence d'une plante d'Egypte & des Isles Antilles, dont la feuille, assez semblable à celle de la guimauve, lui a fait donner le nom de *Guimauve veloutée des Indes*. Cette graine que les François nomment AMBRETTE, & qui a la forme d'un petit oignon, sans être plus grosse qu'une tête d'épingle, entre dans la composition de quelques parfums, sur-tout en Italie; en France, on en fait des Chapelets. Les Arabes en mêlent dans leur caffé.

ABENEVIS, s. m., dont on a fait le verbe *Abeneviser*. Dans le Lyonnois, & les Provinces voisines, on nomme *Abenevis* la Concession d'un Seigneur Haut-Justicier, qui permet de prendre les eaux des ruisseaux ou des chemins, pour arroser les fonds voisins, ou pour faire tourner des moulins. Il paroît que c'est une corruption de *Bénéfice*.

ABETIR, v. a. & n. Il signifie également rendre quelqu'un bête, c'est-à-dire, stupide, & le devenir; mais il n'est en usage que dans le style familier.

ABHAL, s. m. Fruit d'une espéce de Cyprès oriental, & de la grosseur de celui de notre Cyprès, qui passe pour un excellent Emmenagogue, & qu'on employe aussi pour faire sortir du sein des femmes, les fœtus morts.

AB HOC, & AB HAC. Expression latine, adoptée pour signifier, *à tort & à travers, sans ordre, sans raison*.

ABHORRER, v. a. latin, qui signifie, haïr beaucoup, avoir beaucoup d'aversion.

ABIGEAT, s. m. lat. Ancien ter

mes de Jurisprudence, qui signifioit le larcin d'un troupeau de bétail.

ABLAQUE. Nom adjectif, que les François donnent à la soie Ardassine, qu'on tire de Perse par la voie de Smyrne. Soies Ablaques. On ne trouve nulle part l'origine de ce nom. *Voyez* ARDASSINE.

ABLATIF ABSOLU, se dit, à l'exemple des Latins, d'une locution détachée & indépendante qui n'est régie de rien, telle que *tout bien considéré, vu l'état des choses*, &c.

ABLUER, v. a. lat. Terme d'Ecriture. On dit abluer un parchemin, abluer des caracteres écrits, lorsqu'en passant legerement, sur le parchemin ou sur le papier, de la noix-de-galle broyée dans du vin blanc & distillée au feu, on fait revivre l'écriture à demi effacée.

ABNOUS, s. m. Nom d'un poisson vorace, dont l'écaille est d'un beau jaune doré, & qui fait la guerre à l'Aquador.

ABONDER, v. n. latin. Abonder en son sens, est une expression tirée de St Paul, qui s'en est servi en bonne part; au lieu que dans notre langue, elle signifie, être trop rempli de soi-même, ou faire trop de fond sur ses propres lumieres.

ABONDER, v. n. lat. Avoir en quantité, en abondance. *Abonder*, en son sens, c'est être trop attaché à son propre sentiment.

ABORTIF, adj., tiré du latin, qui se dit, non-seulement de ce qui naît avec quelque violence, soit avant le temps, soit contre l'ordre de la nature, ou qui manque par conséquent, ou de vie, ou de force, en naissant; mais encore de ce qui a la vertu de causer l'avortement. Un enfant est abortif lorsqu'il naît avant le septiéme mois.

ABOUCHER, v. a., formé de bouche. *Aboucher* deux personnes, c'est les mettre en état de se parler en particulier. On dit aussi s'aboucher avec quelqu'un. *Abouchement* est le substantif. En langage d'art, on dit de deux tuyaux qui se rencontrent, pour l'écoulement ou la communication de quelque liqueur, qu'ils sont abouchés l'un à l'autre.

ABOUCHOUCHOU, s. m. Nom d'une sorte de drap de laine, qui se fabrique particuliérement dans les trois Provinces de Languedoc, de Provence & de Dauphiné, & de l'espéce de ceux qui se transportent au Levant par la voie de Marseille.

ABOUNA, s. m. Titre, ou nom, que les Relations donnent à l'Evêque Jacobite d'Ethiopie.

ABRA, s. m. Monnoie d'argent Polonoise, de la valeur d'environ treize sols & demi de France. Elle a cours dans tous les Etats du Grand-Seigneur, sur le pied d'un quart d'Asselani, ou Aslani, qui n'est que le Daller ou Piastre de Hollande.

ABRICOT, s. m. Outre le fruit commun de ce nom, il s'en trouve un autre, en Amerique, que les Espagnols nomment Mammet, & les François *Abricot*, quoique ce nom ne lui convienne que par la couleur de sa chair. L'arbre qui le porte, & qui se nomme Abricotier, est d'une grandeur & d'une beauté singuliere. On en distingue deux sortes; l'un mâle, & qui fleurit sans rapporter, & l'autre femelle, qui rapporte deux fois l'année, comme la plûpart des arbres de l'Amerique. Le fruit est presque rond, de differentes grosseurs, depuis trois pouces jusqu'à sept de diametre. Il a deux ou trois noïaux fort durs. On le mange par tranches avec du vin & du sucre, & l'on en fait aussi des pâtes & des marmelades. Celui qui n'a qu'un noïau, produit sûrement un arbre femelle.

ABRITE', adj., dont l'usage est borné aux jardins. Des fruits bien abrités, c'est-à-dire, à l'abri du vent & du froid.

ABRIVENT, s. m. Terme de guerre, formé de vent & d'abri. On donne ce nom à des paillasses qu'on employe quelquefois pour mettre les soldats à l'abri du mauvais temps dans le chemin couvert.

ABROHANI, s. m. Nom d'une espece de mousseline blanche des Indes Orientales, qu'on appelle aussi Mallemolle, & dont la piece a seize aunes de long sur sept ou huit de large.

ABROTANOIDE, s. f. gr. Plante maritime & pierreuse, qui croît sur les rochers, & qui tire son nom de sa ressemblance avec l'Aurone femelle.

ABROTONNE, ou AURONE, s. f. Plante fibreuse & odoriférante, qui craint le froid, & qui aime une terre maigre & seche. On distingue l'Abrotonne mâle & l'Abrotonne femelle.

ABROUTI, adj., formé de brouter, qui se prend en termes d'eaux & forêts, à peu près dans le même sens qu'abougri ou rabougri, pour des arbres mal-faits, dont on suppose que les bourgeons ont été broutés par les bestiaux.

ABRUTIR, v. a. lat. Rendre stupide, comme l'est une bête brute. *Abrutissement* est le substantif, & signifie stupidité causée par quelque accident, tel que certains excès, qui appesantissent le corps ou qui épuisent les forces.

ABSCEDER, ABSCEDE', latin. Termes de Chirurgie, formés d'abscès, pour signifier ce qui tourne ou ce qui est déja tourné en abscès & en pourriture.

ABSIDE, Terme de Géométrie, qui est le nom d'une ligne tirée dans une ellipse.

ABSIDES, s. m. Terme d'Astronomie qui signifie ensemble l'apogée & le perigée d'une planete, c'est-à-dire son lieu le plus éloigné & le plus proche de la terre.

ABSORBE', se dit d'un homme profondément appliqué à quelque chose. *Absorption* est l'action d'absorber, d'engloutir.

ABSOUTE, s. f. Terme Ecclésiastique, qui se dit d'une cérémonie du Jeudi-Saint, où l'Evêque donne l'Absolution au peuple.

ABSTEME, s. m. purement latin, qui signifie celui qui s'abstient, mais qu'on applique particulierement à ceux qui s'abstiennent de vin & d'autres liqueurs fortes.

ABSTEME, s. m. lat. Terme d'Histoire Ecclésiastique, qui se disoit de ceux qui en communiant ne pouvoient boire de Vin, & que l'Eglise dispensoit de la participation au Calice en leur distribuant l'Eucharistie sous la seule espece du Pain.

ABSTENIR. En termes d'Acte & de Greffe, on dit, d'un héritier naturel, qu'il *s'abstient*, pour dire qu'il ne prend point la qualité d'héritier.

ABUCEO, s. m. Poids du Royaume de Pegu, & qui contient douze Teccalis & demi. Deux Abuceos font le Gire. Deux Gires font une demi Brize, & la Brize pese cent Teccalis, c'est-à-dire, deux livres cinq onces, poids fort, ou trois livres neuf onces, poids leger de Venise.

ABUTILLON, s. m. Nom d'une plante, dont on croit la graine fort bonne contre la gravelle.

ACADEMISTE, s. m. Eleve d'une Académie où l'on apprend à monter à cheval, à danser, & d'autres exercices du corps. On appelle *Académiciens* ceux qui composent les Académies instituées pour le progrès des Sciences & des Arts.

ACANTHABOLE, s. m., grec. Nom d'un instrument de Chirurgie, qui ressemble à des pincettes, & dont on se sert pour enlever les esquilles d'os cassés, les épines, & tout ce qui se trouve d'étranger dans une plaie. On nomme aussi Acanthabole les petites pincettes qu'on employe pour arracher le poil.

ACARE, s. m., grec. Nom d'un très-petit animal, qui a huit pieds, & qui est engendré de l'œuf d'une mouche commune, en laquelle il se change, conservant toujours tant de petitesse qu'on peut à peine l'appercevoir.

ACARER, v. a. Ancien terme de Palais, tiré de l'Espagnol, qui signifie confronter. On *Acare* les témoins à un criminel. *Acariation* étoit le substantif.

ACARIATRE, adj. Ce mot, qui signifie fantasque, revêche, bizarre, s'est formé, suivant quelques-uns, du nom de St Acaire, auquel on fait des Neuvaines pour être guéri de cette fâcheuse humeur. D'autres le font venir d'un mot grec, qui signifie désagréable.

ACARNAN, ou ACARNE, s. m.

Poisson de mer, à peu près de la figure & de la grandeur du Rouget, mais blanc & couvert d'écailles. On lui attribue la vertu de purifier le sang, & d'exciter l'urine.

ACATALEPTIQUE, f., grec. Nom d'une ancienne Secte de Philosophes qui doutoient absolument de tout, jusqu'à prétendre qu'il est impossible d'acquerir aucune connoissance certaine; plus outrés par conséquent que les Sceptiques & les Pyrrhoniens, qui admettoient la certitude sur certaines choses.

ACATISTE, f. f., grec. Nom d'une fameuse Fête de Constantinople, qui se célébroit les Samedis à l'honneur de la Vierge, & pendant l'Office de laquelle on se tenoit debout, suivant la signification du mot. L'Hymne qu'on chantoit se nommoit aussi Acatiste.

ACCAPARER, v. a. Mot d'origine obscure, qui signifie amasser, mettre en réserve, & qui ne s'employe qu'en mauvaise part, pour ceux qui enlevent tout ce qu'ils trouvent d'une espece particuliere de marchandises, dans le dessein de la vendre plus cher après l'avoir rendue plus rare. *Acaparement* est le substantif, & se prend dans le même sens.

ACCEDER, v. n. lat. Terme de négociation. Accéder à un traité, c'est y entrer, s'y joindre par quelque engagement.

ACCELERATEUR, f. m. latin. Terme d'Anatomie, qui se dit de quelques muscles, dont l'office est d'accélérer la sortie de l'urine. On dit, en Physique, force, vertu, *Acceleratrice*.

ACCISE, f. f. Taxe qu'on leve dans les Provinces-Unies, sur le vin, la biere, & d'autres provisions.

ACCISME, f. m. Terme proverbial, auquel on fait signifier un refus dissimulé des choses qu'on desire le plus. On le fait venir d'une ancienne femme, nommée *Aco*, qui n'exprimoit ses desirs que par des refus.

ACCOISEMENT, f. m. Vieux mot, qui signifioit calme, & qui ne s'est conservé qu'en Médecine. L'*Accoisement des humeurs*. On a dit aussi *Accoiser* & *Accoisé*, dans le même sens.

ACCON, f. m. Nom d'une espece de bâteau plat, dont on se sert pour aller sur les vases, lorsque la mer s'est retirée.

ACCOQUINER, v. a., formé de *coquin*, pour signifier, accoûtumer à quelque chose de libre, qui blesse la sévérité des loix ou de la vertu.

ACCOUCHEURS, f. m. On appelle *vers Accoucheurs* de petits vers rougeâtres, dont les huitres sont remplies dans la saison où elles sont laiteuses & mal saines, & où elles font leurs œufs. On croit que ces vers facilitent la naissance des petites huitres. Chaque œuf n'est, au microscope, qu'une petite huitre dans sa coquille.

ACCOUER, v. a. Terme de chasse, qui se dit de l'action du Veneur, lorsqu'il joint le cerf pour lui donner le coup au défaut de l'épaule, ou lui couper le jarret. Le Veneur vient d'Accouer le cerf. Le cerf est Accoué.

ACCOUTREMENT, f. m. Vieux mot, qui signifie parure, ajustement, & qui se dit encore dans le style badin ou familier.

ACCOUVER, v. n. Mot formé de couver. Il est passé en usage de dire d'une poule qu'elle s'accouve, lorsqu'elle commence à couver ses œufs.

ACCRAVANTER, v. a., formé du latin, qui signifie peser trop sur quelque chose, accabler quelqu'un par quelque poids. On disoit autrefois *Aggravanter*, qui touche plus à l'origine du mot.

ACCROCHER, v. act. Terme de mer. On accroche un vaisseau lorsqu'on y jette le grapin pour aller à l'abordage.

ACCRUES, f. f. Terme de Coûtumes, qui se dit des terrains sur lesquels les branches des arbres d'une forêt s'étendent, & qui, devenant infertiles, font insensiblement partie de la forêt.

ACCURBITAIRE, adj. lat. Nom de certains vers du corps humain. Quelques-uns nomment ver Accurbitaire, celui qu'on appelle ordinairement *Tænia*, ou le Solitaire.

ACHE'E, f. f., ou AICHE. Nom qu'on donne aux vers qu'on employe pour nourrir des oiseaux, ou pour servir d'amorce aux hameçons de pêche.

ACHIA, f. f. Canne des Indes Orientales, qui se confit verte, au vinaigre, avec du poivre & diverses épiceries.

ACHILLE'E, f. f. Plante qui est une espece de mille-feuilles, & qu'on prétend souveraine contre les pertes de sang.

ACHORES, f. f. grec. C'est le nom que les Médecins donnent aux croutes de lait, maladie des femmes & des enfans.

ACHOUROU, f. m. Nom d'une espece de laurier d'Amérique, qui s'appelle aussi bois d'Inde. Son bois est rouge & d'une extrême solidité; ses feuilles & son fruit sont aromatiques. On employe les feuilles en décoction, pour fortifier les nerfs & contre l'hydropisie.

ACHTELING, f. m. Mesure allemande de liqueurs. Trente-deux Achtelings font un Heemer, & quatre Sciltems font un Achteling. Les Hollandois ont une mesure des grains, du même nom.

ACICOCA, f. f. Nom d'une herbe du Perou, qu'on fait quelquefois passer pour la fameuse herbe du Paraguay, dont elle a la plûpart des propriétés.

ACOLITE, f. m. grec. Terme d'Eglise. L'Ordre d'Acolite est le plus haut des Ordres Mineurs, & donne droit de servir l'Evêque à l'Autel. La fonction ordinaire des Acolites est de porter les cierges, l'encensoir, &c.

ACOUSMATE, f. m. Terme nouvellement formé du grec, pour exprimer un phénomène qui fait entendre un grand bruit dans l'air, comparable, dit-on, à celui de plusieurs voix humaines & de divers instrumens. Les Mercure de 1730 & 1731, donnent la description d'un événement de cette nature, arrivé près de Clermont en Beauvoisis.

ACOUSTIQUE, f. f. & adj. gr. Nom de la Science qui traite de l'Ouie & des Sons. On donne le nom d'*Acoustique* à tout ce qui appartient à la faculté d'entendre par les oreilles. Le nerf Acoustique. Le conduit Acoustique.

ACRATOPHORE, adj. gr. Surnom du Dieu Bacchus, qui signifie celui qui donne le vin pur & sans mélange.

ACREMENT, f. m. Nom qu'on donne, au Levant, à des peaux de Bœufs & de Vaches, qui viennent de la Mer noire. Les Acremens approchent beaucoup des peaux qu'on appelle premiers Couteaux, & ne se vendent qu'environ un quart de piastre moins.

ACROATIQUE, adj. gr., qui signifie *secret*, *réservé*. On donnoit ce nom aux Leçons qu'Aristote faisoit dans le Lycée, à ses véritables Ecoliers, comme celui d'*Exoteriques* à celles qu'il faisoit indifféremment à tout le Monde.

ACROBATES, f. m. gr. Anciens Danseurs de corde, dont on distinguoit quatre sortes; les uns, qui voltigeoient autour d'une corde, suspendus par le col ou le pied; les seconds, qui voloient de haut en bas sur une corde, appuyés seulement sur l'estomac; les troisiémes, qui couroient sur une corde obliquement tendue; & les derniers, qui faisoient toutes sortes d'exercices sur une corde tendue horizontalement.

ACUTI, f. m. lat. On donne ce nom à des bouts de Forêts & de grands Bois, terminés en pointe, suivant la signification du mot.

ADAPTER, v. a. lat. Appliquer, ajuster une chose à une autre, de sorte qu'elle paroisse lui convenir. *Adaptation* est le substantif.

ADARME, f. m. Petit poids d'Espagne, d'environ la seiziéme partie de l'once Parisienne. C'est la même chose que le demi gros. On s'en sert à Buenosaires & dans toute l'Amérique Espagnole. La proportion de l'once de Madrid à celle de Paris, est celle de cent à quatre-vingt-seize, c'est-à-dire, un septiéme de moins pour cent.

ADATIS, f. m. Nom d'une Mousseline des Indes Orientales. La plus belle est celle de Bengale, qui est très fine & très claire ; chaque piece a dix aunes de longueur, sur trois quarts de large.

ADENOLOGIE, f. f. Mot grec composé, qui signifie discours sur les glandes ; c'est le nom d'une partie de l'Anatomie, qui en traite.

ADENOS, f. m. Nom d'une espece de coton, qui vient d'Alep.

ADEPHAGE, f. f. Déesse de la Gourmandise, qui avoit des Temples en Sicile. Son nom, composé du grec, exprime le plaisir qu'on prend à manger.

ADEXTRE', adj. lat. Terme de Blazon, qui se dit des Pieces qu'on met au côté droit de l'écu, par opposition à *Senestré*, qui se dit de celles qu'on met au côté gauche.

ADHATRADA, f. m. Noyer de la Côte de Malabar, dont les feuilles croissent opposées les unes aux autres. Sa fleur forme un calice oblong, d'une seule piece.

AD HONORES. Expression latine, qui s'est introduite, dans notre Langue, pour signifier, ce qui ne se fait que par bienséance, ou ce qui n'a point d'autre avantage qu'un vain titre.

ADJECTIF, f. m. lat. Terme de Grammaire, par lequel on entend un mot qui se joint à un substantif, & qui marque sa qualité. Il y a des adjectifs qui ont un régime & d'autres qui n'en ont point. Il y en a qui doivent être mis devant le substantif, d'autres qui doivent être mis après, & d'autres qui se mettent indifféremment. L'adjectif doit toujours s'accorder avec le substantif, en genre & en nombre. Un adjectif joint à deux substantifs de différens genres doit suivre le genre masculin. En général, Adjectif signifie tout ce qui ajoute, ou qui est capable d'ajouter ; mais il est réduit à désigner les mots qui expriment les qualités des personnes ou des choses, & qui n'ont qu'une signification vague, lorsqu'elle n'est pas déterminée par le nom substantif auquel on les applique. Quelquefois un adjectif devient lui-même substantif, comme le Grand, le Noble, le Pathétique, &c.

ADJOUTAGE, f. m. Terme de Fontainier, qui ne signifie qu'adjonction. On fait des adjoutages à une conduite de plomb.

ADIPEUX, adj. lat. Terme de Médecine, qui signifie gras. La membrane adipeuse.

ADIPSOS, f. m. gr. Espece de grand Palmier d'Egypte, qui a l'odeur du Coignassier, le fruit du Caprier, & la feuille du Myrthe. Son fruit a l'odeur agréable ; & quoiqu'il ne soit pas bon à manger, on lui attribue, avant sa maturité, la vertu d'appaiser la soif.

ADJUDICATAIRE, f. lat. Terme de Palais, qui se dit de celui ou de celle à qui l'on adjuge quelque bien dans les formes de Justice. On appelle Adjudicataire général des Fermes, un Particulier qui prête son nom pour le bail des Fermiers généraux avec le Roi.

ADJURATION, f. f. lat. Terme Ecclésiastique, qui se dit du commandement qu'on fait au Démon, dans les Exorcismes, de sortir du corps des Possédés. *Adjurer* se dit dans le même sens.

ADMINICULE, f. m. lat. Terme de Pratique, qui signifie soutien, & qui se dit de ce qui aide à faire preuve en Justice, sans mériter le nom de preuve formelle.

ADMINISTRERESSE, f. f. Dans le Parlement de Bordeaux, on donne ce nom, au lieu de celui d'Administratrice, à une Mere qui a l'administration du bien de ses Enfans, Mineurs, ou Pupiles.

ADMITTATUR, f. m. Terme purement latin, qui se dit d'un Billet donné à ceux qui aspirent aux Ordres, pour marquer qu'ils sont capables d'être reçus.

ADMONITEUR, f. m. lat. Celui qui avertit, qui donne un avis. Au Noviciat des Jésuites, *Admoniteur* est un titre d'office. C'est un des plus fervens Novices, qui est chargé d'avertir les autres de ce qu'ils ont à faire. Le Général, du même Ordre, a son Admoniteur, qui est une espece de Surveillant, nommé par la Congrégation générale, pour l'avertir, en secret, de ses fautes. Quelques Congrégations de Filles, ont aussi des Officieres, qui portent le nom d'*Admonitrices*.

ADMONITION, s. f. lat. Terme Ecclésiastique, qui signifie avertissement.

ADNOTATIONS, s. f. lat. Terme de Chancellerie Romaine, qui signifie des Requêtes, ou des Suppliques, répondues par la seule signature du Pape.

ADONEA, s. f. Nom d'une Divinité Payenne, qui présidoit aux Voyages, comme Alcone. Les Arabes nommoient le Soleil, Adonée, & lui offroient, sous ce nom, de l'encens & d'autres parfums. On a donné le même nom à Bacchus.

ADONIEN, s. & adj. Nom grec & latin, d'un vers composé de deux seuls pieds, un Dactile & un Spondée. Dans les Odes en Vers saphiques, c'est le quatriéme de chaque Strophe.

ADONIQUE, s. & adj. Nom d'un petit vers latin, composé d'un Dactile & d'un Spondée, & qui se met à la fin de chaque Strophe des vers Saphiques.

ADONISER, v. act. Mot, formé, comme les précédens, du nom d'Adonis : s'adoniser, c'est se parer, s'embellir, pour être aussi capable de plaire qu'Adonis, Favori de Venus.

ADOUAR. Nom qu'on donne, en Afrique, à des Villages ambulans, comme les hordes des Tartares.

ADOUX, s. m. Terme de Teinturier, qui se dit du Pastel, lorsqu'ayant été mis dans la cuve, il commence à jetter une fleur bleue.

AD PATRES. Expression latine, qui s'est introduite dans notre langue. Aller *ad Patres*, envoyer quelqu'un *ad Patres*, c'est aller ou envoyer quelqu'un dans l'autre Monde; vers *ses Peres*, qui est le sens propre du latin.

ADRAGANTH, ou TRAGACANTH. Nom d'une Gomme.

AD REM. Expression empruntée du latin, pour rappeller quelqu'un au fait, à l'état de la question, lorsqu'il s'en écarte par des raisonnemens, qui n'y ont pas de rapport.

ADRESSE, s. f. Outre ses significations communes, ce mot, en termes de Chancellerie, se dit des Edits & des Déclarations du Roi, qui sont adressées aux Cours Souveraines, & par elles aux Jurisdictions inférieures. En Angleterre, il se dit des Placets, qui se présentent au Roi, & de tout ce que les deux Chambres du Parlement lui communiquent ou lui demandent par écrit. Il est aussi devenu françois dans ce sens.

ADVERSATIVE, s. f. lat. Terme de Grammaire. On donne ce nom aux conjonctions, qui marquent qu'on va dire quelque chose d'opposé à ce qu'on a dit, ou qui annoncent du moins quelque restriction; telles que *mais*, *cependant*, *au lieu que*, &c.

ADY, s. m. Nom d'une espece de Palmier de l'Isle Saint Thomas, qui excede le Pin en hauteur, & dont les Insulaires tirent, par incision, une liqueur qui leur sert de vin.

ÆGIDE, s. f. lat. Fameux Bouclier de Pallas, sur lequel la tête de Gorgone étoit dépeinte, & dont la seule vûe changeoit les personnes en pierre.

ÆGILOPS, s. m. gr. En termes d'Oculiste, c'est le nom de la Maladie des yeux, qui se nomme autrement Fistule lacrimale.

ÆM, ou AM. Mesure des liquides, dont le nom est commun à toute l'Allemagne & la Hollande, mais qui n'est pas partout la même en grandeur. Communément, elle est de vingt sertels, ou quatre-vingt masses. Mais, à Heydelberg, elle n'est que de douze sertels; & le sertel de quatre masses; ce qui la réduit à quarante-huit masses. Dans le Wirtemberg, elle est de seize yunes, & l'yune de dix masses;

ce qui fait monter l'Am, à cent soixante masses. Elle est de quatre ankers; l'anker est de deux stekans, ou de trente-deux mingles; & le mingle, de deux pintes, mesure de Paris. Ainsi, l'Am ou l'Æm, revient à deux cens cinquante ou deux cens soixante pintes de Paris.

ÆMERE, adj. gr., qui signifie *sans jour certain*. On se sert de ce mot, dans la vie des Saints, pour exprimer ceux dont on ne sçait pas certainement le jour de la mort & le nom. Les Saints Æmeres.

ÆRER, v. act. lat. Mettre quelque chose à l'air. Aërien, qui vient de la même source, signifie ce qui tient de l'air, ce qui en a la nature & les propriétés. On nomme *Aërole* une petite vessie pleine d'eau, qui se forme sur les corps. L'*Aëromancie* est l'art de deviner par le moyen de l'air.

ÆRIENNE, s. f. & adj. lat. Nom d'une petite espece de Guepes, qui font leurs nids, comme en l'air, suivant la signification du mot, c'est-à-dire, à quelque branche d'arbre, ou à une paille de chaume, qui est encore sur pied, ou dans un buisson, &c.

ÆROGRAPHIE, s. f. gr. Mot composé, qui signifie Traité, ou description de l'air.

ÆRUGINEUX, adj. lat., qui se dit de ce qui commence à se rouiller, & de ce qui sent la rouille, ou qui en a la couleur. Il y a une bile verte, que les Médecins nomment Æruginéuse & Poracée.

ÆTHER. *Voyez* ETHER.

ÆTIOLOGIE, s. f. gr. Mot composé, qui signifie Discours sur les causes d'une chose physique ou morale.

ÆTHIOPS MINERAL. Terme de Chimie, qui est le nom d'un mêlange de quatre parties de vif argent, & de trois de fleur de soufre, broyées dans un Mortier de verre, jusqu'à réduction en poudre très fine.

AFFEAGER, v. act. ou donner à Feage. Terme de Fiefs, qui signifie, aliener une portion de terres nobles d'un Fief, pour être tenue en roture, à la charge d'une certaine redevance.

AFFECTIF, adj. Ce mot, qui étoit en usage autrefois pour affectueux, ne l'est plus que dans la vie spirituelle, pour signifier, accompagné de tendresse sensible. Il est opposé, dans ce sens, à effectif, qui signifie, accompagné d'effets & d'actions. L'amour affectif ou effectif.

AFFETERIE, s. f. Mollesse recherchée, dans l'air, dans les manieres, dans les regards, ou même dans les termes & dans le son de la voix, dont le but est de plaire, & qui est ordinairement un art des Coquettes. On croit ce mot venu de l'Italien, où il signifie de l'art & des soins affectés, mais il ne se dit guéres, en françois, que des femmes coquettes.

AFFIDE', adj. Emprunté de l'Italien, qui se dit pour *fidelle*, à qui l'on croit avoir raison de prendre confiance.

AFFLEURER, v. n., qui se dit, en termes d'art, pour toucher ou joindre de fort près. Il vient, comme *effleurer*, de *fleur*, pris dans le sens qu'il a dans l'expression *à fleur d'eau*.

AFFLICTIF, adj. lat. Terme de Justice, qui n'est guéres en usage que pour *peine afflictive*, c'est-à-dire, où le mal est joint à l'infamie.

AFFRITER, v. act., formé de frire. On dit, en terme de Cuisine, *affriter* une poële neuve, c'est-à-dire, la rendre propre à faire une bonne friture, en l'essayant par divers moyens.

AFFRONTER, v. act. Emprunté de l'Espagnol, pour signifier aller au-devant de quelque chose de redoutable, en braver le péril. Le zèle de Religion fait affronter la mort & les supplices. *Affronteur* & *Affronteuse*, ont un autre sens. C'est celui & celle qui trompent sans honte, avec beaucoup d'adresse & de malignité.

AFIOUME, s. m. Nom d'une sorte de Lin, qui nous vient du Levant par Marseille.

AFRICAINE, f. f. Espece d'œillet d'Inde, qui vient apparemment d'Afrique, & dont on distingue plusieurs especes.

AGA, f. m. Nom Turc de Dignité, qui signifie, en général, Commandant. L'Aga des Janissaires est leur Colonel. Le *Capi-Aga* est le Gouverneur des Portes du Serrail. Il y a quatre principaux Eunuques, qui portent la qualité d'Agas, & qui sont toujours près de la personne du Grand-Seigneur.

AGAPETES, f. f. gr. Nom qu'on donnoit, dans l'Eglise primitive, à des Vierges, qui vivoient en Communauté, sans aucun vœu.

AGATHY, f. m. Nom d'un grand arbre du Malabar, dont on tire, par incision, une liqueur claire, qui s'épaissit bien-tôt en gomme. Le bois en est fort tendre, surtout vers le cœur.

AGENCEMENT, f. m. Maniere dont certaines choses sont arrangées. C'est particuliérement un terme de Peinture.

AGENDA, f. m. Mot purement latin, qui signifie, choses à faire. On en a fait le nom des Tablettes, ou de tout autre Papier, où l'on écrit les choses qu'on veut faire, pour s'en rappeller le souvenir. En général, c'est un recueil des choses qu'on a dessein de faire, mis par écrit, pour ne rien oublier.

AGIAHALID, f. m. Nom d'un arbre d'Egypte & d'Ethiopie, qui porte un petit fruit, tirant sur le goût de l'anis, & dont les feuilles sont bonnes pour faire mourir les vers du corps.

AGIAMOGLANS, f. m. Nom célebre dans les Relations, qu'on donne, en Turquie, aux jeunes Esclaves qu'on enleve à la guerre ou autrement, & dont les mieux faits sont employés dans le Serrail du Grand-Seigneur.

AGIOSIMANDRE, f. m. Mot grec composé, qui signifie ce qui indique les Saints. C'est le nom d'un Instrument de bois dont les Chrétiens grecs se servent au lieu de cloches. Elles leur sont défendues par les Turcs, qui n'en ont point eux-mêmes, de peur qu'elles ne servent de signal pour la revolte.

AGITE ou **GITE**. Petit poids du Pegu. Deux agites font une demie bise, & la bise fait cent reccalis, qui pesent deux livres cinq onces, poids fort.

AGLAIS, f. f. ou **AGLAE'**. Nom de la premiere des trois Graces, & Sœur d'Euphrosine & de Thalie. Elle préside aux yeux, qu'elle rend vifs & brillans. On la représentoit autrefois avec un bouton de rose à la main.

AGLUTINATION, f. f. Formé du mot latin, qui signifie *Colle*, pour exprimer l'action de se coller. Il y a des sucs qui ne sont pas capables d'Aglutination. Agluriner & Aglutinement s'employent aussi, surtout dans les arts.

AGNACAT, f. m. Nom d'une espece de poire, molle & grasse, qui croît sur un bel arbre du pays voisin de l'Isthme de Darien, & qui passe pour avoir la vertu d'exciter à l'amour.

AGNANTE, f. m. Plante, dont les fleurs ressemblent beaucoup à celles de l'Agnus Castus, & sont placées à l'extrêmité des tiges en forme de grapes.

AGNELINS, f. m. On donne ce nom aux peaux d'Agneaux, passées par les Megissiers. Leur laine se nomme aussi Laine Agneline, lorsqu'elle n'a point encore été tondue.

AGNUS-CASTUS, f. m. Arbrisseau dont les feuilles ressemblent à celles de l'ozier. Ses feuilles, sa semence & ses fleurs, servent aux usages de la Médecine. On prétend qu'elles servent aussi à la conservation de la chasteté, & telle est l'origine du nom.

AGNUS DEI ou **AGNEAU DE DIEU**. Nom d'un Ordre de Chevalerie Suedoise, institué par le Roi Jean III, en 1569. En termes de Blazon, on appelle *Agneau Pascal*, un Agneau qui tient une banderolle.

AGNUS SCYTHICUS ou **BORAMETS**, f. m. Plante célèbre de Tartarie, qui a passé pour un Zoophyte, c'est-à-dire, une Plante-animal, à laquelle on faisoit brouter l'herbe, qui est autour d'elle, jusqu'à ce que n'en trouvant plus, elle desséchoit manque d'alimens. Mais on a vérifié que c'est une simple plante, autour de laquelle l'herbe se desséche, parce qu'elle en tire le suc.

AGRESSION, s. f. lat. Action de l'agresseur, c'est-à-dire, de celui qui attaque quelqu'un, pour lui nuire ou l'offenser.

AGRIE, s. f. gr. Espece de pustule maligne, ou plutôt de dartre, qui corrode la peau & fait tomber le poil. On en distingue une petite, qui est moins maligne.

AGRIMENSATION, s. f. Composé du latin, qui s'employe pour arpentement & mesurage des terres.

AGROPILE ou AGAGROPILE, s. m. Nom d'une espece de Bezoard, qui se trouve, en Allemagne, dans le corps des Chamois & des Chevres. Velschius en a fait un Traité.

AGUARA-PONDA, s. f. Belle plante du Brésil, dont les fleurs sont d'un bleu violet & tirent sur l'odeur de la violette. Sa hauteur est d'environ un pied & demi, & ses feuilles sont étroites, cannelées & pointues.

AGUERRIR, v. act., formé de guerre, & qui signifie, accoutumer, rendre propre à la guerre.

AGUILLES, s. f. Nom de certaines toiles de cotton, qui nous viennent d'Alep.

AGUTIGUEPA, s. f. Belle plante du Brésil, qui produit une fleur semblable au lys, mais couleur de feu. Ses feuilles sont longues d'un pied jusqu'à deux, & larges de quatre doigts. Sa racine est d'un rouge foncé, & bonne à manger.

AHATE DE PAUNCHO REQUI. Nom d'un arbre, dont on trouve une longue description dans le Dictionnaire de James.

AHIAC-DIVAN, s. m. Terme commun dans les Relations du Divan, qui se dit des entretiens que les Visirs ont avec le Grand-Seigneur, dans ses promenades, lorsqu'il n'a point ses femmes avec lui.

AHUSAL. Nom du souffre d'Arsenic, que les Chimistes appellent aussi *Aquila alba*.

AIEUL, s. m. Pere du Pere ou de la Mere, comme *Aieule* signifie Mere du Pere ou de la Mere. Mais Aieux, au pluriel, se dit de tous les Parens qui nous ont précédés & qui sont morts.

AIGLANTIER. *Voy.* EGLANTIER.

AIGLE CELESTE, Aigle de Vénus, Aigle noir, sont des noms de différentes compositions Chimiques; la premiere, de Mercure, réduit en essence, qui passe pour un reméde universel; la seconde, de verd de gris & de sel armoniac, qui forment un saffran; la troisiéme, de cette Cadmie Veneneuse, qui se nomme Cobalt, & que quelques-uns donnent pour la matiere du Mercure philosophique.

AIGOCEROS, s. m. gr. Nom d'une plante, qui se nomme aussi Corne de Bœuf, & Fœnugrec. On la cultive, en quelques endroits, aux environs de Paris.

AIGREMORE, s. m. d'origine obscure. On donne ce nom au charbon de bois tendre, tel que celui de Saule, de Tilleul, &c., lorsqu'il est écrasé & tamisé, pour servir à la composition des feux d'artifice.

AIGUAIER, v. act. Aiguaier un cheval, c'est le promener dans l'eau, pour le rafraîchir. On aiguaie du linge, en le remuant dans l'eau, avant que de le tordre.

AIGUILLONS, s. m. Terme de Venerie. On donne ce nom aux fientes & aux fumées des bêtes fauves, qui ont une pointe au bout, & qui font reconnoître leur passage.

AJOURNEMENT, s. m. Terme de Palais, qui signifie une sommation juridique de comparoître un certain jour.

AIRAIN, s. m. lat. Cuivre mélangé, mais solide & malléable. On appelle siécle d'*Airain*, le troisiéme âge du Monde, où la corruption devint dominante parmi les hommes. Il suivit le siécle d'argent, qui avoit succédé au siécle d'or.

AIRE'E, s. f. Nom qu'on donne à une certaine quantité de gerbes, qu'on met à la fois dans l'aire. C'est de-là qu'on fait venir, dans le Poitou & l'Anjou, la terminaison en *Iere*, de la plûpart des noms.

AIS-SCY, s. m. Mot corrompu, pour *Ais scié*. C'est ce qu'on nomme aussi bardeau. Petites planches minces, à peu près de la grandeur d'une tuile, qui servent, dans quelques lieux, à couvrir les maisons. Il y a différentes sortes d'ais, ou de planches, dont l'usage est designé par quelque autre mot qu'on y joint, surtout dans l'Imprimerie. Ais à tremper, ou à ramettes, ais à dessécher, ais à presser, &c.

AIT ACTE. Terme de Palais. C'est une Ordonnance qui se met au bas des Requêtes, lorsqu'on demande Acte de l'emploi qu'on en fait pour quelques Ecritures. *Ait acte & soit signifié*.

AIZOON, s. m. gr., qui signifie *toujours vif*, & nom d'une Plante aquatique, qui ressemble à l'aloes commun. Elle croît dans les Marais, & se nomme aussi *Semper vive*.

AKALAKAS, s. m. Nom d'une espece de Fourmi d'Amérique, qui se glisse dans les caisses & qui ronge tout. Elle croît jusqu'à la grosseur d'un Escarbot. Les Hollandois l'ont nommé *Kakalakie*.

ALANA, s. f. Nom propre de l'espece de craie, qu'on nomme vulgairement *Tripoli*.

ALBAZARIN ou ALBERZARIN, s. m. Nom d'une laine d'Espagne.

ALBERNUS, s. m. Nom d'une espece de Camelot, ou Bouracan, qui nous vient du Levant par Marseille.

ALBORNEZ, s. m. Nom Espagnol d'une sorte de manteau à capuce, & tout d'une piece, qui est en usage parmi les Maures, dans le mauvais temps.

ALBUGINE', adj. lat., qui signifie blanchâtre. La tunique albuginée est ce qu'on nomme vulgairement le blanc de l'œil. *Albugo*, qui signifie *blancheur*, est le nom d'une maladie des yeux, qui consiste dans une tache blanchâtre de la cornée transparente. *Albugineux* signifie ce qui tire sur le blanc, ce qui est blanchâtre: tous termes de Physique & d'Anatomie.

ALBUGUES, s. f. Instrument Morisque de cuivre, en forme de chandeliers, dont on frappe deux l'un contre l'autre par l'endroit vuide, pour en tirer un son assez agréable, qui s'accorde avec le tambourin.

ALBUM, s. m. Mot latin, adopté dans notre langue, pour signifier un petit livre en blanc, où l'on peut écrire ce qu'on juge à propos, comme sur des tablettes. Les Etrangers, qui voyagent, ont ordinairement un *Album amicorum*, sur lequel ils prient les personnes distinguées qu'ils visitent, d'écrire leur nom, avec une Sentence.

ALCANA, s. f. Drogue du Levant, qui sert à la teinture jaune, ou rouge, suivant sa préparation, & qu'on tire d'une Plante nommée Troësne d'Egypte.

ALCANCALI, s. m. Fameux antidote d'Italie, dont on vante la vertu contre toutes sortes de fiévres.

ALCE'E, s. f. Espece de Mauve sauvage, dont les feuilles ne différent de la Mauve commune, que parce qu'elles sont plus grandes & plus découpées.

ALCHIMELCH, s. m. Melilot d'Egypte, qui serpente toujours, & dont les feuilles ressemblent à celles du trefle, & sont de la couleur du saffran. L'odeur en est fort douce. Sa semence est astringente.

ALCHOLLE'E, s. f. Espece d'aliment, composée de bœuf & de mouton, ou de chameau, qu'on sale & qu'on fait mariner pendant vingt-quatre heures. C'est la nourriture ordinaire des Maures.

ALCOLISER, v. act. Terme de Chymie, qui signifie *pulveriser*, réduire en poudre impalpable.

ALCONA. Nom de l'ancienne Divinité des Voyageurs.

ALCORE, s. f. Nom d'une espece de pierre naturelle, parsemée de petites taches qui ressemblent à de l'argent.

ALCOVE, s. f. Mot arabe d'origine, qui signifie dormir, & qui est, au Levant, le nom des lieux où l'on dort. Nous le donnons aussi à un réduit, fermé de Planches, où l'on place un lit à l'écart, dans quelque partie d'une grande chambre.

ALDIN, adj. Terme d'Imprimerie, formé du nom d'Alde Manuce. On appelle lettres aldines, ou caractere Aldin, les lettres Italiques, inventées par ce célebre Imprimeur, mais qu'on a pris le parti d'abandonner parce qu'elles fatiguent la vûe. On estime néanmoins les Editions de Sébastien Griffe en lettres Aldines.

ALEMBIQUER. On croit ce mot Arabe. *Alambiquer* ne se dit que dans le figuré. S'alambiquer l'esprit, c'est s'embarrasser dans ses propres réflexions, s'épuiser à force d'en faire. Une pensée *alambiquée* est une pensée contrainte, peu naturelle, où la recherche & l'étude se font trop sentir.

ALENOIS, *Voyez* CRESSON.

ALEPIN, s. m. Nom d'une sorte de Religieux Maronites, établis à Alep, vers la fin du dernier siécle, par un Prêtre nommé Abdalla, qui en fut le premier Supérieur, & qui prit conseil d'un Missionnaire Jésuite, nommé le Pere Bazire, pour leur donner une forme de vie. C'est une espece de Chartreux. Mais ceux qui se dégoutent de leur vocation reçoivent dispense de leurs vœux, & peuvent se retirer.

ALETHE, s. m. Oiseau propre à voler la perdrix, qui vient des Indes & qui est très cher.

ALEU. *Voyez* FRANC.

ALEUROMANCIE, s. f. Espece de Divination, que les Anciens faisoient avec de la farine, suivant la signification du mot grec. Elle se nommoit aussi *Alphitomancie*.

ALEXANDRE, s. m. Saint Alexandre de Neofki est le nom d'un Ordre militaire, institué, en 1725, par la Czarine, en faveur des Officiers d'un rang distingué. La marque d'honneur est un cordon rouge & une croix, sur laquelle ce saint est représenté à cheval, avec cette devise, pour le travail & la Patrie.

ALEXIEN, s. m. Nom d'un Ordre de Religieux, nommés autrement Cellites, dont l'origine & le Fondateur sont incertains. Ils embrasserent, au quinziéme siécle, la régle de saint Augustin. On les nomme *Nollards*, à Liege, & *Cellebroeders*, en Flandres. Ils ont soin des malades, & leur Patron est saint Alexis. Le nom de Cellites, leur vient des Cellules où ils pensent les Malades.

ALFAQUI, s. m. Nom des Docteurs de la Religion Mahométane, qui ont le droit d'expliquer l'Alcoran par des commentaires & diverses sortes d'interprétations.

ALIBANIE. Espece de mousseline, ou de toile de coton, que la Compagnie de Hollande apporte des Indes Orientales.

ALIBI, s. m. Mot purement latin, qui signifie ailleurs, & qui est devenu françois, en langue de Palais. Prouver l'*Alibi*, c'est faire voir qu'on n'étoit pas dans le lieu où l'on est accusé d'avoir commis un crime. *Alibiforain* est un autre mot à demi latin, qui signifie, en langage familier, *tergiversation*, mauvaise raison, conte en l'air.

ALIMUS, s. m. Nom d'un arbrisseau dont la fleur ressemble à celle du muguet, & dont les feuilles sont d'un beau verd.

ALIPTIQUE, s. f. gr. Ancien art d'oindre le corps, après l'avoir frotté, pour le rendre plus souple & plus vigoureux.

ALIZON, s. f. Petit nom de femme, qui est un diminutif d'Alix, comme Alix en paroît un d'Adelais. Alise, Lise, Lisette & Lison viennent apparemment de la même source.

ALLEGEAS, s. f. Nom d'une étofe des Indes Orientales. On en distingue deux sortes; l'une de coton, & l'autre de diverses herbes qui se filent comme le lin.

ALLEVURE. Petite monnoie Suedoise de cuivre, qui ne vaut pas tout-à-fait le denier de France. Deux allevures font une roustique. Huit roustiques font le marc de cuivre, & vingt-quatre marcs font la risdale commune, qui est, au prix de l'écu de France, de soixante sous.

ALLEZER, v. act. Terme d'artillerie. Allezer un canon, c'est en nettoier l'ame, l'aggrandir, & lui donner le calibre qui lui convient. L'*Allezoir* est un châssis de charpente, suspendu en l'air avec des cordages, où l'on place la piece pour l'allezer. On appelle *Allezure* le métal qui tombe en l'allezant.

ALLOBROGES, s. m. Anciens Habitans des Montagnes de Savoye & de Dauphiné, qui devoient avoir quelque chose de dur & de grossier, puisqu'on a toujours donné leur nom à ceux qui ont ces défauts. C'est un franc Allobroge.

ALLOCUTION, s. f. Terme purement latin, qui ne se dit qu'en style d'antiquaire, des harangues militaires, que les anciens Généraux Romains faisoient à la tête de leurs troupes. On a des suites chronologiques de Médailles, qui représentent les Généraux dans l'action de haranguer; & ces Médailles se nomment aussi *Allocutions*.

ALMUDE ou ALMONDE, s. f. Nom d'une mesure Portugaise, qui sert à mesurer les choses liquides, & qui paroit venir du mot latin *modius*. L'*Almude* contient deux Alquiers, & douze Canadors, dont chacun vaut la mingle ou la bouteille d'Amsterdam.

ALOUCHI, s. m. Nom que les Droguistes François donnent à une gomme odoriférante, qui coule du tronc des caneliers blancs, & dont le nom propre est Litemanghitz.

ALPAGNE, s. m. Nom d'un animal laineux du Pérou, qui ressemble beaucoup aux Vigognes, mais qui a les jambes plus courtes, & le mufle plus ramassé. On fait des étoffes de sa laine, des instrumens de ses os, & du feu de sa fiente.

ALPAM. Plante, dont les branches sont partagées par nœuds, & contiennent une moële verte, à laquelle on attribue plusieurs vertus. Ses feuilles sont oblongues, étroites & pointues, d'une odeur assez agréable, mais ameres au goût.

ALPHŒNIX, s. m. Nom que les Pharmaciens donnent au sucre d'orge blanc, ou sucre tors, suivant la méthode qu'ils ont de déguiser les choses les plus simples, pour les faire valoir.

ALPHITOMANCIE, s. f. gr. *Voyez* ALEUROMANCIE.

ALPHOS, s. m. gr. Nom de certaines taches de la peau, dont on distingue plusieurs especes; les noires, les blanches, les roussâtres. Elles n'occupent que la superficie de la peau.

ALQUIFOUX, s. m. Nom que les Ouvriers donnent au plomb minéral, ou à la mine de plomb. L'Alquifoux vient d'Angleterre, en paquets de différentes grosseur. Les Potiers de terre l'employent pour vernir leurs ouvrages en verd.

ALRUNES, s. m. Poupées, ou petites figures de bois, que les anciens Germains regardoient comme leurs Dieux Penates, qu'ils habilloient proprement, qu'ils couchoient dans de petits coffres, & auxquelles ils servoient à boire & à manger.

ALSINASTRE, s. m. Plante aquatique, dont la tige est divisée en cellules, formées par de petites feuilles membraneuses, qui vont du centre à la circonférence. Elle est canelée dans toute sa longueur, & divisée par des nœuds dont partent les feuilles, qui sont blanches, étroites & disposées en rond. L'Alsinastre fleurit aux mois de Juillet & d'Août.

ALSINE, s. f. Plante, qui est une espece de Morgeline, & qui croît abondamment le long du chemin, entre Orléans & Bourges.

ALTE, s. f. Mot Allemand d'origine, qui signifie un repos que les troupes prennent pendant leur marche. C'est aussi un commandement militaire, par lequel on ordonne aux Soldats d'arrêter. Il paroit qu'il doit s'écrire avec une *b* aspirée, car on ne diroit pas l'alte fut longue.

ALTIER, adj., qui signifie hautain, fier, est un mot emprunté de l'Italien.

ALTIN, s. m. Monnoie de compte de Moscovie. Elle vaut trois copecks, dont chacun revient à quinze deniers de France.

ALTINCAR. Nom d'une espece

de sel, qu'on employe pour purifier les métaux & les séparer de leur mine.

ALUDE, s. f. Bazane colorée, dont on couvre les Livres.

ALVIN, s. m. Fray nouveau, ou petit poisson, qu'on jette dans les Etangs, pour peupler. *Alviner* un Etang, c'est le remplir de ce petit poisson. On dit aussi *Alvinage*.

AMADOU, s. m. Espece de méche noire, qui vient d'Allemagne, & qui se fait avec les excressences fongueuses des vieux arbres. On fait aussi de l'Amadou avec le vieux linge à demi brûlé.

AMADOURI, s. m. Nom d'une espece de coton, qui nous vient d'Alexandrie par Marseille.

AMANBLUCE'E, s. f. Toile de coton, qui vient d'Alep, ou du Levant, par cette voie.

AMARA-DULCIS, s. f. lat. Nom d'une Plante, dont les sarmens, qui sont de deux ou trois pieds de long, rampent par terre ou embrassent les arbrisseaux voisins. Ses feuilles sont rangées alternativement le long des branches; & ses fleurs, qui sont d'un bleu purpurin, ont la forme d'une rosette découpée en cinq parties, du milieu desquelles s'élevent des étamines jaunes. Les baies, qui succedent aux fleurs, sont molles, rouges, & leur suc est d'une fadeur amere, suivant la signification du nom.

AMATEUR, s. m. lat. Ce mot s'est mis en usage pour signifier celui qui a le goût des beaux arts, qui les aime, qui les protege, sans les exercer.

AMATZQUIL, s. m. Plante des pays chauds, dont les feuilles ressemblent beaucoup à celles du citronier, & dont le fruit est une espece de figue. Elle vient du Bresil. L'écorce de sa racine, en décoction, passe pour un excellent febrifuge.

AMBELA. Nom d'un arbre du Levant, dont on distingue deux especes; l'un, dont le fruit approche de la noisette & a le goût du verjus. Il se confit & se mange avec du sel. L'autre a les feuilles plus grandes, & porte un fruit plus gros. La décoction de son bois, avec du sandal, passe pour un febrifuge.

AMBI, s. m. Instrument de Chirurgie, composé de deux pieces de bois jointes ensemble par une charniere. Il sert à réduire la luxation du bras, dans laquelle la tête de l'humerus est tombée sous l'aisselle.

AMBULANT, s. m. lat. Nom qu'on donne aux Commis subalternes des Aides & des Domaines, qui vont visiter les Bureaux, ou faire d'autres observations. On appelle *Ambulance* l'emploi d'un Ambulant.

AMEBE'E, adj. m. gr. On donne le nom de Poëme Amebée aux Piéces de Poësie, où l'on introduit deux Interlocuteurs, qui se disputent quelque préférence, comme dans la troisiéme Eglogue de Virgile. Ce mot signifie ce qui est mutuel.

AMICALEMENT, adv. formé d'Ami, pour signifier, en ami, avec un air d'amitié. *Amical* se dit aussi pour ce qui marque de l'amitié, ce qui en a l'apparence.

AMIERTES, s. f. Nom de certaines toiles de coton, qui viennent des Indes.

AMINEUR, s. m. On donne ce nom aux Mesureurs, dans les greniers à sel. Ils sont choisis aussi pour Experts, lorsqu'il faut juger de la qualité des sels de capture.

AMINTAS. Fossé d'Amintas. C'est ainsi qu'on nomme, après Galien, un Bandage, qui se fait pour le nez, du nom de son ancien Auteur. Il ressemble à celui qu'on nomme Œil double, excepté qu'il ne couvre pas les yeux.

AMISSIBLE, adj. lat. Ce mot, qui signifie, ce qui peut être perdu, ne se dit guéres qu'en style Théologique, de la Grace & de la Justice. *Inamissible* signifie le contraire. *Amissibilité* est le substantif.

AMIT, s. m. lat. Nom d'un linge dont le Prêtre se couvre les épaules pour dire la Messe.

AMMAN, s. m. Titre de Dignité en Suisse. On donne ce nom, dans les cantons Catholiques, au Chef de chaque canton. Il occupe ce rang, pendant deux ans, avec une Régence ou un Conseil, pour les affaires communes.

AMMEISTRE, s. m. Nom qu'on donne aux Echevins de Strasbourg, comme on nomme Capitouls ceux de Toulouse, & Jurats ceux de Bordeaux.

AMMOCHOSIE, s. f. gr. Pratique, ou reméde, qui sert à dessécher le corps, & qui consiste à l'enterrer dans du sable de Mer extrêmement chaud. *Voyez* INSOLATION.

AMMOCHRYSE, s. f. gr. ou Poudre d'or. C'est le nom d'une Pierre friable, rouge ou jaune, qui est mêlée de paillettes d'or, & qu'on pulvérise pour la mettre sur l'écriture. Elle se trouve en Bohême & dans quelques autres lieux.

AMMONITE, s. m. Nom d'une pierre, ou d'une espece de grais, dont les parties sont composées de sable, ou de grains qui lui ressemblent.

AMOVIBLE, adj. lat. Ce qui peut être ôté. Un office amovible. Amovibilité est le Substantif. En terme de droit canon, *amovible* se dit pour *révocable*, de certaines prérogatives, qui peuvent être révoquées.

AMPHICTIONS, s. m. gr. Nom qu'on donnoit, dans l'ancienne Grece, aux Députés qui formoient l'assemblée générale des villes confédérées.

AMPHIGOURIE, s. f. gr. Ce mot, composé d'un adverbe grec, qui signifie *autour*, & d'un substantif, qui signifie *cercle*, est devenu depuis peu fort à la mode, pour servir de nom à de petites parodies lyriques, qui tiennent du burlesque, & qui roulant sur des mots & des idées sans ordre & sans aucun sens déterminé, n'ont pour objet que de faire rire par ce bizarre assemblage.

AMPHION, s. m. Nom qu'on donne, dans les Indes orientales, au suc que nous nommons Opium.

AMPHORE, s. f. Mot latin, qui s'est conservé, à Venise, pour le nom d'une grande mesure des liquides. Elle contient quatre bigots, & le bigot quatre cartes.

AMPLEUR, s. f. lat. Mot formé d'ample, que les Couturieres ont mis en usage, pour signifier la large étendue des robbes, & des paniers de femme.

AMPLIATION, s. f. lat. Terme de Pratique. On appelle Ampliations de contrats, des copies de contrats, dont les grosses sont déposées entre les mains des Notaires. En Termes de matieres bénéficiales, *Ampliation* signifie extension, augmentation. *Ampliatif* se dit aussi de ce qui a le pouvoir d'étendre, d'augmenter. En termes de Chambre des Comptes, une *Ampliation* est la copie d'une quittance, qu'un Comptable rapporte sur la recette de son compte. En termes de Palais, *amplier* se dit pour différer.

AMPOULLETTE, s. f. Terme de Marine, qui signifie un horloge à sable, qu'on tient dans le même lieu que la boussole.

AN. Terminaison de plusieurs noms traduits du latin. C'est une régle assez générale qu'*anus*, dans les noms propres latins, où il est précédé d'une voielle, comme dans *Julianus*, *Cyprianus*, &c. se rend en françois par *en* ; Julien, Cyprien. Au contraire, si c'est une consonne qui précede *anus*, il se rend par *an*, *Trajanus*, Trajan.

ANABROKISME, s. m. gr. Opération qui se fait, avec un nœud coulant, suivant la signification du mot, sur le poil des paupieres qui nuit aux yeux, par sa longueur ou son abondance.

ANACOLLEMATES, s. m. gr. Nom d'un remede qu'on applique sur le front, pour arrêter les fluxions qui tombent sur les yeux.

ANACOLUPA, s. f. Nom d'une Plante du Malabar, dont le suc, avec un peu de poivre, passe pour un spécifique admirable contre l'Epilepsie, & pour le seul Antidote connu contre la morsure du serpent à chapeau.

ANACOSTE, s. f. Nom d'une étoffe de laine croisée, très rase, qui se fabrique particuliérement en Hollande & en Flandres. On en fait aussi à Beauvais.

ANACTE, s. m. gr., formé du mot qui signifie Roi. On donnoit anciennement ce nom aux Rois qui avoient mérité, par leurs belles actions,

tions, d'être comptés au nombre des Dieux. La Grece avoit des Fêtes qui se nommoient Anactées, à l'honneur de Castor & Pollux.

ANAEMASE, s. f. gr. Nom d'une maladie dangereuse, qui vient, suivant la signification du mot, d'un manque de sang.

ANAGNOSTE, s. m. gr., qui signifie Lecteur. Les Romains donnoient ce nom à un Esclave, qui faisoit la lecture pendant leurs repas.

ANAPESTE, s. m. gr. Terme de prosodie grecque & latine. C'est un pied de vers, composé de deux breves & une longue. On appelle *Anapestiques* les vers composés d'Anapestes.

ANASARQUE, s. f. gr. Nom d'une espece d'hydropisie, dans laquelle l'eau est répandue dans toutes les chairs. On la nomme aussi *Leucophlegmatie*.

ANATE, ou ATTOLE, s. f. Teinture rouge des Indes orientales, tirée d'une fleur de même couleur, qui croît sur des arbrisseaux de sept ou huit pieds de haut.

ANATIFERE, s. m. Composé du latin, pour exprimer, suivant la signification, une coquille curieuse, qui porte un canard. Quelques-uns la nomment *Conque anatifere*.

ANAVINGA, s. m. Arbre du Malabar, qui est toujours verd, & dont la graine rend un suc qui excite la sueur. On le prend dans les maladies qui ont de la malignité; & de la décoction des feuilles on fait un bain, pour les douleurs des articulations.

ANBATUM, s. m. Plante d'Angleterre, qui fleurit dans les haies, aux mois d'Avril & de Mai.

ANCHUE, s. f. Terme de Manufacture, qui signifie ce qu'on nomme autrement la trame d'une étoffe.

ANCHYLOPE, s. f. gr. Tumeur, ou abscès, situés, suivant la signification du mot, près de l'œil. Quelques-uns disent Anchylops; qui dénote plutôt celui qui est attaqué de la maladie. Lorsque cet abscès, qui est au grand angle de l'œil, vient à s'ouvrir, il prend le nom d'Ægilopie,

Supplem.

ou d'Ægilops; & souvent il se change en fistule lacrimale.

ANCHYLOSE, *Voyez* ANKYLOGLOSSE.

ANCROISINAL, adj. On appelle, en Chirurgie, *Bandage ancroisinal*, un bandage pour les plaies, qui est une espece de Brayer.

ANCRURE, s. f. Nom d'un petit pli qui se fait aux étoffes que l'on tond, lorsqu'elles n'ont pas été bien tendues avec les crochets, par les lisieres, sur la table qui sert à tondre.

ANCYCOMELE, s. m. gr. Nom d'un instrument Chirurgique, qui est une sonde courbe, ou avec un crochet.

ANCYLOBLOPHARON, s. m. Nom purement grec d'une maladie des yeux, dans laquelle les paupieres sont jointes ensemble, ou adhérentes à la cornée, sans qu'elles ayent la liberté de se mouvoir ni de découvrir le globe de l'œil.

ANCYLOTOME, s. m. gr. Nom de tout instrument courbe, qui sert à couper, suivant la signification du mot. On le donne particulierement à une espece de bistouri courbe, qui sert à couper le ligament de la langue.

ANDABATES, s. m. Gladiateurs de l'ancienne Rome, qui combattoient les yeux couverts.

ANDALOUS, adj., formé d'Andalousie, nom d'une Province d'Espagne. Les chevaux *andalous* sont fort estimés.

ANDRIENNE, s. f. Robbe de femme, abbatue, avec des parements, qui a pris son nom de celui d'une Comédie françoise, représentée pour la premiere fois en 1701, où Mademoiselle Dancour parut vêtue d'une robbe de cette forme. Toutes les Dames en prirent à son exemple.

ANDROGINE, s. m. gr., qui signifie homme-femme. C'est le nom qu'on donne, comme celui d'Hermaphrodite, à ceux qui ont les deux natures de mâle & de femelle.

ANDROIDE, s. m. gr. Nom qu'on donne à certaines figures d'Hommes, qu'on fait parler & marcher par divers refforts. Naudé en rapporte plufieurs exemples.

ANEPIGRAPHE, adj. gr. Ce qui est sans inscription, sans titre. Il y a des médailles, des bas-reliefs antiques, des Pseaumes anepigraphes.

ANERIE, s. f., formé d'Ane, pour signifier bêtise, ignorance, stupidité.

ANGEIOGRAPHIE, s. f. gr. Mot composé, qui signifie description des poids, des vases, des mesures, & des instrumens pour l'agriculture. Nous avons plusieurs Traités sous ce nom.

ANGELINE, s. f. Arbre du Malabar, dont le tronc a jusqu'à seize pieds d'épaisseur, quoiqu'il croisse entre les rochers & dans des lieux sablonneux. On attribue diverses vertus à ses feuilles, surtout contre les douleurs de jointures & contre l'hydrocele.

ANGIOLOGIE, s. f. gr. Nom d'une partie de l'Anatomie, qui traite des vaisseaux du corps humain. Il signifie proprement discours sur les vaisseaux. On appelle *Angiotomie* la dissection des vaisseaux.

ANGIOSPERME, s. m. gr. On donne ce nom aux Plantes dont la graine est enveloppée de deux membranes, pour les distinguer de celles qui se nomment Gymnospermes, & dont la graine est entourée de trois tegumens.

ANGLICAN, adj., qui se dit au lieu d'Anglois, de ce qui appartient à la Religion, en Angleterre. Il ne se dit ordinairement qu'au feminin, avec les mots d'Eglise, ou de Libertés, comme on dit l'Eglise Gallicane, les libertés Gallicanes. *Anglicisme*, s. m., signifie une locution Angloise, qui devient un défaut dans plusieurs autres langues.

ANGOLAM, s. m. Nom d'un arbre du Malabar. Sa hauteur, qui est d'environ cent pieds, sa grosseur proportionnée, & surtout la disposition de ses fleurs, qui sont attachées aux branches en forme de diadême, le font regarder, dans le pays, comme le symbole de la Royauté. On tire, de sa racine, un suc qui tue les vers, & qui est bon pour l'hydropisie.

ANGOURA DE LIN, vulgairement CUSCUTE, s. f. Nom d'une espece d'Epithym, qui croît sur la plante dont on fait le lin.

ANGSANA, s. m. Arbre des Indes orientales, d'où l'on tire, par incision, une liqueur rouge, qui se condense en gomme, & que sa vertu astringente fait employer dans la médecine.

ANGUILLE DE SABLE, s. f. Nom d'un petit poisson de mer, de couleur bleue sur le dos & blanche au ventre, qui se trouve dans le sable, sur les rivages d'Angleterre, & qui se mange. Il ressemble beaucoup à l'anguille. Les Anglois le nomment *Sadbil*, qui signifie la même chose. On appelle *Anguilles*, dans les Manufactures d'étoffes de laine, des bourlets ou de faux plis qui se forment aux draps, par la négligence des foulons.

ANGUSTIER, v. act., formé du latin, qui signifie resserrer, mettre trop à l'étroit. Il n'est guères d'usage qu'en termes de conduite d'eau. Des jets d'eau trop angustiés.

ANICERON, s. m. gr. Nom d'une emplatre qu'on regarde comme infaillible pour les Achores, d'où lui vient son nom, qui signifie *invincible*.

ANIL, s. m. Plante d'où l'on tire l'Indigo, & qui est bonne en poudre, pour mondifier les plaies. Les Espagnols & d'autres Nations donnent aussi ce nom à l'Indigo même.

ANIMADVERSION, s. f. lat. Terme dogmatique, qui signifie correction, ou notes, & observations critiques.

ANKYLOGLOSSE, s. m. gr. Nom d'un vice de la langue qu'on apporte quelquefois en naissant, & qu'on appelle vulgairement le filet, c'est le ligament, qui, étant trop court, ôte la liberté de parler.

ANNABASSE, s. f. Nom d'une espece de Couvertures, qui se font en Hollande & à Rouen.

ANNONAIRE, adj. lat. Nom qu'on donne aux Provinces & aux

Villes qui étoient obligés anciennement de fournir, chaque année, une certaine quantité de vivres à la ville de Rome.

ANNONCE, s. f. lat. Terme usité parmi les Protestans, qui signifie Ban de mariage ou publication. *Annonceur* se dit aux Théatres François, de l'Acteur qui annonce, ou qui fait les annonces.

ANQUILLEUSE, s. f. Terme d'origine obscure, employé dans les arrêts de la Tournelle, pour signifier une femme qui vole adroitement ce qu'elle trouve, à l'aide des poches qu'elle a sous son tablier.

ANTEPHIALTIQUES, s. m. gr. Nom qu'on donne aux remedes, qui guérissent du Cauchemar, suivant la signification du mot.

ANTRHOPOLOGIE, s. f. gr. Nom qu'on donne aux expressions figurées, que l'Ecriture Sainte emploie pour s'accommoder à l'esprit des hommes, & qui font quelquefois tenir, à Dieu, un langage fort humain.

ANTIDATE, s. f. lat. Date antérieure à la vraye datte d'un acte, & par conséquent falsifiée. On dit aussi *antidater*.

ANTIDOSAIRE, s. m. lat. Recueil de remedes contre les Maladies.

ANTIDOTE, s. m. gr. Tout remede contre le poison. Il y a des Antidotes extérieurs & intérieurs. Les premiers se nomment *Alexiteres*, & les autres *Alexipharmaques*. Ajoutons, pour l'intelligence des mots grecs, qui commencent par *Anti*, que c'est un adverbe qui signifie *contre*.

ANTIPASTE, s. m. gr. Pied des vers grecs & latins, composé d'un iambe & d'un chorée ; ce qui produit, dans un même mot, deux longues entre deux breves.

ANTIPHONAIRE, s. m. gr. Terme d'Eglise, qui est le nom d'un Livre ou sont contenues les antiennes qui se chantent à l'office.

ANTISCORBUTIQUES, s. m. Remedes contraires au scorbut ; tels que le cresson, le cochlearia, la cardamine, &c. En général, le mot grec *anti*, qui signifie *contre*, marque une action, ou une vertu, opposée à quelque chose.

ANTISPASE, s. f. gr. Révulsion, retour d'humeur, par un cours vers les parties opposées à celles qu'elles menaçoient. *Antispatiques* se dit de tous les remedes qui operent par révulsion ou par Antispase.

ANTOLFLE DE GIROFLE, s. m. Nom que nos Droguistes donnent à des girofles beaucoup plus gros que les autres, qui acquierent cette grosseur en restant par hazard sur l'arbre, après la récolte. On y trouve une gomme dure & noire, fort aromatique.

ANTONINS, s. m. Nom d'un Ordre Religieux, fondé dans l'onziéme siécle sous la régle de Saint Augustin, par un Prieur Viennois, nommé *Antoine* ; pour prendre soin des malades, surtout des impotens. De-là vient la figure du T. qu'ils portent sur leurs habits. Elle représente une potence pour marcher.

ANXIETE', s. f. lat. Terme de vie dévote, qui signifie, *inquiétude*, trouble d'esprit & de conscience, causé par ce qu'on nomme des scrupules.

AORISTE, s. m. gr. Nom d'un préterit indéterminé dans la conjugaison des verbes. Les Grecs ont deux Aoristes. Nous en avons un en François ; *j'aimai*, pour *j'ai aimé*.

AOUARA, s. m. Nom d'un fruit d'Afrique & d'Amérique, qui est de la grosseur d'un œuf de Poule, & qui croit sur une espece de Palmier, avec plusieurs autres, en forme de bouquet, enfermé dans une grosse gousse. Il contient un noyau, dans lequel est une amande ; d'où l'on tire une huile épaisse, qui s'appelle huile de Palme, & qui est de très bon goût.

APANAGE, s. m. Terres ou certaines portions du domaine Royal, qu'on donne aux Princes pour leur subsistance, mais qui reviennent à la couronne après l'extinction de leurs descendans mâles. Ce mot, d'origine obscure, signifie la portion qu'on donne à un Enfant, pour patrimoine. Il se prend, en langage figuré, pour tout avantage particulier auquel on se borne, ou qu'on préfère aux autres.

APANTHROPIE, s. f. gr. Aversion pour la société. C'est une espece de Misanthropie, mais qui est l'effet de la mélancolie; au lieu que l'autre paroît plus morale que physique, & vient moins de maladie, que de haine contre les hommes, ou plutôt contre leurs vices.

APEDEUTISME, s. m. gr., composé, qui signifie *ignorance*, par défaut d'instruction. *Apedente* se dit aussi, pour ignorant, mal instruit.

APERCHER, v. act. Terme d'Oiseleur. Apercher un oiseau, c'est remarquer l'endroit où il se retire, où il se perche pour y passer la nuit.

APHONIE, s. f. gr., qui signifie extinction de voix.

APHRODISIES, s. f. gr. Anciennes fêtes, établies à l'honneur de Venus, dans la plûpart des Villes grecques, par Cinyras, dans la famille duquel on choisissoit les Prêtres de la Déesse, qui en portoient le nom de Cinyrades.

APINEL, s. m. Herbe de l'Amérique, que les sauvages nomment Yabacani, & dont la vertu est surprenante pour faire mourir les Serpens. On lui en attribue beaucoup aussi pour aider à la génération. On la nomme *Apinel*, du nom de celui qui l'apporta le premier en Europe.

APNE'E, s. f. gr., qui signifie perte, ou extrême difficulté de respiration.

APOBOMIES, s. f. gr. Anciennes fêtes grecques, où suivant la signification du mot, on ne sacrifioit point sur l'autel, mais à terre sur le pavé du temple.

APOCO. Mot emprunté de l'Italien, qui signifie de peu de valeur. On dit traiter quelqu'un *d'Apoco*, pour dire le traiter avec mépris.

APOCOPE, s. f. gr., qui signifie *coupure*, ou l'action de couper. Il se dit des fractures, ou des coupures, dans lesquelles la piece d'un os est tout-à-fait emportée. C'est aussi une figure de Grammaire, qui signifie retranchement. Elle consiste à couper quelque chose à la fin d'un mot.

APOCYN, s. m. gr. Nom d'un arbrisseau dont les feuilles ressemblent au Lierre, & sont remplies d'un suc qui approche du miel. Elles sont mortelles pour les chiens & d'autres animaux. La semence, prise dans du vin, guérit la pleurésie. L'Apocyn se nomme aussi Apocrambe.

APODES, s. m. gr. Nom de certains oiseaux, qui ont les pieds fort courts, ou qui n'en ayant pas du tout, suivant la signification du mot, ne se posent jamais à terre ni sur les arbres, volent presque sans cesse, & font leurs nids dans des rochers. C'est ce qu'on rapporte de l'oiseau de Paradis.

APOGRAPHES, s. m. gr. Nom qu'on donne aux Ecrits qui ne sont pas originaux, aux simples copies; par opposition à celui d'Autographe, qui signifie un Ecrit original, c'est-à-dire, de la main de l'Auteur.

APOLYSE, s. f. gr. Nom que les Grecs donnent à la partie de leur Messe qui répond à notre *Ite, missa est*.

APOMELI, s. m. Nom d'une liqueur qui se fait avec des rayons de miel bouilli dans l'eau. C'est une espece d'Hydromel.

APOSTILLE, s. f. lat. Petite note qu'on ajoûte à quelque Ecrit. On a nommé *Apostillateurs* ceux qui ont fait des Notes sur les anciens Jurisconsultes.

APOSTOLIQUE, ad. gr. Les Hongrois donnent le nom d'Apostolique à leur Royaume; & celui d'Angélique à leur couronne. On appelloit Apostolins les Religieux d'un ancien Ordre, qui se prétendoit institué par Saint Barnabé. Sixte-Quint les unit aux Ambrosiens.

APPARENTE', adj., formé de Parent. On dit qu'un homme est bien ou mal apparenté, c'est-à-dire, qu'il tient par le sang à des gens qui lui font honneur ou qui ne lui en font point.

APPARTEMENT, s. m. Partie d'une Maison, composée de plusieurs pièces. Tenir appartement, c'est recevoir compagnie chez foi, avec les formalités établies par l'usage.

APPAUVRIR, v. act. Rendre pauvre. On dit, dans un sens figuré, qu'une langue s'appauvrit, pour dire qu'elle devient moins abondante en expressions; que le sang s'appauvrit, pour dire qu'il perd beaucoup de ses qualités essentielles.

APPEL, APPELLATION. Termes de Jurisprudence, qui signifient l'action par laquelle on demande qu'une affaire soit portée d'un Tribunal à un autre, & dont le sens varie suivant l'objet & la forme. On nomme *Appel de deni de renvoi*, un appel qui s'interjette d'une sentence rendue par un Juge incompétent, au préjudice du renvoi qui lui avoit été demandé. *Appelé rapporté* se dit d'une cause où l'Avocat de la Partie adverse ne paroissant pas, l'Avocat présent demande défaut, s'il est appellant, ou congé, s'il est intimé. Le Président dit alors: *Faites appeller & rapporter*. *Appel* se dit militairement d'une visite que le Sergent fait les chambrées, & où il appelle chaque Soldat par son nom, pour s'assurer qu'il n'y a personne d'absent. *Faire un appel*, c'est proposer un rendez-vous pour un combat particulier.

APPORT, s. m., qui se dit pour concours de Marchands & de Peuple, tel qu'on le voit dans les Foires. C'est dans ce sens qu'on appelle le marché du grand Châtelet l'*apport de Paris*, & non *la Porte*, qui est le terme vulgaire.

APPOSER, v. act. lat. Apposer une clause à un contrat, c'est y mettre, y insérer une condition.

APPRECIER, v. act. lat. Mettre le prix à une chose, l'estimer ce qu'elle vaut. Appréciation est le substantif. En termes Théologiques, l'amour *appréciatif* de Dieu est un amour de préférence, qui fait mettre Dieu au-dessus de tout ce qui n'est pas lui.

APPROVISIONNEMENT, s. m., formé de Provision, pour signifier une fourniture de choses nécessaires. L'Approvisionnement d'une Flotte, d'une Place de guerre, d'un Hôpital.

Approvisionner est le verbe.

APRE, s. m. Petite monnoie Turque. Quinze Apres valent environ dix sous de France. *Apre*, ou *Aprore*, est aussi le nom d'un petit poisson rougeâtre du Rhône. Il lui vient de l'apreté de ses écailles; ce qui n'empêche point que la chair n'en soit bonne.

APYREXIE, s. f. gr., qui signifie l'état de celui qui cesse d'avoir la fievre, soit qu'il en soit tout-à-fait délivré, ou qu'il ne soit que dans un intervalle tranquille entre les accès.

AQUADOR, s. m. Nom que les Portugais donnent au Poisson volans.

AQUETTE, s. f. Diminutif du mot latin, qui signifie Eau. C'est le nom d'une liqueur d'Italie, composée de vin, d'un tiers d'eau, & de diverses sortes d'Aromates.

AQUILA-ALBA, s. f. Nom emprunté du latin, qui convient à tous les sublimés blancs, mais qui ne se donne qu'au sublimé doux. Il signifie Aigle blanc, comme pour exprimer la sublimation par le vol de l'aigle.

AQUILON, s. m. Terme poëtique, qui signifie le vent du Nord.

ARABESQUE, adj., qui est à la maniere des Arabes. Des caracteres *Arabesques*. *Arabesque*, s. f., se dit d'une peinture & des ornemens où il n'y a point de figures humaines.

ARACAMIRI, s. m. Nom d'un arbrisseau du Bréfil, qui porte un fruit agréable, dont on fait de bonnes conserves.

ARACHNIDE, s. f. gr. Nom d'une Plante, du genre de celles qui ont des fruits des deux côtés, & qu'on appelle Amphicortes.

ARÆOSTILE, s. m. gr. Nom d'un Edifice dont les colomnes sont fort éloignées, par opposition au Picnostile, dont les colomnes sont trop pressées.

ARAIN, s. m. Espece d'Armoisin, ou de taffetas raié & à carreaux, qui vient des Indes orientales.

ARALIE, s. f. Plante, qui est une espece d'Angélique, dont les fleurs sont composées de plusieurs petales.

Ses feuilles sont disposées en forme de Roses. Elle porte un petit fruit, doux & plein de suc. L'*Aratiastre* est une autre Plante, dont la fleur est de celles qu'on nomme Hermaphrodites.

ARANE'E, s. f. Nom d'un minéral d'argent, qui ne se trouve que dans les mines du Potosi, & dans une seule de ces mines, nommée *Catamito*. Ce nom lui vient de sa ressemblance avec la toile de l'araignée, par les fils dont il est composé, & qui lui donnent l'apparence d'un galon d'argent. Il passe pour le plus riche des Minéraux.

ARBALETRILLE, s. f. Nom d'un instrument qu'on emploie, sur mer, pour les observations de la latitude.

ARCHAISME, s. m. Mot formé du mot grec qui signifie ancien, pour signifier une expression ancienne, surannée.

ARCHANGE'LIQUE, s. f. Plante dont on compte jusqu'à dix-sept espèces. On distingue, en général, la blanche & la rouge. La semence en est triangulaire; le calice divisé en cinq segmens, & oblong comme un tube.

ARCTITUDE, s. f. lat. Qualité étroite d'une chose, & terme d'Anatomie, pour signifier une disposition naturelle qui empêche une femme de consommer le mariage, avec un homme trop puissant.

ARDASSES, s. f. Soies de Perse, les plus grossières, & comme le rebut de chaque espèce. Celles, au contraire, qu'on nomme Ardassines, sont les plus belles de la même Contrée, & ne le cèdent guéres en finesse qu'aux Sourbastis.

ARENE, s. f. lat. Nom que les anciens Romains donnoient au lieu où ils faisoient combattre les Gladiateurs. Il signifie sable, parce que ce lieu étoit soigneusement couvert d'un beau sable. On appelle encore *Arene*, en termes Poëtiques, le champ d'une dispute ou d'un combat.

ARGOUDAN, s. m. Nom d'une sorte de cotton, qui vient de la Chine.

ARGOULET, s. m. Nom d'une cavalerie françoise, armée de toutes pièces, qui a subsisté depuis le règne de Louis XI, jusqu'à celui de Henri II. Elle fit place aux Arquebusiers à cheval, auxquels les Dragons ont succédé.

ARGUS, s. m. Coquillage de Mer, qui est parsemé de figures d'yeux, & qu'on nomme ainsi par allusion à l'Argus de la Fable.

ARGYRITE, s. m. gr., formé du mot qui signifie argent. C'est le nom général de toutes les Marcassites d'argent, c'est-à-dire, des Pierres minérales où il se trouve des parties d'argent. On appelloit anciennement *Combats argyrites*, ceux dont les Acteurs étoient payés, pour les distinguer des combats, ou des jeux sacrés, où l'on combattoit pour la gloire.

ARIDAS, s. f. Nom d'une célèbre espèce de Taffetas des Indes orientales, composé d'une espèce de soie qu'on tire de diverses sortes d'herbes.

ARIDE, ARIDITE'. Mots tirés du latin, dont le premier signifie sec, & l'autre sécheresse. Les Médecins nomment Aridure ce qu'on nomme aussi *atrophie*. C'est une sécheresse, une maigreur particulière de tout le corps, ou de quelque membre.

ARIETTE. Diminutif d'ARIA, mot Italien, qui signifie *Air*. On appelle Ariette, dans les Operas Italiens, de petits traits de Chants, vifs, ou tendres, qui sont placés entre le récitatif.

ARISTARQUE, s. m. gr. Ce mot, qui signifie proprement bon Prince, est employé pour *Critique*, depuis un fameux Grammairien, nommé Aristarque, qui fit une bonne critique des Poëmes d'Homère.

ARISTOPHANEION, s. m. gr. Nom d'une bonne emplâtre émolliente, composée, suivant James, de quatre livres de pois, de deux livres d'apochyme, d'une livre de cire, d'une once d'oppoponax, & d'une pinte de vinaigre.

ARMOISIN DES INDES, s. m. Espèce de Taffetas fabriqué aux Indes orientales, plus foible & de moindre lustre que l'armoisin d'Europe.

ARMORIAL, s. & adj. Mot formé d'*Armes*, & nom qu'on donne à un Recueil d'armoiries. Nous avons des Armoriaux de plusieurs Nations.

ARNIQUE, s. f. Plante des montagnes & des prés, qu'on nomme aussi Plantain de montagne, parce que ses feuilles ressemblent à celles du Plantain, & dont la fleur est jaune, à peu près de la forme de celle du souci. On lui attribue des effets merveilleux, surtout contre la fluxion de poitrine. Elle se prend en infusion comme le Thé.

ARRASES, s. f. lat. Terme d'Entrepreneur, & nom des pierres plus hautes ou plus basses que les autres cours d'assise, pour parvenir à une certaine hauteur; telles que celle d'un cours de plinthe, ou celle des cimaises d'un entablement.

ARRATEL. Poids Portugais de seize onces.

ARRHES, s. f. lat. Ce qu'on donne pour engagement & pour assurance de quelque chose. Ce mot se prononce comme il s'écrit, surtout dans le style noble. Mais dans quelques occasions, l'usage l'emporte pour *aires*. Par exemple, on dit, *les aires* qu'on donne au Coche.

ARROI, s. m. Vieux mot, qui signifie train, équipage, & qui se dit encore dans le style familier. En bon, en mauvais *arroi*.

ARROSOIR, s. m. Nom d'un coquillage fort rare, qui s'appelle autrement Brandon d'Amour. On n'en connoît qu'un, qui vient de l'Isle d'Amboine, & qui est dans le Cabinet du Grand Duc. L'*Arrosoir*, ou le Pinceau de Mer, est un autre coquillage de l'espece la plus distinguée parmi les Tuyaux. Sa forme l'a fait nommer aussi *Priape*.

ARRUGIE, s. f. lat. Canal, ou conduit souterrain, qu'on pratique dans les Minieres, pour l'écoulement des eaux.

ARSEE, s. f. formé du verbe latin, qui signifie brûler, être en feu, pour signifier un violent accès de passion, & l'effet le plus naturel de celle de l'amour.

ARTEUNE, s. f. Nom d'un Oiseau aquatique, dont les pieds ressemblent à ceux du canard.

ARZEGAGE, s. m. Nom d'un bâton ferré par les deux bouts, que portoient les Stradiots, Cavaliers Albanois, qui servoient en France sous les regnes de Charles VIII & de Louis XII.

ASAPHAT, s. m. Espece de gratelle, entre cuir & chair, venant de certains vers qui s'engendrent dans les pores, & qu'on fait sortir en pressant la peau.

ASEITE', s. f. lat. Terme composé, qui signifie proprement l'indépendance d'une chose qui existe par soi-même, & qui ne peut être dit par conséquent que de Dieu seul.

ASPERULE, s. f. Plante dont les feuilles ressemblent assez à celles du Grateron, & qui est un bon diurétique. Elle croit dans les bois & les lieux montagneux.

ASSAHUAIE, s. f. Nom d'une Plante du Royaume d'Issini, dont le fruit, qui est une espece de Prunes, est un Alcali si fort, qu'après en avoir mangé, les citrons les plus aigres, & le vinaigre le plus âpre, paroissent d'un goût délicieux.

ASSAKI, s. f. Nom que les Relations donnent à la Maitresse, ou la Sultane favorite, du Grand Seigneur.

ASSECHER, v. neutre, qui signifie sécher, mais qui ne se dit qu'en termes de Mer. Une Baye qui asseche en basse Mer.

ASSEIAL, ASSIS, s. m. Nom que les Voyageurs donnent à une composition d'opium & d'autres ingrédiens, que les Turcs prennent pour se procurer une sorte d'ivresse, qui les rend plus gais, plus hardis, & qui leur donne des idées, ou des songes agréables.

ASSIENTE, s. m. ou plutôt **ASSIEUTE**, mot Espagnol, qui signifie une Ferme, & dont on a fait le nom d'un Traité, par lequel autrefois les François, & depuis la Paix d'Utrecht, les Anglois, étoient engagés à fournir aux Colonies Espagnoles de l'Amérique, une certaine quantité de Négres d'Afrique, sous certaines conditions avantageuses.

On appelle *Assientistes* ceux qui ont des actions dans la Compagnie de l'Assiente.

ASSO, s. m., ou Pierre Assienne. Nom d'une Pierre qui se trouve aux environs d'Assos, ville de la Troade, & qui a la vertu de consumer, sans mordacité, les chairs molles & spongieuses. Elle est legere, friable, & couverte d'une poudre farineuse, semblable à celle qui s'attache aux parois des meules de moulins, à laquelle on donne, par cette raison, le nom de fleur de pierre d'Asso.

ASSOGUE, s. f. Nom qu'on donne, depuis peu, aux Galions Espagnols, c'est-à-dire, aux Vaisseaux qui portent les marchandises de l'Europe dans l'Amérique méridionale, & qui rapportent l'or & l'argent de l'Amérique en Espagne.

ASSOITE DE MARIE. Espece de Baume verd, sec ou liquide, qui est fort renommé en Espagne, pour la guérison des plaies.

ASSORATH, s. m. Nom d'un Livre Mahométan, qui renferme les Traditions de cette Loi, & qui tient rang immédiatement après l'alcoran.

ASSORTIMENT, s. m. Rapprochement de plusieurs choses qui se conviennent entr'elles, par quelque rapport mutuel. Des couleurs, des humeurs assorties. Une couleur assortissante à une autre. En termes de Librairie, on appelle *Livres d'assortiment* ceux qu'un Libraire tire, par achat ou par échange, des autres Libraires, François ou Etrangers. Ceux qu'il imprime lui-même se nomment *Livres de sortes*.

ASSURANCE, subst. fem. Coup d'*Assurance*, Pavillon d'*Assurance*, se dit, en Mer, d'un coup de canon qu'on tire, & d'un Pavillon qu'on arbore, pour assurer une Nation qu'on n'est point en guerre, ou qu'on n'en veut point avec elle.

L'*assure*, dans une Tapisserie de haute-lice, est le fil d'or, d'argent, de soie ou de laine, dont on couvre la chaîne de la Tapisserie ; ce qu'on appelle trame dans les étoffes & les toiles.

ASSUTINAT, s. m. Graine d'une qualité fort chaude, qui vient de Surate, & qu'on employe dans les ragoûts & dans la Médecine.

ASTERIC, s. f. gr., formé du mot latin, qui signifie Etoile. C'est le nom d'une Pierre, qui porte naturellement cette figure, & qui a des vertus fort alcalines. Elle est ronde, de couleur cendrée, & se trouve particuliérement dans le Titol. *Asteroïde* est le nom d'une Plante, qui pousse une fleur radiée en maniere d'Etoile. L'*Astrance* est une autre Plante, dont les sommités sont disposées en Etoile, & dont la racine est purgative. Elle croit dans les lieux montagneux. Le mot d'Astre, en termes de Chimie, signifie quintessence, ou la plus haute vertu qu'une chose puisse acquérir par des préparations. L'*astre* du Mercure, c'est la sublimation.

ATANAIRE, s. m. On dit d'un oiseau de proie qu'il est *atanaire*, pour signifier qu'il n'a point mué ; & qu'il a son pennage de l'année d'auparavant, du vieux mot *antan*, qui signifioit *année précédente*.

ATAXIE, s. f. gr., qui signifie désordre, irrégularité, & qui se dit d'un dérangement, d'une irrégularité dans les crises & les paroxismes des fiévres.

ATHANASIE, s. f. gr. Nom d'un fameux antidote des Anciens. Ce mot signifie immortalité.

ATHEROME, s. m. gr. Maladie des yeux. C'est une tumeur enkistée, qui vient aux paupieres, & dont on distingue plusieurs sortes, mais peu dangereuses.

ATHLETES, s. m. gr. Nom que les Anciens donnoient à ceux qui combattoient, par divers exercices de force, dans les Jeux Publics. Leur profession avoit des regles, qui en faisoient un art, nommé Gymnastique ou Agonistique. On donne encore le nom d'Athletes aux hommes robustes, qui sont adroits aux exercices du corps.

ATMEIDAN, s. m. Fameuse place de Constantinople, qui sert encore à exercer les chevaux, comme du temps des Grecs, qui la nommoient

moient *Hippodrome*, par cette raison. On y voit encore cinq colomnes des anciens Empereurs.

ATONIE, s. f. gr. Desordre, affoiblissement qui arrive aux nerfs & aux vaisseaux du corps, par quelque violence faite au mouvement tonique & régulier.

ATOUR, s. m. Vieux mot, qui se dit encore pour signifier parure, habillement recherché.

ATRABILAIRE, adj. lat. Celui qui est dominé par la bile noire, qui est dans une mélancolie habituelle.

ATRICES, s. f. Petits tubercules, qui se forment autour de l'anus, & qui se dissipent d'eux-mêmes.

ATTELABE, s. m. Insecte aquatique, de couleur cendrée, qui tient de l'araignée & de la sauterelle. Il nage dans l'eau & rampe sur terre.

ATTENTES, ou FLECHES, s. f. Noms des filamens rougeâtres, accompagnés de petites languettes couleur d'or, qui sortent du milieu du calice de la fleur du saffran, & dont on fait la drogue, qui s'appelle saffran.

ATTRACTYLIS, s. m. Plante que les Botanistes appellent de ce nom, & qui n'est autre chose que le *Chardon benit*, espece de *Carthame*, qui différe des autres.

ATTRAPE-MOUCHE, s. f. Nom vulgaire d'une Plante, dont le fruit est en forme de petite poire renversée, & dont on tire une huile qui rend la peau douce & unie. Elle se nomme autrement *Myagre* ou *Almerie*. Il y a un petit oiseau, qui s'appelle *Attrape-mouche*, ou *Moucherolle*.

AVANCE'E, s. f. Terme de Guerre. Poste qui est à la derniere barriere d'une ville. *Avancée* se dit aussi pour travail avancé.

AVANIE, s. f. Mot venu du Levant, où il signifie querelle injuste, & se dit des Turcs qui exigent de l'argent des Chrétiens, sous de mauvais prétextes. On l'employe pour affront, traitement injurieux.

AVANT-DUC, s. m. Nom d'une espece de Pont, qui se fait avec des pilotis enfoncés & couverts de grosses planches ou de dosses, pour rétrecir l'entrée d'une Riviere, ou pour terminer, des deux côtés, un Pont de Batteaux.

AVAU L'EAU. Expression vulgaire, qui signifie, suivant le cours de l'eau.

AUBERGE, s. f. A Malte, l'Hôtel de chaque Langue porte le nom d'Auberge, parce que les Chevaliers s'y assemblent & y mangent ordinairement. Il y a des réglemens pour les Auberges de Malte.

AUBOURS, s. m. Nom d'un arbre de médiocre grandeur, dont les feuilles, qui sont disposées trois à trois, grandes & pointues, passent pour digestives, & pour un spécifique contre l'asthme. Ses fleurs font place à des gousses, qui contiennent une espece de lentilles.

AUDITIF, adj. lat. On appelle conduit auditif, le canal par lequel passent les sons, pour aller au fond de l'oreille.

AVENANT, s. m. Vieux mot, qui signifioit prix, mérite, valeur, & dont il n'est resté qu'*à l'avenant*, terme vulgaire, pour signifier *à proportion*, ou en mesure, en quantité, en maniere qui répond à quelque chose.

AVENTIERS, adj. lat. Biens aventiers. C'est un terme de Jurisprudence, qui signifie des biens procédant de succession différente de celle des ascendans, & qui arrivent comme d'avanture.

AVENTURIERS, s. m. *Voyez* FLIBUSTIERS. C'étoit aussi le nom d'une sorte d'Infanterie Françoise, brave, mais mal disciplinée, sous les régnes de Louis XII & de François I. En général, on donne ce nom à ceux qui entreprennent quelque chose comme au hazard, ou avec plus de résolution que de prudence. Aventureux se dit aussi de ce qui est téméraire, ou de ceux qui ont trop de confiance à la fortune.

AVENUE, s. f. Route pratiquée, ou embellie, pour arriver & pour entrer dans quelque lieu. Il se dit aussi pour *arrivée*.

AVERTIN, s. m. Mal dont on

prétend que saint Avertin délivre ceux qui en sont attaqués, & qui se nomment vulgairement *Avertineux*. C'est une espece de vertige, ou de mal de tête.

AVEUGLES, subst. ou TAPIS AVEUGLES. Nom qu'on donne aux tapis de Smyrne, qui se vendent au Pic, lorsqu'ils sont manqués, & que le travail ne rend pas bien le dessein. On appelloit autrefois *Aveugles de Châlons* (Sur marne) ou *Aveuglas*, une espece de Moines mariés, qui quêtoient par la ville avec une sonnette à la main, & qui étoient obligés de se remarier six semaines après la mort de leurs femmes, sous peines d'être chassés de la Maison. Les derniers, qui furent supprimés en 1641, n'étoient pas réellement aveugles; mais il est à présumer qu'ils devoient l'être, suivant l'institution, dont le temps & l'auteur ne sont pas connus.

AUGET DE MINE, s. m. Diminutif d'Auge, & nom d'un petit canal de planche, d'environ trois pouces de diamétre, où l'on enferme le saucisson rempli de poudre, pour faire jouer la mine.

AVICTUAILLEMENT ou AVITAILLEMENT, s. m. lat. Provision de vivres qu'on fait sur Mer, ou sur Terre.

AVILA, s. f. Nom d'une espece de pomme de l'Amérique Espagnole, plus grosse qu'une orange, qui contient, dans huit ou dix noyaux, des amandes blanches & ameres, dont on vante la vertu contre les humeurs malignes. La dose est d'une, ou deux au plus.

AVILIR, v. act. lat. Rendre méprisable. *Vil* signifie bas, digne de mépris. On dit aussi *vil prix*, pour *bas prix*; mais on ne dit pas qu'une marchandise s'avilit, pour dire que son prix tombe, diminue.

AVITIN, adj. lat. Terme de Jurisprudence, qui signifie ce qui vient des Ayeux. Biens, héritages *avitins*.

AUMONERIE, s. f. Office Ecclésiastique, dont le Possesseur se nomme Aumônier. La grande Aumônerie de France est la charge de grand Aumônier.

AUMUCE, s. f., formé d'un verbe latin, qui signifie vêtir. Ce n'étoit anciennement qu'un bonnet de peau d'agneau avec le poil, & la chappe se portoit par-dessus. Ensuite on fit descendre ce bonnet sur les épaules, & par degrés jusques sur les reins. La commodité devint enfin l'unique régle, & de-là vient la variéte qu'on voit dans cet habillement des Chanoines, qui n'est plus même qu'un ornement pour ceux qui le portent sur le bras gauche, suivant l'usage le plus commun.

AVOCAT, subst. masc. Nom d'un grand arbre de l'Amérique, & de son fruit, qui est assez semblable à une poire de Bon chrétien, mais dont la chair n'a point de consistence & ressemble à de la marmelade. Sa couleur est verte, & son goût approche de celui d'une tourte de moëlle de bœuf.

AVOCATOIRES, adj. lat. On nomme *Lettres avocatoires*, celles par lesquelles un Prince revendique quelqu'un de ses sujets, qui est allé s'établir dans un autre Etat. Tout le monde ne convient pas que la conscience oblige le sujet d'obéir.

AVOIR. Terme de Commerce. L'usage des Marchands est de mettre le mot *avoir*, en gros caracteres, au commencement de chaque page, à main droite, de leur grand livre de compte. Ce côté est celui du crédit, ou des dettes actives, par opposition aux pages à gauche, qui sont le côté du debet, ou des dettes passives, qu'on distingue par le mot *doit*, écrit aussi en grosses lettres.

AVOISINEMENT, s. m., formé de voisin, pour signifier l'action de s'approcher de quelque chose. On a donné ce nom aux projets par lesquels on se flattoit de réunir les diverses croyances des Catholiques & des Protestans.

AVORTER, v. n. Outre la signification propre de ce mot, on dit fort bien, dans le figuré, qu'un dessein, qu'une entreprise avortera, pour dire qu'elle n'aura pas de succès.

Avorton se dit aussi dans le figuré comme dans le propre.

AURATE, s. f. Nom d'une poire d'été, aussi hative & aussi délicate que le petit muscat, mais sept ou huit fois plus grosse. Son nom lui vient du mot latin, qui signifie *Dorée*.

AURELIE, s. f. En termes d'Histoire naturelle, on appelle *aurelie*, ou Chrysalide, une espece de féve en laquelle se change un ver, qui doit ensuite prendre des aîles & voler.

AURIFIQUE, adj. lat. Ce qui a la puissance de produire de l'or, ou de changer quelque chose en or; vertu que les Alchimistes attribuent à leur poudre de projection.

AUSERON, s. m. Nom d'une drogue qui vient de Perse, mais que les Européens tirent des Indes Orientales, par Surate.

AUSPICES, s. m. lat. Espece d'anciens Prêtres Romains, qui jugeoient de l'avenir, par le vol des oiseaux, par leur chant, & par d'autres signes. Le Prêtre se nommoit *Auspex*, & son jugement *Auspicium*. Nous avons donné le nom d'Auspices à toutes sortes de présages. De-là l'expression, *entreprendre une chose sous d'heureux auspices, sous les auspices de quelqu'un*, c'est-à-dire, sous sa protection, dont on se promet du succès.

AUSTRAL, adj. lat., formé du mot qui signifie, vent du Midi. On nomme australes toutes les parties du Globe qui sont au Midi de la Ligne; & *Terres australes* de vastes Pays, qui sont encore peu connus, vers le Pole antarctique.

AUTAN, s. m. lat. Terme poëtique, pour exprimer le vent de Sud-Est.

AUTHEMERON, adj. gr., qui signifie ce qui est du même jour. On donne ce nom à un remede qui produit son effet le jour qu'on l'a pris.

AUTOPSIE, s. f. gr. Mot composé, qui signifie *Evidence oculaire*. C'étoit aussi le nom d'un état, dans lequel les anciens Payens croyoient qu'on avoit un commerce intime avec les dieux, & une sorte de participation à leur toute-puissance.

AXONES, s. f. gr. Nom qu'on donne aux anciennes Loix de *Solon* pour les Athéniens, parce qu'elles étoient écrites sur des tables de bois faites en triangle. L'original se gardoit dans l'Acropolis, qui étoit la Forteresse d'Athenes.

AZAMOGLANS, s. m. Nom qu'on donne, en Turquie, aux Enfans de Tribut, ou enlevés, qui, n'ayant pas les qualités propres au service du Serrail, sont employés à des offices plus vils. Les Chrétiens leur donnent le nom de Janisserots. Leur condition est une servitude fort laborieuse, & leur paye fort modique.

AZEBOUCQ, s. m. Drogue médecinale, qui vient de Batavia.

AZY, s. m. Espece de présure, composée de petit lait & de vinaigre, dont on se sert, à Gruyere & dans d'autres lieux, pour faire un second Fromage, qui se tire du lait du premier.

AZIME, s. m. gr. Pain sans levain, tel qu'on le fait pour servir à l'autel. Les Grecs nous nomment *Azimites*, parce qu'à l'exemple du Sauveur, qui institua le Sacrement de l'Eucharistie, dans le tems de la Pâque, avec le pain azime ordonné aux Juifs, nous n'en employons point d'autre pour ce saint Mystere.

B

BABAU, s. m. Nom d'un prétendu fantôme, dont on effraye les enfans dans nos Provinces méridionales. *Babet* est un petit nom de fille, pour Elisabeth, & le nom d'une danse figurée.

BABOUCHE, s. f. Sorte de mule, ou pantoufle orientale, qui a un quartier de derriere, & dont l'usage nous est venu du Levant.

BACCALAUREAT, s. m. Terme d'Université, qui signifie la qualité de Bachelier.

BACCHAS, s. m. Nom de la lie qui se trouve au fond des tonneaux où l'on a mis reposer le suc, ou jus, de citron.

BACCIFERE, adj. lat. Epithete qu'on donne aux arbres & aux plantes qui portent des Baies, comme au Chevre-feuille, au Lys des vallées, à la Brioine, à l'Afperge, &c.

BACHE, ou BANNE, f. f. Nom d'une grande couverture de groffe toile, que les Voituriers mettent par-deffus leurs Charettes, pour la confervation de ce qu'ils tranfportent. *Bacher* ou *Débacher* une Charette, c'eft mettre, ou ôter, la *Bache*.

BACHOTEUR, f. m. Batelier qui conduit un petit bateau, qu'on nomme Bachot. Le Bachotage fignifie cette profeffion.

BACHOUE, f. f. Nom d'un vaiffeau de bois, qui eft large par le haut, & qui s'étrecit vers le fond.

BACINET, f. m. Ancienne armure Françoife, qu'on croit avoir été un chapeau de fer affez leger. On nommoit *Bacinets*, les Soldats qui la portoient.

BACLER, v. act. Terme de Bateliers. Bacler un Bateau, c'eft le placer dans un lieu commode, pour la charge & la décharge des marchandifes, & l'y fixer avec des cables & des anneaux de fer. Baclage fe dit de cet arrangement, & du droit qui fe paie pour cela. De-là vient Bacler pour lier, dans l'ufage vulgaire.

BACUL, f. m. Large croupiere des bêtes de voiture, qui leur *bat* fur les cuiffes; & de-là vient apparemment ce nom.

BADUCKE, f. m. Nom d'une plante, dont le fuc, mêlé avec de la graiffe de fanglier, eft vanté pour la goutte. On prétend que le fruit, pris dans du lait, caufe l'impuiffance.

BAFFETAS, f. m. Groffes toiles de coton blanc, qui viennent des Indes, & dont les meilleures font celles de Surate.

BAGACE, f. f. Nom qu'on donne, dans les Antilles, au marc des cannes de fucre, qui ont été brifées dans le moulin, & dont on a tiré le fucre. On en fait des flambeaux, pour éclairer la nuit.

BAGNOLETTE, f. f. Sorte de coëffe à l'ufage des femmes. Celles d'hyver font de velours, de peluches, de chenilles, & de fatin fans envers, avec une dentelle de foie noire autour. Celles d'été font ordinairement de gaze blanche, unie ou mouchetée, avec une dentelle de fil, ou blonde de foie.

BAGUETTE, f. f. Nom des grandes tulipes de Flandres, qui leur vient de leur force & de leur hauteur. La plûpart font d'abord d'une feule couleur; mais elles changent quelquefois, & les Curieux y gagnent les plus belles fleurs du monde.

BAHAR, f. m. Nom d'un poids oriental, que les Portugais appellent Barre, par corruption, comme nous le faifons après eux, furtout dans nos Comptoirs d'Afrique.

BAHEL SCHULLI, f. m. Arbriffeau épineux des Indes, dont la racine, en décoction, eft un excellent diuretique. On en diftingue deux fortes; l'une qui croît dans les lieux aqueux, & l'autre dans les fables. C'eft la premiere dont on vante la vertu.

BAIANISME, f. m. Doctrine de Michel Baius, Théologien Flamand du feiziéme fiécle, & nom d'une Secte qu'elle a formée. Elle regarde particuliérement la grace & la liberté. Pie V. & Grégoire XIII. l'ont condamnée par leurs Bulles.

BAILLEMENT, f. m. Nom qu'on donne, en Poëfie françoife, à la rencontre vicieufe de deux voïelles, qui eft bannie par les régles. On la nomme auffi *Hiatus*, mot emprunté du latin, qui fignifie à peu près la même chofe.

BAISE-MAIN, f. m. Nom qu'on donne encore à l'audience que le grand Seigneur accorde aux Ambaffadeurs, parce qu'autrefois ils baifoient effectivement fa main. Mais, depuis que fous ce prétexte, un Create eut tué Amurat, cet ufage fut réduit à baifer le bout d'une longue manche de la vefte, que ces Monarques portoient exprès; & par degrés, à ne leur faire la révérence que de loin; & de-là vient même que les Tchaoux tiennent l'Ambaffadeur par le bras.

BALAIER, v. act., se dit, dans le figuré, pour vuider un lieu, en chassant ceux qui l'occupent. *Balaier la tranchée*, c'est chasser ceux qui la défendent.

BALANCÉ, s. m. Pas de danse, composé de deux demi coupés, l'un en avant & l'autre en arriere.

BALANCONS, s. m. Pieces d'une sorte de bois de sapin, debité en petit, dont on fait un grand commerce en Languedoc.

BALASSOR, s. m. Nom d'une étoffe d'écorce d'arbre, qui vient des Indes orientales.

BALASTRI, s. m. Nom qu'on donne, dans les Echelles du Levant, à de beaux draps d'or qu'on y porte de Venise, où ils se fabriquent.

BALATAS, s. m. Grand arbre d'Amérique, propre à la charpente, mais qui étant sec & de gros grain, s'équarrit plus facilement qu'il ne se scie. Il s'en trouve qui ont jusqu'à cinq pieds d'équarrissage & plus de quarante pieds de tige.

BALAZÉES, s. f. Toiles blanches de coton, qui se fabriquent à Surate, & qui se nomment aussi *Sauvageguzées de Surate*.

BALDAQUIN, s. m. Ornement, de bois, de métal, ou de carton, en forme de dais. Il sert ordinairement à couronner un lit, ou quelque lieu de parade. Ce nom vient de l'Italien & signifie *Dais*. Nos Architectes le donnent aussi à une espece de Dais soutenu sur des colomnes au-dessus d'un autel.

BALI, s. m. Nom d'une Langue sçavante de l'Orient, dans laquelle sont écrits les principaux Livres de la Religion des Bramines, & qui n'est entendue que d'un petit nombre de Prêtres. On fait venir ce nom d'un mot Chaldéen, qui signifie vieux, ou ce qui a vieilli.

BALIN, s. m. Nom d'une grande piece de toile, au-dessus de laquelle on vanne & l'on crible le grain, pour le recevoir dans sa chute. On nomme *Balline* une grosse espece d'étoffe de laine, qui sert à faire des emballages.

BALLET, s. m. On appelle *Ballet*, d'après les Italiens, une suite d'airs de plusieurs mouvemens, dont les danses représentent quelque sujet; & par extension, de petits Poëmes lyriques, accompagnés de danses, dont le sujet est pris ordinairement dans la Fable.

BALLE, s. f. Enveloppe de l'avoine, qui se nomme, dans quelques Provinces, *Borde* & *Barroule*. C'est la capsule où l'avoine est renfermée. Il se dit aussi de la premiere écorce des autres grains. L'orge mondé n'a plus de *balle*.

BALLES A FEU, s. m. Invention de guerre, composée de grosse toile remplie de poudre, & d'autres matieres capables de mettre le feu aux travaux de l'Ennemi. On en fait aussi, pour éclairer pendant la nuit, qui se nomment *Balles luisantes*. Les Ballons, en termes d'artillerie, sont des especes de Bombes, dont on distingue différentes sortes: Ballons à cailloux, Ballons à grenades, Ballons à bombes, &c.

BALNEABLE, adj. lat. Epithete qu'on donne aux eaux qui sont propres pour les bains.

BALOCHES, s. m. Nom qu'on donne, dans plusieurs Ordres Religieux, à ceux qui ne rendant aucun service, tel que de prêcher, de confesser, &c., sont regardés comme des bouches inutiles.

BALON, subst. masculin. Mesure pour le fer, qui contient seize tables de fer. Chaque table est d'un pied & demi, large de trois quarts de pied, & épaisse d'un grain d'orge. Le *Baloné* est un pas de danse.

BALOTE, s. f. Petite bale, qui sert à tirer au sort, dans les Élections qu'on remet comme au hazard. On appelle aussi *Balotes* des vaisseaux de bois dans lesquels on porte la vendange.

BALOURD, s. & adj. Mot emprunté de l'Italien, qui signifie ignorant, stupide. C'est le caractere d'Arlequin, au Théâtre Italien. De-là *Balourdise*, pour signifier faute grossiere & stupidité.

BALSE, s. f. Espece de Radeau composé de troncs d'arbres, ou de mats liés ensemble, dont les Indiens se servent sur la Côte du Pérou.

BALUX, s. m. Nom qu'on donne au sable des rivieres dans lequel il se trouve de l'or mêlé.

BAMBIN, s. m. Mot emprunté de l'Italien, qui se dit pour enfant, dans l'âge de l'innocence.

BAMBOCHADE, s. f. Nom qu'on donne à certains tableaux, qui représentent des sujets grotesques & champêtres. On les appelle ainsi de leur Auteur, Peintre Flamand, que la singularité de sa taille fit nommer Bambocio, ou Bamboche, par les Italiens. Son véritable nom étoit Pierre de Laer.

BANAL, adj., formé de Ban, qui se dit pour commun, vulgaire, public. En termes de Coutume, *Banal* signifie ce qui est dans l'étendue d'un lieu où les Vassaux doivent payer au Seigneur quelque droit; & ce qui leur est commun à cette condition, tel qu'un Moulin, un Pressoir, &c. Ce droit du Seigneur s'appelle droit de Banalité. Le district de la Banalité est nommée *Banlieue*.

BANC, s. m. Outre sa signification commune, ce mot en a plusieurs autres dans les arts. Le Banc à dégrossir des Tireurs d'or est une espece de petite argue, qu'on fait tourner, pour réduire les lingots à la grosseur d'un petit fer de lacet. Leur Banc à tirer est la machine dont ils se servent pour tirer le fil d'or à travers une petite filiere, nommée *Bregaton*, &c. Un banc de sable est un amas de sable qui s'éleve dans la mer, vers la surface de l'eau. On appelle le *Grand Banc*, un Banc, ou une Montagne de sable, d'environ cent cinquante lieues de long, & cinquante de large, qui n'a, au-dessus d'elle, dans sa plus grande hauteur, qu'environ vingt brasses d'eau, & où l'on fait la pêche de la Morüe, à vingt-cinq lieues de l'Isle de Terre neuve, que les Anglois, qui la possédent aujourd'hui, nomment *Nevvsound-land*.

BANDE DU NORD, BANDE DU SUD, s. f. Termes de Marine, qui signifient côté du Nord & côté du Sud, c'est-à-dire, les deux hemispheres qui sont entre la ligne équinoxiale & les deux pôles.

BANDURE, s. f. Plante, qui ressemble à la Gentiane, par sa semence & son fruit, mais plus remarquable par une espece de graine qu'elle produit sur sa feuille, & qui est à moitié remplie d'une liqueur assez agréable.

BANGE, s. f. On appelle Bange de Bourgogne une étoffe qui se fabrique dans cette Province, & dont il se fait un assez grand commerce à Lyon.

BANGNIER, s. m. Nom d'un camelot façonné, qui se fabriquoit autrefois à Amiens.

BANISTERE, s. f. Plante, qui tire son nom d'un célebre Botaniste, & dont la fleur, qui est en papillon, est remplacée par une semence unie, dont la membrane extérieure forme une feuille ailée, à peu près comme la semence de l'Erable.

BANNE, s. f. Nom d'une grande Manne. On appelle Charbon *en banne* celui qu'on apporte par charroi. La *Bannette* est une espece de Panier, qui sert au transport des marchandises. La *Banse* est un autre grand Panier.

BARAQUER, v. act. Terme militaire. Les Soldats se baraquent, lorsqu'au défaut des tentes, ou pour passer une partie de l'hyver en campagne, ils se font des baraques.

BARBARESQUES, s. m. Habitans de la Barbarie, sur la Côte Septentrionale d'Afrique. On dit aussi *Barbaresque*, pour signifier ce qui tient des usages & du génie des Peuples Barbares, c'est-à-dire grossiers, sans lumieres, sans aucune regle de bienséance & de goût.

BARBARICAIRE, s. m. Nom qu'on donne aux Peintres en Tapisseries, qui employent des soies de différentes couleurs dans les représentations d'hommes & d'animaux.

BARBETTE, s. f. Terme de Fortification. Il signifie une espece de Platte-forme, ou de petite élévation de terre, qui se fait ordinairement dans les angles d'un bastion, pour y placer du canon, qui tire par-dessus le Parapet. Ainsi, il a quelque rapport au Cavalier. Tirer le canon à barbette, c'est le tirer à découvert, sans épaulement de terre pour se cacher.

BARBONNE, s. f. Nom d'un Poisson de mer, qui ressemble à la Perche, & qui en a le goût.

BARCE, s. m. Espece de petits canons, autrefois plus en usage, sur mer, qu'ils ne sont aujourd'hui. Ils sont plus courts, plus renforcés de métal, & de plus grand calibre que les Fauconneaux.

BARDEUR, s. m. Ouvrier qu'on emploie dans les atteliers de Maçonnerie, surtout pour les Bâtimens de pierre de taille. Ce nom vient de *Bard*, espece de civiere à bras, dont ils se servent pour transporter les pierres.

BARETTE, s. f. Nom qu'on donne, par excellence, à la calotte rouge des Cardinaux. Il vient d'un mot latin, qui signifie toutes sortes de coëffures d'hommes, & dont les Jésuites conservent mieux l'origine, en donnant, à la toque de leurs Novices, le nom de *Birette*. Le bonnet du grand Maître de Malte se nomme *Baretone*. Il est de velours noir.

BARETTE, s. f. Nom d'une piece d'Horlogerie, qu'on place dans un Barillet, près du crochet du ressort, pour le maintenir contre la virole; ou qu'on attache aux platines, pour nettoyer les roues.

BARFOUL, s. m. Etoffe dont on fait des pagnes aux Négres, sur la Côte occidentale d'Afrique.

BARGE, s. f. Grande Barque armée, dont on se sert pour les descentes & pour d'autres usages. On appelle aussi *Barge*, dans quelques Provinces, une pile de foin entassé, qui se nomme *Meule* ou *Meulon* dans d'autres.

BARIGA DE MORE, s. m. Espece de soies des Indes orientales, qui viennent sur les vaisseaux de la Compagnie de Hollande.

BARIGEL, s. m. Titre du Chef ou du Capitaine des Sbirres, qui sont des Archers de Rome, établis pour la sûreté publique.

BARLERIA, s. f. Plante, que les Anglois nomment *Snap-Dragon*, dont la fleur est composée d'une seule feuille. Le pistile se change en un fruit oblong & quadrangulaire, qui contient des semences rondes & plattes. Son nom lui vient de Barlerier, Botaniste de Paris.

BAROQUE, adj., formé de Barocco, terme de Logique, qui est le nom d'un Sillogisme de la seconde figure. Il se dit vulgairement, pour inégal, bizarre, irrégulier.

BAROSANEME, s. m. gr., qui signifie *Pese-vent*. C'est le nom d'une machine inventée pour connoître la pesanteur du vent.

BARRE'S, s. m. Nom qu'on donnoit autrefois aux Carmes, parce qu'ils portoient des manteaux divisés par quartiers blancs & noirs.

BARRICADES, s. f. Chaîne qu'on tend à Paris, dans les troubles publics, à l'entrée des principales rues. On donne le même nom à des arbres taillés à six faces, traversés de batons, ferrés au bout, qu'on met dans les passages, ou les bréches, pour retarder la cavalerie & l'infanterie.

BARRIERE, s. f. Terme de Traités. On nomme ainsi, depuis la paix d'Utrecht, quelques villes des Pays-bas Autrichiens, telles que Tournai, Ypres, &c., où les Hollandois tiennent garnison, pour servir de boulevard contre les François.

BARROIR, s. m. Espece de tarriere, dont la méche est fort étroite.

BARROLEMENT, s. m., qui signifie, en termes de Pratique, un delai de Procédures.

BARSE, s. f. Grandes boëtes d'étaim, dans lesquelles on apporte le thé de la Chine.

BARTAVELLE, s. f. Nom d'une espece de grosse Perdrix rouge, dont on vante la délicatesse, & qui est commune dans le Dauphiné.

BASAAL, s. m. Arbre des Indes, qui ne porte des fleurs & des fruits que pendant quinze ans, & dont les feuilles, en décoction, sont vantées pour les maux de gorge.

BASARUQUE, s. m. Nom d'une

petite monnoie d'étaim des Indes.

BAS-FOND, s. m. ou Pays Somme. Terme de Mer. C'est un fond où il y a peu d'eau, & où la crainte d'échouer oblige à prendre des Pilotes du Pays pour servir de guides.

BASIN, s. m. Nom d'une bordure, ordinairement de bois uni, qui sert pour enquadrer les Estampes. Elle le tire de son Inventeur.

BASSE-LISSE, s. f. Tapisserie de soie & de laine, relevée quelquefois d'or & d'argent. Ce n'est que la position du métier, qui fait la différence de la Basse-lisse & de la Haute-lisse. L'ouvrier se nomme Basse-lissier.

BATI, s. m. On appelle le *bati* d'un habit, le gros fil qui a servi à joindre les parties ensemble, surtout l'étoffe & la doublure. Les Horlogers donnent le même nom au chassis d'une machine à fendre les roues.

BATTANT-L'ŒIL, s. m. Coëffure négligée de femmes, dont les côtés avancent beaucoup sur le visage, sur-tout vers les temples & les yeux, que la moindre agitation de l'air lui fait battre.

BATTEMENT, s. m. Terme de Danse & de Musique. Dans le premier sens, les battemens sont des mouvemens en l'air, qui se font d'une jambe, tandis que le corps est posé sur l'autre. En Musique, c'est une sorte de consonnance, formée de la réunion de deux vibrations, qui se rejoignent après avoir été séparées.

BATTITURE, s. f. Ecaille des métaux, qui se sépare de la Masse, lorsqu'elle est fortement battue à coups de marteau.

BATTURE, s. f. Espece de dorure, dont l'assiéte se fait avec du miel détrempé dans de l'eau de colle & du vinaigre. Elle tient lieu de ce qu'on appelle *Or-couleur*, dans les Peintures à l'huile. On l'appelle autrement dorure à miel, & quelquefois colle à miel.

BAVAROISE, s. f. Nom qu'on donne à une liqueur chaude, composée de thé & de syrop de capillaire. On en fait à l'eau & au lait.

BAUGE, s. f. Nom d'une sorte de Droguet de gros fil & de laine grossiere, qui se fabrique en Bourgogne.

BAVOCHURE, s. f. Terme de Graveur, qui se dit des traits qui ne sont pas nets. Les Graveurs à l'eau forte sont obligés d'ébarber les Bavochures avec le burin. *Bavochure* se dit aussi de l'impression d'un Livre, qui est tachée.

BAUQUIN, s. m. On donne ce nom au bout de la canne que les Verriers se mettent sur les levres, pour souffler le verre.

BAXANE, s. f. Plante des Indes, dont le fruit est suffoquant, jusqu'à causer la mort. On attribue aussi des vertus fort dangereuses à l'ombre de l'arbre. Il y a une autre Baxane, qui passe, au contraire, pour un excellent contre-poison.

BAYETTE, s. f. Etoffe de laine, d'un tissu fort lâche, rase d'un côté & cotonnée de l'autre. Les Anglois la nomment *Baie. Baie d'Angleterre*.

BAZAC, s. m. Nom d'un coton très fin & filé, qu'on appelle aussi coton de Jérusalem, parce qu'il vient de cette ville & des environs.

BAZGENDGE, s. f. Noix de Galle rouge, qui sert, en Turquie, à teindre en écarlate.

BEAUGE, s. f. Nom qu'on donne à de la paille, mêlée avec de la terre délaiée, pour l'employer à construire des Bâtimens.

BECCABUNGA, s. f. Plante aquatique, qui est une espece de Veronique, & qui a de grandes vertus, en décoction. Elle est détersive, vulnéraire, apéritive. Ses feuilles sont assez larges, crenelées & d'un verd noirâtre. Ses fleurs sont en forme d'épis, & disposées en rosettes à quatre quartiers. Elle fleurit aux mois de Mai & de Juin.

BECHARU, s. m. Oiseau aquatique de passage, que les Latins nommoient *Phœnicoptere*, & dont ils regardoient la langue comme un mets délicieux. Il a le plumage rouge & la voix très forte.

BECHE, s. f. Nom d'un Insecte, qui est une espece de petit Scarabée, revêtu d'une écaille verte & dorée. Il fait la guerre au raisin & aux feuilles

les tendres. On le nomme aussi Liset, Vercoquin, Urebec, &c.

BECHEN ou BEHEN, s. m. Racine médecinale, qui vient du Mont Liban, & qui entre dans les compositions alexiteres. On distingue le blanc & le rouge.

BEDOUINS ou BADOUINS, s. m. Nom d'un Peuple d'Abissinie, qui mene une vie errante comme les Tartares.

BEGUM, s. f. Titre d'honneur des Princesses & des Femmes de qualité de l'Indoustan.

BEIGE, adj. Serge *beige*. Nom d'une Serge noire, grise ou tannée, dont la laine n'a reçu aucune teinture, & qui se fabrique en Poitou.

BELEMNITE, s. f. Pierre, qui se nomme autrement *Pierre de Lynx*, blanche, grise, ou brune, de la grosseur & de la longueur du doigt, à laquelle on attribue des vertus contre la pierre, & pour dessécher les plaies. Elle est commune en Allemagne, & l'on en trouve aussi aux environs de Paris & de Caën.

BELILLI, s. m. Médicamment, qu'on apporte des Indes dans des cannes de Bambou, & qui a l'apparence d'un suc épaissi. Il est excellent pour la pleurésie & les hémorrhogies.

BELLE-DAME, s. f. Plante, dont les feuilles ont la figure de celles du Solanum, mais qui sont plus grandes, & dont les fleurs ont celle d'une cloche. Elle est rafraîchissante & narcotique. Son suc embellit la peau.

BELLIGERANT, adj. Mot composé du latin, qui signifie celui qui combat, qui fait actuellement la guerre. Les Gazettiers ont mis ce terme en usage. Puissances, Parties *belligerantes*.

BELLON, s. m. Nom d'une maladie commune en Angleterre, surtout dans les lieux voisins des mines de Plomb. Elle attaque les animaux comme les hommes. On nomme aussi *Bellon* un grand cuvier, qui sert aux pressoirs de vin & de cidre.

BELOER, s. f. Plante des Indes, toujours verte, dont les feuilles, en poudre, sont un très violent purgatif, mais dont la graine purge modérement.

BENEFICIATURES, subst. fem. Bénéfices des Chantres, des Chapelains, &c, qui sont plutôt des offices à gages, que de véritables bénéfices. *Beneficier*, verbe actif est un terme de Mines, qui signifie travailler facilement une Mine. Un métal difficile à *bénéficier*. Une Mine qui se *bénéficie* aisément.

BENEVOLE, adj. lat., qui se dit, dans le style badin, pour favorable ou favorablement disposé. On appelle *Benevole*, en langage Monastique, une Place qu'on obtient dans une Abbaye, avec un Bref de translation d'un ordre à un autre.

BERAM, s. m. Grosse toile de fil de coton, qui vient particulièrement de Surate. Il y a des Berams blancs, d'unis, & de raiés.

BERGERETTE, s. f. Nom d'une liqueur composée de vin & de miel, qui se nomme aussi Œnomeli.

BERNARD L'HERMITE, ou L'HERMITE, ou le Pauvre homme. Nom d'un petit poisson, fait à peu près comme l'Ecrevête ou la Salicoque, qui se loge dans une écaille vuide, & qui en change, suivant sa grosseur, jusqu'à ce qu'il cesse de croître.

BERNAVI, s. m. Plante d'Amérique, dont les Amériquains prennent, lorsqu'ils veulent se rendre gais; comme les Orientaux se servent de l'*Opium*, & les Egyptiens de l'Electuaire qu'ils nomment *Bers*.

BERNER, v. a. faire sauter quelqu'un en l'air & le recevoir sur une couverture dont on tient les quatre coins. De-là Berner, dans le figuré, pour dire railler quelqu'un, s'en faire un jouet. La *Berne* de Maroc est un supplice cruel, qui consiste à faire prendre le Patient par trois ou quatre Négres, qui, le tenant aux jarrets, le lancent en l'air de toute leur force. L'action simple de *Berner* se nomme *Bernement*.

BERNIESQUE, s. & adj. Espece de style burlesque, noble, fin, & moins négligé que le burlesque ordinaire. Il tire son nom de *Berni*, ou

Supplém.

Bernia, Poëte Italien du seiziéme Siécle, qui mit l'Orlando de l'Arioste dans ce style.

BESAIGRE, adj. Mot en usage pour signifier ce qui s'aigrit, ce qui commence à tourner à l'aigre.

BESNARDES ou BENARDES. Espece particuliere de Serrures. Les portes, qui en ont, se nomment aussi *Benardes*.

BESSON, s. m. Terme de Marine, qui signifie *rondeur*, & qui se dit de tout ce qui est relevé hors d'œuvre.

BIASSE, s. f. Nom d'une Soie crüe qui vient du Levant.

BIBLIOGRAPHE, s. m. gr. Nom qu'on donne à ceux qui sont versés dans la connoissance des Livres, c'est-à-dire, des Titres, des Editions, des Prix, &c. C'est proprement la science d'un bon Bibliothéquaire & d'un bon Libraire. *Bibliomane*, s. gr., se dit de celui dont le goût, pour les Livres, va jusqu'à la passion ; *Bibliophile*, grec, de celui qui les aime avec un goût raisonnable ; *Bibliotaphe*, grec, de celui qui, ayant quelque Livre rare & curieux, en est si jaloux qu'il ne le fait voir à personne, &, suivant la signification du mot, il en est comme le tombeau.

BICHO, s. m. Nom qu'on donne, au Brésil, & dans d'autres lieux de l'Amérique, aux Vers, qui s'insinuent dans les membres du corps, & qui causent des maux cruels. Les Maladies, qui en sont l'effet, portent le même nom.

BIDANET, s. m. Nom de la suie de cheminée, lorsqu'elle est employée, dans la teinture, pour les couleurs brunes.

BIFURCATION, s. f. lat. Terme d'Anatomie, qui signifie la disposition d'une partie qui fourche, ou qui se divise en deux. On donne le même nom, dans les arbres, à l'endroit où une branche se sépare en deux & devient fourchue. Les Dentistes disent que les racines de certaines dents se bifurquent, c'est-à-dire, se divisent en deux fourchons.

BIGAILLE, s. f. Terme générique, qui comprend tous les Insectes volatils, tels que les Mouches, Moucherons, Vercurs, Moustiques, Cousins, Ravers, Maringouins, &c.

BILLER, v. act. Biller la pâte, c'est l'applatir avec un rouleau, qui se nomme *Bille*.

BILLION, subst. masc. Ce mot, en termes d'Arithmétique, a la même signification que Milliard, c'est-à-dire, dix fois cent millions. On disoit autrefois *Bimillion*.

BIPEDAL, adj. lat., qui a la mesure de deux pieds. *Bipede* ne se dit que des animaux qui marchent à deux pieds, tels que l'homme & le singe. On demande si c'est naturellement, ou par éducation, que l'homme est *Bipede* ?

BIREME, s. f. lat. Vaisseau ancien, qui avoit deux rangs de rames de chaque côté. On en voit des figures sur la colomne Trajane.

BIRIBY, s. m. Nom d'un jeu fort à la mode, dont les instrumens sont un grand tableau, qui contient soixante-dix cases, avec leurs numeros, & un sac dans lequel sont soixante-quatre petites boules qui contiennent autant de billets numerotés. Chaque joueur tire, à son tour, une boule du sac ; & si le numero du billet répond à celui de la case du tableau, sur laquelle il a mis son argent, un Banquier lui paye soixante-quatre fois sa mise. On conçoit que l'avantage du Banquier est toujours de six sur soixante-dix ; sans compter qu'il a six cases nulles à chaque coup. Le *Cavagnol* ne diffère du Biribi, qu'en ce que chacun a son tableau particulier.

BIRLOIR, s. m. Nom d'une petite machine de bois tournante, qui sert à retenir un chassis de fenêtre, lorsqu'il est levé.

BIROTINE, s. f. Espece de soie levantine, dont il se fait un commerce assez considérable à Amsterdam.

BISAGE, s. m. Seconde teinture d'une étoffe, ou nouvelle couleur que les Teinturiers donnent à une étoffe qui a déja été teinte. On nomme *Etoffe lisée* celle qui a été reteinte & repassée.

BISET, s. m. Pigeon sauvage, qui

tire ce nom de son plumage, ou de sa chair plus bise que celle des Pigeons de volière.

BISON, s. m. Nom qu'on donne aux bœufs sauvages des Indes. Ils ont la tête courte, le front large, les cornes crochues, pointues, noires & luisantes, les yeux grands, le regard affreux, & la langue si rude, qu'en léchant ils enlevent la peau. Les crins de leur cou ont une odeur de musc, & l'on prétend que la poudre de leurs cornes résiste au venin. *Bison* est employé dans le même sens que *Buffle*, en termes de Blason.

BISQUAINS, s. m. Peaux de mouton, en laine, dont les Bourreliers se servent pour couvrir les colliers des chevaux de harnois.

BISULQUE, adj. lat., qui signifie *fendu* ou *fourchu*. Entre les diverses classes d'animaux, on distingue les Bisulques, c'est-à-dire, ceux qui ont le pied fourchu, tels que les Chameaux, les Bœufs, &c. Les Hebreux n'osoient manger des animaux Bisulques.

BITCHEMAR, s. m. Poisson de la Mer des Indes Orientales, qu'on sale & qu'on fait sécher, comme la Morue.

BITTERU, s. m. C'est le nom qu'on donne, dans les salines, à la liqueur, qui coule du sel, après sa cristallisation, & qu'on reçoit dans des vaisseaux. On la nomme aussi *Eau mere*.

BIVAC, que d'autres écrivent & prononcent *Bivrac, Bivouac, Biouac, & Bibouac* Mot tiré de l'Allemand, qui se dit d'une garde de nuit, & même d'une faction de l'armée entière, lorsque dans un siege, ou se trouvant en présence de l'Ennemi, elle sort de ses Tentes pour passer la nuit au bord des lignes, ou à la tête du Camp.

BIVALVE, s. f. lat. Coquillage qui a deux parties, jointes par une sorte de charniere, qui leur sert à s'ouvrir & à se fermer. Telles sont les huitres, les moules, &c. La division des poissons testacés, c'est-à-dire, à coquilles, est en Univalves & en Bivalves.

BLANC, adjectif, qui signifie la couleur opposée à *noir*. Quantité de femmes mettent du blanc & du rouge, pour s'embellir le visage par des couleurs que la nature leur a refusées. On demande si le blanc est une couleur? C'en est une du moins pour les Peintres. Faire une coupe de bois à *blanc-étre*, c'est n'y réserver, ni taillis, ni balivaux. Cornette *blanche* est, en France, le nom du premier Régiment de Cavalerie. *Blanchir* de la viande, c'est la mettre dans de l'eau tiede, pour la faire revenir.

BLANQUE. Terme vulgaire, qui se dit dans les jeux où l'on tire au sort, lorsqu'on n'amene rien. C'est apparemment une corruption de *Blanche*, qui peut venir de l'usage ancien de tirer dans un livre, dont une partie des pages est chiffrée, & l'autre blanche, c'est à-dire, sans chiffres. Ainsi *Blanque* signifie feuille blanche, & par conséquent celle qui n'amene point de lot.

BLASER. Terme commun, dans plusieurs Provinces de France, pour signifier *brûler*, *dessécher*, lorsque cet effet est produit par l'usage excessif des liqueurs fortes. L'eau-de-vie *blase*. Un homme *blasé*.

BLASONNER, v. act. & n. C'est expliquer des armoiries. On commence toujours par le champ; puis on specifie les figures ou pieces honorables, s'il y en a, & l'on descend ensuite aux autres figures. Les armes de France sont trois Fleurs-de-lys en champ d'azur, deux en chef & une en pointe.

BLEU, adj. & s. m. On en distingue differentes nuances. *Bleu* blanc, *bleu* mourant, *bleu* céleste, *bleu* turquin, ou foncé, *bleu* pers, qui est entre verd & bleu, *bleu* d'enfer, ou noirâtre, &c. On fait, avec la graine de Tournesol, un *bleu* qui porte le nom de cette Plante. Les différentes Troupes de la Maison du Roi sont distinguées par le nom général de *Bleus* & *Rouges*, qui est pris de la couleur de leurs habits.

BLONDE, s. f. Espece de Dentelle de soie, qui s'est mise fort à la mode. Une coëfure de *Blonde*.

BLOUSSE, s. f. Laine courte, qui ne peut être employée dans les Manufactures, & qu'on renvoye à la Carde. *Blouette du Rhin* est le nom d'une sorte de laine d'Allemagne.

BOBELIN, s. m. Ancienne chaussure Françoise, à l'usage du Peuple. Les Savetiers de Paris en ont conservé, parmi leurs titres, la qualité de *Bobelineurs*, auxquels on prétend qu'ils ont succédé. Elle les distinguoit alors des Cordonniers.

BOCAGE, s. m. Nom général de toutes les especes de Linge ouvré, qui se font en Basse-Normandie. On ne nous en apprend pas l'origine.

BOCHET, s. m. Seconde décoction des Bois & des Plantes sudorifiques, qu'on fait boire dans certaines maladies, où la transpiration doit être augmentée.

BOESSE, s. f. Instrument de plusieurs fils de laiton joints ensemble, qui sert aux Monnoyeurs, aux Sculpteurs, aux Cizeleurs, pour ébarber les lames, ou pour nettoyer les ouvrages de métal.

BŒUF, s. m. On appelle *Bœuf violé* le Bœuf qu'on promene au Carnaval, parce qu'il est ordinairement accompagné de violons & d'autres instrumens. Quelques-uns disent *villé* & d'autres *vielé*.

BOLETITE, s. f. Nom d'une pierre argilleuse, de couleur cendrée, semée de lignes argentées, qui représente une Morille avec son enveloppe.

BOLZAS, s. m. Coutil de coton, qui vient des Indes, blanc ou rayé de jaune. Ses raies sont de coton cru.

BOMBARDE, s. f. Nom d'un des jeux de l'Orgue, mais qui s'emploie rarement. Les jeux en pedale ont aussi des Bombardes.

BOMPOURNICKLE, s. m. Espece de pain fort noir, & fort pesant, dont l'usage est particulier à la Westphalie.

BONDUC, s. m. Plante des Indes, dont les Baies, ameres, rondes, & de couleur cendrée, sont employées, dans la Médecine, contre la pierre, les maux d'estomac, &c.

BON-HENRI, s. m. Plante fort semblable à l'Epinar. Elle est laxative, émolliente & vulnéraire. En cataplasme, elle calme, dit-on, les douleurs de la goutte.

BONNET DE NEPTUNE, s. m. Espece de Champignon de mer, haut d'environ cinq pouces & demi, sur sept de large à sa base, & qui s'arrondit, par la tête, en forme de calotte, dont les lames sont coupées en crête de coq ; ce qui lui donne l'apparence d'une tête naissante. Le *Bonnet d'Hippocrate* est un bandage de tête, pour les écartemens des sutures.

BORBORISME, s. m. gr., qui signifie proprement ce qui a l'odeur de la boue. Les Médecins en ont fait le nom d'un vent humide ou *bourbeux*, qui sort des intestins, ou qui s'y fait entendre, & qui est un symptôme ordinaire de colique ou d'indigestion.

BORDELIERE, s. f. Petit poisson de riviere ou de lac, qui a la tête courte, sans dents, & sans langue, le corps couvert de petites écailles minces & noirâtres, & qui est de fort bon goût. Il se tient toujours au bord de l'eau, & de-là lui vient son nom.

BORDEMENT, s. m. Terme de Peinture, qui se dit de la maniere d'employer les émaux clairs, en les couchant à plat, bordés du même métal sur lequel on les applique. Ceux dont le champ est tout d'émail sont sans bordement.

BOROZAIL ou ZAIL, s. m. Maladie contagieuse des Afriquains méridionaux, qui vient d'un usage immoderé des femmes, mais qui est différente de la vérole. D'autres la nomment *Afab*.

BOSTANGI-BACHI, s. m. Intendant des Jardins du Grand-Seigneur. Il a, sous ses Ordres, quatre cens Jardiniers, qui se nomment aussi Bostangis.

BOTHRION, s. m. gr. Nom d'un petit ulcere creux, qui se forme dans la cornée des yeux.

BOTRIS ou BOTRIDE, s. f. Plante dont les feuilles sont velues & découpées, & les fleurs en petites grappes. On lui attribue des vertus surprenantes, surtout pour faire sortir les enfans morts du sein de leurs Meres. Elle croît particulièrement dans les lieux humides.

BOTRYTE, s. m. gr. Pierre qui doit sa naissance au feu & qui tire son nom de sa figure. C'est une espece de Cadmie brûlée, qui se forme dans la partie supérieure du fourneau, & qui ressemble, suivant la signification du mot grec, à une grappe de raisin. On appelle *Placitis* la partie qui se ramasse au fond.

BOTTAGE, s. m. Droit que l'Abbaye de saint Denis leve sur tous les Bateaux & les Marchandises qui passent sur la Seine, depuis la saint Denis jusqu'à la saint André.

BOUBAK, s. m. Animal des frontieres de Moscovie & de Pologne. On en distingue deux sortes, qui sont toujours en guerre. Les uns ressemblent au Blereau, les autres au Renard. On raconte des choses fort étranges de leur animosité mutuelle.

BOUDER, v. d'origine obscure. Il est neutre & actif. Bouder simplement, c'est être d'une humeur sombre & chagrine à l'occasion de quelque chose dont on est fâché. *Bouder* quelqu'un, c'est lui marquer, par un air froid & des manieres réservées, qu'on est mécontent de lui.

BOUDINE, s. f. Nom qu'on donne aux nœuds du verre, ou à la bosse qui demeure dans le plat du verre, à l'endroit où il a été coulé. Les Vitriers ont des Moulins, ou Mouloirs, pour diminuer du moins les Boudines, quand ils ne peuvent les ôter tout-à-fait.

BOUGEOIR, s. m. Petit Chandelier portatif, dans lequel on met une bougie. Il y a un Bougeoir d'or au coucher du Roi ; & c'est une distinction pour les Seigneurs, de le tenir.

BOUGIE, s. f. En termes de Chirurgie, c'est une petite verge cirée, qu'on introduit dans l'urethre pour le dilater & le tenir ouvert, ou pour consumer les excrescences qui se nomment Carnosités. Les *Bougies* de M. d'Aran sont aussi célébres, que son habileté à guérir toutes ces maladies.

BOUILLE, s. fem. Marque que les Commis mettent à chaque piece d'étoffe, déclarée au Bureau des Fermes. *Bouiller* un étoffe, c'est y mettre cette marque.

BOULANGER DE CAMP, s. m. Nom de certaines Serges drapées, qui se fabriquent en Poitou. L'Inventeur se nommoit Boulanger, & la matiere est une laine Espagnole de Campo.

BOULE-PONCHE, s. f. Mot corrompu de l'Anglois, qui signifie une certaine quantité de la liqueur qui se nomme *Pounch*, servie dans un vaisseau qu'on nomme *Boul*.

BOULICHE, s. f. Nom de certains grands vases de terre, dont on se sert, dans les Mers du Sud, pour y mettre du vin.

BOUQUE, s. f. Terme de Navigation, qui signifie proprement un passage étroit. De-là *embouquer*, pour dire *entrer, s'engager dans une Bouque ou un Détroit*.

BOUQUINISTE, subst. masc. qui se dit d'un Vendeur de vieux Livres qui se nomment aussi *Bouquins*, & de celui qui aime à lire des *Bouquins*, ou qui cherche parmi de vieux Livres, pour en trouver quelqu'un qui soit bon.

BOURBONNISTE, s. m. On trouve ce mot quelquefois employé, pour signifier Partisan de la Maison de Bourbon.

BOURCETTE, s. f. Petite Plante fort alcaline, qui se mange en salade, & qu'on croit bonne pour les pertes de sang, les hemorrhagies, la dyssenterie, &c. On l'appelle vulgairement *Mache*.

BOURDALOUE, s. f. Nom d'une sorte de tresse, ou de cordon de chapeau, avec une boucle, dont l'invention est attribuée au fameux Pere Bourdaloue.

BOURDE, s. f. Mot fort ancien, qui a signifié *Mensonge*, & qu'on trouve employé, dans ce sens, dès le tems de Saint Louis. On disoit aussi *Bourder*, pour mentir & tromper ; mais il est hors d'usage. L'origine est fort incertaine. *Bourde* eſt auſſi une eſpece de mauvaiſe ſoude. *Bourde*, ſe dit encore, en langage familier, pour *menſonge*, ou *fable* inventée à plaiſir.

BOURGEON, ſ. m. On appelle *Bourgeon* ou *Eſcourville*, des laines plus fines que le reſte, qui s'allongent ou s'échappent par brins en différens endroits de la toiſon, & qu'on arrache de deſſus la bête avant que de la tondre.

BOURRE'E. Pas de *Bourrée*. C'eſt un Pas compoſé de deux mouvemens; un demi-coupé avec un pas marché ſur la pointe du pied, & un demi jetté, qui fait le ſecond mouvement.

BOURRELANISSE, ſ. f. Nom de la groſſe laine qui reſte aux Moulins où l'on foule des draps fins. Celle qui ſort des gros draps ſe nomme *Lavelan*.

BOURRICHE, ſ. f. Eſpece de Panier, d'un tiſſu clair, qui eſt depuis longtems en uſage, pour tranſporter le gibier & la volaille. *Voiture* en parle dans ſa Lettre 108.

BOUTADE, ſ. f. Mot d'origine obſcure, mais fort en uſage pour ſignifier *caprice*, ou leger emportement ſans cauſe apparente.

BOUTON, ſ. m. Nom d'une arme des Sauvages de l'Amérique, qui eſt une eſpece de maſſue de bois fort dur, entre trois & quatre pieds de long, platte, épaiſſe de deux pouces, excepté à la poignée où ſon épaiſſeur eſt un peu moindre. Ils en font un uſage terrible.

BOUTON DE FEU, ſ. m. Cautere actuel, qui s'emploie pour brûler les os, pour conſumer les exoſtoſes & les caries, &c.

BOUTRAME, ſ. f. Nom qu'on donne, en Flandres, à une tranche de pain ſur laquelle on étend du beurre & quelquefois des friandiſes, pour la manger avec plus de goût.

BOUVART, ſ. m. Jeune bœuf. *Voyez* BOVARD.

BOUVIER, ſ. m. Petit poiſſon de riviere, plat, long de trois ou quatre pouces, dont les écailles ſont argentines, & qui ſe tient toujours dans la boue. Il ſe nomme auſſi *Petenſe*. *Voyez* BOOTES.

BOUVREUIL, ſ. m. Belle eſpece d'oiſeau, fort commun dans la Forêt d'Anet. Sa groſſeur eſt celle d'une Alouette. Il a le bec, la tête, les ailes & la queue, noirs, le dos gris d'ardoiſe, & le ventre d'un beau rouge. Il apprend à parler & à ſiffler, avec peu de ſoin pour l'inſtruire.

BOUZIN, ſ. m. Partie trop tendre d'une pierre. On *ébouzine les pierres*; c'eſt-à-dire, qu'on en retranche cette partie, avant que de les employer.

BRABANTES, ſ. f. Toiles d'étoupe de lin, qui ſe fabriquent aux environs de Gand, Bruges, Courtrai, Ypres, &c.

BRACELET, ſ. m. En termes d'Anatomie, c'eſt un ligament circulaire du poignet, qui, formant un cercle dans la Région du Carpe, embraſſe tous les tendons qui ſervent à la main.

BRANCADES, ſ. f. Nom qu'on donne aux chaînes de Forçats.

BRANLE-BAS, ſ. m. Terme de Marine. Faire *branle-bas*, c'eſt ôter non-ſeulement les Branles, mais tout ce qui eſt ſur le Gaillard & dans l'Entrepont, & le jetter à fond de cale, pour ſe diſpoſer au combat.

BRAQUEMART, ſ. m. Ancien nom d'un ſabre, ou d'une épée tranchante.

BRAS, ſ. m. Avoir des bras, en termes de Danſe, c'eſt les porter, les remuer avec grace. On dit d'une femme qu'*elle fait les beaux bras*, pour ſignifier qu'elle ſe donne des graces affectées. Un *bras de Mer* eſt une petite partie de Mer, qui s'avance dans les terres.

BRATHITE, ſ. f. Nom d'une pierre figurée, qui eſt une eſpece de *Dendrite*, où l'on croit voir les feuilles de la Sabine. Auſſi ſe nomme-t-elle autrement *Sabinite*.

BRAULS, ſ. m. Toiles des Indes, raiées de bleu & de blanc, qu'on nomme auſſi *Turbans*, parce qu'elles ſervent beaucoup à couvrir cet ornement de tête.

BREAUNE, ſ. f. Toile de lin, de

différentes qualités, qui se fabrique en plusieurs endroits de Normandie, & qui sert particuliérement à faire des Rideaux de fenêtre.

BREDOUILLE. Terme badin, emprunté du jeu de Trictrac, qu'on employe pour signifier qu'on n'a rien fait de ce qu'on s'étoit proposé. On revient bredouille, c'est-à-dire, sans rien apporter, sans avoir rien fait, sans avoir rien obtenu, sans avoir vû personne, &c. en un mot, sans être plus avancé qu'on ne l'étoit.

BRELANDINIER, s. m. Nom que l'usage fait donner aux Marchands & aux Ouvriers, qui étallent au coin des rues, dans des Boutiques mobiles & portatives.

BRELLE, s. f. Nom d'une certaine quantité de pieces de bois liées ensemble, pour les faire flotter, en forme de radeau. Quatre *Brelles* font le train complet.

BRENECHE, s. f. Nom qu'on donne à la liqueur qu'on tire des Poires, & qui se nomme *Poiré*, lorsqu'étant encore nouvelle elle en est plus douce & plus agréable.

BRESILLER, v. n., qui signifie, se rompre par petits morceaux, ou se réduire en poudre à force de sécheresse. Les uns font venir ce mot de *braize*; les autres du bois de Brésil, qui nous vient fort sec.

BREVET, s. m. Préparation de teinture, qui consiste dans une décoction de Garance & de son, passée au tamis dans le bain d'Indigo. On appelle *brevet* la croix de l'Ordre du Saint Esprit, qui est brodée sur les habits des Chevaliers; & ce nom se donne quelquefois aux Chevaliers mêmes.

BRICOLE, s. f. Tour & détour des choses, causé par les résistances qu'elles rencontrent dans leur mouvement. En termes de Marine, *bricole* se dit de la puissance qu'ont les poids, placés au-dessus du centre de gravité, pour mettre un vaisseau sur le côté. Le lest contre-balance la *bricole*, qui est occasionnée par le poids des mâts, des manœuvres hautes, &c.

BRIGITTINS, s. m. Religieux fondés en 1344, par sainte Brigitte, sous la régle de saint Augustin. Chaque Monastere doit être double, l'un de Religieux, & l'autre de Religieuse. Il y en a néanmoins d'hommes seuls & de filles seules. Ils ont été introduits de Flandres en Espagne, par la B. Marine d'Escobar, & leur premier Monastere est à Valladolid. L'Irlande a eu son Ordre de Brigittines instituées au cinquiéme siécle, par une Brigitte Irlandoise.

BRILLANT, s. m. On donne ce nom à un diamant taillé à facette, par-dessus & par-dessous. *Brillanter* un diamant signifie le tailler dans cette forme.

BRINS, s. m. Toiles de chanvre, qui se fabriquent en Champagne. On appelle *brins d'estoc*, de grands bâtons, ferrés par les deux bouts, qui servent, en Flandres, à sauter les Fossés, dont tous les Champs sont entrecoupés.

BRIS DE MARCHE', BRIS DE PRISON. Deux termes de Jurisprudence; le premier, qui signifie le vol des Marchandises qui se portent au marché, ou le Monopole qui en empêche la bonne vente; l'autre qui se dit des efforts qu'un Prisonnier fait pour s'évader, & qui sont regardés comme un crime, quand il seroit même emprisonné sans cause légitime. La peine en est arbitraire ou réglée ordinairement sur les circonstances.

BRISE-VENT, s. m. Nom qu'on donne à des clôtures, ou de petits murs, qui se mettent autour des planches, ou des couches, d'un Jardin potager, pour garantir, des vents froids, les melons, les salades, & d'autres plantes délicates.

BRISTOL. Les Pierres de Bristol, (c'est-à-dire, l'espece de cristal qui se trouve dans des pierres, près de cette Ville), sont aussi transparentes que le cristal de roche. L'eau de Bristol, qui sort d'une source minérale, dans le voisinage de la même ville, est la plus pure & la plus legere qu'on connoisse en Europe.

BRITINNIENS, s. m. Religieux Hermites d'Italie, ainsi nommés de leur premiere demeure, qui s'appelle *Britinni*, dans la Marche d'Ancône. Leur inſtitution eſt fort ancienne; mais ils ont été reunis, par Alexandre IV, à l'Ordre des Hermites de ſaint Auguſtin.

BRIZOMANCIE ou ONIROCRITIQUE, ſ. f. gr. Art de deviner les choſes futures par les ſonges. Mais, à l'exception de ceux que Dieu peut envoyer exprès, la divination, par les ſonges, n'eſt qu'une ſuperſtition, lorſqu'elle s'étend au-delà de la diſpoſition actuelle du corps, dont il paroit qu'on peut quelquefois juger, par la nature des images qui ſe repréſentent dans le ſommeil.

BROCANTEUR, ſ. m. Celui qui fait métier d'acheter & de revendre diverſes ſortes de curioſités ou de marchandiſes, pour trouver du profit dans cette eſpece de commerce. *Brocanter* eſt le verbe.

BROCARD DE SOIE, ſ. m. Nom d'un coquillage, dont la bigarrure brune, ſur un fond blanc, imite le Brocard de ſoie. C'eſt une des eſpeces du Rouleau.

BROCHURE, ſ. f. Nom qu'on donne aux Livres, lorſqu'au lieu d'être reliés, ils ſont ſeulement brochés, c'eſt-à-dire, couſus & couverts en papier. *Brochure* ſe dit auſſi des figures & des ornemens qu'on ajoûte au fond d'une étoffe, qu'on nomme alors Etoffe *brochée*.

BRODE, ſ. f., qui ſe dit pour *Broderie*, en termes de Point royal, ou Point de France.

BRODEQUIN, ſ. m. Nom d'une eſpece de torture, où l'on ſerre les jambes du criminel entre des pieces de bois, avec des coins, ſur leſquels on frappe pour augmenter le ſerrement.

BROMOT, ſ. m. Plante, qui reſſemble à l'Avoine ſauvage, mais qui porte, au lieu d'épi, des barbes longues & rudes. Elle croît au bord des chemins. On lui attribue une vertu vulnéraire & déterſive.

BRONCHOTOMIE, ſ. f. gr. Terme de Chirurgie, pour ſignifier une inciſion qui ſe fait à la trachée artere, lorſque l'inflammation du larynx empêche la tranſpiration.

BROQUE, ſ. f. Rejetton d'un Chou friſé. *Voyez* BROCCOLI.

BROUI, ſ. m. Terme d'Art. C'eſt un tuyau par lequel on ſouffle, pour travailler en émail. On l'appelle auſſi Chalumeau, &c.

BROUT, ſ. m. Premieres productions du Bois, au Printems, que les bêtes fauves mangent avec avidité, & dont on prétend même qu'elles s'enivrent. De-là vient *Brouter*, pour, manger la pointe des herbes & les extrêmités des arbres où la ſéve ſe porte. *Broutilles* ſe dit des menues branches, qui reſtent dans les forêts, après qu'on en a tiré le bois de corde. On appelle *Brou de Noix*, les coques de Noix vertes, qu'on laiſſe pourrir, & qu'on fait enſuite bouillir dans l'eau, pour donner, au bois, la couleur du Noyer.

BROUCOLAQUES, ſ. m. Nom que les Grecs donnent aux Cadavres des perſonnes excommuniées. Ils les croyent animés par le Démon, & de-là vient leur nom, qui ſignifie *faux reſſuſcité*. C'eſt une eſpece de Vanpires.

BRUNETTE, ſ. f. Petite chanſon tendre, d'un goût naturel & délicat. Les *Brunettes* ſont ordinairement à couplets, avec un refrain. C'eſt auſſi le nom d'un fort beau coquillage, de l'eſpece des Rouleaux, marqué de taches brunes.

BRUSQUE, adj. Ce mot, qui n'étoit autrefois que l'adjectif de Bruſquerie, a pris une ſignification plus étendue, pour exprimer ce qui eſt fort précipité, ce qui ne paroit point avoir été médité, ni prévu, & qui ſe fait avec précipitation. Un départ *bruſque*, une réſolution *bruſque*. *Bruſquer* ſe dit auſſi dans le même ſens. On *bruſque* une entrepriſe, une bataille, un ouvrage d'eſprit, &c.

BRUT, adj. lat., qui ſignifie ce qui eſt encore dans ſon état naturel, qui n'a point reçu d'autre forme, ni aucune ſorte de préparation ou d'embelliſſement. Une *Brute* eſt un animal privé de raiſon. *Brut* ou *Ort* ſe dit du poids d'une marchandiſe, qui

qui est passée avec son emballage. Cette Balle pese quatre cens livres *Brut* ou *Ort*, c'est-à-dire, que l'emballage & la marchandise pesent ensemble quatre cens livres.

BRYON, s. m. gr. Petite mousse grise, qui croit sur l'écorce des arbres, particuliérement sur celle des Chênes.

BUBALE, s. m. Animal vanté par les Anciens, que plusieurs Naturalistes prennent, sur sa description, pour la Vache de Barbarie.

BUCIOCHE, s. f. Draps de Provence & de Languedoc, que les François portent à Alexandrie & au Caire.

BULBE, s. m. Le *Bulbe caverneux* est un terme d'Anatomie, qui se dit des muscles accélérateurs, qui vont passer sur le bulbe de l'uretre.

BULTEAU, s. m. Mettre des arbres en *Bulteau*, ou *Tetars*, c'est leur couper la tête.

BUNETTE, s. f. Nom d'une espece de Moineau qui fait son nid dans les haies. Son plumage est gris, & sa grosseur un peu moindre, que celle de la Fauvette. On remarque que son nid n'est jamais qu'à la hauteur d'un homme de taille médiocre.

BUPHTHALME, s. m. gr. Plante, dont le nom signifie Œil de Bœuf, & lui vient de sa fleur, qui est faite en maniere d'œil. Ses feuilles ressemblent au Fenouil. Quelques uns l'appellent *Cacle*. On la vante pour la jaunisse, sur-tout prise en breuvage, au sortir du bain.

BUSE, s. f. ou BOUBI, s. m. Gros oiseau de proie, fort lent & fort stupide, qu'il est impossible de dresser pour la chasse. Sa couleur est noirâtre. Il fait la guerre aux garennes, aux basse-cours & aux étangs. On appelle aussi *buse* les tuyaux des soufflets, soit de métal ou de bois.

BUSTROPHE, s. m. gr. Maniere d'écrire de la gauche à la droite, & ensuite de la droite à la gauche, sans discontinuer la ligne, en courbant seulement la premiere en demi cercle, & revenant par une seconde, qui n'est que la même continuité.

Les Vers s'écrivoient autrefois dans cette forme; & de-là vient le mot latin *Versus*, parce qu'on tournoit à peu près comme font les bœufs, pour former les sillons du labourage; ce que le mot de *Bustrophe* exprime aussi.

BY, s. m. Grand fossé, qui regne au travers d'un Etang, jusqu'à la bonde, pour y retenir une certaine quantité d'eau, lorsqu'on vuide l'Etang. On l'appelle *Biez* dans quelques Provinces.

BYAKIS, s. m. Espece de Baleine, que d'autres nomment Cachelot, & qu'on croit le mâle des Baleines. Ce qu'on appelle Blanc de Baleine est fait de la cervelle du Byaris.

BYZANTINE, adj. Histoire *Byzantine*. On donne ce nom à l'Histoire de l'Empire d'Orient, sous les Successeurs de Constantin le Grand, qui donna son nom à l'ancienne Bizance. Nous avons un Recueil d'Ecrivains de l'Histoire Bizantine.

C

C, dans la Chymie, signifie le salpêtre. Entre les Marchands, C. O. signifie compte ouvert, & C. C. compte courant. C. est le caractere de la monnoie de Caen; & le double CC. de celle de Besançon.

C.A, adv. C'est une abbréviation, tantôt d'*ici*, & tantôt de *cela*. Dans *vien-çà*, & *çà & là*, il est formé d'*ici*. Dans *ça est bien, ça ne durera pas toujours*, &c, il est formé de *cela*.

CAA est la premiere syllabe de quantité de Plantes du Brésil; ce qui fait juger que dans la langue des Habitans il signifie Plante. Ils y joignent un autre mot qui en distingue l'espece; comme dans *Caa-Ataya*, qui est une Plante purgative, assez semblable à l'Eufraise; *Caa-Chira*, qui est la Plante de l'Indigo, & quantité d'autres, dont les noms & les propriétés se trouvent dans le Dictionaire de *James*.

CABAIE, s. f. Nom d'une espece de robbe, en usage dans quelques parties des Indes orientales.

CABALE, s. f. Expression figurée, qui ne se dit qu'en mauvaise part, pour signifier complot, association dans de mauvaises vûes. On appelle *Cabaliste*, en Languedoc, un Marchand qui fait le commerce sous le nom d'autrui.

CABAS, s. m. Nom d'une espece de Panier long, fait de jonc tressé, qui est en usage en Flandres. On y nomme aussi *Cabas* certains chariots couverts, qui servent de Coches, ou de Voitures publiques.

CABESTERRE, s. f. On donne ce nom, dans nos Isles de l'Amérique, à la partie de l'Isle qui regarde le Levant, & qui est toujours rafraîchie par les vents alisés. La *Cabesterre* est opposée à la basse-Terre; ce qui fait juger que ce mot est une corruption de *Cap*, & qu'il signifie une *Terre* qui forme un *Cap* à l'*Est*.

CABOSSE, s. f. Nom de la gousse qui renferme les amandes du Cacao.

CABOTER, v. n. Terme de Marine. C'est naviger le long des Côtes, de Cap en Cap. *Cabotage* est le substantif. On nomme *Cabotiers* de petits bâtimens dont on se sert pour caboter.

CABOTTIERE, s. f. Batteau plat, long & étroit, dont on se sert particuliérement sur la riviere d'Eure, depuis Dreux jusqu'à sa jonction avec la Seine.

CABRER, v. act. Dans le figuré, *cabrer* quelqu'un, c'est le choquer par quelque proposition ou quelque terme révoltant. On se *cabre* quelquefois mal-à-propos.

CABROUET, s. m. Charrette en usage dans nos Isles, qui est ordinairement tirée par des Bœufs.

CACAGOGUES, s. m. Mot composé du latin & du grec, qui signifie des onguens appliqués au fondement, pour provoquer les selles.

CACAOTETI, s. m. Nom d'une pierre Indienne, qui s'appelle, en latin, *Lapis Crumus*, & qui, lorsqu'elle est échauffée, produit un bruit assez fort.

CACHATIN, s. m. La gomme Laque, qui se nomme *Cachatin*, est une des sortes de Laques qu'on porte à Smyrne.

CACHELOT, s. m. *Voy.* BYARIS.

CACREL, s. m. Nom d'un poisson de la Méditerranée, dont on vante la tête pour guérir les ulceres, & la chair contre la morsure des Scorpions & des chiens enragés, par simple application.

CADENE, s. f. Nom d'une sorte de Tapis, qui vient du Levant, en Europe, par la voye de Smyrne.

CADUCITÉ, s. f. lat. Disposition à tomber. Foiblesse d'une chose, qui annonce sa chute ou sa ruine. *Caduque*, adjectif, se dit des choses qui approchent de leur fin. L'âge caduque, ou de la caducité, est la vieillesse. On appelle *Mal caduc*, l'Epilepsie, parce qu'elle cause des chutes dangereuses. En termes de Palais, une succession *caduque* est celle où personne ne se porte pour héritier.

CÆCUM, s. m. Mot purement latin, qui signifie aveugle. On a donné ce nom au premier des gros boyaux, parce qu'il n'a qu'une ouverture, qui lui sert d'entrée & de sortie. Il est situé dans l'hypocondre droit, & plus bas que le rein.

CÆTERA. Mot emprunté du latin, & grec d'origine, qui signifie *le reste* ou *d'autres choses*. Il est devenu françois, dans ce sens, & s'exprime ordinairement par ces deux lettres, &c.

CAFARD, s. m. Ancien mot, qui se dit encore, pour signifier *Hypocrite*, faux dévot, & par extension, *Rusé* sous un air simple. On le fait venir de l'Arabe, où *Caphar* signifie proprement celui qui a quitté une Religion pour en prendre une autre, *Infidele*. Les Turcs donnent ce nom aux Chrétiens. *Cafarderie* est le substantif. On appelle aussi *Cafard* une espece de damas, ou de satin, dont la trame est de fil & les chaînes de soie.

CAFFETAN, s. m. ou CAFTAN. Robbe longue, agraffée, & bordée par-devant, avec des manches courtes, en usage parmi les principaux Officiers militaires Turcs. Le Grand Seigneur fait présent d'une ou de plusieurs de ces robbes, à ceux qu'il veut honorer par une marque particuliere de faveur. La *Caffe*, ou *Caffa*, est une toile de coton fort bigarrée de figures, qui vient du Bengale.

CAFFILA, s. m. Nom qu'on donne, en Perse & dans l'Indoustan, à ce qui s'appelle Caravane en Turquie.

CAFRES, s. m. Habitans d'une grande partie de l'Afrique, au Couchant & au Midi, qui se nomme *Cafrerie*. Ils sont célebres par leur difformité & leur barbarie.

CAGNEUX, s. & adj. Tortu, difforme. Il se dit des pieds comme des jambes.

CAGOT. Faux dévot. Dévot avec affectation. *Cagoterie* est le substantif.

CAHIER DE FRAIS, ou *Mémoire de frais*. Terme de Comptable, qui se dit d'un état de dépense, pendant un temps limité.

CAHIMITIER, s. m. Arbre de l'Amérique, qui porte un fruit d'environ trois pouces de diametre, verd & mêlé de taches rouges & jaunes, si sain & si rafraîchissant qu'on le donne aux Malades.

CAHOTER, v. act. & n. Outre sa signification vulgaire, il se dit fort bien, dans le figuré, d'une voix qui *sautille*, & qui est comme interrompue, soit par la crainte ou par quelque empêchement naturel, dans le discours ou dans le chant.

CAHUTTE, s. f. Mot d'origine Allemande, qui se dit pour Cabane, Chaumiere.

CAILLEBOTÉ, adj. Réduit en caillebot, coagulé. Du sang épais & cailleboté.

CAILLETTE, s. f. Nom qu'on donne, à Paris, aux femmes qui ont peu d'esprit & beaucoup de babil. Il étoit en usage dès le tems de *Marot*.

CAILLOU. Eau de Caillou. On donne ce nom à une préparation d'Eau-forte, sur laquelle on voit végeter les métaux, comme un arbre qui croît à vûe d'œil, & qui s'étend en plusieurs branches. On en attribue l'invention à *Rhodes Canasse*.

CAJOLER, v. act., qu'on devroit écrire *Cageoler*, parce qu'il est formé de Cage. Il signifie carresser, flatter, par quelque vûe artificieuse, comme on caresse un oiseau, pour l'accoutumer à la clôture de sa cage.

CALABA, s. m. Arbre gommeux des Indes, qui rend une sorte de bon mastic. Ses fleurs sont en forme de rose.

CALCUL DIFFERENTIEL, & CALCUL INTEGRAL. Noms de deux nouvelles méthodes Géométriques. Le premier est la méthode de différencier les qualités ou grandeurs, c'est-à-dire, de trouver une quantité infiniment petite, qui, prise une infinité de fois, égale une quantité ou grandeur donnée. Ce que nous appellons différences, les Anglois l'appellent *Fluxions*. Le *Calcul integral* est la maniere de sommer les différences, c'est-à-dire, la somme ou la grandeur égale à une infiniment petite donnée, prise une infinité de fois : ce que les Anglois appellent la méthode inverse des fluxions. Le *Calcul différentiel* descend du fini à l'infiniment petit, & le *Calcul intégral* remonte de l'infiniment petit au fini. Mais le second est imparfait & borné. S'il cessoit de l'être, la Géométrie seroit arrivée à sa perfection.

CALCULEUX, s. & adj. Qui a le Calcul, qui est tourmenté de la Pierre, de la Gravelle ; ou ce qui est pierreux, graveleux.

CALEMARE, s. m. Poisson qui ressemble à la Seche, & qui jette, comme elle, une encre fort noire. Mais il a la chair plus molle.

CALENCAR, s. m. Belle toile des Indes, dont les figures & les couleurs s'appliquent avec le pinceau ; ce qui la rend la plus précieuse & la plus estimée de toutes les Indiennes.

CALESIAM, s. m. Grand arbre du Malabar, dont le bois est de couleur purpurine. On en fait des poignées de sabre, & des manches pour toutes sortes d'instrumens. Son écorce est employée dans la Médecine.

CALFEUTRER, v. act., qui a la même signification que Calfater, mais qui se dit particuliérement des fenêtres d'une chambre, & de toutes les fentes, qu'on bouche avec de la colle & du papier.

CALICE, f. m. lat. Les Botaniftes donnent ce nom à la partie extérieure, qui enveloppe une fleur lorfqu'elle eft en bouton, & qui eft différente du *Pedicule*. Ils le donnent auffi à la partie qui foutient & qui enveloppe, tout à la fois, quelques autres fleurs, comme dans la Rofe.

CALIETTE, f. f. Efpece de Champignon jaune, qui vient au pied du Genievre.

CALIN, f. m., fe dit pour *pareffeux*, lent, avec affectation de langueur; & par extenfion, dans le figuré, pour rufé avec douceur, avec un air de flaterie, de défintereffement, & de nonchalance, qui femble ne prétendre à rien. Tu es un bon *Calin*. L'origine eft incertaine.

CALINER, v. n. Terme de fociété familiere, qui fignifie paffer le tems dans l'indolence, ou fe mettre dans une fituation aifée, pour demeurer dans l'inaction.

CALLE'E, f. f. Nom d'une efpece de cuirs de Barbarie, qui s'achetent à Bonne, & dont le commerce eft confidérable.

CALLEMANDRE ou CALMANDRE, f. f. Nom d'une étoffe de laine fort luftrée, & de différentes couleurs, dont on fait des robbes & des jupons.

CALLIPEDIE, f. f. gr. Titre d'un fameux Poëme latin, fur les moyens d'avoir de beaux enfans, compofé par *Quillet*, de Chinon en Touraine. Ce nom eft paffé en ufage, pour fignifier une forte d'Art, qui a le même objet.

CALLOT, f. m. Nom d'un célébre Graveur, qui a excellé pour les petites Figures grotefques; d'où eft venu l'expreffion proverbiale de *Figure à Callot*, pour figure bizarre & rifible. Les maffes de pierre, qu'on tire des Ardoifieres, pour les tailler en Ardoifes, fe nomment des *Callots*.

CALMANT, f. & adj. Terme que les Médecins ont mis en ufage, pour fignifier un remede narcotique, ou foporatif, qui diminue le fentiment de quelque douleur. Le Laudanum,

le Cynogloffe, &c. font des *Calmans*.

CALMI, f. m. Efpece de toile peinte, qui vient des Etats du Grand Mogol, & dont le commerce eft défendu en France.

CALOT, f. m. Nom d'une Poire, que d'autres appellent Donville, & qui fe conferve jufqu'au mois de Mai. Elle fe mange cuite.

CALOTTE, f. f. Nom d'une fociété badine, inftituée de nos jours pour faire la guerre aux Vices & aux Ridicules. Les Affociés fe nomment Calottins. Ils ont pris le titre de Régiment, où ceux qui fe couvrent de quelque ridicule éclatant, font enrollés par un Brevet en Vers ou en Profe. Le corps a fes Chefs, fes armoiries, &c. Cette imagination a produit quantité d'Ouvrages ingénieux: mais l'efprit de Satire en a fouvent abufé, pour fe livrer aux plus noires calomnies. *Calottin* fe dit de tout ce qui fent une gayeté folle & maligne. *Calotte*, en termes d'Architecture, eft une portion de voute, fpherique ou fpheroïde, qu'on éleve au milieu des plafonds & des voutes mêmes. Les Horlogers donnent auffi ce nom à l'efpece de boëte qui renferme le mouvement d'une montre.

CALQUIERS, f. m. Nom de divers fatins des Indes, & d'une efpece d'Atlas, qui s'appelle *Atlas Calquier*.

CALVAIRE, f. m. Ordre de Religieufes, fondé par Antoinette d'Orleans, fille de Leonore d'Orleans, Duc de Longueville, & de Marie de Bourbon, Comteffe de faint Paul, fous la direction du fameux Pere Jofeph, Capucin, qui dreffa les Conftitutions fuivant la régle de faint Benoît. Le premier Monaftere fut bâti à Poitiers, en 1614.

CAMARAMIRA, f. f. Célébre Plante du Bréfil, dont la fleur, qui eft jaune, s'ouvre pendant toute l'année à onze heures du matin, demeure ouverte jufqu'à deux heures après midi, & fe ferme pour le refte du temps.

CAMARE, f. f. Ancienne efpece de Caveçon, dont on ne fe fert plus dans les Académies, parce que les petites dents, dont il est armé, déchirent la bouche du cheval.

CAMBRASINE, s. f. Toile du Levant & d'Egypte, qui tire ce nom de sa ressemblance avec les toiles de Cambray.

CAMBRIQUE, s. & adj. Nom qu'on donne à la Langue qui se parle dans le Pays de Galles, en Angleterre, & qui approche beaucoup de celle que nous nommons *bas-Breton*. On prétend que c'est une des Langues meres de l'Europe. Cambrique est formé du nom latin du Pays de Galles.

CAMELINE, s. f. Plante annuelle, qui se cultive en Flandres, & dans plusieurs endroits de France, où l'on tire de sa semence une huile qui sert à brûler, & même à la préparation des alimens.

CAMELOTIER, s. m. Nom d'une espece de Papier des plus communs.

CAMERIER, s. m. Titre d'office, en Italie, qui signifie *Maître de Chambre*. On nomme ainsi divers Officiers du Pape, qui sont souvent d'une naissance distinguée. Il y a des Cameriers d'honneur, des Cameriers de Cappe & d'Epée, des Cameriers *extra muros*. En Espagne, on appelle *Camereras* ou *Camerieres* les Dames de la chambre de la Reine, dont la premiere se nomme *Camerera mayor*; & *Camerarias* ou *Cameristes*, les Dames de la chambre d'une Princesse. *Camerlingue* est le titre d'un Cardinal, qui est Chef de la Chambre Apostolique. L'Intendant des Finances du Royaume de Bohême s'appelle aussi *Camerlingue*.

CAMOUFLET, s. m. Terme badin. Donner un Camouflet à quelqu'un, c'est lui souffler de la fumée au nez, avec un cornet de papier brûlé par le bout. C'est un tour de Page, qu'on fait quelquefois à ceux qui s'endorment. En termes de Guerre, il se dit du feu qu'on envoye d'une Place attaquée aux Ennemis qui l'attaquent.

CAMPOTE, s. m. Nom d'un gros drap de coton des Indes Orientales, qui se fait, dit-on, aux Isles Philippines, & qui est fort estimé dans le commerce.

CANADE, s. m. Oiseau de l'Amérique, qui passe pour le plus bel oiseau du Monde. Il a le ventre & les ailes de couleur d'or, le dos & la moitié des ailes bleu céleste, la queue & les grosses ailes des plumes mêlé d'incarnat étincellant, diversifié de bleu, avec un noir luisant sur le dos. Sa tête est couverte d'un duvet brun, marqueté de verd, de jaune & de bleu pâle. Ses yeux sont revêtus de blanc; & la prunelle, qui est jaune & rouge, ressemble à un rubis enchâssé dans de l'or. Il est couronné d'une houpe d'un vermillon éclatant, environnée d'autres petites plumes couleur de perle.

CANAMELE, s. f. Nom que les François ont donné aux Cannes à sucre, & qui signifie apparemment *Canne miellée*.

CANATIS, s. m. Nom général qu'on donne, dans les Isles, à toutes sortes de Pots de terre, & qui répond à celui de Pot, en France.

CANATOPOLES, s. m. Nom que, suivant les Relations des Missionaires, on donne à ceux qui travaillent au salut des Indiens, en qualité de simples Catechistes.

CANCEL, s. m. lat. Nom du lieu dans lequel on tient le sceau de France, & qui est entouré d'une balustrade. Il est pris de l'endroit du chœur d'une Eglise, qui est le plus proche du grand Autel, & qui étant environné aussi d'une balustrade, se nomme *Cancel*, ou *Sanctuaire*.

CANDIDAT, s. m. lat. Nom qu'on donne à ceux qui aspirent à quelque charge, à quelque degré de rang ou d'honneur. Il vient des usages de l'ancienne Rome, où ceux qui avoient certaines prétentions, paroissoient vêtus de blanc, suivant la signification du mot.

CANDIDE, adj. lat., qui se dit pour *franc, ouvert, ingenu*. *Candeur* est le substantif.

CANDIOTTE, s. f. Nom d'une belle Anemone à Peluche, dont les grandes feuilles sont d'un gris blanchâtre, sur un fond incarnat. La Peluche est incarnat, bordée de feuille morte verdâtre.

CANGUE, s. f. Instrument de supplice, célebre dans les Relations de la Chine & d'autres lieux. Il est composé de deux planches larges & épaisses, échancrées par le milieu, entre lesquelles on insere le cou du coupable, comme dans un carcan, qu'il est forcé de porter nuit & jour.

CANICA, s. f. Espece de canelle sauvage d'Amérique, qu'on employe dans la Médecine, mais dont le goût approche plus de celui du Clou de girofle, que de la vraye canelle.

CANICULE, s. f. Tems auquel on suppose que domine la constellation de ce nom. *Chaleur caniculaire, jours caniculaires.*

CANIRAM, s. m. Grand arbre du Malabar, que deux hommes peuvent à peine embrasser. Sa racine & son écorce sont employées, dans la Médecine, contre les fiévres, les diarrhées, les dyssenteries, &c.

CANNEBERGE, s. f. Plante marécageuse, dont les fleurs sont purpurines. Sa semence, ou son fruit, qui est ronde & renfermée dans quatre petites loges, est d'un goût qui tire sur l'aigre, & qui devient fort agréable lorsqu'elle est revêtue de sucre.

CANNEQUIN, s. m. Toile de cotton blanche, qui nous vient des Indes.

CANNEVETTE, s. f. Mesure Hollandoise des liqueurs, ou vaisseau qui contient ordinairement douze ou quinze pintes.

CANNIBALE, s. m. Nom des Habitans naturels des Isles Antilles, qu'on donne aussi à d'autres Peuples, accusés de manger de la chair humaine, parce que ces Insulaires dévoroient autrefois leurs Ennemis pendant la guerre. On les appelle aussi *Caraïbes.*

CANTARELS, s. m. Espece de Vers, qu'on appelle aussi Vers de Mai, & qui étant macerés dans l'huile, passent pour avoir la même vertu que l'huile de Scorpion.

CANTONADE, s. f. Terme commun dans les Pieces du Théâtre Italien, pour signifier l'un ou l'autre côté du Théâtre, où une partie des Spectateurs est assise, sur des bancs en forme de petit Amphithéâtre.

CAOUANE ou KAOUANE, s. f. Nom de la plus grande des différentes especes de Tortues. Son écaille & sa chair sont peu estimées.

CAPITEUX, adj. lat. Un vin capiteux, une odeur capiteuse, est celui, ou celle, qui porte à la tête, qui cause des étourdissemens, ou d'autres maux de tête.

CAPITOUL, s. m. Nom qu'on donne aux Echevins de la Ville de Toulouse, comme on nomme Jurats ceux de Bordeaux, & Ammeistres ceux de Strasbourg.

CAPIVERD, s. m. Nom d'un animal amphibie, à quatre pieds, qui a le corps d'un Cochon & la tête d'un Liévre, sans aucune espece de queue, & qui se tient presque toujours sur son derriere. Il est commun au Brésil, où il quitte la Mer, pendant la nuit, pour se nourrir de fruits & de légumes. On mange sa chair.

CAPLAN, s. m. Petit poisson, dont on fait des amorces pour prendre les Morues à la ligne. De-là le nom de *Caplaniers* qu'on donne à ceux qui vont à la pêche de la Morue.

CAPON, s. m. On nomme *Capons*, dans les Académies de jeu, ceux qui ne s'y trouvent que pour prêter de l'argent aux Joueurs. C'est ce qu'on appelle aussi les Nuques & les Piqueurs.

CAPRIPEDE, s. & adj. Mot Poëtique, qui se dit des Satyres de la Fable, auxquels on suppose des pieds de chevre.

CAPRISANT, adj. lat. Terme de Médecine, qui se dit du poulx. Un poulx caprisant est celui qui sautille, comme une chevre, c'est-à-dire, dont les pulsations sont dures & inégales.

CAPTER, v. act. lat., qui signifie ; obtenir, ou tenter d'obtenir quelque chose, par des soins, par une attention constante, ou par adresse. Il ne se dit gueres que dans ces deux phrases, *Capter* la bienveillance de quelqu'un, & *Capter* l'occasion. *Captieux*, qui en est formé, se dit de ce qui est équivoque, mais qui se fait, ou qui se dit particuliérement, pour conduire à un sens plus qu'à un autre. Une proposition captieuse.

CARACOLI, s. m. Métal qui vient de la *Terra firma*, & qu'on prend pour un composé d'or, d'argent & de cuivre, dont la couleur ne se ternit jamais. D'autres le croyent un métal simple, d'autant plus que les Orfevres ne peuvent en imiter la beauté. C'est une sorte de Tomback.

CARACTERE, s. m. lat., qui signifie proprement, marque à laquelle on distingue une chose d'une autre. Toutes ses autres significations tiennent de cette idée, dans le physique comme dans le moral & le figuré. Les Botanistes appellent *Caractérisme* certaines ressemblances que les Plantes ont avec quelque partie du corps humain.

CARAPACE, s. f. Nom qu'on donne à l'écaille qui couvre le dos de la Tortue, principalement de celle qu'on nomme *Carret*. Elle est ovale, convexe, & composée de treize feuilles, qu'on nomme communément Ecaille de Tortue.

CARAQUE, s. f. Porcelaine Caraque. Nom que les Hollandois donnent à leur plus fine Porcelaine, parce que les premieres, qui sont venues des Indes en Europe, y furent apportées par des Caraques Portugaises. On appelle aussi *Caraque*, du Cacao qui vient de la Côte de Caraque.

CARBOUCLE, s. m. lat. Diminutif de *Charbon*. Nom que les Lapidaires donnent quelquefois au rubis, & qui vient de son brillant.

CARCAILLER. Terme de Chasse, qui exprime le cri des Cailles, comme *Caracouler* exprime celui des Pigeons.

CARCAISE, s. f. Nom d'un Four de Verrerie, qui est le premier où se fait la fritte des matieres, pour le Verre & le Crystal.

CARCINOMATEUX, adj. grec. Terme de Médecine, qui signifie ce qui tient du Cancer, ce qui en est attaqué.

CARDIAQUE, s. & adj. gr. Nom des remedes qui ont la vertu de fortifier le cœur. Il se dit aussi de deux arteres, qu'on appelle autrement *Coronaires*. Les Médecins nomment *Cardiaires* les vers qui naissent dans le cœur. Le *Cardiogme* est un picotement vif à l'orifice de l'estomac, causée par quelque humeur acrimonieuse.

CARENE, s. f. En style de Coquillage, *Carene* est le nom du fond d'une coquille.

CARGAMON, s. m. Nom corrompu du *Cardamome*. On le donne à celui de Visapour, qu'on croit seul de son espece.

CARIBOU, s. m. Animal sauvage du Canada, qui est une espece d'Orignal, mais qui n'a pas le bois si puissant, & dont le poil est presque tout blanc. Sa chair est excellente.

CARIQUE ou CARICUM, s. m. gr. Nom d'un remede catheretique, inventé par Hippocrate, dont la vertu est célebre pour déterger les ulceres & consumer les chairs superflues.

CARLIEN, adj. Terme d'Histoire, qui se dit, comme *Carlovingien*, de ce qui est de la seconde Race de nos Rois, ou de ce qui appartient à cette Race.

CARNIFICATION, s. f. lat., qui signifie changement des os en chair, & qui n'est en usage que pour cette étrange maladie. On dit aussi, des os carnifiés, ou qui se carnifient.

CAROCHE, s. f. Nom d'un bonnet, en forme de mitre, où l'on voit des Diables peints dans les flammes, que l'Inquisition d'Espagne & de Portugal fait porter à ceux qu'elle a condamnés à mort.

CAROPHYLOIDE, s. f. gr. Nom d'une pierre figurée qui représente le clou de girofle. Elle a plus proprement la forme d'une cloche, avec une étoile à plusieurs rayons au-dessus.

CARRARE. Marbre de Carrare, qui se tire près de Genes, d'un lieu de ce nom, & qui est fort estimé.

CARREGER, v. n. Terme de Marine, qui signifie, sur la Méditerranée, ce que Louvoyer signifie sur l'Océan, c'est-à-dire, courir plusieurs bordées, en voguant à droite & à gauche, pour ménager le vent.

CARTE GEOGRAPHIQUE, s. f. *Voyez* GEOGRAPHIE. On appelle *Cartes réduites* celles où les degrés de latitude vont en augmentant de l'Equateur vers les Pôles, en raison des sécantes. On dit qu'elles sont *réduites en grand ou en petit point*, suivant que la division des degrés est en un plus grand, ou en un plus petit nombre de parties. Tout le monde convient que les Cartes réduites & les Echelles de latitude, sont d'autant meilleures, que l'on prend de suite de plus petits arcs.

CARTONNIERES, s. f. Nom d'une espèce de Guêpes d'Amérique, de l'espèce de celles qu'on nomme *Aëriennes*, parce qu'elles établissent leur demeure en plein air. Leur Guêpier, qu'elles suspendent à des branches d'arbre, ressemble à une boëte de *Carton*, en forme de cloche allongée, qui n'auroit, pour entrée, qu'un trou d'environ cinq lignes de diamètre. On en a transporté, de la Cayenne, en France.

CARVELLE, s. f. Terme de Marine. On dit qu'un Navire est mâté en *Carvelle*, lorsqu'il a quatre mâts sans mât de Hune.

CASSUMMUNIAR, s. m. Nom d'une racine des Indes orientales, de la grosseur du petit doigt, de couleur brune & d'un goût aromatique, qu'on nous apporte comme un remède excellent pour la paralysie, & pour toutes les maladies des nerfs. On ignore quelle est la Plante.

CASTANITE, s. f. Nom d'une Pierre argilleuse, de la couleur & de la forme d'une Châtaigne.

CASTE, s. f. Nom que toutes les Relations donnent aux Races, ou aux Tribus, dans lesquelles sont divisés les Idolâtres des Indes orientales. La *Caste* des Bramines.

CASTILLAN, s. m. Petit poids d'Espagne, qui se divise en huit Tomines. Six Castillans & deux Tomines font l'once Espagnole. Le *Castillan* est la centième partie d'une livre d'Espagne, qui est, d'environ un sixième & trois quarts pour cent, moins pesante que notre poids de marc; de sorte que cent dix-sept marcs Espagnols n'en font que cent dix de France.

CASTONADE, s. f. Sucre grossier & mal blanchi, qui s'employe ordinairement pour la composition des confitures.

CATADOUPE, s. f. Chute d'eau. C'est la même chose que Cataracte.

CATALECTE, adj. gr. Les Anciens nommoient Vers *Catalectes*, ceux auxquels il manquoit une syllabe; comme ils les appelloient *Brachycatalectes* lorsqu'il leur manquoit un pied entier. On se sert à présent du mot de Catalectes, pour exprimer des fragmens d'ouvrages anciens, ou certains ouvrages qui n'ont point été achevés.

CATAPHORE, s. m. gr. Maladie qui consiste dans un profond assoupissement.

CATAPHRACTE, s. m. gr. Espèce de Bandage qui sert pour les grandes luxations, ou les fractures des côtes, &c. Son nom, qui signifie une Cuirasse, lui vient de sa forme. On donnoit anciennement l'Epithete de *Cataphracte* à un homme bien couvert de son armure, & même à un cheval équipé pour le combat. C'est aussi le nom d'un poisson de mer, qui est partout couvert d'écailles osseuses, & qui se trouve dans les mers du Nord.

CATHEDRALE, s. & adj. lat. Mot borné à signifier l'Eglise principale d'un Diocèse, & qui est le siège de l'Evêque. *Ex Cathedra*, terme purement latin, qui signifie de dessus son siège, ou sa chaire, est passé dans notre langue, pour exprimer que le Pape a porté quelque décret en qualité de Chef de l'Eglise Universelle. *Cathedrer* se dit quelquefois pour *Présider*, tenir la chaire.

CATI, s. m. Aprêt qu'on donne, par la Presse, aux Etoffes de laine, pour les rendre plus fermes & plus lustrées. Le *Catisseur* est l'Ouvrier qui donne le Cati aux Etoffes. *Cati* est aussi le nom d'un poids des Indes orientales.

CATOCHITE,

CATOCHITE, s. f. gr. Nom d'une Pierre, qui se trouve dans l'Isle de Corse, & qui, par une viscosité naturelle, retient la main lorsqu'on l'applique dessus.

CATTEQUI, s. m. Toile de cotton bleue, qui nous vient des Indes orientales, par la voye de Surate.

CAVALAGE, s. m. Nom qu'on donne à l'accouplement des Tortues pour la génération.

CAVALOT, s. m. *Piece à Cavalot*. C'est une espece de canon du troisiéme genre, fait de fer battu, qui tire jusqu'à une livre de balles de plomb, avec égale pesanteur de poudre de mousquet, ou demie pesanteur de poudre fine. Il porte de mille à quinze cens pas. Sa longueur est de sept à dix pieds. Il est bon pour la Forteresse & la Campagne.

CAUDATAIRE, s. f. Titre d'office. On donne ce nom, en Italie, à des Officiers qui portent la queue au Pape, aux Cardinaux, &c.

CAVER AU PLUS FORT. Terme de Joueur. C'est faire bon, à chaque coup du jeu, d'autant d'argent qu'en joue celui des Joueurs qui en joue le plus. De-là vient, dans le Figuré, *caver au plus fort*, pour signifier, porter tout à l'extrême.

CAUSAL, adj. Nom qu'on donne, en Grammaire, à quelques Particules, telles que *Parce que*, *car*, &c, de ce qu'elles indiquent une cause, ou une raison, de ce qu'on a dit, ou de ce qu'on a fait. D'autres les nomment *Causatives*. *Causalité*, s. f., se dit, dans l'Ecole, de la maniere dont une cause agit, ou de la vertu qu'elle a pour produire un certain effet. *Causer*, en termes vulgaire, signifie s'entretenir, discourir familierement. *Causerie* est le substantif.

CAUSES MAJEURES, s. f. Nom qu'on donne aux affaires importantes, qui ne doivent être jugées que par le Pape, dans le Consistoire. Ce sont celles qui regardent la déposition des Evêques, la Discipline, ou la Foi, les Elections, & les Translations d'Evêques, la Canonisation des Saints, &c.

CAUSUS, s. m. gr. Nom d'une espece de fiévre aiguë, si brûlante, suivant la signification du mot, que la soif qu'elle cause ne peut s'éteindre.

CAUTIONS JUDICIAIRES, s. f. lat. On donne ce nom aux *Fidei-jusseurs*, qui s'obligent, en Justice, en conséquence d'un jugement qui l'ordonne.

CEBIPIRA, s. m. Arbre du Brésil, dont l'écorce astringente est bonne pour la Galle, les Dartres, & d'autres maladies de la peau. Elle s'employe dans les Bains & les fomentations.

CEDILLE, s. f. lat. Petite virgule qu'on met sous le ç, pour montrer qu'il se prononce comme une s.

CEINTURE FUNEBRE ou LITRE. C'est une bande noire, que les Patrons des Eglises, ou les Seigneurs Hauts-Justiciers, ont droit de faire peindre dans les Eglises & dehors, chargée de leurs armes, pour honorer les Morts de leur Famille.

CELERITE', s. f. Mot purement latin, qui se dit pour vîtesse, promptitude, diligence.

CENDRE DE BRONZE, s. f. C'est ce qui se nomme autrement *Calamine blanche* & *Pompholix*. On appelle *Cendre d'Auvergne* une cendre tirée de plusieurs Plantes, cueillies dans des Montagnes fort exposées au Soleil, & remplies de sels Alkalis. Entr'autres usages, on l'employe pour séparer les acides volatils du sel Armoniac, d'avec sa partie fixe.

CENSITAIRE, s. m. & f. Celui ou celle qui possede un fond à charge de cens, ou de rente annuelle. *Censive* se dit de la redevance, en argent, ou en denrées, que certains biens doivent au Seigneur dont ils relevent.

CENTIPEDE ou CENT PIEDS, s. m. Nom d'un Serpent très venimeux, qui est commun dans le Royaume de Siam.

CENTROSCOPIE, s. f. gr. Partie de la Géometrie qui traite du centre des grandeurs. Elle distingue deux sortes de centres; celui de la figure & celui de la pesanteur.

CENTUSSE, s. f. Ital. Cent sous de monnoie Romaine. Ce mot est souvent employé dans les Relations d'Italie.

CERCLE D'EQUATION, s. m. C'est un cercle nouvellement imaginé, & ajouté aux cadrans des Pendules, pour marquer l'heure vraie du Soleil.

CERNE, s. m. Terme de Fauconnerie. On appelle vol à *grand Cerne* celui des Moineaux & des autres Oiseaux qui vont haut & bas.

CERVOISE, s. f. lat. Nom que quelques-uns donnent à la liqueur qui se nomme *Biere* en Flandres & dans la plûpart des Pays du Nord. Un Brasseur de Biere est aussi nommé *Cervoisier*.

CESSIBLE, adj. lat. Ce qui peut être cédé. Ce mot n'est en usage que dans les matieres de Droit. C'est le participe de céder. Le Retrait féodal est *cessible*, c'est-à-dire, peut être cédé. *Inaccessible*, en même langage, signifie *qui ne peut pas l'être*.

CESTIPHORE, s. m. gr. Nom composé, qui signifie *Porteur de Ceste*. Les Anciens nommoient ainsi les Athletes qui combattoient avec le gantelet, qui s'appelloit *Ceste*.

CHABNAM, s. m. Espece de Mousseline orientale, très fine & très claire, qui se nomme aussi *Rosée*.

CHACOS, s. m. Arbre du Pérou, dont le fruit, qui est plat d'un côté & rond de l'autre, contient une semence fort vantée pour la gravelle & la pierre.

CHACRIL, s. m. Arbre de l'Amérique, dont l'écorce a plusieurs des vertus du Quinquina, & qu'on en croit une espece.

CHALASIE, s. f. gr. Maladie de l'œil, qui consiste dans un relâchement des fibres de la cornée.

CHALCOGRAPHE, s. m. gr., qui signifie proprement *Graveur en airain*, & qu'on employe souvent, dans la Littérature, pour signifier un fameux Graveur.

CHALYBE', adj., composé du mot latin, qui signifie *acier*, & qui se dit des préparations médecinales, où il entre de l'acier. L'eau *Chalybée* est astringente. On prononce *Calybée*.

CHAMŒCERASE, s. m. gr. Nom d'une espece de petit Cerisier, qui, suivant la signification du mot, croît fort bas, & dont les petites Cerises purgent par les vomissemens & par les selles. Le suc en est amer. Elles croissent deux à deux, sur la même queue.

CHAMPAN, s. m. Terme de Coutume, qui signifie le Droit par lequel un Seigneur prend un certain nombre de Gerbes, sur les terres qui dépendent de lui.

CHANOINESSES, s. f. lat. Titre fort ancien de plusieurs Communautés de Filles, qui vivent ensemble sous une espece de Régle, mais sans aucun engagement qu'elles ne puissent rompre, & dont la principale fonction est de chanter l'Office Divin, comme les Chanoines. Il y a beaucoup d'apparence que ces institutions étoient autrefois régulieres, & que c'est par degrés que le relâchement s'y est introduit. La plûpart sont aujourd'hui séculieres ou sécularisées, & l'on n'y est reçu qu'en faisant preuve de Noblesse. On compte vingt-cinq de ces Chapitres : ceux de Remiremont, Epinal, Poussay, Bouxieres en Lorraine, Saint Pierre & Sainte Marie à Metz, Cologne, Lindaw, Buchaw en Allemagne, Odermuster, Nidermunster à Ratisbonne, Essen, Andlaw, Hombourg, Saint Etienne à Strasbourg, Nivelle, Mons, Maubeuge, Dennain, Andennes, Munster-Bellise aux Pays-bas, Gendersheim, Quedlimbourg, Herford, & Gerenrode en Allemagne. Les quatre derniers sont Protestans.

CHANSONNIER, adj. CHANSONNER, v. act. Mots formés de *Chanson*; le premier pour signifier un génie tourné à faire des Chansons, tel qu'on l'attribue particuliérement aux François; l'autre, pour *faire des Chansons satyriques* contre quelqu'un.

CHANTIER, s. m. Grosse piéce de bois, qui sert à soutenir quelque chose. On donne aussi ce nom à différens lieux où l'on fait quelque travail. Mettre un Vaisseau sur le Chantier, c'est le mettre sur de grosses pieces de bois, qui soutiennent la quille, pour le radouber. Une pierre en *chantier* est une pierre qu'on taille.

CHAPEAU, f. m., se dit, par excellence, du Chapeau de Cardinal, par lequel on exprime cette dignité. Un tel a reçu *le Chapeau*. Il y a quatre *chapeaux* vacans. Dans le Blason, les Evêques ne portoient autrefois que six houpes, au cordon de leur *chapeau*, & les Archevêques dix; aujourd'hui les Evêques en portent dix, & les Archevêques quinze, comme les Cardinaux. Le *Chapeau* d'Horlogerie est une piece en forme de Cône. On appelle *Chapeau de Mérite* un présent que les Maîtres de vaisseaux Marchands exigent, outre le fret, pour les marchandises qu'ils chargent à bord.

CHARAMCIS, f. m. Arbre du Canada, dont le fruit croît en grappes, & ressemble à une Aveline. On le confit au sel, pour servir d'assaisonnement. Ses feuilles & sa racine sont employées, dans la Médecine, contre les fiévres & contre l'asthme. On en distingue une seconde espece, dont le fruit est plus gros.

CHARBOUILLER, v. act. Terme d'Agriculture, qui exprime les effets de la Nielle. Des bleds charbouillés par la Nielle, c'est-à-dire, couverts d'une sorte de rouille, & dont la farine est changée en poussiere noire.

CHARE'E, f. f. Cendre qui reste sur le Cuvier, après que la lescive est coulée.

CHARGE. Femme de *Charge*, f. f. Titre d'Office, dans les grandes Maisons. C'est une Femme, au-dessus du commun des Domestiques, qui est ordinairement chargée du soin de la vaisselle d'argent, du linge, & de tout ce qui appartient à la propreté. *Charge*, en Peinture, se dit de toute expression, qui ajoute quelque chose à la nature. Il exprime ce que les Italiens nomment *Caricatura*. Les Grotesques sont des *Charges*.

CHARPENTIER. HERBE AUX CHARPENTIERS. Plante détersive & vulnéraire, dont les feuilles ont quelque ressemblance avec celles du cresson. Ses fleurs sont jaunes & composées de quatre feuilles en croix.

CHASSE', f. m. Nom d'un pas coulant de danse, qui se fait en avant ou en arriere.

CHASSIS, f. m. En termes de chiffre, c'est un papier découpé, qu'on applique sur celui où l'on veut écrire, & par les ouvertures duquel on écrit des mots dispersés, qui contiennent le secret. Ensuite les lignes étant achevées par d'autres mots, qui forment un sens tout différent, il n'y a que le correspondant qui puisse démêler ce qui est caché dans cette obscurité, en appliquant sur la lettre un chassis de la forme du premier, qui ne lui laisse voir que les mots qui contiennent le secret. Le *chassis* des Monnoyeurs est un moule où les Fondeurs coulent les lames d'or, d'argent, ou de cuivre, qui doivent servir à faire les flans. Les Fondeurs en sable ont aussi leur *chassis*. En Botanique, c'est la partie de certains fruits dont le vuide est rempli par des membranes, ou des peaux délicates.

CHAT BRULE', f. m. Nom d'une poire fort pierreuse, qui a la forme du Martin sec, & qui ne meurit qu'à la fin de l'Automne. Elle a le goût du Besi-d'hery. On la nomme aussi *Pucelle*.

CHAT-PARD, f. m. Animal féroce, plus petit que le Leopard, assez semblable au Chat, & de poil roux, marqueté de taches noires. On ne le connoît que pour en avoir disséqué un, qui fut présenté à l'Académie des Sciences. Elle l'a crû engendré de deux especes. Les *Chats-putois*, sont une espece de Chats sauvages, qu'on nomme aussi *Fouines*, & qui se retirent dans les Granges & les Greniers.

CHAUCHE BRANCHE, f. f. Nom d'un Levier, qu'on n'employe que pour élever de fort grands fardeaux.

CHAUCHIQUE, f. f. & adj. Nom d'une Langue particuliere, que les Peuples du Comté d'Embden & de la

Frise orientale parlent entr'eux, quoiqu'ils employent l'Allemand avec les Etrangers. Elle s'est conservée d'une ancienne Nation, qui se nommoit *les Chauces*.

CHAULER, v. act., formé de *Chaux*. *Chauler* le bled, c'est le mêler avec une certaine quantité de Chaux vive & d'eau, comme une préparation pour le semer.

CHAUSSE, s. f. En termes de Blason, c'est une espece de chevron plein & massif, qui étant renversé, touche de sa pointe celle de l'Ecu. La *chausse* des Pharmaciens, pour filtrer les liqueurs, est à peu près de la même forme. La *chausse* de l'Université est un ornement de ceux qui ont quelque degré dans l'une des quatre Facultés. La matiere, la couleur & la forme en sont différentes, suivant le degré. Ce n'est qu'une piece de drap, large par le bout, qui pend derriere l'épaule, & dont l'autre bout va en diminuant. Elle se porte sur l'épaule gauche, à découvert & par dessus les autres habillemens.

CHEMOSE, s. f. gr. Nom d'une maladie des yeux, causée par une inflammation, qui fait élever le blanc de l'œil au-dessus du noir; ce qui forme une espece de bourlet, ou d'*Hialus*, suivant la signification du mot.

CHERAF. *Voyez* SERAPH.

CHERCHEURS, s. m. Espece de demi-Chrétiens, auxquels on a donné ce nom en Angleterre & en Hollande, parce qu'admettant les saintes Ecritures, ils prétendent qu'elles ne sont bien expliquées par aucune des Sectes Chrétiennes qui les reçoivent, & qu'ils en cherchent le véritable sens avec beaucoup de zéle.

CHERSYDRE, s. m. gr. Nom d'un Serpent amphibie, semblable à un petit Aspic terrestre. Il habite successivement l'eau & la terre, & son venin est fort dangereux dans les lieux secs.

CHETEL, s. m. *Voy.* CHEPTEIL.

CHEVAGE, s. m. Droit de douze deniers Parisis, qui se paye tous les ans au Roi, dans quelques Provinces, par les Bâtards & les Aubains mariés qui s'y sont établis. Ce mot vient de *chef*, parce que c'est effectivement le Chef de ces Familles, marié ou veuf, qui paye ce droit.

CHEVALET, Tableaux *de Chevalet*. En Peinture, les ouvrages de moyenne grandeur, s'appellent *Tableaux de chevalet*, parce qu'il ne s'en fait point d'autres sur le chevalet.

CHEVAUX DU SOLEIL. Ovide en nomme quatre, *Eoüs*, *Pyroïs*, *Aëton* & *Phlegon*. D'autres les nomment, *Erythreüs*, qui signifie le rouge; *Acteon*, le lumineux; *Lampos*, le resplendissant; & *Philogaus*, l'ami de la Terre. Ces quatre noms désignent le lever, le cours, le midi, & le coucher du Soleil. La Fable a donné aussi deux Chevaux à Mars, qu'elle nomme *Demos* & *Phobos*, c'est-à-dire, la *crainte* & la *terreur*.

CHEVECIER, s. m. Titre d'office dans quelques Eglises, qui consiste ordinairement à prendre soin de la cire. On le fait venir d'un mot de la basse latinité, qui signifioit un Officier dont le nom étoit écrit *le premier* sur des tablettes de cire, telles qu'on en avoit alors l'usage.

CHEVRETTE, s. f. Nom d'un Bandage, dont on se sert pour la fracture, ou la luxation, de la mâchoire inférieure.

CHEVROTTER, v. n. Il n'est en usage que pour exprimer le son d'une voix tremblante, qui imite celle de la Chevre.

CHEZANANCE, s. f. gr. Nom général de tout ce qui cause une *nécessité* pressante d'*aller à la selle*. On le donne en particulier à quelques remedes fort purgatifs.

CHILONES, s. & adj. Nom qu'on donne à ceux qui ont les levres grosses, de celui de Chilon, un des sept Sages de la Grece, qui les avoit ainsi. Tous les Princes de la Maison d'Autriche sont *Chilones*.

CHIPPER, v. act. Terme de Tannerie. Chipper des peaux, c'est les coudre ensemble, après les avoir jettées dans l'eau chaude, lorsque la laine en est tombée, & les remplir de tan, pour les remuer enfuite avec beaucoup de force. La Bazane *chippée* eſt une Bazane qui a reçu un apprêt particulier.

CHIRITE, ſ. f. gr. Pierre figurée, qui repréſente la paume de la main, avec des formes de doigts & des ongles, de couleur blanche.

CHIRURGIEN, ſ. m. Poiſſon des Mers de l'Amérique, ainſi nommé de deux arrêtes fort tranchantes, & plattes comme des lancettes, qu'il porte à côté des ouies. Il reſſemble d'ailleurs à la Tanche, par la couleur, la forme & le goût. Sa longueur eſt d'environ un pied & demi.

CHISE, ſ. f. Eſpece de Poivre, qui eſt commun dans le Mexique, & dont on fait entrer deux grains ſur chaque cent de Cacao, dans la compoſition du Chocolat. Au défaut de Chiſe, on y met la même quantité de Poivre des Indes.

CHISTE, ſ. f. *Voyez* KYSTE.

CHOMMER, v. act. & n. Ne rien faire, faute d'ouvrage. C'eſt le ſens le plus ſimple de ce mot. On le fait venir de *chaume*, parce qu'on dit des terres qu'on laiſſe repoſer, qu'elles chomment; c'eſt-à-dire, ſuivant cette origine, qu'elles conſervent leur chaume, auquel on ne change rien par le travail. Il faudroit donc écrire & prononcer *chaumer*. Quoiqu'il en ſoit, chommer une Fête, c'eſt la célébrer en s'abſtenant du travail. Une Fête *chommée* eſt celle où tous les travaux mercenaires & les ventes publiques ſont interrompus.

CHONCAS, ſ. m. Nom de certains Oiſeaux de proie, dont les Moſcovites & les Tartares de Crimée ſont obligés d'envoyer un tous les ans, au Grand-Seigneur, avec un préſent de diverſes ſortes de Pierreries.

CHOREGRAPHIE, ſ. f. gr. Art, inventé dans notre ſiécle, de noter, ſur le papier, les pas & les figures d'une danſe, comme la Muſique en note l'air.

CHOREVEQUE, ſ. m. gr. Nom qu'on donnoit anciennement à des Evêques ſubalternes, qui alloient faire les fonctions de l'Evêque principal, dans les Bourgs & les Villages. Quoiqu'ils fuſſent ordonnés comme les autres, leur pouvoir étoit reſtraint à certaines fonctions.

CHOUETTE, ſ. f. Eſpece de Hibou, qui ne paroît qu'à la pointe du jour, ou à l'approche de la nuit. Sa groſſeur eſt celle d'un Pigeon de voliere, & ſa couleur eſt cendrée. Elle étoit conſacrée à Minerve, comme le ſymbole de la vigilance. Cet Oiſeau nocturne étant perſécuté par les autres oiſeaux, lorſqu'ils entendent ſon cri, de-là vient apparemment qu'on dit d'une perſonne qui eſt en butte à la raillerie de pluſieurs autres, qu'elle eſt leur *chouette*; & de-là auſſi que jouer ſeul contre pluſieurs s'appelle leur faire la *chouette*.

CHOU-PALMISTE, ſ. m. On donne ce nom à la moële, qui vient au ſommet d'une ſorte de Palmier, & qui eſt fort vantée dans les Relations des Indes. Le *Chou-marin* d'Angleterre eſt une Plante, dont les feuilles reſſemblent à celles du Chou noir, & qui croît dans les lieux maritimes de cette Iſle. Elle eſt vulnéraire, & bonne contre les vers. Le *chou-poivre* eſt une autre eſpece de Chou, qui croît dans les Iſles de l'Amérique, & qui reſſemble à un autre Chou, nommé *Karaïbe*, dont les racines ſont groſſes comme la tête, rondes & maſſives, &c. On appelle *Choupille* une petite eſpece de chien de chaſſe, qui n'eſt bonne que pour quêter ſous le fuſil. *Chou* eſt auſſi le nom d'un coquillage de mer, tacheté de pourpre & fort colorié. L'Ordre du *Val-des-choux* eſt un Ordre Religieux inſtitué au douziéme ſiécle, ſous les mêmes Conſtitutions que les Chartreux, dans un lieu du même nom, où le Duc de Bourgogne bâtit un Monaſtere, en mémoire d'une Victoire qu'il avoit remportée.

CHRETIEN. Le titre de Très chrétien, que portent les Rois de France, eſt plus ancien que Louis XI, auquel l'opinion commune le fait commencer. Il avoit été donné à Philippe Auguſte, & même à Childebert, petit fils du Roi Clotaire. Mais nos Rois ne se le sont attribué qu'après que Pie II. l'eut donné à Charles VII.

CHRIE, s. f. gr. Terme de Rhétorique, qui signifie une narration courte & concise, mais vive & remplie de figures d'éloquence.

CHRISTE-MARINE, s. f. Herbe qui croît sur les bords de la Mer, & qui est fort commune aux environs du Mont saint Michel. On la confit au vinaigre, pour la manger en salade.

CHRISTMATION, s. f. gr. Terme Ecclésiastique, qui signifie l'onction, ou l'action d'oindre, avec le saint Chrême.

CHRYSALIDE, s. f. gr. Nom qu'on donne à la Chenille, lorsqu'ayant changé de forme elle est devenue une espece de féve. De *chrysalide*, elle devient Papillon. Ce nom vient de sa couleur, qui est alors *dorée*; comme celui de plusieurs sortes de pierres & de plantes, qui commencent par *chryso*, c'est-à-dire, d'or ou doré.

CHUCHOTER, v. n. Mot qui exprime le cri, ou le chant du Moineau. *Chuchoterie* est le substantif. Quelques-uns disent & écrivent *chucheter*, & *chuchcterie*; mais l'usage est contraire, dans le propre comme dans le figuré.

CHYLIFERE, adj. lat. Les vaisseaux *chyliferes* sont ceux qui servent à porter le Chyle dans les diverses parties du corps. *Chyleux* se dit de ce qui appartient au Chyle, ou qui en a les qualités.

CID, s. m. Nom Arabe, qui signifie Chef, Commandant, ou Général, & qui est devenu françois, par l'usage qu'en a fait le grand Corneille.

CIMOLIE, s. f. Terre médecinale, qui est bonne pour la brûlure, & pour dissiper tous les amas d'humeurs. On prétend que la *cimolie* d'aujourd'hui n'est qu'une terre liquide, qui tombe sous la meule des Couteliers, lorsqu'ils aiguisent des instrumens de fer, & qui est un mélange des parties de la meule même

& du fer, liquéfiées par l'eau.

CINERAIRE, adj. lat., qui se dit de ce qui est réduit en cendre, ou qui appartient à la cendre. On appelle *Urnes cineraires*, celles qui ont servi à renfermer les cendres des anciens Morts.

CIRQUE, s. m. Nom d'un Oiseau maritime de proie, de la grosseur du Milan, qui a le dessus de la tête & la gorge rougeâtres, le bec noir, les jambes jaunes & menues. Il vole en rond, d'où lui vient le nom de *cirque*.

CIRSION, s. m. gr. Plante qui a beaucoup de ressemblance avec le Chardon, & dont les fleurs sont purpurines. Elle croît dans les lieux humides. On lui attribue la vertu de guérir les douleurs des Varices, d'où lui vient son nom.

CISEAU, s. m. Ouvrages du ciseau. On donne ce nom à tous les Ouvrages de Sculpture. On appelle *Ciseaux de la Parque*, en style Poëtique, ou figuré, l'Arrêt du Ciel qui finit la vie des hommes. *Voyez* PARQUE.

CISJURANE, adj. Terme de Géographie, pour exprimer cette partie de la Bourgogne, qui est en-deçà du Mont-Jura, comme on appelle *Transjurane* l'autre partie de la même Province, qui est au-delà de cette Montagne. La Bourgogne *Cisjurane*, qui se nommoit autrefois le Royaume d'Arles, comprenoit le Pays d'entre la Saone, les Alpes & la Mer.

CISTERCIEN, s. & adj. Religieux de l'Ordre de Citeaux; & tout ce qui appartient à cet Ordre. Des Abbés *cisterciens*; des Abbesses *cisterciennes*.

CISTOPHORE, s. m. gr. En langage d'Antiquaire, on nomme ainsi les Médailles où l'on voit des Corbeilles, suivant la signification du mot. On croit que ces Médailles étoient frappées pour les Orgies, qui se célébroient à l'honneur de Bacchus.

CITERIEUR, adj. lat., opposé à *Ultérieur*. Ces deux mots ne sont guéres en usage qu'en Géographie, pour signifier ce qui est en-deçà, c'est-à-dire, ce qui est plus proche de nous, & ce qui est au-delà. L'Inde Citerieure est celle qui est en-deçà du Gange.

CITRONELLE, s. f. Liqueur, qui se nomme aussi *Eau des Barbades*. Elle se fait avec des écorces extérieures de Citron, bien mures & sechées au Soleil, sur lesquelles on verse une quantité proportionnée de la meilleure Eau-de-vie. Après avoir laissé les matieres en infusion froide pendant un mois, on distille l'Eau-de-vie à petit feu & au Bain-Marie. On met à part la moitié de cette distillation, qui sera la liqueur forte; & faisant infuser la chair des Citrons dans l'autre moitié, on la distille de même, cinq ou six jours après. L'usage de cette seconde Eau est pour adoucir la premiere. On dissout ensuite, dans ce mêlange, une quantité de sucre proportionnée; & pour rendre la liqueur plus agréable, on y ajoûte un peu d'eau de fleur d'orange, ou des fleurs de Chudec.

CLAIRE-SOUDURE ou CLAIRE-ETOFFE, s. f. Nom d'une sorte d'Etaim, qui est composée de Plomb & d'Etaim neuf.

CLAQUE, s. f. Nom d'une espece de Sandales, que les femmes mettent par-dessus leurs souliers, pour se garantir de la crotte, & dont l'usage vient d'Angleterre. *Claqueter*, verbe neutre, exprime le cri ou la maniere de crier des Cigales.

CLARINE, s. f. Sonnette qu'on pend au cou des animaux, lorsqu'on les fait paître dans les Forêts. *Clariné* se dit, en termes de Blason, des animaux qui portent une sonnette.

CLATIR, v. n. Terme de Venerie, qui se dit d'une maniere extraordinaire dont les Chiens crient, lorsqu'ils apperçoivent leur gibier.

CLAUDICATION, s. f. lat. Action de boiter, ou marche d'un Boiteux.

CLAUSTRAL, adj. lat. Ce qui appartient au Cloître.

CLIGNOTEMENT, s. m. Petit mouvement convulsif des yeux, qui fait qu'on les remue continuelle-ment. *Clignoter* est le verbe.

CLINIQUE, adj. gr. Terme d'Histoire Ecclésiastique, qui se dit de ceux qui recevoient le Baptême au lit de la mort.

CLOCHE, s. f. Nom d'une machine, qui a la figure d'une cloche, & dans laquelle un homme peut demeurer sous l'eau l'espace d'environ une demi-heure. On l'employe pour retirer du fond de l'eau, dans la mer même, les choses qui y sont tombées. Sa hauteur est à peu près celle d'un homme, & le bas est garni d'un gros cercle de fer, qui sert tout à la fois à la faire plonger par sa pesanteur, & à maintenir les côtés de la machine contre la force de l'eau.

CLUTIE, s. f. Plante dont la fleur est en rose, & dont le fruit est divisé en trois parties & en trois cellules, dans lesquelles la semence est renfermée.

CLYMERE, s. f. Plante, dont la tige, les fleurs & le fruit ressemblent à ceux de l'Epurge. Ses feuilles sont conjuguées, & attachées à une côte qui se termine par un tendron.

COACCUSÉ, s. m. Terme de Barreau, qui signifie celui qui est accusé avec d'autres, pour avoir commis le même crime.

COACTIF, adj. lat., qui signifie ce qui a la force de contraindre. Le pouvoir de l'Eglise n'est point *coactif*, c'est-à-dire, qu'elle ne se fait point obéir par la force.

COAGIS, s. m. Terme de Commerce, en usage parmi les Européens, qui sont au Levant. Il signifie *Commissionaire*, c'est-à-dire, celui qui fait quelque chose par commission, pour le compte des Marchands de sa Nation.

COAGULUM, s. m. Terme de Physique & de Chymie, qui signifie *caillé*, matiere liquide, qui est Coagulée, ou mise en consistance. L'eau de Bourbonne, mêlée avec le sel de Tartre, fait un *coagulum*.

COBALTI, s. m. Pierre, ou Marcassite, dont on tire l'Arsenic, en la faisant calciner. C'est un mineral, qui est une sorte de Cadmie naturelle, d'où l'on tire aussi le Bismuth,

& cette espece d'azur que les Peintres employent avec du blanc de Plomb, pour peindre en bleu, & qui sert à donner la couleur bleue à l'Empois. Il contient ordinairement quelques petites parties d'argent.

COBITE, s. m. Petit poisson d'eau douce, de la nature du Goujon.

COCOTHRAUSTE, s. m. gr. Nom d'un Oiseau, commun dans les Bois d'Italie & d'Allemagne, qui se nourrit de noyaux de fruits & d'autres choses dures, qu'il casse avec son bec, suivant la signification du mot.

COCHE', adj. Terme de Peinture, qui se dit de ce qui est fait en *coche*, c'est-à-dire, avec une espece d'enfoncement. On dit, des ombres *trop cochées, trop profondes*, pour la superficie du corps qu'elles couvrent. Des Draperies fort *cochées*.

CODAGA-PALA, s. m. Arbre du Malabar, dont l'écorce & la racine pulvérisées, ont quantité de vertus. Elles s'employent sur-tout pour les Hémorrhoïdes & l'Esquinancie.

CODE-NOIR. On donne ce nom à un Edit, de 1685, concernant le Gouvernement, la Police, & le Commerce des Negres, dans les Isles Françoises de l'Amérique.

CODI-AVENAM, s. m. Arbrisseau des Indes orientales, dont le s.. est excellent pour réparer l'épuisement des forces naturelles. On en tire aussi une huile de grande vertu, qui s'employe dans la Médecine.

COERCITIF, adj. lat., qui signifie ce qui a le pouvoir de contenir les autres dans le devoir. Une Loi, une puissance Coërcitive.

CO-EXISTENCE, s. f. lat. Existence de deux ou de plusieurs choses dans le même-tems. Les Ariens nioient la *co-existence* éternelle du verbe Divin avec son Pere. *Co-exister* est le verbe.

COGMORIE, s. f. Espece de Mousseline très fine, que les Anglois apportent des Indes orientales.

COHYNE, s. m. Arbre célebre de l'Amérique, dont les feuilles ressemblent à celles du Laurier, & dont le fruit est de la grosseur du Melon. Sa chair pilée appaise les douleurs de tête. Les Indiens font des vases de son écorce. C'est une espece de Calebassier.

COILLE, s. f. Espece de Tabac en poudre tamisée, qui paroit d'abord puant, mais que l'usage rend agréable. On l'appelle aussi *coille de Bois*.

COINDICATION, s. f. lat. Connoissance de certains signes, qui étant rassemblés, autorisent & fortifient l'indication simple.

COINTRE, s. f. Nom d'une drogue Médecinale, qui nous vient des grandes Indes, où elle entre dans le Commerce.

COLEGATAIRE, s. m., celui qui a part, avec d'autres, aux legs d'un Testament. *Legataire* avec un autre.

COLERITE, s. m. Liqueur préparée de la partie corrosive & la plus nuisible des metaux, qui sert à éprouver l'or, & à laquelle il n'y a que l'or qui puisse résister. S'il est allié, cette épreuve le fait changer de couleur.

COLLEGIALE, s. f. & adj. Chapitre de Chanoines, établi dans une Eglise qui n'est pas *cathédrale*, ou Siége d'un Evêque.

COLOMBIN, s. m. Pierre minérale, d'où l'on tire le plomb pur, & sans mélange d'aucun autre métal.

COLON, s. m. lat., celui qui cultive une Terre, un Héritage. On appelle aussi *Colons*, depuis la découverte des deux Indes, les Peuples qui composent une *colonie*.

COLONIE, s. f. lat. Nombre de personnes des deux Sexes, qu'on envoye dans un Pays pour s'y établir & le peupler. L'établissement, déja formé, porte aussi le nom de Colonie.

COLUMBAIRE, s. m. ou COLUMBARIUM, dont on a fait aussi un mot françois, en termes d'Antiquités, pour signifier un Bâtiment sépulcral, qui contenoit plusieurs niches propres à recevoir des urnes mortuaires. Ce nom lui vient de sa forme, qui étoit à-peu-près celle d'un colombier, & les niches y étoient pratiquées,

pratiquées comme des boulins. En 1726, on trouva, sous terre, près de Rome, le *Columbaire* de la Maison Livienne.

COLUMELLE, s. f. Nom qu'on donne au fût, à la rampe, ou à l'axe intérieur d'une coquille, depuis le haut jusqu'en bas.

COMMINGE, s. f. Nom de certaines Bombes, qui pesent environ cinq cens livres, pour les mortiers de dix-huit pouces quatre lignes. Elles ont dix-sept pouces dix lignes de diamétre. Ce nom leur vient du Comte de Cominges, Aide de Camp de Louis XIV, au siége de Mons, à la taille duquel ce Monarque les avoit comparées en badinant.

COMMITTANT, s. m. Terme de Négociation, qui se dit des Puissances qui envoyent des Ministres chargés de leurs *commissions* & de leurs *ordres*.

COMMITTIMUS, s. m. Mot purement latin, qui signifie *nous commettons*. On appelle *committimus*, des Lettres royaux que le Roi donne à ceux qui ont leurs causes commises aux Requêtes du Palais, ou au grand Conseil, ou à quelqu'autre Tribunal particulier. Il y a deux sortes de *committimus*, l'un qui se prend au grand Sceau, & l'autre au petit Sceau. L'un & l'autre n'a lieu, que lorsque l'affaire n'a pas été devant un Juge dont on veut éviter la Jurisdiction.

COMMODE, s. f. Meuble d'invention nouvelle, que sa *commodité* a rendu tout d'un coup fort commun. C'est une espece d'Armoire, en forme de Bureau, dont le dessus est ordinairement de marbre, avec des tiroirs ornés de Bronze, pour y renfermer du linge & des habits.

COMMOTION, s. f. lat. Ebranlement des parties d'une chose, & trouble qui en résulte. Il se dit particuliérement des atteintes que souffre le cerveau.

COMMUER, v. act. lat. Terme de Palais, qui a la même signification que changer. *Commuer* une peine, c'est la changer dans une autre. *Commutation* est le substantif. *Com-Supplém.*

mutable, adjectif, se dit de ce qui peut être changé.

COMMUTATIVE, adj. lat. *Justice commutative*. Ce mot n'a gueres d'autre usage, & signifie l'obligation de rendre, dans un échange, autant qu'on reçoit; comme on appelle *Justice distributive*, celle qui ordonne des peines & des récompenses.

COMPATISSANT, adj. lat., qui signifie celui qui s'intéresse, qui prend part aux peines d'autrui. De-là, *compassion*.

COMPENDIUM, s. m. Mot emprunté du latin, qui se prononce *compendion*, pour signifier, *abregé*, *précis*.

COMPLETER, v. act. lat. Terme de Librairie. Completer un ouvrage, c'est ajouter ce qui manque à sa totalité, le rendre complet. On en a formé *Completement*, qui est substantif & adverbe. Dans la premiere de ces deux qualités, il signifie l'action de *completer*, de rendre une chose complete. Le *complétement des Compagnies Militaires*. Dans la seconde, il paroît signifier plus que *tout-à-fait*, ou *parfaitement*, parce qu'il comprend toutes les parties de la chose.

COMPLIMENTAIRE, s. m. Terme de Société marchande. On donne ce nom à l'un des Associés, sous le nom duquel se fait tout le Commerce, ou ses principales fonctions.

COMPROVINCIAL, adj. Qui est de la même Province. Il ne se dit qu'en style ecclésiastique, des Evêques d'une même Province, d'une même Métropole.

CONCERNER, v. act. lat., qui signifie avoir un rapport particulier à quelqu'un, ou à quelque chose. Cette affaire me concerne, c'est-à-dire, elle me regarde, sa connoissance m'appartient; & dans un sens plus étendu, elle me touche, elle m'intéresse. De-là *concernant*, qui a la même signification que *touchant*, *au sujet de*. Mais il doit être précédé d'un substantif, ce qui lui donne l'air d'adjectif, plutôt que d'adverbe.

CONCESSION, s. f. lat. Action de céder. Il se dit particuliérement, dans les Colonies Françoises, d'une

H

portion de terrain que le Roi accorde à un Particulier, pour le cultiver & le posséder. Celui qui l'obtient, s'appelle *Concessionaire*.

CONCETTI, s. m. Mot emprunté de l'Italien, qui se dit des pensées où il y a plus d'esprit & de finesse, que de justesse & de solidité. Il ne se prend gueres en bonne part. C'est le pluriel de *concetto*, qui signifie, en Italien, pensée ingénieuse, brillante. Il ne s'employe aussi qu'au pluriel. Des *concetti*, c'est-à-dire, de faux brillans.

CONCHE, s. m. Nom des seconds réservoirs des Marais où se fabrique le Sel. On fait passer l'eau de la Mer, par des tuyaux de bois, des *Jas*, qui sont les premiers réservoirs, dans les *conches*, & de-là dans un troisième réservoir, qu'on nomme le *Mort*.

CONCHYTE, s. m. gr. On prononce *Conkite*. Les Naturalistes donnent ce nom à une pétrification qui ressemble à la *conque*, ou *coquille*. C'est une espece de Marne, qui s'est insinuée dans des coquilles vuides, & qui en durcissant en a pris la forme.

CONCIERGE, s. m. Mot d'origine obscure, qui signifie Gardien de quelque lieu. Quelques-uns le font venir du verbe latin, qui signifie *conserver*. On appelle *Conciergerie*, la prison royale du Parlement de Paris.

CONCORDANS, adj. lat. On appelle *Vers concordans* ceux qui ont plusieurs mots communs, mais auxquels d'autres mots donnent un sens différent. Les Operas en sont remplis.

Exemple. *Je m'abandonne*
à ma fureur
à mon ardeur.

CONDIGNE, adj. lat. Terme de Théologie, qui se prend dans le sens d'*égal*. *Satisfaction condigne*, c'est-à-dire, parfaitement égale à la faute. *Mérite condigne*, c'est-à-dire, égal à la récompense. *Condignement* est l'adverbe, & *condignité* le substantif.

CONDOR ou CONDUR, s. m. Nom du plus grand de tous les Volatiles, qui se trouve particulièrement au Chili & au Pérou. Les Voyageurs s'accordent à lui donner jusqu'à trente pieds du bout d'une aîle à l'autre. Sa force répond à sa grandeur. On assure qu'il combat les Taureaux & qu'il les emporte.

CONDUCTEUR, s. m. lat., qui signifie celui qui conduit. C'est le nom particulier d'un instrument de Chirurgie, qui sert à l'opération de la taille.

CONFABULER, v. n. lat. Terme du langage familier, qui signifie, s'entretenir de choses legeres, agréables, sans préparation & sans étude. *Confabulateur* se dit aussi de ceux qui font leur rolle dans cet entretien.

CONFÉRENCE, s. f. lat. Assemblée dans laquelle on traite de quelque point qui demande de la discussion. La discussion même, ou l'entretien, se nomme aussi *Conférence*. Nous avons plusieurs Livres imprimés sous ce titre. On donne, dans quelques Diocèses, le nom de *Conférencier* à celui qui préside aux Conférences ecclésiastiques.

CONFESSER, v. act., qui se dit pour entendre les Confessions, & pour faire sa Confession. Le Prêtre *confesse* le Pénitent, & le Pénitent *confesse* ses péchés.

CONFORTATIF, s. & adj. lat., ce qui a la vertu de donner ou de rendre des forces. Des *Confortatifs*. Un remede, un discours *confortatif*.

CONGLOBATION, s. f. lat., qui signifie l'action d'entasser, d'accumuler diverses choses les unes sur les autres. C'est aussi le nom d'une figure de Rhétorique, qui consiste à réunir plusieurs argumens, plusieurs raisons, pour prouver une même chose.

CONGRU, adj. Mot tiré du latin, qui signifie *convenable*. On dit quelquefois un raisonnement *congru*, pour dire *juste*, auquel il ne manque rien. La grace *congrue* est une grace proportionnée à l'effet qu'elle doit produire, ou à la disposition de celui qui la reçoit. On appelle *congruaires* les Curés à portion *congrue*, & *congruistes*, ceux qui enseignent la grace *congrue*.

CONNIFLE, s. f. Nom d'une espece de grand Coquillage, fort commun fur la Côte de l'Acadie, & dont la chair eft d'un excellent goût.

CONNOISSEUR, f. m. Terme qui s'eft introduit dans les beaux Arts, pour fignifier celui qui juge de leurs productions avec une connoiffance parfaite. On peut être *connoiffeur* fans être Artifte. On peut être *Amateur* fans être *connoiffeur*.

CONQUE, f. f. lat. Grande coquille, dont on diftingue différentes familles, c'eft-à-dire, différentes efpeces.

CONSCRIPT, adj. lat. *Peres confcripts*. On donnoit ce nom aux Sénateurs Romains. Il fignifie fimplement, ceux dont les noms font écrits dans le même Tableau, ou le même Rolle. A l'Univerfité de Paris, on appelle *Confcripteurs*, les Docteurs qui font chargés, à la fin des délibérations, d'aller au Bureau pour examiner les avis, & les vérifier.

CONSE'CUTION, f. f. lat. En termes d'Aftronomie, mois de *Confécution* fignifie l'efpace de tems entre deux conjonctions de la Lune avec le Soleil. Il fe nomme auffi *Synodique* & *de Progreffion*. Cet efpace eft de vingt neuf jours & demi.

CONSERVATOIRE, f. m. Nom qu'on donne, en Italie, aux Maifons où l'on enferme des femmes, pour les préferver de la débauche.

CONSIDE'RATION, f. f. lat., qui fignifie proprement réflexion particuliere qu'on fait fur une chofe, obfervation continuée. Il fe prend auffi pour égard, eftime, & fentiment particulier, par lequel on diftingue quelqu'un. Mais, dans ce fens, il marque une forte de fupériorité. On écrit à un Inférieur, pour lequel on a de l'eftime, qu'on eft avec confidération, avec une parfaite confidération, fon très humble, &c. *Confidérer*, pris dans le même fens, ne fe dit auffi qu'en parlant d'un Inférieur.

CONSOMPTIF, adj. lat. Terme de Médecine, qui fe dit des remedes qui ont la force de confumer les humeurs, ou les chairs, tels que les Pierres à cautere, l'Eau phlagedenique, &c. *Confomptif* eft auffi fubftantif, dans le même fens.

CONSPUER, v. act. lat. Ce mot, qui fignifie proprement *couvrir de crachats*, s'employe, dans le langage familier, pour méprifer, fiffler, mocquer. *Confpué*, c'eft-à-dire, couvert d'opprobre.

CONSTANT, adj. lat. En termes de Géométrie & d'Algebre, on appelle quantités *conftantes* celles qui demeurent toujours les mêmes, tandis que d'autres croiffent ou décroiffent toujours.

CONSTATER, v. act. lat., qui ne fe dit que des faits. *Conftater* un fait, c'eft le rendre conftant, certain, le vérifier par des expériences, ou des raifonnemens.

CONSTIPATION, f. f. lat. Terme de Médecine, qui fignifie refferrement de ventre, difficulté d'aller à la felle. *Conftipé* eft l'adjectif. Dans le figuré burlefque, un *air conftipé* fe dit pour un air contraint, embarraffé. On dit quelquefois auffi, vous me *conftipez*, pour dire, vous m'embarraffez, vous me mettez mal à mon aife.

CONSULTAT, f. m. Confeil qui fe tient tous les Vendredis, en Efpagne, où l'on rend compte, au Roi, de ce qui s'eft paffé dans les différens Confeils, pendant la femaine.

CONSULTEUR DU S. OFFICE. Nom qu'on donne aux Théologiens que le Pape commet pour examiner les Livres, ou les Propofitions, qui lui font déférés, ou pour donner leur avis fur des matieres qui regardent la Foi ou la Difcipline.

CONTE, f. f., qui ne fignifie que recit de chofes badines, ou fabuleufes; quoique *conter* & *raconter* fe difent des chofes vraies & férieufes.

CONTEMPTEUR, f. m. lat., qui fignifie celui qui méprife, qui a l'efprit méprifant. On ne l'employe gueres que dans le ftyle noble, & toujours avec un régime. *Contempteur de l'Antiquité*.

CONTIGNATION, f. f. lat. Affemblage de pieces, qui fervent à rendre quelque chofe ftable, furtout en matiere d'Edifices. Ce mot, quoiqu'un peu dur, eft employé dans les Mémoires de l'Académie des Sciences.

CONTINUITE, s. f. lat. Suite de parties liées l'une à l'autre, ou qui se pressent entr'elles. En termes de Chirurgie, on appelle *Solution de continuité*, une ouverture dans les chairs, qui interrompt leur suite & leur liaison. En termes de Théâtre, la *continuité d'action*, qui en est une des principales regles, consiste dans un progrès non interrompu de l'action principale, vers le dénouement, pour soûtenir constamment l'intérêt.

CONTOURNIATE, s. m. Terme d'Antiquaire, pour signifier un Médaillon frappé avec un certain enfoncement qui regne autour.

CONTRACTER, v. act. lat., qui a différentes significations. *Contracter un engagement*, se dit pour *s'engager*, former un engagement. *Contracter* une habitude, c'est la prendre par degrés. Ce froid *contracte* les liqueurs, c'est-à-dire, les resserre, les condense. *Contractuel*, adjectif, se dit de ce qui se fait par Contract.

CONTRAT-MOHATRA, s. m. Nom que les Casuistes donnent au gain illicite des Marchands, qui vendent leurs marchandises à plus haut prix qu'elles ne valent, pour les faire racheter ensuite par des personnes interposées à plus bas prix qu'ils ne les ont vendues. C'est proprement l'accord tacite, ou exprimé, du Marchand & de l'Acheteur, auquel on donne ce nom.

CONTREBARRE, s. f. Terme de Blason, qui se dit d'une Barre divisée en deux demi-barres, dont l'une est de métal & l'autre de couleur. Un Ecu *contrebarré*, c'est-à-dire, qui a une ou plusieurs *Contrebarres*.

CONTREBIAIS, s. m. Quelques bons Ecrivains ont employé ce mot pour signifier une maniere de placer les choses, opposée à la maniere naturelle. A *contrebiais* offre à peu près le même sens qu'*à rebours*.

CONTRE-COUP, s. m. On donne ce nom à une fente, ou fêlure du crâne, qui se fait dans la partie opposée à celle qui a reçu immédiatement un coup. Les Chirurgiens la nomment *Contrefente*, & donnent le nom de *Fissure* à la fistule de la partie frappée. Quelques Médecins modernes soutiennent que cet accident est impossible.

CONTRE-DANSE, s. f. Mot corrompu de l'Anglois, qui signifie une sorte de Danse gaie & vive, où plusieurs personnes figurent ensemble, en faisant les mêmes mouvemens, chacun de leur côté. Le mot Anglois est *Country-Danse*, & signifie *Danse de Campagne*, ou *de Village*.

CONTR'EPREUVE, s. f. Les Graveurs donnent ce nom à une Estampe tirée sur une Epreuve fraîchement sortie de la presse, & qui sert à donner l'Estampe du même sens que le dessein. Elle sert aussi à faire connoître si la Planche demande d'être retouchée.

CONTREFACTION, s. f., formé de *Contrefaire*, pour signifier particulierement la réimpression furtive d'un Livre, par un autre Libraire que celui qui est en possession du Privilége. L'action de *Contrefaire* se nomme ordinairement *Contrefaçon*.

CONTRE-GAGE, s. m. Ce qu'on donne à un Creancier, pour sûreté de ce qu'on lui doit.

CONTRE-LETTRES, s. f. Terme de Palais, qui signifie des Actes par lesquels on déroge, ou l'on ajoute, aux clauses d'un Contract de mariage. Elles sont nulles, lorsqu'elles sont faites hors de la présence des Parens qui ont assisté au Contract en qualité de Témoins.

CONTREMONT, adv. Vieux mot, mais dont l'usage se conserve, pour signifier *à rebours*, à contresens. Des graines plantées *Contremont*, c'est-à-dire, la racine en haut & la tige en bas. *Contraval* est le contraire.

CONTRE-PARTIE, s. f. La *Contrepartie* d'un compte est le Registre du Controlleur, sur lequel toutes les parties du compte sont enregistrées.

CONTREPASSATION, s. f. En style de Commerce, la *contrepassation d'ordre* se fait lorsqu'un ordre, passé au dos d'une Lettre de change en faveur de quelqu'un, est changé par celui qui reçoit la Lettre; en un autre ordre, en faveur de celui de qui il la reçoit.

CONTREPETTER, v. act. Vieux mot, qui a signifié *contrefaire*, être le Singe de quelqu'un. Il ne s'en est conservé que *Contrepetterie*, qui est le nom d'une figure badine, ou d'un jeu de mots, par lequel, en transposant quelques lettres, on leur fait signifier une chose toute différente de leur véritable sens. On en trouve divers exemples dans les *bigarrures des Accords*, la plûpart indécens. *Une femme folle à la Messe*. Transposez l'*f* de folle à la place de l'*m* de Messe, & réciproquement l'*m* à la place de l'*f*. C'est une *Contrepetterie*.

CONTUMAX, adj. Mot purement latin, qui signifie, *Obstiné*, refractaire avec obstination. Il se dit, en termes ecclésiastiques, de celui qui refuse d'obéir aux Ordonnances de l'Eglise, malgré les *Monitions* & la menace de Censure. *Contumace*, qui en est le substantif, signifie opiniâtreté. *Jugé par Contumace*, c'est-à-dire, après avoir manqué à ce qui étoit ordonné.

CONVENANCE, s. f. lat. Ce mot signifioit autrefois *accord*, *convention*, & se disoit aussi pour *promesse*, *pact*. *Convenancer* une fille, signifioit la fiancer. Aujourd'hui *Convenance* signifie le rapport des choses qui se conviennent entr'elles. *Convenance* d'humeurs, d'inclinations. Quelques-uns disent aussi, *ce qui est de convenance*, pour dire *ce qui est convenable*, *à propos*.

CONVENIR, v. n. lat., qui a différentes significations. Il s'employe, pour *tomber d'accord*, *j'en conviens*; pour *prendre une résolution* de concert avec quelqu'un, *Nous convînmes*, &c; pour *être convenable*, cela me convient, &c. *Convenu*, adjectif, se dit quelquefois passivement pour *arrêté*, *fixé*, *déterminé*. Une chose certaine, *convenue* entre toutes les Parties.

CONVERS, s. m. lat. Terme Monastique; qui est le nom d'une sorte de Religieux qui ne sont reçus que pour avoir soin des choses temporelles de l'Ordre, ou pour rendre des services méchaniques. Ils sont sans études, & par conséquent exclus des Ordres sacrés.

CONVERSION, s. f. lat., qui signifie changement. En matiere de Religion, il se dit du changement qui rappelle un Chrétien à la vérité de la Morale, dans sa conduite, ou à celle du Dogme, dans ses opinions. En Logique, il signifie le changement qu'on fait des Propositions, en faisant du sujet l'attribut, & de l'attribut le sujet. En langage Militaire, on appelle *Quart de conversion* un des principaux mouvemens de l'exercice.

CONVOI DE BOURDEAUX. Célebre Bureau du Roi, établi à Bourdeaux, pour la perception des droits qui se levent, par Mer seulement, sur six ou sept sortes de marchandises, telles que les Vins, les Eaux-de-vie, les Prunes, &c. Le seul produit des Prunes du Païs monte à des sommes incroyables.

CONVOITISE, s. f. Vieux mot, qui signifie desirs sensuels, ou desir de tout ce qui est contraire aux Loix de l'Evangile. Il n'est en usage que dans le langage de la Religion.

CONVOLER, v. lat. Mot borné à l'état du Mariage, qui signifie, l'embrasser avec ardeur, avec goût. On dit qu'une femme a *convolé*, qu'elle ne sera pas long-tems sans *convoler*, pour dire qu'elle s'est mariée, ou qu'elle se mariera bien-tôt. On sous-entend, *à la noce*, ou à la *célébration*.

CONVULSIONAIRE, s. m. Malade agité de convulsions. *Convulsioniste* est un mot inventé à l'occasion des fameux *Convulsionaires* de ces derniers tems, pour signifier celui qui est persuadé de la vérité des *Convulsions*, ou qui prend parti pour la soutenir.

COOPTATION, s. f. lat. Action d'associer, d'aggréger. On donne ce nom, dans les Universités, au passage de celle, où l'on a pris les degrés, dans une autre où l'on n'a fait aucune Etude. Les Places vacantes dans le College des Augures Romains, se remplissoient par voie de *Cooptation*.

COPAHU, s. m. Nom d'un Baume, ou d'une huile excellente pour la guérison des plaies. On prétend qu'elle coule d'elle-même, d'un arbre qui croît en divers endroits de l'Amérique.

COPHTIQUE ou COPTIQUE, adj. Ce qui appartient à la Nation qui se nomme *les Cophtes*. On prétend que la langue Cophtique est l'ancienne langue des Egyptiens, & qu'elle peut servir pour expliquer les Inscriptions & les Hieroglyphes. Les Liturgies *Cophtiques* sont celles dont se servent les Chrétiens d'Egypte, qui ne reconnoissent qu'une seule Nature en Jesus-Christ.

COPISTE, s. m. Celui qui écrit d'après un autre, qui met au net quelque Ecrit. Dans le figuré, *Copiste* se dit pour Imitateur des actions, ou des pensées d'autrui, & même pour *Plagiaire*. *Copier* est le verbe, qui s'employe dans les mêmes sens, & *Copie* le substantif.

COPOL-OCASSOU. Nom d'une espece de Poirier des Indes Occidentales, dont le fruit est fort estimé.

COPPATE ou COPPATIAS, adj. gr. Un cheval *coppate*. Les Anciens donnerent ce nom à un cheval marqué d'un caractere en forme de Q, qui a reçu ensuite la figure d'un G. C'étoit un ancien caractere grec, nommé *Coppa*. Tous les chevaux étoient marqués du *Coppa*, ou du *Sigma*.

COPULE, s. f. Mot purement latin, qui signifie jonction, & dont on se sert, dans le droit Civil & Ecclésiastique, pour exprimer le dernier acte de l'amour entr'un homme & une femme.

COQUARDE, s. f. Vieux mot, qui ne signifie plus qu'un petit nœud de ruban qu'on attache sur le bouton du chapeau. *Coquardie* signifioit autrefois *Avanture*, & *Coquardeau* se disoit pour *Galant*, Avanturier en amour.

COQUELUCHON, s. m. Espece de Capuchon, qui couvre le visage, avec deux trous pour le passage de la vûe.

COQUES, s. f. On appelle *Coques* de perles, de petites élevations qui se trouvent attachées à la nacre, & qui sont de véritables Perles, que les Lapidaires sçavent mettre en œuvre. La *coque* du Ver à soie est la membrane, où il se renferme pour filer.

COQUILLE, s. f. L'Ordre de la *Coquille*, étoit un ancien Ordre de Chevalerie, institué, en 1292, par un Comte de Hollande, à l'honneur de saint Jacques. On appelle *Coquillier* une Collection de belles *coquilles*, & pierres *coquillieres* celles qui contiennent des *coquilles*.

COQUIN, s. m. Terme de mépris, qui signifie, homme vil, misérable. On le fait venir du vieux mot *Coquine*, qui signifioit Pot, parce que les Pauvres portent quelquefois des Pots, ou des Ecuelles, en mandiant. On a donné le nom de *Coquins* à une Communauté Religieuse, de Liége, établie en 1150.

COQUINBERT, s. m. Ancien jeu de Dames, dans lequel le Vainqueur est celui qui perd le plutôt toutes ses pieces; d'où vient le Proverbe, *Jeu de Coquinbert, qui gagne perd*.

CORACITE, s. f. gr. Nom d'une pierre figurée, qui a la couleur du Corbeau.

CORALLOIDE, s. f. Semence du corail, lorsqu'il commence à végeter, & qu'il n'a pas encore reçu toute sa perfection. Il se dit aussi des Plantes qui ont de la ressemblance avec le corail, ou qui en font une espece.

CORBEGEO, s. m. Nom d'un Oiseau aquatique, qui est fort commun dans le Nord de l'Amérique.

CORCHORE, s. m. Plante d'Egypte, qui est un des alimens les plus communs des Habitans du Païs.

CORDACE, s. f. Nom d'une Danse fort lascive des Anciens, qui ne se dansoit gueres que dans l'yvresse.

CORDON DE BLASON. Les Prélats ont chacun leur *cordon* différent, qui accompagne l'Ecusson de leurs Armes, & pend au Chapeau qu'ils portent, pour cimier. De ce *cordon*, qui se divise & se subdivise, pendent, de chaque côté de l'Ecusson, un certain nombre de houpes, suivant la dignité. Les Cardinaux ont un cordon rouge, d'où pendent, de chaque côté, quinze houpes de même couleur, en cinq rangs. Les Archevêques ont le cordon & dix houpes de sinople, en quatre rangs. Les Evêques l'ont aussi de sinople, mais n'ont que six houpes en trois rangs. Les Protonotaires n'ont que trois houpes, aussi de sinople, &c. Le *cordon* d'un Ordre de Chevalerie est le ruban auquel on en porte les marques attachées, passé ordinairement en écharpe, de droite à gauche, ou de gauche à droite. On dit d'un Chevalier de l'Ordre du Roi, c'est un *Cordon bleu*.

CORDONNIER, On appelle *Freres cordonniers*, des Communautés de ces Artisans, établies en plusieurs Villes de France, dont la première fut instituée, à Paris, par un Maître Cordonnier, nommé Michel *Buch*, sous la protection du pieux Marquis *de Renty*, en 1642.

CORIAMBE, s. m. gr. Terme de Prosodie, & nom d'un pied de Vers, grec & latin, composé d'une longue, deux breves & une longue, c'est-à-dire, d'un corée & d'un Iambe.

CORIS ou KORIS, s. m. Nom que les Européens donnent ordinairement à de petites coquilles qui servent de monnoie dans plusieurs Païs des Indes Orientales, & de l'Afrique. On en pêche beaucoup aux Isles Maldives, & les Hollandois en font un Commerce.

CORNAC, s. m. Nom qu'on donne, dans les Indes, au Conducteur d'un Eléphant. Il est assis sur le cou de l'Animal, & tient en sa main, au lieu de bride, deux crochets de différente grandeur, dont il se sert pour le gouverner, en le frappant au front.

CORNICHONS, s. m. Petits Concombres, ainsi nommés de leur forme, qui se terminent en deux pointes assez semblables à de petites cornes. On ne donne ce nom qu'à ceux qui sont confits au vinaigre, parce qu'on les choisit fort petits, pour cette préparation. On nomme *Cornichon va devant* une sorte de Jeu, à qui va plus vite en ramassant quelque chose. *Montagne* prétend que c'étoit le jeu de Scipion & de Lælius, sur le rivage.

CORONILLE, s. f. Nom d'un Arbrisseau, fort commun en Espagne, dont les fleurs sont jaunes & disposées en forme de petite Couronne. Elles servent pour les lavemens & les cataplasmes émolliens.

CORONOIDE, adj., formé du grec & du latin, qui s'emploïe dans les Arts au lieu de *Coronaire*, c'est-à-dire, pour signifier ce qui a la *forme* d'une Couronne.

CORPORAL, s. m. lat. Nom d'un linge consacré aux usages ecclésiastiques, qui se met sur l'Autel, pour y poser l'Hostie, pendant la Messe. On prétend qu'il représente le linceul, ou le suaire, dans lequel Notre-Seigneur fut enseveli.

CORPORATION, s. f. lat. Ce mot, qui n'est en usage qu'en Angleterre, ou lorsqu'on parle des usages de ce Païs, signifie une Communauté, ou tous les Habitans dont le *corps* d'une Communauté est composé. La *Corporation* de Bristol, c'est le *corps* des Habitans.

CORRECTIF, s. m. lat. Ce qui corrige, ce qui adoucit une chose, en la réduisant à un juste tempérament.

CORREGENT, s. m. lat. Terme d'Administration civile, qui se dit de celui qui exerce la Régence d'un Etat avec un autre, c'est-à-dire, avec égalité de Puissance.

CORRELATION, s. f. lat. Relation réciproque entre deux choses, telle qu'elle est entre les qualités de Pere & de Fils.

CORSOIDE, s. f. Nom d'une Pierre figurée, qui est une sorte d'Agathe, du moins par la couleur. Elle représente une tête, dont la chevelure imite celle de l'homme.

CORVETTE, s. f. Nom d'un petit Bâtiment de Mer, à voiles & à rames. C'est une espèce de Barque longue, qui n'a qu'un grand mât, & un petit mât d'avance. Elle sert pour aller à la découverte, & pour porter des ordres, parce qu'elle va très vîte. C'est le *Sloop* des Anglois. Tout Bâtiment au-dessous de vingt canons passe pour Corvette, en France.

CORYBANTES ou CURETES. Prêtres de la Déesse Cybele, très fameux dans l'ancien Paganisme, parce qu'ils avoient le pouvoir d'inspirer l'épouvante & la terreur ; d'où venoit le nom d'une maladie, appellée *Corybantiasme*, qui étoit une espece de Phrenesie.

CORYMBES, s. m. gr. Têtes, ou Sommités, en forme de petits Bouquets de grains de Lierre, qui viennent au haut de plusieurs Plantes.

CORYZE, s. f. gr. Fluxion, ou distillation d'humeurs âcres, de la tête, sur les narines.

COSMOGONIE, s. f. gr. Mot composé, qui signifie, Description de la maniere dont l'Univers a été créé, ou formé.

COSSAS, s. m. Toile de Mousseline, unie & fine, que les Anglois font fabriquer aux Indes orientales, & qu'ils en apportent. On appelle *Cossarts-Broun*, des toiles de coton écrues, qui viennent des mêmes Régions.

COSTUMÉ, s. m. Mot Italien, qui signifie proprement usage, coutume, mais qui se dit de tout ce qui regarde les bienséances, le caractere, les habillemens, les armes, la physionomie, les mœurs mêmes, de chaque tems, de chaque âge, de chaque Peuple, &c. En un mot, le *Costumé* est la vérité de l'idée & du goût qui conviennent à chaque chose. Il s'emploïe particuliérement en matiere de Peinture.

COTEAUX. Ordre des *Coteaux*. Nom badin qu'on a donné, dans le siécle précédent, aux gens d'un goût fin & délicat, qui non-seulement sçavoient distinguer les meilleurs Vins, & de quel *côteau*, ou de quel vignoble, ils venoient, mais qui avoient la même délicatesse de goût pour tout ce qui sert à la bonne chere. Un *Profès de l'Ordre des Coteaux*, ou simplement un *Coteau*, étoit un Gourmand du premier ordre ; en faisant entrer, dans cette idée, tout ce qui fait les délices de la table.

COTIGNAC, s. m. Nom d'une Confiture, qui se fait de jus de Coing, de sucre & de vin blanc, & qu'on rougit avec de la Cochenille. Le Cotignac d'Orleans est le plus estimé.

COTILLONS, s. m. Nom de diverses Contre-danses, qui se dansent à quatre, ou à huit.

COTTIMO, s. m. Nom d'une imposition, que les Consuls des Echelles du Levant mettent sur les vaisseaux, par ordre de la Cour, à tant pour cent ; soit pour le remboursement de quelques avances, ou par d'autres raisons.

COTULE, s. f. Plante, dont les semences sont en forme de cœur, & dont les feuilles ressemblent à celles de la Camomille. Sa fleur est couronnée, ou nue.

COTUTEUR, s. m. lat. Celui qui est chargé d'une tutele, conjointement avec un autre. Les *Cotuteurs* répondent solidairement. Une Mere mineure de vingt-cinq ans ne peut être tutrice de ses Enfans, quoique nommée par le Testament du Mari, sans donner un *Cotuteur*.

COUDRER, v. act. *Coudrer* les cuirs, ou les brasser, c'est les remuer en tournant, dans la cuve, avec le tan & l'eau chaude, pour les rougir.

COUENNEUX, adj. Les Médecins disent du sang, qu'il est *couenneux*, lorsque sur sa surface, il se forme une espece de peau, qui a quelque ressemblance avec la couenne, ou la peau du lard.

COUFLES, s. f. Nom qu'on donne aux balles, dans lesquelles le Senné nous vient du Levant.

COUHAGE, s. f. Nom d'une espece de Féves qu'on apporte des Indes orientales, & qu'on employe contre l'hydropisie.

COULANT, s. m. Nom d'un ornement de pierreries, que les Femmes ont porté au cou, composé d'un gros diamant, & d'une croix au-dessous. Il a fait place aux nœuds de diamans.

COULEUR,

COULEUR, s. f. lat. Apparence de la superficie des choses materielles. Newton a trouvé que la lumiere est un composé de différentes couleurs, & que chaque rayon homogene, une fois séparé, conserve sa couleur originaire, sans qu'aucune réfraction, ou réflexion, ou mélange d'ombre, soit capable de l'alterer; mais que les rayons sont en différens degrés plus refrangibles les uns que les autres, & que c'est de cette différence de refrangibilité que dépend la différence de leurs couleurs. Si la lumiere ne consistoit qu'en rayons également refrangibles, il n'y auroit, suivant Newton, qu'une seule couleur dans le monde, & il seroit impossible d'en produire aucune nouvelle, ni par réflexion, ni par réfraction. Les couleurs primitives sont le rouge, l'orangé, le jaune, le verd, le bleu, l'indigo, & le violet.

En Peinture, il y a beaucoup de différence entre *couleur* & *coloris*. Les *couleurs* sont des matieres molles, ou liquides, qu'on employe pour peindre. Le *coloris* est l'effet qui résulte des couleurs, lorsqu'elles sont employées.

COULEURS DE BLASON, s. f. On en distingue cinq; *Gueules*, ou le rouge; *Azur*, ou le bleu; *Sinople*, ou le verd; *Sable*, ou le noir; & *Pourpre*, qui est mêlangé de Gueules & d'Azur. L'origine de la plûpart de ces mots est incertaine.

COULISSE, s. f. Nom qu'on donne à l'espace qui est entre les ais, ou les pilastres, qui sont aux deux côtés d'un Théâtre, & qui forment une grande partie de la décoration. C'est par les *coulisses* que les Acteurs s'introduisent sur la Scene, & qu'ils en sortent.

COULPE, s. f. lat. Ce mot signifie *faute*, & n'est en usage que dans les Monasteres. Dire *sa coulpe*, c'est faire un aveu public de ses fautes, suivant la forme prescrite.

COULT, s. m. Nom d'une espece de bois de la nouvelle Espagne, qui s'employe dans la Médecine, & pour les Ouvrages de Marqueterie.

Supplém.

COUP DE SOLEIL, s. m. Impression subite que fait un Soleil ardent, sur la tête, ou sur quelque autre partie du corps, lorsqu'ayant été obscurci par quelque nuage, il vient à se découvrir tout d'un coup. On prétend qu'une maniere infaillible de guérir le mal est de remplir d'eau fraîche, une grosse bouteille, de la boucher de linge, & de la tenir, du côté qu'elle est bouchée, sur la partie offensée, qui doit être exposée en même-tems au Soleil. C'est une méthode commune dans l'Amérique Méridionale. *Coup de Théatre* se dit, en Poésie dramatique, d'un événement, ou d'une situation, qui frappe tout d'un coup l'esprit, parce qu'on ne s'y attendoit point. *Coup de Sang* se dit d'un épanchement de sang, qui se fait dans le cerveau, par la rupture subite de quelque vaisseaux sanguins.

COUPE-GORGE, s. m. On appelle *Coupe gorge*, au Lansquenet, le malheur de celui qui a la main, lorsqu'il tire sa carte avant que d'en avoir tiré aucune de celles des Joueurs; ce qui lui fait perdre tout ce qui est sur le tapis.

COUPON, s. m. formé de Couper, qui se dit d'une partie coupée de quelque chose. En termes de Marchands de Bois, un Coupon est une certaine quantité de buches liées ensemble. Dix-huit *coupons* forment un train de bois flotté. *Coupon d'action* est un terme nouvellement introduit, pour signifier *une portion de la division d'une action*. Chaque *Coupon d'action* de la Compagnie des Indes, porte l'empreinte du sceau de la Compagnie.

COUPURE, s. f. En termes de Guerre, on donne ce nom aux retranchemens d'un Camp, aux lignes, & à toute ouverture de la terre, en forme de fossé.

COURGAILLET, s. m. gr. Nom qu'on donne au cri des Cailles, & au sifflet qui imite ce cri, & qui sert d'appeau pour les attirer.

COURONDI, s. m. Grand Arbre des Indes orientales, toujours verd, dont les feuilles & le fruit rendent un suc excellent pour la Diarrhée & la Dyssenterie.

COURONNE ANTIQUE, s. f. Nom qu'on donne à une Couronne formée par une feuille tournée en cercle, & découpée à grandes pointes jusques vers la base, ou le cercle qui entoure le front. Telles sont encore les Couronnes des Princes d'Italie.

COURTAUDER, v. act. Terme de Cavalerie. *Courtauder* un cheval, c'est lui couper la queue.

COURTOIS, adj. Ce mot n'est plus gueres en usage. Mais, en langage de Chevalerie, on appelle *Armes courtoises*, c'est-à-dire, douces & innocentes, des armes qui ne peuvent blesser, par opposition *aux Armes à outrance*. Dans les Tournois, on ne s'est d'abord servi que d'armes Courtoises, c'est-à-dire, sans fer & sans pointe. Ensuite, la valeur ne se distinguant point assez avec si peu de péril, elles ont fait place aux armes à toute outrance, qui ont souvent ensanglanté la Carriere.

COURTON, s. m. Troisième des quatre sortes de Filasses qu'on tire du Chanvre. Les autres sont le Chanvre, la Filasse, & l'Etoupe.

COURTS-JOURS. Terme de Change. On appelle une Lettre de change *à courts-jours* celle qui n'a plus que peu de jours à courir. On dit de même, tirer, ou remettre *à courts-jours*, c'est-à-dire, pour un terme qui doit bien-tôt échoir.

COUSSINET, s. m. Petite Plante des lieux humides, dont les fleurs ressemblent à celles du Serpolet, & font place à de petites baies rondes, ou ovales, rougeâtres, ou d'un jaune tirant sur le verd. On prétend que ses feuilles, ses fleurs & ses baies arrêtent le vomissement, & résistent au venin.

COUTELIER, s. m. Nom d'un Coquillage, qui est dans sa coquille, comme un Couteau dans sa gaîne. Il s'y tient toujours debout, & perpendiculairement, sans autre mouvement que celui de s'enfoncer un peu dans le sable, ou de s'en retirer; ce qu'il fait, par le secours d'une espece de jambe, qu'il fait sortir par le bas de sa gaîne, ou de sa coquille.

COUTON, s. m. Nom d'un Arbre du Canada, qui a quelque ressemblance avec le Noïer, & qui donne, par incision, un suc fort agréable, qu'on trouve comparable au Vin d'Orléans.

COUTUMIER, s. m. Recueil de Coutumes, c'est-à-dire, des articles qui forment le droit particulier de quelque Païs, ou de quelque Jurisdiction.

COUVERTE, s. f. Dans les Manufactures de Terres fines, on appelle *Couverte*, l'émail dont est revêtue la terre mise en œuvre.

CRABE, s. m. Espece de bois d'Amérique, dont il se fait un bon commerce à la Rochelle.

CRAIONNER, v. act. Ecrire, peindre, &c., avec le craïon. *Craïonneux* se dit plutôt de ce qui est de la nature de la craie, que de celle du craïon.

CRAPULE, s. f. lat. Habitude d'une débauche grossière, surtout de celle du vin & de la table. Un homme *crapuleux* est un homme appésanti par cette habitude.

CRAQUELIN, s. m. Nom qu'on donne, dans quelques Provinces, à l'espece de Patisserie qui se nomme, à Paris, des *Echaudés*.

CRAQUER & CRAQUETER, qui en est le diminutif, v. n. C'est faire le bruit d'une chose qui se rompt. En termes de Fauconnerie, *Craqueter* exprime le cri de la Cigogne. On entend *Craqueter* les Cigognes. *Craquer* se dit vulgairement pour mentir; & dans ce sens, on le fait venir d'un mot Allemand qui a la même signification.

CRAVAN, s. m. Nom d'un Oiseau aquatique, qui est fort commun dans le Nord de l'Amérique.

CREMENT, s. m. lat., qui signifie augmentation, accroissement. En termes de Grammaire, c'est l'allongement d'un mot par une syllabe; ce qui arrive dans le genitif d'un grand nombre de noms substantifs.

CREMER, s. m. Nom d'une maladie fort commune en Hongrie, qui paroît venir d'un excès de crapule, ou d'une continuité d'ivresse.

CREMLIN, s. m. Nom du Palais des Czars, ou Empereurs de Russie, dans leur ville de Moscou. Il ne consiste qu'en plusieurs grosses Masses d'Edifices, sans ordre, & sans goût d'Architecture.

CRENELAGE, s. m. On donne ce nom au Grenetis, ou au Cordon, qui se met sur l'épaisseur d'une piece de Monnoie, ou à l'empreinte d'une Legende ordonnée par les Edits du Prince.

CRÉOLE, Voyez CRIOLE.

CREPINE, s. f. Sorte de Frange, qu'on emploïe pour l'ornement des Dais, des Lits, & d'autres Meubles. On donne le même nom à une petite toile de graisse, qui couvre la panse d'un Agneau, & qu'on étend sur les rognons, lorsqu'il est habillé.

CRESEAU ou CREZEAU, s. m. Espece de Serge à deux envers, couverte des deux côtés.

CRESSELLE, s. f. Instrument de bois, qui sert à faire du bruit, & qui tient lieu de cloches, pendant quelques jours de la Semaine Sainte.

CRESSERETTE, s. f. Nom d'un Oiseau, dont les œufs sont rouges, comme ceux des Faisans.

CRETELER, v. n., qui exprime, dit-on, le cri des Poules lorsqu'elles ont pondu. Lorsqu'elles veulent pondre, elles *claquettent* ; & lorsqu'elles couvent, elles *gloussent*.

CRETON, s. m. Partie grossiere des graisses de Bœuf & de Mouton, qu'on met en *pains*, pour la nourriture des chiens de basse-cour, ou de chasse.

CRETONNE, s. f. Toile blanche qui se fabrique du côté de Lisieux, en Normandie, & qui a reçu le nom de celui qui en a fabriqué le premier.

CRIARDES, adj. f. Toiles *criardes*. Nom de certaines toiles, extrêmement gommées, qui leur vient d'un certain bruit qu'elles font, lorsqu'on les emploïe.

CRIBRATION, s. f. lat. Terme de Pharmacie. C'est l'action de séparer, avec un crible, ou un tamis, les parties les plus déliées des médicamens, tant secs, qu'humides, ou oleagineux, d'avec les plus grossieres.

CRIMINALISER, v. act. *Rendre criminel*. Ce mot n'est gueres en usage qu'en style de Barreau. *Criminaliser* un Procès, c'est le changer de Civil en Criminel.

CRINAL, s. m. Nom d'un Instrument de Chirurgie, qui sert à comprimer la fistule lacrymale.

CRISPATION, s. f. Terme emprunté du latin, pour exprimer l'effet que l'approche du feu produit sur les parties extérieures des choses, en les resserrant, & les repliant sur elles-mêmes. Il se dit de toute action par laquelle de petites parties se resserrent & deviennent comme *crepues*. Il se fait une sorte de Crispation jusques dans les humeurs.

CROACER, v. n., qui exprime le cri du Corbeau. Il paroît qu'il faut l'écrire ainsi, plutôt qu'avec deux S, puisqu'il vient du latin *Crocire*, ou *Crocitare*.

CROCOTE, s. f. Nom d'un Animal des Indes, dont la couleur est mêlée de celle du Lion & de celle du Tigre, & qui a, dans sa figure, quelque chose du Chien & du Renard. *Crocote* est aussi le nom d'un ancien habit à franges, dont on voit la representation dans quelques anciens Monumens.

CROISÉ, s. m. Terme de Danse. C'est un Pas qui se fait de côté, soit à droite, soit à gauche. On appelle *Rimes Croisées*, dans la Poësie Françoise, celles qui sont alternées, c'est-à-dire, entre-mêlées.

CROISETTE, s. f. Espece de Papier, qui se nomme *Croisette*, & qui se fabrique particuliérement à Marseille, pour le commerce du Levant. Un autre se nomme *Croissant*, ou Papier aux trois Croissans.

CROLER, v. n. Terme de Fauconnerie, qui se dit, des Oiseaux de proie, pour *fienter*, se vuider par le bas.

CROSSE, s. f. Terme d'Anatomie, qui se dit des parties des vaisseaux du corps animal, qui se recourbent en demi-cercle, ou en crosse. La *crosse* de l'Aorte.

CROPIOT, s. m. Nom d'un petit fruit de l'Amérique, qui contient une petite semence noire & fort âcre, dont les Indiens mêlent dans leur tabac à fumer. Elle est fort céphalique.

CROQUIS, s. m. En termes d'Art, surtout de Peinture, il se dit d'un ouvrage fait à la hâte, qui n'a que les premiers traits, au-dessous encore de l'*Esquisse*.

CROTALE, s. m. lat. Terme de Médailliste, qui signifie une espece de Tambour de Basque, qu'on voit, sur les Médailles, dans les mains des Prêtres de Cybele.

CROUSTILLEUX, adj. Mot d'origine obscure, en usage dans le langage familier, pour signifier, plaisant, mais d'une plaisanterie basse & ridicule; dans le sens qu'on dit, un *plaisant corps*.

CROUTE, s. f. En termes de Peinture, on nomme *croute*, un Tableau douteux, une copie qu'on voudroit faire passer pour un original. *Croutier* se dit, dans le même sens, d'un Brocanteur, qui se charge de mauvais Tableaux, & qui cherche à tromper. Cette acception de *croute* vient apparemment de *cuir en croute*, ou *parchemin en croute*; nom qu'on donne au Cuir tanné & séché, & au Parchemin en cosse, qui n'a point encore été préparé.

CRU, adj. On appelle fil cru, ou *écru*, celui qui n'a point été mis à la lescive, soit pour le blanchir, soit pour le teindre. *Crûe*, s. f., se dit pour *accroissement*, surtout pour celui des Eaux.

CRUCHES FECONDES, s. f. On a donné ce nom à certains vases de terre, qui viennent du Levant, & dont les meilleurs se fabriquent dans la haute Egypte. L'eau s'y rafraîchit en fort peu de tems, & prend une qualité qu'on vante pour la dyssenterie & pour toutes les pertes de sang. On prétend aussi que de petites herbes de salade, semées sur l'extérieur de ces Cruches, y croissent en peu de jours, & de-là vient leur nom.

CRUCIFIX. Faire le *Demi-Crucifix*. En langage vulgaire, c'est demander l'aumône; parce qu'on n'étend qu'un bras pour la recevoir.

CRUZADE, s. f. Nom d'une monnoie d'or de Portugal, ainsi appellée, de ce qu'elle a été fabriquée à l'occasion de la croisade accordée, par le Pape Nicolas V, au Roi de Portugal.

CRYPTONYME, s. & adj. gr. Nom qu'on donne, en général, aux Auteurs qui ont caché, ou déguisé leurs noms. On les distingue en *Anonymes*, qui ne mettent aucun nom; en *Pseudonymes*, qui en mettent un forgé, & en *Allonymes*, qui prennent celui d'autrui.

CUBISTETER, s. m. gr. Nom que les Anciens donnoient à une sorte d'Hystrions, qui dansoient les pieds en haut & la tête en bas.

CUBITAL, adj. lat. Ce qui appartient au coude; comme l'artere *Cubitale*, le nerf *Cubital*; ou ce qui a la mesure d'une coudée.

CU-BLANC, s. m. Petit Oiseau de passage, qui aime le bord des Rivieres, & dont la chair est d'un excellent goût. Il a la forme & le bec d'une Becassine, le dessus du corps tacheté de gris & de brun, le dessous fort blanc, la queue blanche & un peu mêlée. On en prend beaucoup aux gluaux, à l'aide d'un appeau qui les attire.

CUCUBALE, s. m. Plante des Païs chauds, & commune dans nos Provinces méridionales, dont les feuilles ressemblent à celles de la Marjolaine, mais sont plus grandes, & dont les fleurs sont d'un blanc verdâtre, & disposées en Œillet. Elle croit dans les Buissons. On la vante pour rafraîchir le sang.

CUCULLE, s. f. Les Chartreux nomment *Cuculle* ce que les autres Religieux appellent *Scapulaire*. De-là vient apparemment le nom de *Cucullaire* pour un grand muscle situé entre l'occiput & le bas du dos, en forme de *trapeze*, ou de grand quarré inégal.

CUCURBITACE'E, s. & adj. lat. On donne ce nom, en général, à toutes les Plantes, dont le fruit a quelque rapport à la Courge, ou Calebasse, qui se nomme, en latin, *Cucurbita*. Tels sont les Melons, les

Citrouilles, les Concombres, les Pommes d'Amour, &c.

CUCURBITE, s. f. Nom d'une Pierre argilleuse, dont la figure approche de celle du Concombre.

CU-DE-JATE, s. m. Nom qu'on donne à ceux qui n'aïant point de jambes, ou ne pouvant s'en servir, sont réduits à se traîner sur le cu, dans une sorte de jate.

CUDU-PARITI, s. m. Fruit d'un Arbrisseau Indien du même nom, qui s'emploïe dans la Médecine. Ce fruit, broïé dans l'eau, arrête la dyssenterie. Les feuilles, broïées dans du lait, procurent le sommeil.

CUISSOT, s. m. Terme de Chasseur, qui se dit d'une cuisse de Cerf, ou d'autres Fauves, rôtie ou mise en pâte.

CUISTRE, s. m. Terme de mépris, qui est proprement le nom qu'on donne aux Valets de Collége.

CULMINANT, adj. lat. *Point culminant.* Terme d'Astronomie, qui se dit du Point du Méridien par lequel passe une Etoile ; parce que, suivant la signification du mot, c'est le Point du Ciel où elle est le plus haut sur l'Horison. *Culmination* se dit aussi, pour sa plus grande élévation.

CULTE, s. m. lat. Terme de Religion, qui signifie les marques extérieures de vénération qu'on rend à Dieu. Les Théologiens distinguent trois sortes de Culte ; celui de *Latrie,* qui n'appartient qu'au Souverain Etre ; celui de *Dulie,* qui se rend aux Saints ; & celui d'*Hiperdulie,* qu'on doit à la Sainte Vierge. *Culture,* s. f., qui vient de la même source, signifie l'art & le soin qu'on emploïe pour faire croître, ou pour perfectionner une chose. C'est le substantif de *cultiver.*

CUMANA, s. m. Nom d'un arbre Indien, assez semblable au Meurier, dont le bois est si dur qu'on en tire aussi facilement du feu, que du caillou. On fait un fort bon Syrop de son fruit.

CUMANDA-QUACU, s. m. Nom d'une sorte de Féves Indiennes, emploïées dans la Médecine. Rôties, elles sont bonnes pour le cours de ventre. Bouillies, elles servent, en cataplasme, à résoudre les abscès.

CURATELLE, s. f. Office d'un Curateur, ou d'une Curatrice.

CURATIF, adj. lat., qui signifie ce qui est propre à la *cure* de quelque maladie. On distingue les Remedes *préservatifs* & les Remedes *curatifs.*

CUREDENT D'ESPAGNE. Plante dont les feuilles ressemblent à celles du Fenouil, mais sont plus larges, plus courtes & plus émoussées. Elle est commune dans nos Provinces méridionales. Les Espagnols font des Curedents, des pédicules roides & odoriférans de ses Ombelles.

CURE' PRIMITIF. Les Communautés régulieres ayant autrefois possédé des Cures, où elles envoïoient des Vicaires, qu'on nommoit *Curés amovibles*, il s'en trouve qui ont conservé la qualité de Curés *Primitifs,* quoique par une Ordonnance de Louis XIV, il n'y ait plus que des Curés en titre. Cette qualité donne encore certains droits, tels que de participer aux offrandes des jours solemnels, de percevoir la dixme, ou une partie, de célébrer la Messe Paroissiale à certains jours, &c. Les Curés actuels ne sont alors que des Vicaires perpétuels. On appelle fonctions *curiales,* les fonctions d'un Curé.

CURIE, s. f. Terme d'Histoire Romaine, qui signifie une des portions dans lesquelles les Tribus de l'ancienne Rome étoient divisées.

CURIOSITE', s. f. Ce mot s'est mis en usage, à Paris, pour signifier la recherche des Curiosités. Les Amateurs des Arts disent de ce goût, donner dans la *curiosité*; & les Brocanteurs, qui s'assemblent pour leur trafic, appellent cela, *se trouver à la curiosité.* Curieux se dit aussi pour *recherché.* Le *Titien* étoit *curieux* dans son coloris.

CURSEUR, s. m. lat. Partie d'un Instrument de Mathématique, qui coule, ou court, sur une autre, c'est-à-dire, qui s'avance & se recule. Une Equerre porte ordinairement, sur l'un de ses côtés, un *Curseur.*

CURVITÉ, s. f. lat. Terme de Géométrie, qui se dit pour exprimer la qualité de ce qui est courbe.

CUSTODI-NOS, s. m. Expression purement latine, qui signifie *Gardez nous*, & qui se dit vulgairement de ceux qui font l'office de garder quelque chose, ou de gérer un Emploi, pendant que le Possesseur est absent, ou en bas âge.

CUTAMBULE, s. m. lat. Nom de petits vers qui rampent quelquefois sur la peau, ou dessous ; & de certaines douleurs scorbutiques, qui sont comme errantes.

CYCLIQUE, adj. Nom qu'on donne, après les Anciens, aux Poëtes qui font des petites Pieces détachées, telles que des Chansons, des Vaudevilles, & d'autres Poësies qui courent de bouche en bouche. On dit également Poëte Cyclique, & Poësies Cycliques. On le dit aussi de ce qui appartient aux Cycles.

CYDONITE, s. f. gr. Nom d'une Pierre blanche & friable, qui a l'odeur du Coignassier.

CYME, s. f. gr. Ce mot, qui signifie *tige*, *germe* & *pousse* des Plantes & des Herbes, est fort différent de *Cime*, qui signifie *sommet*, & qui vient du latin. Il doit être écrit par un y grec, qui fixe sa signification, en marquant son origine.

CYNANCHE, s. m. Nom grec composé. Espece violente d'Esquinancie. On appelle *Cynanchiques*, les remedes qui servent à la guérir.

CYPHOME, s. m. gr. ou CYPHOSE, s. f. Nom d'une courbure, qui se fait quelquefois à l'épine du dos, & dans laquelle les vertebres s'inclinent & s'avancent en dehors.

CYR. *Saint Cyr*. Nom d'un fameux Etablissement, institué par Madame *de Maintenon*, dans le Parc de Versailles, en 1686, où sur des fonds accordés par Louis XIV, on entretient deux cens cinquante pauvres Demoiselles, qui doivent avoir fait preuve de quatre degrés de Noblesse du côté Paternel, & qui n'y peuvent être reçues avant sept ans, ni au-dessus de douze. Elles ne peuvent demeurer, dans la Maison, après l'âge de vingt ans accomplis, & elles sont dottées alors sur les fonds assignés ; à moins qu'elles ne s'engagent parmi les Dames Religieuses, qui dirigent la Maison, & qui sont au nombre de Quatre-vingt, Dames ou Converses, sous la Regle de saint Augustin.

CYRBES. *Voyez* AXONES, Loix de *Solon*, dont les Cyrbes étoient une partie, qui regardoit le Culte des Dieux.

CYROPEDIE, s. f. gr. Fameux ouvrage de Xenophon, composé pour l'Education des Princes, & qui passe, suivant son Titre, pour l'Histoire de la Jeunesse de Cyrus ; quoique la vie de ce Prince ait été écrite fort différemment par d'autres Historiens.

CYSTHEOBITHRE, s. m. Nom d'une espece de Pierre marine, qui se trouve dans les grosses Eponges.

CYSTHEPATIQUE, adj. grec. Terme d'Anatomie. On appelle *conduit Cysthepatique* un canal presqu'imperceptible, qui porte la bile, du foie, dans la vesicule du fiel. C'est M. *Perrault*, qui le découvrit, en 1680.

CYSTIQUE, adj. gr., qui signifie ce qui appartient à la vessie. On distingue la bile *Hepatique*, & la bile *Cystique*, c'est-à-dire, la bile qui est dans le foie, & qui est fort douce ; & la bile proprement dite, qui est dans la vesicule du foie. Le canal *cystique* est celui de la vessie du foie, par lequel la bile se décharge dans l'intestin.

CZAR, s. m. Titre de dignité, qui est propre au Souverain de Moscovie, & qui paroît une corruption de *César*. L'usage n'en est pas plus ancien que le seiziéme siécle, & commença au Czar *Basile*, fils de *Basilides*. Les Moscovites prononcent *Tzar*. *Czarovvitz*, ou *Czarasis*, signifie fils de *Czar*, ou *Prince héréditaire*. On dit, leurs Majestés Czariennes, en parlant du Czar & de la Czarine.

D

D, Dans l'alphabet Chimique, il dénote le Vitriol. C'est le caractere de la monnoie qui se fabrique à Lyon.

DACES, s. f. Mot tiré de l'Italien,

qui signifie *Impôt* pour le transport des Marchandises.

DAIL, s. m. Nom d'un Coquillage, qui est toujours enfoncé dans la Glaise, & dont la forme est à peu près celle d'un cône tronqué, dont la petite base est toujours en haut.

DALLER ou TALLER, s. m. Monnoie d'argent d'Allemagne, qui revient à notre écu de soixante sous. La *Dalle* est aussi une Monnoie de compte Allemande, de trente-deux sous *lubs*, qui reviennent à quarante sous de France.

DAM, s. m. lat. Vieux mot, qui signifie dommage, & qui se dit encore en langage familier; *à son Dam*. En langue Flamande, il signifie levée de terre, *Digue*. De-là les noms d'Amsterdam, Rotterdam, & de plusieurs autres lieux situés près des digues.

DAMASONE, s. m. Nom d'une Plante, dont les feuilles ressemblent à celles du Plantain aquatique; mais dont les queues sont plus longues. On prétend qu'appliquées sur le sein des Femmes, elle leur fait perdre le lait.

DAME, s. f. En Astrologie judiciaire, on dit d'une Planéte, qui domine dans un Thême céleste, qu'elle est *Dame* de l'Ascendant, &c.

DAMELOPRE, s. m. Espece de Bâtiment, qui est en usage en Hollande, pour naviger sur les Canaux.

DAMIER, s. m. Outre son acception vulgaire, ce mot se dit du Livre des Inspecteurs des Troupes, qui contient le nom des Soldats. On nomme aussi *Damier* une espece de Coquillage, marqueté de différentes couleurs comme un Damier.

DANEBROCK, s. m. Ordre de Chevalerie, en Dannemarck, qu'on fait remonter aux tems fabuleux, mais que d'autres croient institué vers 1219, par Valdemar II, & qui étant tombé dans l'oubli, fut restitué en 1671, par Christiern V.

DAPHNITE, s. f. Pierre figurée dont les figures imitent les feuilles du Laurier; ainsi nommée, de *Daphné*, fille du Fleuve Pénée, que la Fable métamorphose en Laurier.

DARIDAS, s. m. Nom d'une sorte de Taffetas des Indes, qui est fait de soie tirée des herbes.

DAUCUS, s. m. Panais sauvage, dont la graine est fort chaude & d'une vertu résolutive. Le Daucus est commun au Levant, & l'on en distingue trois espèces. On en fait un vin Médecinal, qui se nomme *Vin de Daucus*, bon pour les maux de poitrine, les regles, les convulsions, &c.

DAUMUR, s. m. Espece de Serpent, dont la chair entre dans la composition de la Thériaque.

DAUPHINE, s. f. Nom d'un petit Droguet de laine, jaspé de diverses couleurs; & celui d'une Poire, qui se nomme aussi *Lansac*.

DE, ajoûté au commencement d'un mot, emporte ordinairement le contraire de la signification du simple.

DÉBANQUER, v. act. Terme de Jeu. *Débanquer*, au Pharaon & dans d'autres jeux, c'est gagner tout l'argent de celui qui tient le jeu, & qui se nomme *Banquier*.

DÉBARRER, v. act. En termes de Palais, *Débarrer* se dit par opposition à *barrer*. Lorsque les Juges d'une Chambre sont *barrés*, c'est-à-dire, que les avis sont également partagés, le Procès est porté dans une autre Chambre, qui sur l'exposé des raisons donne l'Arrêt; ce qui s'appelle *débarrer*.

DÉBOUCHÉ, s. m., qui signifie ordinairement un lieu par lequel on sort de quelque *défilé*, tel que la gorge d'une Montagne; mais qui se prend, dans le figuré, pour un moïen, un expédient, qu'on emploie pour sortir de quelque embarras.

DÉCANAT, s. m. lat., qui a la même signification que *Doïenné*, mais qui se dit particulièrement du Doïenné des Compagnies Civiles. Le *Décanat* du Parlement, du Conseil, &c. *Doïenné* est plus en usage pour les Compagnies Ecclésiastiques, à l'exception néanmoins du College des Cardinaux.

DÉCAPER, v. act. En termes de Chimie, *Décaper* le cuivre, c'est en ôter le verd de gris, ou la rouille.

DECASSYLLABIQUE, adj. lat. On nomme Vers *Decasyllabiques*, ou *Décasyllabes*, ceux qui sont composés de deux syllabes.

DECENCE, s. f. lat. Honnêteté, bienséance qu'on doit garder dans les actions, les discours, les habits, la contenance, &c., & dont la régle est prise non-seulement des préceptes de la Morale, mais encore de l'âge, de la condition, du caractere dont on est, du tems & du lieu où l'on se trouve, des personnes avec lesquelles on vit. En un mot, la décence consiste à ne faire que ce qui convient.

DECENNAIRE, adj. qui se dit de ce qui procede du nombre dix. L'arithmétique est *Decennaire*.

DECEVANT, adj. C'est le Participe de decevoir, qui est encore en usage pour signifier ce qui est *trompeur*, quoiqu'on ait banni *decevance*, son substantif.

DE'CHANT, s. m. Nom qu'on donnoit à l'ancien Chant, ou à la Musique d'Eglise, dans le douziéme siécle, & quelques siécles suivans.

DECHAUX, adj. Vieux mot, qui signifie *déchaussé*, & qui ne se dit que des Carmes. On dit Carmes *déchaux*, & Augustins *déchaussés*.

DECHOUER, v. act. Terme de Marine, qui se dit pour remettre à *flot* un Navire *échoué*.

DECIMES, s. f. lat. On entend par ce mot, qui signifie la dixiéme partie des choses, ce que le Roi leve ordinairement, ou extraordinairement, sur le Clergé de son Roïaume. Ce nom ne fut connu que sous le regne de Philippe Auguste, & les Decimes ne se levoient alors que pour des besoins passagers. Ce fut François I, qui les réduisit en taxes ordinaires; & la maniere dont elles se levent aujourd'hui fut réglée ensuite, à Poissy, par un Contract entre le Roi & le Clergé, en 1561.

DE'CLIVITE', s. f. lat. Situation d'une chose qui est en pente. La moindre Déclivité du terrain fait couler les eaux.

DE'CORTICATION, s. f. lat. Terme d'Art, qui signifie l'action d'ôter l'écorce, ou la peau, d'une racine, d'un fruit, &c.

DE'CRUMENT, s. m. Action de *Décruer* le fil, c'est-à-dire, de lui ôter, par la lessive, avant que de le teindre, une certaine odeur de Chanvre, qui se nomme *Cru*.

DECURION, s. m. lat. Chef d'une Décurie dans l'ancienne Rome. On appelloit Décurie une division de Citoïens, ou de Soldats, en dix hommes.

DECUSSOIRE, s. m. l. Instrument de Chirurgie, qui sert à presser la partie, pour l'évacuation du pus.

DEDALE, s. m. Nom du fameux Inventeur du Labirinthe de Crete. On l'emploie quelquefois au lieu de Labirinthe, pour signifier quelque chose de fort embarrassé, par la multitude de ses détours. Le *Dedale* des Loix.

DEFENSIF, s. m. lat. Ce qui sert à défendre de quelque chose de nuisible. C'est particuliérement le nom d'un Bandage qu'on met sur les yeux, après quelque opération de Chirurgie. *Defensive* est un autre substantif, qui signifie l'état d'un homme préparé à se défendre. Se tenir sur la *defensive*.

DEFET, s. m. lat. *ou* DEFAIT. Terme de Librairie, qui ne s'emploie qu'au pluriel. Il se dit des feuilles imprimées, qui manquent à un exemplaire pour être entier, & de celles qui restent sans qu'on puisse en former de complets, & qui ne peuvent servir par conséquent que de supplément pour d'autres exemplaires.

DE'FIER. *Faire un défi*. Ce mot s'emploïoit anciennement pour déclarer Ennemi public. Pendant la fureur des Duels, *défier* quelqu'un, c'étoit le provoquer à se battre.

DEFINITIF, adj. Le Jugement *définitif* est un Jugement en dernier ressort, ou dont il n'y a plus d'appel. *Définitivement* est l'adverbe.

DE'FRICHEMENT, s. m. Action de défricher une Terre inculte, c'est-à-dire, de la mettre en valeur. Dans nos Colonies, une Terre défrichée se nomme *Désrichement*.

DEFRUCTU, s. m. Terme latin, qui

qui signifie ce qui est tiré du fruit. On lui fait signifier tout ce qui reste de quelque chose, & qui peut être emploïé avec profit. Un bon *Defructu*. On le fait venir d'un ancien usage, qui obligeoit celui qui avoit annoncé l'Antienne *de fructu ventris tui*, dans l'Octave de Noël, à païer à souper.

DE'GAUCHISSEMENT, s. m. Ce mot, peu usité jusqu'à ces derniers tems, est emploïé aujourd'hui pour signifier l'action de détourner, de donner une autre direction. *Dégauchir* se prend aussi dans le même sens. L'Académie des Sciences en fait un fréquent usage.

DE'GINGANDE', adj. Mot formé vraisemblablement d'*Engin*, pour signifier, rompu, brisé, disloqué. Il se prend, au figuré, pour mal ordonné, foible dans quelque partie, sans justesse & sans grace.

DEGRE'S DE PARENTE' ou D'AFFINITE'. Ils sont les mêmes. On les distingue en ligne directe, & en ligne collatérale. L'une & l'autre ligne a des degrés ascendans, & des degrés descendans. En ligne directe, les degrés ascendans sont, le premier, Pere & Mere ; le second, Aieul & Aieule ; le troisième, Bisaieul & Bisaieule ; le quatrième, Trisaieul & Trisaieule. Les degrés descendans sont, le premier, Fils & Fille ; le second, Petit-fils & Petite-fille ; le troisième, Arriere-Petit-fils & Arriere-Petite-fille ; le quatrième, Fils & Fille de l'Arriere-Petit-fils. En ligne Collatérale, les degrés ascendans sont, 1°, Pere & Mere ; 2°, Oncle Paternel, Tante Paternelle, & Oncle Maternel, Tante Maternelle ; 3°, Grand Oncle Paternel, Grande Tante Paternelle, & Grand Oncle Maternel, Grande Tante Maternelle ; 4°, Pere du Grand Oncle, ou de la Grande Tante Paternels, & Pere du Grand Oncle & de la Grande Tante Maternels. Dans la même ligne, les degrés descendans, sont, 1°, Le Frere & la Sœur ; 2°, Les Fils, ou les Filles, du Frere & de la Sœur, qui s'appellent Cousins Germains & Cousines Germaines ; 3°, les Cousins

Supplém.

& Cousines issus de Germains, c'est-à-dire, les Petits-fils, ou Petites-filles du Frere ou de la Sœur ; 4°, Les Fils ou Filles de ceux-ci. Les Nôces étoient autrefois défendues jusqu'au septième degré ; elles ne le sont plus que jusqu'au quatrième.

DELAIANT, s. m. lat. On appelle *Delaïans*, les Tisannes rafraichissantes, les Emulsions, les Eaux panées, de Poulet, de Riz, d'Orge, & toutes les Potions émollientes, ou rafraîchissantes.

DELETAIRE, adj. lat. Terme de Physique & de Médecine, qui signifie qualité propre à détruire, à tuer. Il se dit de tous les poisons, qui causent quelque desordre dans les parties du corps.

DELUGE, s. m. lat., qui signifie inondation. On regarde *Bleaster*, Dominiquain Portugais du seizième siécle, comme le premier Chrétien qui ait révoqué en doute l'universalité du Déluge.

DEMARCATION, s. f. On appelle *ligne de Demarcation*, une ligne fictive que le Pape Alexandre VI fit tracer d'un Pôle à l'autre, pour donner en partage les Indes Orientales aux Portugais, & les Occidentales aux Castillans.

DEMISSION, s. f. lat. Action de se démettre, c'est-à-dire, de se défaire, de quelque bien, ou de quelque emploi qu'on possède, aux conditions qu'on juge à propos d'imposer. Le *Demissionaire* est celui en faveur duquel se fait la *Démission*.

DEMONOGRAPHES, s. m. gr. Nom qu'on donne aux Auteurs qui ont écrit sur le Démon, tels qu'*Agrippa*, *Beker*, *Glanvil*, &c.

DEMONSTRATEUR, s. m. l., qui se dit, en Botanique & en Anatomie, de celui qui on donne des Leçons pratiques.

DENAIRE, adj. lat., ce qui appartient au nombre dix.

D. NATURER, v. act. C'est changer la nature d'une chose. On *dénature* un bien, en le vendant pour en acquerir d'autres, dont on puisse disposer librement.

DENI DE JUSTICE. On donne ce

nom au refus que fait un Juge subalterne de rendre la Justice qu'on lui demande. Après deux Sommations, suivant l'Ordonnance de 1667, on a le droit d'appel au Tribunal supérieur.

DENIGRER, v. act. lat., *rabbaisser, noircir, rendre méprisable*. *Denigrement* est le substantif.

DENOMBREMENT, s. m. En termes de Fief, c'est une déclaration par écrit, donnée par le Vassal, des héritages, cens & autres droits qu'il tient de son Seigneur. On joint d'ordinaire, au dénombrement, l'aveu, qui est une reconnoissance de la supériorité du Seigneur Suzerain.

DENOUMENT, s. m. Terme de Poésie Epique & Dramatique, qui signifie l'éclaircissement de l'avanture qui a fait le sujet du Poème. Le nœud & le dénoument sont les deux principales parties de l'Epopée & du Drame, & celles par conséquent qui demandent le plus d'art. *Dénoument* se dit aussi de l'explication d'une affaire obscure.

DENTELAIRE, s. m. Nom d'une Plante à plusieurs tiges, dont les feuilles sont dentelées, & ressemblent à celles de l'Herbe aux Puces, mais sont plus petites. Ses fleurs sont purpurines. Elle croit dans les Païs chauds, & sa vertu est vantée pour les écorchures.

DENTISTE, s. m. Chirurgien qui arrache, ou qui nettoie, les dents. *Denture* se dit d'un assemblage de dents, naturel ou artificiel.

DENUDATION, s. f. lat. On appelle ainsi le dépouillement des os qui paroissent à découvert, dans une opération, ou dans quelque accident ; tel qu'une fracture, la blessure d'une arme, &c.

DENUE', adj. lat., qui devroit signifier proprement nû, mais qui ne s'emploie que dans le sens moral, pour *privé*. Ainsi, *dénué* de bien & d'esprit, signifie privé, manquant de l'un & de l'autre. En termes de vie spirituelle, on appelle *dénument* des biens sensibles, une disposition contraire au goût & à l'attachement naturel qu'on a pour les objets des sens.

DEPAREILLER, v. act. Oter quelques parties de certaines choses pareilles, dont la perfection consiste à les avoir toutes. Il se dit particuliérement des Ouvrages reliés en plusieurs Tomes. Si l'on en perd un, l'ouvrage est *dépareillé*, *désassorti*.

DEPECER, v. act. Mettre en pieces. *Dépecer* une volaille, &c., c'est en couper les différentes parties, pour les servir. *Dépecer* un habit, un bateau, c'est en désassembler les parties. *Dépeceur* se dit de celui qui dépece.

DEPETRER, v. act. lat. Ce mot, qui devroit signifier proprement tirer de la pierre, ne se dit que dans le figuré, pour tirer, délivrer quelqu'un d'un engagement fâcheux, ou d'une situation désagréable.

DEPLANTOIR, s. m. Instrument de Jardinage, qui sert à déplanter & à replanter les fleurs.

DEPLORE', l. Participe de *déplorer*, qui se prend quelquefois dans un sens fort différent du propre. On dit qu'une maladie est *déplorée*, pour dire, qu'elle est sans remede. Une santé, une fortune, *déplorée*, c'est-à-dire, irréparable, desespérée.

DEPOPULATION, s. f. lat. Action de *dépeupler* un Païs, ou par laquelle un Païs se *dépeuple*. On l'emploie pour *dépeuplement*, dont la signification n'est pas différente.

DEPONENT, adject. Terme de Grammaire latine, qui se dit des verbes qui ont la terminaison passive & la signification active.

DEPORTATION, s. f. lat. Espece de bannissement de l'ancienne Rome, qui différoit de l'exil, & qui commençoit par l'interdiction de l'eau & du feu ; ce qui mettoit le coupable dans la nécessité de s'éloigner du lieu dans les bornes duquel cette Sentence avoit toute sa force. On marquoit ordinairement l'Isle, ou le Païs, de la déportation, qui devoit être à cinquante milles au moins de la ville de Rome. Elle étoit pour toute la vie ; autre différence d'avec l'exil, ou la rélégation, qui pouvoit ne durer qu'un tems.

DEPOSER, v. act. lat. Ce mot

plusieurs significations fort différentes. *Déposer*, signifie mettre en dépôt. Il signifie déclarer ce qu'on sçait contre quelqu'un, ou en sa faveur. Il signifie, ôter à quelqu'un, la place, l'emploi qu'il occupoit. Dans les deux derniers sens, *Déposition* est le substantif. *Dépositaire* se dit de celui à qui l'on donne quelque chose en dépôt.

DE'POUILLER, v. act. l. Outre la signification commune de ce mot, *dépouiller* un Livre, un Registre, c'est en faire des Extraits, en tirer tout ce qui s'y trouve d'utile, ou de remarquable. *Dépouillement*, subst. masc., s'emploie aussi dans le même sens. En termes de Sculpteur & de Mouleur, *dépouiller* une figure moulée, c'est ôter toutes les pierres du moule, & tout ce qui a servi au travail. On dit, en termes d'Art, qu'une chose est *taillée en dépouille*, pour signifier qu'elle va en augmentant vers le talon, ou le manche.

DE'PURE', adj. lat. Terme de Médecine & de Chimie, qui signifie *Clarifié*. On dit que des sucs sont *dépurés*, lorsqu'ils se sont clarifiés d'eux-mêmes par résidence, c'est-à-dire, lorsque les sucs se sont séparés & précipités au fond du vaisseau, en les laissant reposer après les avoir exprimés. On les verse ensuite par inclination. *Dépuration*, substantif, est l'action de *dépurer*. *Dépuratoire*, adjectif, se dit de ce qui est propre, de ce qui sert à *dépurer*.

DE'RADER, v. act., formé de Rade. C'est un terme de Mer, qui exprime l'action d'un gros vent, par lequel un Vaisseau est emporté hors de la Rade, avec ses ancres.

DE'RAISON, s. m. Ce mot s'est mis en usage, de nos jours, pour signifier, défaut de raison, ou maniere de penser qui blesse la raison. *Déraisonner* se dit de même. Mais l'un & l'autre sont bornés au style familier.

DE'ROUTER, v. act. Tirer quelqu'un de sa route. Il ne se dit gueres que dans le figuré, pour rompre les mesures de quelqu'un, déranger ses projets. Je suis tout *dérouté*; c'est-à-dire, je ne sçais plus quel parti j'ai à prendre.

DEROI, s. m. Nom de la somme qu'on paie chaque jour à la Maison où sont logés les Officiers de la bouche du Roi, lorsque la Cour est en marche. On en trouve le réglement dans l'*Etat de la France*.

DES, particule pluriel, qui tient lieu de Proposition. Quand elle marque l'indefini, & que l'adjectif précède le substantif, on emploie *de* au lieu de *des*; comme dans ces exemples; *de riches Marchands, d'amples récompenses*.

DESAPPAREILLER, v. n. Terme de Marine, qui signifie le contraire d'*appareiller*.

DESHONETE, adj., ce qui est contraire à la pureté. Ainsi, *Deshonête* est fort différent de *Malhonête*, qui ne se dit que de ce qui blesse la civilité.

DESORIENTER, v. act. Dans le propre, c'est faire perdre sa situation à quelque chose qui devoit regarder l'Orient. On *Désoriente* un Quadran. Au figuré, *Désorienter* quelqu'un, c'est le troubler, le déconcerter, lui faire perdre l'attention qu'il avoit à quelque chose.

DESQUAMATION, s. f. lat. Ce mot, qui signifie proprement l'action d'ôter les écailles d'un Poisson, s'emploie, dans la Médecine, pour signifier un dépouillement de quelques parties hétérogenes, qui couvrent la surface de la peau; telles que la croute des pustules, qui est une espece d'écaille.

DESSOUS DE CARTES. Expression figurée, & prise du jeu de Cartes, qui se dit pour quelque chose de mysterieux, qui ne se révele point, qui ne se voit point, qu'on a quelque intérêt à tenir caché.

DETERIORATION, s. f. lat. Action d'altérer quelque chose, d'en diminuer la bonté, & par conséquent le prix. *Détériorer* est le verbe.

DEVOIE', adj., formé de VOIE. En termes de Religion, *Devoié* se dit, pour errant, de ceux qui sont hors de la voie du Salut. Il se dit aussi de celui qui a le dévoiement, c'est-à-dire, le cours de ventre. *Devoïer*, en termes de Charpenterie, signifie mettre quelque chose hors de l'équerre de son plan. On le dit aussi d'une chausse d'aisance, & d'un tuïau de cheminée, lorsqu'on les détourne de leur à-plomb.

DEUX, subst. En termes de Chasse, le *deux* est une sorte de plomb à tirer, moins gros que celui qui s'appelle de l'*un*, & plus gros que celui qu'on nomme du *trois*. On emploie ordinairement le *deux* pour la chasse du Lievre.

DIANOPTIQUE, adj. & subst. gr. Nom qu'on donne aux Médicamens qui font transpirer. Ils ne different gueres des *Diaphoretiques*.

DIASOSTIQUE, s. f. gr., qui signifie ce qui a le pouvoir, la vertu de conserver. C'est le nom d'une partie de la Médecine, qui a pour objet la conservation de la santé, par des préservatifs capables d'éloigner la Maladie.

DIATRIBE, s. f. gr., qui signifie, dans notre langue, *dissertation*, mais qu'on n'emploie gueres dans l'usage ordinaire, que pour les ouvrages auxquels on reproche quelque air de pédanterie. C'est une vraie *Diatribe*.

DICROTE, adj. gr. Nom que les Médecins ont donné à un poulx inégal, qui *bat deux fois* dans une même pulsation, par un retirement qui se fait de l'artere, avant qu'elle soit entierement dilatée. *Rebondissant* exprime à peu près la même idée, que *Dicrote*.

DIETETES, s. m. gr. Nom célebre d'une sorte de Juges d'Athenes, que les Citoïens avoient la liberté de choisir pour Arbitres, dans les différends qui regardoient les Contracts. Ils devoient être au moins sexagenaires. Ils donnoient audience vers le coucher du Soleil. Leur administration ne duroit qu'une année, & leurs Sentences devoient être signées par les Archontes.

DIETETIQUE, s. f. gr. Science qui comprend ce qui appartient au régime des Malades.

DIFFAMÉ, adj. lat., qui signifie perdu de réputation. En termes de Blason, *Armes diffamées* se dit de celles dont on a retranché quelque piece, ou auxquelles on a joint quelque chose de deshonorant, en punition de quelque crime commis par celui qui les porte.

DIFFRACTION, s. f. lat. Terme d'Optique, qui signifie une des quatre manieres dont la lumiere se répand. C'est le Pere Grimaldi qui a trouvé, qu'outre la *direction*, la *réflexion*, & la *réfraction*, la lumiere se fait encore appercevoir par *diffraction*; c'est-à-dire, qu'étant un corps fluide comme l'eau, elle se partage à la rencontre des corps, comme un ruisseau se divise lorsqu'il rencontre un corps solide, & coulant par les deux extrémités, elle jette de chaque côté plusieurs raïons colorés, dont les uns se répandent vers les bords du cône lumineux, & les autres tournant derriere le corps opaque, elle se fait voir dans l'ombre que produit ce corps; ce qui ne peut être rapporté, ni au mouvement direct, ni à la réflexion, ni à la réfraction.

DIFFUS, adj. lat., ce qui se répand en longueur, & qui perd ainsi de sa force. Il ne se dit gueres que du style & du raisonnement. *Diffusion* est le substantif.

DIGAMME, s. m. gr. Terme de Grammaire, qui signifie double *Gamma*. On donne ce nom à la lettre F, qui est en effet comme le double de la lettre grecque, qu'on nomme *Gamma*. Le *Digamme* renversé se mettoit anciennement pour l'U consonne, & l'on en trouve des exemples dans plusieurs anciennes Inscriptions.

DIGESTEUR, s. m. l. Sorte de Marmite, inventée pour amollir les os, & cuire en peu de tems toutes sortes de viandes.

DIGNITAIRE, s. m., formé de *dignité*, pour signifier ceux qui jouissent, dans les Eglises Cathédrales, de quelque *dignité*, avec Juridiction; comme ceux qui n'ont qu'une simple prééminence, en vertu de quelque titre, se nomment *Personnats*.

DIGRESSION, s. f. lat. En termes d'Astronomie, la *digression* d'un astre est son éloignement d'un autre astre, auquel on le compare. La plus grande *digression* de Venus au Soleil est d'environ quarante-huit degrés.

DILECTION, s. f. l. Titre, ou qualité, qui se donne en Allemagne aux Electeurs. On dit sa *Dilection*, comme on dit sa *Grandeur*, pour un Evêque.

DIRE, s. m. C'est le verbe *dire*, dont on a fait un substantif, en langage de Procédure, pour signifier des allégations, des dépositions, ou le contenu d'un rapport, d'une information. Tous les *dires* s'accordent, c'est-à-dire, tous les témoignages. En langage Poétique, on donne quelquefois aux Furies le nom de *Dires*, qui signifie alors *Vangeresses*.

DISCREDIT, s. m. Mot introduit assez nouvellement, pour signifier, perte ou diminution de crédit. On dit d'un Billet de Banque, ou de Commerce, qu'il est tombé en *discrédit*. *Discrédité* est l'adjectif.

DISCRETOIRE, s. m. Terme de Couvent, qui signifie le lieu où se tiennent les assemblées des Supérieurs, & qui se dit aussi de l'assemblée même ; formé sans doute de *discret*, parce que la discrétion doit être une des principales qualités de ceux, ou celles, qui forment ces conseils. Aussi les nomme-t-on *Peres discrets & Meres discretes*.

DISCRIMEN, s. m. Mot purement latin, qui signifie division, séparation, différence, &c. Les Chirurgiens en ont fait le nom d'un Bandage, dont ils se servent pour la saignée du front, apparemment parce qu'il divise la tête en deux parties égales.

DISCURSIF, adj. l., qui se dit des Sciences & des Arts, qui emploient le raisonnement, ou les regles de la Logique.

DISERTEMENT, adv. lat. Terme de Barreau, qui s'emploie pour expressément, en termes formels. *Disert*, adjectif, n'est gueres en usage que dans le style familier, pour signifier éloquent, abondant en paroles. Une *langue diserte*.

DISGRACE, s. f. Accident fâcheux. On en a fait, dans ce sens, l'adjectif *disgracieux*, pour signifier désagréable, choquant, mortifiant. *Disgrace* signifie aussi, perte de la considération, de la faveur où l'on étoit auprès d'un Supérieur. *Disgracié* se dit de celui qui est tombé en *disgrace*.

DISPARATE, adject. Deux choses *disparates*, sont deux choses qui n'ont rien de commun, nulle connexion par laquelle on y puisse trouver quelque rapport.

DISPARITION, s. f. l., formé de *disparoître*. Retraite imprévûe, ou précipitée, ou secrete. L'idée de ce mot emporte quelque chose de plus que celle de simple retraite & d'absence.

DISPENDIEUX, adj. lat. Ce qui coute beaucoup, ce qui ne se fait qu'avec de grandes dépenses.

DISPENSER, v. act. Ce verbe a deux significations. Dans la premiere, où il se prend pour *exempter*, tenir quitte d'un devoir, son substantif est *dispense*. Dans la seconde, où il se prend pour *distribuer*, *disposer*, *arranger*, il a *dispensation* pour substantif. On dit fort bien, le *Dispensateur* des graces, des récompenses. En termes de Pharmacie, *dispenser la Theriaque*, c'est la préparer.

DISPONIBLE, adj. lat. Terme de Palais, qui se dit des Biens dont on peut disposer librement, soit par Testament, ou par d'autres voies. Les meubles & les acquets sont des biens *disponibles*.

DISPOSITIF, s. & adj. lat. On donne ce nom, dans certaines Pieces, telles que le Mandement d'un Evêque, à la Conclusion ; c'est-à-dire, à la partie qui contient les ordres, ou des résolutions convenables au sujet qu'on a traité. *Dispositif*, adj., se dit pour préparatoire, pour ce qui dispose à quelque chose.

DISSEMBLANCE, s. f. Défaut de ressemblance, entre des choses auxquelles on s'attend d'en trouver quelqu'une.

DISTINCTIF, adj. lat. On appelle *distinctif* ce qui distingue une chose d'une autre, ce qui en est le caractere particulier. On fait quelquefois un substantif de ce mot, dans le même sens; un vrai *distinctif*, un *distinctif* certain, reconnu.

DISTIQUE, s. m. gr. Terme de Poésie, qui se dit de deux vers contenant un sens complet, surtout lorsque l'un est *hexametre*, & l'autre *pentametre*. Les fameux *distiques* de *Caton* sont des *distiques* moraux.

DISTRACTION, s. f. lat. Dans l'usage commun, c'est *absence* d'esprit, défaut d'attention. *Distrait* & *distraire* se prennent dans le même sens. Mais toutes ces acceptions étant figurées, chacun de ces mots s'emploie quelquefois aussi dans le propre, qui est l'action de détourner, de divertir une chose de sa véritable destination. Ainsi, *distraire* une somme d'argent, c'est l'emploïer autrement qu'on ne le doit, ou qu'on ne se l'est proposé. On dit, dans ce sens, des sommes *distraites*, la *distraction* de plusieurs sommes, &c.

DISTRIBUTIF, adj. lat. En termes de Logique, *distributif* est opposé à *Collectif*. On appelle sens *distributif*, celui dans lequel on considere une multitude, suivant tous les individus qui la composent; & sens *collectif*, celui où l'on considere tous les individus ensemble. Ce qui est vrai dans le sens *distributif* ne l'est pas toujours dans le sens *Collectif*. *Justice distributive*. Voïez JUSTICE.

DIVINATOIRE, s. f. *Baguette divinatoire*. Nom qu'on donne à une baguette qui sert à découvrir les sources, les mines, &c.

DOGE. L'ordre du Doge, s. m. C'est, à Venise, un Ordre militaire, dont le Doge est le Chef, & qui a pour marque une Croix à douze pointes, comme celle de Malte, émaillée de bleu, orlée d'or, avec un ovale au milieu où est representé le Lion de saint Marc.

DOMAINE *forain*, s. m. Espece de Domaine du Roi, qui est une imposition, pour les nécessités de la Guerre, sur les Marchandises qui entrent dans le Roïaume, ou qui en sortent.

DOMERIE, s. f. Espece de Bénéfice ecclesiastique, dont le Possesseur porte le titre de *Dom*. Telle est la *Domerie* d'Aubrac, en Rouergue, qui vaut quarante mille livres de rente, & qui fut fondée, au treiziéme siécle, à titre d'Hôpital.

DONNE', s. & adj. Nom que portoient anciennement ceux que le zèle de la Religion engageoit à se donner, comme en servitude, aux Monasteres, avec leurs Biens & leurs Enfans. On les nommoit aussi *Oblats*. C'est la principale source des grandes richesses de l'état Monastique, & le Pere *Mabillon* fait remonter l'origine de cet usage à l'an 940.

DORELOTERIE, s. f. Nom qu'on donnoit autrefois à la profession des Rubaniers-Frangiers. Les Ouvriers portoient celui de *Doreloteurs* & *Dorelotieres*.

DORIA ou DORIE, s. f. Plante qui croît au bord des Rivieres, & dont les feuilles, qui sont presque toutes oblongues, passent pour un excellent vulnéraire. Ses fleurs croissent aux sommités des branches, & sont disposées en Ombelle.

DORMITION, s. f. lat. Terme écclésiastique, qu'on emploie pour signifier la maniere dont la sainte Vierge quitta la Terre, pour aller au Ciel; parce qu'une pieuse tradition apprend que sa mort ne fut qu'une espece de sommeil, & qu'elle fut enlevée au Ciel par une *assomption* miraculeuse, dont l'Eglise célebre la fête le 15 d'Août.

DORSAL, adj. lat. On nomme *Dorsaux*, les nerfs & les muscles qui appartiennent au dos. Les Médecins appellent *Phtisie dorsale*, une sorte de Phtisie, ou de corruption, qui vient des maladies Vénériennes.

DORURES FINES & DORURES FAUSSES. Dans le Commerce de la Chine, on donne le premier de ces deux noms, à toutes les riches étoffes d'or & d'argent; & le second, à des étoffes d'une fabrique fort ingénieuse, à fleurs d'or & d'argent, qui ne sont que de petits morceaux de papier doré, ou argenté.

DORSEL, s. m. Nom d'une sorte d'étoffe qui se fabrique en Angleterse, dans le Comté de Devomshire.

DOTAL, adjectif de DOTE. Des biens, des fonds dotaux. On appelle *dotation*, l'action de doter une Eglise, une Communauté, c'est-à-dire, de lui assigner des fonds & des revenus.

DOUBLE, adj. Fêtes doubles. Terme d'Eglise, qui semble emporter *augmentation* d'office, de solemnité & de dévotion. Double se dit de toute Monnoie qui vaut deux fois plus qu'une autre de la même fabrique. *Joüer le double* est une expression en usage, pour *feindre, biaiser, parler*, ou *agir* autrement qu'on ne pense. On appelle fleurs *doubles*, celles à qui l'art, ou la culture, font acquérir plus de feuilles, qu'elles n'en ont naturellement.

DOUCE-AMERE, s. f. Nom d'une Plante pulmonique & fébrifuge, qui entre dans le Négoce des Herboristes. On lui attribue quantité d'autres vertus, surtout pour les obstructions du foie, les hernies, le sang caillé par des meurtrissures, &c. Son suc efface les taches du visage. Elle pousse des sarmens, longs de deux ou trois pieds.

DOUILLAGE, s. m. Terme de Négoce & de Manufacture. C'est une mauvaise fabrication des Etoffes de laine, qui vient de ce que l'on n'y a pas employé des trames de la même qualité dans toute la longueur d'une Piece. On appelle *Douilleuse*, une Piece ridée & mal unie, qui n'est pas quarrée, & d'une égale largeur.

DOYENNAT, s. m. Voïez DECANAT.

DRAC, s. m. Nom qu'on donne, dans quelques Provinces de France, à ce qui se nomme ailleurs Esprit follet, Esprit familier.

DRAIURES, s. f. Petits morceaux de cuir tanné, qui s'enlevent de la peau, du côté de la chair. La *Draïoire* est l'instrument qui sert à les enlever, ce qui s'appelle *draïer*.

DRAK, ou *Racine de Drak*. Racine qui ressemble beaucoup à la Contrayerve, dont elle a presque les mêmes qualités. Elle tire son nom de François *Drak*, qui l'apporta le premier en Angleterre. Sa poudre chasse les mauvaises humeurs, par transpiration.

DRAP-D'OR, s. m. Nom d'un Coquillage de mer, dont on distingue plusieurs especes. Le *Drap-d'or fascié* est la plus belle.

DRASTIQUE, adj. gr. Nom des médicamens, dont l'action est prompte & vive, tels que les forts purgatifs.

DRECHE, s. f. Marc de l'orge moulu, qui s'emploie à brasser la Biere. Elle sert de nourriture aux vaches.

DRILLE, s. f. Nom qu'on donne aux vieux chiffons de toile de Chanvre, ou de Lin, principale matiere qui entre dans la Fabrique du Papier. On appelle *Drilliers*, ceux qui les ramassent.

DROIT, s. m. Nom de la Science des Loix, & des Coutumes, qui servent aux Peuples, pour regler leurs intérêts & leurs differends. On distingue le *droit divin*, le *droit humain*, le *droit écrit*, & le *droit coutumier*. Le *droit canon* est celui qui a été établi par les Souverains Pontifes. Il a quatre principales sources; l'Ecriture Sainte, les Conciles généraux & particuliers, les Décretales des Papes, & les Ouvrages des Saints Peres.

DROIT ECRIT, s. m. On donne ce nom au Droit romain, qui s'observe encore dans plusieurs Provinces de France. Le Dauphiné, la Provence, le Languedoc, la Guienne, le Lyonois, sont des Païs de *Droit écrit*.

DROSSART, s. m. Titre des Chefs de la Justice, dans les Provinces-Unies. Il est en usage aussi dans l'Evêché de Liége.

DUEGNE, s. f. On prononce *Douegne*. Nom qu'on donne ordinairement à une vieille Femme, qui est chargée de la conduite d'une jeune; & le nom & l'usage nous viennent de l'Espagne. C'est proprement une Gouvernante. Mais on abuse de ce mot, pour l'appliquer aux vieilles Femmes de l'ordre le plus odieux.

DUIRE, v. n. Vieux mot, qui signifie convenir, être propre à quelque usage, & qui s'emploie encore, aussi-bien que duisible, dans le langage familier. Voïez si cela vous duit, si cela vous est duisible; c'est-à-dire, si cela vous convient, ou peut vous être utile. Il vient du latin, comme induire, conduire, déduire, &c. En Fauconnerie, il signifie dresser, former à quelque chose. On duit les Oiseaux à leurs exercices.

DULCAMERE BATARDE, s. f. Plante de l'Amérique méridionale, d'où elle est venue, par ses semences, en Europe. Sa fleur est une sorte de rose.

DULCINE'E, s. f. Nom badin qu'on donne à une Maîtresse; d'après Dom Quichote, qui avoit choisi, pour son Heroïne, l'incomparable Dulcinée du Toboso.

DULCORE', adj. Terme de Médecine, qui signifie, adouci, temperé.

DUTROA, s. m. Herbe de l'Amérique, dont la graine ressemble à celle du Melon. Mêlée dans une liqueur, elle cause une joie insensée, qui fait perdre la raison, & la mémoire. On prétend que les Femmes Portugaises en font souvent prendre à leurs Maris.

DUVET, s. m. En termes de Botanique, c'est une espece de coton, qui se trouve sur les Plantes. On appelle duvet d'Autruche, ce qui se nomme autrement Laine-ploc, ou Poil-d'Autruche; & l'on en distingue deux sortes; celui, qui est nommé Fin-d'Autruche, & qui s'emploie, par les Chapeliers, dans la fabrique des Chapeaux communs; & celui qu'on appelle gros-d'Autruche, qui sert à faire les lisieres des draps fins, destinés à la teinture en noir.

DYSCOLE, adj. gr. qui signifie proprement d'humeur fâcheuse & difficile à contenter. Il ne s'emploie gueres qu'en langage de Doctrine, pour signifier, qui s'écarte de l'opinion des autres.

DYSSENTERIQUE, adj. gr., qui se dit de celui qui a la dyssenterie, & de tout ce qui appartient à cette maladie.

DYSTIMIE, s. f. gr. Mal d'esprit, qui consiste dans une anxiété, un mal être, dont on ne connoît pas la cause.

DYSTOCHIE, s. f. gr. Terme de Médecine, qui signifie accouchement difficile, pénible.

E

EAUX COMPOSE'ES. On en distingue différentes sortes, telles que l'Eau-forte, qui est un composé d'esprits de nitre & de vitriol, tirés par un feu de reverbere, & qui a la force de dissoudre tous les métaux, à l'exception de l'or; l'Eau-regale, qui est une Eau-forte à laquelle on ajoûte une dissolution de Sel armoniac dans l'esprit de nitre, & qui se nomme Regale, parce qu'elle a la force de dissoudre l'or, regardé comme le Roi des métaux, &c. On donne le nom d'Eaux, avec quelque nom qui les distingue, à quantité de liqueurs fortes, qui sont des extraits, ou des compositions, de fleurs, d'herbes, de fruits, &c. On appelle Eaux minérales, des Eaux vives, qui en passant par quelque mine de souffre, de fer, de cuivre, &c., ont contracté des qualités salutaires. On en use, pour la santé, suivant leurs différentes vertus, soit en potion, soit par des bains, soit par la douge, qui est une maniere de les épancher sur les parties malades.

EAUX ET FORÊTS. Jurisdiction, qui connoît, tant au Civil qu'au Criminel, de tous les différends qui regardent les Eaux & Forêts. Elle a divers Officiers, dont les principaux sont les Grands-Maîtres, qui ont leurs Lieutenans, & les Maîtres particuliers, qui sont dans les Provinces. C'est à la Table de marbre, que relevent les Appellations des Eaux & Forêts. Elle a trois sièges généraux, un à Paris, un à Rouen, & le troisième en Bretagne.

EBARBER, v. act., formé de Barbe. Terme de différens Arts, qui signifie généralement ôter de petites parties excédentes, ou superflues, avec des instrumens propres à cette opération.

EBERTAUDER. Terme de Manufacture, qui signifie, *tondre en première coupe* un drap, ou quelque autre étoffe de laine.

EBOURIFFÉ, adj. Mot d'origine obscure, qui s'est mis en usage, pour signifier *épars, dérangé*. Il se dit particulièrement de la chevelure, ou des perruques.

EBRASÉ, adj. Terme d'Architecture, qui se dit pour *élargi*. On appelle *Ebrasement*, l'élargissement des Côtés, ou Jambages, d'une porte, d'une voute, d'une fenêtre, &c. qui s'élargit en dedans.

EBROUER, v. act. Terme d'usage, qui signifie laver, passer dans l'eau, une piece de toile & d'étoffe.

EBRUITER, v. act., formé de bruit, pour signifier répandre, publier, une chose qui n'étoit pas connue.

ECBOLIQUES, s. m. & adj. gr. Remedes qui précipitent l'accouchement, & qui tendent à faire avorter.

ECCORTHATIQUES, s. m. & adj. gr. Remedes contre les obstructions, ou qui appliqués sur la peau, en ouvrent les pores. On donne aussi ce nom aux Expectorans.

ECCRINOLOGIE, s. f. gr. Nom d'une partie de la Médecine, qui traite des excrétions, c'est-à-dire, de l'expulsion des excrémens hors du corps.

ECHAUDÉ, s. m. Espece de petit Gateau de fine fleur de froment, d'œufs, de beurre, & de sel, qui est particulièrement en usage à Paris. Il s'en fait au beurre seul, à l'eau & au sel.

ECHAUFOURÉE, s. f. Terme vulgaire, qui se dit pour accident imprévu, entreprise brusque, téméraire, ou mal concertée.

ECHAUGUETTE, s. f. Lieu élevé & couvert, où l'on place une Sentinelle. C'est une espece de Guérite de bois. Celles qui sont de pierre se nomment simplement *Guérites*.

ECHECS, s. m. Nom d'un Jeu fort ancien, qui est une image de la

Supplém.

guerre, par l'adresse qu'il demande pour l'attaque & pour la défense. Le terme d'*Echec* s'emploie au figuré, ou par analogie, pour signifier *disgrace, perte, accident* fâcheux. On dit *tenir quelqu'un en échec*, pour *le tenir en respect*, par le pouvoir qu'on a de lui nuire; ou simplement, pour *le tenir en suspens*. Voiez MAT.

ECHELLES DU LEVANT, s. f. On appelle ainsi certaines Villes de Commerce, qui sont sur la Méditerranée, vers le Levant; telles que Smyrne, Alep, le Caire, &c., où plusieurs Nations de l'Europe tiennent des Consuls, & ont des Bureaux qui se nomment *Comptoirs*.

ECHIGNOLE, s. f. Nom d'une espece de Fuseau, dont on se sert en faisant de la Ganse, pour mêler ensemble les différens brins de soie, ou de fil.

ECHINITE, s. m. gr. Coquillage de Mer, qui tire son nom de sa ressemblance avec le *Hérisson*. On appelle aussi *Echinite*, ou *Boutons de Mer*, une sorte de Coquilles pétrifiées, qui se trouvent dans la terre, & qui ont à-peu-près la même forme.

ECHIQUIER, s. m. Table divisée en soixante-quatre petits quarrés, de deux couleurs différentes, sur laquelle on joue aux Echecs. Planter des arbres en *Echiquier*, c'est les placer de maniere qu'ils représentent plusieurs quarrés; ce qui forme des allées droites, d'autant de côtés qu'on les regarde. L'*Echiquier* étoit anciennement le nom de l'Assemblée des Hauts-Justiciers de Normandie, qui fut érigée en Parlement, par Louis XII, en 1599; & les Anglois ont encore une Cour de Justice, qui se nomme l'*Echiquier*. On croit que ce nom vient simplement de la Tapisserie de ces deux Tribunaux, qui étoit autrefois de deux couleurs, disposées en *Echiquier*. Le même nom est emploié dans le Blason, pour un Ecu divisé en plusieurs quarrés, les uns de métal & les autres de couleur.

ECHOUER, v. act. & n. Terme de Marine, qui se dit d'un Vaisseau, lorsqu'il choque contre un banc de sable, ou un bas-fond, sur lequel il

L

ne trouve point assez d'eau, pour son passage. Le Vaisseau *échoua*. Nous *échouâmes*. On dit aussi échouer un Vaisseau, pour le faire *échouer*. *Echoûment* est le substantif. Dans le Figuré, *échouer* se dit fort bien, pour manquer de succès. Ses entreprises ont *échoué*. Il *échouera* dans cette entreprise.

ECLABOUSSER, v. act. Mot d'origine obscure, que quelques-uns font venir simplement d'*éclat* & de *boue*. Il signifie, faire rejaillir de la boue sur quelqu'un, ou sur quelque chose. Vous m'*éclaboussez*.

ECLAIR DE HARENGS. Terme de Mer. On donne ce nom à un éclat de lumiere, qui paroît sur Mer, lorsque les Harengs passent en troupes, & qui ressemble assez à la lumiere des Eclairs.

ECLEME, s. m. gr. Terme de Pharmacie. C'est un médicament pectoral, de consistance épaisse, qu'on fait sucer aux Malades, au bout d'un bâton de Reglisse.

ECLORRE, v. n. En termes de Moulin, c'est cesser de moudre. On fait *éclorre* les Moulins, dans une grande sécheresse, pour attendre le retour de l'eau.

ECOLATRE, s. m. Titre d'office. C'est un Ecclésiastique, dans les Cathédrales, dont la principale fonction est d'enseigner aux jeunes gens, qui se destinent au service de l'Eglise, les Humanités & les devoirs de la Profession qu'ils veulent embrasser ; comme celle du Théologal est de leur enseigner la Théologie. Mais ceux qui sont revêtus de ces emplois jouissent ordinairement du titre & du revenu, sans en remplir les charges. Dans l'Eglise de Lyon, on appelle *Scholastique* ce qu'on nomme ailleurs *Ecolâtre*.

ECONOMIE ou ŒCONOMIE. s. f. gr., qui signifie bon ordre, arrangement exact. Il se prend aussi pour administration sage, surtout des affaires domestiques, ou pour emploi reglé de son argent & de son bien, & pour épargne. On en a fait le verbe *Economiser*, qui signifie gouverner avec sagesse. Un bon *Econome* est un homme sage & entendu, qui sçait entretenir l'ordre, & qui ne dépense rien mal-à-propos.

ECOPERCHE, s. f. Terme de méchanique, & nom d'une machine, qui sert à élever des fardeaux. Elle fait partie d'un Gruau, ou d'un Engin.

ECOT, s. m. Ce mot qui signifie ce qu'on paie par tête, pour avoir bû & mangé, paroît une corruption de *Quote-part*, qui signifie la même chose, ou du mot latin *Quota*.

ECRENER, v. act. En terme de caracteres d'Imprimerie, *Ecrener* une lettre, c'est évuider le dessous avec l'instrument qui se nomme *Ecrenoir*. Il n'y a que les lettres longues qui s'*écrenent*, pour placer dessous les *quadratins*, c'est-à-dire, les espaces qui séparent les mots.

ECRETER, v. act., formé de Crête. En termes de Guerre, c'est battre un mur, un épaulement, par le haut, pour chasser ceux qui sont derriere. On *écrete* les pointes des Palissades du chemin couvert, avant que de l'attaquer, pour s'en rendre l'accès moins difficile.

ECREVISSE, YEUX D'ECREVISSE. On appelle *yeux d'écrevisse*, de petits corps blancs, durs & ronds, qui se trouvent dans l'estomac des Ecrevisses mâles, aux mois de Mai, de Juin & de Juillet, & qui s'emploient dans la Médecine.

ECRIVAILLERIE, s. f. Vieux mot, qui signifie la passion d'écrire, ou l'abus qu'on fait de la presse, pour publier toutes sortes de mauvais Livres. Il s'emploie encore dans le style familier. *Ecrivailler* & *Ecrivailleur* se disent dans le même sens.

ECRUES DE BOIS, s. f. Nom qu'on donne à des Bois nouvellement crûs sur des terres labourables.

ECSARCOME, s. m. gr. Excrescence de chair, ou charnue.

ECU, pris pour monnoie, signifie, en général, une piece d'or, ou d'argent, frappée aux armes de quelque Prince, & valant une certaine somme. Il se prend aussi pour la valeur de cette piece, en petite monnoie, c'est-à-dire, qu'il est terme de compte. On nommoit *Ecu-Soleil*, sous François I, une espece d'or, qui pesoit deux deniers seize grains, & qui valoit quatre livres cinq sous. L'*Ecu-sol* en étoit une autre, sous Henri II, & Charles IX, du poids de deux deniers quinze grains, & de la valeur de soixante sous. Sous Henri IV, elle valoit trois livres cinq sous. L'*Ecu d'or* est du regne de Louis XIII. Il a valu jusqu'à cent quatorze sous, dans les derniers tems de son cours. Ce qu'on appelle *Ecu blanc* est proprement l'*Ecu d'argent* de trois livres. L'*Ecu d'or d'estampe*, ou *di stampa*, est une monnoie de compte, dont on se sert à Rome, pour tenir les Livres.

EDDA, s. f. Célebre Recueil de la Mythologie des Peuples du Nord, dont chaque chapitre est un petit poëme, qui roule sur les Prédictions, la Magie, & les Geants. On fait remonter cette compilation jusqu'à l'onziéme siécle. Mais elle est remplie d'Anachronismes.

EDREDON, s. m. Quelques-uns écrivent *Ederdon*, & même *Egledon*. C'est le nom d'un duvet de certains Oiseaux du Nord, qui sert à faire des couvertures de lit, ou des couvrepieds.

EFAUFILER, v. act. Terme de Marchand, qui signifie tirer, avec la main, les fils de soie du bout d'un ruban.

EFFECTIF, adj. lat. On distingue, en Théologie, l'amour *effectif*, c'est-à-dire, qui fait pratiquer la Loi ; & l'amour *affectif*, qui ne produit que des sentimens.

EFFEMINE', adj. Ce qui se sent de la mollesse, & de toutes les foiblesses, qu'on attribue aux Femmes. Il ne se prend qu'en mauvaise part.

EFFILE', adj. On appelle *Effilé*, un linge bordé de frange de fil, qui se porte dans le deuil. Etre *en effilé*, c'est porter de ce linge.

EFFLANQUE', adj. Abbattu, attenué, par des exercices violens, ou par le jeûne. Un cheval *efflanqué*, c'est-à-dire, maigre & fatigué. On appelle *rage efflanquée*, un mal qui attaque les vieux Chiens de chasse,

& dans lequel leurs *flancs* se resserrent & leur battent, de foiblesse & d'épuisement.

EFFRACTION, s. f. lat. Terme de Palais, qui se dit pour fracture, brisement, violence. Vol avec *effraction*.

EFFRENE', adj. lat., qui signifie sans frein, c'est-à-dire, déreglé à l'excès, incapable d'être arrêté par aucune Loi. Une jeunesse *effrenée*. En termes de Blason, *effrené* se dit d'un cheval qui n'a ni bride, ni selle, & qui se nomme autrement *Gai*.

EFOURCEAU, s. m. Nom d'une machine qui sert à conduire de pesans fardeaux, tels que des troncs d'arbres, de grosses poutres, &c. Ses principales parties sont un limon, deux roues, & un aissieu commun, mais d'une force extraordinaire.

EGAGROPILE ou AGROPILE, s. f. Pierre ronde, qui se forme dans l'estomac des Vaches, des Bœufs, & même des Veaux, & qui est une espece de Bezoar. On la trouve aussi dans les Chamois.

EGARD, s. m. Nom qu'on donne, dans l'Ordre de Malte, à un Tribunal, formé par Commission, pour terminer les Procès entre les Chevaliers.

EGLISE, s. f. Nom d'une espece de Girouette de fer blanc, qui se met sur les cheminées, pour empêcher la fumée.

EGO. Mot latin, qui signifie *moi*, & dont on a formé d'autres mots. On nomme *Egomets* certains Métaphysiciens outrés, qui croient que nous ne pouvons prouver, par la raison, l'existence de rien hors de nous. *Egoïser* signifie, ne parler que de soi, citer sans cesse ses idées, ou ses actions, rapporter tout à soi-même.

EGUILLE A BERGER, s. f. Plante, qui se nomme autrement *Peigne de Venus*, & dont le fruit ressemble à une grosse éguille.

ELABORATION, s. f. lat. Travail, action de travailler. Les Médecins appellent *Elaboration du Chyle*, sa formation, par le travail des sels de l'estomac.

ELATINE, s. f. gr. Plante, qui

est une espèce de Linaire, dont les feuilles sont rondes, velues, rudes, & quelquefois découpées. Elle croît parmi les bleds, & dans les terres labourées. On prétend que son suc, avallé en décoction, arrête la dyssenterie.

ELAVÉ, adj., formé de laver, qui signifie, blanchâtre, blafart, mollasse. Il se dit de la couleur du poil des animaux. Dans les Chiens de chasse, le poil *élavé* est une marque de foiblesse.

ELEF-D'EAU. Terme de Marine, qui signifie, sur Mer, ce qui s'appelle *flux*, sur terre. On nomme le flux, en Mer, *Elef-d'Eau*, & le reflux *Eau-morte*. Marée, comprend l'un & l'autre, c'est-à-dire, flux & reflux.

ELEGIR, v. act. Terme d'Art. C'est pousser, à la main, un panneau, ou une moulure, dans une piece de bois.

ELENCHTIQUE, adj. gr. Terme de Théologie, qui signifie ce qui tombe en dispute, en controverse. On distingue la Théologie en naturelle & revelée; en spéculative & pratique; en positive & *Elenchtique*, ou de controverse, qui s'appelle plus ordinairement *Théologie Scolastique*.

ELÆOMELI, s. m. gr. Nom que les Droguistes donnent à une sorte de Manne, qu'on recueille sur les Oliviers, & qui n'est que le suc essentiel de cette Plante, épaissi sur les feuilles & les branches. Il y a une *Elæomeli* du Levant. C'est une huile douce, épaisse, & purgative, qui coule du tronc d'un arbre.

ELEUTHERIE, s. f. gr. Ancienne Déesse de la liberté. *Eleutheropole*, *Eleutherophile*, sont des noms factices, qui se mettent quelquefois à la tête des Livres, où l'Auteur fait profession d'écrire librement. Le premier signifie, *Ville de la liberté*; le second, *Amateur de la liberté*.

ELIGIBLE, adj. lat., qui signifie qui peut être élu, qui a les qualités requises pour une Dignité, lorsqu'elle se confère par Election. Il ne s'emploie gueres que dans ce sens.

ELLEBORINE, s. f. Plante dont les feuilles ressemblent à celles de l'*Ellebore*. On appelle *Elleborinés*, les remedes où l'on fait entrer de l'Ellebore.

ELU, s. m. Nom qu'on donnoit, dans les premiers siècles de l'Eglise, aux Cathécumenes bien instruits, qui étoient *Elus*, c'est-à-dire, choisis, pour le Baptême. Le titre d'*Elu* est célebre dans le Manichéisme, & se donnoit à ceux qui étoient comme dépositaires de tous les secrets de la Secte. Aujourd'hui, c'est un titre d'office, dans les Tribunaux qui se nomment *Election*. On nomme *Elus du Conseil*, dans la Bourse de Bordeaux, ceux qu'on appelle, dans celle de Toulouse, Conseillers de la Retenue, & à Paris, Conseillers des Juges Consuls.

ELUCIDATION, s. f. lat., qui signifie éclaircissement, & qui ne s'emploie qu'en matiere de Science.

EMANATION, s. f. Ce mot, tiré du latin, signifie l'action de ce qui émane, de ce qui coule. On enseigne, en Théologie, qu'il y a deux *Emanations* en Dieu; celle du Fils, qui se fait par génération; & celle du saint Esprit, par spiration.

EMBASE, s. m. Terme d'Art. Les Horlogers nomment *Embase*, une assiette qui se reserve sur l'arbre d'une roue, en le forgeant.

EMBATTES, s. m. Vents reglés, qui soufflent durant quarante jours, sur la Méditerranée, à la fin de la Canicule. C'est ce que les Anciens nommoient *Etesies*.

EMBOUCHOIR, s. m. On appelle *Embouchoir*, ou *Bocal*, le bout d'une Trompette, ou d'un Cor, qui se met dans la bouche, pour sonner.

EMBRYOTHLASTE, s. m. gr. Nom d'un Instrument inventé, pour rompre les os du Fœtus, dans les accouchemens laborieux, & pour faciliter ainsi son extraction. L'*Embryulque* est le nom d'un crochet, qui sert à la même opération.

EMENDER, v. act. lat. Terme de Palais, qui signifie, corriger, réformer. La Cour, *émendant*, ordonne, &c.

EMERGENT, adj. lat. Terme de

Chronologie. On appelle l'*an Emergent*, l'époque, ou la racine, par laquelle on commence à compter le temps.

EMETICITÉ, s. f., qui signifie *vertu émétique* Les *Emeticathartiques* sont des remédes qui purgent par haut & par bas.

EMEUTIR, v. n. Dans l'Ordre de Malte, *Emeutir*, signifie *requérir, solliciter*, une Dignité. *Emeutition* en est le substantif.

EMINCER, v. act., formé de *mince*. C'est le contraire d'*épaissir*. La peau s'émince, c'est-à-dire, devient moins épaisse.

EMMENAGOGUES, s. m. gr. Médicamens qui provoquent les menstrues supprimées, en donnant de la fluidité au sang. On appelle *Emmenologie* un Traité des Menstrues.

EMMUSELER, v. act. Mettre quelque chose au museau, couvrir le nez & la bouche, d'une *muselière*, ou simplement d'un voile.

EMPAN, s. m. Mot qu'on croit d'origine Allemande, & qui signifie à-peu-près le palme des Latins. C'est une mesure, qui se fait par l'extension du pouce & des doigts opposés, de la longueur d'environ trois quarts de pied.

EMPANNER, v. act. Terme de Marine, qui signifie mettre en *panne*. On *empanne*, ou l'on met en *panne*, un Vaisseau, lorsqu'on dispose tellement ses voiles, qu'il n'avance pas. *Voïez* PANNE.

EMPASTER, v. act. *Empaster une volaille*, c'est l'engraisser avec une pâte composée. Prononcez *Empâter*.

EMPECHEMENT, s. m. En matière de Mariage, c'est tout ce qui peut le rendre nul, ou illicite. On compte douze *empêchemens*, qui se nomment *dirimans*, c'est-à-dire, *absolus*. 1. L'erreur, ou la surprise, quant à la personne. 2. La surprise, quant à l'Etat. 3. Les vœux solemnels de chasteté. 4. La Parenté en certains degrés. 5. Le crime, tel que l'homicide & l'adultere en certains cas. 6. La différence de Religion. 7. La violence. 8. L'engagement dans les Ordres Sacrés. 9. Un autre Mariage subsistant. 10. L'honnêteté publique. 11. L'affinité en certains degrés. 12. L'impuissance. Le Concile de Trente en a ajouté deux autres, qui sont le Rapt & la Clandestinité. Quelques-uns y joignent la Démence.

EMPEREUR, s. m. Nom d'un grand Poisson des Mers Occidentales, qu'on nomme autrement *Espadon*, ou *Epée*, d'une sorte de longue épée osseuse, qu'il a au bout du museau.

EMPOUILLE, s. f. Terme de Palais, qui signifie les fruits, la récolte, la moisson, la dépouille d'une Terre.

EMPOULLETTE. *Voïez* AMPOULLETTE.

EMPREIGNER, v. act. ou IMPREGNER. Nos meilleurs Ecrivains semblent employer indifféremment ces deux mots. *Voïez* IMPREGNER.

EMPRUNTÉ, adj. En termes de Musique, Accords *empruntés*, ou Accords par *emprunt*, signifie certains accords, qui ne peuvent se pratiquer que dans les tons mineurs, & qui *empruntent* leur perfection, d'un son qui n'y paroît point. Dans le langage figuré, un *air emprunté* se dit fort bien pour un *air contraint*, ou qui n'est pas naturel.

EMSALMISTES, ou EMPSALMISTES, ou ANSALMISTES, s. & adj. Nom qu'on donne à ceux qui guérissent les plaies, ou d'autres maladies, avec des paroles. Cette différence d'ortographe vient apparemment de l'incertitude de son origine.

EMULE, adj. lat. qui signifie celui qui agit par *émulation*; mais ce mot n'est gueres en usage que dans les Colléges, excepté pour quelques expressions consacrées par l'usage, telle que, *Carthage étoit l'Emule de Rome*.

ENAEOREME, s. m. gr. Espece de nuage, ou substance legere, qui nâge au milieu de l'urine.

ENALLAGE, s. f. gr. Terme de Grammaire, & nom d'une Figure qui change & renverse le discours, contre toutes les regles de la langue.

ENCEPHALITE, s. f. gr. Nom d'une pierre figurée, blanchâtre, & tirant sur le cerveau humain.

ENCHANTELER, v. act. Metcre, ou ranger, des tonneaux, ou du bois, dans un Chantier.

ENCHISTE' ou ENKYSTE', adj. gr. Terme de Médecine, qui se dit de ce qui est accompagné d'un Kyste, ou enfermé dans un Kyste. *Kyste* signifie pellicule, ou membrane. Des pierres *enkystées*, c'est-à-dire, renfermées dans quelque partie de la vessie.

ENCHYMOSE, s. f. gr. Nom que les Médecins donnent à l'effusion soudaine du sang, dans les vaisseaux cutanés : effet ordinaire de la joie, de la colere, de la pudeur, &c. C'est, par exemple, la rougeur qui monte au visage.

ENCLOUER, v. act. En termes d'Artillerie, c'est enfoncer, avec force, un clou dans la lumiere d'un canon, pour empêcher qu'on ne puisse s'en servir.

ENCOLURE, s. f., formé de Col, qui signifie proprement une certaine proportion du col à la tête ; ce qu'on appelle même quelquefois une tête bien *encolée*. Mais il se prend, en général, pour apparence, forme extérieure de tout le corps. Une bonne, ou mauvaise, *encolure*. On le dit particulièrement, en termes de Manége, pour signifier la partie du col d'un cheval, qui est terminée, ou bordée, par le haut du crin & par le dessous du gosier.

ENCOURIR, v. act. Mot dont la signification revient à celle d'obtenir, d'acquérir, mais en mauvaise part. *Encourir* la disgrace ou la haine, de quelqu'un, *encourir* la honte de quelque chose, c'est s'y être exposé, avoir fait ce qui peut la mériter, & l'avoir obtenue. En termes de Palais, *Encourue*, s. f., se dit pour le courant d'une dette.

ENCROUTER. ENCROUTEMENT. Voïez INCRUSTATION.

ENDEMIQUE, adj. gr. Ce qui est particulier au Peuple d'un certain Païs. Le *Plica* est une maladie *Endemique* de la Pologne ; le *Scorbut* en est une des Peuples du Nord ; la *Lepre* en étoit une du Peuple Juif, ou du moins de l'Egypte & de la Syrie. On dit aussi une erreur *endemique*, pour dire, *particuliere à une Nation*.

ENDOSSEMENT, s. m. Tout ce qu'on écrit sur le dos de quelque Acte. *Endosser* est le verbe. En terme de Banque, on appelle *Endosseur*, celui qui endosse une Lettre de Change, c'est-à-dire, qui écrit son nom sur le dos, pour la rendre païable.

ENEIDE, s. f. Poëme héroïque de Virgile, qui roule sur les Avantures d'Enée, Prince Troïen, & qui en tire son nom.

ENERVATION, s. f. lat. Sorte de Supplice, en usage sous la premiere & la seconde Race de nos Rois. Il consistoit à appliquer le feu sur les jarrets & les genoux du Coupable.

ENFANS DE FRANCE, s. m. Princes & Princesses, Enfans du Roi qui occupe le Trône ; pour les distinguer de ceux & de celles des différentes branches de la Maison Roïale, qui ne portent que le titre de Princes & Princesses du sang.

ENFANS DE LANGUE. Nom qu'on donne, dans les Echelles du Levant, à de jeunes François que le Roi entretient, au Levant, pour y apprendre les Langues Turque, Arabe, Grecque, & pour servir ensuite de Droguemans, ou d'Interprétes, à la Nation. Ce sont les Capucins François qui sont chargés de leur Education, à Constantinople, & à Smyrne.

ENFANS PERDUS, s. m. Soldats qui marchent, pour quelque entreprise extraordinaire, à la tête d'un corps de Troupes, commandé pour les soutenir. Ils étoient ordinairement tirés de plusieurs Compagnies. Mais ce sont aujourd'hui les Dragons, qui servent d'*Enfans perdus*.

ENFLE'. *Points enflés*. Ceux qui rejettent également la divisibilité de la matiere à l'infini, & les points indivisibles, ont inventé des points *enflés*, dont ils composent le continu. Ils ne leur donnent pas d'extension réelle, mais seulement une extension virtuelle, qui les rend équivalens à des points d'un extension réelle.

ENFOURCHURE, s. f. En termes de Manége, on dit que pour se bien tenir à cheval, il faut s'y tenir assis droit sur l'*enfourchure*, & non sur les fesses, & avancer le corps le plus qu'il est possible vers le pommeau de la selle, sans cependant plier le dos, &c.

ENGASTRILOQUE ou ENGASTRONIME, s. m. gr. Nom qu'on donne à ceux qui parlent du ventre, c'est-à-dire, qui ont l'art de former, dans l'estomac, des paroles qui semblent venir de loin. On les appelle aussi *Ventriloques*, nom formé du latin.

ENGENCE, ou ENGEANCE, s. f. Vieux mot, qui signifie proprement Race, ou semence, origine; mais qui n'est plus gueres en usage que pour marquer du mépris. On dit, une mauvaise, une vile *engence*. Boileau a dit, sans épithete, l'*Engence des Médisans*.

ENGRAINER UNE BARQUE. Terme de Commerce, ou de Voiture d'eau, qui se dit lorsque n'étant pas pressé de faire partir des Marchandises, on fait marché de bonne heure, pour les mettre dans une Barque, qui ne doit pas partir si-tôt, & l'on obtient ainsi meilleure composition que si l'on attendoit jusqu'au tems de son départ.

ENGRAVÉ, adj., qui se dit d'un Bateau engagé dans le sable d'une Riviere. Les uns le font venir de *gravier*, les autres de *grave*, pesant.

ENGRUMELÉ, adj. Mis en grumeaux. Du sang *engrumelé*. Le lait, le sang, s'*engrumele*.

ENGUENILLÉ, adj. Revêtu de guenilles; idée différente de celle de *Déguenillé*, qui signifie, tombant en *guenilles*, & qui se dit ordinairement de l'habit même.

ENHAUT, adv. Terme en usage, pour signifier la Cour, le Conseil, & d'autres autorités supérieures. Le sens en est déterminé par le sujet qu'on traite. Un ordre d'*enhaut*. Avoir du crédit *enhaut*, &c.

ENHYDRE, s. f. gr. Nom d'une Pierre ferrugineuse, du genre des Pierres d'Aigle, de forme ronde, & de couleur blanchâtre, mais creuse & *remplie d'eau*. Elle paroît quelquefois suer.

ENJAMBÉE, s. f. Pas le plus grand qu'on puisse faire en étendant les jambes. On l'emploie quelquefois comme *nom de mesure*. En termes de Poësie, on dit d'un vers qu'il *enjambe*, pour dire, qu'il n'a pas un sens fini, & que son sens ne se termine que dans le vers suivant.

ENKISTÉ. Voïez ENKISTÉ.

ENLARME, s. f. Terme de Pêche & d'Oiselerie. On appelle *Enlarme*, une préparation des filets, qui rend les mailles plus propres à l'usage qu'on se propose. Les Pêcheurs y entrelassent de petites verges auxquelles ils donnent ce nom.

ENLUMINURE, s. f. Art d'Enluminer. *Enluminure* se dit aussi d'une Estampe *enluminée*. *Enluminer*, v. act., c'est ajouter, avec le pinceau, des couleurs vives sur une Estampe, qui lui donnent l'éclat de la Peinture. On ne donnoit autrefois le nom d'*Enluminure*, qu'aux Peintures dont on ornoit les Manuscrits.

ENONCIATION, s. f. lat. Action d'énoncer, c'est-à-dire, d'exprimer quelque chose dans le langage, ou dans un acte. *Enonciatif*, adj., se dit de ce qui énonce, de ce qui exprime une chose, ou qui en fait mention.

ENOPTROMANCIE, s. f. gr. Nom d'une sorte de Divination, qui se faisoit par le moïen d'un Miroir. Les Magiciennes de Thessalie écrivoient, avec du sang, leurs réponse sur un Miroir, & les faisoient lire sur un autre corps par réflexion. D'autres disent qu'elles les faisoient lire dans la Lune; c'est-à-dire, que le Miroir, adroitement placé, representoit la Lune.

ENORCHITE, s. f. gr. Pierre figurée, qui est une espece de *Geode*, ou d'*Ætite*, de forme ronde & polie, qui renferme une autre Pierre ronde, à laquelle on trouve de la ressemblance avec les *Testicules*; ce que son nom signifie. Elle en change, suivant le nombre de ces Pierres intérieures; c'est-à-dire, qu'elle se nomme *Orchite*, lorsqu'elle n'en a qu'une, *Diorchite*, lorsqu'elle en a deux, & *Triorchite*, lorsqu'elle en a trois.

ENREGIMENTER, v. act. Terme militaire. *Enregimenter* des Compagnies séparées, des Milices, des Compagnies franches, c'est en former des Régimens.

ENSAISINER, v. act. Terme de Palais, qui signifie mettre quelqu'un en possession de quelque chose. *Ensaisinement* est le substantif, & se dit pour prise de possession.

ENSEIGNE, s. m. En termes de Manufacture, c'est une certaine mesure de drap, qui revient à trois aunes de France. Une piece de quinze *Enseignes*, c'est-à-dire, de quarante-cinq aunes.

ENSIMER, v. act. Terme de Manufacture, d'origine incertaine, qui signifie humecter avec les mains, d'huile, ou de graisse, une piece d'Etoffe, pour la pouvoir tondre plus facilement. Cette manœuvre est défendue, parce qu'elle fait perdre de leur qualité aux Etoffes.

ENTALIUM, s. m. Nom d'un coquillage des Indes Orientales, qui ressemble au Dentalium, excepté qu'il est plus gros, plus long, & que ses canelures sont plus profondes, & la plûpart vertes.

ENTELECHIE, s. f. gr. Terme dont les anciens Philosophes se servoient, pour exprimer toutes les perfections naturelles de l'Ame.

ENTERINER, v. act. Terme de Palais, qui signifie *vérifier*, rendre entier & parfait, par les formalités établies. *Entérinement* est le substantif.

ENTES, s. f. Nom de certaines peaux, remplies de paille, ou de foin, qu'on met, en forme d'Oiseaux, sur un picquet, pour attirer les vrais Oiseaux, par cette fausse imitation.

ENTICHÉ, adj. Mot corrompu de l'Italien, pour signifier un peu imbu, prévenu, d'une opinion, d'une Doctrine, à demi corrompu, ou séduit. Il ne se prend guéres qu'en mauvaise part. *Entiché* d'hérésie.

ENTOILER, v. act. Garnir de toile quelque chose de plus leger, ou de plus fin, pour le soutenir, le garantir d'accident. *Entoiler* une Carte, une Estampe, c'est la coller sur de la toile.

ENTONNOIR, s. m. En termes de Botanique, c'est le nom qu'on donne à la figure & au calice de certaines fleurs. L'*Entonnoir* d'une mine est le trou qu'elle laisse après avoir joué.

ENTORSE, s. f. Dans le sens figuré, donner une *entorse* à quelque passage d'un Livre, aux Opinions, aux actions, de quelqu'un, c'est les expliquer à contre-sens, ou dans un sens détourné, qui ne les représente pas fidélement.

ENTRACTE, s. m. Terme de Poésie, qui se dit de ce qui se passe entre les Actes d'une Piece de Théâtre. C'est ce qui se nomme aussi *Intermede*.

ENTRAILLES, s. f. *Avoir des entrailles*. Expression figurée, qui signifie, avoir le cœur sensible, sentir vivement ce qui est capable de toucher le cœur; & par extension de figure, prendre le vrai ton, l'air naturel d'une passion. On dit d'un Acteur de Théâtre, qu'il n'a point d'*entrailles*, lorsqu'il récite, ou qu'il déclame, sans goût, sans intelligence, &c., lorsqu'il n'a point l'art de toucher. Un homme dur, impitoïable, est un homme sans *entrailles*.

ENTREBAS, s. m. Eloignement trop grand, ou distance inegale des fils de la chaîne d'une Etoffe. C'est un défaut de la fabrique, qui se nomme aussi *Clairvoie*.

ENTRECHAT, s. m. Mot corrompu de l'Italien, qui signifie une sorte de saut figuré, qu'on nomme autrement *Capriole croisée*. On distingue l'*Entrechat* en avant, l'*Entrechat* en tournant, & l'*Entrechat* de côté.

ENTRÉES, s. f. Les grandes, les petites *Entrées*. Terme de la Cour, qui se dit du Privilége, attaché à certains rangs & à certaines charges, d'entrer à certaines heures dans la Chambre du Roi. Cette charge donne toutes les *entrées*.

ENTREFAITES, s. f. Vieux mot, qui signifie circonstances présentes, & qui s'est conservé en forme d'adverbe.

verbe. *Sur ces entrefaites*, c'est-à-dire, pendant que cela se passoit. La Fontaine a dit, au singulier, sur l'*entrefaite*.

ENTREGENT, s. m. Vieux mot, qui ne s'est conservé que dans le discours familier, pour signifier une maniere civile de s'introduire, ou de l'adresse à se lier, à se faire gouter, &c.

ENTREMETTRE. S'entremettre de quelque chose est en usage pour, *s'en mêler*, y prendre part, de paroles, ou d'actions. S'*entremettre* d'une réconciliation.

ENTREPARLER. S'*entreparler*. Action de deux, ou de plusieurs Personnes, qui se parlent mutuellement. Ce verbe ne s'emploie jamais qu'avec le pronom personnel, comme s'entrequereller, s'entremettre, s'entresecourir, & d'autres verbes qui se nomment *réciproques*.

ENTREPRENEUR, s. m. Celui qui se charge de faire quelque Ouvrage, surtout en matiere d'Edifice, & qui convient d'un prix sur lequel on suppose qu'il gagne quelque chose. Les Architectes font souvent le métier d'*Entrepreneur*.

ENTURES, s. f. Petites pieces de bois, qui en traversent une grosse, pour former des échellons des deux côtés, comme dans les Echelles des Cartiers.

ENVAHIR, v. act. lat. Vieux mot, qui est encore en usage, pour signifier, *saisir*, *prendre*, *ravir*. *Invasion* est le substantif.

ENVELOPPE, subst. fem. L'*Enveloppe d'une Lettre*, *d'un Pacquet*. On dit fort bien, écrire sous l'*enveloppe* de quelqu'un, pour, mettre, sous l'*adresse* de quelqu'un, des Lettres qui sont pour un autre.

ENVIE, s. f. Terme vulgaire, pour exprimer certains desirs ardens que les Femmes conçoivent quelquefois pendant leur grossesse. On donne le même nom à certaines marques, ou taches, que les Enfans apportent en naissant, & qui ressemblant, dit-on, aux Objets que la Mere a desirés, sont ordinairement imprimées, sur l'Enfant, dans l'endroit où elle s'est touchée pendant son *envie*. Il faudroit supposer que les idées & les desirs de la Mere pussent agir sur les fibres cutanés du Fœtus. Quantité d'habiles Physiciens regardent ces marques comme un simple effet du hazard.

EPAGNEUL, s. m. Nom d'une race de Chiens de chasse, de médiocre grandeur, qui sont bons pour la Perdrix, la Caille, &c. Comme les meilleurs viennent d'Espagne, il paroit que leur nom est une corruption du lieu de leur origine.

EPAULARD, s. m. Nom d'un grand Poisson de Mer, beaucoup plus gros que le Dauphin, mais de la même forme. Il s'en trouve qui pesent jusqu'à mille livres. On le prétend Ennemi de la Baleine.

EPE'E, s. m. Nom d'un grand Poisson, qui s'appelle aussi *Empereur* & *Espadon*.

EPERVIER, s. m. Nom d'un Bandage, dont on se sert pour les plaies & les fractures du nez.

EPHEDRE, s. f. Arbrisseau semblable à la Presle, mais plus grand. Ses fleurs sont petites & pâles. Il leur succede une espece de petites Mures, rouges & aigres. On distingue plusieurs sortes d'*Ephedre*, dont l'une croît en Languedoc, une autre en Espagne, & l'on met le raisin de Mer, au nombre. Parmi les anciens Athletes, on nommoit *Ephedre*, celui qui demeuroit *impair*, c'est-à-dire, sans antagoniste, après qu'on avoit réglé, par le sort, ceux qui devoient combattre ensemble. Il étoit obligé de se battre contre le dernier Vainqueur.

EPHESIENNES. *Lettres Ephesiennes*. Anciennes Lettres magiques, qui étoient écrites sur la couronne, la ceinture, & les pieds de la Statue de Diane d'Ephese, & qui passoient pour avoir la vertu de faire obtenir, à celui qui pouvoit les lire & les prononcer, tout ce qu'il desiroit.

EPHESTRIE, s. m. Terme grec, qui signifie une sorte d'habit & de sur-tout; & nom d'une ancienne Fête à l'honneur du Devin Tiresias, dans laquelle on promenoit sa Staue, par la Ville de Thebes, en habit de Femme, & on l'habilloit, au retour, en habit d'Homme. On a nommé *Ephestries*, quelques Mascarades modernes, où l'on a vû les mêmes changemens.

EPHIPPIUM, s. m. Mot grec & latin, qui signifie *Selle de Cheval*, & nom d'un Coquillage de Mer, qui s'appelle autrement *Selle Polonoise*, ou Pelure d'Oignon.

EPI, s. m. En termes de Manége, c'est une boucle de poil, qui se forme quelquefois naturellement entre les deux yeux d'un cheval, & qui se nomme aussi *Molette*. Si l'épi est haut, au-dessus des deux yeux, le cheval a la vûe bonne. S'il est au-dessous des yeux, sa vûe n'est gueres assurée.

EPIALE, adj. gr. On appelle Fievre *epiale*, une espece de fievre continue, dans laquelle on sent, avec beaucoup de chaleur, des frissons vagues & irréguliers.

EPIAN. Vulgairement PIAN, s. m. Maladie commune, dans l'Amérique, qu'on ne croit pas différente du grand mal Vénérien, mais qui se guérit plus facilement. La Ptisanne de Gaïac & de Squine est quelquefois suffisante. Les Sauvages s'en guérissent en se purgeant deux ou trois fois, & se couchant ensuite nuds au Soleil, pendant toute la journée.

EPICERASTIQUE, s. m. gr. Terme de Médecine. On donne ce nom aux remedes, qui, par une humidité bien tempérée, émoussent l'acrimonie des humeurs, & soulagent une partie affligée : tels que les racines de Reglisse, de Mauve, d'Althea, &c.

EPICYEME, s. m. gr. ou EPICYESE, s. f. Nom que les Médecins donnent à la *superfetation*, c'est-à-dire, à la conception d'un nouveau fœtus, après celle d'un autre.

EPIDOTES, s. m. gr. Dieux de l'Antiquité, qui présidoient à la croissance des Enfans ; suivant la signification de leur nom.

EPINGARE, s. m. Nom d'une petite Piece de canon, qui ne passe pas une livre de balle.

EPINOCHE, s. m. Nom que les Droguistes donnent au Caffé de la meilleure qualité. On prétend qu'*épinocher* a signifié *trier, choisir*.

EPIPLEROSE, s. f. gr. Nom d'un mal dangereux, qui consiste dans une replétion excessive des arteres, surtout dans le tems de leur dilatation.

EPISEIRE, s. m. Espece de jeu de balle, ou de longue paume, en usage dans l'ancienne Grece.

EPISODIER, v. act., qui signifie, étendre une action par des *épisodes*. *Episodique*, adj., se dit de ce qui appartient à l'*Episode*.

EPITRE, s. f. lat. Mot qui signifie *Lettre*, & dont l'usage est borné aux Lettres des Auteurs anciens, des Apôtres, & des Peres de l'Eglise, aux Dédicaces des Livres, & aux Lettres en Vers.

EPOUMONER, v. act. Fatiguer, user, les Poulmons, par quelque exercice qui les altere.

EPREUVE, s. f. En termes d'Imprimerie, on appelle *épreuve*, la premiere feuille, qui sort de la presse, & dont on corrige les fautes avant que de tirer au net. Au contraire, *épreuve* se dit, en termes de Graveurs, de chaque Estampe qui se tire. On appelle *bonnes épreuves*, les premieres tirées.

ERMIN, s. m. Nom qu'on donne, dans les Echelles du Levant, au droit de Douanne, qui se paie, pour l'entrée & la sortie des Marchandises.

ERRER, v. n. lat. Ce mot a différentes significations. *Errer*, c'est commettre une erreur. C'est être errant, marcher sans connoître la route, ou sans tenir constamment la même. C'est donner des *erres*, &c. dans ce sens, il est, comme son substantif, une corruption d'*arrhe*, qui est le mot propre. *Voïez* ARRHE.

ERSE, s. f. L'*Erse* d'une Poulie est la corde qui entoure le moufle, & qui sert à l'amarrer.

ERUCAGUE, s. f. Plante, qui est une espece de Roquette, & qui croît entre les bleds, dans nos Provinces Méridionales. Elle pousse plusieurs tiges. Ses feuilles d'en-bas sont éparses à terre. Les autres croissent deux à deux, ou trois à trois. Ses fleurs sont jaunes, à quatre feuilles, & son fruit a la forme d'une petite masse d'armes, qui contient une semence ronde. Elle tire la pituite, & fait éternuer, comme la Bétoine.

ERUCTATION, s. f. lat. Action de rotter. Ce mot n'est gueres en usage que dans la Médecine.

ESCADRON VOLANT, s. m. Nom qu'on donne, dans les Conclaves, à une Faction de Cardinaux, qui font profession de n'être attachés à aucune Couronne, & de n'embrasser les intérêts d'aucune.

ESCARBEILLE, s. f. Nom qu'on donne, dans le Commerce, aux dents d'Eléphans, du poids de vingt livres & au-dessous.

ESCARPOLETE, s. f. Jeu d'exercice, qui consiste à s'asseoir sur le milieu d'une corde, dont les deux bouts sont suspendus à quelque distance, & à se donner une espece de mouvement d'oscillation, assez utile à la santé.

ESCHIQUIER. *Voyez* ECHIQUIER.

ESLAM ou ESLAMIAT, s. m. Un des noms qu'on donne au Mahométisme, & qu'on croit une corruption d'Ismael. En Géographie, il se prend dans le même sens que la Chrétienté, pour les Païs Chrétiens. Il paroît tiré des Arabes, qui appellent les Païs Mahométans *Belad* & *Eslam*.

ESPAGNOLETTE, s. f. Nom d'une fine espece de ratine, & d'une serrure pour les fenêtres; l'une & l'autre à l'imitation de l'Espagne.

ESPALIER, v. act. Ital. Etendre des Arbres fruitiers contre un mur, en dressant les branches, soit avec des clous, soit avec un treillage. Des arbres ainsi dressés se nomment un *Espalier*. Il y a peu d'arbres fruitiers, qui ne s'espalient facilement.

ESPALMER, v. act. Terme de Marine, qui a la même signification que carener, donner le suif, le radoub, à un Navire, depuis la quille jusqu'à la première ligne de l'eau.

ESPATULE, s. f. Plante purgative & résolutive, qui s'appelle vulgairement *Glaieul puant*, & qui croît dans les lieux humides. Ses feuilles sont fort longues, & sa fleur, qui ressemble à celle de l'*Iris*, est purpurine, ou rouge.

ESPECE, s. f. En Philosophie, l'*espece* est la division du genre. Ainsi, Animal est un genre, qui se divise en deux *especes*, celle des animaux raisonnables, & celle des animaux sans raison. Toute définition doit contenir le genre & l'*espece*. L'ancienne Philosophie distinguoit, dans un autre sens, deux sortes d'*especes*; les *impresses* & les *expresses*. Elle entend, par les premières, des Images qui représentent les Images des objets d'où elles viennent, & qui sont portées par les sens extérieurs, au sens commun. Elle les appelle *impresses*, parce qu'elles sont imprimées dans les sens extérieurs par les objets. Elle les suppose sensibles & matérielles, mais rendues intelligibles par l'intellect Agent : c'est alors qu'elles deviennent des *especes expresses*, ou des Images spiritualisées. Jargon d'Ecole, auquel on admire aujourd'hui que la raison ait pû s'arrêter. *Especes*, se dit des Images de toutes les choses visibles, des différentes sortes de Monnoie, des Poudres composées par la Pharmacie, telles que celles de la Thériaque, de la confection d'Hyacinte & d'Alkermes, &c. des apparences du pain & du vin, qui restent dans l'Eucharistie, après la Consécration, &c.

ESPHLASE, s. f. gr. Nom d'une fracture du crâne, dans laquelle l'os est brisé en plusieurs pieces, & enfoncé. On le nomme aussi *enthlase*.

ESPRIT - ARDENT, s. m. On donne ce nom à l'huile des Plantes, quand elle est en assez grande quantité, assez déliée, & mêlée d'assez peu de flegme, pour être inflammable. Telle est particulièrement l'Eau-de-vie, lorsqu'elle vient du vin.

ESQUIAVINE, s. f. Ital. Nom d'un ancien vêtement d'Esclave & de gens de travail. Il se dit aussi d'un long & sévere châtiment qu'on fait fouffrir à un Cheval, pour le rendre plus docile.

ESQUINE, f. f. *Voiez* SQUINE.

ESQUISSE, f. m. Terme de Peinture & de Sculpture, tiré de l'Italien. C'est l'ébauche, ou le premier craïon, d'un ouvrage, pour les Peintres; & le modele de terre, ou de cire, pour les Sculpteurs. Cependant *Ebauche* & *Esquisse* ne sont pas tout-à-fait synonimes. L'*esquisse* est séparée du tableau, dont elle est comme le Plan; & l'*ébauche* se fait sur le tableau même: elle en est le commencement. *Esquisser*, v. act., signifie prendre les premiers traits d'une figure, sans la finir.

ESSAIE, f. f. Nom d'une petite Racine, qu'on emploie, dans les Indes, à teindre en écarlate. La meilleure croît sur la Côte de Coromandel.

ESSENCES, f. f. Parties spiritueuses des choses, qui se tirent par l'alambic, ou par d'autres méthodes.

ESSORILLER, v. act. Couper les oreilles. L'*essorillement* est une punition fort ancienne.

ESTAFE, f. f. Terme vulgaire, qui se dit d'une rétribution que des Soldats, ou d'autres gens d'épée, tirent des lieux de débauche, & de Jeu public, pour les soutenir, c'est-à-dire, pour empêcher que ceux qui les fréquentent n'y commettent aucune violence. Aussi, ces Protecteurs mercenaires se nomment les Souteneurs. *Estafier*, f. m., *Estafilade*, f. f., paroissent formés d'*Estafe*.

ESTAME, f. f. Laine tricotée avec des aiguilles, dont on fait des bas & d'autres pieces d'habillement. On nomme *Estamet*, une petite Etoffe de laine, qui se fabrique à Châlons sur Marne.

ESTAMINET, f. m. Assemblée de Buveurs, où chacun paie sa part pour boire de la Biere & fumer en liberté. Les lieux où elle se tient, sont ordinairement des Cabarets, & portent aussi le même nom. Cet usage, qui vient des Païs-bas, s'est établi, à Paris, sous le nom de *Tabagie*.

ESTAMPE, f. f. Ital. Nom qu'on donne aux Empreintes, ou Exemplaires, qui se tirent d'une Planche gravée. L'origine des *Estampes* est de l'année 1460, & vient de *Maso Finiguerra*, Orfevre de Florence. Dans les Colonies, *estamper* un Negre, c'est le marquer avec un fer chaud, pour reconnoître à qui il appartient.

ESTAMPILLER, v. act. Terme de Papetier, qui signifie marquer le Papier, d'une certaine marque. Chaque Manufacture *estampille* différemment. Le premier Livre, sorti de l'Imprimerie de Constantinople, fut imprimé, en 1728, sur du papier gommé, *estampillé* de trois Croissans en palu, & d'une Couronne impériale, particuliere aux Turcs.

ESTELAIRE, adj. Terme de Chasse, qui signifie apprivoisé. Un Cerf *estelaire*.

ESTER, v. n. lat. Terme de Palais. *Ester* en Jugement, c'est agir, dans une Cause, plaider, &c. Une Femme ne peut *ester* en Jugement, sans le consentement de son Mari.

ESTERE, f. f. Nom des nattes de Jonc, qui viennent de Provence, d'Italie, & du Levant.

ESTERLET, f. m. Espéce d'Oiseau aquatique, commun sur la Côte d'Acadie.

ESTERRE, f. m. Nom qu'on donne, en Amérique, à des embouchures de Rivieres, d'Anses & de petits Ports, où l'on embarque les marchandises des Villes qui sont plus avant dans les Terres.

ESTOC, f. m. Vieux mot, qui signifie proprement le tronc d'un arbre, & qui se dit, au Figuré, pour origine, souche. C'est aussi le nom d'une ancienne sorte de grosse Epée, qui s'appelloit aussi Epée d'armes, & qui ne servoit ordinairement qu'à pousser & pointer. Cependant, lorsqu'elle étoit tranchante, on l'employoit aussi comme un sabre; & de-là vient l'expression d'*estoc* & *de taille*, qui signifie, de la pointe & du tranchant d'une épée. On donne encore le nom d'*Estoc*, à une Epée d'argent doré, longue d'environ cinq pieds, que le Pape benit solemnellement à la Fête de Noël, avec un Casque, & qu'il envoie quelquefois aux Princes Catholiques. En termes d'Exploitation de bois, une coupe à *Blanc-estoc* est celle où l'on abbat tous les arbres, sans en réserver aucun.

ESTUC, s. m. Vieux mot, qui se trouve dans quelques Arrêts, & qui est encore en usage pour signifier une sorte de droit que les Vagabonds & les Voleurs paient à ceux qui favorisent leurs friponneries. Il revient au sens d'*Estafe*. Tirer l'*Estuc*.

ETAGE, s. m. Ce mot signifioit autrefois toutes sortes de logemens bas & hauts; & ce n'est pas depuis longtems qu'on a réduit ce nom aux appartemens qui sont au-dessus du rez-de-chaussée.

ETAIN, s. m. Partie fine de la laine, qui prend ce nom, lorsqu'elle en est tirée par des Cardeurs qu'on nomme *Tireurs d'Etain*. Des bas d'*étain* sont des bas faits du fin de la laine.

ETALON, s. m. Dans les Haras du Roi, on appelle *Etalon*, qui se prononce *Etlon*, un Cheval destiné à couvrir les Cavales. Dans plusieurs Provinces, *Etalon* & *Balivaux* sont synonimes. En termes d'Eaux & Forêts, les *Etalons* sont de jeunes arbres qu'on laisse pousser jusqu'à leur perfection.

ETAT MAJOR, s. m. Terme de Guerre, qui signifie le rôle des premiers Officiers d'une Ville de Guerre, d'un Régiment, &c. *Etat de distribution* se dit d'un rôle expédié au Conseil roïal, qui contient les parties qui doivent être païées, telles que les Pensions, les Appointemens, les Gratifications, &c. L'*Etat de produit*, en termes de Fermes générales, ce sont des Cartes qui renferment, en plusieurs colomnes, le produit actuel des Fermes, par mois, par quartier & par année. L'*Etat d'innocence* signifie l'état où le premier homme fut créé, sans concupiscence, dans une parfaite connoissance, & un amour actuel, de Dieu. L'*Etat de pure nature* se dit d'un état où quelques-uns prétendent que l'homme pouvoit être créé, sujet, comme nous sommes, à la concupiscence & aux misères humaines.

ETHNIQUE, adj. gr. Ce mot qui signifie *Nation*, dans son origine, a été emploïé par les Ecrivains ecclésiastiques, pour Gentil, Païen, Peuple Idolâtre. Les Grammairiens appellent mot *Ethnique*, celui qui signifie l'Habitant d'un certain Païs, ou d'une certaine Ville, comme *François*, *Parisien*.

ETIENNE. *Ordre de Saint Etienne*. C'est un Ordre militaire établi, en 1562, par Cosme I, grand Duc de Toscane. Il y a des Couvens de Filles agrégées à cet Ordre, dans lesquels on doit faire preuve de Noblesse. La Hongrie a aussi un ancien Ordre de Saint Etienne, rétabli en 1740, par le Pape Benoît XIV.

ETIOLER. Terme de Jardinage, qui se dit des Plantes & des branches d'arbres, lorsqu'étant serrées elles montent trop haut, sans prendre la grosseur & la force qui leur conviennent. On dit alors qu'elles s'*étiolent*, ou qu'elles sont *étiolées*.

ETIOLOGIE, s. f. gr. Partie de la Médecine, qui traite des différentes causes des Maladies.

ETIQUE, adj. gr. Maigre, affoibli de sécheresse, &c., faute de suc nourrissier.

ETOPE'E, s. f. gr. Figure de Rhétorique, qui consiste dans une description des mœurs & des passions de quelqu'un; différente de la Prosopopée, en ce que celle-ci regarde des personnes feintes, & l'autre des personnes réelles.

ETOUPILLE, s. f. Sorte de mèche, non d'étoupe, comme ce mot semble l'indiquer, mais de coton filé, & trempé d'eau simple, ou d'eau-de-vie, ou d'huile d'aspic, & roulé dans de la poudre, pour la communication plus ou moins prompte du feu, dans les ouvrages des Artificiers.

ETOUTEAU, s. m. Nom d'une Cheville, qui est attachée perpendiculairement sur le plat d'une roue d'Horlogerie, nommée, par cette raison, *Roue d'étouteau*, & qui sert

ET EV EV

à regler la sonnerie des heures & des quarts.

ETRANGLEMENT, s. m. Outre sa signification naturelle, il se prend, dans le Figuré, pour le *resserrement* de quelque chose, ou pour la partie étroite d'un corps, entre deux autres plus larges. *Etrangler*, v. act., s'emploie dans les mêmes sens.

EVAGATION, s. f. lat. Action de marcher, comme au hasard, sans route certaine, & sans terme connu. Il ne se dit gueres, que dans le sens Moral, pour *distraction*, *absence d'esprit*.

EVALTONNE', adj. Mot d'origine obscure, qui se dit pour leger, dissipé, ou trop libre, dans l'air & les manieres. Un jeune homme *évaltonné*, ou qui s'*évaltonne*, car on dit aussi s'*évaltonner*.

EVALUER, v. act. lat. Terme de Compte, qui signifie apprécier, faire l'estimation d'une chose. En Arithmétique, l'*évaluation* d'une fraction, c'est sa réduction à sa valeur.

EVASER, v. act. Terme d'Art, qui se dit pour donner de l'extension, de l'ouverture, aux choses qui sont trop serrées. On dit, des arbres, qui se serrent trop, qu'il faut les *évaser*. Il y en a d'autres, tels que les Poiriers de Beurré, qui naturellement s'évasent trop.

EUCOLOGE, s. m. gr. Nom d'un Livre, où se trouve tout l'Office des Dimanches & des principales Fêtes de l'année, suivant le Missel & le Breviaire Parisien. On le doit à M. le Cardinal de Noailles, ou à ses ordres.

EUCRASIE, s. f. gr. Terme de Médecine, qui signifie un bon tempéramment; tel qu'il convient à la nature, à l'âge, & au sexe de la Personne.

EUDISTE, s. Nom d'un Ordre de Religieux & de Religieuses, établi d'abord à Caën, sous la regle de Saint Augustin, par le Pere *Eudes*, Frere du célebre Historiographe *Mezeray*.

EVEQUE, s. m. gr. Nom de la principale dignité ecclésiastique, qui signifie, dans son origine, *Inspecteur*, ou celui qui est chargé de l'Inspection. On a donné, dans la primitive Eglise, le nom d'*Evêchesses*, ou *Episcopisses*, comme celui de Prêtresses, de Diaconesses & de Soudiaconesses, à des Femmes d'une vertu éprouvée, qui avoient des fonctions proportionnées à leur titre. Quelques Monasteres, tels que Saint Denis, en France, & Saint Martin de Tours, ont eu le Privilége de pouvoir élire un *Evêque*, pour faire les fonctions Episcopales dans les lieux de leur dépendance.

EVERSION, s. f. lat. Ruine, renversement, d'une Ville, d'un Etat. Il ne se dit gueres que dans le style noble.

EUFISTIS, s. m. Nom que les Apotiquaires donnent au suc des feuilles du Cystus.

EUGENIE, s. f. gr. Nom qui se donnoit à la Noblesse parmi les anciens Grecs. Il signifie *bien né*. Il ne paroît pas que les Grecs aient jamais déifié la Noblesse; mais ils lui donnoient une forme humaine, comme on le voit par plusieurs Médailles. C'est une Femme debout, qui tient de la main gauche une Picque, & qui a sur la droite une petite Statue de Minerve; Symbole de la Noblesse du Sang, parce qu'elle est née du cerveau de Jupiter.

EVICTION, s. f. lat. Terme de Palais, qui signifie le recouvrement qu'on fait en Justice, d'une chose que la Partie adverse avoit acquise de bonne foi. *Evincer* est le verbe.

EVILASSE, s. m. Nom d'une espece de Bois d'Ebene, qui vient de l'Isle Madagascar, & qui est estimée, parce qu'elle a fort peu de nœuds.

EUNUQUE, s. f. Nom d'une espece de Flute, qui n'a que trois trous, dans laquelle on chante, & qui donne une sorte d'agrément à la voix. Elle se nomme autrement *Jombarde*.

EVOQUER, v. act. lat. Appeller quelqu'un d'un lieu où il est, & où l'on n'est pas. Il n'a d'usage qu'en termes de Jurisdiction, pour ordonner qu'une cause, ou une affaire, soit portée d'un Tribunal subalterne, à une Cour supérieure ; & en termes de Magie, pour, faire sortir, de leurs retraites, les Démons, les Ombres, &c., par l'effet prétendu de certaines conjurations. L'*Evocation du principal* se dit pour un appel interjetté d'une Sentence, qui n'a été rendue que sur un incident. *Evocatoire*, adj., se dit des Actes qui servent à l'*évocation*.

EUTRAPELIE, s. f. gr. Ce mot, qui signifie proprement maniere agréable de tourner les choses, ne s'emploie que dans le style noble, ou en parlant des Anciens, pour signifier l'art de plaisanter avec finesse, ou cette humeur gaie & badine, qui s'exerce par des pensées ingénieuses, appellées vulgairement *Bons mots*. Les Grecs l'emploïoient aussi en mauvaise part, pour Bouffonnerie, ou badinage immoderé.

EVULSION, s. f. lat., qui signifie l'action de tirer, d'arracher. Il ne se dit guères qu'en termes Chirurgiques, des dents, des cheveux, des fragmens d'os, &c.

EX. Monossyllabe grecque & latine. En grec, elle signifie *six*, & nous avons plusieurs termes composés, dans lesquels elle conserve cette signification, tels qu'*Exadre*, *Exagone*, *Exarchat*, &c. En latin, c'est une proposition ablative, qui, dans notre langue, se met quelquefois devant un nom de Charge, ou de Profession, pour signifier que celui à qui on le donne a quitté cette Profession, ou cette Charge ; comme dans *Ex-provincial*, *Ex-jesuite*, &c. *Ex* entre dans la composition de quantité d'autres mots françois.

EXAGGERER, v. n. lat. Ajoûter à la vérité des choses, dans le récit qu'on en fait, les representer plus grandes, ou en plus grand nombre, qu'elles ne sont réellement.

EXANTHEME, s. m. gr. Nom général de toutes sortes d'éruptions à la peau, telles que les pustules, les bubons, les ulceres, &c.

EXANTLATION, s. f. lat. Action de faire sortir un fluide de quelque endroit, par le moïen de la pompe.

EXAUTHORATION, s. f. lat. Ce mot, qui signifie *dégradation*, ne se trouve emploïé que dans quelques Ordonnances du Roi, & dans quelques Sentences de Justice.

EXCAVER, v. act. lat., qui signifie creuser. *Excavation*, qui en est le substantif, est plus en usage. On dit fort bien, l'*excavation* d'un puits.

EXCEDER, v. act., formé d'*excès*, pour signifier, aller au-delà de quelques bornes, les passer. Il se dit aussi, dans le style familier, de certaines choses portées à l'excès. Vous m'*excedez*, c'est-à-dire, en langage moderne, vous me fatiguez, vous poussez trop loin ma patience. On dit *excedé* de travail, pour, *fatigué* d'un travail *excessif*.

EXCELLER, v. n. lat. Se distinguer avec éclat, s'attacher à la perfection de quelque chose. Il se dit particulièrement de ce qui est l'objet de l'art, ou des facultés de l'esprit. *Excellent*, adj., se dit de tout ce qui a un degré supérieur de perfection, & de bonté. *Votre Excellence* est un titre d'honneur, qui se donne aux Ambassadeurs, aux Ministres d'Etat, &c. Par *excellence* se dit pour signifier, supérieurement au dessus des choses de la même nature, sans comparaison. *Ciceron* est l'Orateur, *par excellence*. C'est ce qu'on appelle, en Rhétorique, *par Antonomase*.

EXCIPIENT, s. m. lat. Terme de Pharmacie, qui se dit de certains médicamens auxquels on peut joindre, ou qui peuvent recevoir, d'autres ingrédiens ; tels que les Conserves, les Confections, les Robs, & d'autres électuaires.

EXCISION, s. f. lat. Ce mot, qui signifie l'action d'échancrer une chose, c'est-à-dire, d'en couper quelque partie, ne s'emploie guères qu'en parlant de la Circoncision.

EXCLAMATION, s. f. lat. Cri subit, ou l'action de s'écrier.

EXECRATION, s. f. lat. Terme ecclésiastique, opposé à *Consécration*. Lorsqu'un lieu saint est pollué par quelque accident, on dit qu'il y a *exécration*, c'est-à-dire, qu'il faut de nouveau le consacrer. *Exécratoire* est l'adjectif, dans le même sens. La chute du toît d'une Eglise, n'est point *exécratoire*, ou n'emporte point *exécration*. *Exécratoire* se dit aussi d'un serment très fort, par lequel on affirme, ou l'on nie, quelque chose. Le verbe *execrer* n'est plus en usage.

EXÉCUTION PARÉE. Terme de Justice. Un Acte portant *exécution parée* est celui qu'on peut mettre à exécution, commandement préalablement fait. Tels sont les Jugemens & obligations en forme.

EXEMPTS, s. m. Congrégation des *Exempts*. Nom qu'on donna, dans le siécle précédent, à une Association de plusieurs Abbaïes Bénédictines, qui choisirent Saint Ouen, de Rouen, pour leur Chef, après s'être séparées de celle de Saint Denis, qui fut donnée, en 1633, à la Congrégation de Saint Maur.

EXEQUATEUR, s. m. Mot purement latin, qui a passé dans notre langue, pour signifier un Acte, ou une Souscription, par laquelle un Magistrat authorisé permet, ou ordonne, qu'une Sentence de quelque autre Tribunal soit exécutée.

EXERCITANT, s. m. Nom que l'usage donne à ceux qui font ce qu'on nomme l'Exercice de la Retraite, au Noviciat des Jésuites, à Saint Lazare, & dans d'autres Communautés.

EXERGUE, s. f. gr. Terme de Médailliste. Petit espace, hors d'œuvre, qui se pratique dans une Médaille, pour y mettre quelque inscription, ou la datte.

EXFOLIER, v. n. lat. Terme de Chymie, qui se dit des os qui se levent, ou qui tombent, par feuilles. Quelquefois ils s'*exfolient* d'eux-mêmes; & quelquefois, lorsqu'ils sont cariés, on emploie des remedes *exfoliatifs*, pour les faire *exfolier*.

EXFUMER, v. act. Terme de Peintre, qui signifie éteindre une partie de quelque Peinture, qui paroît trop ardente.

EXHÉREDATION, s. f. lat. Acte par lequel on deshérite, pour de justes causes, une personne qui devoit être l'Héritier naturel. *Exhereder* est le verbe.

EXHUMER, v. act. lat. Tirer un Mort, de terre, ou de sa sépulture. Il ne se dit gueres que des Corps exhumés par l'ordre de la Justice, ecclésiastique, ou civile. *Exhumation* est le substantif.

EXOINE, s. f. Terme de Palais, qui est le nom d'un Certificat par lequel on prouve l'impossibilité où l'on est de se trouver, en personne, dans quelque lieu où l'on devroit aller. Il est en usage, surtout, dans les matieres féodales. *Exoiner* quelqu'un, c'est l'excuser de ce qu'il ne comparoît pas en personne.

EXOMIDE, s. f. gr. Nom d'une ancienne robbe, qui laissoit l'épaule droite découverte, suivant sa signification, & qui n'avoit proprement qu'une manche. Le manteau des Hongrois est une espece d'*Exomide*, & l'on prétend que c'étoit celui des anciens Philosophes Cyniques.

EXOMOLOGESE, s. f. gr. Terme d'ancienne Histoire ecclésiastique, qui signifie Confession. Il paroît qu'elle n'étoit ordonnée que pour les péchés publics.

EXOPHTHALMIE, s. f. gr. Maladie, ou accident, par lequel l'œil sort de son orbite.

EXOSTOSE, s. f. gr. Nom d'une humeur osseuse, qui est un effet ordinaire du scorbut, & qui s'éleve sur la surface des os. Lorsqu'elle arrive aux joues, elle se nomme *Satyrisme*.

EXOTERIQUE, adj. gr. Ce qui est apparent, public, ou commun à tout le monde. C'est l'opposé d'*Acroatique*. Les anciens Philosophes faisoient des Ouvrages *exoteriques*, & des Ouvrages *acroatiques*; les premiers, à la portée de tout le monde; les autres, pour leurs disciples, & qui n'étoient entendus que par des explications qu'ils se réservoient.

EXPANSION, s. f. lat. Action par laquelle un corps, solide, ou fluide, s'étend, se dilate, ou se gonfle.

EXPATRIER, v. act. Obliger quelqu'un de quitter sa Patrie. S'*expatrier*, c'est sortir de son Païs natal, y renoncer, pour aller vivre dans un autre Païs.

EXPECTATIVE,

EXPECTATIVE, s. f. lat. Attente de quelque chose. Ce mot se prend quelquefois pour une espece de droit de survivance. Avoir l'*expectative* d'un Emploi, d'une Succession, c'est y avoir de justes prétentions, pour le tems où l'on pourra les faire valoir. *Expectative*, en termes d'Universités, est le nom d'une Thése qu'on soutient la veille du jour où l'on doit recevoir le bonnet de Docteur.

EXPE'DITEURS, s. m. Nom qu'on donne, à Amsterdam, aux Commissionaires employés pour le Commerce étranger.

EXPLETIF, adj. lat. Terme de Grammaire, qui se dit de certains mots, ou de certaines particules, qui achevent, qui confirment, qui rendent parfait le sens d'une phrase, ou d'autres mots.

EXPLOIT, s. m. Action noble, éclatante, louable, surtout dans le genre Militaire. En termes de Pratique, c'est une *assignation*, ou toute autre piece judiciaire, signifiée par un Sergent, ou un Huissier. Le verbe *exploiter* n'est point en usage dans le premier sens. Dans le style d'Eaux & Forêts, on dit *exploiter* des Bois, pour, les couper, les abbatre; mais c'est *exploitation* qui est le substantif.

EXPLORATEUR, s. m. lat. Terme plus noble, que celui d'*Espion*; mais qui signifie la même chose; avec cette différence qu'il ne se dit que des Personnes, qui, étant chargées de quelque Commission plus honnête, en prennent occasion d'observer ce qui se passe, & de pénétrer les secrets d'autrui.

EXPONCE, s. f. lat. Terme de Jurisprudence, qui signifie un Acte d'abandonnement, par lequel le Possesseur d'un héritage, chargé de rentes foncieres, en fait remise à celui auquel la rente fonciere est dûe. En un mot, c'est un renoncement à quelque chose, qu'on possede de droit, mais qui devient plus onéreux qu'utile.

EX PROFESSO. Expression purement latine, adoptée en françois, pour dire *exprès*, avec toute l'attention qu'on doit à ce qu'on se propose particulierement de faire, ou de traiter.

EXPURGATOIRE, adj. lat. *Indice expurgatoire* C'est le nom qu'on donne à un Catalogue de Livres qui sont défendus, à Rome, jusqu'à ce qu'ils aient été purgés & corrigés; différens de ceux qui sont absolument défendus.

EXSUDER. Voiez EXUDER.

EXTENSION, s. f. lat. Action d'étendre. En langage Philosophique, c'est la position des parties les unes hors des autres. *Extensibilité*, s. f., signifie capacité d'être étendu. Celle de l'or est la plus grande qui soit connue. Un cylindre d'argent, de quarante-cinq marcs, qui n'a que vingt-deux pouces de hauteur, s'allonge par la filiere 63,4692 fois plus qu'il ne l'étoit, & parvient jusqu'à cent onze lieues de longueur; & une seule once d'or, employée à dorer ce cylindre, s'étendra tout autant. *Extensible*, adj., se dit de ce qui a la capacité de s'étendre.

EXTISPICES, s. m. lat. Nom d'une sorte d'anciens Augures, qui devinoient l'avenir par l'inspection des entrailles des Animaux. Leur art se nomme *Extispicine*.

EXTRAJUDICIAIREMENT. Adv. lat., qui se dit pour *hors du Jugement*, ou plutôt, *hors de la forme ordinaire des Jugemens*, c'est-à-dire, sans être assujetti à cette forme.

EXTRAORDINAIRE. Tresorier extraordinaire des Guerres. C'est un Officier qui prend immédiatement ses fonds au Tresor roïal, pour la dépense de la Guerre, & qui en rend, seul, compte à la Cour. Les autres Tresoriers, tant Provinçiaux que Particuliers, prennent leurs fonds de lui. Sa fonction est de païer les Armées, par lui, ou par ses Commis; & les Tresoriers Provinciaux paient les Garnisons.

EXTREME, pour EXCESSIF, adj. lat. On dit fort bien de quelqu'un qu'il est *extrême* en tout; c'est-à-dire, qu'il ne s'arrête jamais à

Supplém.

de justes bornes. *Extrémité* se dit pour *fin*, dans le sens Moral ; & pour *bout*, ou *terme d'une chose*, dans le sens Physique. En termes de Géométrie, *extrême* est quelquefois substantif. On appelle les *Extrêmes* des expériences, leur commencement & leur fin. Le milieu se nomme *le moïen*.

EXUBERANCE, s. f. lat. Terme de Palais, qui signifie *surabondance*. C'est dans ce sens qu'on dit, *par exuberance* de droit.

EXUDER ou EXSUDER, v. n. lat. C'est un terme de Médecine & de Physique, qui signifie, sortir en maniere de sueur. *Exsudation* est le substantif. Le sang *exsude* quelquefois par les pores. Certaines Pierres & certains Bois ont leurs *exsudations*.

EXULCERATION, s. f. lat. Disposition, ou qualité, qui cause des ulceres. *Exulcerer* est le verbe. *Exulceratif*, adj., se dit de ce qui est capable d'*exulcerer*, ou de causer des *exulcerations*.

EX VOTO, s. m. Terme emprunté du latin, qui se dit des Offrandes promises par un vœu. C'est un *ex voto*. Les Anciens avoient aussi leurs Offrandes votives, ou leurs *ex voto*.

EZOTERIQUE, adj. gr., formé du verbe, qui signifie s'asseoir. *Voïez* ACROATIQUE, qui a la même signification.

F

F, chez les Romains, & Φ, chez les Grecs, étoient le caractere dont les Maîtres faisoient marquer leurs Esclaves, lorsqu'ils avoient pris la fuite. F°. se met pour *Folio* ; & *Fl.*, ou *Fs.*, pour *Florins*.

FABAGO, s. m. Nom d'une Plante amere, d'Italie, qui est une espece de *Peplus*. On vante sa vertu pour les vers du corps. Ses feuilles ressemblent beaucoup à celles du Pourpier ; ses fleurs sont rouges, & disposées en Rose.

FABER ou FORGERON, s. m. Poisson de Mer, dans lequel on trouve les figures des instrumens d'un Forgeron. Sa chair est fort bonne. Il est armé, des deux côtés, d'os fort aigus & fort tranchans. On le trouve près des Rochers.

FABLE, s. f. lat. En termes de Poésie, on appelle *fable*, l'action qu'on a choisie pour sujet d'un Poëme, embarrassée de quelque obstacle, avec ses plus belles circonstances, dans un ordre qui interesse & qui plaise. Dans ce sens, *fable* signifie le sujet d'une Tragédie, ou d'un Poëme Epique. On appelle *Tems fabuleux*, celui dont on n'a pas d'Histoire certaine, & dont les événemens sont altérés par des *fables*.

FABREQUE, s. f. Plante, dont les feuilles ressemblent au Serpolet. Elle croît dans les lieux pierreux. On vante ses vertus, pour la fievre, pour la morsure des Serpens, pour la suppression de l'urine & des mois, pour faire tomber les verrues longues, &c.

FABRICATEUR, FABRIQUANT, ss. mm. lat. Le premier de ces deux mots signifie l'Ouvrier qui *fabrique*, c'est-à-dire, qui fait quelque Ouvrage méchanique, dont la composition demande des instrumens. *Fabricateur* de Nouvelles, de Calomnies, se dit, dans le sens Figuré, pour Auteur, Inventeur. Le *Fabriquant* est celui qui entreprend de faire fabriquer un Ouvrage, qui préside, & qui fournit aux frais de l'entreprise, pour en tirer le profit.

FABRIQUE, s. f. lat. Composition de quelque chose avec des instrumens.

FACE', adj., qui se dit, avec bien, ou mal, pour exprimer la bonne, ou mauvaise, physionomie.

FACETIE, s. f. lat. Plaisanterie de paroles, ou d'actions, qui excite à rire. On dit d'un Ouvrage, qu'il est plein d'agréables *faceties*. *Facetieux* est l'adjectif.

FACETTE, s. f. Diminutif de *face*, & terme d'Art lapidaire, qui se dit des petites faces, ou des superficies, d'un corps taillé à plusieurs angles. Les Lunettes, taillées à *facettes*, multiplient les objets. *Fa-*

cetter un Diamant, c'est le tailler à facettes. Voïez DIAMANT.

FACTICE, adj. lat. Mot assez moderne, qui signifie imaginé, feint, d'origine ou de forme, qui doit son existence à l'imagination ou à l'art. En termes de Logique, on appelle *Idée factice*, celle qui est composée de deux idées qui ne s'accordent pas naturellement; telles que Montagne d'eau, Pluie d'or, &c.

FACTURE, s. f. Terme de Commerce, qui se dit d'un mémoire, ou d'une déclaration, de ce qu'on envoie par des Voitures.

FAIDE, s. f. Ancien droit de vanger un meurtre, accordé, par les Loix, aux Parens du Mort. Ceux, à qui la crainte de cette vangeance faisoit quitter leur Païs, ne pouvoient se remarier, & leurs Femmes non plus.

FAISANDER, v. act., formé de Faisan, pour signifier, *garder la viande*, jusqu'à ce qu'elle ait un certain goût qui tire sur la venaison. C'est que les Faisans demandent d'être gardés long-tems avant que d'être mangés.

FAIT, s. m. Chose qui se fait, ou qui s'est faite; action, sujet dont il s'agit. Dans toutes les affaires, on distingue le Fait & le Droit; le Fait consiste dans ce qui est arrivé, & le Droit dépend de l'application de la Loi, au Fait dont il est question, lorsque ce Fait est certain.

FAIX, s. m. Fardeau. En termes de Chirurgie, on appelle *Faix*, l'Enfant qui est dans le sein de la Mere, apparemment parce que c'est un fardeau pour elle. Le *faix* & l'*arriere-faix*.

FALBALA, s. m. Bande d'étoffe plissée, dont les Femmes garnissent les devants de leurs robbes, leurs manches, leurs jupons, &c. On en a fait le verbe *Falbalasser*. Une robbe bien *falbalassée*. On prétend avoir trouvé le modèle des *falbalas*, dans un Historien du bas Empire, & même dans Virgile. Æneid. l. 8. v. 250.

FALLOT, adj. Terme vulgaire, qui signifie ridicule, grotesque, & qui s'annoblit quelquefois par la maniere dont il est emploïé.

FALTRANCK, s. m. Nom général des vulneraires de Suisse, qui nous viennent en petits pacquets soigneusement cachetés & munis de Certificats, pour faire foi du soin avec lequel ils ont été cueillis

FAMELIQUE, adj. lat. Affamé, qui ressent les plus pressantes pointes de la faim. On le fait aussi substantif. C'est un *famelique*.

FANE, s. f. Terme de Fleuristes, qui signifie la feuille d'une Plante. C'est ce qui se nomme *Petale*, en termes de Botanistes.

FAQUIN, s. m. Ital., qui se disoit autrefois pour *Crocheteur*. C'est aujourd'hui un simple terme de mépris, auquel on attache ordinairement l'idée d'un Homme de rien, qui veut faire l'important; ou d'un Homme sans mérite, qui fait le présomptueux. En un mot, c'est un mêlange de ridicule & de bassesse. *Faquinerie*, s. f., se dit des actions & du caractere d'un *Faquin*.

FARDIN, s. f. Mot corrompu de l'Anglois, & nom de la plus belle monnoie d'Angleterre, qui répond à nos liards. Il s'écrit *Farthing*. Il porte le nom & l'effigie du Roi, avec une Femme au revers, & *Britannia* pour inscription.

FASCIE, s. f. lat. On donne ce nom, qui signifie Bande, ou Bandelette, aux cercles, ou aux bandes, qui se trouvent sur la robbe, c'est-à-dire, sur les dehors d'un coquillage. Elles sont quelquefois de niveau, quelquefois saillantes, ou gravées en creux. *Fascié* est l'adjectif.

FASTIDIEUX, adj. Mot tiré du latin, pour signifier un homme qui affecte, ou qui prend facilement, du dégoût, un homme d'un goût difficile, ou délicat. Ce n'est que dans ces derniers tems qu'on l'a fait changer ainsi de signification, car il avoit toujours été pris, au contraire, pour *ennuïeux*, *importun*, capable de causer du dégoût.

FATALISTE, adj., qui se dit de celui qui attribue tout à la fatalité, qui tient la doctrine du *Fatum*. *Fatidique*, adj., signifie, qui annonce le destin.

FATUITE', s. f. lat. Sottise, accompagnée d'une bonne opinion de soi-même, qui fait prendre ridiculement l'air, les manieres & les prétentions du mérite. De-là vient que le fat est plus insupportable que le sot proprement dit, qui n'est qu'à plaindre de sa sottise.

FAUCHEUR, s. m. Nom d'une Araignée des Champs, dont les jambes sont fort longues, menues, couvertes de poil, & qui a huit yeux placés d'une maniere extraordinaire; deux au milieu du front, & trois de chaque côté, aux extrêmités du front, en forme de trefle, sur le sommet d'une petite bosse. On ne lui a reconnu aucun venin.

FAUDER, v. act. Terme de Manufacture. *Fauder* une Etoffe de laine, c'est la plier en double dans sa longueur, en sorte que les deux lisieres se touchent. C'est aussi marquer une Etoffe avec de la soie, après qu'elle a été corroiée.

FAUNE, s. m. I. Nom de certaines Divinités Champêtres, qu'on croit différentes des Satyres, quoique les Anciens ne nous aient pas laissé la description de leur figure. *Ovide* en parle comme d'Animaux, dont les pieds étoient de corne, & *Virgile* les invoque comme les Protecteurs des Païsans.

FAUSSET, s. m. Ton de voix forcé, & plus haut que le ton naturel. Un *fausset*, ou une voix de *fausset*, c'est-à-dire, une voix que la contrainte rend presque fausse.

FAUTEUIL DE POSTE, ou TRE-MOUSSOIR, s. m. Machine d'invention moderne, par le moïen de laquelle on peut faire un exercice utile à la santé, sans sortir de sa chambre. Elle tire son nom, de ce qu'on y ressent les mêmes secousses que dans une Chaise de poste, avec le pouvoir de les rendre, à son gré, plus violentes, ou plus foibles.

FAUX-SAUNIER, s. m. Celui qui vend, ou qui transporte, du Sel en cachette, & contre les ordonnances. Ce commerce, qui se nomme *Faux saunage*, expose le Coupable à la peine des Galeres, suivant la Déclaration de 1722, & même à la mort, lorsqu'il se fait à main armée.

FAUX-TEINT, s. m. Mot composé, qui se dit pour fausses teinture, c'est-à-dire, faites avec des Drogues défendues, qui falsifient les couleurs & dégradent les étoffes.

FECAL, adj. lat. Matiere fécale. C'est un terme de Médecine, qui signifie *excrémens d'Homme*; comme *Feces*, qui est le substantif latin, au pluriel, se dit, en termes de Chymie, du marc qui reste après les distilations, & de toutes les matieres grossieres & impures qui se trouvent au fond des compositions.

FECONDER, v. act. lat. Rendre fécond. Terme de Physique, dont le substantif est *fécondation*.

FELUNIERE, s. f. Nom vulgaire des coquillages de terre, qui s'appellent autrement *fossiles*, & qu'on emploie, dans quelques Provinces, au lieu de marne, pour l'engrais des terres. On dit aussi *Felun*.

FELURES, s. f. Petites marques en long, qui ont l'apparence de fentes, & qui se trouvent quelquefois dans les pierres les plus fines.

FEMME COMMUNE. Terme de Jurisprudence, qui se dit d'une Femme qui a droit à la *Communauté*, soit en vertu du Contrat de Mariage, soit en vertu de la Coutume du lieu, où le Mariage a été célébré sans Contrat. *Femme non commune* se dit, au contraire, de celle dont le Contrat porte qu'il n'y a point de Communauté entre elle & son Mari.

FEODAL, adj. Terme de Palais, qui signifie ce qui regarde les Fiefs, ce qui appartient à cette matiere. La Jurisprudence Féodale est très ample & très embarassée.

FER-CHAUD, s. m. Nom d'une maladie, qui consiste dans une chaleur insupportable, qu'on se sent monter à l'estomac, le long de l'œsophage, jusqu'à la gorge. Les yeux d'Ecrevisse, pris en poudre, la guérissent sur le champ.

FER-D'OR. Nom d'un Ordre de Chevalerie, institué, en 1414, à Paris, par Jean Duc de Bourbon,

& composé de seize Gentilshommes, partie Chevaliers, partie Ecuïers. Les Chevaliers portoient, tous les Dimanches, à la jambe, un fer d'or de Prisonnier, & les Ecuïers un fer d'argent.

FERET D'ESPAGNE ou PIERRE HEMETITE. Nom d'un minéral, en forme de Pierre rougeâtre, dure, & par aiguilles pointues, dont la picquûre est dangereuse. Il s'en trouve dans toutes les Mines de fer.

FERIN, adj. lat. Mot qui s'emploie quelquefois, suivant sa signification naturelle, pour sauvage, féroce, ou ce qui tient des Bêtes féroces. On appelle *Toux ferine*, une toux séche & fort opiniâtre.

FERME DE THEATRE, s. f. Nom assez bizarre de cette partie de la décoration, qui ferme le fond du Théâtre. Il lui vient apparemment de ce qu'étant ordinairement divisée en deux parties, elle peut s'ouvrir & se *fermer* suivant le besoin. *Ferme* est aussi le nom de deux Jeux, l'un de Cartes & l'autre de Dez.

FERRER, v. act. Terme de Géolier, qui signifie mettre les fers aux pieds. On appelle *Etoffe ferrée*, celle qui est plombée & marquée d'un coin d'acier. Grosse *Ferrerie* se dit de tous les gros ouvrages de fer; *Ferrure*, de ceux qui s'appliquent sur autre chose, pour orner, garnir, fermer, joindre, fortifier, &c. *Ferré*, adj., signifie ce qui contient des parties de *fer*, ou qui tient du fer, par ses qualités. *Ferreux* & *Ferrugineux* ont la même signification. Les Marchands de Fer neuf, en barre, se nomment *Ferrons*, & leur profession *Ferronnerie*. Ceux qui vendent les gros ouvrages de Ferrerie s'appellent *Ferrands*, ou *Ferrandiniers*. *Ferrification*, s. f., signifie changement en fer, ou production du fer.

FERRAND, FERRANDINIER, FERRON, FERRONNERIE. *Voïez* FERRER.

FETSA, s. m. Terme célebre dans les Relations, qui est le nom d'un Mandement fort respecté, dont les Ordres du Grand Seigneur sont ordinairement accompagnés.

FEODATAIRE, s. m. Vassal qui tient un Fief relevant d'un autre Seigneur.

FEVE DE SAINT IGNACE, s. f. Petit fruit des Indes Orientales, qui est un puissant purgatif.

FIACRE, s. m. Nom qu'on donne, dans Paris, aux Carosses de louage, qu'on trouve continuellement sur des Places marquées par la Police. On le fait venir d'une image de S. Fiacre, qui étoit l'Enseigne d'une Maison, où l'on a loué, pour la premiere fois, ces sortes de voitures.

FIATOLE, s. f. Nom d'un fort bon Poisson, fort commun en Italie. Il est large, plat, presque rond; ses écailles sont couleur d'or & d'argent.

FICTICE, adj. lat., qui se dit de ce qui est feint, & qui n'a d'existence que dans l'imagination.

FIDUCIAIRE, adj. lat. On nomme ordinairement Héritier *fiduciaire*, celui qui l'est par *Fidei-commis*. Cependant, les Jurisconsultes mettent quelque différence entre le *Fidei-commis* & la *Fiducie*.

FIEFE', adj., formé de Fief, & qui se dit proprement de ceux qui dépendent d'un Fief: mais, au figuré, il se prend dans le même sens qu'*achevé*, complet, & ne s'emploie qu'en mauvaise part. Ainsi, un Ingrat *fiéfé* est un Ingrat achevé, qui pousse l'ingratitude aussi loin qu'il se peut. Une sottise *fiéfée* est une sottise complete, à laquelle on ne peut rien ajoûter.

FIGURATIVE, s. f. lat. Lettre, qui caractérise certains tems des verbes grecs, qui les distingue, qui les spécifie, & qui aide à les former.

FIGURE, s. f. lat. Terme de Rhétorique & de Poésie, par lequel on entend quelque mot, ou quelque tour d'expression, qui represente plus vivement une pensée, que la maniere ordinaire de l'exprimer. Les *Figures* sont le principal ornement du discours. Il y en a différentes sortes, qu'on trouvera sous les noms par lesquels on les distingue, & qui les caractérisent. La Grammaire a aussi ses *figures*, qui sont simplement des manieres de parler, éloignées du langage ordinaire. *Figuré* est devenu substantif, pour signifier le langage *figuré*, ou le sens *figuré* d'une expression. Il est opposé à *propre*, qu'on a fait substantif aussi, pour exprimer le langage simple & naturel, & l'acception ordinaire des termes. Une Danse *figurée* est une Danse composée de *figures*, c'est-à-dire, de différens pas inventés par l'art. *Figurément*, adverbe, ne se dit guére que du discours, & signifie *d'une façon figurée*. *Figuratif*, adj., est un terme de Religion, qui se dit de l'ancienne Loi, regardée comme Image, ou Figure, de la nouvelle ; & *Figurativement* est l'adverbe, qui ne s'emploie que dans le même sens.

FIL DE TURQUIE, s. m. C'est ce qu'on nomme autrement Laine de Chevron, qui n'est autre que du poil de Chevre, filé.

FILS ET FILLES DE FRANCE, s. m. Enfans du Roi & de la Reine. *Filles de mémoire* est une expression Poétique, pour signifier les Muses, que la Fable fait Filles de *Mnemosyne*, qui signifie Mémoire.

FLAGRANT, adj. lat., qui signifie, actuellement en feu. Il est en usage dans quelques expressions vulgaires, telles qu'en *flagrant délit*, en *flagrant mensonge*, pour signifier *actuel*, dans la chaleur de l'action.

FLAMBOIANT, adj., qui signifie qui jette des flammes. On appelle *Flamboïante*, s. f., une espece de fusée, dont le cartouche est couvert de matiere enflammée, qui s'étend jusqu'au feu de la queue.

FLANELLE, s. f. Etoffe de laine, qui est une espece de Moëlton. On appelle *Flanelles*, dans les Manufactures de Glace, les Etoffes peu serrées, de quelque espece qu'elles soient, au travers desquelles se filtre le vif argent qui coule de dessous les Glaces étamées, & qui servent à le purifier.

FLATUOSITE', s. f. lat. On donne ce nom, d'après les Médecins, à des vents qui se forment, ou qui se trouvent resserrés, dans le corps, qui se rendent par haut, ou par bas, ou qui produisent dans les intestins une sorte de mouvement & de bruit qu'on appelle *Borborygme*. *Flatueux* est l'adjectif.

FLETRIR, v. act. Altérer, corrompre, diminuer la force, ou la vivacité naturelle d'une chose. Il se dit particuliérement des couleurs. Dans le sens Moral, *flétrir* l'honneur, ou la réputation, de quelqu'un, c'est lui donner atteinte, la noircir. *Fletri*, adj., se prend pour deshonoré, & *Fletrissure*, s. f. pour tache qui deshonore. *Fletri* se dit aussi, pour abbatu par l'affliction, ou par la maladie.

FLEURE'E, s. f. Nom d'une Drogue qui sert à teindre en blanc, & qui est une espece de Pastel, qu'on nomme *Guesde*, dans quelques Provinces. Il y a aussi une espece moïenne d'Indigo ; qui s'appelle *Flemées*, ou *Florée*.

FLEURETIS, s. m. Terme de Musique d'Eglise, qui se dit de certains accords, inventés sur le champ, que les Musiciens font particuliérement sur la basse.

FLEURETTES, s. f. *Conter Fleurettes*. Vieux terme de galanterie, qui signifie parler d'amour à une Fille, lui tenir des discours galans. On le fait venir d'une ancienne Monnoie de France, sur laquelle il y avoit de petites fleurs, & que cette raison faisoit nommer *Fleurette* ; & comme rien n'est si persuasif que l'argent, le moïen le plus sûr pour se faire écouter étoit d'offrir des pieces de cette monnoie. Mais, dans cette supposition, il faudroit écrire *compter fleurettes*. L'origine la plus simple est celle qui fait regarder *fleurettes* comme un diminutif de *fleurs*, dans le même sens qu'on dit des fleurs de rhetorique.

FLEURIR, v. n. Pousser, jetter, des fleurs. Il s'emploie, dans le Figuré, pour, être dans un état brillant de fortune, d'opulence, de réputation, &c. Mais, dans ce sens, *Fleu* se change en *Flo*, à l'imparfait & au participe actif. Il florissoit dans tel siécle. Une fortune, une santé, *florissante*. On dit aussi *Floraison*, pour signifier la formation des fleurs, & le tems où elles se forment.

FLEXION, s. f. lat. Action de fléchir, c'est-à-dire, de plier, ou de tourner. *Flexible* se dit de ce qui est disposé à fléchir, & *flexibilité*, s. f., signifie cette disposition.

FLIN, s. m. Espece de pierre dont les Armuriers se servent pour fourbir les épées. Viendroit il du mot Anglois *Flint*, qui signifie *caillou*?

FLORCAL D'ÉTÉ, s. m. Nom d'une espece de Poire, qui s'appelle vulgairement *Mouille-bouche*.

FLORETONNES, s. f. Nom qu'on donne à certaines laines d'Espagne, entre lesquelles celles de Segovie sont les plus estimées.

FLOTTILLES, s. f. On appelle *Flotilles*, les Escadres que l'Espagne envoie dans les Ports de l'Amérique; & *Flotilles*, ceux qui font le commerce par les *Flotilles*, pour les distinguer des *Galionistes*, qui le font par les *Galions*.

FLUEUR, s. f. lat. Terme de Naturaliste, par lequel on exprime certaines matieres, qui tiennent le milieu entre les terres & les sels; telles que les terres, les tufs, le talc, &c. On les nomme *Flueurs crystallines*, du verbe latin, qui signifie couler, parce qu'elles se forment par la crystallisation de certaines liqueurs qui coulent au travers des terres & des pierres.

FLUIDE, s. & adj. l., qui signifie, qui coule, qui est de nature à couler. *Fluidité*, s. f., signifie la qualité qui rend une chose propre à couler.

FLUXION, s. f. Terme d'Analyse. Les Anglois, après *Newton*, appellent *fluxions*, les infinitésimes, ou les différences infiniment petites de deux quantités, parce qu'ils les considerent comme des accroissemens momentanés des quantités, & que la ligne, par exemple, est la *fluxion* du Point; la surface, la *fluxion* de la Ligne; & le solide, la *fluxion* de la surface. Ce qu'ils appellent *fluxion*, nous l'appellons infiniment petit, ou calcul différentiel, après *Leibnitz*, qui est parvenu à cette méthode par les différences

des nombres, comme *Newton*, par des *fluxions* de Lignes. *Voiez* CALCUL DIFFERENTIEL.

FOI, s. f. Divinité Païenne. Les Anciens representoient ordinairement la *Foi*, sous la forme d'une Femme qui tendoit la main. Cependant, sur les Médailles de plusieurs Empereurs, elle est designée par une Femme debout, qui tient de la main droite des Epis, & de la gauche, un petit plat de fruits. On appelle *Ligne de foi*, en termes d'Optique, la Ligne qui, partant du centre de l'Objet, tombe perpendiculairement sur le centre du verre de la lunette. Il se dit aussi des Pinnules, dans un instrument qui en a au lieu de lunette. Les Horlogers ont aussi leur *ligne de foi*, ou *fiducielle*.

FOIBLIR, v. n. Vieux mot, qui s'est remis en usage, pour mollir, se relâcher.

FOIT DE MAT, s. m. Terme de Marine, qui signifie une grande longueur de mât.

FOLIÉ, adj. lat. Terme de Chymie, qui signifie réduit, ou préparé, en petites feuilles. Le *Tartre folié* est du Tartre, auquel le vinaigre distillé fait prendre cette forme.

FOLIO, s. m. lat. Terme de Librairie, qui se dit des Livres imprimés dans toute la grandeur des feuilles. On y joint ordinairement *in*. C'est un *In-folio*. *Folio recto*, *Folio verso*, sont deux autres expressions en usage pour signifier la premiere & la seconde page d'un feuillet, c'est-à-dire, le devant & le derriere. On se contente même de dire, *recto*, ou *verso*, en sous-entendant *folio*.

FOLLE-FEMME, s. f. Nom qu'on donnoit autrefois, dans notre langue, aux Femmes de mauvaise vie, aux Courtisanes.

FONCÉ, adj., formé de fond. Il se dit des couleurs, pour *sombre*. En termes de Fabrique, *foncer la soie*, c'est la faire baisser, après qu'elle a été levée, pour y lancer la navette.

FONDANT, s. m., qui se dit de toute matiere qui peut en fondre une autre. Quelques-uns l'emploient même dans le sens figuré; comme dans cet exemple ; nous avons un *Fondant* pour les Femmes, c'est-à-dire, une disposition à nous attendrir pour elles.

FONDRE, v. act., qui se prend, dans le Figuré, pour *mêler*. On dit des couleurs bien fondues. Il se prend aussi pour, se défaire de quelque chose, ou lui faire changer de nature ; c'est ainsi qu'on dit fondre des Billets, des Actions, pour, en faire de l'argent comptant. Il se prend pour distribuer les parties d'une chose dans une autre, comme fondre un Ouvrage d'esprit, ou des Notes, dans un autre Ouvrage, ce qui signifie les y faire entrer, les y joindre.

FONGER, v. n. lat., qui se dit du Papier que l'encre transperce ; c'est ce qui s'appelle vulgairement *boire*. Ce mot est formé, par Analogie d'effet, du mot latin, qui signifie *Champignon*.

FONGUS, s. m. Terme latin, adopté en françois pour signifier une excrescence de chair, qui est de la nature du *Champignon*. Il est indéclinable. On en a fait l'adjectif *fongueux*. Les Botanistes nomment aussi *Fungus*, les Champignons de Mer. *Fongite*, s. f., est le nom d'une Pierre figurée, de substance dure, & de couleur jaune, dont les raies imitent celles du Champignon.

FONTANETTE, s. f. Diminutif de Fontaine. Nom d'un petit ulcere, qu'on se fait faire en divers endroits du corps, pour l'écoulement des humeurs, & qu'on nomme autrement *Cautere*.

FONTE DE COULEURS. *Voïez* FONDRE. La *Fonte* de Bourre est une opération de Teinture, par laquelle on fait bouillir la Bourre dans une dissolution de cendres gravelées, faite par l'urine. Elle s'y fond si parfaitement qu'il n'en reste pas la moindre fibre. Les *fontes* de selle sont de faux fourreaux de cuir fort, attachés à l'arçon, où l'on met les Pistolets. En termes d'Imprimeurs, on appelle *fontes hautes*, celles qui excedent la hauteur, en papier, commune aux caracteres d'Imprimerie,

qui est de dix lignes & demie.

FONTEVRAULT, s. m. Ordre Religieux, fondé vers la fin de l'onziéme siécle, par Robert d'*Arbrissel*, sous la régle de Saint Augustin. La singularité de cet institut consiste non-seulement en ce qu'il y avoit des Hommes & des Femmes dans le même Monastere, mais encore plus, dans la supériorité qu'il donne aux Femmes, sur les Hommes ; pour honorer, dit-on, l'état de Notre-Seigneur, qui passa trente ans sous l'empire de la Sainte Vierge.

FOQUE, s. f. Nom d'une Voile de Mer à trois points, qui se met quelquefois en avant d'une autre voile, lorsque le vent est foible. *Foque de Misene*, *Foque de Beaupré*.

FORCLUSION, s. f. Terme de Droit, qui se dit pour exclusion. *Forclure* est un vieux mot, qui a signifié, chasser, exclure.

FORFAITURE, s. f. Terme de Droit, qui signifie faute, malversation, & qui est l'ancien substantif du verbe *forfaire*.

FORMALITÉ, s. f. lat. En termes d'Ecole, d'où ce mot est passé dans l'usage commun, c'est une vertu, une qualité, d'un Etre naturel, prise abstractivement. Vivant, sensible, raisonnable, sont des formalités de l'Homme. En général, *formalité* se dit de tout ce qui appartient à la forme des choses & des manieres.

FORMAT, s. m. Terme de Librairie, qui signifie la forme dans laquelle un Livre est imprimé ; ce qui comprend la grandeur du Volume, celle de la marge, & l'espece du caractere.

FORTUIT, adj. 1., qui signifie ce qui arrive au hazard, c'est-à-dire, sans avoir été prévû, ou sans qu'on en connoisse la cause. On appelle *Fortuites*, s. f., certaines Loix, non indiquées, sur lesquelles ceux qui se présentent pour quelque Emploi de Judicature sont interrogés. Ce sont des questions faites comme au hazard, auxquelles le Récipiendaire ne peut être particuliérement préparé.

FORTUNE, s. f. Mot tiré du latin, qui signifie *hazard*. Les Anciens représentoient representoient la *fortune*, sous la forme d'une Femme, tantôt assise, & tantôt debout, tenant un Gouvernail, avec une Roue à côté d'elle, pour marquer son inconstance ; & dans sa main une Corne d'aboundance.

POTTE, s. f. Espece de toile de Coton à Carreaux, qui vient des Indes, particuliérement du Bengale.

FOU, *Ordre des Foux*. Un Comté de Cleves institua, en 1380, l'*Ordre des Foux*, composé de trente-cinq Seigneurs, qui devoient porter des habits fort bisarres, des sonnettes d'or, &c. Cette institution avoit beaucoup de rapport au Régiment de la Calotte.

POULART, s. m. Nom d'un Taffetas des Indes Orientales, peint ordinairement en Mosaïque, pour faire des mouchoirs & des robbes.

FOURMILLER, v. n., formé de Fourmi, pour exprimer le mouvement & la multitude de diverses sortes de petits Animaux. Ainsi, l'on dit fort bien que les vers fourmillent dans un Fromage : ce qui est néanmoins aussi bisarre, que de dire, comme on le dit aussi, être à Cheval sur un Ane. Les Médecins nomment *fourmillant*, un poulx inégal, foible, bas, dont le mouvement a quelque ressemblance avec celui d'une Fourmi, qui marche. *Fourmillement*, s. m., se prend aussi pour un petit mouvement irrégulier des parties, entre elles.

FOURNISSEMENT, s. f. Terme de Commerce, qui se dit du fond que chaque Associé doit mettre dans une Société. Un compte de *fournissement*, c'est-à-dire, de ce que chacun s'est engagé à fournir pour sa part.

FRACTION DU PAIN, s. f. Terme ecclésiastique, pour signifier l'ancienne Communion des Fidéles.

FRAGMENT, s. m. lat. Partie rompue de quelque chose. En termes de Littérature, on nomme *fragment*, non-seulement un morceau détaché d'un Ouvrage, mais une partie de quelque Ouvrage qui n'est point achevé.

FRANCATU, s. f. Espece de Pomme, rouge d'un côté, & jaunâtre de l'au-

Supplém.

tre, qui se conserve fort long-tems.

FRANCISER, v. act. Terme qui s'est mis en usage, pour signifier *rendre françois*, comme on dit depuis long-tems *latiniser*. Francisé se dit aussi pour, formé aux manieres, & aux modes, *françoises*. On peut observer, à cette occasion, que le nom propre *François* ne signifie, en latin, comme dans notre Langue, que né, ou habitué, en France. C'est par corruption qu'on a dit *Franciscus* au lieu de *Francicus*. S. François d'Assise s'appelloit *Jean*, & ne fut nommé *Franciscus*, pour *Francicus*, en mauvais latin du tems, qu'après un voyage qu'il avoit fait en France, & qui lui fit donner ce nom.

FRANGUIS, s. m. Nom que la plûpart des Orientaux donnent aux Peuples de l'Europe. La Langue qu'on nomme *Franca*, ou *Franque*, est un Jargon composé de diverses Langues, telles que le François, l'Italien, l'Espagnol, &c., qui est en usage entre les Gens de Marine de la Méditerranée & les Marchands qui vont négocier au Levant, & qui se fait entendre de toutes les Nations.

FRASER, v. act. *Fraser de la pâte*, c'est la pastrir avec les poings, de droite à gauche. *Contrefraser*, c'est la pastrir du sens opposé.

FRASQUE, s. f. Terme vulgaire, qui se dit pour *action peu mesurée* & *chocquante*, à laquelle on ne s'attend point de la part de celui qui la fait.

FRATERNISER, v. n., formé du mot latin, qui signifie *Frere*. C'est agir, ou se lier, avec quelqu'un, comme on le fait entre des Freres. *Fraternité*, s. f., se dit d'une liaison étroite, qui représente celle de la nature.

FREGATE, s. f. Insecte de Mer, de la grosseur d'un œuf de Poule, & de la forme d'une Barque. Elle est toujours sur l'eau, & s'y soutient par une espece de petite voile, couleur de pourpre. On prétend qu'elle envenime la main, quand on y touche.

FREQUENCE, s. f. Mot latin, nouvellement introduit dans l'usage commun, & que son utilité doit faire conserver, pour signifier la réitération, ou la succession nombreuse, de certaines choses. La *fréquence* des visites, des occasions, &c. Les Médecins disent, depuis longtems, la *fréquence* du pouls, ou la *fréquence* de ses battemens, pour dire la *vitesse*.

PRESQUE. *Voïez* FRAISQUE.

FREY-MAÇON. Terme Anglois, qui signifie *Franc-Maçon*, ou *Maçon libre*, & qui est le nom d'une Confrairie fort ancienne, entre des Gens de toutes sortes de rangs & de Professions, dont le principal caractere est un secret inviolable sur le fond de leurs engagemens. Ils font profession d'ailleurs d'aimer toutes les vertus Chrétiennes & Morales. Cette Société, qui jouïssoit d'une sorte de considération en Angleterre, n'a pas peu perdu à s'étendre hors des bornes de cette Isle.

FRIGIDITÉ, s. f. lat. Terme de Jurisprudence, pour signifier l'état d'un Homme impuissant, c'est-à-dire, incapable de génération, par froideur, ou par foiblesse, de tempérament.

FRIPON, s. m. & adj. On ne s'arrête à ce mot, que pour observer qu'en qualité d'adjectif, il ne s'emploie gueres que dans les exemples suivans, un air *fripon*, un œil *fripon*, pour dire, un air, un œil, enjoué, coquet. On appelle *friponnes*, de petites Boëtes de Sapin, plattes & rondes, remplies de gelée de Coing, qu'on nomme Cotignac, & dont la plûpart viennent d'Orléans.

FRITELAIRE, s. f. Plante qui n'a que deux feuilles, pendantes du haut de sa tige, en forme de petites cloches. Elle fleurit au mois de Mars.

FRIVOLE, adj. Leger, vain, de nulle importance. On en a fait le substantif *Frivolité*, qui n'a pas été mal reçu.

FROLER, v. act. Mot d'origine obscure, mais nécessaire, du moins dans l'usage familier, pour signifier, frotter, toucher légerement un corps, en passant auprès. *Frolement* est le substantif.

FRONDE, s. f. Nom qu'on donnoit au Parti des Parisiens, qui s'étoit formé, sous la minorité de Louis XIV, contre le Cardinal Mazarin. De-là *Frondeur*, qui signifioit un Homme de ce Parti, & qui s'est conservé pour signifier celui qui contredit, qui critique, qui trouve toujours quelque chose à reprendre.

FRONTAL, adj. Terme d'Anatomie, qui se dit de ce qui appartient au Front. Les muscles *frontaux*. Frontal, s. m., est le nom d'une espece de Bandage, qu'on applique sur le front, pour calmer les maux de tête, ou pour d'autres besoins.

FRONT-DE-BANDIERE, s. m. Vieux terme, qui se soutient encore. On dit qu'une Armée est campée en *front-de-bandiere*, lorsqu'elle campe en ligne, avec les Étendards & les Drapeaux à la tête des corps.

FROUER, v. n. Terme d'Oiseleur, qui signifie faire un certain sifflement, par lequel on imite le cri de la Chouette, pour attirer des Oiseaux. A la pipée, *on froue*, avant que de piper; parce que le Pipeau, qui donne un son plus aigu, n'est que pour appeller les Oiseaux éloignés.

FRUSTE, adj. Nom qu'on donne aux Coquillages, dont les stries, les canelures & les pointes sont usées.

FUGITIVES, adj. lat. Pieces fugitives. On donne ce nom à de petits Ouvrages d'esprit, qui, n'aïant point assez d'étendue pour former un Volume, sont exposés à périr, lorsqu'on ne prend pas la peine d'en former des Recueils.

FULIGINEUX, adj. lat. Ce qui est rempli, ce qui porte des marques, de fumée, ou d'autres vapeurs noires & épaisses.

FUMAGE, s. m. Nom d'une fausse couleur d'or, qu'on peut donner à l'argent filé & aux lames d'argent, en les exposant à la fumée & au parfum de certaines compositions. Cette méthode est défendue par les Ordonnances. *Fumer* l'argent, c'est lui donner le *fumage*.

FUNIN, s. m. lat. Nom de divers cordages d'un Vaisseau. Celui qui les fournit, ou qui les y met, se nomme *Funerri*. On appelle *Francfunin*, les gros cordages, composés de cinq torons, qui servent pour les plus rudes manœuvres.

FUREUR UTERINE, s. f. lat. Voïez UTERIN.

FURIE, s. f. Satins & Taffetas des Indes & de la Chine, peints dans ces Régions, ou imités en Europe, qui ont reçu ce nom des Européens, parce que les desseins en étoient extraordinaires, & contenoient quelquefois des figures fort bisarres.

FURLONG, s. m. Nom d'une mesure Angloise d'arpentage, souvent emploié dans les Voïageurs de cette Nation, qui contient quarante perches, chacune de seize piés & demi.

FUROLLES, s. f. pl. Nom vulgaire de certaines exhalaisons enflammées, qui paroissent quelquefois sur Terre & sur Mer. Voïez divers autres noms qu'on leur donne, tels que Castor & Pollux, Feu S. Elme, Feux follets, Flamborts, &c.

FUSAIN, s. m. Nom d'une Plante qui s'appelle aussi *Bonnet de Prêtre*, parce qu'elle porte un petit fruit membraneux, qui en a la figure.

FUTAILLE EN BOTTE, FUTAILLE MONTE'E. On donne le premier de ces deux noms, aux douves préparées, auxquelles il ne reste plus que des cerceaux à mettre, & le second aux *Futailles* reliées, qui ont leurs cerceaux & leurs barres.

FUTAINE. *Courir la futaine*. Expression proverbiale, qui se dit, pour, mener une vie oisive, vagabonde, passer le tems en promenades inutiles. On la fait venir d'un ancien usage de quelques Provinces, qui consistoit dans une course de plusieurs concurrens, pour un prix, qui étoit ordinairement une piece de *futaine*.

FUTILE, s. m. Terme d'Antiquaire, & nom d'un vase en forme de cône renversé, très large par le haut, pointu par le bas, dans lequel on mettoit l'eau, qui devoit servir à certains sacrifices. Il étoit de cette forme, afin qu'il ne pût être posé à terre.

FUTURITION, s. f. lat. Terme dogmatique, qui s'emploie pour, ce qui doit arriver, en conséquence de la prescience de Dieu.

G

G est le caractere distinctif de la Monnoie de Poitiers. Seule, elle signifie un gros, soit de Poids, ou de Monnoie.

GABELLUM, s. m. Mot purement latin, adopté, en France, pour signifier l'espace qui est entre les deux sourcils, & qui doit être sans poil. C'est ce qu'on nomme vulgairement *Faroupe*. Dans les idées populaires, le *gabellum* chargé de poil est la marque d'un méchant Homme, & fait une physionomie malheureuse. On a remarqué que *Voiture* & le *Maréchal de Turenne* avoient ce défaut; si ç'en est un.

GABRIEN, s. m. Terme Spagyrique, qui signifie le *Mari Philosophique*, c'est-à-dire, le souffre des Philosophes, dont la Femme est nommée *Brya*, c'est-à-dire, *Eau mercurielle*.

GACHER, v. act. En termes vulgaires, *Gâcher* se dit pour donner à vil prix, prodiguer sa marchandise, la mettre comme à l'abandon.

GAGES, s. m. *Casser aux Gages* est une expression vulgaire, pour, ôter à quelqu'un son emploi & les appointemens qui y sont attachés. *Gagiste* se dit de tous ceux qui reçoivent des Gages, c'est-à-dire, un paiement régulier, pour rendre quelque service; mais il s'applique particulièrement aux Valets des Salles de Comédie.

GAGNE-DENIER, s. m. Nom d'une sorte de Profession, qui consiste à faire des commissions pour le service d'autrui, avec une certaine rétribution, qui, lorsqu'il est question d'affaires pécuniaires, est ordinairement d'un denier par livre. Les *Gagne-deniers* sont une espece de Facteurs. On appelle *Gagne-petit*, non-seulement un pauvre garçon Coutelier, qui se promene avec sa meule, mais la meule même & tout son attirail.

GAILLARDE, s. f. Nom d'une ancienne danse Françoise, & celui d'un air particulier de Musique. Le Pas de danse, qu'on nomme Pas de gaillarde, est composé d'un assemblé, d'un Pas marché, & d'un Pas tombé.

GALACTOPHORE, adj. gr., qui signifie, ce qui *porte du lait*. Il se dit non-seulement des vaisseaux qui portent le lait aux mammelles, mais encore des médicamens qui sont propres à l'augmenter.

GALAXIE, s. f. gr. Nom qu'on donne à la trace blanche & lumineuse, qu'on remarque au Ciel, dans les nuits claires & sereines, & qui se nomme autrement *Voie lactée*. C'est un composé de quantité d'Etoiles.

GALEANTHROPIE, s. f. gr. Maladie, ou délire mélancolique, qui consiste à croire qu'on est métamorphosé en *Chat*.

GALEGUE, s. f. Plante dont les feuilles ressemblent à celles de la Vesce, & que les Italiens mangent en salade. On lui attribue des vertus contre le mauvais air, l'Epilepsie, les Vers, surtout lorsqu'elle est prise en décoction.

GALERICULE, s. m. Nom d'un tour de cheveux, ou d'une espece de petite Perruque, dont les Dames Romaines se servoient, & qu'on remarque encore sur plusieurs Médailles.

GALIA, s. m. Composition médecinale, dont on distingue deux sortes; le pur & l'aromatique. Il est composé de Noix de galle, de Dattes vertes, & de Myrobolans.

GALIOTTE, s. f. Nom qu'on donne à de simples Bateaux, qui servent à voïager sur les Rivieres. Ils sont longs, & couverts de planches qui forment un toît plat.

GALLICAN, adj., qui signifie proprement ce qui appartient à la *Gaule*. Il n'est gueres d'usage qu'en termes ecclésiastiques. L'Eglise *Gallicane*, c'est-à-dire, l'Eglise de France, qui renferme la plus grande partie de l'ancienne Gaule. *Voïez* LIBERTÉ.

GALLINAPANE, s. f. Nom d'un Oiseau de l'Amerique Méridionale, qui ressemble beaucoup au Coq d'Inde.

GALLIUM, s. m. Plante commune dans les Prés & dans les Haies, dont la poudre est excellente pour les hémorrhagies. On en distingue deux, dont l'une porte des fleurs blanches, & l'autre de jaunes. Celle-ci, qu'on nomme vulgairement *Petit muguet*, fait cailler le lait. L'autre s'appelle *Petite garance*.

GAMAHE' ou GAMAHEU, s. m. Espece de Talisman, qui consiste dans des Images, ou des caracteres, naturellement gravés sur certaines pierres, auxquels la supperstition a fait attribuer de grandes vertus, parce qu'elle les croit produits par l'influence du Ciel.

GAMBADE, s. f. *Païer en gambade*, ou *en monnoie de Singe*. Il nous reste un tarif de Saint Louis, dont un article porte ,, que si un ,, Jongleur apporte un Singe, à Pa- ,, ris, il en jouera devant le Péager, ,, ce qui l'acquittera du Péage. De-là le Proverbe.

GAMBIT, s. m. Ital. Terme du Jeu d'Echecs, qui se dit d'une maniere de jouer, suivant laquelle on avance successivement deux Pions, de deux Cases, dans les deux premiers coups. Il y a plusieurs manieres de jouer le *Gambit*.

GAMELLE, s. f. Nom que les Soldats & les Matelots donnent à un grand vaisseau de bois dans lequel ils mangent leur soupe, & qu'on fait venir de *Camella*, nom latin d'un ancien vase, ou d'un panier d'osier fort serré.

GAMMAROLITHE, s. f. gr. Nom d'une pierre figurée, couleur de cendre, & de la nature du Talc.

GAMME, s. f. Nom qu'on donne, en Musique, aux sept degrés successifs de la voix naturelle, par lesquels on monte au son aigu & l'on descend au grave. Ce nom est celui de la troisième lettre de l'Alphabet grec, qui sert aussi à désigner les différens sons de la *Gamme*, & pour marquer le ton dans lequel un air est composé. *A*, *mi la*, *B*, *fa si*, *D*, *la re*, *E*, *si mi*, *F*, *ut fa*, *G*, *re sol*, sont, dans ce sens, ce qu'on nomme la *Gamme*. C'est la derniere syllabe qui désigne le ton, ou la note finale de l'air; & la syllabe pénultiéme désigne la quinte de la finale. Les Instrumens, pour s'accorder, prennent le ton d'*A mi la*, par la seule raison qu'il se trouve le premier. La *Gamme* fut inventée par *Gui d'Areze*, Moine Toscan.

GANDASTROS ou GARAMANTITE, s. f. Pierre précieuse, de couleur obscure au dehors, mais raïonnante & transparente en dedans, & marquetée en plusieurs endroits de taches dorées. Elle se trouve au Païs des Garamantes, en Ethiopie, & dans l'Isle de Ceylan.

GARBE, s. m. *Voïez* GABARIT, qui a la même signification. Il paroît que *Garbe* se dit particuliérement sur la Méditerranée, & qu'il est emprunté de l'Italien.

GARDE-NOBLE, s. f. Tutele d'un Enfant noble. La *Garde-noble* & la Roturiere ont été formées sur la puissance Paternelle. On appelle *Garde roïale*, pour les Pupiles, une dépendance de la Souveraineté du Roi; & *Garde seigneuriale*, une autre dépendance du Seigneur, dont releve un Fief.

GARNISON, s. f., qui ne se dit, dans l'usage propre, que des troupes qui gardent une Ville de Guerre. On l'emploie néanmoins, pour signifier les Sergens & les Archers, qui gardent une Maison saisie, en vertu de quelque Arrêt de Justice.

GARUNILLE, s. f. Drogue qui sert à la teinture en fauve, & qui vient de Provence, de Languedoc & de Roussillon. Elle s'emploie aussi pour le gris de rat.

GASPAROT, s. m. Espece de Hareng, qu'on sale pour l'Hiver, mais qui est moins bon que le Hareng ordinaire.

GASPILLER, v. act. Terme vulgaire, qui signifie bouleverser, mettre en desordre, gâter, ou prodiguer, emploïer mal-à-propos.

GAUCHIR, v. n., formé de gauche. Il se dit pour biaiser, changer de direction, soit à droite ou à gauche. *Gauchissement* est le substantif.

GAVETTES, s. f. Ouvrages d'argent, ou d'argent doré, que font les Tireurs & Ecacheurs d'or & d'argent. Les *Gavettes* sont du nombre des marchandises qu'il est défendu d'apporter, en France, des Païs étrangers.

GAULE, s. f. Ancien nom d'une grande partie de l'Europe, qui porte aujourd'hui le nom de France. Ses divisions n'appartiennent point à cet ouvrage: mais on peut observer que la *Gaule* a pour symbole, sur les Médailles, une espece de Javelot, & qu'elle est vêtue d'une saie, ou habit militaire, assez semblable au Juste-au-corps qu'on porte aujourd'hui.

GAZOILLE, s. f. Contrat de Gazoille. Nom d'un accord qui se fait pour le louage du Betail de labourage, & qui s'appelle, dans quelques Provinces, Contrat d'*Arreges*. On y met quelquefois des conditions, qui le rendent usuraire.

GAZOUILLER, v. n. Terme vulgaire, lorsqu'il s'emploie pour mal parler, articuler mal ses paroles; mais qui prend une signification plus noble, pour exprimer un agréable bruit de l'eau, & le chant même des Oiseaux. *Gazouillement* est le substantif.

GEINBRIAL, s. m. Nom d'une sorte de Lacque.

GELASIE, s. f. Nom qu'on a donné à l'une des trois graces de la Fable. C'est, suivant la signification du mot grec, celle qui présidoit particuliérement aux charmes du sourire.

GELBE, s. m. Marcassite de Hongrie, dans laquelle il se trouve souvent des parties d'argent; ce qui a fait quelquefois donner ce nom à la Pierre Philosophale.

GEMINE', adj. tiré du latin. On appelle *Lettres geminées*, les redublications des Lettres qui se trouvent dans les anciens Monumens; comme *Coss*, qui signifie les deux Consuls, *Augg.* & *Impp.*, pour deux Empereurs & deux Augustes.

S'il y en avoit trois, on triploit les Lettres.

GEMME. *Sel Gemme.* On donne ce nom au Sel en Pierre, qui se tire des Salines & des Mines de sel, du mot latin, qui signifie Pierre précieuse, parce qu'il est transparent. Les Marchands Epiciers Droguistes en font le trafic, à Paris, pour l'usage des Teinturiers.

GENDARME, s. m. Ancien mot, qui signifie, en général, un Cavalier pesamment armé. On a nommé particuliérement *Gendarmes*, sous *Henri* IV & *Louis* XIII, une Cavalerie qui portoit des greves, ou des genouillères dans la botte, une cuirasse à l'épreuve, une escopete, des pistolets à l'arçon, & l'estic, ou l'épée longue sans tranchant. Les Chevaux étoient armés de chanfrain & d'écusson devant le poitrail. Aujourd'hui, c'est un corps de Cavalerie distinguée, dont les Compagnies ont pour Capitaine, le Roi, la Reine, & les Princes de qui elles portent le nom, & qu'on nomme autrement *la Gendarmerie*. On appelle *Gendarmes de la garde*, une Compagnie de Cavalerie de la Maison du Roi, qui fait son service à la Cour par quartier. En termes de Jouaillier, on nomme *Gendarmes*, certains points qui se trouvent quelquefois dans les Diamans, & qui en diminuent l'éclat & le prix. Les Bluettes qui sortent du feu, & les petites parties de lie qui se trouvent quelquefois dans le vin, se nomment aussi *Gendarmes*.

GENEQUIN, s. m. Nom d'une sorte de coton filé, dont on fait peu de cas.

GENERALITÉ, s. f. Nom d'une certaine division du Roïaume de France, établie pour faciliter la levée des Impôts & de tout ce qui a rapport aux Finances. Chaque *Généralité* est subdivisée en Elections. Elle a un Tribunal, qui se nomme *Bureau des Finances*, ordinairement composé d'un Président & de vingt-trois Conseillers, qu'on appelle Tresoriers de France, d'un Avocat & d'un Procureur du Roi. C'est le Bureau des Finances qui fait la répartition de l'état des Tailles, sur les Elections de son District, & les Elections la font sur les Paroisses. Il y a vingt-quatre *Généralités* dans le Roïaume. Elles se nommoient autrefois *M ssies*.

GENERATEUR, s. m., qui se dit, en Géométrie, des lignes, ou des figures, dont le mouvement forme des plans, ou des solides. Un Point qui se meut est le *générateur* d'une Ligne. Une Ligne droite, qui se meut parallellement à elle-même, est la *generatrice* d'une surface. Un cercle, qui fait une révolution sur son axe, est le *générateur* d'un Globe. Un triangle, tournant autour d'une Perpendiculaire, est le *générateur* du cône, &c.

GENESTRALE, s. m. Arbrisseau, dont la tige se divise en plusieurs rameaux, qui jettent de petites verges semblables au Jonc. Ses fleurs sont jaunes & sans odeur. On en distingue une autre espece, beaucoup plus grande, dont les fleurs sont blanches. Le *genestrale* croît dans les Païs chauds, surtout en Espagne. Ses fleurs, & son fruit, qui sont de petites Capsules, dont chacune contient une petite semence dure & noire, passent pour un violent purgatif.

GENETTE, s. f. Nom d'une espece de Chats sauvages d'Espagne, qui habite les lieux aquatiques; & dont la fourrure est estimée. On vante sa graisse pour les maladies des nerfs. Charles *Martel* créa seize Chevaliers de la *Genette*, après avoir vaincu *Abderame*, parce qu'on trouva, dans le butin, un grand nombre de fourrures de *Genettes*.

GENEVRETTE, s. f. Espece de vin, agréable & salutaire, qui se fait en mettant infuser, pendant un mois, six boisseaux de graines de Genievre, & trois ou quatre poignées d'Absinthe, pour cent Pintes d'eau. On le tire ensuite au clair. Il se perfectionne en vieillissant.

GENIOGLOSSE, s. & adj. gr. Nom de deux muscles externes de la langue, qui servent à ses mouvemens.

GENRE, s. m. En langage Philosophique, le *genre* est ce qui est commun à plusieurs especes, & qui en renferme, par conséquent, plusieurs. Le *genre* suprême est l'Etre. Une définition doit être composée du *genre* prochain & de la différence spéciale.

GENS DU ROI, s. m. On donne ce nom aux Procureurs Généraux, aux Avocats Généraux, aux Avocats & Procureurs du Roi, parce que leur fonction principale est de prendre connoissance des affaires où le Roi est interessé.

GENTILE', s. m. Mot purement latin, qui est passé en françois, pour exprimer les noms par lesquels on fait connoître le Roïaume, la Province, & la Ville, où quelqu'un a pris naissance; comme on peut dire, Je suis François, Normand, & Rouennois. C'est ce qu'on appelle aussi les noms *Ethniques*.

GENTILHOMME DE LA CHAMBRE, s. m. On donne le titre de *Premiers Gentilshommes de la Chambre*, à quatre Seigneurs, qui servent, auprès du Roi, par quartier. Leur office est de servir Sa Majesté, lorsqu'elle mange dans la Chambre; de lui donner la chemise, en l'absence des Princes du Sang & du premier Chambellan; de donner, à l'Huissier, l'ordre des personnes qui doivent entrer, &c. On nomme *Gentilshommes ordinaires*, quarante-huit Gentilshommes, qui servent aussi par quartier, auprès de la Personne du Roi, pour recevoir & porter ses Ordres. Ceux, qu'on appelle *Gentilshommes au Bec de Corbin*, sont au nombre de deux cens, qui marchent, aux jours de cérémonie, deux à deux devant le Roi. Les *Gentilshommes d'artillerie* sont des Officiers qui n'ont pas d'autre emploi que de garder les pieces, d'empêcher qu'elles ne s'alterent, & de hâter l'ouvrage des Canoniers. On les nomme *Gentilshommes du premier, du second, du troisième rang*, suivant la Classe du canon qu'ils gouvernent.

GÉOGRAPHIQUE, s. f. Nom d'une espece de Coquillage marin, dont les traits ressemblent à ceux d'une Carte de Géographie.

GEORGES. *Ordre de Saint Georges*. Il y a plusieurs Ordres militaires de ce nom. Celui qui se nomme autrement, Ordre de Rougemont au de Franche Comté, fut institué, vers 1400, par un Gentilhomme Bourguignon, de la Maison de Miolans. Un autre doit sa création à l'Empereur *Frédéric* III, vers 1468; un autre à Charles-Albert *de Baviere*, en 1728, &c. L'Ordre Anglois de la Jarretiere, qui se nomme aussi de *Saint Georges*, porte une Image de ce Saint, enchassée dans un cercle d'or garni de Diamans, & attachée à un cordon bleu, qu'on passe, en forme d'écharpe, de l'épaule gauche à la hanche droite.

GERBER, v. n. Terme d'Art formé de *gerbe*, pour signifier l'effet des Bombes, des Feux d'artifice, & des Jets d'eau, qui representent, dans leur mouvement, la forme d'une *gerbe*.

GERBO, s. m. Liévre de Barbarie, qui a les jambes de derriere extrêmement longues, & celles de devant fort courtes. Les premieres lui servent à marcher, & les autres à prendre, comme d'une espece de main, ce qu'on lui presente. Sa queue est fort longue, & tachetée de blanc & de noir par le bout.

GERCE', adj., qui signifie ce qui se fend, qui s'entr'ouvre, comme il arrive au bois. Des levres *gercées* par le froid, ou par un excès de chaleur; car le mal peut venir de ces deux causes. On dit aussi, du fer *gercé*, lorsqu'il s'y trouve de petites fentes en travers. *Gerçure* est le substantif. On ne s'accorde pas sur son origine.

GERMAINS, s. m. lat. Dans le Droit Romain, on appelle *Germains*, ou *Freres germains*, des Freres de Pere & de Mere, des Enfans du même lit; à la différence des *Freres Consanguins*, qui sont des Enfans de différent lit, c'est-à-dire, qui ont le même Pere, mais non pas la même Mere. Aujourd'hui, l'usage de *Germain* est réduit aux premiers Cousins, c'est-à-dire, au degré de Parenté, qui est entre les Neveux des Freres & des Sœurs. On donne quelquefois, aux Allemands, le nom de *Germains*, de l'ancien nom de Païs, qui étoit *la Germanie*. *Germanisé*, adj., se dit d'un Etranger qui a pris les goûts & les manieres d'Allemagne ; comme latinisé, francisé, &c.

GEROCOMIE, s. f. gr. Partie de la Médecine, qui prescrit, aux Vieillards, un régime convenable à leur âge.

GESTATION, s. f. lat. L'action de se faire porter. C'étoit un exercice fort en usage dans l'ancienne Rome, & pour lequel on avoit, dans les grandes Maisons, de longs espaces couverts, où le mauvais tems ne pouvoit interrompre cette salutaire partie de la Gymnastique.

GEUM, s. m. Plante détersive & vulnéraire, des Montagnes & des Bois, qui pousse, à la hauteur d'un pié, des tiges vertes & velues. Ses feuilles sont larges, rondes, grosses, velues, dentelées & d'un goût âcre. Ses fleurs sont disposées en Rose, blanches, & marquetées de plusieurs petits points rouges.

GHAN, s. m. Nom qu'on donne, en Moscovie, à cette sorte d'Hôtelleries, qui se nomment Caravanseras dans les Païs Orientaux.

GIBECIER, s. m. Nom des Artisans qui font des Gibecieres. Paris en a une Communauté, qui se qualifient de Maîtres *Boursiers* & *Gibeciers*. On fait venir la *Gibeciere* des Chasseurs de Gibier, & celle des Charlatans, de deux mots Allemands du même son, qui signifient cacher des Gobelets.

GIBERNE, s. f. Nom d'une espece de sac, dans lequel les Grenadiers mettent & portent des Grenades.

GIGANTESQUE, adject. *Voïez* GEANT.

GIGUE, s. f. Air de Musique, qui vient, dans ce sens, d'un mot Italien, qui est le nom d'un Instrument musical. D'autres le font venir d'une danse Angloise, composée de toutes sortes de pas, qui se danse sur la corde. L'air de *Gigue* est gai, vif, & de pleine mesure.

GILOTIN, s. m. Nom qu'on donne aux Ecoliers du College de Sainte Barbe, à Paris ; d'un Ecclé-siastique nommé *Gilot*, qui en a fait les réglemens. On y faisoit autrefois de très bonnes études, qui ont rendu ce nom célebre.

GINGIRAS, s. m. Nom d'une Etoffe de soie des Indes Orientales, large de deux tiers. La longueur des pieces est de neuf aunes & demie.

GINGRINE, s. f. Nom d'une Flute des Anciens, qui étoit fort courte, mais dont le son avoit beaucoup d'agrément.

GING-SENG, s. m. Racine célebre par ses vertus & par le cas qu'on en fait à la Chine, où elle se vend son poids d'or. On a cru qu'elle ne se trouvoit qu'en Tartarie, mais on en a découvert au Canada, & les Hollandois en ont planté au Cap de Bonne-Espérance. On prétend que le bon *Ging-Seng* rétablit les forces les plus épuisées. Les Canadiens le nomment *Garent-Ogen*, ou *Auréliana*.

GINGUET, adj., qui signifie, en langage vulgaire, foible, mince, menu, de peu de force & de valeur.

GIONULLES, s. m. Fameux Volontaires des Armées Turques, dont le courage & la témérité vont jusqu'à la fureur. Aussi, fait-on venir leur nom d'un mot Turc, qui signifie impétuosité furieuse.

GIRAFLE, s. f. Animal des Indes Orientales, de la hauteur du Cheval, mais d'une taille plus déchargée, & plus basse sur le derriere. Son poil est blanc, un peu gris dans quelques endroits, & marqueté, par-tout, de grandes taches orangées.

GIREL, s. m. gr. Nom qu'on donne, sur la Méditerranée, à ce qu'on appelle, sur l'Ocean, *Cabestan*, & *Vireveau*, sur les Vaisseaux Marchands. Le haut de l'arbre de la roue des Potiers, sur lequel on place le morceau de Terre-glaise, pour en faire un Vase, se nomme *Girelle*.

GIVRE, s. f. Espece de Gelée blanche fort épaisse, qui s'attache aux branches des Arbres, & qui leur est pernicieuse.

GLABRE, adj. lat., qui signifie lisse, sans poil, & qui s'emploie, dans ce sens, en Botanique.

GLACE, s. f., qui se dit, au pluriel,

riel, pour des liqueurs *glacées*. *Glacial*, adj., se dit de ce qui est aussi froid que la *glace*.

GLANDE, s. f., qui se dit de certaines tumeurs accidentelles, qui se forment en quelques parties du corps. *Glanduleux*, adj., signifie ce qui tient de la *glande*, par sa nature, ou sa forme.

GLANIS, s. m. Grand Poisson de Rivieres, qui ne se trouve que dans les grands Fleuves, tels que le Danube. Il s'en trouve qui pesent jusqu'à deux cens livres. Sa chair est dure; mais elle se sale & se mange.

GLISSADE, s. f. Terme de Danse, qui est le nom d'une espece de coupé, qui ne se fait que pour aller de côté & sur la même ligne, soit à droite, ou à gauche. Le *glissé* est un autre pas fort lent, qui consiste à passer le pied doucement devant soi, en touchant le parquet très legerement.

GLOIRE, s. f. Nom qu'on donne au cercle de lumiere, qui se met autour de la tête des Saints, ou des Personnes illustres par leurs vertus. On donne aussi ce nom, en termes de Feux d'artifice, à un Soleil fixe d'une grandeur extraordinaire: nous en avons vû, dans ces derniers tems, de soixante piés de diametre.

GLOSE, s. f. gr. Nom qu'on donne à un Commentaire, qui explique le sens d'un Auteur. On en a fait aussi le nom d'une sorte de Poëme, que les François ont imité des Espagnols. *Gloser*, v. act., se dit pour, critiquer, reprendre.

GLOSSAIRE, s. m. gr. Nom d'une espece de Dictionnaires, qui contiennent un Recueil de termes difficiles, obscurs, ou barbares, accompagnés de leur *glose*, c'est-à-dire, de leur explication. Tels sont le *Glossaire* de *du Cange*, pour les mots qui viennent principalement de la basse latinité; le *Glossaire* alphabétique de la *Monnoie*, pour les mots Bourguignons, &c. Ceux qui rendent ce service au Public se nomment *Glossographes*.

GLOSSOPETRE, s. f. gr. ou *Langue de Pierre*. Nom de certaines Pierres figurées, qui représentent une Langue. La plûpart sont des Petrifications.

GLOUTERON, s. m. Nom d'une Plante, dont on distingue plusieurs especes. *Voïez* BARDANE, qui est le grand *glouteron*. Le petit en est différent par ses fleurs & ses fruits. La fleur est un bouquet à fleurons, semblables à de petites vessies. Les feuilles, beaucoup plus petites que celles de la Bardane, sont dentelées & d'un goût aromatique. Elle croît dans les terres grasses. Sa vertu est résolutive & digestive.

GLOUSSEMENT, s. m. Bruit sourd & plaintif que font les Poules prêtes à couver, & lorsqu'elles appellent leurs Poulets. *Glousser* est le verbe.

GLUTEN, s. m. Mot purement latin, qui se dit, en termes d'Histoire naturelle, pour *glue*. On appelle *Glutinatifs*, en termes de Médecine, des médicamens capables de rétablir les parties d'une plaie, dans leur union naturelle. *Glutinant* se dit pour visqueux, collant.

GLYPHE, s. m. gr. Terme d'Architecture, qui signifie généralement tout Canal creusé en rond, ou en anglet, qui sert d'ornement.

GLYPTOGRAPHIE, s. f. gr. Science, qui a pour objet la connoissance des Gravures, en creux & en relief, sur des Cornalines, des Jaspes, des Agathes, & d'autres Pierres précieuses, qu'on emploie pour des Bagues, des Cachets & d'autres ornemens.

GNOME, s. m. gr. Habitans imaginaires de l'intérieur du Globe terrestre, qui, dans le systême des Sylphes, président à tout ce que la terre renferme de précieux dans son sein.

GNOMIQUE, adj. gr., formé du mot qui signifie *Sentence*. On appelle *Poésie gnomique*, celle qui s'exerce à composer des Maximes, ou des Sentences, c'est-à-dire, à réduire en forme Poétique les principes & les devoirs les plus sérieux de la vie. Tels sont les fameux Quatrains de Pybrac.

GNOSTIQUES, s. m. gr. Anciens Hérétiques, qui s'attribuoient des lumieres extraordinaires, & qui n'étoient qu'une espece d'Illuminés, ou d'Enthousiastes, auxquels on a reproché les plus honteuses dissolutions. Ce mot, qui signifie *Savant*, est quelquefois pris en bonne part.

GO. TOUT DE GO. Expression proverbiale, à laquelle on fait signifier, tout d'un coup, sans façon, sans préparation; comme dans *aller tout de go*. Elle est prise des Anglois, auxquels on entend dire souvent *go*; parce que ce mot, dans leur langue, est un verbe qui signifie *aller*.

GOACONEZ, s. m. Grand Arbre de l'Amerique, d'où l'on tire une espece de Baume, qui porte le même nom.

GOBIN, s. m. Mot tiré de l'Italien, qui signifie bossu, & qui s'emploie dans le même sens, ou quelquefois seulement comme un terme de mépris. Un plaisant *Gobin*.

GODE, s. f. Oiseau de Mer, blanc & noir, dont le vol est d'une extrême rapidité.

GODENOT, s. m. Petit morceau de bois, qui se démonte à vis, en figure de Marmouset, dont les Joueurs de Gobelets se servent pour divertir le Peuple.

GOETIE, s. f. gr. Nom d'une espece de Magie, qui n'a pour objet que de faire le mal. L'ancienne *Goétie* s'exerçoit par l'invocation nocturne des Génies malfaisans. On dit aussi *Magie goétique*.

GOLILLE, s. f. Espece de Collet, qu'on porte en Espagne, & qui est fort gênant pour ceux qui n'en ont pas l'habitude.

GOMENE, s. f. Ital. Nom qu'on donne, sur les Galeres, au cable d'une ancre.

GOMME-GUTTE, s. f. Sorte de Gomme purgative, dont l'excès est fort dangereux, & qui fait une couleur jaune dont on se sert dans la Peinture. Elle vient des Indes Orientales, sans qu'on ait bien sçû, jusqu'à présent, quelle est son origine, & tire son nom d'une vertu spécifique, qu'on lui attribue pour la Goute. Sa couleur la fait nommer aussi *Chrysope*.

GORGONELLE, s. f. Nom d'une espece de Toile, qui se fabrique en Hollande & à Hambourg.

GOSSAMPIN, s. m. Grand Arbre des Indes, dont les fleurs sont suivies de petits fruits en tuïaux, qui produisent une sorte de laine. Elle est trop courte pour être cardée; mais on en fait des lits fort mollets. L'arbre est une espece de Pin, dont le nom est composé du mot latin qui signifie *coton*.

GOUACHE, s. f. Ital. *Peinture à Gouache*. C'est une sorte de peinture pour laquelle on emploie des couleurs délaïés avec de l'eau & de la gomme. Elles sont couchées à plat, en traînant le pinceau comme pour peindre, ou laver; en quoi *la Gouache* differe de la miniature, qui se fait en pointillant.

GOUDRON, s. m. Nom que les Européens ont donné à une sorte d'huile qui découle d'un arbre des Indes Orientales. Le *Goudron des Barbades* est une espece de Bitume rouge-noirâtre, en consistence de poix liquide, qui flotte sur la surface de l'eau, & qui passe pour un excellent sudorifique.

GOUGERE, s. f. Espece de Gâteau, qui se fait avec de la mie de pain, des œufs, & du fromage affiné. Il est très dangereux d'en manger avec excès.

GOURDE, s. f. On donne ce nom à une sorte d'*Hydrocele*, composée de deux tumeurs, l'une plus grosse, dans le *scrotum*, & l'autre moindre, plus haut, entre lesquelles il y ait un étranglement. On se trompe quelquefois en prenant la *Gourde*, pour une descente.

GOURE, s. f. Terme de Droguistes, qui se dit de toutes les Drogues falsifiées. On donne le nom de *Goureurs* à ceux qui les falsifient.

GOURGANDINE, s. f. Ancien ajustement de Femme. C'étoit un Corset ouvert par devant, qui laissoit voir la chemise. Ce nom s'est conservé pour les Femmes qui ont quelque chose de trop libre dans l'air, ou dans l'ajustement; de sorte qu'au lieu de dire, elle est en *Gour-*

gandine, on dit c'est une vraie *Gourgandine*.

GOURMANDE, adject. *Branche gourmande*. Les Jardiniers nomment ainsi certaines branches, qui attirent trop de seve, ou de suc, qui prennent trop de nourriture.

GOURME, s. f. Maladie des Chevaux, causée par des humeurs superflues, qui se déchargent au-dessous de la gorge, entre les deux os de la ganache, ou par les naseaux.

GOURMER, v. act. Terme figuré, qu'on emploie pour s'enfler, se rengorger, faire l'Homme d'importance. On dit d'un Homme, qui affecte un maintien trop composé, qu'il est toujours *gourmé*.

GOUT, s. m. lat. Dans le sens qui signifie intelligence fine des Ouvrages de l'Art, on distingue le *goût* naturel, qui se forme dans l'esprit, à la vûe de la simple nature ; le *goût* artificiel, qui s'acquiert par la vûe des Ouvrages d'autrui, par la réflexion & par l'étude ; & le *goût* national, qui est un *goût* particulier, propre, de chaque Nation.

GOUTIERES, s. f. Pieces de cire blanche, creusées en forme de Biere, que les quatre Barons de l'Evêché d'Orléans présentent chaque année dans l'Eglise de Sainte Croix de cette Ville, la veille de l'Invention de la Sainte Croix, pour réparation du meurtre de *Ferri de Lorraine*, Evêque d'Orléans, commis par les Barons, en 1229.

GOUTTES D'ANGLETERRE, s. f. Célebre Elixir Anglois, qu'on croit composé de l'esprit volatile de la soie, rectifié avec de l'huile de canelle, ou avec quelque autre huile essentielle.

GOUVERNANCE, s. f. Espece de Jurisdiction, qui est établie dans plusieurs Villes, telles que Douai, Lille, &c, & dont le Gouverneur est le Chef. A Lille, il a, sous lui, un Lieutenant général, Civil & Criminel, un Lieutenant particulier, six Conseillers, un Avocat & un Procureur du Roi. Dans les Places de Guerre, on donne le nom de *Gouvernement* à la Maison du Gouverneur.

GRACE, s. f. Terme de Religion, qui signifie un secours intérieur accordé par le Ciel, pour l'exercice du bien, & pour la sanctification. C'est le sujet d'une infinité de disputes, qu'on éviteroit en croïant simplement, avec l'Eglise, que la *grace* est nécessaire, & qu'elle n'ôte pas la liberté.

GRACE DE SAINT PAUL, s. f. Nom qu'on donne, dans l'Isle de Malte, à une terre blanche qui s'y trouve, & qui passe pour un remede contre la morsure des Viperes, depuis que Saint Paul y fut mordu par un Serpent. On y attribue la même vertu aux Glossopetres de l'Isle.

GRACIOLE, ou GRACIOLI, s. m. Véritable nom de la Poire que l'on nomme vulgairement *Bon chretien d'Eté*.

GRAILLON, s. m. Outre sa signification vulgaire, *graillon* s'emploie pour reste, ou rognures, des marbres. Les *graillons* de marbre ne se vendent pas au pied, mais en bloc.

GRAIN, CIRE EN GRAIN, s. f. On appelle *Cire en grain*, ou *greloucé*, celle qui, à force d'être remuée sur les toiles, se réduit en grains, de la grosseur d'une féve médiocre. Dans le commerce avec les Negres, on appelle *grains*, une espece de verroterie bleue, ou jaune, ou blanche, ou raïée. Le *Grain de séline* est une espece de Poivre long.

GRAINETERIE, s. f. Commerce des grains, des graines, & des légumes secs, qui forme une Profession nombreuse à Paris. Ceux qui l'exercent se nomment *Grainetiers*.

GRANADILLE, s. f. Nom d'une fleur de l'Amérique Méridionale, qui produit ensuite un fruit de la grosseur d'un œuf, dont on vante extrémement la douceur & le goût.

GRANAL, s. m. Plante de l'Amérique, qui, sans le secours de la terre, de l'air & de l'eau, croît au plancher des Maisons, & quelquefois fort proche du feu, sans jamais cesser d'être verte. Elle ne porte, ni fleur, ni fruit, ni semence, & son suc est venimeux.

GRAND-AIGLE, GRAND-RAISIN, ff. mm. Noms de deux sortes de Papier, qui servent pour l'impression des Livres.

GRAND-COMMUN. PETIT-COMMUN. Nom qu'on donne, dans les Maisons roïales, à des corps de logis, pour les bas-Officiers.

GRANDE ROSE. GRANDE VENISE, ff. mm. Noms de deux especes de Linge ouvré, qui se manufacturent en Flandres & en Basse-Normandie. Le *Grand Barrage* en est une autre, qui se fabrique à Caën; & le *Grand Lion* une autre encore, qui vient du Beaujolois. On nomme aussi *Grands brins*, ou *Hauts brins*, des Toiles de Bretagne, dont la meilleure partie se fabrique à Dinan.

GRANDEUR, s. m. Terme de Geométrie & d'Arithmétique. On donne ce nom à tout ce qui est capable du plus, ou du moins, c'est-à-dire, d'augmentation, ou de diminution, à tout ce qui, pouvant être comparé à d'autres choses de même nature, peut être plus grand, ou plus petit, égal, ou inégal, &c. Tout ce qui a des parties est une *grandeur*. Il y a des *grandeurs entieres*, & des *grandeurs rompues* qui se nomment autrement *des Fractions*. Il y a des *grandeurs completes*, & des *grandeurs incompletes*. On nomme *grandeur lineaire*, celle qui n'a qu'une seule dimension ; *grandeur incomplexe*, ou simple, celle qui n'est pas composée de différentes parties ; *grandeur complexe*, une grandeur composée qui a plusieurs parties différentes, &c.

GRAND-ŒUVRE. Nom que les Alchymistes donnent à la transmutation des métaux, ou à la maniere de faire de l'or, par quelque voie qu'elle soit possible. C'est ce qu'on nomme autrement la Pierre Philosophale.

GRAS, GRASSE, adject. Il se prend, dans un sens Figuré, pour trop libre, obscene, sale. On appelloit, dans ce sens, la *Cause grasse*, une Cause que les Clercs de la Basoche plaidoient le jour du Mardi gras, & qui étoit remplie de saletés. Ils choisissoient la Cause, de toute l'année, qui offroit plus de matiere à cette grossiere espece de plaisanterie. L'usage en est aboli ; mais on assure qu'il subsiste encore dans plusieurs Jurisdictions de Province.

GRASSARI, s. m. Oiseau de passage, qui craint beaucoup le froid. Il se retire, dès le mois d'Août, aux Païs Méridionaux.

GRASSINS, s. m. Milice de nouvelle création, qui s'est distinguée dans la derniere guerre, & qui fut formée en 1743, par M. *de Grassin*, Capitaine de Dragons, Neveu du Directeur général des Monnoies de France. Elle fut d'abord de douze cens Hommes, dont trois cens étoient à cheval, & neuf cens à pied.

GRATIENNE, s. f. Toile de Lin, qui se manufacture dans plusieurs endroits de la Bretagne.

GRATIFIER, v. act. lat., qui signifie, récompenser par un présent, ou par quelque autre faveur. *Gratification* est le substantif.

GRAVIR, v. act. Vieux mot qui signifie grimper, monter avec difficulté. *Gravir* un rocher, une montagne. Il est encore en usage.

GRE', s. m. Vieux mot, qui signifie volonté, inclination, goût, & qui s'emploie différemment. *A mon gré*, c'est-à-dire, à ma satisfaction, suivant mon inclination & ma volonté. De-là *bon gré*, *malgré*, *agréer*, *agréable*, &c. Savoir *gré* d'une chose à quelqu'un, c'est lui avoir obligation, en être content, lui en tenir compte. *Gré à gré* se dit, pour, à l'amiable, d'un accord mutuel.

GRECO, s. m. Nom en usage sur la Méditerranée pour signifier le vent qui s'appelle Nord-Est sur l'Océan, apparemment parce qu'il vient de la Grece, dans la plûpart de ces Parages. *Grecolifer*, v. n., c'est se tourner du côté de ce vent ; comme on dit *Nordester* sur l'Océan.

GRECS, s. m. Nom qu'on donne à certaines bordures d'une grandeur déterminée, qui servent à encadrer des Estampes.

GREGE, s. f. Nom d'un petit Peigne de fer, qui sert à séparer la graine du lin, de sa tige.

GREGORIENNE, adj. On appelle *Eau gregorienne*, un mélange d'eau, de vin & de cendre, qui sert à purifier les Eglises polluées : invention du Pape *Innocent III*.

GRELE, adject. lat., qui signifie mince, sans force & sans consistence. *Voïez* GRESLE.

GRELOT. FIL AU GRELOT, s. m. Espece de Fil, qui se tire de Doort, en Hollande, & qui sert à broder les toiles fines.

GRELOUER, v. act. Terme d'Art, qui signifie *grainer*, réduire en petits grains. On *greloue* la Cire, pour la purifier & la blanchir.

GRELUCHON, s. m. Nom d'usage moderne, qu'on donne à l'Amant secret & favorisé d'une Femme qui passe pour en avoir un autre. Entre les Femmes d'une conduite libre, qu'on appelle, dans ce siécle, Maîtresses entretenues, il entre, dans l'idée de *Greluchon*, d'être favorisé gratis, tandis qu'elles se font païer par un autre. C'est un diminutif du vieux mot *Grelu*, qui a signifié *Gueux*. Ainsi, *Greluchon* est un petit *Gueux*.

GRENADE. SOIE DE GRENADE, s. f. C'est une soie de cette Province d'Espagne, qui est la plus estimée pour la Couture, les Franges & d'autres ouvrages. On appelle aussi *grenade*, s. m., une espece d'étoffe de fil & de coton, qui tient le milieu entre le Basin & la Toile.

GRENAGE, s. m. GRENAISON, s. f. Dans la Fabrique de la poudre à canon, le *grenage* est la maniere de mettre la poudre en grains. *Grenaison* se dit de la formation de la graine des Plantes. Le tems de la *grenaison*. *Greneler* une chose, c'est faire paroître du grain sur sa surface comme on fait sur le cuir de maroquin. *Grener*, c'est réduire une chose en grains.

GRENETTES D'AVIGNON, s. f. Petites graines, qui croissent aux environs de cette Ville, & dont on fait un très beau jaune, qui sert dans la Miniature, pour les lavis, &c.

GRENOUILLETTE, s. f. Nom d'une Plante commune, nommée aussi *Ranoncule*; de son nom latin, qui signifie *petite grenouille*.

GREVER, v. act. lat. Vieux mot, qui s'écrivoit autrefois *griever*, & qui est demeuré au Palais, comme *grief*, pour signifier *charger*. Un héritage, un leg, *grevé* de quelque condition onéreuse.

GRIFFE D'OURS, s. f. Sorte de Vedasse, ou de Cendre gravelée, qui se tire de Konisberg, & dont il se fait un commerce, à Amsterdam.

GRILLE. *Laine d'Espagne*. C'est une espece de Prime, ou de Merelaine, si estimée, qu'on la compare à la Pille des Chartreux & même à la Pille des Jésuites ; les deux plus fines laines qu'on tire de Castille & d'Arragon.

GRIPELLER, v. n. Terme du Commerce des Toiles & des Etoffes fines, qui signifie se froncer, se créper.

GRIVELURE, s. f. Vieux mot qui a signifié les friponneries des Financiers, & l'adresse qu'ils emploient pour les déguiser. On ne s'en sert plus qu'en parlant de l'usage qu'on en a fait.

GROISON, s. m. Pierre, ou Craie, blanche, réduite en poudre très fine, dont les Megissiers se servent pour la préparation du Parchemin.

GROS MUSC D'HIVER, s. m. Poivre d'Hiver, longue & verte, qui a beaucoup de parfum, mais qui est fort pierreuse. Elle jaunit en vieillissant. *Gros de Verdun* est le nom d'une sorte de dragée. Le *gros d'Autruche*, ou Ploc d'Autruche, est le plus gros du duvet de cet animal, qu'on sépare du fin, pour l'emploïer aux lisieres des draps fins de laine, destinés à la teinture en noir. Un *gros tems*, en termes de Mer, se dit d'un tems orageux. Un *gros vin* est un vin couvert & épais. Le *gros verre* cassé se nomme *grosil*.

GRUGER, v. act. Ecraser,

broïer quelque chose avec un instrument, pour l'usage qu'on en veut faire. On gruge du Sel, pour le service de Table. Au Chapitre de Notre-Dame de Paris, *gruger* une Maison est un ancien terme qui se dit pour, l'acquérir par la mort du Chanoine qui la possédoit, & qui ne l'a point resignée. Elle se vend alors, & le prix se partage entre les autres. *Grugerie* est le substantif.

GRUMELER, v. n., qui exprime le cri du Sanglier. Les Sangliers grumelent.

GUABAM, s. m. Nom d'un fruit des Indes Occidentales, dont la longueur est d'environ deux Palmes, & qui renferme, sous une écorce de couleur cendrée, une poulpe blanche, entremêlée de quelques amandes dures. Elle est douce & rafraîchissante.

GUACATENE, s. f. Espece de Pouliot de la nouvelle Espagne, mais sans odeur, dont on vante les vertus vulneraires, & surtout l'excellence pour les Hémorrhoïdes.

GUAJACANA, s. m. Grand arbre d'Afrique, orné de très belles feuilles, aussi larges que celles du Noïer, & de fleurs qui forment comme autant de petits vases, auxquelles il succéde un fruit de la grosseur d'une Prune, & d'un goût fort agréable. On en distingue une espece qui ne porte point de fruit. On prétend qu'il se transplante avec succès dans sa jeunesse.

GUAINUMBI, ou GUINAMBI, s. m. Petit Oiseau des Indes, que les Portugais nomment *Pegafrul*. On vante également sa beauté & sa petitesse. Il tire sa nourriture des fleurs; & lorsqu'elles sont passées, on assure qu'il fiche son bec dans le tronc d'un arbre, & qu'il y demeure comme immobile pendant six mois, c'est-à-dire, jusqu'au retour des fleurs. Cette raison lui a fait donner, aux Antilles, le nom de *Renate*, ou *René*.

GUAPARAIBA, s. f. Plante commune en Amérique, dont la racine, coupée par tranches, & appliquée sur les parties picquées ou mordues d'un animal venimeux, passe pour un souverain antidote.

GUATIQUES, s. f. Terme de nos Provinces Méridionales, qui signifie *coteaux*. C'est dans ces lieux bue la nature produit en abondance le thym, le serpolet, la lavande, la sariette, le romarin, la marjolaine, &c.

GUAZZA. Ital. *Peinture à Guazza*. C'est une espece de détrempe, qui se fait de couleurs broïées avec de la rosée & une certaine colle. Elle conserve long-tems sa fraîcheur, sans avoir jamais besoin de vernis & de frottemens. On croit que les fameux Peintres de l'Antiquité peignoient à *guazza*.

GUE'ABLE, adj., qui signifie ce qui peut se passer à *gué*. Ceux qui écrivent & qui prononcent *guaïer* & *gaïable* semblent ignorer l'origine de ce mot.

GUEBRE, s. m. Mot Persan, qui signifie *Infidele*. On donne ce nom, en Perse, à d'anciens Habitans du Païs, qui adorent le Soleil & le Feu, & qui sont demeurés attachés à cet ancien Culte, sans avoir jamais voulu recevoir le Mahométisme.

GUEMBE, s. f. Fruit singulier du Paraguay, oblong, pointu des deux côtés, de la grandeur d'une Palme, qui renferme des grains jaunâtre. Il se mange, mais avec la précaution de ne pas rompre, sous les dents, de très petites semences, que ces grains contiennent, & qui causent autrement une douleur très aigüe. Ces semences, mises sur des écorces pourries, au haut des arbres, jettent des fibres tortueuses, semblables à des cordes, qui descendent jusqu'à terre, y prennent racine, & produisent d'autres arbres qui se chargent de fruits.

GUENON, s. f. Singe femelle.

GUEPIN, s. m. Espece de Sobribuet par lequel on désigne les Habitans d'Orléans, natifs de cette Ville. On ne nous apprend pas son origine; mais il paroît, par d'anciens Actes, qu'il étoit pris autrefois pour Suppôt de l'Université, ou pour Ecolier.

GUERE, ou GUERES, adverbe,

d'origine incertaine, qui signifie peu, presque point, presque. Dans ce dernier sens, il demande *que* après lui, comme dans cet exemple, il n'y a *guere* que lui. Il ne s'emploie jamais sans une négation. Je n'y pense guere. Il n'a *guere* d'esprit.

GUEUSE, s. f. Nom d'une Dentelle de fil blanc, dont le fond est de rezeau, & les fleurs de cordonnet fort délié.

GUI, Voïez GUY.

GUIABARE, s. m. Nom d'un Arbre de l'Isle de Saint Domingue, que les Espagnols nomment Mero, dont les feuilles, qui sont très larges, tiennent lieu de Poivre aux Habitans du Païs.

GUIBERT, s. m. Toiles blanches de Lin, qui se fabriquent à Louviers, en Normandie, & qui sont de différentes grosseurs.

GUIBRAY. *Fil de Guibray.* Nom d'un fil d'étoupe, blanchi, qui sert à faire la méche des Cierges & des Flambeaux de poing.

GUIDE, s. f. Espece de rêne, qu'on attache à la bride d'un Cheval. De-là *païer les Guides*, c'est-à-dire, païer au Postillon un prix reglé pour chaque Poste. Il y a un Capitaine général des Guides, pour les Voïages du Roi. Il prête serment au Tribunal des Maréchaux de France, où ses provisions sont adressées.

GUILDIVE, ou TAFFIA. Nom qu'on donne, dans les Isles de l'Amérique, à l'Eau-de-vie qu'on tire des gros syrops de sucre, & de l'écume des premieres chaudieres.

GUILLELMINE, adj. Branche *Guillelmine*, & branche *Rodolphine*. Division de la Maison de Baviere, dont la premiere branche, qui est la Rodolphine, possede le Palatinat du Rhin, & l'autre la Baviere.

GUILLERY, s. m. Nom du chant des Moineaux, qui est quelquefois assez agréable. Mais il varie beaucoup, suivant les saisons.

GUINGAMBO, s. m. Fruit d'une Plante du même nom, de la grosseur d'un œuf, & composé de plusieurs côtes. Il est commun en Afrique & en Amérique, où il entre dans les Potages, comme divers légumes.

GUINGANS, s. m. Toile de fil de coton, mêlée de fil d'écorce d'arbres, qui nous vient des Indes Orientales. Il y a des *Guingans* bleus & de blancs.

GUINGOIS. *De Guingois*, adverbe d'origine incertaine, qui signifie, dans le style familier, de travers, ou d'un air gauche, louche.

GUINGUETTE, s. f. Nom qu'on donne aux Cabarets des environs de Paris, où le Peuple va boire & se réjouir les jours de Fête. On le fait venir du mauvais vin qu'on y boit, qui est ordinairement verd & *Guinguet*, ou *Ginguet*, c'est-à-dire, de petite qualité, tel qu'il se recueille dans le Païs.

GUIPER, v. act. Terme d'Art. *Guiper* la frange, c'est faire des franges torses, comme font les Passementiers & les Rubaniers, en les attachant d'un côté, & les tordant de l'autre, avec l'instrument qui se nomme *Guipoir*.

GUISE, s. f. Vieux mot, qui a signifié, façons, manieres, usage, & qui ne s'est conservé que dans cette expression Proverbiale, *à sa guise*, c'est-à-dire, suivant son goût, son opinion, son usage.

GUSBABUL. GUSGUNECHE, s. ff. Deux noms empruntés des Turcs, pour deux Pierres tendres, qui sont des especes d'agathe, toutes deux Orientales. La seconde est une sorte d'œil de Chat chatoiant, de couleur verdâtre foncée. Son nom signifie *Pierre du Soleil*; & celui de la premiere, *Pierre de l'Homme*.

GYNGLIME, s. m. gr. *Voïez* GINGLIME.

GYMNASE, s. m. gr. Les Grecs appelloient *Gymnase*, ou *Palestre*, les lieux destinés à leurs exercices du corps. Le Supérieur se nommoit *Gymnasiarque*, & ses prérogatives étoient fort distinguées.

GYNIDE, s. m., formé du mot grec qui signifie *Femme*. Il a la même signification qu'*Androgyne*, ou *Hermaphrodite*, parce qu'étant masculin il exprime un Homme qui est Femme. Il se prend aussi pour efféminé.

H

H est la huitiéme lettre de l'alphabet, & ne mérite gueres le nom de consonne que dans les mots où elle est aspirée. Quelques Grammairiens lui contestent même la qualité de lettre, & lui donnent simplement le nom d'aspiration. Tous les mots François d'étymologie latine, qui commencent par une *h*, ne sont point aspirés, à l'exception seulement de *hauteur*, *haleter* & *Heros*. Ceux, au contraire, dont l'origine est barbare, ont une aspiration. H est le caractere de la Monnoie fabriquée à la Rochelle.

HABILITATION, s. f. lat. Terme de Jurisprudence, qui se dit d'une sorte d'émancipation, par laquelle un Enfant devient habile à faire des Contrats, & peut acquérir pour lui-même, mais sans avoir le pouvoir de Tester : en quoi l'*habilitation* differe de l'émancipation. *Habilité*, s. f., se dit, dans le même langage, pour *aptitude*. Habilité à succéder.

HACQUENE'E, s. f. Vieux mot, qui signifie Cheval de Parade, surtout pour les Dames. Elles se servoient de *Hacquenées* avant l'usage des Carosses. Ce nom s'est conservé pour un beau Cheval blanc, que les Rois de Naples font présenter tous les ans au Pape, comme Tributaires du Saint Siege.

HACUB, s. m. Nom d'une sorte d'Artichaut, ou de Chardon des Indes, dont on mange les rejettons tendres. Il en vient du Levant. Sa racine, qui est vomitive & purgative, s'emploie dans la Médecine.

HÆMANTHE, ou HÆMAGOGUE, ou HERBE GALENIQUE. Plante des Pyrénées, assez semblable à la Sauge, dont la vertu est si extraordinaire, qu'appliquée sur la peau, elle en fait sortir le sang par les pores. C'est ce que signifie le nom grec *Hæmagogue*; comme le premier signifie *Fleur de sang*.

HÆRMIE, s. f. Petit fruit des Indes, qui ressemble au Poivre, par la forme & la grosseur, mais qui est de couleur rougeâtre, & dont le goût aromatique approche de celui du Girofle. On vante ses propriétés, pour fortifier l'estomac, & pour les relâchemens de l'Epiglotte, ou la Luette.

HAGLEURES, s. f. Terme de Fauconnerie, qui se dit des taches que les Oiseaux ont sur les pennes.

HAIETITE, s. m. Nom d'une Secte du Mahométisme, qui, se formant de Jesus Christ à-peu-près la même idée que les Chrétiens, croit qu'il a fait place à Mahomet, mais qu'il doit revenir avant la fin du Monde, & que Mahomet même le reconnoîtra pour son Seigneur.

HAILER, v. n. Terme de Mer, qui signifie crier, pour appeller quelqu'un dans l'éloignement. On *haile*, pour se faire entendre d'un Navire qu'on apperçoit.

HAINE D'ABOMINATION, s. f. Terme de Théologie, qui signifie l'horreur qu'on doit avoir pour le péché, sans haïr la personne du Pecheur.

HAIRETITE, s. m. Secte de Mahométans, qui font profession de douter de tout, comme les Pyrrhoniens.

HALBI, s. m. Nom d'une Liqueur, qui se fait, en Normandie, d'un mélange de Poires & de Pommes, & qui n'est, par conséquent, ni du Poiré, ni du Cidre.

HALBRENE', adject. Terme de Fauconnerie, qui se dit d'un Oiseau dont les pennes sont tout-à-fait rompues.

HALECRET, s. m. Espece de Corselet, de fer battu, composé de deux pieces, pour le devant & le derriere. C'est une ancienne arme défensive, plus legere que la Cuirasse.

HALLES-CRUES, s. f. Sorte de Toiles, qui se fabriquent en Bretagne, pour le commerce étranger.

HALMOTE ou HALIMOTE, s. f. Ancien mot Saxon, qui signifioit, en Angleterre, ce qu'on appelle aujourd'hui *Parlement*, ou Assemblée des representatifs de la Nation.

HALOURGIDES, s. f. Nom que les

les Anciens donnoient à des Habits teints en pourpre. On en distinguoit plusieurs sortes.

HALTER, v. n. formé du mot substantif *halte*, qui signifie, en termes Militaires, s'arrêter, pour prendre du repos, ou de la nourriture.

HAMADE, s. f. Terme de Blason. C'est une fase de trois Pieces alaisées, qui ne touchent point les bords de l'Ecu. Les trois fases parallelles font l'*Hamaïde*.

HAMANS, s. m. Toiles de coton très blanches, très fines, & très serrées, qui viennent des Indes Orientales, & dont la fabrique approche assez de celle des toiles de Hollande.

HAMBOURG, s. m. Nom qu'on donne à de petites Futailles où se met le Saumon salé, & qui en contiennent ordinairement, depuis trois cens jusqu'à trois cens cinquante livres.

HAMIR, s. m. Mot par lequel les Gardes de la Compagnie Ecossoise répondent à l'appel du Guet. C'est une corruption de *Hhay hamir*, qui signifie, en Ecossois, *me voilà*.

HANAP, s. m. Ancien mot, que les uns font venir de l'Italien, d'autres de l'Allemand, & qui se trouve néanmoins dans quelques Auteurs François de vieille datte. Il signifie un vaisseau à mettre du vin.

HANICHEUR, s. m. Nom qu'on donne au Bourrelier de l'Artillerie. Ses appointemens sont de dix écus par mois.

HANSCRIT, s. m. Langue savante des Indiens, qui n'est entendue que de leurs Savans, qu'ils nomment *Pendets*. Elle s'apprend, dans l'Indoustan, comme le Latin, en Europe. Elle passe pour Sainte & Divine, parce que les Indiens s'imaginent que c'est dans cette Langue que Dieu a donné leurs Livres de Religion & de Philosophie.

HAPE, s. f. Demi cercle de fer, qu'on met au bout des Essieux de Carosses, pour empêcher qu'ils ne s'usent à force de tourner.

HAPE-FOIE, s. m. Oiseau de Mer, qui a le dessous du bec crochu, & le dessus un peu recourbé. Son nom lui vient de l'avidité qu'il a pour les Foies de Morue, qu'on jette en la pêchant, & qui l'attirent autour des Bâtimens Pêcheurs, d'où on le prend à la ligne. On a remarqué qu'il ne peut s'élever, s'il n'est dans l'eau.

HAPPE, s. f. Espece de Crampon, qui lie deux Pieces de bois, ou de pierre. C'est un vieux mot, d'où s'est formé apparemment le mot vulgaire de *happer*, pour, prendre, saisir avidement.

HAQUEBUTE, s. f. Vieille arme à feu, assez pesante, qui est une espece d'arquebuse. On a nommé *Haquebutiers*, des Soldats qui portoient cette arme.

HARDILLIER, s. m. Nom d'une Fiche de fer à crochet, qui sert à soutenir divers instrumens, dans la fabrique des Tapisseries.

HARGNEUX, adj. Mot d'origine incertaine, qui se dit pour *Grondeur*, *Querelleur*. On dit aussi vulgairement, *se hargner*, pour *se quereller*.

HARNOIS, s. m. Tout ce qui entre dans l'équipement d'un Cheval. On en a formé *harnacher*, pour *équiper*. *Harnois* se dit aussi de tous les instrumens & les outils qui servent à quelque Ouvrage, ou à quelque Métier. S'échauffer dans son *harnois* se dit figurément pour s'agiter beaucoup, s'embarrasser, se donner des peines qui passent quelquefois le fruit qu'elles doivent produire.

HARPESTE, s. m. Jeu des Anciens, qui consistoit à s'arracher les uns aux autres une Balle, ou un Ballon, avec des mouvemens & des circonstances qui en faisoient un exercice pénible.

HARPE, s. f. Ancien Instrument de Musique, qui a été fort perfectionné par les Modernes. La *harpe* est le Symbole d'Apollon, considéré comme Chef du Parnasse; entre les mains d'un Centaure, elle désigne *Chiron*, Précepteur d'Achile; sur les anciennes Médailles, une ou deux *harpes* marquent les Villes, où Apollon étoit adoré comme Président des

Supplém. Q

Muses. On dit d'un Cheval, qu'il est bien *harpé*, lorsque son estomac descend fort bas & que son ventre remonte fort haut, parce que cette disposition represente le côté courbe d'une *harpe*. En termes d'ancienne Fortification, *harpe* signifioit une espece de Pont-levis, ainsi appellé de la ressemblance avec l'instrument de ce nom.

HARUSPICINE, s. f. lat. Divination par les *Haruspices*, Prêtres de l'ancienne Rome, qui examinoient les entrailles des animaux, pour y découvrir des signes, par lesquels ils expliquoient l'avenir.

HAVAGE. *Voï* AVAGE & HAVE'E.

HAUBELONNES, s. f. Nom d'une sorte de Fromages, qui se font en Hollande, & dont les Hollandois font un grand commerce.

HAUBITZ, s. m. Pieces d'artillerie Allemande, dont on fait usage en campagne, dans les combats & dans les marches.

HAVE'E, s. f. Droit que l'Exécuteur de la Haute-Justice levoit autrefois sur les grains & les denrées, dans les Marchés de Paris. L'Abbaïe de Sainte Genevieve l'avoit racheté, pour cinq sous, qu'elle lui païoit annuellement. Il subsiste encore dans plusieurs Villes de France, sous d'autres noms. A Paris & à Rouen, on ne laisse recueillir le droit d'*Avage*, aux Bourreaux, qu'avec une cuilliere de fer blanc, ou de cuivre. Ce mot vient d'*Avir*, ou *Havir*, ancien verbe actif, qui a signifié *prendre*.

HAUSSE-PIE', s. m. ou HOCHE-PIE'. Nom qu'on donne, en Fauconnerie, à l'Oiseau qui attaque le premier un Héron, dans son vol.

HAUT-BER ou HAUBER, s. m. Terme de Jurisprudence, qui signifie *un plein Fief avec justice*, mouvant immédiatement d'un Prince Souverain. Ainsi, le Fief de *Haut-ber* est le plus noble Fief, après les Fiefs de dignité, & releve immédiatement du Roi. Quelques-uns croient ce mot composé de *Haut*, pris pour *Grand*, & d'une abbréviation corrompue de *Baron*. D'autres le font venir d'une cotte de maille à manches, qui se nommoit aussi *Hauber*, & que le Vassal portoit à l'armée. On appelle *Haut-bergier*, celui qui tient un Fief de *Haut-ber*.

HAUTE-LUTTE. Expression adverbiale, qui signifie, d'un air d'empire, d'autorité absolue, sans aucune résistance.

HAUTE-PAIE, s. f. Terme militaire, qui se dit d'une solde plus grande que l'ordinaire. Il se disoit aussi des simples Soldats, à qui cette faveur étoit accordée : mais depuis que les Ordonnances en ont aboli l'usage, on n'entend, par le terme de *Haute-paies*, que les Caporaux & les Anspessades, dans l'Infanterie, les Brigadiers & les sous-Brigadiers, dans la Cavalerie, & même les Grenadiers & les Tambours, dont la paie est plus forte que celle des simples Soldats.

HAUT-LE-PIE'. Expression vulgaire, pour signifier *départ imprévu, précipité*. On en a fait un nom d'Office, pour signifier, à l'Armée, certains Officiers ambulans, des vivres & des Equipages, qui n'ont que la commission d'observer, sans être attachés à un Emploi fixe. Capitaine, ou Commis, *Haut-le-pié*.

HAUTURIER, adject. *Voïez* HAUTEUR & PILOTAGE.

HEAUMERIE, s. f., formé de *Heaume*, pour signifier l'art de fabriquer des *Heaumes* & toutes les parties de l'armure.

HEBICHET, s. m. Sorte de Crible, fait de roseaux entrelassés, dont on se sert aux Isles pour passer le sucre pilé, qui doit se mettre en Bariques.

HE' BIEN. Interjection fort commune, qui entre dans le langage de la raison, comme dans celui de toutes les passions, & dont le seul ton désigne le sens.

HEBREU, s. m. Ancien nom du Peuple Juif, & nom de sa langue. Il paroît venir d'*Heber*, parce que l'Ecriture ne le donne qu'à ses descendans, qui ont retenu sa langue & sa Religion. *Hebraïser*, v. act., c'est parler à la maniere, ou dans le goût, des Hebreux.

HEDERA, s. f. Espece de Gomme, ou de Resine. C'est la gomme du *Lierre*, qui a conservé, en François, le nom latin de cet Arbrisseau. On lui attribue des qualités vulneraires, surtout à celle qui vient des Indes & des Païs chauds. Elle a aussi la vertu de faire tomber le poil.

HEDYPNOIS, s. f. Plante détersive & vulneraire, qui croît dans les Païs chauds, & qui est commune aux environs de Montpellier. Ses feuilles ressemblent à celles de la Chicorée sauvage, mais sont rudes & sinueuses. La tête de sa tige devient un fruit, de la forme d'un petit Melon, qui s'ouvre en meurissant, & laisse voir deux sortes de semences.

HELER ou HAILER, v. n. Terme de Marine, qui signifie *demander la qui vive*, lorsqu'on rencontre un Vaisseau inconnu.

HELIANTHEME, s. m. gr. ou HERBE D'OR, & vulgairement HYSSOPE DES GARIGUES. Plante vulneraire, dont la fleur est couleur d'or, suivant la signification du nom grec, les feuilles oblongues, étroites, quoiqu'un peu plus larges que celles de l'*Hyssope*. Elle croît dans les Bois des Païs chauds, surtout dans leurs parties montagneuses.

HELICON, s. m. Montagne de Béotie, voisine du Parnasse, & fameuse parmi les Poètes, qui la regardoient comme un des séjours ordinaires d'Apollon & des Muses.

HELINGUE, s. f. Bout de grosse corde, qui est retenue, d'un côté, aux manivelles, dans une Corderie; & de l'autre, à l'extrêmité des Torons, pour les tordre.

HELIOCENTRIQUE, adj. gr. Terme d'Astronomie. On appelle le lieu *heliocentrique*, ou *excentrique*, d'une Planete, le point de l'Ecliptique auquel cette Planete, vûe du Soleil, se rapporte. C'est la même chose que la longitude de la Planete vûe du Soleil.

HELLEBORINE, s. f. Arbuste, dont les feuilles sont fort petites, & bonnes, en décoction, pour les maladies du foie.

HELLENISME, s. m. gr., qui signifie ce qui est imité des Grecs, ce qui ressemble à leurs usages, ou à leur langue. Il se dit particulièrement, de certaines expressions latines, qui étoient empruntées de la Grece. Le mot d'*Hellene*, qui signifie *Grec*, a quelquefois été employé, par les Peres de l'Eglise, pour signifier *Païen*; parce que toute la Grece étoit Païenne.

HELMITHIQUES, s. & adj. gr. Remedes contre les Vers, ou *Vermifuges*.

HELODE, adj. Nom que les Médecins donnent à une espece de fievre continue, accompagnée de sueurs, avec une langue dure & séche. Ce mot signifie *humide*.

HELOSE, s. f. gr. Maladie des yeux, qui consiste dans un rebroussement des paupieres.

HEMAGOGUES, s. m. Remedes qui servent à provoquer les mois des Femmes; suivant la signification du mot grec, qui signifie, ce qui fait sortir le sang.

HEMATOCELE, s. f. gr. Nom des Hernies, qui sont causées par un sang extravasé.

HEMERALOPS, s. m. gr. Défaut des yeux, ou de la vûe, qui consiste à ne plus discerner les objets, vers le soir, quoiqu'on les apperçoive bien en plein jour. C'est le contraire du Nyctalops.

HEMIPLEGIE ou HEMIPLEXIE, s. f. gr. Paralysie de la moitié du corps.

HEMORRHOSCOPIE, s. f. gr. Inspection du sang, ou jugement qu'on porte du sang tiré par la saignée.

HEMOSTATIQUES, s. m. gr. Nom général des Remedes qui arrêtent les Hemorrhagies.

HENRI. *Ordre de Saint Henri.* C'est un Ordre Militaire, institué en 1736, par l'Electeur de Saxe. Sa marque est une Etoile à huit pointes, au milieu de laquelle est le buste de Saint Henri, Empereur. Elle est attachée par un cordon d'argent à un ruban cramoisi.

HEPATE, s. m. gr. Gros Poisson de Mer, dont la couleur approche de celle du Foie humain. Il en tire son nom. Sa chair est assez bonne. On prétend que deux petites pierres, qu'il a dans la tête, sont tout à la fois astringentes pour le ventre, & apéritives pour les urines.

HEPHÆSTIAS, s. f. Nom d'une Emplâtre vantée, pour faire cicatriser les plaies. Elle se fait avec de la tuile cuite dans les fourneaux, qui est détergente & dessicative.

HEPTAMERIDE, s. f. gr. Division en sept, ou plutôt, partie d'une chose divisée en sept.

HERBE A PAUVRE HOMME, ou GRATIOLE, de son nom latin. Plante purgative, & fort commune, que les Pauvres de la Campagne emploient dans leurs Médecines & leurs Lavemens. Ses feuilles ressemblent assez à celles de l'Hyssope, & la couleur de ses fleurs est blanche, ou purpurine.

HERBE DE BENGALE, s. f. Plante, ou Herbe, dont la tige, qui est épaisse d'un doigt, est couronnée d'un Bouton, en forme de houppe, qui se file, & dont les Tisserans du Païs font diverses Etoffes, sur tout cette sorte de taffetas, qu'on nomme, en Europe, *Taffetas d'herbe*.

HERBE DE SAINT CHRISTOPHE, s. f. ou CHRISTOPHORIANE. Plante des Bois montagneux, qui passe pour un poison fort subtil, mais dont on se sert extérieurement pour la Galle. Elle pousse plusieurs tiges. Ses feuilles sont grandes, divisées en plusieurs parties, pointues & dentelées, d'un verd blanchâtre. Ses fleurs sont blanches, en maniere de rose, & chacune de quatre feuilles.

HERBE DE SAINTE BARBE, s. f. Plante assez commune, dont on compose un Baume spécifique pour les blessures, en la pilant, & la mettant dans de bonne huile d'olive, pendant un des mois d'Eté.

HERBE MOLUCANE, s. f. Plante de la Nouvelle Espagne, qui tire son nom d'un lieu nommé *Moluco*, où elle croît abondamment & demeure verte toute l'année. On vante sa seconde écorce & ses feuilles, comme de puissans vulnéraires.

HERBE'S, adject. Les Perruquiers nomment Cheveux *herbés*, des cheveux châtains qu'on a fait devenir blonds en les mettant sur l'herbe, exposés au Soleil, après plusieurs lescives d'eau limoneuse.

HERGNE ou HERNIE. *Voïez* ce dernier mot.

HERISSON FOUDROIANT, s. m. Nom d'une composition d'artifice, qui est hérissée de pointes, par le dehors. On l'emploie aux breches & dans les retranchemens. *Hérisson* est aussi le nom d'un fruit des Indes Orientales, de la figure & de la grosseur d'une Poire, mais couvert d'une écorce hérissée d'épines. Il croît par grappes à de grands Arbres; & sa poulpe, qui est de fort bon goût, se conserve si bien, qu'on en fait provision pour les voïages de Mer.

HERMANNIE, s. f. Plante dont le calice est d'une seule piece, à cinq segmens, & la fleur pentapetale. On en distingue jusqu'à sept especes.

HERMANUBIS, s. m. Divinité célebre des Egyptiens, composée de Mercure & d'Anubis. Elle est representée, tantôt avec une tête d'Epervier, tantôt avec une tête de Chien, qui signifioient *Anubis*, grand Chasseur. Un Caducée, qu'elle portoit à la main, étoit le symbole de Mercure.

HERNIAIRE, adj., ce qui appartient à l'*Hernie*. Mais *Herniaire*, s. f., est le nom d'une Plante, qui a pris son nom de sa vertu pour guérir les ruptures. Elle est bonne aussi pour la pierre & pour les plaies. D'autres la nomment *Empetre*, ou *Herbe turque*, ou *Mille-grains*, ou *Herba cancri minor*.

HESITER, v. n. lat. Balancer, s'arrêter, par l'effet du doute, ou de la crainte. Il se dit aussi, pour, parler difficilement, ou d'une maniere entre-coupée, soit par un embarras de langue, ou par un défaut de mémoire. *Hésitation* est le substantif.

HEURES, s. f. Dans le langage de l'ancienne Fable, les *Heures* étoient des Divinités, Filles de Jupiter & de Themis. On en comptoit trois, *Eunomie*, *Dicé*, & *Irene*, qu'on représentoit ordinairement accompagnées de la Justice, soutenant des Clepsydres, ou des Horloges d'eau.

HEURTÉ, adj. Les Peintres appellent *Dessein heurté*, un dessein fait avec beaucoup de promptitude & de liberté, qui n'est touchée que de coups hardis & peu prononcés. On le dit aussi de la couleur : Un tableau *heurté*, qui n'est fait que par touches.

HEYDUC, s. m. Fantassin Hongrois, armé d'un sabre & d'une petite hache.

HIBRIDE, adj. Terme de Grammaire, qui se dit, après Horace, pour Barbare & contre les Regles. On l'applique surtout à certains mots, moitié d'une langue, moitié d'une autre, tels que *Ronsard* & d'autres Poëtes affectoient d'en composer. *Hibride* signifie proprement un animal né de deux especes différentes, tel que le Mulet.

HIDALGUE, s. m. Esp. Titre ou qualité que prennent, en Espagne, ceux qui se font une sorte de Noblesse d'être descendus d'ancienne race Chrétienne, sans mélange de sang More ou Juif, & qui, étant tels, peuvent posséder divers Offices dont les autres sont exclus.

HIERACITE, s. f. gr. Pierre précieuse, couleur d'*Epervier*, qui est bonne pour les Hémorrhoïdes.

HIERONIQUE, adj., formé du mot grec, qui signifie *sacré*. Il se disoit anciennement des Jeux publics, qui se faisoient à l'occasion des Fêtes, ou à l'honneur de la Religion. Les Vainqueurs prenoient aussi la qualité de *Hieroniques*.

HIMANTOPE, s. m. gr. Nom d'un Oiseau aquatique, qui, suivant la signification du mot, a les piés rouges comme le sang. Il a le bec & le cou longs. Sa couleur est noirâtre, tirant sur le verd; & ses jambes, aussi rouges que ses piés, sont fort hautes, & sa queue est cendrée. L'*Himantope* est rare.

HIPPOLITHE, s. m. gr., qui signifie *Pierre de Cheval*. C'est une Pierre de la grosseur d'un œuf, qui se trouve souvent dans la vésicule du fiel, dans les intestins, ou dans la vessie, du Cheval. On prétend qu'elle est sudorifique, qu'elle résiste au venin, qu'elle tue les vers, & qu'elle arrête le cours de ventre.

HIPPORITE, s. f. Nom d'une pierre argilleuse, qui a trois canelures dans le milieu, en forme de selle de Cheval.

HIRPIES, s. f. Nom de quelques Familles célèbres, qui demeuroient près de l'ancienne Rome, & qui étoient exemptes des charges & des impôts publics, parce qu'au sacrifice annuel, qui se faisoit au Mont-Soracte, elles marchoient sur un Bucher enflammé, sans se brûler.

HISPIDE, adj. lat., qui s'emploie, dans le sens figuré, pour, revêche, d'air révoltant, ou d'humeur difficile. On en a fait le substantif *hispidité*.

HISTORIER, v. act., formé d'Histoire. C'est particulièrement un terme de Peinture, qui signifie, observer tout ce qui regarde l'Histoire. Un Tableau bien *historié*. On appelle, en termes d'Imprimerie, *lettres historiées*, *vignettes historiées*, celles qui sont gravées sur du cuivre, ou du bois, avec quelques ornemens qui ont rapport au sujet qu'on traite. Les lettres, qui ne sont qu'en bois, se nomment *Lettres grises*. *Historié* se dit, dans le même sens, de divers autres Ouvrages.

HOC, subst. m. Ce mot, emprunté ou non du latin, signifie, au Jeu de la Comète, une interruption de la suite des Cartes. Si l'on n'a pas de six, après avoir joué le cinq, c'est un *Hoc*.

HOIRIE, s. f. Vieux mot, qui signifie proprement succession, & qui n'est en usage qu'en style de Jurisprudence. *Hoir*, s. m., signifie *Successeur*, *Héritier*.

HOLA LIGONDÉ. Expression proverbiale, qui s'emploie pour arrêter quelqu'un qui parle au hasard, ou qui se vante trop, qui présume trop de lui-même. Elle est en usage, depuis qu'un Colonel de ce nom s'étant vanté à la Cour que la Maison du Roi n'étoit pas plus belle que son Régiment, le Roi même, dit-on, ou quelque Seigneur, l'avertit ainsi, qu'il s'oublioit.

HOLANS, s. m. Nom d'une espece de Batiste, qui se fabrique en Flandre, & dont on fait passer une grosse quantité, en Espagne, pour le commerce des Indes.

HOLOSTEON, s. m. gr. Nom d'un Poisson du Nil, d'une figure singuliere. Sa longueur est environ d'un pié. Sa forme est pentagone, sa couleur blanchâtre, son cuir si osseux qu'il se garde sans se corrompre, d'où lui vient son nom; ses dents semblables à celles des Rats, & sa gueule fort petite. On donne le même nom, & par la même raison, à un espece de Plantain, qui croît dans les Païs chauds, & qui passe pour un bon vulnéraire. Ses feuilles sont si nerveuses & si rudes, qu'elles approchent de la dureté de l'os.

HOLOTHURION, s. m. Espece de Zoophyte. C'est une Plante des Indes, à laquelle on ne peut toucher sans se sentir la main violemment enflammée. Le remede est d'y appliquer promptement de l'ail pilé, sans quoi cette ardeur va jusqu'à donner la fièvre. Quelques Indiens ne laissent pas de mêler le suc de cette Plante, dans leurs liqueurs, pour les rendre plus piquantes; & de-là vient une partie de leurs maladies.

HOMBRE, s. m. L'Hombre est un Jeu de cartes, pris des Espagnols, qui se joue ordinairement à trois, & d'où s'est formé le Quadrille. Son nom, qui signifie *Homme*, vient, dit-on, de son excellence, qui le rend seul digne d'amuser des Hommes raisonnables.

HOMERIQUE, adj. *Sort homérique.* On a donné ce nom à certaines Divinations qui se faisoient par la rencontre du premier vers d'*Homere*, qu'on lisoit à l'ouverture du Livre. Les *Sorts homériques* & *Virgiliens* succéderent aux Sorts de Preneste. Les Chrétiens ont fait succéder aux uns & aux autres les Sorts tirés de l'Ecriture-Sainte. *Homérique*, adj., se dit de ce qui appartient à *Homere*; & *Homeriste*, subst., pour, Partisan d'*Homere*.

HOMIOSE, s. f. gr. Nom que les Médecins donnent à la coction du suc nourricier, qui le met en état de s'assimiler aux parties qu'il doit nourrir.

HOMMAGE, s. m. Soumission que le Vassal fait à son Seigneur, pour se reconnoître son *Homme*, c'est-à-dire, pour lui jurer une parfaite fidélité. On en distinguoit autrefois différentes sortes, telles que l'*hommage lige*, qui engageoit au service personnel; l'*hommage de fief*, qui n'obligeoit qu'à la fidélité; l'*hommage de plejure*, qui obligeoit de se rendre *plege*, c'est-à-dire, *ôtage*, pour délivrer son Seigneur; l'*hommage de paix*, qui faisoit une Loi aux Vassaux de bien vivre ensemble; l'*hommage de dévotion*, qui étoit un engagement volontaire à l'Eglise, &c. *Tenir à foi & hommage*, c'est posséder un Fief sous l'obligation de l'*hommage*. *Prêter foi & hommage*, c'est former ou renouveller l'engagement de l'hommage. *Remettre*, ou *amortir, l'hommage*, c'est affranchir le Vassal de son engagement, &c.

HOMOIOTELEUTE, s. m. & adj. gr., qui signifie *même fin*, ou ressemblance de fin. C'est un terme de Grammaire, & le nom d'une figure qui consiste à joindre quelquefois, à la fin des phrases, des mots de la même consonance. De-là vient peut-être notre rime, qui est un véritable *Homoioteleute*.

HOMOLOGATION, s. f. gr. Acte ou déclaration, qui autorise, qui approuve, qui ratifie, quelque chose. *Homologuer* est le verbe.

HOMOPHONIE, s. f. Mot grec composé, qui signifie ce qu'on appelle, en Musique, l'*unisson*. L'*Antiphonie* est le contraire.

HONNIR, v. act. Vieux mot, qui a signifié avilir, deshonorer, &c. Il ne s'est conservé que dans la devise de l'Ordre de la Jarretiere, *honni soit qui mal y pense*.

HONORES. *Ad honores*. Terme

purement latin, adopté pour signifier ce qui a peu de réalité, & qui ne se fait que pour la représentation. On dit de certains titres, qu'ils ne sont qu'*ad honores*, c'est-à-dire, que n'apportant aucun revenu, & ne demandant aucun travail, ils n'ont que l'apparence, dont on se fait honneur. *Honoraire* en est comme l'adjectif, & signifie la même chose. Il est aussi substantif, pour signifier, dans certaines Compagnies, des membres qui n'ont point de part aux appointemens, ou aux pensions. Les *honoraires* de l'Académie des Sciences. On appelle *honoraire*, s. m., le salaire qu'on donne, pour leurs services, à ceux qui exercent une profession honorable, tels que les Prêtres, les Avocats, les Médecins, &c.

HOPLITE, s. f. Nom d'une Pierre, qui est revêtue d'une croute métallique, & luisante comme l'acier.

HOPLOCHRISME, s. m. gr. Action de préparer un instrument de Chirurgie, & d'y appliquer des médicamens, pour les emploïer à la guérison d'une plaie.

HOROGRAPHIE, s. f. gr. Art de faire des Quadrans, nommé autrement Gnomonique.

HOROLOGIOGRAPHIE, s. f. Mot composé du grec, qui signifie description d'Horloges, ou Traité d'Horlogerie. C'est ce qu'on nomme aussi la Gnomonique.

HORS-D'ŒUVRE, s. f. On donne ce nom à diverses sortes d'accompagnemens, qui n'appartiennent point à l'essence d'une chose. Dans le service de Table, on appelle *hors-d'œuvres*, quelques mets legers, qu'on sert avec les Potages, & qui précedent les Entrées. Les Episodes, dans les Ouvrages d'esprit, sont des *hors-d'œuvres*.

HOSPICE, s. m. lat. Lieu où l'on loge les Etrangers. *Hôte* & *Hospitalité* viennent de la même source. *Hôte* se prend pour celui qui donne le logement, & pour celui qui l'occupe. L'*Hospitalité* est l'action de loger quelqu'un chez soi. Rien n'étoit autrefois si respecté que cet usage. Ce qu'on nommoit *le droit d'Hospitalité* étoit une Société contractée entre deux ou plusieurs personnes de différens lieux, entre des Familles & même des Villes entieres, en vertu de laquelle on se logeoit mutuellement dans les voïages, & l'on se rendoit toutes sortes de services. *Hospitalier* se dit de celui qui exerce volontiers l'*hospitalité*. On a donné ce nom à différentes especes de Religieux, fondés pour cet office. Les Chevaliers de Malte ont porté, dans leur origine, le nom de *Freres hospitaliers de Saint Jean de Jérusalem*; parce qu'ils avoient soin des Chrétiens d'Europe, qui alloient visiter les saints lieux. Il y avoit aussi des Sœurs *Hospitalieres* du même Ordre, qui faisoient leurs preuves de Noblesse, comme les Chevaliers. Aujourd'hui l'ordre conserve encore un *grand Hospitalier*, qui est le troisième en dignité après le grand Maître, & dont l'office est de présider à l'Hôpital de l'Isle.

HOSTIE, s. f. Mot emprunté du latin, qui signifie Victime.

HOSTILITÉ, s. f. lat. Action d'Ennemi. Il ne se dit gueres que des attaques ou des entreprises militaires, par lesquelles un Etat déclare la Guerre à un autre.

HOTTE BATTUE, s. f. Terme de Vigneron, qui signifie les hottes des Vandangeurs; parce qu'elles sont battues, ou serrées, ou poissées, de maniere que le Vin ne coule pas au travers.

HOUPPE, s. f. Espece de Bouquet, de soie, de fil, de plume & de toute autre matiere dont les parties peuvent prendre la même forme. *Houppé* étoit autrefois l'adjectif, mais l'usage a prévalu pour *huppé*. *Haupper* de la laine, c'est la peigner. L'Ouvrier se nomme *Houppier*.

HOURI, s. f. Nom célebre, que les Turcs donnent aux Femmes qu'ils esperent trouver dans leur Paradis, comme la principale partie du bonheur que l'alcoran leur promet.

HOUSPILLER, v. act. d'origine incertaine, qui signifie, fatiguer, irriter, chagriner quelqu'un, par des paroles ou des actions. Ce mot porte l'idée d'une attaque legere, mais repétée & fort incommode. Les Femmes se *houspillent*, lorsqu'elles se disent des injures, dans leurs disputes, ou qu'elles se font d'autres petits outrages propres à leur sexe.

HOUSSAGE. *Salpêtre de houssage*. Nom qu'on donne à celui qui vient des Indes Orientales; parce que dans les lieux où il se forme naturellement, on n'a, pour le recueillir, qu'à le housser & le balaïer.

HOUSSART. *Voyez* HUSSART.

HOUSSET, s. m. Soie de Perse, qui nous vient par Alep.

HUART, s. m. Oiseau aquatique, de la grandeur d'un Coq-d'Inde, & d'un fort beau plumage. Ce nom lui vient de son cri, qui fait entendre distinctement le mot d'*Huart*. Il est commun sur la Riviere de Mississipi, & la chair en est fort bonne.

HUER, v. n. Terme de Fauconnerie, qui se dit pour exprimer le cri du Hibou. De-là *Chat-huant*. Il prend une signification active pour signifier, se moquer de quelqu'un, l'insulter par des cris, qui se nomment *huées*. *Hue* étoit autrefois un terme de dérision. Quelques-uns en font venir le nom de *Huguenot*.

HUILE GRENUE, s. f. On donne ce nom à l'huile qui est figée en petits grains. L'invention de peindre à l'huile est du quinziéme siécle, & vient de *Jean Bruges*, Peintre Flamand. On y emploie l'*huile* de lin & l'*huile* de noix. L'*huile* de Scorpion n'est que de l'*huile* d'olive, dans laquelle on a fait mourir plusieurs Scorpions. Celle qu'on tire des Olives fraîches, & qui n'est ni pressurée, ni chauffée, se nomme *Huile vierge*.

HUITRE EPINEUSE. HUITRE FEUILLE'E. Noms de deux Coquillages marins; le premier à fond blanc, avec des épines brunes; l'autre, tacheté de pourpre. Ce sont les plus beaux de cette espece.

HUMAIN, adj. lat., qui signifie ce qui appartient à l'Homme Cependant on distingue, en Morale, les actes *humains* & les actes d'*homme*. Les premiers sont les actions qui se font avec connoissance & liberté, telles que de rendre un service par générosité, &c. Les actes *de l'homme*, sont les actions indélibérées, telles que de se soutenir dans une chute dangereuse, de crier dans la douleur, &c.

HUMIDE RADICAL, s. m. Terme de Médecine, qui se dit d'une lymphe, ou d'une humeur lymphatique, douce, onctueuse & subtile, qui abreuve toutes les fibres du corps, & qui les entretient dans l'état convenable pour leurs fonctions. *Humidités*, au pluriel, ne se dit que d'une abondance excessive d'humeurs dans le tempéramment. Les *humidités* du cerveau.

HUMILIE'. *L'Ordre des Humiliés*. Nom d'un Ordre de Religieux d'Italie, qui s'étoient d'abord nommés *les Berretins*, & qui prirent celui d'*Humiliés*, au treiziéme siécle, sous la conduite de Saint Jean de Meda.

HUMORISTE, s. f. Ital. Nom d'une Société de gens d'esprit & de savoir, qui composerent une Académie, à Rome, au commencement du seiziéme siécle. On prétend qu'ils furent ainsi nommés de leur agréable humeur; cependant, ils prirent pour devise, la chute d'une douce *rosée*, qui semble emporter l'idée d'humeur physique, c'est-à-dire, d'une matiere humide & liquide.

HURA, s. m. Nom d'une belle espece de Noïer de l'Amérique, dont la fleur, composée d'une seule feuille en forme d'entonnoir, est legerement découpée en douze parties. Son fruit est globuleux, & divisé aussi en douze cellules, dont chacune contient une semence.

HURE, s. f. Nom qu'on donne à la tête d'un gros Brochet, d'un Saumon, & d'un Sanglier.

HURIO, s. m. Grand Poisson de l'espece cétacée, qui se trouve particuliérement dans le Danube, où la fraîcheur des eaux l'attire. Il est sans écailles, & presqu'entiérement cartilagineux. Il s'en trouve qui pesent jusqu'à quatre cens livres. On en tire l'*Ichthyocolla*.

HUTER, v. act. Se *huter*, en termes de Guerre, c'est bâtir des Baraques, ou des *hutes*, pour le logement

gement d'une armée qui tient la Campagne en Hiver.

HUY. Vieux mot, dont on a fait *aujourd'hui*, & qui a signifié la même chose. Il est encore en usage au Palais, d'*hui en quinzaine*, c'est-à-dire, d'aujourd'hui à quinze jours.

HUZZA, s. m. Cri d'acclamation des Anglois, qui répond à notre *Vive le Roi*.

HYBONCOULM, s. m. Nom d'un fruit d'Amérique, de la grosseur d'une Datte, dont on tire une huile excellente pour les plaies & les ulceres, & pour fortifier les membres, par la simple onction.

HYDROCOTILE, s. m. Plante vulnéraire, qui croît dans les Marais, & dont les feuilles sont rondes & creuses. Elle pousse plusieurs petites tiges, qui serpentent & s'attachent à la terre.

HYDROGALE, s. f. gr. Nom d'une espece de Boisson, composée *d'eau & de lait*. C'est un lait coupé.

HYDROMETRIE, s. f. gr. Nom général qu'on donne à la Science des Eaux. L'Université de Boulogne a une Chaire de Professeur en *Hydrometrie*.

HYDROPHYSOCELE, ou HYDROPNEUMATOCELE, s. f. gr. Nom qu'on donne à une Hydrocele d'air. C'est une fausse Hernie du scrotum, causée par des eaux & de l'air.

HYDROPOIDES, adj. gr., qui se dit des excrétions aqueuses, telles qu'on les a dans l'Hydropisie.

HYDRORRHODIN, s. m. gr. Potion, composée d'eau & d'huile de roses, qui provoque le vomissement, & qui est excellente pour ceux qui ont avallé du poison.

HYDROSARQUE, s. f. gr. Tumeur aqueuse & charnue.

HYDROSCOPIE, s. f. gr. Connoissance, ou jugement, par l'eau. Celle qu'on emploie pour connoître les événemens futurs, est une superstition puérile. Mais l'*hydroscopie*, qui apprend aux Matelots à connoître, par la disposition de la Mer, s'ils doivent attendre de l'orage, ou du beau tems, est une science utile,

Supplém.

fondée sur la nature & l'expérience.

HYOGLOSSE, s. & adj. gr. Nom de deux muscles externes de la langue, qui sont attachés à l'os Hyoïde.

HYPERCRISE, s. f. gr. Crise violente & excessive, qui arrive dans une maladie. C'est le dernier effort de la nature pour sa conservation.

HYPERICON, s. m. gr. Plante rougeâtre, chargée de branches, dont les feuilles ressemblent à celles de la Rue, & sont toutes percées de petits trous. Ses fleurs sont jaunes. Elle croît également dans les lieux cultivés & sauvages. Les vertus de sa graine, qui est noire, sont vantées contre la pierre & les venins, & pour le crachement de sang. Elle se prend dans du vin. L'eau distillée de toute la Plante est emploiée contre l'Epilepsie & la Paralysie.

HYPERSARCOSE, s. f. gr. Nom général des excrescences de chair, qui se forment en quelques endroits du corps, par une abondance de suc nourrissier, & par le relâchement des parties qui le reçoivent.

HYPNOLOGIE, s. f. gr. Partie de la Médecine, qui regle le sommeil & les veilles, & qui traite de leurs effets.

HYPOCOLE, s. f. gr. Terme de Grammaire, qui signifie *le point* & *la virgule*. Le repos de l'*Hypocole* est un peu plus long que celui de la simple virgule; & plus court que celui des deux points.

HYPOCRANE, s. m. gr. Espece d'abscès, ou de suppuration, ainsi nommée, parce qu'elle est située dans l'intérieur du crane, entre le crane & la dure-mere.

HYPOGLOTTIDE, s. f. gr. Couronne qui se voit sur quelques anciennes Médailles grecques, & qui étoit faite d'une espece de Laurier, particuliere & très odorante, nommée *Laurier d'Alexandrie*. Plusieurs Antiquaires en ont donné l'explication.

HYPOLAPATHE, s. m. gr. Nom d'une espece de Rhubarbe, ou de Rapontic, dont on distingue deux sortes; l'une, sauvage; & l'autre,

R

qu'on cultive dans les Jardins.

HYPOPHASIE, f. f. gr. Les Médecins donnent ce nom à un clignottement, dans lequel les paupières se joignent de si près, qu'on n'apperçoit qu'une petite portion de l'œil, & qu'il n'y peut entrer qu'un petit nombre de raïons.

HYPOSCENE ou HYPOSCENION, f. m. gr. Espece de Peristyle, ou enceinte de Colomnes, derriere lesquelles les Acteurs de l'ancien Théâtre & les Instrumens se tenoient. C'est à-peu-près ce qu'on nomme aujourd'hui les Coulisses, la Ferme, & tous les derrieres du Théâtre.

HYPOTHALATTIQUE, f. f. gr. Nom composé pour signifier l'Art de nâger & de naviger sur la Mer. Le célebre *Flud* & le Pere *Mersenne* en ont donné les principes. Mais les essais ont toujours mal réussi, & *Caramuel* en a démontré l'impossibilité.

HYPTIEN, adj. gr. Terme de Grammaire, qui se dit d'une espece d'accent horisontal, dont on se sert pour joindre deux mots; comme dans *mal-propre*.

HYSTERA-PETRA, f. f. Nom d'une Pierre figurée, sur laquelle se trouve la forme de la partie naturelle de la Femme, & qui est commune sur une Montagne voisine de Coblentz. On prétend qu'elle abbat les vapeurs, & qu'elle excite les Regles.

HYSTEROCELE, f. f. gr. Hernie, ou descente des Femmes, causée par le passage de la matrice à travers le Peritoine.

HYVOURAHE', f. m. Nom d'un grand Arbre du Brésil, dont l'écorce s'emploie pour les maux Vénériens; comme le bois de Gaïac. Elle est de couleur argentée, en dehors, & rouge en dedans. Il en sort un suc laiteux, dont le goût approche de celui de la Reglisse. On assure que l'Arbre ne porte du fruit que de quinze en quinze ans. C'est une sorte de Prune, couleur d'or, tendre, & de très bon goût.

I

I est le caractere de la Monnoie qui se fabrique à Limoges.

JAAROBA, f. m. Phaseole du Bresil, dont les racines se mangent.

JABATOPITA, f. m. Arbre du Bresil, dont les fleurs, disposées en grappes jaunes, jettent une excellente odeur. Ses feuilles sont belles, & pour fruits, il porte de petites Baies presque triangulaires, dont on tire une huile fort saine.

JABOT, f. m. Espece de bourse, que les Oiseaux ont sous la gorge, & qui reçoit leurs alimens, d'où ils passent dans le gosier, où leur digestion s'acheve. M. *de Réaumur* a fait, en 1753, de curieuses remarques sur le *jabot*, le gosier, & la digestion des Oiseaux.

JACAPE, f. m. Jonc de l'Amérique méridionale, qui ne porte ni fleurs, ni semence, mais dont la décoction est fort vantée contre toutes sortes de venins.

JACARANDA, f. m. Grand arbre des Indes, dont le fruit, qui est d'une figure fort irréguliere & de la grandeur de la main, se nomme *Manipoy*. Il se mange cuit, & passe pour fort Stomachal. Le bois est blanc: mais on en distingue un autre, dont le bois est noir. Tous deux sont beaux & fort durs.

JACHERE, f. f. Nom qu'on donne, dans quelques Provinces, aux Terres qu'on laisse reposer. On nommoit autrefois *Jacheries*, les Terres en friche. Quelques-uns prennent ce mot pour une corruption de *Vacherie*, parce qu'on y fait paître les Vaches.

JACINTE. *Voïez* HYACINTHE.

JACQUES. *Ordre de Saint Jacques.* Nom d'un Ordre de Chevalerie, institué au treiziéme siécle, par *Florent V*, Comte de Hollande. La marque étoit une chaîne d'or, avec six coquilles, & une médaille pendante, où étoit l'Image de cet Apôtre.

JACUA-ACANGA. Plante du Bresil, fort emploïée, dans la Médecine, pour les onguens & les cataplasmes détersifs & vulnéraires. Ses feuilles sont de la grandeur de la main & plus piquantes que l'Ortie. Elle porte une espece d'épis, comme le Plantain, au bout desquels croît une petite fleur bleue & jaune, en forme de petit calice. Les Portugais nomment cette Plante *Fedagoso*.

JAGRE ou JAGARA, s. m. Sucre qui se fait aux Indes, avec le *Tari*, ou le vin de Palmier, longtems bouilli; & dont le Peuple fait toutes sortes de Confitures.

JALOUSIE ou FENETRE JALOUSE'E. Nom qu'on donne à une Fenêtre composée de petites tringles de bois, croisées diagonalement, par les vuides desquelles on peut voir, sans être vû.

JAMACARU, s. m. Nom de plusieurs especes de Figuiers de l'Amérique, dont tous les Voïageurs parlent avec éloge. Les fruits en sont fort rafraîchissans; mais les semences sont desiccatives & astringentes.

JAMAIS. Adverbe de tems, qui a différentes significations. Avec une négation, il emporte exclusion pour toujours, comme dans il *ne* l'obtiendra *jamais*. Sans négation, son sens est plus borné; comme dans ces exemples, s'il l'obtient *jamais*, c'est-à-dire, s'il l'obtient *enfin*, s'il l'obtient *quelque jour*, s'il *arrive qu'il l'obtienne*. *A jamais, pour jamais*, signifient éternellement, sans fin. On dit, dans le même sens, c'est ce qui peut *jamais* arriver de plus fâcheux.

JAMBE, s. f. Nom d'un petit membre qui sort de la coquille d'un Poisson, lorsqu'il veut avancer.

JAMBETTE, s. f. Nom de la seconde espece de Pelleterie, qui se tire de la peau des Martres Zibelines, fort inférieure à la vraie *Martre*, qui est celle de l'Echine, mais bien meilleure que celle du Cou, que les Turcs nomment *Samoul Bacha*.

JAMBLIQUE, s. m. On appelle *Sel de Jamblique* une espece de Sel dont l'invention est attribuée à un Ancien de ce nom, & qu'on emploie dans les purgations. Il cuit aussi les humeurs crûes.

JAMBOLOM, s. m. Nom d'une espece de Mirte Indien, dont le fruit ressemble à de grosses Olives, & se confit au vinaigre, pour exciter l'appétit. Le goût en est fort âpre.

JAMBOS, s. m. Fruit d'un arbre des Indes, que les Portugais ont nommé *Jambeyro*. On en distingue plusieurs sortes, dont les meilleurs ont une odeur de Rose; les uns avec un noïau, d'autres sans noïau. Ils se mangent à l'entrée de la Table, comme le Melon. L'arbre qui les porte n'est jamais sans fleurs & sans fruits. Les uns & les autres se confisent au sucre.

JAMIS. Toile *à jamis*. Nom d'une sorte de Toile de coton, qui nous vient du Levant, par la voie d'Alep.

JAN, s. m. Terme du Jeu de Trictrac, qui se dit de l'une & l'autre des deux Tables, mais dont la signification varie beaucoup, par l'addition de divers autres termes.

JANGOMAS, s. m. Arbre des Indes, herissé d'épines, dont le fruit, semblable à celui du Sorbier, & de couleur jaune dans sa maturité, a le goût de nos Prunaux. Il a des qualités astringentes, qui le font emploier pour arrêter le cours de ventre & les inflammations de gorge.

JAPARANDIBA, s. m. Espece de Pommier du Bresil, du moins pour la forme extérieure de son fruit, qui contient, d'ailleurs, un noïau, de la grosseur d'une Aveline, & de la forme d'un cœur. On met ses feuilles au rang des meilleurs apéritifs.

JAPONNER, v. act. Terme inventé dans le Commerce, pour exprimer une nouvelle cuisson que les Anglois & les Hollandois donnent quelquefois à la Porcelaine de la Chine, pour lui faire prendre un air de Porcelaine du Japon.

JARGON, s. m. Nom que les Jouailliers donnent à un diamant très jaune, & moins dur que le vrai diamant. On appelle aussi *Jargons*, de petites pierres de la grosseur d'une tête d'épingle, d'un rouge brillant, fort communes en Auvergne, & que les Droguistes connent pour de véritables Hyacinthes.

JARRETIERE. *Ordre de la Jarretiere. Voïez* GEORGE. On remarque que les Chevaliers de cet Ordre n'ont point porté de collier avant le regne d'*Henri VIII*, d'Angleterre. *Jarretiere* est aussi le titre d'un Héraut, Roi d'armes d'Angleterre, qui est le quatriéme des cinq Officiers du même Ordre.

JAS, f. m. Nom qu'on donne, dans les Marais salans, au premier réservoir, où l'on reçoit l'eau de la Mer, qu'on fait passer par la *Varaigne*, ou la *Bonde*.

JASMELE'E, f. f. Nom d'une huile médecinale, dont l'odeur est très forte, & qu'on prépare en faisant infuser deux onces de fleurs blanches de violette, dans une livre d'huile de Sesame. Les Persans s'en frottent le corps, après le bain.

JASMIN, f. m. Nom d'une petite Poire du mois d'Août, qui se nomme aussi *Vilaine de la Réale*.

JASPAGATHE, f. f. Pierre précieuse, composée de Jaspe & d'Agathe, qu'on vante pour la Pleuresie.

IATRALEPTIQUE, f. f. gr. Partie de la Médecine, qui emploie les frictions, les fomentations & les applications d'onguens, pour guérir les Maladies ; comme on appelle *Iatrochymie*, l'art de les guérir avec des remedes Chymiques. On nomme quelquefois la Médecine même *Iatrique*, d'un mot grec, qui signifie Médecin.

JATTE-D'EAU, f. f. Nom d'un Artifice aquatique, qui produit l'effet d'une Girandole, en tournant sur son centre, à fleur d'eau. On en fait aussi un Soleil fixe & tournant.

JAUNISSE, f. f. Maladie des arbres, qui leur vient de vieillesse, ou de quelque vice dans les racines, ou de ce que le terrain est usé.

IBEIXUMAR, f. m. Arbre de l'Amérique méridionale, dont le fruit, en forme de Pomme, contient une matiere semblable à de la Glu. Son écorce, qui est aussi fort gluante, sert aux mêmes usages que le Savon d'Espagne, sans nuire au linge ni aux étoffes.

ICHERA-MOULI, f. m. Racine extrêmement chaude, des Indes Orientales, qui a diverses propriétés, surtout contre la morsure des Serpens. Une cuillerée d'eau chaude, où elle a trempé, guérit, presque sur le champ, les plus douloureuses indigestions.

ICHOREUX, adj. gr. On appelle *Pus ichoreux*, une espece de Sanie, qui découle des ulceres. Cette Epithete se donne aussi au sang, lorsqu'il abonde en sérosité âcre & salée.

IDIS, f. m. Perles de verre, applaties par les bouts, que les Européens emploient dans le Commerce avec les Negres, sur les Côtes d'Afrique. Elles sont jaunes, avec quatre raies noires.

IDOLE DES MAURES, f. f. Nom d'un Poisson de la Mer des Indes, qui ressemble au Tafelvisch, sans être si grand. Il a le grouin d'un Cochon ; & son nom lui vient de la superstition des Maures, qui le rejettent dans la Mer, par cette raison, lorsqu'ils le trouvent dans leurs filets. Il n'est bon à manger que rôti.

JEAN-BAPTISTE. Congrégation de Saint Jean-Baptiste. C'est le nom d'une espece d'Ordre de Religieux, dont Michel de Sainte Sabine jetta les fondemens, en France, vers 1630, pour réformer les abus qui s'étoient glissés parmi les Hermites. Il fit des statuts ; dont il reste peu de traces

JEAN LE BLANC, ou L'OISEAU SAINT MARTIN, f. m. Nom d'une espece d'Aigle, qu'on nomme aussi *Pyrargue*, de son nom grec & latin, plus petite que les autres Aigles, mais qui a le bec plus long, fort jaune & fort crochu. On trouve aussi quelques différences dans la couleur de ses yeux & de son pennage, surtout à sa queue, qui est entierement blanche, depuis le croupion ; ce qui le fait nommer aussi *Queue blanche*, quoiqu'elle ait, des deux côtés, deux petites pennes noires, qui s'appellent *Plumes du coin*. Il a la jambe sans plumes, & jaune, comme les piés, & les serres fort aigües.

JECUIBA, s. m. Arbre de l'Amérique Méridionale, dont le bois est d'un rouge brun, avec des ondes noires, & se transporte pour les ouvrages de Sculpture.

JESUS. *Ordre de Jesus*. Nom d'un Ordre de Chevalerie, institué à Rome, en 1459, par le Pape *Pie II*, pour s'opposer aux Turcs. Paul en institua un autre, en 1615, sous le nom de Chevaliers *de Jesus & de Marie*, qui portoient une Croix émaillée de bleu, orlée d'or, au milieu de laquelle il y avoit un nom de Jesus d'or. Les *Filles de l'Enfant Jesus* sont une Société de Filles, établies à Rome, en 1661, au nombre de trente-trois, pour honorer les trente-trois années que Jesus-Christ a passées sur la terre. Une autre Congrégation de Filles, dont on a publié l'Histoire, fut instituée, à Toulouse, sous le même nom, & la même année, par Madame *de Mondonville*. Mais elle a peu subsisté.

JET DE FEU, s. m. Nom de certaines fusées fixes, dont les étincelles sont d'un feu clair, comme les gouttes d'eau jaillissantes, éclairées de jour par le Soleil, ou par une grande lumiere pendant la nuit.

JETTE', s. m. Terme de Danse. Pas qui se fait en sautant; comme le *demi-jetté* se fait en sautant à demi. Ce pas n'est que la partie d'un autre pas, & ne peut remplir seul une mesure.

JETTE'E, s. f. Amas de pierres, de sable & de cailloux, *jetté* dans un certain espace de mauvais chemin, pour en rendre le passage plus facile. On appelle *jettée*, chaque nouvel essain des Abeilles. En termes de Fauconnerie, on dit, jetter le Faucon, & lâcher l'Autour.

IGNICOLE, s. & adj. lat. Nom qu'on donne à ceux qui adorent le Feu; tels que les Guebres, qui ont conservé l'ancienne Religion de Perse.

IGNOBLE, adj. lat., qui signifie, bas, vil, sentant une basse extraction. L'idée de ce mot est directement opposé à celle de *noble*.

IGNORANTIN, s. m. l. Nom des Associés d'une Congrégation Religieuse, instituée, en France, par M. *de la Salle*, pour commencer l'éducation des Enfans du commun; c'est-à-dire, pour leur apprendre à lire, à écrire, & pour leur donner les premiers principes de Religion. Leur nom vient de la Profession qu'ils font, de ne savoir que ce qu'ils doivent enseigner.

ILLATION, s. f. lat. Terme d'Eglise, qui se dit, comme *translation*, pour, transport, ou retour, des Reliques d'un Saint. Cependant, il n'est gueres en usage que pour le retour de celles de Saint Benoît, d'Orléans à l'Abbaïe de Fleury.

ILLEGAL, adj., formé du latin, pour signifier *illégitime*, ou plus généralement, ce qui est contre les loix. *Illégalité* n'est gueres en usage, quoiqu'*illégitimité* se dise fort bien, pour exprimer la qualité d'un Enfant, qui n'est pas né d'un mariage légitime: sur quoi l'on doit remarquer que devant les mots simples, qui commencent par *l*, il prend souvent la force de la négative. Mais on ne connoît pas, là-dessus, d'autre regle que l'usage. *Illetré*, *illiberal*, *illimité*, &c., sont des exemples de l'un; *illustre*, *illuminé*, *illusion*, &c., en sont de l'autre.

ILLUTATION, s. f. lat. Terme d'art, pour signifier l'action d'enduire quelque chose de *boue*, ou de limon.

ILOTE, s. m. gr. Nom que les anciens Habitans de Lacédemone donnoient aux Esclaves, d'après les Loix de Lycurgue.

IMBECILLITE', s. f. lat, qui signifie également foiblesse de corps ou d'esprit. C'est l'effet ordinaire d'un fort grand âge.

IMBRICE', adj. lat. Tuiles *imbricées*. On donne ce nom aux Tuiles concaves, ou, suivant la signification du mot, faites en goutiere. En Dauphiné & dans d'autres Provinces, on emploie des tuiles *imbricées*, pour couvrir les Maisons.

IMEROS ou HIMEROS, f. m. Dieu du defir, chez les anciens Grecs; comme *Eros* & *Pothos* étoient ceux de l'Amour & du Souhait. On les repréfentoit tous trois fous la figure de trois Cupidons, ou trois Amours.

IMMA, f. m. Terre rouge, dont les Teinturiers & les Peintres fe fervent, en Perfe, & que les Femmes emploient auffi pour fe colorer le vifage. L'*Imma* fe tire particuliérement de la Montagne de Chiampa, près de Bander-Abaffi.

IMMATERIALISTES, f. & adj. Nom d'une Secte de Philofophie affez moderne, & née en Angleterre, qui prétend que tout eft efprit, & que le Monde n'eft compofé que d'Etre penfans ; c'eft-à-dire, que tout ce que nous croïons voir & fentir de corporel n'a pas de réalité, & que ce font des fantômes que notre efprit fabrique, ou qui naiffent en nous par la même néceffité qui nous a fait naître.

IMMATRICULER, v. act. *Voïez* MATRICULE.

IMMENSURABLE, adj. lat. La *Bruïere* a rifqué ce mot, qui n'étoit pas en ufage avant lui, pour fignifier, plus proprement, ce qui ne peut être affujetti à une mefure phyfique.

IMMEUBLES, f. m. Terme de Coutume & de Pratique, qui fignifie des biens en fond, ou en nature de fond ; par oppofition aux biens qui fe nomment Meubles, ou Effets mobiliers. On appelle, dans le même langage, une action *immobiliaire*, celle qui eft intentée pour entrer en poffeffion d'un *immeuble*.

IMPAIABLE, adj. Ce qui ne fe peut païer, ce qui eft hors de prix. Il ne fe dit gueres que dans le figuré, pour, incomparable, fans égal, fans comparaifon.

IMPALPABLE, adj. lat. Ce qui ne peut être touché, ou ce qui ne fait aucune impreffion fur les fens, lorfqu'on y touche ; comme l'air, la fumée, &c.

IMPARTABLE, adj. lat. Terme de Droit, qui fignifie ce qui ne peut être partagé, divifé, dans une fucceffion ; tel que les Duchés, les Marquifats, & tous les Fiefs de Dignité. *Impartibilité* eft le fubftantif.

IMPARTIAL, adj. lat. Exempt de partialité, neutre entre deux Partis. *Impartialité* eft le fubftantif, & *Impartialement*, l'adverbe.

IMPECCANCE, f. f. lat. Terme dogmatique, qui fignifie l'état d'un Homme qui ne commet aucun péché ; comme *impeccabilité* fignifie l'impoffibilité d'en commettre. L'*Impeccabilité* emporte l'*Impeccance*.

IMPERTURBABLE, adj. lat. Qui ne peut être troublé. Il fe dit particuliérement d'une mémoire ferme, qu'aucune interruption ne peut faire manquer.

IMPLANTER, v. act. lat. Terme de Médecine & de Chymie, qui fignifie inférer, planter, une chofe dans une autre. *Implantation*, f. f., fe dit dans le même fens.

IMPLEXE, adj. lat. Terme de Poéfie dramatique, qui fignifie, compofé de plufieurs parties, ou d'un grand nombre d'événemens variés, quoique liés naturellement au fujet. Une action peut être *implexe*, fans être double.

IMPLIQUER, v. act. lat. Terme de Logique, qui ne fe dit gueres que du raifonnement. Il fignifie proprement, renfermer avec quelque obfcurité. Lorfque deux idées font incompatibles, ou fe contredifent, on dit qu'elles *impliquent contradiction*, ou fimplement, qu'elles *impliquent*; c'eft-à-dire, qu'elles fe choquent & qu'elles fe détruifent mutuellement. *Implication* s'emploie dans le même fens. On dit fort bien, il y a de l'*implication* dans ces deux idées.

IMPOSTEUR, f. m. l., qui fignifie celui qui trompe adroitement, de paroles ou d'actions, celui qui en impofe. Ce mot eft auffi adjectif. Un air, un langage, *impofteur*. On dit, abfolument, c'eft une *impofture* ; & avec un régime, l'*impofture des yeux*, de la phyfionomie, &c.

IMPOT, f. m. lat. Nom qui ne fe donnoit autrefois qu'aux nouvelles levées paffageres de deniers, que le

Gouvernement imposoit, pour les besoins de l'Etat, mais qui s'applique, en général, à toutes les contributions des Sujets, depuis que la plûpart des anciens *impôts* sont devenus habituels.

IMPRIMERIE DE PEINTURE, s. f. Invention nouvelle, qui consiste à imprimer des Tableaux, avec trois couleurs, aussi facilement que des Estampes, & avec autant d'exactitude que si le pinceau y étoit employé. On doit cet Art à un Peintre nommé *le Blond*. *Ugo Carpi*, Italien, en avoit donné quelque idée au commencement du seizième siécle, en imitant, dans les Estampes, les Desseins lavés, ou l'espece de Peinture, d'une seule couleur, que nous nommons *Camaïeu*.

IMPROPERE, s. m. Mot purement latin, qui signifie, reproche affligeant, injurieux. Il ne s'emploie qu'en termes ecclésiastiques, pour les injures, que Notre-Seigneur essuïa dans sa Passion, & qui se chantent dans l'Office de la semaine Sainte. Il y a dans l'Eglise du saint Sépulchre, à Jerusalem, une Chapelle de l'*Impropere*.

IMPURETE' LEGALE, s. f. On donnoit ce nom, dans l'ancienne Loi, à une sorte de tache, qui se contractoit en faisant différentes choses *défendues*, ou nommées *impures*; ce qui demandoit des purifications.

INALIENABLE, adj. lat., ce qui ne peut être aliéné, c'est-à-dire, dont on ne peut perdre ni céder la propriété. Le Domaine roïal est *inaliénable*; mais cette *inaliénabilité* n'est que de droit positif.

INALLIABLE, adj. formé d'*allier*. Il ne se dit gueres que de certains métaux, qui ne peuvent s'allier l'un avec l'autre.

INANITE', s. f. lat. Terme de Chronologie, qui se dit de la durée du Monde, avant la Loi de Moïse.

INCISIF, adj. lat., qui se dit, en Médecine, pour divisant, attenuant. Les Eaux minérales sulphureuses sont *incisives*.

INCIVIL, adj. En termes de Jurisprudence, on appelle *Clause incivile*, une clause faite contre la disposition des Loix.

INCOMMUTABLE, adj. lat. Ce qui ne peut recevoir de changement. C'est un terme de Pratique. Propriété *incommutable*, c'est-à-dire, dont on ne peut être dépossedé légitimement. *Incommutabilité* est le substantif.

INCONCILIABLE, adj. lat. Incapable de conciliation, c'est-à-dire, de se lier, ou de s'accorder, avec quelqu'un, ou avec quelque chose.

INCONSEQUENT, adj. lat. Terme assez nouveau, pour signifier ce qui est sans suite, sans liaison. Il se dit surtout du raisonnement, & de tout ce qui en dépend, comme la conduite morale, &c. On en a fait le substantif *Inconséquence*, qui ne s'emploie que dans le même sens.

INCONSIDERATION, s. f. lat. Défaut d'attention, qui vient ordinairement d'un défaut de prudence. *Inconsideré* est l'adjectif, dont on a fait même *inconsiderément*.

INCONTINENCE D'URINE, s. f. Terme de Médecine, pour signifier un écoulement involontaire de l'urine, qui arrive lorsque le ressort du sphincter est relâché.

INCORRECTION, s. f. lat. Terme qui s'est introduit dans les Arts, pour signifier défaut d'exactitude, dans le dessein, ou l'exécution, d'un Ouvrage. L'*Incorrection* s'allie quelquefois avec les plus grandes qualités du génie & du savoir.

INCRASSER, v. act. lat. Terme de Médecine, qui signifie épaissir par quelque mêlange. Le sang s'*incrasse*, en se chargeant de diverses parties qui nuisent à sa circulation.

INCULPATION, s. f. lat. Attribution qu'on fait d'une faute à quelqu'un. C'est un terme de Palais, qui ne signifie pas tant que celui d'accusation; parce que celui-ci emporte l'idée des formes juridiques.

INCURIE, s. f. Mot purement latin, qui signifie exemption de soin, indolence. Il ne s'emploie gueres que dans le style familier.

INCUSE, adj. lat. Terme de Médailliste, qui se dit de certaines Médailles frappées d'un seul côté, par la négligence & la précipitation des Ouvriers. Il se trouve des Médailles *incuses*, c'est-à-dire, non-frappées, dans les Antiques & dans les Modernes.

INDECIS, adj. lat. Qui n'est pas décidé. Il se dit des personnes & des choses. Un Homme *indecis* est un Homme irrésolu, qui a peine à se déterminer. Une affaire est *indecise*, lorsqu'elle n'est pas encore décidée. *Indécision*, s. f., ne se dit gueres que dans le premier sens, pour, irrésolution, incertitude.

INDEFECTIBILITE', s. f. lat. Terme ecclésiastique, qui signifie, qualité d'une chose qui ne peut manquer. Il ne se dit que de l'Eglise, à laquelle cette prérogative est assurée par la promesse de Jesus-Christ. *Indeffectible* est l'adjectif.

INDESTRUCTIBLE, adject. lat., qui ne peut être détruit. Tels paroissent les genres d'Animal & de Plante, dont la forme reçoit bien quelque altération, par le mêlange des especes, ou par l'accession de quelques parties Etrangeres, mais dont le fond semble incapable de changer.

INDIGESTION, s. f. lat. Embarras, ou douleur de l'estomac, causé par l'excès, ou la qualité, des alimens, qu'il ne peut digerer.

INDIGITAMENT, s. m. lat. Nom d'un Livre des anciens Pontifes Romains, qui contenoit le nom des Dieux, la forme de leur Culte, & les cérémonies qui étoient particulieres à chacun.

INDIRE, s. m. Terme de Fief. On appelle *droit d'indire aux quatre cas*, un droit par lequel quelques Seigneurs peuvent doubler leurs rentes & leurs revenus en quatre cas ; 1°. Pour le voïage d'Outre-Mer. 2°. Pour une nouvelle Chevalerie. 3°. Quand le Seigneur est Prisonnier de guerre. 4°. Pour le Mariage d'une Fille.

INDIRECT, adj. lat. En termes de Logique, on appelle Modes *indirects* de Syllogisme, ceux qui ne concluent pas directement. La conclusion n'en est pas aussi évidente que celle des autres.

INDISPONIBLE, adj. Terme de Palais, qui se dit des biens dont les loix ne permettent pas de *disposer*.

INDISSOLUBLE, adj. lat. Ce qui ne peut être rompu. Des liens *indissolubles*. Il ne s'emploie gueres que dans le sens Moral, aussi bien qu'*indissolublement*, qui est l'adverbe.

INDIVIS, adj. lat. Terme de Palais, qui signifie ce qui n'est pas divisé. *Par indivis* est un adverbe, qui se dit, dans le même langage, pour, *en commun, sans division*.

INDUCTION, s. f. lat. Dans le sens Moral, il signifie l'action d'engager quelqu'un à faire une chose, soit par adresse, ou par des motifs expliqués. Il se dit aussi des suites d'une chose, qui conduisent à une autre ; surtout en matiere de raisonnement, où quelquefois une preuve s'étend par *induction* à des points différens de celui qu'on avoit à prouver. En termes de Physique, c'est l'action d'étendre, ou d'appliquer, quelque chose sur la surface d'une autre, surtout quelque chose de ductile & de mou.

INDULGENCE, s. f. lat. Dans quelques anciennes médailles, l'*Indulgence*, prise pour *facilité à pardonner*, est représentée, par une Femme assise, qui tend la main droite, & qui tient un sceptre de la main gauche.

INELIGIBLE, adj. lat. Terme de Conclave & de Chapitre, qui signifie *celui* qui ne peut être *élu*. L'élection est nulle, quand elle tombe sur un sujet *ineligible*.

INERTIE, s. f. lat. Terme dogmatique, qui signifie incapacité d'action. On appelle *Force d'inertie*, dans les corps, une résistance au mouvement, qui ne vient que de leur masse, & qui est proportionelle, comme la pesanteur, à la quantité de matiere qui leur est propre.

INFEODATION, s. f. Terme de Coutume, qui signifie l'action par laquelle on donne quelque chose en fief, ou on l'unit à son fief. *Infeoder* est le verbe.

INFILTRATION

INFILTRATION, s. f., formé de *filtrer*. C'est l'action d'une chose qui se glisse & s'insinue dans les pores des parties solides.

INFINITIF, s. m. lat. Terme de Grammaire, qui est le nom d'un mode, dans la conjugaison des verbes. C'est celui qui marque l'action, en général, sans désigner aucun tems précis. Il est quelquefois emploié pour substantif, comme, le *manger* & le *boire*. La plûpart des substantifs Anglois ne sont que l'infinitif des verbes.

INFIRMATIF, adj. lat. Terme de Palais, qui signifie ce qui affoiblit la force d'une chose, ou ce qui l'ôte tout à-fait. Il se dit particuliérement des Jugemens supérieurs, qui révoquent, ou qui restraignent, ceux des inférieurs. Un *Arrêt infirmatif* de telle Sentence.

INFLATEUR, s. m. lat. Nom qu'on donne aux Philosophes, qui prétendent que le continu est composé de points enflés.

INFORMATEUR, s. m. Les Allemands donnent ce nom, pour celui de Précepteur, à ceux qui sont chargés de l'instruction des jeunes gens. Il vient du verbe latin, qui signifie former, instruire.

INFORME, adj. lat. Ce qui n'a point de forme régulière, ou ce qui est encore éloigné de celle qu'il doit recevoir. Il se dit également des Ouvrages de l'art & de la nature. Les anciens Astronomes appelloient *informes*, les Etoiles qu'ils ne faisoient point entrer dans les *Constellations*, ou *Figures* du Ciel. Ils les nommoient aussi *Sporades*, c'est-à-dire, semées sans ordre. Les Modernes ont formé de nouvelles Constellations, d'une partie de ces Etoiles.

INFORTIAT, s. m. Terme de Jurisconsulte. C'est le nom qu'on donne au second Volume *du Digeste*, compilé du tems de *Justinien*.

INFRACTION, s. f. lat. Action par laquelle on viole quelque devoir. L'*Infraction* d'un Traité, d'une Regle, &c.

INGENERABLE, adj. lat. Terme de Physique, qui se dit de la *Supplém.*

nature essentielle des choses, qu'on suppose invariable, incapable d'altération, & qui s'est trouvée telle par la création divine, sans être jamais sortie d'une matiere premiere, différente d'elle-même.

INIGISTE, s. m. Nom que le Peuple donnoit aux Jésuites, dans leur origine; du nom Espagnol de Saint Ignace, qui est *Inigo*.

INPROMPTU, s. m. & adv. Ce mot, qui est purement latin, signifie, sur le champ, sans préparation. Un ouvrage d'esprit, un repas, & tout ce qui se fait à la hâte, prend le nom d'*Inpromptu*.

IN-SEIZE, s. m. Terme d'Imprimerie, qui désigne un format de Livre, au-dessous de l'*in-douze*. Chaque feuille, dans l'*in-seize*, à trente-deux pages, ou seize feuillets.

INSIPIDE, adj. lat., sans goût, sans saveur, en un mot sans aucune qualité qui excite les sens. Il se dit dans le Figuré, pour signifier, fade, plat, sans esprit, & sans élégance.

INSOCIABLE, adj. lat. Farouche, ennemi de la société, ou qui n'en est pas capable. Un esprit, une humeur, *insociable*.

INSOLITE, adj. Mot purement latin, introduit assez nouvellement pour signifier, ce qui n'est point en usage, ce qui est inusité.

INSOLUBLE, adj. Mot purement latin, qui se dit d'une difficulté qui ne peut être expliquée.

INSTABILITE', s. f. lat. Qualité qui porte à changer, qui fait qu'on se fixe difficilement, qu'on n'est pas stable, constant.

INSTANTANE'E, adjectif d'*instant*. Il n'est gueres en usage que dans les matieres de Physique, pour signifier ce qui ne dure qu'un moment, ce qui passe fort vite, ou ce qui répond à une durée très courte. Il doit s'écrire avec deux e, même au masculin, comme *Ptolomée*, *Pompée*, & comme tous les mots terminés en é, qui finissent, en latin, par *eus*.

INSTITUTION, s. f. lat. Outre l'acception commune, suivant laquelle ce mot signifie *établissement*,

S

il se dit, en termes de Droit Civil, des Testamens, & des dispositions qui se font par d'autres Actes. Dans le Droit Canon, il signifie toutes sortes de provisions, qui sont le titre par lequel on acquert un Bénéfice, & l'on s'y maintient. On appelle *Instituteur*, celui qui est chargé de donner les premieres instructions à un Prince du Sang.

INSURGENT, s. m. lat. Terme d'Histoire, qui ne se dit néanmoins que de certaines Trouppes de Hongrie, *levées* extraordinairement pour le service de l'Etat.

INTACT, adj. lat. Terme du langage familier, qui signifie ce qui est demeuré pur, entier, & tel qu'il étoit, parce qu'on n'y a pas touché. Les Physiciens ont tiré de la même source, *intactile*, pour signifier ce qui ne peut tomber sous le sens du *tact*.

INTEGRAL, adj. *Calcul integral*. Voïez CALCUL. *Integrer* & *Integration* sont des termes de la même méthode.

INTEGRANTE. *Partie integrante*. Terme de Philosophie, qui se dit des principales parties d'une chose, de celles qui constituent son essence, & sans lesquelles elle changeroit de nature.

INTEGRE, adj. purement latin, qui signifie *entier*, mais qui ne s'emploie que dans le Figuré, pour signifier pur, sans corruption. Un Juge *integre*, c'est-à-dire, sans reproche, d'une Justice éprouvée. Une vertu *integre*, c'est-à-dire, sans tache, supérieure aux soupçons. *Integrité* est le substantif.

INTERCURRENT, adj. lat. Fievre *intercurrente*. On donne ce nom à diverses sortes de fievres qui ne sont pas stationaires, mais qui se mêlent avec celles qui le sont, & qui ont tantôt plus, ou tantôt moins, de violence. Le pouls, qu'on nomme *intercurrent*, n'est pas différent de l'*intercédent*, qui signifie à-peu-près la même chose.

INTERCUTANE'E, adj. lat. Ce qui est entre la peau & la chair.

INTERESTS LUNAIRES, s. m. Au Levant, on donne ce nom aux *interêts* usuraires que les Juifs font païer aux Chrétiens; parce qu'ils se païent par Lunes, au grand profit de l'Usurier.

INTERLOCUTEUR, s. m. lat. Nom qu'on donne aux différens Personnages qu'on introduit dans un Dialogue, & qui le forment entre eux.

INTERPRETATIF, adj. l. Ce qui reçoit, ou ce qui peut recevoir, une interprétation, relative à des principes connus. Ainsi, l'on appelle *permission interpretative*, celle qu'on auroit pû obtenir, si des obstacles imprévûes n'avoient empêché de la demander; moïennant quoi, l'on agit comme si on l'avoit demandée & obtenue.

INTERVERSION, s. f. lat. Changement, trouble, entre plusieurs choses. On dit fort bien l'*interversion*, pour, *le dérangement de l'ordre*. Quelques bons Ecrivains ont emploïé aussi ce mot pour, *diversion de deniers*, entre plusieurs personnes, qui s'entendent pour les *faire tourner* à leur profit. *Intervertir* est le verbe, dans ces deux sens.

INTESTABLE, adj. Mot purement latin, qui signifie celui qui ne peut être appellé en témoignage, par quelque défaut qui lui ôte ce droit.

INTHRONISATION, s. f., composé de Thrône, pour signifier la partie du couronnement d'un Roi, dans laquelle il prend possession du Thrône. On dit aussi *Inthroniser*, pour, *placer sur le Thrône*.

INTITULER, v. act. lat. Donner un titre à quelque chose. Il ne se dit gueres que des Livres, des Mémoires, des Actes, &c. *Intitulé* s'emploie quelquefois comme substantif, au lieu de *titre*.

INTOLERANT, adj. lat. Terme de Religion, qui signifie celui qui n'en admet point d'autre que la sienne, parce qu'il la croit seule bonne. On appelle *Intolerantisme*, la Doctrine, ou le sentiment, de ceux qui ne veulent souffrir aucune autre Religion que la leur.

INTROCESSION, s. f. lat. Terme de Physique, qui signifie *retirement*. Il se dit des parties d'une chose molle, qui, étant pénétrées par celles d'une autre, cedent à cette action, & se retirent en se comprimant.

INTRODUCTIF, adject., formé d'introduire, comme Introduction &.Introducteur. Il se dit de ce qui mene à quelque chose, de ce qui lui sert comme d'entrée. Une Requête, une Réflexion, *introductive*.

INTROMISSION, s. f. lat. Terme de Médecine, qui se dit pour, Introduction physique, ou action d'introduire une chose dans une autre.

INTSIA, s. m. Nom d'un grand arbre du Malabar, qui est une espece d'Acacia toujours verd. Son écorce & ses feuilles sont emploiées, dans la Médecine, pour les maux de ventre & les ulceres.

INTUS-SUSCEPTION, s. f. lat. Terme de Physique & de Médecine, qui signifie, tantôt l'attraction de quelque fluide, dans l'intérieur d'un corps, comme celle de la seve dans les canaux d'une Plante; tantôt l'entrée, contre nature, d'une chose dans une autre, comme celle d'un intestin qui se rendouble, c'est-à-dire, dont une portion entre dans l'autre.

INVALIDER, v. act., qui signifie, en termes de Pratique, rendre nul. Il se dit des actes & des engagemens.

INVARIABLE, adject. lat., qui se dit de ce qui n'est point sujet à changer. *Invariabilité* est le substantif.

INVESTIGATEUR, s. m. lat., celui qui cherche quelque chose, qui s'applique à faire des découvertes, surtout en matieres d'Antiquités & de Physique, auxquelles ce mot paroît borné.

INVOLUTION, s. f. lat. Mot qui s'est introduit, pour signifier l'action d'entourer, surtout dans le sens Moral, où quelques bons Ecrivains n'ont pas fait difficulté de dire, une grande *involution* de circonstances.

INUSITE', adj. lat., ce qui n'est pas en usage; ou ce qui n'arrive point, ce qu'on ne voit point, ce qu'on n'éprouve point ordinairement.

JONCHER, v. act., qui signifie parsemer, couvrir. Il est formé de Jonc, apparemment parce que les Joncs sont en grand nombre sur leurs tiges, ou parce qu'étant coupés, ils se répandent aisément.

JONIEN, s. m. g. Terme de Prosodie. C'est le nom d'un pié des vers grecs & latins. Le grand *Jonien* est composé d'un Spondée & d'un Pyrrhique, c'est-à-dire, de deux longues & de deux breves. Le petit, d'un Pyrrhique & d'un Spondée.

JONTHLASPI, s. m. Plante sarmenteuse, qui est une espece de Thlaspi, couverte, suivant la signification du mot grec composé, d'un *poil blanc*, qui la fait résister au froid. On distingue le grand & le petit, tous deux détersifs & vulnéraires.

JOSEPH. Le *Coton-Joseph* est une sorte de Coton filé, de qualité médiocre. On donne le nom de *Joseph-fluant*, de *Joseph-collé*, de *Joseph-à-soie*, à différentes especes de Papier.

JOU, s. m. Nom que les Celtes donnoient à leur Dieu, que quelques-uns prennent pour Jupiter. On prétend que ce nom signifioit Jeunesse, & qu'ils vouloient marquer l'Eternité de Dieu, qui ne vieillit jamais. Quelques-uns y croient trouver le véritable nominatif de Jupiter, dont le genitif est *Jovis*. Le *Mont-Jou*, dans les Alpes, étoit nommé, par les Latins, *Mons Jovis*; & dans nos Provinces Méridionales, on dit encore *Di-jou*, pour *Jeudi*.

JOUER. Terme commun, qui a différens régimes, dont il seroit difficile d'expliquer les raisons. On dit *jouer* quelqu'un, pour, s'en mocquer, ou le tromper; *jouer* un rolle, pour, l'exercer; *jouer* le Dévot, *jouer* l'Homme fin, &c., pour, contrefaire ces qualités; *jouer* un jeu, le *jouer* bien, ou mal. Dans toutes ces significations, *jouer* est actif. Mais on dit, *jouer* de la Flutte, *jouer* à la Paume, & *jouer*, sans aucun régime.

JOUFFLU, adj., formé de *joue*. Vieux mot, qui se dit encore, dans le style familier, d'une personne qui a les joues grosses.

JOUI, s. m. Célebre liqueur du Japon, dont les Japonois savent, seuls, la composition, & que les autres Indiens achetent d'eux, à grand prix. Elle se garde dix ou douze ans sans se corrompre, & l'on vante beaucoup sa vertu, pour réparer les forces. On croit que la base du *joui* est du jus de Bœuf, exprimé lorsqu'il est à demi rôti.

JOVIAL, adj., formé apparemment de *joie*, puisqu'il signifie ce qui en porte les apparences. Humeur, manieres, *joviales*. La Reine *Christine de Suede* avoit établi, à Stokolm, une assemblée, qui se nommoit *Joviale*; mais ce nom lui venoit du mot latin, qui signifie Jeudi, parce qu'elle se tenoit ce jour-là.

JOURNE'E, s. f. En termes de Guerre, *Journée* se dit pour Bataille. La *journée* de Fontenoi. On appelloit autrefois *journée*, dans les pieces de Théâtre, ce qu'on nomme aujourd'hui une Scene.

JOUR DE PLANCHE. Nom qu'on donne, dans les Ports, à des jours reglés, pendant lesquels ceux qui y ont des marchandises sont obligés de les décharger, ou de païer une certaine somme, pour chaque jour qu'ils les y laissent de plus, lorsque les jours de Planche sont expirés.

JOURNAU, s. m. Mesure de terre qui peut être labourée en un jour, & qui revient au *Jugerum* des Anciens. Dans quelques Provinces, on compte, & on donne, les Terres par *journaux*, au lieu d'arpens.

JOUVENCE, s. f. lat. ou JUVENCE. Vieux mot qui signifie Jeunesse, & qui ne s'est conservé que dans cette expression *la Fontaine de jouvence*, pour signifier une Fontaine imaginaire, dont l'eau faisoit rajeunir. *Jouvanceau*, qui a signifié jeune Homme, se dit encore dans le style badin, comme *Jouvancelle*.

IPSO FACTO. Expression latine, qui est devenue françoise, par le fréquent usage qu'on en fait. Elle se dit proprement des excommunications qui sont encourues *dès que l'action est commise*. Mais on l'étend, dans l'usage, à tout ce qui se fait, ou qui arrive, à l'occasion particuliere de quelque chose.

IRRADIATION, s. f. lat. Action d'un corps lumineux, qui jette des raïons. C'est par l'*irradiation* du Soleil sur les nuées, que se forme l'Iris, ou l'Arc-en-Ciel.

IRREDUCTIBLE, adj. lat. Terme de Physique, qui signifie ce qui ne peut plus être rétabli dans son premier état. Toutes les teintures métalliques ne sont pas *irreductibles*.

IRREGULARITE', s. f. lat. En termes Canoniques, on distingue deux sortes d'*irrégularité*, c'est-à-dire, de Censure: celle qu'on encourt, pour un défaut, & celle où l'on tombe, pour un crime. L'*irrégularité* rend incapable d'acquérir un Bénéfice, mais elle ne rend pas incapable de posséder celui qu'on a déja. On appelle *irrégulier*, celui qui, aïant encouru l'*irrégularité*, est devenu incapable de recevoir les Ordres, ou d'en faire les fonctions, s'il les a reçus, ou d'être pourvû d'un Bénéfice.

IRRESISTIBLE, adj. lat. A quoi l'on ne peut résister. Les Théologiens en ont fait *irresistibilité*, s. f. Ceux qui croient la grace *irresistible* s'écartent de la Doctrine de l'Eglise.

IRRESOLUBLE, adj. lat., formé du verbe, qui signifie résoudre. Les Géometres ont introduit ce mot, pour les Problèmes qui ne peuvent être expliqués; comme *insoluble* se dit d'une difficulté invincible de raisonnement.

IRRITANT, adj. lat. Terme de Droit, auquel on fait signifier, suivant le sens du mot latin, ce qui *annulle*, ce qui rend *vain*, *inutile*. Une clause *irritante*.

ISARD, s. f. Nom qu'on donne, dans les Pyrenées, à l'espece de

Chevre, qui se nomme ailleurs Chamois, & dont la peau est fort estimée dans le Commerce des cuirs. On prétend qu'il se trouve, dans sa vessie, une sorte de *Besoard*, à laquelle on attribue d'excellentes propriétés.

ISCHIO-CAVERNEUX, adject. Terme d'Anatomie, qui se dit de deux muscles attachés à l'Ischion, & situés le long des racines des corps caverneux.

ISIAQUE. *Table isiaque*. Nom qu'on a donné à un célebre monument de l'Antiquité, qui contient la figure & les mysteres d'Isis, avec un grand nombre de cérémonies religieuses des Egyptiens. Il fut trouvé au sac de Rome, en 1525. L'original s'est perdu depuis, mais il a été gravé plusieurs fois, & plusieurs Savans ont tenté de l'expliquer.

ISLAM. *Voïez* ESLAM.

ISLOT, s. m. Diminutif d'Isle, que les Voïageurs emploient souvent, pour signifier une petite Isle.

ISOLER, v. act. Ital. Rendre quelqu'un semblable à une Isle, c'est-à-dire, rompre tous les liens qui l'attachent, le séparer de tout ; comme une Isle est séparée de toutes les autres terres. Un Homme *isolé* est un Homme libre, indépendant, qui ne tient à rien.

ISOPSEPHE, adj. gr., qui signifie d'égal calcul. On donne ce nom à des vers construits de maniere, que les lettres numerales du premier distique produisent le même nombre que celles du second. On a prétendu en trouver dans *Homere*. Il y a quelques Epigrammes de cette nature dans l'Anthologie.

ISORAMUNE, s. m. Arbre du Malabar, dont le suc de la racine est fort vanté pour les maladies de la poitrine.

ISTHMION, s. m. Espece de coëffure des anciennes Grecques, qui se trouve sur les médailles. C'est un terme d'Antiquaire. La tête couronnée de l'*Isthmion*.

ITHOS, s. m. Mot grec, qui signifie *moralité*, ou le moral d'une chose. Dans les Sermons des Peres grecs, la derniere partie, qui en contient la Morale, se nomme *Ithos*, ou *Ethos*, suivant les différentes prononciations de l'*n* grec. *Moliere* s'est servi de ce mot.

ITYPHALLE, s. gr. Nom d'un ancien Amulete, qu'on portoit pendu au cou. On lui attribuoit de grandes vertus contre les maladies, & même contre l'envie & la haine. Les Empereurs même portoient l'*Ityphalle*; comme on porte aujourd'hui le sachet Anti-apoplectique de M. *Arnoult*.

JUABEBA, s. m. Arbrisseau de l'Amérique, dont on vante beaucoup la racine, pour les obstructions des reins. Elle est d'une amertume extraordinaire.

JUBIS, s. m. Raisins en grappes, sechés au Soleil, que les Epiciers tirent ordinairement de Provence, pour les provisions de Carême.

JUGERE, s. m. Mot purement latin, qui signifie la mesure de terre qu'un joug, ou une couple de Bœufs, peut labourer en un jour. On s'en sert quelquefois pour *arpent*; quoiqu'il n'en fasse gueres que la moitié.

JULIEN. *Ordre de Saint Julien*. Nom d'un Ordre Espagnol de Chevalerie, institué dans le douziéme siécle, qui prit ensuite le nom d'Alcantara, & dont la Grand-Maîtrise fut unie à la Couronne de Castille, sous le Roi *Ferdinand* & la Reine *Isabelle*.

JULIS, s. m. Petit Poisson de la Mer Adriatique, long comme le doigt, & couvert de petites écailles tendres, qui representent toutes les couleurs de l'arc-en-ciel. Il nâge en trouppe. On le mange ; mais avec la précaution d'en ôter la tête, qui passe pour un poison.

JULUS, s. m. Petit Insecte terrestre, composé de plusieurs Anneaux, qui marche sur plusieurs pattes, & qui se roule lorsqu'on le touche. On prétend que pris dans du vin, il est bon pour la jaunisse & pour la difficulté d'uriner.

JUMELLE, s. f. Nom qu'on a donné à une fameuse sorte de double canon, inventée par un Fondeur de Lyon.

JUNCAGUE, s. f. Plante des Marais, qui tient beaucoup du Gramen, mais dont les feuilles reffemblent au Jonc le plus menu. Ses fommités fe terminent par des épis, qui portent des fleurs à plufieurs feuilles, difpofées en rofe.

JUNCAIRE, s. f. Plante rameufe, déterfive & vulnéraire, qui eft une efpece de *Rubie*, & dont les tiges reffemblent au Jonc; mais fes feuilles approchent de celles du Lin, & fes fleurs font blanches & pailleufes. Elle croît dans les Vignobles fabloneux.

JUNTE, s. f. Nom qu'on donne, en Efpagne, à une efpece de Confeil, compofé d'un certain nombre de Perfonnes que le Roi fait appeller, quand il lui plaît, pour les délibérations du Gouvernement, & qu'il révoque de même.

IVOIRE, s. m. Subftance offeufe, que les uns regardent comme une corne, d'autres comme une dent d'Eléphant, & qui ne porte le nom d'*ivoire*, que lorfqu'elle eft détachée de la mâchoire de cet animal, pour être mife en œuvre. Dans le Commerce en gros, les Marchands lui donnent le nom de *Morfil*. On appelle *noir d'ivoire*, ou *noir de velour*, des trochifques d'ivoire brûlé, qui fervent à la teinture.

IVRAIE ou **IVROIE**, s. f. Nom d'une mauvaife herbe qui croît parmi le froment, & qui porte une graine noire. On fait venir fon nom, de ce qu'étant en trop grande quantité dans le pain, l'*ivraie* caufe, dit-on, une forte d'*ivreffe*. Quelques-uns croient qu'elle n'eft qu'une corruption du froment, & prétendent même qu'elle en reprend, quelquefois, la nature & la forme. Il y a une *ivraie* fauvage, dont les feuilles reffembleroient à celles de l'Orge, fi elles n'étoient plus droites, & qui s'appelle autrement l'*ivraie des Souris*; parce que les Souris la rongent.

JURE', s. m. Dans les Communautés d'Arts & de Profeffions, les *Jurés* font des Officiers auxquels on fait prêter ferment, pour les vérifications, les comptes, les vifites, &c.

JUREMENT, s. m. Atteftation de Dieu, ou de quelque Etre créé, pour affurer, ou pour promettre, une chofe. Ainfi, le *Jurement* fe divife en affertoire & en promiffoire; le premier, qui fe fait pour affurer une chofe prefente, ou paffée; le fecond, qui regarde l'avenir, pour garantir une promeffe. Le *Jurement* eft un acte de Religion, direct, ou implicite. On donne mal-à-propos le nom de *Jurement* à diverfes expreffions, qui ne font qu'un abus du nom de Dieu, ou de quelque chofe de refpectable, ou qui ne renferment qu'une fimple imprécation, dont quantité de gens fe font une coupable habitude, mais fans aucune intention de jurer. Un Hiftorien a remarqué que Louis XI difoit, fans ceffe, *Paques-Dieu*. Charles VIII, *Jour de Dieu*. Louis XII, *le Diable m'emporte*. François I, *Foi de Gentilhomme*. Charles-Quint, *Foi d'homme de bien*. Charles IX, *toutes fortes d'imprécations*. Henri IV, *ventre faint gris*. La Trimouille, qui défendit Dijon en 1513, *la vraie Corps-Dieu*. Charles de Bourbon, *Sainte-Barbe*. Philibert, Prince d'Orange, *Saint-Nicolas*. La Roche-du-Maine, *tête Dieu pleine de Reliques*. Le Capitaine Bayard, *Fête-dieu Bayard*, &c. Quelques-uns adouciffent le Blafphême, ou l'Imprécation, par le changement de quelque fyllabe, comme dans *Jerni-bleu*, *Mort-bleu*; mais à qui en veulent-ils, fi ce n'eft à Dieu? L'expreffion eft ou criminelle, ou ridicule.

JUSTICE DISTRIBUTIVE, s. f. Les Jurifconfultes la divifent en remunerative, punitive & civile: La premiere, pour récompenfer les mérites. La feconde, pour impofer des peines proportionnées aux crimes. La troifiéme, pour diftribuer les Impôts & les Charges de l'Etat, fuivant les facultés de chaque Citoïen.

JUSTIFICATION, s. f. Terme d'Imprimerie, qui fignifie mefure & ajuftement des lettres, pour les trouver égales & les mettre bien en lignes.

IXEUTIQUE, f. f. gr. Art de prendre les Oiseaux à la glu.

JYNX, f. m. Nom d'un petit Oiseau, qui est un peu plus gros que le Pinçon, & qui a la langue si forte & si aigüe, qu'elle perce comme une aiguille. Il fait son nid dans les troncs des arbres & des édifices. On en fait manger pour l'épilepsie ; & sa chair est d'ailleurs fort bonne.

IZQUIATOLE, f. m. Nom d'une boisson, en usage aux Indes Occidentales, composée d'une décoction de féves, & de diverses sortes d'herbes chaudes & odoriférantes.

K

K est le caractere de la Monnoie, qui se frappe à Bourdeaux.

KABAK, f. m. Nom célebre dans les Relations de Moscovie, qui se donne à tous les lieux publics, où l'on vend du vin, de la biere, de l'eau-de-vie, du tabac, des Cartes à jouer, & d'autres marchandises de même nature, au profit du Souverain, qui s'en est reservé le débit, dans toute l'étendue de ses Etats, soit en gros ou en détail.

KAKA-TODDALI, Arbrisseau fort commun au Malabar, dont la racine & le fruit verd, frits dans l'huile, forment un onguent fort vanté pour la goutte.

KAMINE-MASLA, f. f. Drogue médecinale, qui se forme, en Siberie, sur les plus hautes montagnes & les rochers les plus durs, comme une espece de chaux, ou de beurre de pierre, & qui se dissout dans l'eau, comme le sel. On lui attribue quantité de vertus, sur-tout pour la Dyssenterie & les maux Vénériens ; mais ses effets sont violens.

KANASTER, f. m. Terme étranger, qui signifie un grand Panier, une Mane, où l'on emballe des marchandises. On le croit emprunté des bords de la Mer Baltique.

KANESSI, f. m. Nom de deux arbres Orientaux, dont les feuilles sechées se vendent au nombre des drogues. On les réduit en poudre, pour les prendre dans du lait, contre la diarrhée.

KANGIAR ou CANGIAR, f. m. Poignard de l'Indoustan, & d'autres Païs des Indes, célebre dans les Relations. Il se nomme Kandger en Turquie, où les femmes, dit-on, en portent un, à leur ceinture.

KANTERKAS, f. m. Sorte de Fromages, qui se font en Hollande, & dont le commerce est considérable. Il y en a de verds & de blancs.

KARA-ANGOLAM, f. m. Excellent onguent vulneraire, qui se fait des feuilles d'un arbre de même nom, bouillies dans l'huile. La racine du même arbre est purgative. Il croit au Malabar.

KARMESSE, f. f. Nom qu'on donne, en Flandre & en Hollande, à une Foire annuelle de chaque lieu, où l'on fait des Processions & des Mascarades, avec mille extravagances, qui sont un spectacle curieux pour les Etrangers. C'est ordinairement le jour du Saint titulaire de la principale Eglise.

KATATIPTI-POU, f. m. Plante du Malabar, dont les vertus sont fort vantées, & qui se prend en infusion, comme le Thé. L'*Hortus Malabaricus* contient quantité d'autres plantes, dont les noms commencent par *Kata*, *Katou*, *Kalia*, &c.

KAVIAR, Voïez CAVIAR.

KAUKI, f. m. Arbre de l'Isle de Java, dont les fleurs distillées produisent une eau, qui a les mêmes vertus que l'eau rose, & presque la même odeur.

KERATOPHYTE, f. m. gr. Nom d'une plante visqueuse & transparente, qui croit dans la Mer, & qui se couvre d'une espece de croute, sur laquelle on trouve quelquefois de fort belles couleurs. On en distingue plusieurs especes.

KETSERI, f. m. Nom de diverses sortes de petits pois des Indes Orientales ; comme *Ketvaron* est celui d'un petit grain du même Païs, qui est un aliment commun, & semblable à la navette.

KIASTRE, ou plutôt CHIASTRE, f. m. Espece de bandage, dont le nom lui vient de sa forme, qui représente la lettre grecque χ. Il sert pour la rotule fracturée en travers.

KONIGSDALLER, s. m. Monnoie d'argent, qui a cours en plusieurs lieux d'Allemagne, particuliérement sur les Frontieres de France, & qui revient à trois livres six sols huit deniers de notre Monnoie.

KONISMARK, s. f. Nom d'une espece de lame d'épée, qui est large de trois ou quatre doigts, proche de la poignée, dans l'espace d'un demi pied, & dont le reste n'a que la largeur ordinaire. Elle est bonne pour la parade : ce nom lui vient de son Inventeur, le Comte de *Konismark*, Général Suédois, qui pilla Prague, en 1648.

KORBAN, s. m. Nom d'un sacrifice, que les Chrétiens Orientaux faisoient d'un mouton, dans l'Eglise, avec l'usage d'en distribuer les pieces aux Assistans, pour représenter les anciennes Agapes. Nos Missionnaires sont parvenus à le faire abolir.

KYRIELLE, s. m. Mot formé de *Kyrie eleison*, qui est le commencement ordinaire des Litanies, pour signifier une longue énumération de chose, qui se suivent à-peu-près dans la même forme.

L

LA lettre *L* est le caractere de la Monnoie qui se frappe à Baïonne.

LABOURAGE, s. m. On appelle *décharge & labourage des vins, cidres*, &c., la sortie de ces liqueurs, hors des bateaux arrivés à Paris. Ce *labourage*, ou ce travail, appartient aux Maîtres Tonneliers.

LAC, s. m. lat. Grand espace d'eau, qui se trouve enclavé dans les terres. Il y a des Lacs d'eau salée, comme d'eau douce. Les Gaulois avoient un respect religieux pour les lacs, parce qu'ils les regardoient comme le séjour de quelques divinités.

LACER, v. act. Terme de chasse ou de meute, qui se dit pour *accoupler*. Une Chienne *lacée* par un Mâtin.

LACK ou LECK, s. m. Monnoie de compte, en Perse, & dans l'Indoustan. Un lack vaut cent mille roupies ; une roupie d'or vaut treize roupies d'argent ; & une roupie d'argent, environ 38 sols de notre Monnoie. Un *carol* vaut cent *laks*. Comme les 100000 roupies, qui font le *lack*, sont des roupies d'argent, un lack vaut environ deux cens mille francs ; & un carol, environ vingt millions.

LACTE'E, adj. f. qui signifie ce qui est de nature, ou de couleur, de lait. *Voïez* VEINE, VOIE, & GALAXIE.

LACUNE, s. f. lat. Terme de Littérature, qui se dit des lignes, qui manquent dans quelque Ouvrage, imprimé ou manuscrit, & qui interrompent la suite du texte. *V.* LAGUNE.

LAGA, s. f. Nom de certaines féves, rouges ou noires, qui croissent dans quelques endroits des Indes Orientales, & qui servent de poids, pour peser l'or & l'argent. Elles se nomment *Conduri*, au Malabar.

LAGETTO, s. m. Nom d'une espece de laurier, de la Jamaïque, auquel on attribue une propriété fort singuliere. Sa seconde écorce est composée de douze ou treize couches, qui, séparées les unes des autres, font autant de pieces de drap ou de toile. La premiere forme un drap, assez épais pour faire des habits. Les couches intérieures sont une sorte de linge, dont on fait des chemises. Les dernieres, & celles des petites branches, fournissent autant de toiles de gaze, ou de dentelles très fines, qui s'étendent & se resserrent comme un reseau de soie. On ne nous apprend pas si cet arbre est commun ; mais il croît dans les montagnes.

LAGUNE ou LACUNE, s. f. Terme de Relation, qui signifie des marais remplis d'eau, ou des especes de lac. On donne particuliérement ce nom aux canaux, qui partagent la Ville de Venise.

LAIE, s. f. Nom de la femelle du Sanglier.

LAIETIER, s. m. Artisan qui fait des

des *Laïettes* & d'autres petits ouvrages de simple bois.

LAINAGE ou **LANAGE**, s. m. Façon qu'on donne aux draps & aux étoffes de laine, en les tirant avec des chardons, pour y faire venir le poil ; ce qui s'appelle *lainer* une étoffe. Dans la fabrique des Tapisseries, *lainer*, c'est couvrir de laine hachée & réduite en poussiere l'ouvrage du Peintre, avant que les couleurs en soient séches ; ce qui se fait avec un petit tamis. On appelle *Barques lainieres*, de petits bâtimens, qui servent au commerce de contrebande des laines d'Angleterre.

LAITEUX, adj., qui signifie ce qui a les qualités du lait. On appelle *soupe de lait*, certains chevaux blancs tirant sur l'Isabelle. La *pierre de lait*, ou *laiteuse*, s'emploie pour provoquer le lait aux femmes. On appelle *fiévre de lait*, ou fiévre laiteuse, une fiévre qui vient aux femmes, les premiers jours de leurs couches. L'*Arbre laiteux*, qui croît en Amerique, jette un lait excellent pour les plaies, & pour d'autres maux.

LAIZE, s. f. Terme de Manufacture, qui signifie la largeur qu'une étoffe, ou une toile, doit avoir entre les deux lisieres. C'est ce qu'on nomme *Lé*, dans l'usage commun.

LAME, s. f. En termes de Trictrac, On appelle *lames*, ou fleches, les figures coniques, sur lesquelles on case, ou l'on place les Dames, dans un Trictrac.

LAMIS, draps *lamis*, s. m. Sorte de draps d'or, fabriqués à Venise, dont il se fait un grand commerce à Smyrne.

LAMON, s. m. Nom d'un bois de Brésil, qui s'appelle aussi *Brésil de la Baie*, parce qu'on l'apporte de la Baie de tous les Saints.

LAMPARILLAS ou **NON-PAREILLES**, s. f. Sortes de petits camelots fort legers, qui se fabriquent à Lille, & dans d'autres Villes de Flandres.

LAMPASSE', adj. Terme de Blason, qui se dit de la langue des Animaux, lorsqu'elle sort de leur gueule, & que l'émail en est différent de celui du corps.

Supplém.

LAMPASSES, s. f. Nom des toiles peintes Indiennes, qui nous viennent particulierement de la Côte de Coromandel.

LAMPE, s. f. Etamine de laine d'Espagne, qui se fabrique dans quelques Manufactures de la Généralité d'Orléans.

LANCE A FEU PUANT, s. f. Terme de Mineur. On donne ce nom à une espece de lance, dont la tête contient une composition de matieres combustibles. Lorsqu'on entend un bruit sourd, qui menace d'une contre-mine, on fait un trou, du même côté, avec la sonde, & l'on y enfonce la *lance à feu puant*. On bouche soigneusement l'ouverture. La fumée, qui s'enferme dans les terres, empoisonne l'air de la contremine, jusqu'à faire périr ceux qui y travaillent, ou du moins jusqu'à les forcer de quitter leur entreprise. Différentes sortes d'instrumens sont nommées *lances*, de leur forme. La *lance de Mauriceau* sert aux Accoucheurs, pour ouvrir la tête d'un fœtus mort, & faciliter son passage. La *lance de bombe* est une verge de fer, qui se place au travers du noïau de terre, lorsqu'on coule une bombe. La *lance du canon* est l'instrument qui reçoit la charge, & qui la conduit au fond de l'ame, &c. La *lance brisée*, dans les joutes, est une lance à demi sciée, qui peut se briser facilement, pour rendre le choc moins dangereux.

LANCELE'E ou **LONCHILE**, s. f. Nom d'une plante.

LANCER, s. m. Terme de chasse, qui se dit du tems & de l'action de lancer une bête, c'est-à-dire, de la faire sortir de son Fort.

LANCETTE, s. f. Diminutif de lance. Les Chirurgiens ont quatre sortes de lancettes ; la premiere, *à grains d'orge*, plus large vers la pointe que les autres, pour les gros vaisseaux ; la seconde, *à grains d'avoine*, dont la pointe est plus allongée, pour les vaisseaux plus profonds ; la troisiéme, *à langue de serpent*, très fine & très aigüe, pour les plus petits & les plus profonds vaisseaux ;

T

la quatriéme, qu'on nomme *lancette à abscès*, & qui est plus forte, plus longue & plus large, que les autres.

LANGUEIEUR, f. m. Titre d'office, qui consiste à visiter les Cochons, surtout à la *langue*, pour voir s'ils ne sont pas ladres.

LANIFERE, adj. lat., qui signifie *qui porte de la laine*. On donne cette épithete aux animaux qui ont cette propriété, & à certains arbres qui portent une substance laineuse, ou cotonneuse, telle qu'on en trouve dans les chatons du Saule.

LANSON, f. m. Petit poisson de Mer, dont les Morues sont friandes, & qui sert d'appas aux Pêcheurs, pour les prendre.

LANSQUENET, f. m. Mot Allemand, qui signifie simple Soldat. Nous donnions autrefois ce nom à l'Infanterie Allemande, que la France prenoit à sa solde.

LANTE'ES, f. f. Grandes Barques Chinoises, que les Portugais de Macao emploient pour leur commerce à Canton.

LANTERNE D'HORLOGERIE, f. f. Nom d'une petite roue, placée au centre d'une grande, qui tient lieu de pignon dans les grosses horloges.

LANTERNISTES, f. m. Nom des Membres d'une Académie établie à Toulouse, qui leur vient, dit on, de l'usage qu'ils avoient, dans leur origine, de s'assembler la nuit, & de s'éclairer par de petites *lanternes*.

LANUGINEUX, adj. latin, qui signifie, couvert ou rempli de poil, comme d'une espece de laine. Il y a quantité de plantes lanugineuses, telles que la Guimauve, le Bouillon blanc, la Molaine, le Tussilage, &c.

LAPMUDE, f. f. Robbe de peaux de Rennes, dont l'usage est commun dans les Parties Septentrionales de l'Europe.

LAPTOTS, f. m. Nom que les Européens donnent, en Afrique, à des Valets ou des Matelots du Païs, qu'ils prennent à leurs gages. On les nomme aussi *Gromettes*, & par corruption *Gourmets*.

LARDON, f. m. Nom qu'on a donné longtems à une petite Gazette de Hollande, soit à cause de sa forme, qui étoit longue & étroite, soit parce qu'elle contenoit quelquefois des vérités offensantes, ou des satyres, qu'on appelle vulgairement *lardons*.

LARENIER, f. m. Piece de bois, qui avance au bas d'un chassis dormant d'une croisée, ou du quadre des vitres, pour empêcher que l'eau ne coule dans l'intérieur d'une chambre.

LARIX, f. m. Nom d'un arbre, dont on prétend que le bois est incombustible. Jules César en trouva une tour entiere, au Château de Larignum, proche des Alpes, & s'efforça inutilement de la brûler.

LARME DE JOB, f. f. Espece de roseau, qui pousse de grosses tiges nouées, de deux ou trois pieds de hauteur, & dont les fleurs naissent en forme d'épi. Ses fruits, qu'elle ne porte que dans les Païs chauds, sont des coques, dont chacune renferme une semence dure & lisse, jaune d'abord, & rouge dans sa maturité, en forme de larme, de la grosseur d'un petit pois, d'où vient le nom de la plante.

LAS-D'AMOUR, f. m. Chiffres, ou lettres entremêlées, qui s'emploient, en galanterie, pour les cachets, ou pour d'autres usages. Quelques-uns écrivent *laqs-d'amour*, parce qu'il vient du mot latin qui signifie *laq*, ou lien.

LASSIS, f. m. Espece de Capiton, ou de Bourre de soie. On donne le même nom à des étoffes légeres de capiton.

LASTRE, f. m. Nom qui se donne, dans les Echelles du Levant, aux carreaux de verre blanc qu'on emploie pour les vitrages. Il païe, à Smyrne, jusqu'à trente piastres d'entrée pour chaque caisse.

LATICLAVE, f. m. Nom célebre d'une robbe des Magistrats & des Senateurs de l'ancienne Rome. Recevoir le *laticlave*, c'étoit recevoir la qualité de Senateur. Mais le laticlave n'étoit proprement qu'un ornement de cette robe, consistant dans une large bande de pourpre, qui la bordoit des deux côtés, en diminuant de haut en bas ; ce qui pouvoit donner à cette bordure quelque ressemblance avec la figure d'un *clou*, suivant la signification du mot latin.

LATRIE, s. f. gr. Culte de Latrie. Terme de Religion, qui ne se dit que du culte, ou de l'*adoration*, qu'on rend à Dieu, comme à l'Etre Suprême, principe de tous les autres Etres. On appelle sacrifice *latreutique*, celui qui s'offre à Dieu, pour reconnoître son souverain domaine sur toutes les créatures.

LATRINES, s. f. lat. Lieux d'aisance, pour les nécessités naturelles. Il ne s'emploie gueres qu'en parlant des anciens usages, ou dans un style au-dessus du familier.

LAVAGNE, Pierre de Lavagne. Espece d'ardoise, qui se tire d'un lieu nommé *Lavagne*, sur la Côte de Genes, & qui s'emploie également pour couvrir les maisons, & pour faire du pavé. Sa grandeur & son épaisseur la rendent bonne aussi à peindre de grands Tableaux.

LAVANDER, s. m. Nom d'une sorte de linge ouvré, qui se manufacture en divers endroits de Flandre.

LAVEGE, s. f. Pierre, qui ne se tire que de trois carrieres connues ; l'une dans le Comté de Chiavenne, une autre dans la Valteline, & la troisième dans le Païs des Grisons. Elle sert à faire des marmites, & d'autres vaisseaux de cuisine, qui résistent au feu.

LAVIGNON, s. m. Petit coquillage marin, de la grandeur de la Moule, mais plus plat, plus large & plus court. Le poisson est de fort bon goût. Sa coquille paroît noire, dans la boue, où il se tient au bord de la Mer ; mais en la lavant, on est surpris de la trouver blanche.

LAUREATS, POETES LAUREATS. En Italie, en Espagne, &c. l'usage a subsisté long-tems de couronner de laurier les Poetes célebres, avec d'autres honneurs publics. Ils prenoient alors le titre de *Laureats*. Le Tasse mourut, la veille du jour marqué pour son couronnement.

LAURES, s. f. Nom qu'on donnoit anciennement, dans l'Eglise grecque, à un certain nombre de maisons, qui formoient ce qu'on a nommé depuis une *Paroisse*. On le donnoit particuliérement aux Paroisses de Campagne, dont l'Eglise occupoit ordinairement le centre, autour duquel les maisons étoient rangées en bon ordre. Le Desert même de la Thebaïde avoit des Laures de Solitaires. On appelle *Histoire Lausiaque*, une Histoire des Laures monastiques, commencée, au commencement du cinquième siécle, par *Palladius*.

LAXATIF, adj. lat. Terme de Médecine, qui se dit de ce qui lâche le ventre. Une Tisanne laxative.

LAZZI, s. masc. Terme du Théâtre Italien. On donne ce nom à quantité de gestes & de mouvemens divers, qui forment une action muette, dans la représentation des Comédies Italiennes.

LE, Pronom. On est quelquefois embarrassé sur le genre dont il doit être, lorsqu'il est séparé du mot auquel il se rapporte. La regle suivante paroît assez juste. *Le* est indéclinable, s'il se rapporte à un adjectif. Au contraire, il suit le genre & le nombre du mot, si c'est un substantif. Par exemple, si l'on demande à une femme, *êtes-vous jalouse ?* elle doit répondre, *je ne le suis pas*, quoique jalouse soit féminin ; *êtes-vous jalouses, Mesdames ? nous ne le sommes pas* ; quoique jalouses soit au pluriel. Mais, si l'on vous demande, *est-ce là votre pensée ?* il faut répondre, *ne doutez pas que ce ne la soit* : *sont-ce là vos sentimens ? ne doutez pas que ce ne les soit*. L'application de ce principe est aisé à tous les cas.

LEGILE, s. m. lat. Terme d'Eglise, & nom de l'Echarpe, ou piece d'Etoffe, dont on couvre le

Pupitre, sur lequel l'Evangile se chante, aux Messes solemnelles.

LEGIS. *Soies Legis*. Belle espece de soies, qui viennent de Perse, tant par les retours des Vaisseaux, qu'on envoie directement à Bander-Abassi, que par ceux qui trafiquent dans les Echelles du Levant, surtout à Smyrne.

LEGITIME, s. f., formé de l'adjectif, pour signifier une partie de l'Héritage Paternel, qui passe aux Enfans, suivant les Loix, indépendamment de la volonté du Pere.

LEMMA, s. m. Plante, dont les Anciens ont parlé, & qu'on a reconnue dans ces derniers tems, auprès de Nantes, en Bretagne, & dans quelques autres lieux. M. *de Jussieu* en a donné l'Histoire, dans les Mémoires de l'Académie des Sciences, 1740.

LEONESSES. *Segovies Leonesses*. Nom des plus belles laines d'Espagne, qui se tirent du Roïaume de Leon.

LE'PAS, s. m. gr. Nom d'un coquillage univalve, qu'on trouve toujours attaché à quelque corps dur, & qui est vivement tacheté. Il se nomme vulgairement, *Patelle*, ou *œil de Bouc*; *Arapede*, en Provence; *Eerlin*, en Normandie; *Jambe*, en Poitou; & *Bernicle*, en d'autres lieux. Sa coquille est un peu platte, quoiqu'élevée en cône, au milieu.

LESION, s. f. lat. Action d'offenser, ou de blesser. En termes de Palais, *Lesion* signifie *tort*, *dommage*, & quelquefois même *fracture*.

LESSE, s. f. Terme de Chasse, qui signifie le cordon avec lequel on mene un chien.

LETCHI, s. m. Nom d'un des plus délicieux fruits du monde, suivant toutes les Relations de la Chine, où il est fort commun. Sa grosseur est celle d'une Noix de Galle. Il est couvert d'une écorce chagrinée, d'un rouge éclatant, qui renferme une espece de Pruneau, dans lequel on trouve un petit noïau pierreux, de la figure d'un *girofle*. Les Chinois font sécher des *Letchis*, pour en manger toute l'année. Ils en mêlent même dans le thé, pour en augmenter l'agrément.

LETIFERE, adj. lat., qui signifie ce qui donne la mort, *mortel*.

LETTRES, s. f. Caracteres de l'Ecriture, qui composent l'alphabet, & dont on attribue la premiere invention à *Cadmus*. Il y a des Lettres majuscules, ou initiales, des lettres rondes, italiennes, batardes, &c. Quantité de Langues ont des lettres tout-à-fait différentes. Les Romains n'en avoient pas d'autres que ce qu'on nomme aujourd'hui les *Capitales*. Quelques-uns attribuent l'invention des lettres Hébraïques à Moïse, celle des lettres grecques aux Pheniciens, les lettres latines à Nicostrate, les Syriaques & les Chaldéennes à Abraham, les Egyptiennes à Isis, les Gothiques à Gulfila. Le mot de *lettre* a pris différentes significations dans notre langue, qui sont toutes imitées de la langue latine. *Lettre*, pour *Epître*. *Lettres*, par excellence, pour signifier les Sciences & tout ce qui fait l'objet des connoissances humaines. De-là *Lettré*, pour, *instruit des Lettres*, dans quelque degré. *Belles lettres* se dit particulierement de l'Eloquence, de la Poésie, de l'Histoire, des Langues, &c. *Lettres* se dit aussi pour toutes sortes d'actes, par écrit : lettres Patentes, *lettres* de Change, *lettres* de Créance, *lettres* de Naturalité, *lettres* de Grace, &c. Ce mot est toujours emploïé au feminin, excepté dans *Lettres roïaux*, qui se dit de certaines Ordonnances de nos Rois. *Lettre dominicale* est un terme de Calendrier : c'est une lettre qui marque le Dimanche, & qui est ordinairement en rouge, dans les Almanacs. *Litterature* signifie proprement les *Belles-Lettres*; *Litteraire*, adj., se dit de tout ce qui leur appartient, & *Litterateur*, s. m., de celui qui les cultive. *Litteral*, *voï*. son art. On appelle *Poëme lettrisé*, ou *Vers lettrisés*, ceux dont les mots commencent par une même lettre. *Voï*. TAUTOGRAMMES. *Lettrine*, s. f., se dit des petites lettres qu'on met quelque fois au-dessus, ou à côté, d'un mot qui est en plus gros caracteres.

LEVANTIS, s. m. Nom qu'on donne aux Soldats des Galeres Turques.

LEUCOGRAPHITE, s. f. gr. Espece de craie, ou Pierre blanche, facile à dissoudre, dont les Blanchisseurs se servent pour donner de l'éclat au linge. Elle entre aussi dans plusieurs médicamens, surtout pour les pertes & les crachemens de sang.

LEVRIER. *Ordre du Levrier.* Ancien Ordre militaire du Duché de Bar, en Lorraine, institué en 1416, par plusieurs Seigneurs, & dont la marque étoit la figure d'un *Levrier*, avec un collier au cou, sur lequel étoient ces deux mots; *Tous un.*

LEZ ou LE', s. m. *Voïez* LAIZE, qu'on prononce *Lé*, dans l'usage commun.

LEZE, adj. lat., qui ne s'emploie que joint avec un autre mot. Il signifie, blessé, offencé. Ainsi, *Leze-Majesté* signifie proprement Majesté offensée, & se prend pour, *crime qui offense la Majesté roïale.* On a fait, à cet exemple, *Leze-faculté*, *Leze-antiquité*, &c.

LIASSE, s. f. Plusieurs choses, surtout plusieurs papiers, attachés, ou liés, ensemble avec une corde. Les gens d'affaires mettent leurs papiers en *liasse*.

LIBANOTIS, s. m. gr. Plante dont la racine a l'odeur de l'Encens, suivant la signification de son nom. Sa semence abbat les vapeurs. Elle croît sur les Montagnes chaudes & pietreuses. Ses feuilles sont larges, dentelées, assez semblables à celles de l'Ache. Ses fleurs sont petites, blanches, avec l'odeur & le goût de la semence d'Angelique.

LIBELLES, au pluriel, s. m. Terme d'antiquité ecclésiastique, qui se disoit, & de certains billets, ou certificats, que plusieurs Chretiens prenoient des Magistrats, pour se mettre à couvert de la persécution; & d'autres Billets par lesquels les Martyrs supplioient les Evêques, de remettre, au Porteur, une partie de la Pénitence qu'il devoit subir, pour quelque péché. De-là *Libellatiques*, pour signifier ceux qui étoient attachés à cet usage.

LIBERAL, adj. lat. Outre sa signification commune, il se prend quelquefois pour noble, honnête, & pour tout ce qui est opposé à vil, bas, ignoble. Une naissance, une éducation *liberale*. On dit les Arts *liberaux*, par opposition aux Arts méchaniques. Mais, dans ce sens, il n'a point de substantif ni d'adverbe.

LIBERTINAGE, s. m. Excès de liberté, qui en est un abus, & qui est, par conséquent, un desordre. Il se dit particulièrement du déréglement des mœurs, & ne se dit gueres que des jeunes gens; comme *Libertin*. Mais il y a aussi un libertinage d'esprit, d'idées, de principes, de Religion, qui est de toutes sortes d'âges.

LIBIDINEUX, adj. lat. Dissolu, lascif, livré aux plaisirs des sens. Il se dit plutôt des choses que des Personnes. Une *Avanture libidineuse. Desirs libidineux.*

LICE. HAUTE-LICE, & BASSE-LICE. Fabrique de Tapisserie. Elle porte le premier de ces deux noms, quand le fond, sur lequel les Ouvriers travaillent, est tendu de haut en bas; & le second, quand il est couché tout plat.

LICENTIER, v. act. l. Se *licentier*, c'est s'accorder trop de liberté, s'oublier, passer les bornes du devoir. On dit, dans le même sens, *licentieux*; une conduite, des manieres, des expressions, *licentieuses. Licentier des Trouppes*, c'est les congédier. Des Soldats *licentiés* deviennent quelquefois fort *licentieux.*

LICHEN, s. m. lat. Plante qui sert à la teinture en rouge, & qui vient de diverses Isles de l'Archipel. Elle croît par bouquets grisâtres, longs de deux ou trois pouces, & partagés en plusieurs cornichons solides, qui sont courbés en faucille. C'est aussi le nom d'une espece de Plante parasite, qui vient sur l'écorce des Arbres, & qu'on prendroit pour une croute, mélée de jaune & d'un blanc sale. On s'en sert contre les dartres, d'où elle tire son nom.

LIENNE, s. f. Terme de Manufacture, qui se dit des fils de la chasne, dans lesquels la treme n'a point passé, parce qu'ils n'ont point été haussés, ou baissés, à propos.

LIEVRETEAU, f. m. Nom qu'on donne aux petits du Lievre, tandis qu'ils sont encore nourris par le pere & la mere; différens des Levrauts, qui sont de jeunes Lievres bons à manger, depuis deux mois jusqu'à six ou sept.

LIEUX, f. m. pluriel. On donne simplement ce nom aux lieux d'aisance, que les Anciens nommoient *Latrines* : sur quoi l'on remarque que les Anciens n'avoient que des Latrines publiques, en divers lieux des Villes, & que les personnes riches, ou de distinction, se servoient de bassins, que leurs Esclaves alloient vuider dans les égouts. On appelle *Lieux à l'Angloise*, ceux dans lesquels on fait venir de l'eau par divers conduits ; ce qui sert autant à la santé qu'à la propreté.

LIGNE DE LOKE, f. f. Nom qu'on donne à une petite corde attachée au loke, par le moïen de laquelle on estime le chemin d'un Vaisseau, en mesurant la longueur de la partie de cette corde, qu'on a dévidée pendant un certain tems, qui est ordinairement une demie minute, pendant lequel le Vaisseau, poussé par le vent, s'est écarté du *loke*, qui est demeuré comme immobile dans l'endroit où on l'a jetté. *Voïez* LOKE.

LIGNE, ou LIGNE EQUINOXIALE. *Voïez* EQUINOXIAL.

LIGNE. *Vaisseau de ligne.* On donne ce nom aux grands Vaisseaux de Guerre, qui ont au moins cinquante canons, & qui peuvent se placer en ligne, avec les autres.

LIGNOPERDA, f. m. Petit Insecte, qui croît dans l'eau, mais qui ne nâge point, & qui est une sorte de Ver, ou de Chenille, dont le Poisson est fort friand. On s'en sert pour amorce. Quelques uns le croient bon pour la fievre quarte, pendu au cou.

LILIUM, f. m. lat. Nom d'une liqueur forte de Pharmacie, qui s'appelle aussi *Camphorata*, autre nom latin.

LIMESTRE, f. f. Nom d'une espece de Serge, drappée & croisée, qui se fabrique à Rouen.

LIMODORE, f. m. Plante aperitive, qui croît dans les lieux humides, & qui est de couleur violette. Ses feuilles ont l'apparence d'autant de petites gaînes, & sa fleur ressemble à celle de l'Orchis. Sa tige est haute d'un pié.

LIMON, f. m. Nom que les Architectes donnent à la pierre, ou à la piece de bois, qui termine & soutient les marches d'une rampe d'escalier, sur laquelle on pose une balustrade pour servir d'appui. *Limoneux*, adjectif de *limon*, pris pour boue, se dit de ce qui a l'apparence, ou les qualités, du *limon*. *Limonier*, f. m. formé de *limon*, partie d'une Charette, se dit du Cheval qui s'y attele, & qui la soutient.

LION. *Ordre du Lion.* Nom d'un Ordre militaire, institué en 1080, par *Enguerrand de Coucy*, à l'occasion d'un Lion qu'il avoit tué dans sa Forêt, & qui y faisoit beaucoup de ravages. La marque étoit une Médaille, avec la figure d'un Lion.

On nomme *Lion* une sorte de linge ouvré, qui se fabrique en Beaujollois, & qui est tout de lin. Il y a le grand & le petit *Lion*.

LIPKI, f. m. Terme d'Histoire. On appelle *Lipkis*, d'après les Polonois, des Deserteurs qui passent de Turquie & de Tartarie en Pologne, ou de Pologne en Turquie, ou en Tartarie, pendant la guerre, ou pendant la paix.

LIPOGRAMMATIQUE, adj. gr., qui se dit d'un Ouvrage dans lequel on affecte de ne pas faire entrer une lettre particuliere de l'alphabet. On a divers Ouvrages de cette espece, anciens & modernes. L'Odyssée de Tryphiodore n'avoit pas d'*a* dans le premier chant, point de *b* dans le second, & ainsi des autres. Le Pere *Homen*, Augustin, publia, en 1696, un petit Ouvrage de *Gradianus Fulgentius*, où la même méthode est observée. Le Recueil des *Variétés ingénieuses* en contient aussi quelques exemples, en François.

LIPOME, f. m. gr. Nom d'une tumeur, ou loupe graisseuse, formée par une graisse épaissie dans la membrane adipeuse. Il s'en forme quelquefois de fort grosses entre les épaules.

LIQUET, f. m. Petite Poire, nommée aussi *la Vallée*, qui est colorée du plus beau rouge, mais que son âcreté ne rend bonne qu'à cuire.

LIQUOREUX, adj. formé de *liqueur*. Il ne se dit que du vin, pour signifier une douceur excessive, qu'il ne doit point avoir pour être bon.

LIS. *Chevaliers du Lis*. Il y a, parmi les Officiers de la Chancellerie de Rome, trois cens soixante Chevaliers *du Lis*, dont on attribue l'institution à *Paul III*, pour la défense du patrimoine de Saint Pierre. Leur marque devoit être une Médaille d'or, avec l'image de la Vierge d'un côté, & un *lis* de l'autre.

LISERAGE, f. m., signifie, en termes de Brodeur, l'ouvrage qui se fait sur une étoffe, en contournant les fleurs & le dessein avec un seul fil, d'or, d'argent, de soie, ou de laine.

LISERÉ, f. m., formé de Lisiere, & nom d'une sorte de petit galon, ou ruban, qui sert ordinairement à border. On dit d'une fleur, qu'elle est *liserée*, c'est-à-dire, bordée d'une couleur différente de celle du fond.

LISME, f. f. Droit que les François du Bastion de France paient aux Algériens & aux Maures du Païs, suivant d'anciennes Capitulations, pour la liberté de la Pêche du Corail, & du Commerce, au Bastio. même, à la Calle, au Cap de Rose, à Bonne & à Colle.

LISSE, HAUTE-LISSE, *Voï.* LICE.

LISSER, v. act. Unir, applanir quelque chose, lui donner une apparence unie & lustrée, en la frottant. On appelle *sucre à lissé*, du sucre au premier degré de sa cuisson. *Lisser* la laine, c'est l'ouvrir dans la teinture, en la remuant avec une perche, qui se nomme *Lissoir*, pour lui faire prendre également la couleur. On appelle *Lisserons*, des fils tendus en grand nombre, pour en faire du ruban ; & *Lissettes*, des ficelles tendues de même, pour d'autres ouvrages.

LIT, f. m. En termes d'Accoucheur, l'arriere-faix se nomme *lit*, parce que l'Enfant est couché dessus. *Liter* se dit, dans les Arts, pour, arranger les choses par *lits*.

LITAUX, f. m. Toiles rayées de blanc & de bleu, qui se fabriquent en divers lieux d'Allemagne, pour le Commerce des Indes Occidentales.

LITHIASE ou **LITHIASIE**, f. f. gr. Nom que les Médecins donnent au calcul, ou à la maladie calculeuse. Les Oculistes le donnent aussi à une maladie des Paupieres, qui consiste dans de petites tumeurs dures & comme *pétrifiées* sur leurs bords. Ils les nomment autrement *Gravelles*.

LITHOCOLLE, f. f. gr. Ciment de resine & de vieille brique, avec lequel on attache les pierres, pour les tailler sous la meule.

LITHOLABE, f. m. gr. Pincette qu'on emploie pour saisir le calcul, dans la Lithotomie.

LITHONTRIPTIQUE, f. m. gr. Remede dissolvant, qui brise & dissout la pierre dans la vessie. Tel est celui qu'une Dame Angloise, nommée *Stephens*, publia en 1735, & pour lequel le Parlement d'Angleterre lui donna une grosse récompense. En général, on appelle *Lithontriptiques*, tous les médicamens qui s'emploient pour la pierre.

LITHOPHYTE, f. m. gr. Nom qu'on donne à certaines productions de la nature, qui tiennent de la *pierre* & de la *plante*. Elles sont rangées, par les uns, dans la classe des végétaux, & par d'autres dans celle des minéraux. La plûpart sont des Plantes maritimes.

LITORNE, f. f. Nom d'un Oiseau, dont on distingue plusieurs especes. Celui que les Italiens nomment *Castriga Palumbica*, est un manger très délicat. Il se prend avec la *Rejittoire*, comme les Grives, ou avec le trebuchet. On le nourrit en cage, où il chante deux mois de l'année, en Juillet & Août. Il a le bec crochu, & les ongles fort aigus, quoiqu'il ne vive que de graines.

LITRON, f. m. Mesure creuse de choses solides, qui est la seixième partie du Boisseau.

LIVECHE, s. f. Plante dont la tige est de la hauteur d'un homme, & qui porte de petites fleurs blanches, à cinq petales. Sa racine excite l'urine, & résiste au venin.

LIXIVIATION ou LEXIVIATION, s. f. Terme de Chymie, qui signifie l'action de tirer des sels par la lessive.

LIXIVIEL, adj. ou LEXIVIAL, ou LEXIVIEUX. On trouve tous ces mots comme indifféremment emploiés dans les traités de Chymie, pour signifier des sels tirés par la *lessive*, ou *lotion*.

LOCOMOTRICE, adj. lat. Terme de Philosophie, qui ne se dit que de l'Ame, à qui les Anciens attribuoient la faculté de transporter le corps, d'un lieu à un autre; ce que ce mot exprime.

LOGOTHETE, s. m. Nom d'un des grands Officiers de l'Empire Grec, dont la principale fonction consistoit à répondre, pour l'Empereur, aux Ambassadeurs étrangers, & même aux Placets & aux demandes des Sujets. Quelques uns ont crû que c'étoit un simple *Interprète*.

LOK ou LOKE, du nom de son Inventeur, s. m. C'est un morceau de bois, de huit à neuf pouces de long, fait quelquefois comme le fond d'un vaisseau, qu'on charge d'un peu de plomb, afin qu'il demeure sur l'eau dans l'endroit où on le jette. *Voïez* LIGNE DE LOKE & TABLE DE LOKE.

LONDRINS, s. m. Draps de laine, qui se fabriquent en Provence, en Languedoc, & en Dauphiné, pour les Echelles du Levant, à l'imitation de ceux de Londres, dont ils tirent leur nom.

LONGITUDINALEMENT, adv., formé de Longitude, qui signifie, en longueur, en forme longitudinale.

LONGUE, s. f. Terme de Grammaire & de Prosodie, opposé à *breve*. Les *longues*, c'est-à-dire, les voïelles dont la prononciation est longue, se marquent par une petite ligne horisontale qu'on tire dessus. On dit proverbialement qu'un Homme observe les longues & les breves, pour dire qu'il agit & qu'il parle avec circonspection.

LOQUIS, s. m. Nom d'une petite espece de Verroterie, en forme de cylindre, que les Européens emploient, en Afrique, dans le Commerce avec les Negres.

LORETAN, s. m. Chevalier, ou Associé, de l'Ordre de Notre-Dame de Lorette.

LORGNER, v. act. & n. Regarder de côté, ou comme à la dérobée. On appelle *Lorgnettes*, ou *Lunettes d'Opera*, de petites lunettes d'approche, qui servent à distinguer les Assistans; mais particulièrement celles dont la forme est telle, qu'on peut voir d'un côté différent de celui vers lequel on presente le visage. Il y a même des Eventails de Dames, qui ont une petite ouverture garnie d'un verre, par le moïen duquel elles peuvent voir sans être vûes, & qui se nomme aussi *Lorgnette*.

LORMERIE, s. f. Ouvrage de *Lormerie*. On comprend, sous ce nom, tous les menus Ouvrages de fer, tels que des mords de bride, des gourmettes, des éperons, des gonds, des crampons, &c., qu'il est permis aux Maîtres Cloutiers *Lormiers* de forger & de vendre.

LOT, s. m. Vieux mot, qui signifie *portion*, *partage*. *Lottir*, qui en est le verbe, est encore plus hors d'usage, excepté dans le style familier, où l'on dit encore, Je suis *bien* ou *mal* lotti, pour, *bien* ou *mal* partagé. *Lotterie* vient de cette source. Dans les Païs-bas, *lot* est le nom d'une mesure de choses liquides, qui revient à un Pot, ou deux Pintes de Paris. On appelle *lotissage*, ou *lotissement*, la division que l'on fait d'une chose en diverses parts, pour être tirées au sort, entre plusieurs personnes. Un *lot* de Lotterie est ce que le hasard donne par un Billet heureux.

LOUNIQUIN, s. m. Terme de Relation, qui signifie le Portage d'un Canot, d'une Riviere à une autre, ou d'un endroit de quelque Riviere, par lequel un Canot ne peut passer,

passer, jusqu'à d'autres endroits où elle est navigable. Les *Louniquins* sont fréquens dans la Nouvelle France.

LOUP-CERVE, s. f. Femelle du Loup cervier.

LOUPE, s. f. En termes de Monnoie, on donne ce nom aux briques & aux carreaux des vieux fourneaux, qui ont servi à la fonte de l'or & de l'argent, & qu'on ne manque point de casser, pour en tirer, avec le moulin aux lavures, les particules de métal, qui peuvent s'y être attachées.

LOUTARI, s. m. Poisson de Lac, dans l'Isle Madagascar. Il ressemble à la Truite, avec cette différence singuliere, que bouilli, frit, ou rôti, il n'est pas plutôt ouvert, qu'il rend un suc délicieux, qui lui sert d'assaisonnement.

LUBERNE, s. f. Nom qu'on donne à la femelle du Leopard. Quelques Naturalistes prétendent que c'est la *Panthere*.

LUBRICITE', s. f. lat. C'est proprement la qualité d'une chose *glissante*; & les Physiciens l'emploient dans ce sens. Ils disent même *lubrifier*, pour, rendre une chose glissante, par quelque onction. Mais dans le sens moral & figuré, *lubricité* se prend pour *desirs & goûts* sensuels. *Lubrique* est l'adjectif.

LUCIDE, s. f. lat. Nom de plusieurs Etoiles de différentes Constellations, qui paroissent plus brillantes que les Etoiles voisines. La *Lucide* d'Arles.

LUCINE, s. f. Nom que les Anciens donnoient à Diane, considérée comme la Déesse qui présidoit aux accouchemens. C'est aussi le nom d'une espece de Poire, qui s'appelle autrement *Citron*, ou *Citron verd*.

LUCRE, s. m. Mot purement latin, qui signifie *gain*. De-là *lucratif*, adj., pour signifier ce qui rapporte du profit. Un métier *lucratif*, c'est-à-dire, qui fait beaucoup gagner. *Lucre cessant* est un terme de Théologie morale, qui demande de l'explication. Il y a des cas où l'on peut, sans usure, exiger au-delà du principal qu'on a prêté. Tels sont le *dommage émergent*, c'est-à-dire, *naissant*, & le *lucre cessant*, dans lesquels on suppose qu'on se fait païer, non des usures, mais des dommages & intérêts; parcequ'on n'est point obligé de procurer le bien d'autrui, à son desavantage.

LUNEL, s. m. Terme de Blason, qui se dit de quatre croissans appointés, comme s'ils formoient une rose de quatre feuilles.

LUNULE, s. f. Terme de Géométrie. C'est un Plan terminé par les circonférences de deux cercles, qui se trouvent au-dedans. On donne le même nom aux Satellites de Jupiter & de Saturne, qui font l'office d'autant de petites lunes.

LUSTRAL, adj. lat., qui signifie ce qui sert aux purifications. On appelloit *Eau lustrale*, celle dont on arrosoit le Peuple, pour le purifier; & de-là nous vient apparemment l'usage de l'Eau-benite.

LUTRIN, s. Pupitre sur lequel on met les Livres qui servent au chant de l'Eglise. On le nommoit autrefois *Letri*.

M.

M, dans les ordonnances de Médecine, est l'abbréviation de *Miscé*, qui signifie *Mêlez*.

MABOUJA, s. f. Nom d'une racine de l'Amérique, dont les Sauvages font leurs massues. Elle est extrêmement compacte, noire, garnie de nœuds; & plus pesante que le bois de fer. *Mabouja* signifie proprement *Diable*; & les Amériquains donnent ce nom à tout ce qui leur paroît terrible.

MABY, s. m. Breuvage des Isles de l'Amérique, composé de Syrop de Cannes, de Patates, & d'Oranges aigres, qu'on laisse fermenter dans l'eau. C'est une espece de vin clairet, plus agréable que l'Ouicou, mais dont l'excès est plus dangereux.

MACAF, s. m. Terme d'Imprimerie, & nom d'un petit trait, par lequel deux mots sont joints ensemble, comme dans *viendront-ils?*

MACANDON, s. m. Arbre du Malabar, qui y porte le nom de *Cada-Calva*, & dont le fruit ressemble à la Pomme de Pin ; comme ses fleurs, à celles du Melilot. Son fruit, cuit sous la cendre, guérit la dysenterie, & s'emploie contre l'asthme, la phthisie, la pleurésie, & d'autres maladies de la poitrine.

MACAXOCOIL, s. m. Fruit des Indes Occidentales, dont les Européens font beaucoup de cas. Sa forme est oblongue, sa couleur rouge, sa poulpe molle & jaune, & sa grosseur à peu-près celle d'une Noix. Il lâche le ventre. La décoction de l'écorce de l'arbre guérit les enflures & fait cicatriser les ulceres. Les Femmes du Païs en emploient la cendre, pour donner une couleur jaune à leurs cheveux.

MACHA-MONA, s. f. Espece de Calebasse d'Afrique & d'Amérique, dont la chair, bien mûre, est extrèmement rafraîchissante, dans les grandes chaleurs. De son écorce, qui est ligneuse & dure, on fabrique divers ustenciles.

MACHO, s. m. On nomme *Quintal Macho*, d'après les Espagnols, un poids de cent cinquante livres, c'est-à-dire, plus fort de cinquante livres, que le *quintal* commun.

MACROBIE, s. m. gr. Nom qu'on donne à ceux qui ont vécu un nombre extraordinaire d'années, tels que les anciens Patriarches. Il signifie *longue vie*.

MACQUER, v. act. Terme d'Art. *Macquer le chanvre*, c'est le rompre, avec un instrument qui se nomme *macque*, ou *bragoire*.

MADAMS, s. m. Terme de quelques Païs des Indes Orientales, tels que le Maduré, pour signifier ce que les Turcs nomment *caravanseras*, c'est-à-dire, des Edifices publics, dressés sur les grands chemins, pour suppléer aux Hôtelleries.

MADREPORE, s. m. Nom qu'on donne à certaines Plantes de Mer, qui se trouvent pétrifiées, dans le sein de la Terre. On en distingue plusieurs espèces. Ce nom leur vient simplement de la multitude de leurs pores. Leur couleur est ordinairement blanche, quelquefois grise, & quelquefois rouge, marquetée de blanc. *Voïez* LITHOPHYTE.

MAINA, s. m. Petite espèce de Hareng, qui est marqué, à chaque côté, d'une tache ronde, noire, azurée, ou jaune, & quelquefois varié partout le corps de beaucoup de couleurs différentes. Il naît, dans l'océan, comme l'autre espèce. Les plus grands ne passent pas la longueur de la main. On les sale comme les autres, auxquels ils ne cedent rien pour le goût.

MAERGETE, adject. gr. Surnom qu'on donnoit à Jupiter, & qui signifie conducteur des Parques ; parce qu'on supposoit que ces Divinités ne faisoient rien que par son ordre.

MAFORTE, s. f. Nom d'un Manteau que les anciens Moines d'Egypte portoient par-dessus leur Tunique.

MAGALAISE, s. f. C'est la même chose que la *Magnesire*, qu'on trouve encore nommée *Magne*, *Magnese*, *Magnesie*, & *Meganaise*.

MAGISTRAL, adject. Terme de Médecine, qui signifie ce qui se fait sur le champ. On donne ce nom aux médicamens composés, qui sont préparés, sur le champ, par les Médecins ; à la différence de ceux qu'on tient dans les Boutiques, & qui se nomment *Compositions officinales*. En termes d'Ingénieurs, on appelle *Ligne magistrale*, le principal trait qu'on trace sur le terrein, ou sur le papier, pour représenter le plan d'une Ville, d'une Fortification. Dans quelques Eglises Cathédrales, on nomme *Prébende magistrale*, celle qui, dans d'autres, porte le nom de *Preceptoriale*.

MAGNOLIE, s. f. Plante, dont la fleur est en rose, composée de plusieurs Petales, en cercle. Le calice contient un pistil qui dégenere ensuite en un fruit dur & conique, garni d'un grand nombre de tubercules, qui contiennent chacun une sorte de Noix dure.

MAHEUTRE, s. m. Nom que

les Ligueurs donnoient aux Soldats roïalistes. On n'en connoît pas l'origine, mais il paroît certain que c'étoit un terme injurieux.

MAHON, f. m. Nom qu'on donne, dans quelques Provinces, à un gros fou de cuivre, ou Piece de de douze deniers. La grandeur des *Mahons* est celle des Médailles de grand bronze; & les demis ressemblent aux moïennes. Si l'on y joint les liards fabriqués en même-tems, & qui ont la même marque, on aura les trois grandeurs.

MAHOUTS, f. m. Draps de laine, destinés pour les Echelles du Levant. On en fait beaucoup en Languedoc & en Provence; mais leur origine & leur nom viennent d'Angleterre.

MAIEUR, f. m. lat. Titre de Dignité, qu'on donne, dans quelques Provinces, au premier Officier de l'Hôtel de Ville; au lieu de celui de *Maire*, qu'on lui donne ailleurs. Il signifie le plus grand, ou le Chef, des Echevins.

MAJEUR, adj. Mot tiré du latin, qui signifie *plus grand*, mais qui prend différentes acceptions en François. Entre les sept Ordres ecclésiastiques, il y en a trois qu'on appelle *Ordres majeurs*, ou, absolument, les *Majeurs*, comme on nomme les quatre autres, les *Mineurs*, ou les *Moindres*. Les *Majeurs* sont le Soudiaconat, le Diaconat & la Prêtrise. Dans les Echelles du Levant, on appelle *Majeurs*, les Marchands qui font le commerce pour eux-mêmes; pour les distinguer des Commissionaires, Coages & Courtiers. Dans les Tribunaux de Justice, prendre les voix *à la majeure*, c'est se déterminer par la pluralité des suffrages.

MAIL-ANSCHI, MAIL-ELON, f. mm. Deux Arbres du Malabar, au premier desquels, qui n'est qu'une espece de Rhamnus, on attribue des vertus contre la goutte. Le second, qui est un grand arbre toujours verd, a dans l'écorce & les feuilles un suc qui remédie aux mauvaises suites de l'accouchement.

MAILLER, f. m. ou CHAINETIER. Nom de l'Artisan qui compose de petites Chainettes, ou mailles, de fer. Le *Maillon* est une petite piece de forme ovale, percée de deux trous, pour faire des chaînes de Montre.

MAINADE, f. f. Mot formé apparemment de *Mesne*, que M. Fleury emploie pour signifier des trouppes de Vagabonds, qui suivent un Chef. *Megnie* signifioit autrefois, Compagnie, Cortege.

MAIN DE GLOIRE, f. f. Nom d'un prétendu Charme, qui se fait avec la main d'un Pendu, enveloppée dans un drap mortuaire, &c., & qui a, dit-on, la vertu d'endormir ou de rendre immobile, lorsqu'on s'en sert, comme d'un chandelier, pour soutenir une chandelle préparée avec d'autres pratiques superstitieuses.

MAIN DE MER, f. f. Nom d'une Plante marine, qui a la figure d'une main avec son poignet. Elle est épaisse, charnue, blanchâtre, membraneuse. On lui attribue des vertus atténuantes & résolutives. En termes de Botaniste, on appelle *Mains des Plantes*, les filets, ou grapins, par lesquels elles s'attachent aux plantes voisines.

MAISONS DU CIEL, f. f. On donne Poétiquement ce nom aux douze Signes du Zodiaque, que le Soleil habite successivement. Les Astrologues divisent aussi le Ciel en douze portions, qu'ils nomment les douze *Maisons du Ciel*, & auxquelles ils attribuent diverses propriétés.

MAJUSCULE, f. & adj. Diminutif du mot latin, qui signifie plus grand. Il n'est en usage que pour les lettres en grands caracteres, qu'on appelle *Majuscules*, ou *grandes lettres Romaines*. Voïez ONCIALE.

MAL DE SIAM, f. m. Maladie contagieuse des Isles de l'Amérique, qui se nomme ainsi, parcequ'elle est venue de Siam, par un Vaisseau François, nommé l'Oriflamme. Les symptomes en sont terribles. On vomit du sang. Quelquefois on en rend par toutes les ouvertures du corps & même par les pores. On rend des vers par le haut & par le bas. Le corps se couvre de bubons noirs, pleins de sang caillé & de vers. On meurt en sept ou huit jours, souvent plutôt, & quelquefois même aux premiers symptomes, qui sont de grands maux de tête & de teins. On appelle *Mal-mort*, une espece de Lepre, ou de Galle, très maligne, qui rend le corps noir, livide, & crouteux, quoique sans douleur & sans pus.

MALACODERME, s. m. & adj. gr. Terme d'Histoire naturelle. C'est le nom qu'on donne aux animaux, qui, suivant la signification du mot, ont la *peau molle*; pour les distinguer des *Ostracodermes*, ou *Testacés*.

MALACOIDE, s. f. gr. Plante qui a la fleur & la forme de la *Mauve*, d'où lui vient son nom; mais dont le fruit est composé d'une multitude de capsules qui forment un amas de grappes, & qui sont pleines de semences semblables à des teins.

MALAGME, s. m. gr. Terme de Pharmacie, qui signifie cataplasme émollient.

MALAIS ou MALAI, s. m. & adj. Langue la plus pure de toutes celles de l'Inde Orientale, & qui n'étoit autrefois que la langue des Savans, mais qui est devenue celle du Commerce. Nous avons un Dictionnaire *Malai* latin, imprimé à Rome, en 1631.

MALE-BETE, s. f. Nom qu'on donne, en langage populaire, à une Bête cruelle, que la faim, ou la rage, fait sortir des Bois, & qui dévore ce qu'elle rencontre.

MALEBRANCHISTE, s. m. Sectateur des opinions philosophiques du Pere *Malebranche*, Prêtre de l'Oratoire de France, & génie du premier ordre.

MALLEAMOTHE, s. m. Célebre arbrisseau du Malabar, dont les racines servent à faire des manches de couteaux, & les feuilles, à fumer la terre. Frites dans de l'huile de Palmier, elles font un bon liniment pour les pustules de la petite vérole.

MALLE-MOLLE, s. f. Mousseline, ou toile de coton, blanche, claire & fine, qui nous vient des Indes Orientales.

MAL-SONNANT, adj. lat. Terme Théologique, & qualification qu'on employe dans la condamnation d'un Livre. Une proposition peut n'être pas fausse, erronée, &c., mais être *mal-sonnante*, c'est-à-dire, repugner aux saines idées, choquer par sa hardiesse, sa dureté, sa singularité, &c.

MALVOISIE, s. f. Nom qu'on donne proprement au vin de l'Isle de Candie. Les Canaries ont aussi une espece de vin, & la Provence un vin muscat cuit, auxquels on donne le même nom.

MAMANT, s. m. Production de la nature, qui ne se trouve qu'en Siberie, & sur laquelle on s'accorde peu. Elle se trouve dans la terre, surtout dans les terreins sabloneux. Elle ressemble parfaitement à l'Ivoire, par la couleur & par le grain. L'opinion la plus commune est que ce sont de vraies dents d'Eléphant, de quelque maniere qu'elles y soient venues. D'autres croient que c'est une sorte d'Ivoire fossile, & une vraie production de la terre. Enfin; d'autres ont crû que c'étoit là corne d'un assez grand animal, qu'ils font vivre sous terre, dans les lieux fangeux. Le *Mamant* est apparemment ce que d'autres nomment *Mamut*, & dont ils font à-peu-près la même description.

MANACA, s. m. Arbrisseau du Bresil, dont le bois est dur & les feuilles semblables à celles du Poirier. Ses fleurs sont dans de longs calices, découpées comme en cinq feuilles. On en trouve, sur le même arbrisseau, de bleues, de purpurines, de blanches, & toutes d'une odeur de violette si forte, qu'elles embaument les Bois. La racine, mondée de son écorce, est un purgatif très violent, par le haut & par le bas.

MANCHE DE COUTEAU, s. m. Nom d'un coquillage bivalve, qui est en effet de cette forme, & qui se prend dans des trous qu'il fait sur le fable, où il respire l'air, en allongeant la tête. Ses deux valves font à-peu-près égales. Sa charniere prend toute sa longueur, & sa superficie est ondoïée d'un bout à l'autre. Il a deux tuïaux au bout d'en-haut, & une jambe qu'il allonge par le bout d'en-bas. Quoique cette coquille soit fort mince, il s'en voit de fossiles dans leur état naturel; mais plus ordinairement on n'en trouve que le noïau.

MANDARU, s. m. Arbre du Malabar, qui porte des siliques, & dont les feuilles sont divisées en deux. Quelques-uns l'appellent *Arbre de Saint Thomas*; parce qu'ils regardent quelques taches rouges qui paroissent sur ses feuilles, comme des taches du sang de Saint Thomas, qui souffrit, dit-on, le martyre dans ces Contrées.

MANDIER, v. act. En termes de Pratique, *Mandier* une saisie, *Mandier* un intervention, c'est faire faire une saisie, ou une intervention, par quelqu'un, qui n'est pas encore Partie dans un Procès, pour faire traîner l'affaire en longueur.

MANDRENEQUE, s. f. Toiles des Indes, dont la trame est de coton, & la chaîne, de fil de Palmier.

MANDRERIE, s. f. Partie du métier des Maîtres Vanniers, où l'on travaille aux gros Ouvrages.

MANEQUE, s. f. Nom que les Hollandois donnent à une espece de Muscade, une fois aussi longue & un peu plus grosse que la Muscade ordinaire. C'est ce que nous nommons *Muscade mâle*.

MANGALIS, s. m. Petit poids, d'environ cinq grains, qui ne sert, dans les Indes Orientales, que pour peser les Diamans. Il est différent du *Mangelin*, qui sert au même usage, & qui pese un carat & trois quarts, c'est-à-dire, sept grains.

MANGOSTAN, s. m. Fruit excellent des Indes, dont on trouve de longues descriptions dans les Voïageurs. Il donne le flux de ventre à ceux qui en mangent beaucoup; & l'espece de coque, dans laquelle il croit, le guérit; lorsqu'elle est culte au feu.

MANGOUSTE, s. m. Animal des Indes, qui ressemble beaucoup à notre Belette.

MANIERE', adject., formé de *Maniere*. On dit de quelqu'un qu'il est *manieré*, pour dire qu'il a des manieres affectées, trop étudiées.

MANILLE ou MENILLE, s. f. Nom d'une Marchandise que les Européens portent sur les Côtes d'Afrique, pour commercer avec les Negres. C'est un grand anneau de cuivre jaune, en forme de carcan, qui sert d'ornement pour les bras & les jambes.

MANIPULATION, s. f. lat. Terme qui s'emploie particulierement dans les Minieres, pour expliquer le méchanisme par lequel on tire l'or & l'argent, du minerai, c'est-à-dire, de la terre & des pierres qu'on tire des Mines, & qui renferment ces métaux.

MANOUSE, s. m. Sorte de Lin, qui nous vient du Levant, par la voie de Marseille.

MANTEAU. *Rolles à manteau*. On donne ce nom à certains Personnages de Comédie, auxquels ce vêtement est convenable, à cause de leur âge, de leur condition, & de leur caractere. M. *Bonneval* fait à-present les Rolles à *manteau*, à la Comédie françoise. Le *manteau* étoit un vêtement particulier aux anciens Grecs, surtout aux Philosophes, qui sont toujours représentés avec un *manteau* & une longue barbe. Dans le troisiéme siécle, on fit un crime aux Chrétiens d'avoir quitté la Toge romaine, pour prendre le *manteau* des Grecs, & *Tertullien* les justifia par un discours qui est venu jusqu'à nous. On appelle *Droit de manteau*, une somme de dix livres annuelles, qui doivent être païées, pour gages, suivant l'Edit de 1554, à chaque Secrétaire de la Maison & Couronne de France. Les Conseillers ecclésiastiques du Parlement ont aussi le droit de *manteau*. En termes de Fauconnerie, la couleur des Oiseaux de proie se nomme *Manteau*. De là vient le nom de *Corneille emmantelée*.

MANTELET, s. m. Diminutif de *marteau*. Nom d'un petit manteau, que les Evêques portent pardessus leur rochet; & d'un habillement dont les Femmes se couvrent les épaules. Celui-ci est ordinairement de soie, & differe de la *mantille*, en ce qu'il est rond & sans pointe. On donne aussi le nom de *mantelet*, sur les Vaisseaux, aux fenêtres qui ferment les sabords. On fait quelquefois de *faux mantelets*, ou de faux sabords, aux Vaisseaux Marchands, pour les faire paroître plus capables de défense.

MANTELURE, s. f. Nom qu'on donne au poil du dos d'un Chien, lorsqu'il est d'une couleur différente de celle du poil des autres parties.

MANUS DEI. Sorte d'Emplâtre utile, dont on trouve la composition & l'usage dans le Dictionnaire Œconomique.

MANUTENTION, s. f. lat. Terme de Palais, qui signifie proprement l'action de tenir la main; mais qui ne se prend qu'au figuré, pour, soin qu'on prend de faire exécuter quelque chose.

MAQUETTE, s. f. Ital. Terme de Peinture, formé du mot Italien, qui signifie *tache*, & par lequel on exprime, dans cette langue, comme dans la nôtre, la premiere ébauche d'un ouvrage de Peinture. C'est une esquisse mal digérée, & tout-à-fait informe, du moins en apparence, où ceux qui ne connoissent point cet art croient ne voir que des *taches*.

MARABOUT, s. m. Corruption de *Marbout*, ou *Marbut*, qui est le nom que les Mahométans d'Afrique donnent aux Prêtres de leur Religion.

MARAISCHER. *V.* MARE'CHAIS.

MARANDA, s. m. Nom d'une sorte de Myrte des Indes orientales, surtout de Ceylan, dont les feuilles, en décoction, passent pour un remede excellent contre les maladies vénériennes.

MARBRE D'OXFORD, s. m. Nom que portent à présent les *Marbres d'Arondel*, parce qu'ils sont dans cette célèbre Université. *Voïez* MARBRES D'ARONDEL.

MARBRE, TABLE DE MARBRE. On nomme *Table de marbre*, la Jurisdiction des Eaux & Forêts, celle de la Connétablie, & celle de l'Amirauté; parce qu'autrefois ces Jurisdictions se tenoient près d'une grande Table de Marbre, qui occupoit la largeur de la Salle du Palais, & qui servoit aussi pour les Festins roïaux.

MARC DE MOUCHES, s. m. On donne ce nom aux ordures qui restent dans un sac, d'où l'on a tiré la cire, avec la presse. Elles servent dans les foulures des nerfs, pour les Hommes & pour les Chevaux.

MARCHE AVANTAGERE. Nom qu'on donne, en Bretagne, en Poitou, & en Anjou, aux limites qui séparent ces trois Provinces, à cause de plusieurs privileges dont jouissent les Habitans des lieux voisins. On ne fait cette remarque que pour confirmer l'ancienne signification de *marche*, qui se disoit pour Frontiere. *Voïez* MARCHE.

MARCHER, v. n. Il n'y a que les Chapeliers qui *marchent des mains*, c'est-à-dire, qui se servent du verbe *marcher*, pour dire, manier, préparer, avec les mains, l'étoffe d'un chapeau.

MARECHAIS ou MARAISCHER, s. m. Mot vulgaire formé de Marais, & annobli par l'usage qu'en a fait la Quintinie, pour signifier les Jardiniers qui cultivent des légumes & des herbages, dans les Marais dont Paris est environné.

MARE'CHAL DE LA FOI. Titre d'honneur attaché aux Aînés de la Maison de Levi; en conséquence duquel ils ont droit de porter, derriere l'Ecu de leurs armes, deux bâtons en sautoir, semés de fleurs-de-lis & de croix d'or. C'est M. le Duc *de Mirepoix* qui jouit actuellement de cette distinction.

MARE'CHAL DE MALTE. C'est la seconde dignité de l'Ordre. Elle n'a que le grand Commandeur devant elle, & se trouve attachée à la Langue d'Auvergne. Lorsque le Maréchal, ou le grand Maréchal, est en Mer, il commande le Général des galéres, & même le grand Amiral.

MARGRAVE & MARGRAVIAT. Voyez MARCHE.

MARGRIETTE, s. f. Grosse Verroterie, d'un bleu foncé, tirant sur le noir, avec des raies jaunes, ou blanches. Elle sert au Commerce des Européens avec les Peuples de la Côte d'Afrique. Le *Margritin* est une espece de rassade, ou de rocaille fine, qui se fait à Venise, à Rouen, & en Allemagne. Il s'en fait de diverses couleurs.

MARIAGE DE LA MAIN GAUCHE. Terme en usage pour signifier un Mariage de conscience, qui est légitime devant Dieu, mais qui n'a aucun effet civil. La France en a eu des exemples fort étranges. En Allemagne, où les Princes sont en possession de croire que s'ils n'épousent des Femmes d'une naissance proportionnée, les Enfans qu'ils en ont ne peuvent succéder à leur principauté, ces Mariages portent le nom de *Mariages de la main*, ou du côté, *gauche*.

MARIE. *Ordre de Sainte Marie de Merude.* C'est le nom d'un Ordre de Chevalerie, institué, au treiziéme siécle, par *Jacques*, Roi d'Arragon, pour le rachat des Esclaves. Ils portoient un habit blanc avec une croix noire.

MARIE'ES. *Rimes mariées.* On donne ce nom, en Poésie françoise, aux rimes qui ne sont pas séparées l'une de l'autre, c'est-à-dire, dont les deux masculines se suivent immédiatement, & les deux féminines de même, comme elles sont toujours dans le Poëme épique.

MARIGOT, s. m. Terme de Relation. C'est le nom qu'on donne généralement, dans nos Isles, aux lieux bas, où les eaux de pluie s'assemblent & se conservent.

MARINE, s. f. Tableau qui represente des Mers, des Vaisseaux, des Ports de Mer, des Tempêtes & d'autres sujets Marins.

MARITAL, adj. Terme de Pratique, pour signifier ce qui convient, ce qui appartient, à la qualité de Mari. *Maritalement* est l'adverbe. Vivre *maritalement* avec sa Femme, c'est-à-dire, en bon Mari.

MARNE, s. m. Espece de terre blanche dont on se sert dans plusieurs païs pour engraisser les terres labourables. Quelques Naturalistes la croient formée de la décomposition des coquilles de mer.

MARON, s. m. Piece de cuivre, de la grandeur d'un Ecu, & numerotée, qui sert, dans les Garnisons, à marquer les heures auxquelles les Officiers doivent commencer leurs rondes. Ces Pieces sont tirées au sort, par les Sergens, dans un sac que tient le Major. Il y en a autant qu'il y a de Corps-de-garde dans le circuit que l'Officier doit faire. Chacune est laissée, suivant son numero, au Caporal de garde, qui la reçoit, l'épée nûe à la main, & qui la met dans ce qu'on nomme la Boîte aux rondes. Cette Boîte, dont le Major a la clé, lui est portée le lendemain, pour connoître si les rondes ont été faites fidellement. *Maron*, en termes d'Artificier, est une espece de Petard, de carton fort, à plusieurs doubles, & de figure cubique. *Marroner* s'est dit, dans ces derniers tems, pour friser en grosses boucles, qui ressemblent à des Marons.

MAROTTI, s. m. Grand arbre du Malabar, dont les feuilles ressemblent à celles du Laurier, & dont le fruit contient, dans un large noïau, dix ou onze amandes, desquelles on tire une huile excellente pour appaiser toutes sortes de douleurs.

MAROUCHIN, s. m. Sorte de Pastel, qui se fait des dernieres récoltes des feuilles de la Plante nommée *Guesde*. C'est le moindre de tous les Pastels, pour la teinture en bleu.

MAROUFLER, v. act. Terme de Peinture, qui signifie, coller un Tableau peint sur toile, avec de la colle forte, ou des couleurs grasses, en l'appliquant sur du bois, ou sur un enduit de plâtre, ou sur une muraille.

MARQUE. *Lettres de marque*, s. f., On donne ce nom au pouvoir, que les Rois & d'autres Puissances accordent à leurs Sujets, d'enlever, par represailles, les Navires d'une Nation, dont les Armateurs leur ont fait le même tort, en tems de paix,

& refusent, ou négligent, de leur en faire raison. Ces Lettres se nomment aussi *Lettres de represailles*.

MARQUINIER. Nom, c'origine incertaine, qu'on donne aux Tisserans qui travaillent en Batiste.

MARQUISE, s. f. Espece de surtout, qui se met par-dessus les tentes des Officiers, pour les garantir mieux de la pluie. Tendre *la Marquise*. C'est aussi le nom d'une fusée volante, d'environ un pouce de diametre.

MARRUBIASTRE, s. m. Plante, à laquelle on a donné ce nom, parce que ses feuilles ressemblent à celles du Marrube. Elle croit dans les champs, & ses qualités sont détersives & vulneraires.

MARSILE'E, s. f. Nom qu'on donne, en Turquie, à l'Ecu, ou Piastre, d'Espagne; parce que ce sont les Marchands de Marseille qui ont porté, les premiers, de grandes sommes de Piastres, à Smyrne & dans les autres Echelles du Levant.

MARTEAU, s. m. Nom d'un des plus curieux coquillages de Mer, qui est une espece d'Huitre, de la forme d'un Marteau.

MARTELE'E. *Médaille martelée*. Terme d'Antiquaire, qui se dit d'une Médaille antique, dont on a limé le revers, pour en frapper un plus curieux & plus rare, avec un coin neuf & dans le goût de l'antiquité. C'est une imposture, que les habiles gens démêlent, en comparant le revers avec la tête, dont ils reconnoissent la différente fabrique. *Martelée*, s. f. est le nom que les Veneurs donnent aux fientes, ou fumées, des bêtes fauves, dont le bout est sans aiguillon.

MARTIAL, adj. *Voiez* MARS.

MAS, s. m. Nom d'un petit poids des Indes, pour l'or & l'argent. Il se divise en dix condorins. Dix *Mas* font le tael.

MASANDIBA, s. m. Espece de Cerisier du Bresil, mais dont le fruit n'est pas rond, & contient, dans son noiau, un suc laiteux fort agréable.

MASQUE, s. m. Nom d'un petit ciseau dont les Arquebusiers, les Armuriers, & d'autres Artistes, se servent pour leurs ciselures.

MASSE-D'ARMES, s. f. Nom d'une ancienne armure, qui avoit la forme d'une sorte de massue. *Masser* est un terme de jeu, qui signifie mettre au jeu une certaine somme. *Masse tant*, c'est-à-dire, je mets telle somme.

MASSOI, s. m. Drogue médecinale, qui est une espece d'écorce, qu'on réduit en bouillie, avec de l'eau, pour s'en frotter le corps, dans les tranchées & les maux de ventre. Elle vient de Guinée.

MASULIPATAN, s. m. Nom de certaines toiles fines des Indes, qui se vendent à l'aunage, ou qui ont une mesure déterminée dans leur forme, pour servir de mouchoir. Elles viennent d'une Ville du même nom, dans le Golfe de Bengale.

MATADOR, s. m. Mot Espagnol, qui signifie, *Assassin*, *Meurtrier*, & qui est devenu François, pour signifier les trois premieres cartes du jeu de l'Hombre & de celui du Quadrille. Leur nom particulier est Spadille, Manille, & Baste. Les Espagnols de l'Isle Saint Domingue nomment *Matadores*; les Chasseurs de Taureaux, que les François appellent *Boucaniers*.

MATAMORE, s. m. Mot emprunté de l'Espagnol, pour signifier *Capitan*, *Faux-brave*, ou *Brave avec affectation*. Il signifie proprement *Tueur de Mores*. C'est un Personnage des Comédies espagnoles.

MATATUM, s. m. Table célebre dans les Relations, qui est celle des Insulaires de l'Amérique. C'est un tissu de Roseau & de queues de Latanier, dont le travail est si serré, que l'eau même n'y peut passer; avec quatre bâtons aux quatre coins, terminés en boules, pour lui servir de piés. Sa forme est celle d'une grande corbeille, dont le fond est plat & uni. Les bords ont trois ou quatre pouces de hauteur.

MATAVANES, s. f., corrompu de *Martavanes*, ou *Martabanes*. Ce sont de grands vaisseaux de terre, vernis

vernis dedans & dehors, qui se font particuliérement à *Martavan*, ou *Martavan*, dans le Pegu, & dont les Anglois & les Hollandois se servent sur leurs Navires. Les *Matavanes* ont la propriété de purifier, dans l'espace de vingt-quatre heures, l'eau la plus mauvaise & la plus puante, dont on les remplit.

MATE, s. f. Nom d'une fameuse herbe, qui s'appelle vulgairement *Herbe du Paraguai*, parce qu'il en croît beaucoup dans ce Païs. Elle se prend en infusion, comme le Thé, dans toute l'Amérique méridionale; & ses vertus sont fort vantées par les Espagnols. On donnoit autrefois, à Paris, le nom d'*Enfans de la mate*, aux Voleurs; parce qu'ils s'assembloient, pour tenir conseil entr'eux, dans un lieu nommé *la Mate*.

MATE'RAUX ou MATERIAUX, s. m. L'un & l'autre se dit également, & signifie les parties qui doivent servir, ou qui ont servi, à la composition de quelque chose. Les *materiaux* d'un Edifice sont la pierre, le bois, le fer, & tout ce qui en doit faire la matiere. On appelle *matieres* d'or & d'argent, les especes fondues, les lingots, les barres, qui sont employées à la fabrication des monnoies; *Matiere médecinale*, ou *medicale*, les drogues qui se tirent des végétaux, des minéraux, des animaux, & qui entrent dans la composition des médicamens.

MATINES, s. f. Nom qu'on donne à la premiere partie de l'office ecclésiastique. Il vient simplement du tems où elle se dit, qui est le matin, entendu de l'espace qui commence après minuit. On appelle aussi *Matines* une sorte de tripes qui est par feuillets. C'est proprement le troisiéme ventricule du Bœuf, qu'on nomme autrement *Mellier*.

MATRICULAIRES, adj. Ce qui appartient à quelque Matricule. On a nommé *Procureurs matriculaires*, des Procureurs qui étoient reçus sans provisions du Roi, & qui n'avoient point d'autre titre, que d'être inscrits dans le Registre, ou la *Matricule*, après avoir subi l'examen.

Supplém.

MATROLOGUE, s. m. gr. Nom qu'on donne, dans quelques Provinces, à un Registre, sur lequel on a soin d'écrire tout ce qui concerne une Ville, une Compagnie, une Communauté.

MATURATIFS, adj. lat. On appelle *Maturatifs*, les remedes qui hâtent la formation de la matiere purulente. *Maturité*, s. f., qui signifie l'état de ce qui est *mûr*, se dit aussi pour *prudence*, *circonspection*.

MAURE, s. m. Ancien Habitant de la Mauritanie. Il ne se dit gueres qu'en parlant des Anciens. Les *Maures* & les *Numides*. *More* a prévalu, pour signifier tous les Habitants non-seulement de l'Afrique, mais de l'Asie & des Indes occidentales, qui font profession du Mahométisme. *Voïez* MORE. *Moresque* en est le feminin. Une *Moresque*. A la *Moresque*, c'est-à-dire, à la maniere des *Mores*. Il est adjectif & substantif. *Voïez* MORESQUE.

MAURELLE, s. f. Nom vulgaire du *Tournesol*, que les Botanistes nomment *Heliotrope*, ou *Ricionoïdes*.

MAUSSADE, adj. Mot d'origine obscure, qui se dit de ce qui a mauvaise grace, & de tout ce qui déplaît par sa forme, ou ses qualités. *Maussaderie* est le substantif.

MAUVAIS, adj., dont la signification differe de celle de *méchant*; 1°. En ce qu'il se dit particuliérement des choses physiques. On dit, ce pain, ce vin, est mauvais, & non pas est méchant. 2°. En ce que, dans le sens Moral même, il signifie plutôt méchant, par emportement, par violence, que par nature.

MAUVE, Oiseau. *Voïez* MOUETTE.

MEANDRE, s. m. Fleuve de l'ancienne Phrygie, nommé aujourd'hui *Madre*, ou *Mindre*, qui roule ses eaux en serpentant beaucoup; ce qui fait donner son nom aux détours & aux sinuosités des autres Rivieres, & par extension, à tout ce qui est obscur, tortueux, détourné.

MECAXOCHITLE, s. m. Petit Poivre long, du Mexique, que sa qualité chaude & séche fait emploïer dans la composition du Chocolat,

X

auquel il donne d'ailleurs un goût agréable. On lui attribue quantité d'autres vertus.

MECHANT, adj. Voïez MAUVAIS.

MECHE, s. f. On appelle la *meche* d'une corde, ou d'un fil, une partie intérieure, qui n'est presque pas tortillée. *Mecher du vin*, c'est le soufrer, avec une *meche* soufrée, dont on lui fait recevoir la vapeur.

MECONITE, s. f. gr. Nom d'une pierre formée de sable marin, qui imite les graines du Pavot.

MECREANT, s. m. Vieux mot, qui signifie Homme sans religion, ou celui qui ne croit rien. Il ne se dit plus qu'en badinant, de ceux qui rejettent le joug de la Foi, ou qui affectent l'incrédulité.

MEDIANE, adj. *Planete mediane*. Les Astronomes donnent ce nom à celle des sept Planetes, qui est comme au milieu des autres, parce qu'elle a le même nombre au-dessus d'elle qu'au dessous. C'est le Soleil. Il a trois Planetes supérieures, *Saturne*, *Jupiter* & *Mars*; & trois inférieures, *Venus*, *Mercure*, & la *Lune*.

MEDIANOCHE, s. m. Mot emprunté des Espagnols, pour signifier une partie de plaisir, un festin, ou quelque autre divertissement, qui se fait au milieu de la nuit.

MEDIANTE, s. f. lat. Nom qu'on donne, en Musique, à un son élevé d'une tierce au-dessus de la finale; parce qu'il tient le milieu, entre la finale & la dominante.

MEDICAL ou MEDECINAL, adj. La seule différence de ces deux mots est que l'un est formé du latin, & l'autre du françois. Ils signifient tous deux ce qui appartient à la Médecine, ce qui en dépend, ce qui la concerne. *Médicament*, s. m., se dit de toute sorte de remédes, & *Médicamentaire*, adj., de ce qui regarde la préparation des médicamens. On a donné le nom général de *Pierres médicamenteuses*, à plusieurs sortes de pierres auxquelles on attribue des vertus Médecinales, ou Médicales.

MEDIETE', s. f. lat. Terme d'Arithmétique, qui se dit de trois nombres proportionels.

MEDIMME, s. m. Ancienne mesure grecque, qui valoit environ quatre de nos boisseaux.

MEDIN, s. m. Petite monnoie d'argent de Turquie, qui vaut dix-huit deniers de notre monnoie.

MEDOC. *Pierres de Medoc*. On donne ce nom à de petits cailloux brillans, qui se trouvent, en France, dans le Païs de Medoc, petite partie du Bourdelois, & qui peuvent passer pour une espece de Diamans.

MEDRASTHIM, s. m. Mot hebreu, qui signifie *Allegorie*, & nom que les Juifs donnent aux Commentaires allegoriques sur l'Ecriture-Sainte.

MEDULLAIRE, adj. lat. Ce qui appartient à la moelle, ou ce qui est de nature de moelle. Il se dit particuliérement de certaines fibres du cerveau.

ME'FIER. *Se méfier*, pour *se défier*, est encore en usage, comme *méfiance*, pour *défiance*; & quelques-uns prétendent y trouver cette différence, que *se méfier* ne se prend jamais qu'en mauvaise part, dans les occasions où la défiance suppose quelque mal à craindre; au lieu que *se défier*, peut recevoir un sens plus doux. *Se défier* de l'adresse de quelqu'un, *se défier* du succès d'une chose, c'est en *douter* simplement.

MEGERE, s. f. Nom d'une des trois *Furies* poétiques. On l'emploie quelquefois pour signifier une méchante Femme.

MEGISSERIE, s. f. Trafic qui consiste à vendre des laines & des peaux de Moutons. On appelle *Megissier* celui qui l'exerce; & *Megie*, l'art de passer les peaux en alun, qui est le métier des Megissiers.

MEHON. Voïez MEON.

MEIGLE, s. f. Espece de Pioche, composée d'un fer large du côté du manche, terminée en pointe & courbée, qui sert à labourer la vigne.

MELAMPYGE, adject. gr. Nom qu'on donnoit anciennement à ceux qui, suivant la signification du mot, avoient les *fesses noires* & velues. *Hercule* même fut surnommé *Melampyge*.

MELANGE DES COULEURS, s. m. Terme de Peinture, qui signifie l'Art de distribuer les couleurs, non-seulement en les prenant avec le pinceau, mais encore en les emploïant avec justesse & discernement. C'est une des plus difficiles parties de l'Art. Une seule couleur est souvent un composé de plusieurs mélanges.

MELAON, s. m. On prononce *Melon*. Nom d'une espece de Vers noirs qui sortent de terre au mois de Mai, & qui rendent une odeur agréable, lorsqu'ils sont broiés. C'est aussi le nom d'une certaine sorte d'Escarbot.

MELETE, s. f. Nom d'un petit Poisson, qui est une espece d'Anchois, mais d'un goût moins délicat.

MELIANTHE, s. f. gr. Plante d'Afrique, qu'on a transplantée heureusement en Europe. Elle se trouve dans le Jardin de l'Université de Leide. Chacune de ses fleurs est composée de quatre feuilles, disposées en main ouverte. Son nom, qui signifie *fleur de miel*, lui vient de ce que le calice de chaque fleur contient une liqueur mielleuse, rouge, & d'un goût fort agréable, qui distille goutte à goutte sur la feuille inférieure. On prétend que cette liqueur est stomachale & nourrissante.

MELIORAT, s. m. Espece d'Organsin, de Boulogne, en Italie, dont il se fait un commerce considérable à Amsterdam.

MELOCACTE, s. m. gr. Plante, qui, suivant la signification de son nom, est *hérissée d'épines* & ressemble à une *Pomme*. Rien n'est si bisarre que sa figure. Elle forme une espece de Polygone, rempli de suc. Sa fleur est en cloche, tubuleuse, nûe; & son ovaire dégenere en un fruit mou, & plein d'une multitude de semences.

MELOCHITE, adj. Pierre *melochite*, ou *Arménienne*. C'est ce qu'on nomme vulgairement la Pierre d'azur bleue & verte, à l'usage des Peintres. Sa grosseur est celle d'une Noisette. Elle differe du Lapis Lazuli, & n'a aucune veine d'or.

MELOTE, s. f. gr. Peau de Brebis avec sa laine. C'étoit une sorte d'habillement que les anciens Moines portoient sur leurs épaules, en forme de manteau, & qui n'étoit effectivement qu'une peau de Mouton. La version des Septante donne le même nom au manteau d'Elie.

MELUSINE, s. f. En termes de Blason, on nomme *Melusine* une figure nue, échevelée, demi-Femme & demi-Serpent, qui se baigne dans une cuve, où elle se mire & se coëffe. Les Maisons de Lusignan & de S. Gelais portent une *Melusine*, pour Cimier, par allusion à des origines fabuleuses, mais qui marquent l'ancienneté de ces deux Maisons.

MEMARCHURE, s. f. Terme de Manége, qui signifie l'effort que fait un Cheval, lorsqu'il ne met pas le pié, dans une assiete ferme.

MEMORIAL, s. m. Ce qui sert à conserver la mémoire de quelque chose. Dans l'Ordre de Malte, on donne ce nom à l'extrait des preuves de Noblesse, qu'on présente à l'Ordre, pour être reçu Chevalier. A la Chambre des Comptes, on appelle *Mémoriaux* les Regîtres, où les Lettres Patentes de nos Rois sont inscrites. Quelques-uns donnent le nom de *Mémorialistes* à ceux qui écrivent des Mémoires.

MENAGERIE, s. f. Un des substantifs du verbe *Menager*, par lequel on entend particulièrement un lieu qui renferme tout ce qui appartient à la vie & aux commodités champêtres, c'est-à-dire, des Bestiaux, une Laiterie, une Voliere, &c. Les Maisons de Campagne ont ordinairement leur *Menagerie*. *Menage*, s. m., signifie l'ordre & la dépense d'une Maison. C'est ce qu'on appelle plus noblement l'*œconomie domestique*. *Menagement*, troisième substantif du même verbe, se dit pour circonspection, mesures, qu'on doit garder dans les actions, dans les discours, dans une entreprise &c. *Menager*, v. act., se prend dans le second de ces trois sens, pour épargner, ou faire un bon usage des choses; & dans le dernier, pour, observer, mesurer. *Menage*, f. m., se dit de celui qui menage, ou qui épargne. Un bon *menager* du tems.

MENAGYRTHES, f. m. gr. Surnom des Galles, ou Prêtres de Cybele, ainsi appellés, parce que suivant la signification de ce mot, ils alloient ramasser, *chaque mois*, des aumônes pour la grande Mere, en faisant divers *tours de souplesse*.

MENDES, f. m. Nom du Bouc que les Egyptiens admettoient parmi leurs Dieux, & qu'ils regardoient comme un des sept principaux. Il étoit consacré au Dieu Pan, ou plutôt, c'étoit le Dieu Pan même qu'on honoroit en Egypte, sous cette forme; au lieu que chez les Grecs & les Romains, on le peignoit avec la face & le corps d'Homme, aïant seulement les cornes, les oreilles & les jambes d'un Bouc.

MENDIER. *Voïez* MANDIER.

MENE'E, f. f. Nom d'une ancienne Déesse qui présidoit aux mois des Femmes; ce mot est grec, & signifie *lune*. Dans l'Eglise grecque, on donnoit le nom de *Menées* à douze parties de l'office ecclésiastique, qui répondoient aux douze mois de l'année; & de-là vient aussi *Menologe*, pour signifier un Calendrier; & *Menologue*, qui se dit d'un Traité sur les mois des Femmes.

MENESTRE, f. f. Mot emprunté de l'Italien, qui signifie *potage*, & qui s'emploie quelquefois dans la même signification.

MENILLE. *Voïez* MANILLE.

MENIANE, f. f. Nom qu'on donne, en Italie, à de petites terrasses, ou à des lieux découverts, en saillie, qu'on pratique dans les Maisons, & qui reviennent à nos galeries & nos balcons. Ce mot paroît venir du substantif latin, qui signifie *mur*: mais quelques-uns attribuent son origine à *Menius*, ancien Consul Romain, qui fut, disent-ils, l'inventeur de cet usage.

MENIANTHE, f. f. Plante des lieux aquatiques, dont les feuilles sont attachées trois à trois sur une longue queue, & ressemblent en figure & en grandeur à celles des Féves. Ses fleurs sont en cloche, découpées en cinq parties, & d'un blanc purpurin. C'est un Anti-scorbutique, que la Médecine emploie aussi pour la jaunisse, la pierre, l'hydropisie, la rétention d'urine, les maux de poitrine, &c. On le prend en décoction, ou en poudre, trois fois par jour, au poids d'une dragme.

MENOLOGE, MENOLOGUE, ff. ff. *Voïez* MENE'E.

MENON, f. m. Animal terrestre, à quatre piés, semblable au Bouc, ou à la Chevre, & de la peau duquel on fait le Maroquin.

MENTOR, f. m. Nom qu'on donne à tout Homme sage & fidele, surtout à celui qui est chargé de la conduite d'un jeune Homme, pendant un long voïage; par allusion à *Mentor*, ami d'*Ulisse*, ou plutôt à *Minerve*, Déesse de la Sagesse, que l'Auteur des Avantures de *Telemaque* introduit, sous la forme de *Mentor*, pour conduire ce jeune Prince dans ses voïages. On prétend qu'*Homere* n'a placé *Mentor*, dans son Poëme, que par reconnoissance, après avoir reçu de lui les meilleurs offices de l'amitié, à son retour d'Espagne, lorsqu'une fluxion, qui lui tomba sur les yeux, lui eut fait prendre le parti d'aborder à l'Isle d'Ithaque.

MENTULAGRE, f. f. gr. & lat. Maladie de la partie virile, causée par une contraction des muscles érecteurs, qui cause l'impuissance.

MENTULE MARINE, f. f. Espece de Sangsue de Mer, qui ressemble à la racine du Nenuphar, & qui se trouve ordinairement sur le rivage. Cet Insecte est fort dur, & sa couleur est rougeâtre. Il ne nâge point, & sa marche est même fort lente.

MENU, f. m. On appelle le *menu* d'un repas, un mémoire qui contient les mets qui doivent y entrer, & l'ordre dans lequel ils doivent être servis.

MENUES PENSE'ES, f. f. Nom d'une petite fleur, trop commune pour demander une description;

qui, bouillie & prise en breuvage, appaise les convulsions des Enfans. Ses feuilles, emploiées de même, nettoient les poulmons & la poitrine.

MENUISE, ou CENDRÉE, s. f. Nom qu'on donne à la plus petite des especes de plomb à tirer. On nomme aussi *Menuise*, dans le commerce du bois à brûler, celui qui est trop menu pour être mis avec les bois de compte, ou de corde.

MENUI IERES, s. f. ou PERCEBOIS. Espece d'Abeilles, auxquelles on donne ce nom, parce qu'elles font leurs nids dans des troncs d'arbres. Mais jamais elles n'attaquent les arbres vivans, ni le bois verd.

MENUS-DROITS, s. m. Terme de bonne chere. On donne ce nom à un mets composé d'oreilles hachées & d'autres parties legeres de certains animaux, avec un assaisonnement de haut goût. L'origine du mot est un droit roïal sur les oreilles d'un Cerf, les bouts de sa tête, quand elle est molle, le musle, les dintiers, le franc boïau & les nœuds, qui se levent seulement au Printems & dans l'Eté. *Menu-vair* est un terme de Blason, qui se dit de l'Ecu chargé de vair, lorsqu'il est composé de six rangées; au lieu que le *vair* ordinaire n'en a que quatre. *Menus marchés* est un terme d'Eaux & Forêts, & du commerce des Bois, pour signifier la vente des Chablis, des Arbres de délit, & autres qui ne sont pas en coupes reglées. On y comprend les glandées, les pacages, & les paissons.

MEQUINE, s. f. Vieux mot, qui a signifié *Servante*, & qui s'est conservé dans quelques Provinces, pour le même usage. En Artois, le Peuple prononce *Mequaine*. On a dit aussi, *Meschine*. Voïez MESCHIN.

MER DES HUMEURS, MER DES PLUIES, MER DE NECTAR, &c. Noms que les Astronomes ont donnés aux différentes taches de la Lune, qu'on suppose des espaces d'eau, qui ne reflechissent point la lumière.

MERCANTIL, adj. lat. Ce qui appartient à la Marchandise, ou ce qui est de même nature. On en a fait l'adverbe *mercantilement*, pour signifier, *d'une maniere qui sent le Marchand*, mais en mauvaise part. On se sert quelquefois aussi du mot *Mercantiste*, pour signifier un *Marchand*.

MERCAVA, s. m. Nom que les Rabbins donnent aux Spéculations sur la nature de Dieu & de ses Ouvrages; comme ils appellent *Bereschith*, tout ce qui regarde la Création réelle. Ce sont deux termes mysterieux.

MERCI, s. m. Vieux mot, qui signifie pardon, bonté qui fait pardonner. On appelle, en style badin, *Don d'amoureuse merci*, les dernieres faveurs de l'Amour. L'Ordre de la *Merci*, ou de la rédemption des Captifs, fut institué en 1223, par Saint Pierre *Nolaque*, sous la regle de Saint Augustin.

MERCURE DE FRANCE. Livre périodique, qui se donne, à Paris, tous les mois, & qui contient divers ouvrages d'esprit, avec une courte exposition de tout ce qui regarde les Sciences, les Arts, l'état civil, politique, &c., de la France. Il fut commencé, sous le nom de *Mercure galant*, en 1672, par M. *de Visé*, qui l'interrompit, en 1674, jusqu'au mois de Mars, 1677. M. *de Fresny* en fut chargé depuis Juin 1710, jusqu'au mois d'Avril 1714. Ensuite, il fut continué jusqu'au mois d'Octobre 1716, par M. *le Fevre*, sous le nom de *Nouveau Mercure*, en faveur des Communautés religieuses, qui étoient offensées du nom de *Galant*. M. *Buchet* succéda, jusqu'au mois de Mai 1721. M. *de la Roque* suivit M. *Buchet*, & prit le titre de *Mercure de France*. En 1745, après la mort de M. *de la Roque*, le privilege de l'Ouvrage fut donné à MM. *de la Bruere* & *Fuselier*, qui y travaillerent quelque-tems ensemble. M. *Remond de Sainte Albine* leur prêta sa plume, en 1748; & M. *l'Abbé Raynal* lui a succédé, en 1750.

MERE DE DIEU. Nom d'un Ordre de Chevalerie, institué en 1233, & confirmé en 1262, par *Urbain*

VI, sous la regle de Saint Dominique, pour soutenir les intérêts des Veuves & des Orphelins. La marque étoit une croix pattée de rouge, avec deux étoiles en chef, de même couleur, sur une soutane blanche. Il dégénera bientôt en libertinage ; ce qui fit donner aux Chevaliers le nom de *Freres de la joie* ; & comme ils n'étoient point en Communauté, l'Ordre ne se soutint pas long-tems.

MERLUT, s. m. Terme d'Art. On nomme *Peaux en merlut*, les peaux de Bouc, de Chevre, & de Mouton, en poil & en laine, qu'on a fait sécher sur une corde, pour les garantir de corruption, jusqu'à ce qu'elles soient passées en Chamois, en Megie, ou en Maroquin.

MEROPS, s. m. Oiseau de la grandeur d'un Etourneau, & fort semblable au Merle, mais dont les plumes sont bleues sur le dos & pâles sous le ventre. Il est fort commun en Italie, où il porte aussi le nom de *Muscipula*, parce qu'il vit d'Abeilles & d'autres Mouches. Sa voix approche assez de celle de l'Homme ; & dans son cri, ou son chant, il prononce *grul*, *gruru*, *urebul*. On mêle son fiel avec de l'huile & de la noix-de-galle, pour donner aux cheveux une couleur fort noire.

MERVEILLE DU PEROU. C'est une autre Plante de cette Région, dont la *merveille* consiste en ce qu'elle porte cinq petites fleurs, en forme de cloche, dont chacune est tout-à-fait différente des autres. Elle sert d'ornement dans les Parterres.

MESCHIN, s. m. Vieux mot, qui a signifié *Jeune garçon* ; comme *Meschine* signifioit *Jeune fille* : & de-là sans doute, *Mesquine*, ou *Méquine*, qui se dit, dans quelques Provinces, pour *Servante* ; *Mesquin*, pour, vil, bas, avare, & *Mesquinerie*, qui en est le substantif.

MESIRE, s. f. Maladie du foie, qui est accompagnée d'inflammation, de douleur & d'enflure, & quelquefois d'une étrange noirceur de la langue.

MESQUITE, s. m. Arbre de l'Amérique, de la grosseur d'un Chêne, & dont le fruit, qui croît dans une gousse comme de petites féves, tient lieu de la Noix-de-galle, pour la composition de l'Encre. Les Indiens ne laissent pas d'en faire aussi une sorte de pain. Le fruit se nomme *Huitzaze*.

MESSE ROUGE, s. f. Terme vulgaire, qui se dit de la Messe que les Parlemens font célébrer après les Vacances, pour recommencer leurs fonctions ; parce qu'ils y assistent en robbe rouge.

MESSETERIE ou MESSETENE, s. f. Droit d'Entrée qui se paie, à Constantinople, pour les Marchandises, particuliérement pour les Pelleteries & le Caffé. Il fut établi pour l'entretien de la Sultane Mere, qu'on nomme *Sultane Validé*.

MESSIEURS. Terme de Verrerie. On donne ce nom, comme par excellence, aux Gentilshommes de race verriere, qui ont seuls le privilege de travailler au verre, sans déroger. Il y en a quatre familles, en Normandie, sous les nom de Brossart, Caqueray, Vaillant & Bongard ; & de-là sortent les *Messieurs*. Ils vont s'établir & travailler dans les autres Provinces ; & lorsqu'on y a voulu former de grosses Verreries, les Entrepreneurs ont été obligés de faire venir des *Messieurs* de Normandie. Il est certain que ces Familles sont anciennes. L'opinion commune est qu'elles descendent de quatre Bâtards d'un Duc de Normandie, qui leur fit prendre le nom de quatre de ses Chiens de Chasse, & qui leur donna le privilege de la Verrerie.

On a donné aussi, en style badin, le nom de ces *Messieurs*, ou de *Messieurs du Recueil*, aux Auteurs de diverses petites Pieces d'esprit, dont on a formé des Collections.

MESSIRE. Titre d'honneur, qu'on ajoûte, dans les Actes, aux titres particuliers des Personnes de qualité. Mais on abuse de cet usage, pour des conditions fort inférieures. Les Prêtres, les Médecins, les Avocats, & d'autres Professions, qui s'appellent *Nobles*, prennent, sans façon, la qualité de *Messires*. Ce mot est composé de *Mon* & de *Sire*; si l'on n'aime mieux le croire emprunté des Italiens, qui disent *Messer*. Voïez SIRE.

MESSOTIER, s. m. Terme de mépris que les Protestans donnoient autrefois aux Prêtres de l'Eglise Romaine, & qui signifie *diseur de Messe*; comme nos petits Maîtres donnent le nom de *Robins* aux Gens de robbe, & ceux-ci celui d'*Epétiers* aux Gens d'épée, qui les méprisent.

MESTRE, ARBRE DE MESTRE, s. m. Les Marins du Levant appellent le grand mât *Arbre de Mestre*; & sa voile, *voile de Mestre*.

METALLURGIE, s. f. gr. Partie de la Chymie, qui traite des métaux. C'est la science, ou l'art, de fondre les métaux, de les préparer, ouvrer & dépurer, pour l'usage de la Médecine. On appelle *Metallurgiste*, celui qui *travaille aux métaux*.

METASTASE, s. f. gr. Terme de Médecine, qui signifie changement d'une maladie en une autre qui lui succede immédiatement. C'est une espece de crise, toujours salutaire, ou dangereuse.

METATHESE, s. f. gr. Figure Grammaticale, qui consiste dans la transposition d'une lettre; d'où naît quelque différence de prononciation. C'est ainsi que quelques-uns disent *Eprevier*, pour, *Epervier*.

METEIL, s. m. Blé qui est moitié froment, & moitié seigle. On appelle *Passe-meteil* celui dans lequel il y a deux tiers de froment contr'un tiers de seigle.

METEOROLOGIQUE, adj. qui se dit de ce qui concerne les *météores*. Observations *météorologiques*.

METIER BATTANT, ou METIER OUVRANT, s. m. Terme d'Art, qui se dit d'un métier qui travaille actuellement.

METIF, s. m. Celui qui est né d'un Européen & d'une Indienne. Il se dit aussi des Chiens qui sont engendrés de deux especes. On ne s'accorde point sur son origine; & quantité de Voïageurs écrivent *Mestice*, *Metice* & *Metis*.

METONOMASIE, s. f. gr., qui signifie *changement de nom*. C'étoit une fantaisie fort commune, parmi les Savans des derniers siécles, & dont on connoît aussi des exemples dans le nôtre. M. l'Abbé *Desfontaines* a pris, dans un de ses Ouvrages, le nom de *Creny*; mot grec, qui signifie *Fontaine*, &c.

METROMANIE, s. f. Mot grec composé, qui signifie *passion*, ou *manie de métrifier*, c'est-à-dire, de faire des vers.

METROMETRE, s. m. Mot composé du grec, & nom d'une machine de nouvelle invention, pour *régler la mesure* d'un air de Musique. Elle se fait avec un pendule d'horloge.

METRETE, s. f. gr. Nom d'une *mesure* attique, qui contenoit environ quarante Pintes, c'est-à-dire, soixante & douze setiers.

METRICOLE, s. m. Petit poids, dont les Portugais se servent, aux Indes orientales, pour peser les Drogues de Médecine. Il pese la huitiéme partie d'une once.

METROPOLE, s. f. Nom que Grecs donnoient à une *Ville Mere*, c'est-à-dire, d'où sortoient des Colonies, qui alloient habiter d'autres terres.

MEUBLE, adj. Terme de Jardinage, pour signifier, dans la terre, une sorte de secheresse & de legereté, qui la rend facile à remuer.

MEULES, s. f. Nom de certains fromages ronds & plats comme une meule, qui viennent de Suisse.

MEUM, ou plutôt MEION, s. m. gr. Nom d'une Plante, dont les feuilles sont plus fines que celles du Fenouil. Elle est emploïée, dans la Thériaque & le Mithridate, & dans les usages communs de la Médecine. Son nom vient du mot grec, qui signifie *moins*. Elle est commune dans quelques parties du Nord de l'Angleterre, où elle fleurit au mois de Juin.

MEUTE, s. f. Nom qu'on donne à une trouppe de Chiens dressés pour la grande Chasse, qui se nomme *Venerie*. Un Chien de *meute*. Valet de *meute*. On appelle aussi *meute*, en termes de chasse d'Oiseaux, un

Oiseau attaché à une corde, qui sert pour faire approcher les autres des filets.

MEZARAIQUE, adject. *Voïez* MESARAIQUE.

MEZZO-TINTO, s. m. Terme emprunté de l'Italien, pour signifier cette espece d'Estampes, qu'on appelle autrement *Pieces noires*. Le Mezzo-tinto est fort en usage en Angleterre. Il demande moins de travail que la gravure ordinaire, mais il n'a pas tant de relief.

MIBI, s. m. Plante sarmenteuse de l'Amérique, qui est une espece de Liane, de la grosseur d'une plume à écrire. On s'en sert pour diverses sortes de petits ouvrages, & pour attacher des choses legeres. Le *Mibipi* est une autre liane de la même Région, mais plus grosse & plus forte que le *mibi*.

MICHEL. *Ordre de Saint Michel*. Nom d'un Ordre militaire, institué, en France, par *Louis XI*, en 1469. Le ruban est noir, & le collier de coquilles lacées l'une avec l'autre, sur une chaînette d'or, d'où pend une médaille de *Saint Michel*. On en fait aujourd'hui la récompense de ceux qui se distinguent dans les Arts libéraux. Cependant, il conserve toujours la noblesse de son origine, en ce qu'on ne peut être reçu dans l'Ordre du *Saint Esprit*, sans être entré auparavant dans celui de *Saint Michel*; & de-là vient que les Chevaliers du *Saint Esprit* sont nommés *Chevaliers des Ordres du Roi*. Aussi leurs armes sont-elles entourées des deux colliers de ces deux Ordres.

MI-DOUAIRE, s. m. Terme de Jurisprudence. C'est une pension qui est quelquefois adjugée à la Femme, pour lui tenir lieu de Douaire, avant la mort de son Mari; ce qui arrive dans les cas de séparation, de longue absence, de mort civile du Mari, &c.

MIGNONE, s. f. Nom d'un des plus petits caracteres d'Imprimerie, qui est entre le petit Texte & la Nonpareille. *Mignonette* est le nom d'une petite espece de Poire, d'une sorte de Dentelle, ou de Reseau fin, & du plus beau Poivre blanc en grains.

MIGNOTIE, s. f., ou ŒIL DE CHRIST. Belle fleur, qui se marcotte & se replante, tous les ans, comme les Œillets.

MIGRAINE, s. f. Nom que quelques-uns donnent au fruit du Grenadier, qui se nomme ordinairement *Grenade*.

MIGRATION, s. f. lat. Terme historique, qui signifie, passage, voïage, ou transport d'un lieu dans un autre. Il se dit de la sortie d'une Nation, ou de quelque partie d'une Nation, qui quitte son Païs, pour aller s'établir dans un autre.

MILAN D'ETE'. s. m. Poire précoce, qui est une sorte de Beurré, nommée aussi *Hariveau blanc*.

MILIORATI ou MILIORATES. Soies d'Italie, qui se tirent de Bologne & de Milan, & dont on fait un assez grand commerce à Amsterdam.

MILLE-CANTON, s. m. Nom qu'on donne à un flux de petits Poissons, qui paroissent en prodigieux nombre, & qui ne sont pas plus longs qu'une épingle. C'est ce qu'on nomme de *la mntée*, à Caen, de *la sotteville*, à Rouen, &c.: c'est le premier développement du frai des différentes especes. On publie quelquefois défense de pêcher le *Mille-canton*, pour empêcher que les rivieres ne se dépeuplent.

MILLE FLEURS. *Eau de mille-fleurs*. On donne ce beau nom à l'urine de Vache, qu'on prend, en remede, pour diverses maladies. L'eau & l'huile, distillées de la bouse de Vache, se nomment aussi *Eau & Huile de mille-fleurs*. Il y a un *Rossolis de mille-fleurs*, composé de la distillation de différentes fleurs.

MILLE-PIE'S A DARD, s. m. Insecte de l'Amérique, ainsi nommé, parcequ'il est armé, par derriere, d'une pointe assez longue. Il se trouve sur les Plantes aquatiques.

MILLIASSE, s. f. Nombre composé de dix fois cent milliards; comme un milliard l'est de dix fois cent millions; & le million de dix fois cent mille.

MILONIENNE,

MILONIENNE, s. f. Nom qu'on donne à une des Oraisons de *Cicéron*, composée pour la défense de *Milon*, & qui passe pour le chef-d'œuvre du plus grand des Orateurs. Il en portoit lui-même ce jugement.

MILRE'E, s. m. Nom d'une monnoie de compte, en Portugal, qui est d'environ 6 livres 10 sous de France.

MILTRAIN, s. m. Nom de la Mi-moéda, ou demie-Pistole, de Portugal.

MINAUDER, v. n. Faire des mines, c'est-à-dire, mettre de l'affectation dans les manieres, l'air, les gestes, &c. La *minauderie* est un attribut des Précieuses & des Coquettes. On dit d'un Homme & d'une Femme, qu'il est un *minaudier*, qu'elle est une *minaudiere*.

MINERAI, s. m. Nom qu'on donne à la terre, dans laquelle des parties de minéral se trouvent mêlées.

MINERALOGIE, s. f. Nom d'une partie de la Chymie, qui traite des Mineraux.

MINISTERIEL, adj. *Chef ministeriel*. Terme qu'on emploie pour distinguer le Pape, en qualité de Chef de l'Eglise de Jesus-Christ, qui en est le *Chef essentiel*.

MINORATIF, s. m. lat. Remede pour purger doucement, c'est-à-dire, où l'on n'emploie que des ingrédiens de force médiocre.

MIRE', adj. Les Chasseurs appellent *Sanglier miré*, un vieux Sanglier, dont les défenses ne sont plus dangereuses.

MIROBOLAN, s. m. Nom d'une sorte de Datte des Indes, froide au premier degré, & séche au second. *Voïez* MYROBOLAN.

MIROIR. *Guedasse de miroir*. Nom qu'on donne, dans le Commerce, à la gravelée qu'on tire de Riga, & qui se vend au last. On distingue l'excellente, la moïenne & la simple, qui ont des prix différens.

ORDRE DU MIROIR ; c'est le nom d'un Ordre militaire, institué, en 1410, par *Ferdinand de Castille*, après une Victoire remportée sur les Mores. La chaîne étoit de fleurs-de-lis, entremêlées de griffons.

Supplém.

MIROTON, s. m. Nom d'un mets, composé de tranches de Veau minces, avec du lard & divers assaisonnemens.

MISSI DOMINICI, ou MIS, s. m. Terme latin, adopté en françois, qui signifie proprement *Envoïés*, ou *Commissaires*, *du Roi*. C'est le nom qu'on donnoit, avant l'institution des Parlemens, à des Commissaires que le Roi envoïoit dans les Provinces, pour prendre connoissance des abus & de tout ce qui appartenoit au bon ordre & à la justice. On trouve que *Charles le Chauve* envoïa douze *Mis*, dans les douze *Missies* de son Roïaume. C'est à-peu-près ce qu'on nomme aujourd'hui Intendans.

MISSISSIPIEN, s. m. & adject. Nom qu'on a donné, pendant le fameux systême de Jean Law, aux Agioteurs & à ceux qui avoient des Actions sur la Compagnie du *Missisipi*.

MISSITAVIE, s. f. Droit de Douane, que paient les Marchandises qui viennent des Païs Chrétiens, en passant à Constantinople, pour aller à la Mer noire. Elles n'en paient pas d'autre.

MITELLE, s. f. Plante, qui tire ce nom de son fruit, dont la forme ressemble à celle d'une Mitre Episcopale. Il contient un nombre infini de semences. Ses feuilles approchent de celles de la Cortuse, & sa fleur est en Rose, à cinq petales.

MITRE, s. f. Les Couteliers donnent ce nom au petit rebord qui sépare la lame des couteaux de table, d'avec la soie, ou la queue, qui sert à les emmancher.

MITRON, s. m. Nom qu'on donne aux Boulangers, ou plutôt à leurs Ouvriers, & qu'on fait venir de l'usage qu'ils avoient autrefois de porter des bonnets en forme de *Mitre*.

MIXTE, adjectif tiré du latin, qui signifie *mêlé*. On appelle un Pendule, *mixte*, lorsqu'il est adapté à un mouvement ; & *simple*, lorsqu'il est seul.

MNEMOSYNE, s. f. Déesse de la

mémoire; du verbe grec, qui signifie *se souvenir*.

MOCADE, ou MOQUADE, ou MOQUETTE. Etoffe Flamande, de laine sur fil, raïée, ou à fleurs, qui se travaille comme le velours, & qui sert à faire des ameublemens.

MOCHE, s. f. Nom qu'on donne à des paquets d'écheveaux de fil de Bretagne, de dix livres chacun. On donne le même nom à des soies qui n'ont point encore reçu de teinture, ni d'apprêt; mais il ne leur vient que de la forme de leurs paquets.

MODENATURE, s. f. Mot Italien, qui signifie les membres, ou moulures de l'Architecture, & que nous emploïons quelquefois dans le même sens.

MODIFICATION, s. f. Terme de Philosophie, qui se dit de la maniere d'être des choses, des changemens qui leur arrivent, des diverses formes, ou des diverses impressions, qu'elles peuvent recevoir, & qui les rendent différentes de ce qu'elles étoient. La matiere est capable d'une infinité de *modifications*. On dit aussi, dans le même sens, *modifier*, v. act., *modificatif*, adject.

MOHATRA, s. m. Nom d'un Contrat illicite, par lequel un Usurier vend une marchandise au plus haut prix de l'année, & la fait acheter ensuite au plus bas prix, par des personnes interposées. L'origine du mot n'est pas connue. *V.* CONTRAT.

MOIEDOR, s. m. Nom d'une Monnoie d'or de Portugal, qui vaut quatre *milrées* dans le Païs, & qui revient à vingt-six, ou vingt-sept, livres de France.

MOIEN-BRONZE, s. m. On donne ce nom à des Médailles de Bronze, d'une médiocre grandeur. *Moïen âge* se dit du tems qui a suivi la décadence de l'Empire Romain, jusqu'environ la fin du dixiéme siécle; & *moïenne latinité*, de tout ce qui s'est écrit, en latin, depuis environ le tems de *Severe*, jusques vers la décadence de l'Empire. On appelle *tems moïen*, le tems calculé dans la supposition qu'au bout de toutes les vingt-quatre heures, le Soleil se retrouve exactement au Méridien, où il étoit le jour précédent; par opposition à *tems vrai*, qui est le tems calculé suivant l'heure où le Soleil doit se trouver véritablement au Méridien, un peu plus de vingt-quatre heures avant, ou après, l'instant qu'il y étoit la veille. Il y a peu de jours, dans l'année, où le *tems moïen* s'accorde avec le tems vrai. Tel est le premier jour de Novembre.

MOKISSE ou MOKISSO. Nom que les Peuples idolâtres, de diverses parties de l'Afrique, donnent à tout ce qu'ils croient rempli de quelque puissance, pour leur faire du bien, ou du mal; & que cette raison leur fait adorer.

MOLINE & MOLIENNE, s. f. Nom de différentes sortes de laines que nos Marchands tirent d'Espagne.

MOLLETON, s. m. Nom d'un Oiseau de mer, de la forme d'un petit Canard, dont le plumage tire sur le noir, & qui se mange les jours maigres, comme les Macreuses.

MOLUQUE, ou MELISSE DES MOLUQUES, s. f. Plante venue des Isles Moluques, qui a beaucoup de rapport à la Melisse, & qui se cultive aujourd'hui dans nos Jardins, pour la vertu qu'on lui attribue de fortifier le cœur & de résister au venin. On en distingue deux especes, dont l'une est d'une odeur moins agréable que l'autre.

MOLYBDITE, s. f. gr. Nom qu'on donne à la Marcassite de *plomb*, & à toutes les pierres dans lesquelles il se trouve des parties de ce métal. La *Molybdoïde* est une espece de mine de plomb, moins pesante, mais beaucoup plus dure que la commune. Elle croît dans les mines d'argent, & dans quelques mines particulieres. On prétend qu'étant fort difficile à mettre en fusion, elle nuit aux ouvrages de plomb, lorsqu'il s'y en trouve.

MOM. *Voïez* MUM.

MOMON, s. m. Nom qu'on donne à une partie de Jeu, dans laquelle plusieurs Joueurs, risquant une somme égale, prennent chacun la même quantité de jettons, à condition que celui qui gagnera tous les jettons des autres, gagnera aussi la somme totale de l'argent.

MONNOIERE, ou **HERBE A CENT MALADIES**. Plante rampante, dont les tiges ressemblent à des Joncs, d'où sortent des feuilles, depuis la racine jusqu'à la cime. Elles sont rondes & épaisses comme des pieces de monnoie, d'où est venu le nom. On vante ses vertus pour toutes sortes d'hemorrhagies & de dyssenteries, pour les poulmons, les intestins & les ruptures. La *monnoiere* croît sur le bord des fossés & dans les lieux humides.

MONOCHROMATE, s. m. Mot grec composé, qui signifie ce qui est d'un seul ton. Les Peintres donnent ce nom à un Tableau d'une seule couleur. C'est ce qu'on appelle ordinairement Camaïeu. On en attribue l'origine à *Cleophante de Corinthe*, premier Auteur de la Peinture, car on ne dessinoit, avant lui, qu'avec du charbon ; mais il n'emploia d'abord qu'une seule couleur.

MONOCULE, s. m. Mot composé du grec & du latin, & nom d'un Bandage, pour la fistule lacrymale.

MONOPHYSISME, s. m. gr. Opinion de ceux qui n'admettent qu'une *seule nature* en Jesus-Christ, suivant la signification du mot.

MONOTONIE, s. f. gr. Uniformité de ton. C'est un défaut dans tous ceux qui parlent en Public, surtout dans les Prédicateurs, & les Acteurs du Théâtre. *Monotone*, adj., se dit, dans le Figuré, de ce qui est ennuïeux, par une trop grande uniformité. On dit aussi d'une fievre, qui n'augmente & ne diminue point, qu'elle est *monotone*.

MONS. pour **MONSIEUR**. C'est aujourd'hui une maniere de parler libre & cavaliere, quelquefois méprisante. Autrefois, il s'employoit, dans les Actes publics, pour, *Monsieur*, ou *Monseigneur*, à moins que dans les actes où il se trouve, il ne soit peut être une abréviation de l'un ou de l'autre.

MONTANS, s. m. En termes d'Académistes, on donne ce nom à ceux qui apprennent à monter à Cheval. Il y a cinquante *Montans*, chez M. *Duguat*.

MONTASINS, s. m. Sorte de coton filé, qui nous vient du Levant, par la voie de Marseille.

MONTER, v. act. & n. Ce verbe reçoit tant de sens différens dans l'usage, qu'il suffit d'en observer quelques-uns, sans autre explication, pour faire remarquer la variété de ses acceptions & de ses régimes. *Monter* & descendre. *Monter* un Escalier. *Monter* à Cheval, & *monter* un Cheval. *Monter* sur un Vaisseau. *Monter* dans une Chambre. *Monter* à quelque Grade. *Monter* la Cavalerie. *Monter* un Instrument, &c.

MONTESIA. Ordre de Notre-Dame de *Montesia*. Nom d'un Ordre militaire, institué, en 1317, par *Jacques II d'Arragon*, à Montesa, ville d'Espagne, sur les ruines des Templiers. La marque étoit une croix de gueules sur l'estomac, & les statuts à-peu-près les mêmes que ceux de l'Ordre de Calatrava.

MONTICULE, s. m. Diminutif de Mont, qui se dit quelquefois d'une élévation de terre, moindre qu'une montagne, & plus grande qu'une colline.

MONTIER & **MOUTIER**, ss. mm. Vieux mots qui signifient *Monastere*, & qui en paroissent une corruption. Ils se trouvent souvent dans nos anciens Auteurs, & plusieurs Abbaïes portent encore ce nom. Forêt-moutier, *Saint Pierre le Moutier*, &c.

MONT-JOIE. Ordre de Chevalerie, institué dans le douziéme siécle, par le Pape *Alexandre III*, pour combattre les Infideles, dans la Terre-Sainte. Ils furent introduits en Espagne, par *Alfonse le Sage*, sous le nom de Chevaliers de Motrac, & unis ensuite à l'Ordre de Calatrava, par le Roi *Ferdinand*.

MOOSE, s. m. Nom d'un gros animal de la nouvelle Jersey, dont on nous apprend que le cuir est emploié à faire d'excellens muffles ;

sans nous donner sa description.

MOQUETTE, s. f. *Voï.* MOCADE.

MOQUEUR, s. m. Oiseau de la Virginie, qui tire son nom de l'erreur qui le fait prendre pour un Homme, parcequ'il imite parfaitement la voix humaine.

MORAINE, s. f. ou MORTAIN. Laine qu'on fait tomber, avec de la chaux, de la peau des Moutons & des Brebis, qui meurent de maladie.

MORDACHE, s. f., formé du verbe *mordre*. C'est le nom d'une tenaille propre à tirer le gros bois du feu. Les Capucins nomment *Mordache* un petit bâton, ou un petit mors, que leurs Novices se mettent dans la bouche, pour avoir rompu le silence.

MORDACITE', s. f. Qualité corrosive. On l'emploie quelquefois dans un sens figuré, pour, humeur satyrique & mordicante; penchant à médire, à relever les défauts d'autrui.

MORGANE, s. f. Nom qu'on donne, dans le Roïaume de Naples, à l'apparition prétendue de quantité de Fantômes, qui représentent, dans l'air, des Palais, des Hommes, des Animaux, des Forêts, &c., & dont *Kirker* fait une longue description. Cet admirable Phénomene est ordinaire, dit-il, à Reggio, vers le milieu de l'Eté.

MORGOULES, s. f. Espece d'Insectes, qui nâgent sur la Mer, & dont on rencontre quelquefois un prodigieux nombre entre l'Europe & l'Amerique. On les prendroit, sur l'eau, pour des moitiés d'oranges moisies, d'où pendent comme des floccons de coton d'un violet clair. Lorsqu'on les tire de l'eau, ce n'est qu'une substance glaireuse, qui fait la même impression sur la peau, que les Orties.

MORINE, s. f. Plante du Levant, qui se cultive au Jardin du Roi, & qu'on prétend cordiale, cephalique, & stomachale, en conserve ou en infusion. Ses feuilles sont beaucoup plus longues que larges, pointues, épineuses par les bords, & d'un verd luisant. Ses fleurs, qui sont blanches d'abord,

rougissent en vieillissant. Toute la Plante est d'un bel aspect, & haute de deux piés & demi.

MORINGA, s. m. Arbre du Malabar, assez semblable au Lentisque, dont le fruit, qui est long d'un pié, & de la grosseur d'une rave, avec huit angles de couleur claire, se mange cuit, & se vend dans les marchés. Sa fleur est d'un verd brun; & sa racine passe pour un excellent antidote.

MORION, s. m. Pierre précieuse, qui est une espece d'Onyx, d'un noir rougeâtre, transparente & brillante. Elle vient des Indes & de divers endroits du Levant. On prétend que pendue au cou, elle chasse l'épilepsie & la mélancolie.

MORISQUES, s. m. Nom qu'on donnoit aux Mores restés en Espagne, après la ruine de leur Empire, par *Ferdinand V*, en 1492. Ils y étoient encore au nombre d'environ neuf cens mille, qui furent chassés, en 1610, par le Roi *Philippe III*.

MORNE, s. f. Nom que les François donnent, dans les Isles de l'Amerique, aux petites Montagnes.

MORPHE'E, s. m. gr. Dieu poétique du sommeil & de la nuit, le premier des songes, & le seul qui annonce la vérité. Ses deux Freres, suivant *Ovide*, étoient *Phobetor*, & *Phantase*. On le represente avec un faisceau de pavots. Son nom signifie, *figure, apparence*.

MORTAIN. *Voïez* MORAINE.

MORT AUX CHIENS, ou COLCHIQUE, s. f. Plante de Sicile & du Levant, dont les feuilles ressemblent à celles du Lis. Elle pousse, de sa racine, trois ou quatre tuïaux longs, qui, s'élevant en plusieurs parties, forment une espece de Lis, purpurin, & quelquefois blanc. La racine en est dangereuse, parce qu'elle s'enfle dans l'estomac, comme une éponge; mais le goût en est fort bon. On l'emploie extérieurement pour la goutte & les rhumatismes.

MORTE-CHARGE, s. f. En termes de Mer, un Vaisseau à *Morte-charge* est celui qui n'a point sa charge entiere. Le droit de fret, qui est de cinquante sous, par tonneau, pour les Navires étrangers, dans les Ports de France, se paie, à *Morte-charge*, comme si le Navire étoit plein. *Morte-saison* se dit vulgairement du tems où le commerce est languissant, & les Artisans, peu occupés.

MORTE-EAU, s. f. Terme de Mer, qui se dit du tems où la Mer monte peu; ce qui arrive entre la nouvelle & la pleine Lune, & entre la pleine Lune & la nouvelle, c'est-à-dire, le sept & le vingt-deux de la Lune. On donne le même nom au plus bas de l'eau, entre la fin du reflux & le commencement du flux.

MORTE-PAIE, s. f. Soldat qui ne fait pas de service, & que le Roi ne laisse pas de paier. Les Invalides de l'Hôtel sont des *Morte-paies*.

MORTIER, s. m. Nom d'une couverture de tête, que le Chancelier de France & les grands Présidens, qu'on appelle *Présidens à mortier*, portent pour marque de leur dignité. On prétend que la couronne de nos Rois de la premiere race étoit une espece de *mortier*, & que celui du Chancelier & des Présidens, avec les accompagnemens, n'est que la representation des ornemens roïaux, que nos Rois leur ont communiqués, en leur abandonnant leur Palais pour siége de la Justice.

MORTIER DE VEILLE, s. m. Terme de la Maison du Roi. On donne ce nom à un petit vaisseau d'argent, qui a quelque ressemblance avec le mortier à piler, & qu'on remplit d'eau, sur laquelle surnage un morceau de cire jaune, d'une demi-livre, avec un petit lumignon au milieu, qu'on allume aussi-tôt que le Roi est couché, & qui brûle toute la nuit dans sa Chambre. Il est accompagné d'une bougie, qu'on allume aussi dans un flambeau d'argent, au milieu d'un bassin du même métal.

MORT-NE', & par corruption MORNE', adject., qui se dit de tout ce qui est venu mort au monde, Enfans, & petits des Animaux.

MORTODES, s. f. Perles fausses, qu'on nomme aussi *Perles godronées*, & qu'on emploie dans le commerce d'Afrique, avec les Negres du Senegal & de Guinée.

MORTUAIRE, s. m. Nom qu'on donne, dans l'Ordre de Malte, à tout le revenu d'une Commanderie, depuis la mort du Commandeur jusqu'au mois de Mai suivant. Il appartient au Grand-Maître.

MOSARABE. *Voïez* MOZARABE.

MOSCHATELINE, s. f. Plante détersive & vulneraire, qui croît dans les prés & les haies épaisses. Ses fleurs, qui sont de couleur herbeuse, & ses feuilles, qui sont découpées & divisées, d'un verd de Mer, ont une odeur de musc, d'où elle tire son nom.

MOSCOSQUE, s. f. Monnoie de compte de Moscovie. Les Livres s'y tiennent en Roubles, Grives & Moscosques. C'est aussi le nom d'une petite monnoie courante du même Païs.

MOSCOUADA, s. f. Nom qu'on donne au *sucre brut*, c'est-à-dire, avant qu'il ait été rafiné.

MOTACILLE, s. f. Petit Oiseau, qui porte quantité d'autres noms, tels que Hochequeue, Bergeronnette, Battemare, &c. On en distingue deux especes, l'une blanche & l'autre jaune, & c'est proprement le jaune qui se nomme *Motacille*. On prétend que sa cendre excite l'urine.

MOUCHACHE, s. f. Espece d'Amidon, qui se fait aux Isles de l'Amérique, avec du suc de Manioc desseché au Soleil.

MOUCHEROLE, s. m. Petit oiseau, de la grosseur à-peu-près d'un Moineau, qui habite ordinairement près des Bois, & qui se nourrit de Mouches. Il vole souvent autour des Bœufs, pour faire la chasse aux Mouches, dont ils sont couverts.

MOUE'E, s. f. Soupe de Chiens courans, composée de pain & de potage, ou de lait, dans laquelle on mêle du sang de la bête qu'ils ont forcée.

MOULLAVA, s. f. Plante siliqueuse des Indes, dont la fleur est jaune. La fumée de ses feuilles, prise par le nez, guérit du vertige & du mal de tête.

MOUSQUETS, s. m. Nom des tapis de Turquie & de Perse, que les Marchands achetent à Smyrne, & qui entrent, en France, par Marseille.

MOUSSEMBEI, s. m. Herbe potagere d'Amerique, dont on n'emploie que les feuilles. Sa semence a la forme d'un rognon applati.

MOUSTILLE, s. f. Sorte de Belette très sauvage, qui ne vit qu'à la Campagne, & dont la peau, revêtue du poil, entre dans le négoce de la Pelleterie.

MOUTONNER, v. n., formé de Mouton, pour exprimer une apparence de laine, que l'eau forme par son écume, lorsqu'un grand mouvement la fait bouillonner. La Mer *moutonne*, c'est-à-dire, que l'agitation des flots y produit des taches d'écume, qu'on prendroit quelquefois pour un troupeau de Moutons.

MOUVANT, TABLEAU MOUVANT. On appelle *Tableau mouvant* un tableau à ressort, qui presente successivement diverses figures, & quelquefois même des figures mobiles.

MOXA, s. f. Plante de la Chine & du Japon, qui ressemble assez à l'Armoise, mais dont les feuilles sont plus grandes. Elle est célebre par l'usage qu'on en fait dans ces contrées, en l'appliquant, avec le feu, comme une espece de cautere, pour guérir la goutte & d'autres maladies.

MOZARABE, s. m. ou MUSARABE. Nom qu'on a donné aux Chrétiens d'Espagne, venus des Mores & des Sarrasins. Quelques-uns le prennent pour une corruption de *Mixt' Arabes*, ou *Arabes mêlés*. D'autres le font venir de *Moza*, ou *Musa*, Gouverneur de la Mauritanie Tingitane, du tems du Comte *Julien*, qui introduisit les Mores en Espagne. D'autres, avec plus de vraisemblance, de *Musa*, qui signifie *Chrétien*, en Arabe. L'Office divin se fait encore, dans plusieurs Paroisses de Toléde, avec les anciennes cérémonies des *Mozarabes*.

MUGE, s. m. Poisson, qui est également de Mer, de Riviere, & d'Etang. Il a la tête grosse & grande, & la chair d'une bonté médiocre.

MULET. *Guêpe Mulet*. On donne ce nom à une espece de Guêpes, qui ne sont pas faites pour la multiplication de l'espece, & qui se nomment aussi *Ouvrieres*, parce qu'elles sont laborieuses. Leur aiguillon est plus piquant que celui des Abeilles.

MULTIVALVE, s. m. & adj. lat. ou POLYVALVE, gr. & l. Coquille composée de *plusieurs pieces*; comme on appelle *Bivalve*, les Coquilles qui n'ont que *deux* pieces; & *Univalves*, celles qui sont d'*une* seule.

MUNASICHITES, s. m. Nom d'une sorte de Mahométans, qui croient la *Metempsychose*; ce que signifie ce mot arabe.

MUNGO, s. m. Graine d'Amérique, de la grosseur de la Coriandre, qui se mange cuite, comme du riz, & qui passe pour un fébrifuge, en décoction.

MUREX, s. m. lat. Poisson de mer à coquille univalve, qui est une espece de Pourpre, de la grosseur de deux Huitres jointes ensemble. Sa coquille est jaunâtre & raboteuse en dehors, blanche & polie en dedans. Il a la bouche oblongue & garnie de dents, une tête élevée & une base allongée. Son sang teint en pourpre. Celles qui se trouvent dans la terre se nomment *Murinites*. V. POURPRE.

MURRHINE, s. f. Ancienne boisson, composée de Vin doux, & d'Aromates qui lui faisoient toujours conserver sa douceur; & fort différente, par conséquent, du Vin de Myrrhe, qui étoit une boisson fort amere, que les Juifs donnoient aux Criminels, en les menant au supplice.

MUSÆUM, s. m. *Voïez* MUSEUM.

MUSAGETE, adject. gr. Surnom qu'on donnoit au Dieu *Apollon*, & qui signifie *Conducteur des Muses*. Il y avoit au Circle *de Flaminius*, un Temple dédié à *Hercule Musagete*, parce qu'il y étoit accompagné des neuf Sœurs.

MUSARABE, s. m. *Voïez* MOZARABE.

MUSCARI, s. m. Plante, dont la racine est vomitive, & dont les feuilles sont résolutives, étant appliquées extérieurement. Elle tire son nom de son odeur de musc. Ses fleurs sont formées en grelots, d'abord purpurines, ou vertes, puis blanchâtres, ou bleuâtres; ensuite pâles, ou jaunâtres, & enfin noirâtres. Toute la plante a beaucoup de rapport à la Hyacinthe, mais sa fleur est plus évasée, par l'ouverture.

MUSCAT. Poire. On en distingue plusieurs; tels que le *Muscat fleuri*, excellente Poire d'Automne, ronde & roussâtre, qui se nomme aussi *Muscat à longue queue*, & *Rousseline*; le *Muscat d'Août*, nommée autrement *Robine*; le *Muscat Robert*, Poire d'Eté très bien faite, & fort sucrée, &c.

MUSCIPULE. *Voïez* MEROPS & MOUCHEROLE.

MUSCOSITÉ, s. f. lat. Espece de mousse, ou de velouté, qui se trouve dans les ventricules des Animaux qui ruminent. Il vient du mot latin, qui signifie *mousse*. Ainsi ne le confondez pas avec *mucosité*, qui vient de celui qui signifie *morve*.

MUSEON, s. m. gr. Nom d'un ancien édifice d'Alexandrie, proche du Palais, autour duquel regnoient des galeries qui servoient de promenades aux Philosophes. C'étoit une espece d'Académie, fondée par *Ptolemée Soter*, fils de Lagus, où les Savans personnages étoient entretenus aux dépens du Public.

MUSER, v. n. Terme de Venerie. Les Cerfs *musent*, avant que d'entrer en rut; c'est-à-dire, que pendant quelques jours, ils vont la tête basse, le long des chemins & dans les campagnes.

MUSEUM, s. m., ou MUSÆUM. Nom purement latin. Les Romains nommoient *Musæum*, tout lieu destiné à l'étude des Sciences; parce que son usage étoit une espece de consécration aux Muses. Ce mot est comme adopté en François, pour signifier un *Cabinet d'étude*.

MUSQUINIER, s. m. Tisserand qui fait de la Batiste, de la demi-Hollande, du Cambrai raïé & moucheté, & quelques autres toiles de même espece.

MUSSOF, s. m. Mot hebreu, qui signifie *ajouté*, & dont les Juifs ont fait le nom de la Priere qu'ils font, le jour du Sabbat, dans leurs Synagogues, à la fin de leurs autres cérémonies. Elle contient les paroles de l'ancien sacrifice, qui se faisoit le même jour au Temple de Jérusalem.

MUTATION, s. f. lat. Mot purement latin, qui signifie *changement*.

MUTISME, s. m., formé d'un mot latin, qui signifie *muet*, pour signifier l'état d'une personne muette, le malheur d'être muet.

MYOGLOSSES, s. m. gr. Nom de deux des *muscles* de la *langue*, qui naissent des racines des dents molaires.

MYOTOMIE, s. f. gr. Partie de l'Anatomie, qui traite de la *dissection des muscles*.

MYRABOLTS, s. m. Espece de Myrrhe, qui vient d'Arabie, mais que les Européens tirent de Surate, avec les drogues des Indes orientales.

MYRIONYME, adj. gr., qui a *mille noms*. On a donné cette Epithete à quelques anciennes Divinités, qui étoient adorées sous *quantité de noms* différens.

MYRMECIE, s. f. Nom d'une espece de Verrue, formé du mot grec, qui signifie *Fourmi*, parce que ceux qui se la font couper sentent une douleur qui ressemble à celle que cause la morsure des Fourmis. On appelle *Myrmecite*, une pierre figurée, qui porte naturellement l'empreinte d'une *Fourmi*.

MYRMICOLEON, s. m. gr. *Voï.* FORMICALEO, qui est le même Animal. L'un des deux noms est latin, l'autre grec. On ne dit gueres *Fourmilion*, qui devroit être le nom françois.

MYRTILLITE, s. f. Pierre figurée, cendrée, de forme ronde, & très dure, sur laquelle on reconnoît la figure des feuilles de Myrte.

MYTHOLOGISTE, ou MYTHOLOGUE, s. m. & adj. gr. Celui qui fait l'Histoire des Dieux, des Mysteres, & des Heros, du Paganisme, qui en écrit, ou qui en donne des leçons.

MYTILE, s. m. Nom d'un petit coquillage de Mer & de Riviere, qui ressemble à de la mousse. On prétend que sa chair, qui est bonne à manger, s'emploie utilement pour la morsure des Chiens enragés.

N

LA lettre N, seule, tient lieu d'un nom propre, qu'on ignore, ou qu'on ne veut pas nommer. Elle signifie alors *Nom*, ou place du *Nom*. Dans une ordonnance de Médecin, elle signifie *Nombre*. C'est le caractere de la Monnoie qui se fabrique à Montpellier.

NABIT, s. m. Nom du Sucre candi, réduit en poudre, qui est un fort bon remede pour les yeux.

NAGAM, s. m. Grand arbre, fort commun aux Indes orientales, qui porte des siliques, & dont les feuilles rendent un suc, qu'on mêle avec de l'huile de Noix d'inde, pour en faire un très bon onguent contre les enflures.

NAHER, s. m. *Voïez* NAIRE.

NAIN-LONDRINS, s. m. Nom qu'on donne, dans le Commerce, à des draps fins d'Angleterre, fabriqués de laine d'Espagne, & destinés pour le négoce du Levant.

NAISSANCE, s. f. Nom qu'on donne à la partie naturelle des Vaches & des Jumens.

NALUGN, s. m. Arbrisseau baccifere, du Malabar, qui fleurit deux fois l'an. On emploie sa racine, en décoction, contre les douleurs d'estomac & de ventre, & le suc de ses feuilles, contre l'indigestion.

NANDI-ERVATAN, s. m. Arbrisseau des Indes orientales, dont toutes les parties sont laiteuses. La Médecine emploie son suc, mêlé avec de l'huile, pour diverses maladies, surtout pour celles des yeux.

NAOS, s. m. Nom qu'on donne, comme celui de Galions, aux plus grands vaisseaux Portugais, & qu'on fait venir de *nau*, qui signifioit anciennement un gros Navire.

NAPOLITAIN, s. m. & adj., qui signifie qui est de Naples, ou ce qui appartient à cette Ville. Ce mot est plus en usage que *Néapolitain*; quoique l'un & l'autre se disent.

NAQUE-MOUCHE, s. m. Nom d'un petit Animal de quelques Isles de l'Amerique, qui prend, comme le Caméléon, la couleur des lieux où il repose, & des objets qui l'environnent. Il est fort petit, & si familier, qu'il s'approche des Hommes, pour prendre, sur leurs habits & sur leurs mains, des Mouches, dont il fait sa nourriture. Il a quatre jambes, dont il se sert si legerement qu'il paroît voler. On en voit beaucoup dans l'Isle de Nevis.

NARTHEX, s. m. gr. Terme d'Histoire ecclésiastique, qui signifie le lieu des anciennes Eglises Grecques, où l'on mettoit les Cathécumenes & les Pénitens. Il étoit en dehors du Temple, proche de la porte.

NATAGNI, s. m. Nom d'une célebre Idole des Tartares, qu'ils ont dans toutes leurs Habitations, & qu'ils adorent comme Dieu de la Terre. Ils lui frottent la bouche avec de la graisse, pour la nourrir & s'attirer ses faveurs.

NATIONAL, adj., qui se dit de tout ce qui appartient à une Nation, & de ce qui lui est particulier. On appelle *Cardinaux nationaux*, ceux qui sont attachés à une Couronne, non-seulement par la naissance, mais par quelque autre engagement.

NATRIX, s. m. Espece de Serpent aquatique, dont la morsure est venimeuse; quoique sa chair purifie
le

le sang, & résiste au venin, comme celle de Vipere.

NATURALISME, s. m. Nom de la Doctrine des Athées, qui donne tout à la Nature. *Naturaliste*, adj., se dit de ceux qui étudient la Nature ou l'Histoire naturelle. On disoit autrefois *Naturien*.

NAUFRAGE', adject., formé de *naufrage*, qui se dit, en termes de Mer, des Marchandises qui ont été gâtées par l'eau, dans un *naufrage*.

NAULIGE, NAULAGE. Voïez NOLISER.

NAUTILE, s. m. Coquillage univalve de Mer, dont la figure approche un peu de celle du Limaçon. Son nom lui vient de ce qu'il *nâge* dans sa coquille, comme dans une Gondole. Ses couleurs sont fort brillantes. On en distingue plusieurs especes, dont quelques-unes sont cloisonées dans l'intérieur. Elles sont toutes minces & légeres. Celles, qui sont fossiles, se nomment *Nautilites*.

NEALENIE, s. f. Divinité, dont on a trouvé plusieurs Statues, en 1646, dans l'Isle de Valcheren, avec des inscriptions qui ont appris son nom. Elle a toujours l'air jeune; elle est vêtue, des piés jusqu'à la tête. Une corne d'abondance, des fruits, un panier & un chien, sont les symboles qui l'environnent. On ne s'accorde pas sur l'explication de cette Déesse; quoique, depuis, on en ait trouvé des monumens en d'autres lieux.

NEOANE'ES, s. f. Toiles raiées de bleu & de blanc, qui nous viennent des Indes orientales. Il y en a de larges & d'étroites.

NEGATIF, adj. lat. Ce qui nie, ou ce qui emporte *négation*. *Non* est l'adverbe *négatif*. *Voix négative*, dans une assemblée, signifie droit de s'opposer à une résolution, & d'empêcher qu'elle ne passe.

NEGRILLO, s. m. Pierre metallique, ou minérale, qui se tire des mines d'argent du Chili. Elle a quelque ressemblance avec le machefer. Lorsqu'il s'y trouve du plomb, elle se nomme *Plomoronco*.

Supplém.

NEGUEIL, s. m. Poisson de Mer, un peu plus grand que la main, & d'environ la pesanteur d'une livre, couvert de larges écailles, d'un bleu noir sur le dos, & blanchâtre au ventre. Sa queue est large & marquée de taches noires; ce qui le fait nommer aussi *Melanure*, qui signifie, en grec, *queue noire*.

NEGUNDO, s. m. Arbre des Indes, dont les feuilles ont l'odeur & le goût de la Sauge, & dont les fleurs ont l'odeur du Romarin. Son fruit est une espece de Poivre noir. On en fait divers usages, dans la Médecine, surtout pour les tumeurs, les contusions, & les ulceres. Les Femmes du Païs se lavent le corps de la décoction de ses feuilles, pour aider à la conception.

NEGUS. *Le grand Negus*. Titre de l'Empereur des Abyssins, qu'on a nommé aussi *Prete-Jean*.

NELLE, s. f. Petite piece de Monnoie, qui valoit autrefois six blancs; ainsi nommée, dit-on, parce qu'elle se fabriquoit à la Tour *de Nesle*.

NE'OCORE, s. m. gr. Terme d'ancienne Religion, qui signifie *Sacristain*, ou plutôt Valet d'un Temple, pour y entretenir la propreté. Quelques Villes, qui avoient des Temples fameux, se glorifioient de prendre le titre de *Néocores*.

NE'OGRAPHISME, s. m. gr. Maniere nouvelle d'écrire, ou Nouvelle orthographe. Les *Néographes*, c'est-à-dire, ceux qui inventent ces nouvelles méthodes, ou qui les suivent, nuisent à la langue, en lui faisant perdre ses étymologies & par conséquent sa genealogie & sa noblesse; sans compter qu'ils y introduisent une variété ridicule.

NERINDES, s. f. Toiles blanches de coton, tirant sur le taffetas, qui viennent des Indes orientales.

NERITE, s. f. Coquillage de Mer, dont on distingue plusieurs especes; les unes grandes, rondes & de la figure d'un cornet. D'autres, qui approchent de la figure des Limaçons de terre. Il y a des *Nerites* d'eau douce, ou fluviatiles. Celles de la Seine forment un beau réseau.

On en trouve de rouges & de verdâtres ; & les Médecins s'en servent pour exciter l'appétit.

NEROLI, s. m. On appelle *Essence de Néroli*, celle qui se trouve sur l'eau de fleur d'orange. Elle est précieuse, parce qu'il faut beaucoup de cette eau pour en produire une certaine quantité. On fait venir son nom d'une Princesse *Nerola*, Italienne, à laquelle on en attribue l'invention.

NERVEUX, adj. lat., formé du mot, qui signifie *nerf*. Il se dit des corps robustes, & même des esprits qui ont de la force & de la fermeté. On dit aussi que le style d'un ouvrage est *nerveux*, pour dire qu'il est serré, & fort de sens. Les Médecins appellent *Genre nerveux*, toute la distribution des *nerfs* du corps humain. *Nerval*, adj., signifie ce qui est bon pour les *nerfs*.

NERVEZE, s. m. Nom qu'on a donné à l'obscurité du langage & du style, & qui revient à celui de *Phœbus* & de *Galimathias*. *Nerveze* étoit un Ecrivain du siécle passé, Sécretaire de la Chambre de *Louis XIII*, qui se rendoit fort obscur à force de vouloir être sublime.

NERVIN, s. m. Terme de Médecine, pour signifier des médicamens qui servent à fortifier les nerfs, ou à donner du ressort aux fibres nerveuses. Tels sont la graisse humaine, la moelle de cerf, les baumes naturels & artificiels, les plantes & les vins aromatiques, &c. *Voïez* NERF.

NERVURE, s. f., qui signifie proprement l'Art d'appliquer des *nerfs*. En termes de Relieurs, on appelle la *nervure* d'un Livre, ces petites parties élevées qui divisent le dos des Livres, & qui sont formées par les nerfs, ou les cordes, qu'on emploie pour les relier.

NEUTONIANISME ou NEUTONISME, s. m. Doctrine de *Newton*, célebre Philosophe Anglois. On appelle *Newtoniens*, les Sectateurs de *Newton*.

NEZ, s. m. Partie du corps à laquelle est attaché le sens de l'odorat, & qui est en partie osseuse, en partie cartilagineuse. On a prétendu que quelques Aveugles distinguoient les couleurs par le *nez*. Dans le Journal des Sçavans du mois d'Août 1731, on trouve l'Histoire d'un bout de *nez* coupé, qui, en quatre jours, fut remis & parfaitement cicatrisé.

NHAMDUI, s. m. Célebre Araignée du Bresil, dont les Voïageurs ont fait d'étranges descriptions. Une de ses plus admirables singularités est de representer, dans sa partie postérieure, un visage d'Homme, comme s'il y avoit été peint. La longueur du *Nhamdui* est de la moitié du doigt.

NID-D'OISEAU, s. m. Plante détersive & vulneraire, qui tire ce nom de sa ressemblance, avec un nid d'Oiseau, par l'entrelacement de ses racines. Ses feuilles sont creusées, luisantes & canelées, presque de la forme d'un cœur. Ses fleurs sont pâles. Elle croît dans les bois & les lieux montagneux, surtout au pié des Sapins. *V.* NIDS D'OISEAUX.

NIGANICHE, s. f. Quartier de l'Isle Roïale, en Amérique, qui a donné son nom à une Compagnie de Commerce, établie au Havre de Grace, pour la pêche des Morues vertes.

NIIR-NOTSJIL, s. m. Arbrisseau du Malabar, dont les feuilles prises en poudre, avec du sucre, dans une infusion de riz, guérissent, dit-on, la vérole.

NILICA-MARAM, s. m. Espece de Prunier Indien, dont le fruit & les premieres feuilles, pris en poudre, passent pour un remede excellent contre la dyssenterie, & la tievre chaude.

NIMBO, s. m. Arbre de l'Amerique, & des Indes orientales, où il porte le nom de *Bepole*. Ses feuilles, mêlées avec du suc de limon, sont un admirable vulneraire ; & leur suc, pris par la bouche, tue infailliblement les vers. On tire de son fruit, qui est une petite Olive jaunâtre, une huile qu'on emploie pour les piqûres & les contractions de nerfs.

NIRUALA, s. m. Arbre de plusieurs Païs des Indes, surtout du Malabar, dont les feuilles rendent un suc, qui, reçu dans un linge qu'on applique sur les aines, provoque fort promptement l'urine.

NISANE, s. f. Racine médecinale de la Chine, si estimée des Chinois, qu'ils l'achetent près de cent écus la livre. Sa principale vertu est contre les évanouissemens. Le *Nisi* est une autre plante admirable, qu'on croit la même que le Gingseng.

NOAILLES, s. m. Nom qu'on a donné à une espece de Louis d'or, de vingt au marc, frappés en 1716, pendant que M. le Duc de *Noailles*, aujourd'hui Maréchal de France, étoit Président du Conseil des Finances. Outre qu'ils sont d'une très belle fabrication, ils n'ont point été refrappés, ni contrefaits, comme les Chevaliers & les Mirlitons.

NOBILIAIRE, s. m. lat. Registre qui contient les noms de toutes les Races nobles d'une Province.

NOCHER, s. m. Vieux mot, qui signifie Batelier, ou celui qui conduit tout autre Bâtiment sur l'eau. Il ne s'est conservé qu'en Poésie, pour *Caron*, qu'on appelle *Nocher des morts*; parce qu'on suppose qu'il leur fait passer le Styx, dans sa Barque.

NOCLA-TALI, s. m. Arbre des Indes, fort estimé, qui est une sorte d'Epine-vinette à feuilles d'Oranger. Il est de grosseur moïenne. On fait des cordes de son écorce, & son fruit est d'une fraîcheur délicieuse.

NOIAU, s. m. Nom que les Naturalistes donnent à des pétrifications qui ont pris forme dans la cavité des coquilles, & qui sont composées d'un mêlange de petits corps marins, lesquels s'étant décomposés & fondus, se sont convertis en une seule masse de pierre, qui represente la structure intérieure de la coquille, dans laquelle ces petits corps sont entrés. On en trouve, dans les couches & ailleurs, dans des états de pétrification très différens.

NOMBRIL, s. m. On dit qu'un Cheval est blessé sur le *nombril*, quand il l'est sur le dos, à l'endroit qui répond au *Nombril*.

NOMOCANON, s. m. gr. Mot composé, qui signifie, *Recueil des Canons*, ou des Loix impériales, qui s'y rapportent. Nous avons, sous ce nom, un recueil des anciens Canons des Apôtres, des Conciles, & des Peres.

NON-AGE. Terme dont on s'est servi long-tems, pour signifier l'*impuberté*. On le trouve en usage du tems de Saint *Louis*.

NONCE, s. m. Nom qu'on donne en Pologne, aux Députés de la Noblesse des petites Dietes à la grande Diete, pour composer la Chambre de la Noblesse.

NON-ETRE, s. m. Terme de Philosophie, qui se dit des choses dont on ne sauroit supposer l'existence, parce qu'on les croit impossibles.

NONPAREILLES. *Voïez* LAMPARILLAS.

NON PLUS ULTRA, s. m. Mots latins, dont on a fait un seul mot en françois, qui signifie, terme au-delà duquel on n'est pas capable de pénétrer. Il s'emploie dans le sens figuré comme dans le propre. On sait que c'étoit l'inscription des fameuses colomnes d'*Hercule*.

NOPER, v. act. Terme de Manufacture. *Noper* une piece de drap, c'est en arracher, avec de petites pinces, les nœuds qui s'y trouvent lorsqu'on les a levées de dessus le métier; ce qui s'appelle aussi *énouer*. Le *Nopage* est la façon qu'on donne aux draps, en arrachant ces nœuds.

NOSOLOGIE, s. f. gr. Discours, ou Traité, sur les Maladies.

NOSSIS, ou NOUES, s. f. Nom qu'on donne, dans le Commerce, aux tripes de Morues salées, qu'on apporte dans des Bariques.

NOSTOCH, s. m. Nom que les Naturalistes donnent à une espece de Champignons, qui paroissent quelquefois subitement dans les allées de Jardins & dans d'autres terres, surtout après les jours de pluie. Quelques-uns les mettent au rang des Plantes. Leur figure est irréguliere, d'un verd brun, un peu transparent, sans fibres & sans nervures. Ils se dessechent, s'ils ne sont cueillis avant le lever du Soleil. On leur attribue de grandes vertus, surtout pour les cancers, les fistules & les blessures. On s'en sert, en Allemagne, pour faire croître les cheveux.

NOTA, ou NOTA BENE. Expression latine adoptée, qui signifie *Remarquez*, ou *remarquez-bien*, & qui s'écrit ordinairement en abregé par les deux lettres initiales N. B.

NOTÉ, adj. formé de *Note*, qui se prend en mauvaise part, pour, souillé d'une tache *remarquable*, surtout par quelque Sentence de Justice.

NOUASSE, s. f. Espece de Noix muscades sauvages, qui croissent dans quelques Isles de la Mer des Indes, mais qui sont fort inférieures à celles des Moluques.

NOUÉES, s. f. Fiente des Cerfs, qu'ils jettent depuis le milieu de Mai jusqu'à la fin d'Août.

NOVELLES, s. f. lat. Titre d'un Livre ancien de Jurisprudence, qui contient les Loix & les Constitutions de quelques Empereurs. Les *Novelles de Justinien* sont reçues de tous les Jurisconsultes.

NTOUPI, s. m. ou TOUPI. Nom que les Chrétiens Grecs donnent aux Corps des Excommuniés, après leur mort. L'opinion vulgaire est qu'ils demeurent noirs, enflés, & incorruptibles. On prétend que *Mahumet II* eut la curiosité de vérifier le recit qu'on lui en avoit fait. Quoiqu'il en soit, les *Ntoupis* sont des especes de Vanpires & de Brucolaques, avec cette différence qu'ils demeurent immobiles dans leur sépulture.

NUANCE, s. f., formé de *nue*, pour signifier la différence; ou le changement des couleurs, surtout dans leur passage d'un ton à un autre. *Nuancer*, v. act., c'est observer les jours, passer habilement du clair à l'obscur, de l'obscur au clair, &c. Il se dit, au Figuré, dans la Poësie & l'Eloquence, comme dans la Peinture; car il y a une sorte d'optique pour les yeux de l'esprit, comme pour ceux du corps.

NUBILITÉ, s. f. lat. C'est l'état d'un Garçon, ou d'une Fille, qui a l'âge & les autres qualités requises pour le Mariage. Les Jurisconsultes l'appellent *Puberté*. *Nubile* est l'adject. Une Fille est *Nubile* à douze ans, suivant les Loix, pour lesquelles on a consulté l'ordre de la nature. Un Garçon ne l'est qu'à quatorze ans.

NUIT, s. f. Terme de Peinture, qui se dit de ces Tableaux où l'on ne voit point d'autres clairs ni d'autres reflets, que ceux qui paroissent venir de la lueur d'une bougie, d'une lampe, ou d'une lanterne. Une *Nuit* de Bassan.

NUMERAL, *Vers numeraux*. Nom qu'en donne aux Vers chronologiques, dont les lettres numerales marquent le millesime, c'est-à-dire, l'année d'un événement.

NUMISMATIQUE, adj. *Science Numismatique*. On donne ce nom à la science des Médailles, du mot grec & latin, qui signifie *Medaille*.

NUNCUPATIF, adj. lat. Terme de Palais, qui ne se dit que d'un Testament fait verbalement & de vive voix, c'est-à-dire, où les choses sont simplement prononcées, ou *nommées*; suivant la signification du mot.

NYABEL, s. m. Arbre du Malabar, dont le fruit est fort estimé, & contient une sorte d'amandes purgatives. Avant sa maturité, on en fait un syrop vanté pour l'asthme & la toux.

O

O, dans les ordonnances de Médecine, désigne l'alun; & O O l'huile. On appelle O de Noel, certaines Antiennes, au nombre de neuf, qui se chantent depuis le 14 de Décembre jusqu'au 23; parce qu'elles commencent par O. Cette lettre est le caractere de la Monnoie qui se fabrique à Riom.

OBANG. Voïez OURANG.

OBÉDIENCE. PAIS D'OBEDIENCE, s. m. Nom qu'on donne, en France, aux Provinces qui ne sont pas comprises dans le Concordat; telles que la Bretagne, la Lorraine, &c., où, pendant huit mois de l'annis, le Pape confère, de plein droit, les Bénéfices vacans. V. CONCORDAT.

OBERON. Voiez AUBERON, qui est la maniere commune d'écrire ce mot.

OBJECTIF, adj. lat. En termes de Theologie, on dit que Dieu est notre béatitude *objective*, c'est-à-dire, le seul objet qui puisse faire notre bonheur.

OBOLISCOTHECA, s. m. Petit Tournesol d'Amérique, dont les fleurs sont radiées. On en compte deux especes.

OBSEDER. Voiez OBSESSION.

OBSERVATION. *Armée d'observation*. C'est le nom qu'on donne à la partie d'une Armée qui couvre un siége, pour s'opposer à l'approche des Ennemis, tandis que l'autre partie assiége la Place.

OBSIDIANE, s. f. Nom d'une pierre de couleur noire, transparente, & semblable à la Sardoine.

OBSIDIONAL, adj. Mot formé du verbe latin, qui signifie *assiéger*. On appelle *Monnoie obsidionale*, celle qu'on frappe quelquefois dans une Place assiégée, où elle a cours pendant le siege.

OBSTANCE, s. f. lat. Terme de Droit Canonique. On emploie ce mot, au lieu d'obstacle, pour les difficultés qui peuvent empêcher le Saint Siége d'accorder une grace.

OBTEMPERER, v. n. Mot purement latin, qui signifie *obéir*, & qui est en usage au Palais dans ce sens.

OBVENTION, s. f. Terme d'Histoire, qui signifie *Impôt ecclésiastique*.

OCCIPITO-FRONTAL, s. m. Nom d'un muscle de la tête, qui nait de la ligne transverse de l'os occipital, & qui couvre toute la partie superieure du crâne, en forme de calote. Lorsqu'il agit, il tire, en arriere, la peau de la tête, en même-tems qu'il tire & qu'il ride celle du front. Ainsi, il est opposé au Corrugateur.

OCCULTATION, s. f. lat. Terme d'Astronomie, qui exprime le tems pendant lequel un astre est caché dans son éclipse. *L'occultation d'un Satellite*.

OCHRUS, s. m. Plante détersive & astringente, qui croit dans les blés, & qui tire son nom de la ressemblance de sa semence avec celle de l'Ochre. Ses tiges sont anguleuses, ses feuilles oblongues, & ses fleurs blanches. Sa semence, qui est renfermée dans des gousses de deux cosses, est une sorte de petits pois, d'un jaune obscur.

OCOLOXOCHITL, ou FLEUR DE TIGRE. Plante du Mexique, dont les feuilles ressemblent au Glaïeul, la racine au Poreau, & dont la fleur est d'un rouge fort vif, mais tacheté; d'où lui vient son nom. On vante extrêmement la vertu de sa racine, prise dans l'eau, pour éteindre la plus ardente fievre.

ODEUM, s. m. gr., ou ODE'E. Nom d'un Edifice qui servoit aux spectacles des Grecs. On ne convient pas sur sa construction & son usage; mais c'étoit une espece de Théatre, qui étoit environné de colomnes & de siéges. Quelques-uns croient qu'il ne servoit qu'à la Musique, parce que son nom est formé du mot grec, qui signifie *chant*.

ODOMETRE, s. m. gr. *Mesure de chemin*. C'est le nom d'un instrument de Méchanique, fort utile aux Géographes & aux Arpenteurs, qui sert à mesurer les chemins, sans compter les toises ou les pas. Il est composé de six roues, quatre pignons, & un ressort, & placé sur l'essieu d'une voiture, il marque jusqu'au nombre de cent mille tours de roue. Si l'on suppose la circonférence de cette roue, de quinze piés de Roi, elle fera, dans mille tours, quinze mille piés, c'est-à-dire, une lieue; ce qui continuera jusqu'à cent lieues, après quoi tous les index, ou aiguilles, de l'*Odometre* recommencent d'eux-mêmes. Si la voiture recule, il recule aussi; & par conséquent il ne marque que le chemin qui se fait en avançant.

ODONTECHNIE, s. f. gr. comp. Nom qu'on donne à la partie de la Chirurgie, qui a pour objet la conservation des dents.

ŒCONOMIE ANIMALE. Les

Médecins donnent ce nom à l'ordre, à la bonne disposition, de toutes les parties du corps humain, qui doit produire de la régularité dans leurs fonctions.

ŒDEMOSARQUE, s. f. gr. Espece de tumeur, qui tient le milieu entre l'Œdeme & le Sarcome.

ŒIL DE BOUC, s. m. Coquillage, du genre des Limaçons.

ŒIL DE PERDRIX ET YEUX DE PERDRIX. C'est le nom d'une étoffe, moitié laine & moitié soie, diversement ouvragée & façonnée. Œil de Perdrix se dit aussi d'une couleur du vin, qui est une espece de gris.

ŒIL ET BATTE, s. m. Terme de Poissonnerie, qui signifie tout ce qui est contenu depuis l'ouie, ou l'œil du Poisson, jusqu'à la queue, qu'on nomme batte, apparemment parce qu'elle lui sert à battre l'eau, en nâgeant.

ŒILLETON, s. m. Terme de Jardinage, qui signifie des rejettons qui croissent à côté des Artichaux & d'autres plantes.

ŒNAS, s. m. gr. Espece de Pigeon sauvage, qui aime fort le raisin, d'où il a tiré son nom. Son bec est long & pointu ; sa queue grise & noire ; la tête, les ailes & le ventre, cendrés. Sa chair est dure : mais on la prétend bonne pour l'Epilepsie.

ŒNOMANTIE, s. f. gr. Divination par le vin, dont on observoit anciennement la couleur & le mouvement, pour en tirer divers présages.

ŒNOPE, adject. gr. Terme de Médecine, qui signifie proprement couleur de vin. On donne cet Epithete à tout ce qui ressemble au vin.

ŒPATA, s. m. Grand arbre des Indes orientales, qui croît sur le bord de la Mer, parmi le sable. Son fruit, mêlé avec des ingrédiens onctueux, quand il est verd, compose un cataplasme excellent pour amollir les tumeurs, surtout pour meurir & dissiper la rougeole & la petite verole.

ŒSTROMANIE, s. f. gr., qui a la même signification que fureur uterine. Voïez UTERINE.

ŒUF DE VACHE. ŒUF DE CHAMOIS, ss. mm. On donne ces noms à une espece de Bezoard, qui se trouve assez souvent dans le ventre de ces animaux.

ŒUF DE SERPENT. Espece d'amulete des Druides, auquel ils attribuoient de grandes vertus, & qu'ils vendoient fort cher à ceux qui avoient la crédulité d'en acheter. On croïoit que cet œuf étoit formé de la bave des Serpens, lorsqu'ils étoient entortillés ensemble ; qu'il s'élevoit aussi-tôt en l'air, par la force de leurs sifflemens, & que pour lui conserver toutes ses vertus, les Druides le recevoient dans leur robbe avant qu'il retombât à terre, avec de grandes précautions, pour éviter d'être mordus des Serpens, par lesquels ils étoient poursuivis jusqu'au passage de quelque riviere.

ŒUF D'ORPHE'E. Symbole mysterieux des anciens Philosophes d'Egypte & de Phenicie, pour désigner le principe intérieur de fécondité, qui produit, hors du sein de la terre, tout ce qui est compris sous le nom de végetaux.

ŒUVRE, s. m. On appelle l'œuvre d'un Graveur d'Estampes, le Recueil de toutes les pieces qu'il a gravées.

OFFE, s. f. Espece de Jonc, qui vient d'Alicante en Espagne, & qu'on emploie beaucoup dans nos Provinces méridionales, surtout à faire des filets pour la pêche.

OFFENSIVE, s. f. lat. Attaque, action par laquelle on entreprend de nuire à quelqu'un. Deffensive est le substantif opposé.

OFFICE. LE S. OFFICE, s. m. Nom qu'on donne au Tribunal de l'Inquisition, dans les Païs où elle est établie.

OFFICIAL, s. m. Titre de dignité, dans les Cours ecclésiastiques. L'Officialité est la Jurisdiction de l'Official, qui consiste à juger privativement de toutes les actions Civiles & Personnelles des Ecclésiastiques, en défendant seulement. L'Official ne punit que par les peines Canoniques, & doit recourir au Juge roïal, pour les peines afflictives. Il y a trois sortes d'*Officiaux*, l'Ordinaire, le Métropolitain, & le Primatial.

OGRE, s. m. Monstre imaginaire, auquel on donne, pour nourriture ordinaire, de la chair humaine. Il joue un grand rolle dans les Contes de Fées.

OIGNON. *Rang d'oignon*. On fait venir l'expression proverbiale, *être assis en rang d'oignon*, d'Artus de la Fontaine Solaro, Baron d'oignon, qui faisoit l'office de Grand-Maître des cérémonies aux Etats de Blois; parce qu'il assignoit les places & les rangs des Seigneurs & des Députés. A l'égard de regreter les *oignons* d'Egypte, qui est une autre espece de Proverbe, pris de l'Histoire Sainte; *Spon* a remarqué que les regrets des Israélites étoient assez justes, parce que les *oignons* d'Egypte sont d'une bonté surprenante.

OILLE, s. f. lat. Mets favori des Espagnols, qui consiste dans un mélange d'excellentes viandes, qu'on fait cuire avec toutes sortes d'assaisonnemens, & qu'on appelle ainsi, du nom latin d'un pot dans lequel on le fait cuire. On nomme *Pot à Oille* un vaisseau de forme particuliere dans lequel l'*Oille* se sert. En France, où cet usage est passé d'Espagne, sous *Philippe V*, par un Cuisinier nommé *Asmac*, l'*Oille* a pris le nom de *Terrine*.

OISELEURS, s. m. Nom de certains vents réguliers & périodiques, qui soufflent tous les ans dans la même saison, & qui s'appellent autrement *Etésiens*, ou *Ornithies*. On les nomme *Oiseleurs*, parce qu'ils regnent dans les tems où les Oiseaux travaillent à faire leurs nids, & qu'ils sont d'ailleurs fort doux.

OLAMPI, s. m. Gomme très rare, qui nous vient de l'Amerique. Elle est dure, transparente, d'un jaune qui tire sur le blanc, assez douce au goût; & ses qualités sont détersives, dessicatives & résolutives.

OLEB, s. m. Sorte de Lin, qu'on apporte d'Egypte, aussi bon que celui qu'on nomme Forsette, mais de moindre qualité que le Squinanti. Son prix est de sept piastres & un quart, le quintal de cent dix rotols.

OLIVAIRE, adject. Terme d'Anatomie. On nomme Corps *olivaires*, deux protuberances de la moelle allongée.

OLONE. PETITE OLONE, s. f. ou LOCRENAN. C'est le nom d'une sorte de toile, dont on fait des voiles de Vaisseaux, & qui se fabrique en abondance dans plusieurs parties de la Bretagne.

OLUSE, s. f. Mot d'origine incertaine, qui se dit vulgairement de la vente du vin en fraude & sans païer les droits des Aides. Vendre à l'*Oluse*, c'est vendre en cachette, en fraude.

OLY, s. m. Espece de Divinité des Insulaires de Madagascar, qui n'est, suivant les Relations des Voïageurs, qu'un grillon du Païs, qu'ils nourrissent au fond d'un grand panier, dans lequel ils mettent ce qu'ils ont de plus précieux. Ils donnent aussi le nom d'*Oly* à des caracteres magiques qu'ils reçoivent de la main de leurs Prêtres.

OMAGRE, s. f. gr. Nom d'une espece de goutte, qui attaque l'articulation de l'humerus avec l'omoplate.

OMBELLE D'IMPRIMERIE. C'est un petit caractere dont les Imprimeurs se servent quelquefois pour marquer & distinguer les articles. Il est composé, en forme d'Etoile, de huit ou dix raïons qui partent d'un même centre; différent de l'*Obele*, qui est un autre caractere de la forme d'une aiguille; & différent aussi de l'*Asterisque*, qui n'est qu'une Etoile de cinq raïons.

OMBLE, s. f. Poisson vorace de Riviere, qui ressemble beaucoup à la Truite. Il a le dos & les côtes couleur de rose, & le ventre fort blanc. Sa tête contient de petites pierres.

OMBRE, Poisson. *Voïez* THYMALLE.

OMBRES, s. f. Dans le système

de la Théologie païenne, ce qu'on appelloit *Ombre* n'étoit, ni le Corps, ni l'Ame, mais quelque chose qui tenoit le milieu entre l'un & l'autre, qui avoit la figure & les qualités du corps de l'Homme, & qui servoient comme d'enveloppe à l'Ame.

OMELETTE, s. f. Coquillage, de l'espece des Rouleaux, qui tire ce nom de sa couleur aurore, mêlée de blanc, comme celle des œufs en omelette.

OMOCOTYLE, s. f. gr. Nom qu'on donne à la cavité qui est située à l'extrêmité du cou de l'omoplate, & qui reçoit la tête de l'humerus.

OMPHALODES, s. m. gr. Plante basse & rampante, qui ressemble au Symphite, & qui en est une espece. Ses feuilles ressemblent à celles de la Pulmonaire, & ses fleurs sont bleues, en forme de rosette. Son nom lui vient de la figure de ses capsules, dont le creux approche de la forme du *nombril*. On lui attribue la vertu d'arrêter le sang, & d'adoucir les humeurs âcres.

OMPHALOMANCIE, s. f. gr. Espece de divination des Sages-femmes, ou connoissance qu'elles prétendent tirer, par le nombre des nœuds du cordon ombilical d'un Enfant naissant, du nombre d'Enfans qu'une Femme doit encore avoir.

ONCRE, s. f. Nom d'une sorte de Bâtiment de mer: sur quoi l'on remarque que l'Angleterre a toujours, dans ses Ports, un *Hoy*, un *Smaque*, & cinq *Oncres*, qui sont des Bâtimens mâtés & appareillés, comme les *Heu* de Hollande. Tous ces mots sont écrits ici, suivant la prononciation françoise.

ONDES, s. f. On donne ce nom à des lignes de différentes couleurs, qui vont en serpentant sur la robbe d'un coquillage, & à de petites étoffes de soie, de laine & de fil, dont les façons sont *ondées*.

ONDOIEMENT, s. m. Terme de Religion, qui signifie proprement *arrosement d'eau*, mais dont la signification est bornée, par l'usage, au Baptême simple, où l'on observe seulement ce qui y est essentiel; tel qu'il est donné par une Sage-femme, dans un cas dangereux, où elle craint pour la vie de l'Enfant. Les cérémonies ecclésiastiques sont ensuite suppléées. On dit de même, *ondoïer* un Enfant.

ONEIROGONE, s. m. gr. Nom que les Anciens donnoient à une disposition du corps, qui produit des songes lascifs. C'est quelquefois une maladie, qui prend alors le nom d'*Oneiropolese*. *Oneirogone* signifie proprement *Songe vénérien*.

ONERAIRE, adj. lat., qui se dit de celui qui a le soin réel d'une chose dont un autre a l'honneur. Ainsi, l'on distingue Tuteur *oneraire*, & Tuteur *honoraire*.

ONIROCRITIE, s. f. gr. Art d'*interpréter les Songes*, qui faisoit une importante partie de l'ancien Paganisme. L'Ecriture-Sainte nous apprend que cet Art étoit connu dès le tems de *Joseph*, Fils de *Jacob*. On l'appelle aussi *Oniromancie*, ou *Oniromance*, *Oniroscopie*, *Onirocratie*; tous mots qui reviennent à la même signification.

ONQUES & ONC, adv. Vieux mot, qui a signifié *jamais*, & qui s'emploie encore dans le marotique. On disoit aussi *Onques-mais*, & *Onques-puis*, qui signifioient la même chose avec plus de force.

ONNAVA, s. f. Divinité des anciens Gaulois, qu'on prend pour la *Venus* céleste. Sa figure portoit une tête de Femme, avec deux aîles déployées au-dessus, & deux larges écailles, qui sortoient au lieu des oreilles. Cette tête étoit environnée de deux Serpens, dont les queues alloient se perdre dans les deux aîles.

OOSCOPIE, s. f. gr. *Divination par des œufs. Livie*, femme d'*Auguste*, voulant savoir si elle deviendroit mere d'un mâle, ou d'une femelle, échauffa elle-même un œuf, jusqu'à ce qu'elle eut fait éclore un Poulet, qui avoit une fort belle crête.

OPAQUE. *Voïez* OPACITÉ.

OPERATION, s. f. lat. En termes de Chirurgie, on distingue quatre sortes d'*opérations*; la *Synthese*,

la

la *Dierese*, l'*Exerese*, & la *Prosthese*.

OPERCULE, s. m. lat. *Petit couvercle*. Nom qu'on donne à une espece de petite Soupape, dont le poisson à coquille se sert pour en défendre l'entrée, dans l'endroit qu'on nomme la bouche, & pour se renfermer en dedans.

OPHTALMOXISTRE, s. m. gr. Brosse chirurgicale, faite avec des épis d'orge, pour la scarification des paupieres.

OPIME, adj. Mot purement latin, qui signifie *riche*, *abondant*, & qu'on emploie dans l'Histoire Romaine, pour exprimer le *Spolia opima*, nom qu'on donnoit aux dépouilles qu'un Général Romain remportoit sur le Général Ennemi, lorsqu'il l'avoit tué de sa main.

OPISTHOGRAPHE, adj. gr., qui signifie un Ouvrage *écrit sur les deux côtés*. Cette distinction vient de l'usage commun des Anciens, qui étoit de ne pas écrire sur le revers du papier.

OPLOMACHIE, s. f. gr. Escrime, combat de Gladiateurs. Il se dit des jeux des Anciens, où les Gladiateurs combattoient armés d'épées, ou de poignards.

OPPIA. LOI OPPIA, ou OPPIENNE. Fameuse Loi Romaine, contre le luxe & l'excessive dépense des Femmes, dans leurs habits, portée par *Cn. Oppius*, Tribun du Peuple, sous les Consuls, *Q. Fab. Maximus & Sempron. Gracchus*. Elle résista pendant vingt ans aux sollicitations des Femmes pour la faire abolir.

OPRA ET OYA, ss. mm. Titre des premiers Ordres de l'Etat, dans le Roïaume de Siam.

OPSIGONE, adj. gr., qui signifie, *produit dans un tems posterieur*. On donne cette Epithete aux dents molaires; parce qu'elles sont les dernieres qui sortent, & qu'elles ne viennent que dans l'adolescence.

OPTIMISTES, s. m. Nom qu'on a donné aux Philosophes qui enseignent que Dieu a fait les choses suivant la perfection de ses idées, c'est-à-dire, le mieux qu'il a pu, & que

Supplém.

s'il avoit pu faire mieux dans la création du Monde, il l'auroit fait. Tels sont *Malebranche*, *Leibnitz*, &c.

OR EN PATE, s. m. Nom qu'on donne à l'or prêt à fondre dans le creuset. L'or *verd* est de l'or en feuille, appliqué sur ce que les Doreurs nomment l'assiete, après l'avoir brunie.

OR-SOL, s. m. Les Banquiers emploient ce terme, pour évaluer & calculer les monnoies de France, dans les remises qu'on en fait pour les Païs étrangers; ce qui triple la somme qu'on remet. Ainsi, quand on dit 450 livres quinze sous six deniers d'*Or-sol*, on entend 1352 livres six sous six deniers tournois; la livre d'or valant trois livres simples, le sol d'or trois sous, & le denier d'or trois deniers.

ORAISON, s. f. lat. Ce mot n'a pas aujourd'hui d'autre signification que celle de *Priere*; mais lorsqu'on parle des Anciens, il ne signifie que *Harangue*. On dit les *Oraisons* de *Demosthene*, d'*Isocrate*, de *Ciceron*; c'est-à-dire, leurs harangues. Dans le sens d'aujourd'hui, on appelle *Homme d'oraison*, un Homme fort livré à la méditation des vérités du Christianisme, à la retraite, à la priere.

ORBE. MUR ORBE. Terme de Maçonnerie, pour signifier un mur où l'on n'a percé aucune porte, ni fenêtre.

ORBIS, s. m. Gros poisson de Mer sans écailles, dont la forme est spherique, ou orbiculaire. Sa peau est dure & piquante, de couleur cendrée & marquetée. Sa tête ne paroît point séparée de son corps. Il ne se trouve gueres que dans la Mer d'Egypte, ou à l'entrée du Nil. On nous en apporte les dents broïées, comme un remede pour la dyssenterie & l'hemorrhagie.

ORBITE. *Voïez* ORBE, s. m.

ORBITÉ, s. f. lat. Privation d'Enfans, c'est-à-dire, état d'un Pere qui n'en a point, soit qu'ils soient morts, ou qu'il n'en ait jamais eu. Les Romains avoient une Déesse qu'ils nommoient *Orbone*, invoquée par les Peres & les Meres sans En-

A a

fans, & Protectrice des Orphelins. Elle avoit un Autel près du Temple des Lares.

ORDINAIRE, f. m. la. On nomme l'*Ordinaire*, le départ. reglé des postes. Un Gentilhomme ordinaire du Roi se nomme quelquefois simplement, un *Ordinaire*.

ORDO, f. m. Mot purement latin, qui signifie *Ordre*. Il est adopté, dans l'Eglise, pour signifier un petit Livre qu'on fait chaque année, à l'usage des Ecclésiastiques, & qui les instruit de tout ce qui regarde l'office de chaque jour. Il porte aussi le nom de *Directoire*.

ORDONNATEUR. *Commissaire ordonnateur*. C'est le plus ancien Commissaire, qui fait, dans un Port, la fonction d'Intendant de Marine.

OREILLE DE JUDAS. Nom d'un Champignon sans queue, qui est une espece d'Agaric, qu'on trouve attaché au tronc du Sureau. Sa figure est souvent celle de l'oreille humaine, d'où lui vient son nom. Il est membraneux & de couleur gris-noirâtre. C'est un poison, dont on ne laisse pas de se servir extérieurement pour les tumeurs.

OREILLE DE MER, f. f. Nom d'une coquille univalve, qui a quelque ressemblance avec l'oreille humaine. Quelques-uns la nomment *Ormeau*; d'autres, *grand Bourdon*. On en distingue plusieurs especes, la plûpart percées de trous, les uns à côté des autres. Elles sont généralement assez applaties, avec une bordure relevée d'un côté. On n'en a point encore trouvé de fossiles. En termes de Conchyliologie, on appelle généralement *Oreilles*, une ou deux parties plates & saillantes des deux côtés de la charniere d'une coquille. Elles sont fort différentes des aîles.

OREILLONS, f. m. Nom qu'on donne aux rognures des cuirs de Bœufs, de Vaches & d'autres animaux, destinées à faire de la colle forte; apparemment parce qu'il s'y trouve quantité d'oreilles.

ORELLANE, f. f. Plante de l'Amérique, surtout des environs de la Riviere de Surinam, qui se cultive comme l'Indigo, & qui donne une teinture, nommée aussi *Orellane*, qu'on n'estime gueres moins que l'Indigo.

ORFROI, f. m. Nom qu'on donnoit autrefois aux étoffes tissues d'or. Il ne s'est conservé qu'en termes de Sacrifice, pour signifier les paremens d'une Chape.

ORGANISME, f. m. Mot formé d'organe, pour exprimer tout ce qui appartient à l'organisation des corps, ou l'état d'un corps organisé. Tout est organique dans la nature, sans excepter le genre mineral, qui ne l'est pas moins que l'animal & le végétal, mais dans un autre ordre.

ORGASME, f. m. gr. Terme de Médecine, qui signifie, gonflement, agitation, & mouvement impétueux des humeurs superflues dans le corps humain, qui cherchent à s'évacuer.

ORGE. PETIT ORGE. Graine de la Nouvelle Espagne, qui a la figure de l'Orge, sans être plus grosse que la semence de Lin, & dont l'épi est semblable à celui de l'Orge commun. Elle est si caustique, qu'on ne s'en sert point intérieurement: mais on l'applique en poudre sur les ulceres putrides, pour manger les chairs baveuses, & sur les parties gangrenées, un peu temperée en la mêlant dans de l'eau de Plantain.

ORGE. GRAIN D'ORGE. Nom qu'on donne quelquefois à la grandeur d'une ligne, qui est la douziéme partie d'un pouce. Les Imprimeurs nomment *Grain d'orge* les notes de Plein chant qui font en lozange, & qui valent la moitié d'une mesure. On appelle Futaine & toile à *grain d'orge*, une sorte de Futaine & de toile pour le service de table, figurées en *grains d'orge*. *Lancette à grain d'orge*. Voïez LANCETTE.

ORGEAT, f. m. On a dit autrefois *Orgeade* & *Orgade*. C'est une liqueur rafraîchissante, composée d'eau d'orge, où il entre de la semence de Melon, du sucre & quelque eau de senteur.

ORGEOLET, f. m. Maladie des paupieres, qui attaque leurs cartilages ; différente par conséquent de la grèle, ou *chalazion*, qui est une maladie du corps même des paupieres.

ORGUE DE MER, s. f. Plante pierreuse, composée de quantité de petits tuïaux, rangés l'un sur l'autre par étages comme des tuïaux d'*orgue*. Elle naît dans la Mer, sur les Rochers, & sa couleur est rouge, ou purpurine. On en prend en poudre, pour le cours de ventre & les hemorrhagies.

ORIENT, s. m. Mot tiré du latin, qui signifie, en Astronomie, le point de l'horison où le Soleil se leve. Il se dit aussi, en général, de la partie du Monde qui est opposée à l'occident, & ses Habitans s'appellent *Orientaux*. On appelle *Commerce d'orient*, celui qui se fait dans l'Asie orientale, par l'Ocean ; & *Commerce du Levant*, celui qui se fait dans l'Asie occidentale, par la Méditerranée. L'*Orient*, dans nos Cartes, est toujours le côté qui est à main droite. *Oriental*, adj., se dit de tout ce qui appartient à l'*Orient*.

ORIENT D'ETÉ, ORIENT D'HIVER. On donne le premier de ces deux noms à l'endroit de l'horison où le Soleil se leve, lorsqu'il entre au signe de l'Ecrevisse, qui est le tems des plus grands jours ; & le second, à l'endroit de l'horison où le Soleil se leve, lorsqu'il entre dans le Capricorne, qui est le tems où les jours sont les plus courts. Ces *Orients d'Eté & d'Hiver* ne sont pas également éloignés, dans tous les Païs, de l'Orient des Equinoxes. Mais cet éloignement est d'autant plus grand que la Sphere est plus oblique, c'est-à-dire, que le Pôle est plus élevé sur l'horison, ou que les Païs sont plus éloignés de la Ligne équinoxiale.

ORIGINAIRE, adj. d'origine, qui signifie, ce qui, ou celui qui tire son origine de quelque lieu, ou de quelque chose. Un Homme *originaire* de France. Un mot *originaire* du grec. En terme de Palais, *demandeur originaire* se dit de celui qui a fait la premiere demande, ou qui a commencé le Procès. *Originel*, autre adjectif d'origine, ne se dit gueres que du péché d'Adam, qui s'est communiqué à sa posterité, ou, par allusion, de quelque faute dont les suites y ont une sorte de rapport.

ORIGINAL, s. m., qui signifie ce qui est le premier dans son genre, & qui peut être imité, ou copié. Un Ouvrage d'esprit, un Tableau *original*. On dit savoir une chose d'*original*, c'est-à-dire, la savoir de source. *Original* se dit aussi des personnes, en bonne part, pour dire de quelqu'un qu'il a excellé le premier dans quelque genre ; la Fontaine est le véritable *original* du tour fin & naïf : en mauvaise part, pour signifier un extravagant, un Homme singulier ; c'est un *Original* achevé. Plaisant *Original*. Enfin, *Original* devient quelquefois adjectif, & l'on dit fort bien, une pensée *originale*, pour dire une pensée nouvelle ; un trait *original*, c'est-à-dire, un trait sans exemple.

ORIGNAL, s. m. Quelques-uns écrivent *Orignac*. C'est le nom d'un animal de l'Amérique septentrionale, de la grandeur d'un Mulet. On le prend pour l'Elan. Le mâle porte sur la tête un grand bois fourchu. Il a le cou long & déchargé, les jambes hautes & séches, le poil fourchu, & le poil gris blanc, ou roux & noir. Sa chair est beaucoup meilleure que celle du Cerf. On fait de sa peau de bons Bufles, des Tapis de table, & d'autres Ouvrages.

ORILLON, s. m. Diminutif d'*oreille*. On nomme les *Orillons*, une maladie des oreilles, causée par quelque fluxion d'humeurs sur les glandes parotides.

ORIPEAU, s. m. Leton battu en feuilles, dont on fait divers ornemens, qui ont plus d'éclat que de richesse ; ce qui fait donner ce nom, dans le figuré, aux choses qui ont de l'apparence & peu de valeur réelle.

ORLEANE, s. f. Nom qu'on donne au *Rocou*. Voïez ce mot.

ORNITHIES, s. m. gr. *Voïez* OISELEURS & ETE'SIENS.

OROBE, s. f. Plante aperitive & détersive, qui croît dans les lieux incultes. Ses feuilles sont oblongues comme celles de la Parietaire, & rangées paire à paire sur plusieurs tiges. Ses fleurs naissent en forme d'épi, & sont de couleur purpurine, ou bleue. Elle est ennemie de l'Orobanche, qui la fait mourir.

ORPHIQUE, adject. Mot formé d'*Orphée*. On appelle *Vie orphique*, une vie sage, & reglée par l'amour de la vertu; telle qu'on l'attribue au célebre *Orphée*. Nous avons une dissertation sur la vie *Orphique*, dans les Mémoires de l'Académie des Inscriptions, Tome III.

ORPIN, s. m. Couleur jaune, metallique & naturelle, dont on se sert pour peindre en miniature, & qui est composée d'Orpiment. *Orpin* est aussi le nom d'une Plante vulneraire, dont les racines sont formées de plusieurs tubercules blancs.

ORQUESTRE. *Voï.* ORCHESTRE.

OR SOL, *Voïez ce mot*, après OR.

ORTEIL, s. m. Terme de Fortification, qui se dit, comme *Berme* & *Retraite*, d'une largeur de terrein qu'on laisse en dehors, entre le pié d'un Rempart & l'escarpe du Fossé, pour retenir la terre du Parapet.

ORTHOPEDIE, s. f. gr. Art de prevenir & de corriger, dans les Enfans, les difformités du corps. M. Andry en a publié un Traité.

ORTIE DE MER, s. f. Petit poisson fort mou & fort aqueux, dont on distingue plusieurs especes, particulierement celle qui se nomme *Pudende marin*, à cause de sa ressemblance avec la partie naturelle d'une Femme. Elles ont toutes la bouche placée au milieu du corps, & garnie, tout autour, de dents menues, qui ressemblent à de petites cornes.

OSCINES, s. m. lat. Oiseaux des Anciens, qui apprenoient l'avenir par leur chant. Ils appartenoient à la science des Augures.

OSEILLE, s. m. Arbrisseau de Guinée, d'un bois tendre, dont l'écorce est mince & verte, & les branches en grand nombre. Ses feuilles, qui sont dentelées, ont le goût de l'*Oseille* des jardins; & ses fleurs ressemblent à des Tulipes qui ne seroient pas bien ouvertes. On fait, des fleurs & des feuilles, une sorte de gelée rafraîchissante, qui a la couleur & le goût de la gelée de Groseille.

OSMONDE, s. f. Plante vulneraire, & qui a quantité d'autres usages dans la Médecine, surtout pour la colique nephretique & les pâles couleurs. On l'emploie, soit en décoction, soit en onguent. Elle ne porte point de fleurs; mais on la reconnoît facilement à ses feuilles, qui sont longues, étroites, rangées par paires, plusieurs sur une côte terminée par une seule feuille; & par son fruit, qui est d'une petitesse extrême, sur des especes de grappes, ou de bouquets. Ses racines sont longues & noires. Elle croît dans les lieux aquatiques & marécageux.

OSSEUX & OSSU. Deux adjectifs d'*Os*, qui ont une signification différente. *Osseux* se dit de ce qui a la nature, la dureté, de l'os. Les parties *osseuses*. *Ossu* signifie, ce qui a beaucoup d'os, ou de gros os. Un Homme *ossu*. Un visage *ossu*. *Ossemens*, s. m., se dit d'un tas d'os. Il est toujours pluriel.

OSSIFIER, verbe act. Changer en os, en prendre la nature. On a des exemples de l'Ossification des cartilages, & de celle même des membranes & des chairs, dans les Vieillards.

OSTENSIBLE, adj. lat., qui signifie ce qui peut être montré. Une lettre *ostensible*, c'est-à-dire, qui ne contient rien de secret.

OSTRACÉE, adject. gr. Terme d'Histoire naturelle, qui signifie, couvert d'une écaille, ou d'une coquille. On distingue, entre les coquillages, les *ostracées*, qui sont entre deux écailles, comme les huitres; les *testacées*, qui n'ont qu'une seule écaille, comme les *nautiles*, les *cul-de-lampes*, *&c.*; & les *crustacées*, qui ont des articulations dans leurs coques, comme les *Houmars*, les *Ecrevisses*, les *Crabes*, *&c.* Ces trois mots s'employent aussi comme substantifs.

OSTROGOT, s. m. Got de la partie australe. On donne ce nom à un Homme ignorant, ou groſſier, parce qu'anciennement les *Oſtrogots* qui étoient les Habitans de l'Oſtrogothie, Province de Suede, paſſoient pour des Peuples barbares.

OSYRIS, ſ. m. Plante qui ſe trouve, en France, aux environs de Montpellier, & que les Droguiſtes ſubſtituent quelquefois au Caſſia, quoiqu'il n'ait pas les mêmes vertus. L'écorce de ſa racine eſt fort aſtringente.

OÙ, adv. de lieu, qui s'emploie quelquefois pour le pronom relatif *lequel*, *laquelle*, mais jamais lorſqu'il s'agit des perſonnes. Ainſi, le peril *où* vous vous expoſez, pour auquel vous vous expoſez; mais on ne dit pas, c'eſt un Homme *où* j'ai trouvé de la vertu, pour dire, *dans lequel*, &c.

OUAILLES, ſ. f. lat. toujours pluriel, qui ſignifie *Brebis*, & qui ne ſe dit qu'au figuré, pour ſignifier des perſonnes commiſes à la garde ſpirituelle des Evêques, des Curés, &c., auxquels on donne auſſi, figurément, le nom de *Paſteurs*.

OVAIRE, ſ. m. Mot formé du ſubſtantif latin, qui ſignifie *œuf*. Les Plantes ont leur *ovaire*, qui eſt la capſule, où ſont contenues les ſemences; & les Anatomiſtes modernes trouvent auſſi des *ovaires* dans le corps des Femmes.

OUATE, ſ. f. Bourre de ſoie bien préparée, qui ſert à fourrer des robes de chambre & d'autres choſes. Quelques-uns prononcent *Ouette* & *Ouetté*.

OUATERGAN. *Voïez* WATERGAN.

OUBANG, ou OBANG, ſ. m. Nom d'une monnoie de compte du Japon. Mille *Obangs* font 45000 Taels d'argent; & le Tael, ſuivant *Kæmpfer*, eſt de cinquante-ſept ſous de France : ne confondez pas l'*Obang* avec le *Cobang*, qui eſt une monnoie d'or du même Païs, de figure platte, mais oblongue, avec différentes marques. Les plus grandes de ces pieces peſent une once ſix gros; ce qui revenoit, du tems de *Tavernier*, à quatre-vingt-ſept livres dix ſols; & du tems de *Kæmpfer*, au poids de ſix Réaux, qui faiſoient quarante Siuxmomes, ou Taels, de cinquante-ſept ſous.

OUDENARDE, ſ. f. Belle Tapiſſerie de haute-liſſe, qui ſe fabrique, en Flandres, dans la Ville du même nom.

OUETE. *Voïez* OUATE.

OUICOU, ſ. m. Breuvage commun des Iſles de l'Amérique, dont les Européens ſe ſervent comme les Sauvages, lorſqu'ils manquent de vin. Il eſt compoſé de groſſes Caſſaves, faites des parties groſſieres du Manioc, & coupées en morceaux, avec des Patates, coupées auſſi en quartiers, des Bananes bien mûres & bien écraſées, & du ſyrop de cannes de ſucre. Les Caraïbes offrent, à leurs Dieux, de la Caſſave & de l'Ouicou.

OULANS. *Voïez* WLLANS.

OUPELOTE, ſ. f. Racine d'une plante des Indes orientales, qui nous vient de Surate, au nombre des Drogues médecinales.

OURDON, ſ. m. Eſpece de Plante, qu'on nomme auſſi *Petit ſenné*, & dont les feuilles ſe trouvent dans les couffes, ou les balles de ſenné. Ce n'eſt ſouvent que du Plantain ſeché & briſé.

OURSIN, ſ. m. Coquille de mer, multivalve, dont on diſtingue pluſieurs eſpeces & de diverſes formes, mais preſque toutes arrondies. La plus commune eſt en bouton, avec deux trous oppoſés; l'un dans le milieu du deſſus, l'autre dans le milieu du deſſous. Cette coquille eſt revêtue de pointes, qui tombent après la mort de l'Animal. Il eſt commun ſur les Côtes de Provence, & paſſe pour excellent dans ſa fraîcheur. Quelques-uns lui conteſtent la qualité de Poiſſon, & le regardent comme une ſimple excreſcence de mer. Les *Ourſins* foſſiles ſe nomment *Echinites*.

OUTIL CROCHU, OUTIL PLAT, ſſ. mm. Le premier eſt le nom d'un ciſeau tranchant, à l'uſage des Sculpteurs & des Marbriers. Il eſt d'acier fin, par un bout, qui eſt à demi-courbé en crochet. Les Lapidaires nomment *Outil plat*, un petit cylin-

A a iij

dre, d'acier ou de cuivre, attaché au bout d'un long fer, dont ils se servent pour graver les pierres précieuses. Du côté de la pierre, la section du cylindre est platte & unie.

OUTRE, PLUS OUTRE. Voïez NON PLUS ULTRA.

OUVARI, à terme, à haut. Cri de Piqueurs, pour obliger les Chiens à retourner & trouver les bouts de la ruse d'une Bête, lorsqu'elle a fait un retour.

OUVERTES, TÊTES OUVERTES. Voïez TETE.

OUVRAGES, s. m. En termes de Maçonnerie, on distingue les gros Ouvrages, qui sont les murs de fondation, les murs de face & de refend, les voutes & les contre murs; & les menus Ouvrages, qui sont les cheminées, les plafonds, les enduits, les carrelages, &c. Les Maréchaux appellent *Ouvrages noirs*, les gros Ouvrages de fer qu'ils peuvent forger, en vertu de leurs Statuts, comme les socs de charrue, les houes, les fourches, &c.

OUVRER, v. act. lat. Vieux mot, qui signifie mettre en œuvre. Il s'est conservé dans la monnoie, pour, *fabriquer*, & dans plusieurs autres Arts. On appelle toiles *ouvrées*, les toiles de fabrique figurée, qu'on emploie particulierement pour le service de table. Dans les Manufactures de draps d'or, d'argent & de soie, on appelle *Ouvriers à façon*, les Maîtres ouvriers qui travaillent, ou font travailler, pour les Maîtres Marchands, sans fournir rien de plus que la façon, qui leur est paiée.

OUVRIR, v. act. En termes de Marine, *ouvrir deux pointes*, *ouvrir deux côtes*, c'est être situé de maniere que les aïant devant soi, on les voit séparément.

OUYCOU. Voïez OUICOU.

OXYGLUCU, s. m. gr. Boisson très rafraîchissante, préparée avec des raïons de miel, macerés & bouillis.

OXYPETRE, s. f. gr. & lat. Espece de pierre, ou de terre, d'une couleur blanche, jaunâtre, un peu acide, qui se trouve dans le territoire de Rome. L'eau de son infusion est emploïée en boisson, pour modérer la chaleur de la fievre.

OYA. Voïez OPRA.

OYE. Voïez OIE.

P.

LA lettre P, simple, signifie *pincée*. Les Banquiers & les Négocians se servent de P, dans les abbréviations suivantes. P, signifie *Protesté*, ou *Païé*. A. P. à protester. A. S P. accepté sous protêt. A. S. P. C. accepté sous protêt, pour mettre à compte. P. $\frac{o}{o}$ pour cent. P est le caractere de la Monnoie de Dijon.

PACAL, s. m. Arbre de l'Amérique méridionale, dont la cendre, mêlée avec du savon, guérit toutes sortes de dartres & de feux volages. Elle efface même les plus vieilles cicatrices. Le *Pacal* est assez commun sur les bords d'une riviere du Perou, à vingt cinq lieues de Lima.

PACO, s. m. Nom d'une pierre métallique & molle, d'un rouge jaunâtre & roux, & naturellement brisée en morceaux, qui se tire des mines du Perou & du Chily.

PACOSEROCA, s. f. Plante de l'Amerique, dont le fruit donne une belle teinture rouge, que l'eau n'efface point, & dont la racine rend une belle teinture jaune. Elle ressemble à la Canne d'Inde. Ses fleurs sont rouges; & le fruit, qui leur succede, est une sorte de Prune triangulaire, succulente, d'une odeur vineuse, dont les semences sont triangulaires aussi.

PACOTILLE, s. f. Terme de Commerce, qui se dit d'une certaine quantité de Marchandise, que les Officiers, les Matelots & tous les Particuliers d'un Navire ont la permission d'embarquer, pour leur propre compte, & sans païer aucun frais.

PADRI, s. m. Arbre du Malabar, qui porte des siliques étroites, longues & recourbées, & dont les feuilles sont emploïées, dans la Médecine, pour la tension excessive des visceres. Leur suc, mêlé avec celui du Limon, est aussi un remede contre la manie.

PÆNOÉ, s. m. Autre arbre du Malabar, dont l'écorce, la racine & le fruit donnent une résine, qui, bouillie avec de l'huile, forme une poix odoriferante, qu'on brûle, au lieu d'encens.

PAGAIE, s. m. Célebre espece de Rame dont on se sert aux Indes orientales, & dont la forme est celle d'une Pelle, longue de cinq ou six piés, avec une petite traverse, de quatre ou cinq pouces, en forme de bequille, au bout du manche. Les Rameurs, qu'on nomme *Pagaïeurs*, s'en servent debout, sans l'appuïer sur les bords du Navire ; & la tenant des deux mains, l'une au sommet, l'autre vers le milieu du manche, ils poussent l'eau derriere eux. Les Flibustiers avoient adopté cette méthode.

PAGALI, s. m. & f. Nom qu'on donne, dans l'Isle de Mindanao, aux Insulaires de l'un ou de l'autre sexe, qui, à l'arrivée d'un vaisseau Etranger, offrent leurs services aux gens de l'Equipage, pour leur rendre tous les devoirs de l'amitié, pendant le séjour qu'ils doivent faire dans l'Isle. Si c'est une Femme, elle leur sert aussi de Concubine. Il en coute peu à la reconnoissance de ceux qui les emploient. Chaque Matelot, comme les Officiers, a son *Pagali*, ou sa *Pagali*.

PAGALOS, s. m. Nom d'un oiseau étranger, de la grosseur d'une Poule, dont le plumage est de différentes couleurs fort vives, avec une queue d'environ deux piés de longueur. On en a vu dans la Ménagerie de Chantilly.

PAGANINE, s. f. Ital. Terme de Médecine, pour exprimer les premiers excrémens des Enfans, ou le *Meconium*, qu'on réduit en poudre très fine & qu'on fait prendre comme un excellent remede contre l'épilepsie.

PAGAÏEUR, s. m. PAGAÏER, v. n. *Voïez* PAGAIE.

PAGNE, subst., tantôt masculin, tantôt feminin, dans les Relations de Voïage. C'est le nom d'un morceau de toile de coton, ou d'autre étoffe, dont tous les Negres d'Afrique qui ne vont pas tout-à-fait nus, & même une partie des Indiens, s'enveloppent le corps, depuis la ceinture jusqu'aux genoux, & quelquefois jusqu'au milieu des jambes. Ce mot vient des Portugais, mais originairement du latin.

PAGNOTERIE, s. f. Mot d'origine obscure, qui se dit pour lâcheté, poltronerie. On dit aussi d'un Homme sans cœur, que c'est un franc *Pagnote*. A la guerre, on appelle *Mont-pagnote*, un lieu élevé, hors de la portée de l'artillerie, où se placent ceux qui veulent voir un siége ou un combat sans danger.

PAGRE. *Voïez* PHAGRE.

PAGURE, s. m. Espece d'Ecrevisse de mer, longue d'un pié, & plus large que longue, qui pese quelquefois jusqu'à dix livres. Quelques-uns la confondent avec le Poupart.

PAILLETTES, s. f. Nom que les Botanistes donnent à ces petites parties qui sont autour du pistile d'une fleur, suspendues sur des filets, & qui se nomment aussi *Etamines*.

PAIN AUX CHAMPIGNONS. Mets assez délicat, composé de la croute d'un pain, avec des Champignons, des Mousserons, de la Crême, &c.

PAIN D'ACIER. Sorte d'acier qui vient d'Allemagne, différent de celui qu'on nomme *Acier en bille*.

PAIN DE POURCEAU, s. m. Plante qui se cultive dans les Jardins, & qui vient naturellement dans les Alpes. Ses feuilles sont presque rondes, larges, brunes, marbrées, blanchâtres en dessus, purpurines en dessous. Ses fleurs sont purpurines, & d'une odeur agréable. La racine est grosse, large, ronde, garnie de fibres noirâtres, & plaît beaucoup aux Pourceaux. On lui attribue des vertus incisives, atténuantes, aperitives & détersives.

PAIN DE ROSES, ou CHAPEAU DE ROSES, s. m. Nom qu'on donne au marc des roses, qui reste dans l'alembic, après qu'on en a tiré l'eau, l'huile ou d'autres extraits. On s'en sert pour la diarrhée, la dyssenterie, le vomissement, & pour les dissipations des parties qui servent à la nourriture de tout le corps.

PAIPOIRCA, s. m. Arbrisseau du Malabar, toujours verd, dont les baies sont velues, & contiennent quatre noïaux. On fait de ses feuilles, de ses racines & de son fruit, un apozème fort vanté pour la goutte.

PAÏSAGE, s. m., formé de Païs. Nom qu'on donne à un Tableau qui représente des vues champêtres, c'est-à-dire, des Champs, des Bois, des Prairies & tous les agrémens naturels, dont elles peuvent être accompagnées. On appelle Païsagiste, un Peintre qui travaille à faire des Païsages.

PAÏSSELURE, s. f. Menu Chanvre que les Vignerons emploient pour lier, aux échalas, les bourgeons de vignes après les avoir taillées. On dit, dans quelques Provinces, païsseler, pour, mettre les échallas aux vignes.

PAIX, s. f. Quelques-uns prétendent que ce mot n'a point de pluriel. Cependant, qui empêche de dire? nous eûmes, sous ce regne, deux longues Paix.

PAKLANEAS, s. m. Espece de draps d'Angleterre, dont les pieces sont de trente-sept à trente-huit aunes, & s'envoient ordinairement en blanc, c'est-à-dire, sans être teintes.

PALA, s. m. Grand arbre du Malabar, dont l'écorce broïée est une drogue purgative. On l'emploie aussi, avec du sel & du poivre, pour fortifier l'estomac & calmer les chaleurs du foie.

PALABRE, s. f. Nom que nos Marchands donnent, sur les Côtes d'Afrique, aux presens qu'ils sont obligés de faire aux Chefs des Negres, surtout lorsqu'ils leur ont donné quelque sujet de plainte. C'est ce qui se nomme *Avanie*, au Levant.

PALACHE, s. f. Espece d'Epée, longue & large, qui se nomme aussi *Panscreteche*.

PALAIS D'ÉOLE. Nom qu'on donne, en Italie, à des lieux souterrains, d'où l'on fait passer, par des canaux, une agréable fraicheur dans les appartemens d'Eté.

PALANCHE, s. f. Nom que les Porteurs d'eau donnent à l'instrument de bois, un peu concave dans le milieu, qu'ils se mettent sur l'épaule, pour porter deux seaux, accrochés aux deux bouts.

PALATAL, adject., formé du mot latin, qui signifie *le palais de la bouche*. On nomme *Palatales*, certaines consonnes qui ne peuvent se prononcer sans frapper le palais, de la langue; telles que le *c* dur, le *g*, & le *j* consonne, le *k* & le *q*. Les Grammairiens distinguent cinq sortes de consonnes; les Labiales, les Dentales, les Gutturales, les Palatales, & celles de la langue.

PALATINE, s. f. Nom d'une sorte de fourrure que les Femmes mettent sur leur cou, en Hiver, pour se couvrir la gorge. L'usage en vient, comme le nom, d'une Princesse de la Maison *Palatine*.

PALÉAGE, s. m. Terme de Marine, qui signifie l'obligation où sont les Matelots de décharger, d'un vaisseau, les grains, les sels & les autres marchandises qui se remuent avec la pelle.

PALES-COULEURS. Jaunisse des jeunes Filles, qui est causée par un épanchement d'humeur bilieuse. *Roses pâles*. On appelle ainsi les Roses communes, pour les distinguer des Roses de provin, qui sont d'un rouge plus vif & plus foncé.

PALESTRE, s. f. Mot d'origine grecque, & nom qu'on donnoit, en général, à tous les lieux où l'on faisoit quelque exercice, & quelquefois à l'exercice même. Les exercices compris sous le genre *Palestrique* étoient le Pugilat, la Lutte, le Pancrace, la Course, le Saut, le Disque, l'Oplomachie, &c.

PALETTE D'ABEILLE, s. f. Cavité qui se trouve à chacune des jambes postérieures de l'Abeille, où elle empile la cire qu'elle ramasse à la campagne.

PALINDROMIE,

PALINDROMIE, f. f. gr. Terme de Médecine, qui se dit du retour contre nature, ou du reflux des humeurs peccantes, vers les parties intérieures & nobles du corps humain.

PALIXANDRE, f. m. Espece de bois violet, propre au Tour & à la Marqueterie, que nos Marchands tirent des Hollandois, en très grosses buches. Le plus beau est celui qui a le plus de veines. On l'appelle, par corruption, *Palissand*.

PALMAIRE. MUSCLE PALMAIRE, f. m. Nom d'un muscle qui part de l'apophyse intérieure de l'os du bras, & qui va s'inserer à la peau de la paume de la main.

PALME MARINE, f. f. Plante à demi pétrifiée, qui est une espece de *Litophyte*, nommée aussi *Panache de Mer*.

PALMER, v. act. Terme d'Art. *Palmer* les aiguilles, c'est les applatir avec un marteau, sur l'enclume, par le bout opposé à la pointe, pour en former le chas ou le cu.

PALO DE CASENTURAS, f. m. Nom que les Espagnols donnent à l'arbre dont se tire l'écorce médicinale & febrifuge, qui se nomme Quinquina. *Palo* signifie arbre.

PALOMBE, f. f. lat. *Pigeon ramier*, ou *sauvage*, qui porte encore ce nom dans nos Provinces voisines des Pyrénées, où l'on en prend beaucoup dans certaines saisons.

PALPLANCHE, f. f. Pilot de bordage, dont la face a l'air d'une planche, & qui sert à garnir le devant des fondemens de pilotis, ou les côtés d'une digue ou d'une jettée.

PAMPELIMOUSE ou **PAMPLEMOUSE**, f. f. Fruit des Indes, que nos Relations vantent, sans en donner la description.

PANADER, SE PANADER. *Voï.* PAON.

PANCALIERS, f. m. Espece de Choux, qui tirent ce nom, de *Pancaliers*, ville de Savoie, d'où ils nous sont venus.

PANCARTE, f. f. gr. Suivant la signification du mot composé, c'est un Papier qui peut contenir tout, ou toutes sortes de choses. Il se dit particuliérement des vieux Papiers écrits, qui contiennent les titres des Maisons nobles, & des grands Papiers qu'on affiche, pour publier des Ordonnances, des droits de Péage, &c.

PANCERNE, f. m. Soldat d'un des Corps de la Gendarmerie Polonoise. Les Gendarmes Polonois, qu'on distingue en Houssarts & Pancernes, marchent avec un équipage magnifique.

PANCHYMAGOGUE, f. m. gr. Nom qu'on donne à des Extraits Cathartiques, auxquels on attribue la vertu de *purger toutes les humeurs*; tels que l'Extrait d'Aloës, de Rhubarbe, de Séné, de Scamonée, de Jalap, de Coloquinte, & d'Ellebore noir.

PANCRACE, f. m. gr. Nom d'un des exercices de l'ancienne *Palestrique*. Il étoit composé de la Lutte & du Pugilat, & l'on s'y battoit à coups de poings & de piés. Quelques-uns prétendent que c'étoit un exercice ou combat général, qui comprenoit tous les genres d'Exercices Athlétiques. Cependant, on trouve que la nudité n'étoit en usage, parmi les Athlétes, que dans quatre exercices, la Lutte, le Pugilat, le Pancrace, & la Course à pié. *Voïez* PALESTRE & GYMNASTIQUE. On nommoit *Pancratiastes*, ceux qui remportoient le prix dans le *Pancrace*.

PANDALEON, f. m. gr. Nom d'un reméde bienfaisant pour les maladies de la poitrine & du poumon, inventé par les Arabes, & fort vanté par les Médecins des derniers siécles. On en fait des Trochisques ou des Tablettes, en incorporant le suc de divers Simples dans du sucre dissout, & en versant la masse dans des moules, où elle prend l'une ou l'autre forme, en durcissant. Quelques-uns le conservent entier dans une boête, dont il prend la forme, & dans laquelle il durcit.

PANDEMIE, f. f. gr. Maladie

qui se répand sur *tout un Peuple*. Ce mot est synonyme d'*Epidemie*.

PANDOUR, s. m. Soldat Hongrois.

PANE, s. f. Graisse de Porc, qui n'est ni battue ni fondue. On appelle *Pane*, la partie la plus mince d'un Marteau. Frapper de *pane*.

PANSE D'A. Terme badin, pris de la figure de l *a*, qui s'arrondit et forme de *panse*. On dit, je n'ai pas écrit une *panse d'a*, pour dire, je n'ai pas écrit du tout, je n'ai pas écrit une seule lettre. *Pansu*, adjectif, se dit vulgairement de celui qui a la *panse* grosse.

PANTALON, s. m. Nom d'un Personnage bouffon du Théâtre Italien, d'où s'est formé le mot de *Pantalonade*, pour signifier Bouffonerie. On prétend que les Vénitiens sont regardés en Italie, comme les Gascons en France, parce qu'ils ont beaucoup de vivacité; & que cette raison les a fait nommer *Pantalons*. *Pantalon* est aussi le nom d'une sorte de caleçon, ou de haut-de-chausse, qui tient avec les bas, & celui d'une des moïennes sortes de Papier qui se fabriquent aux environs d'Angoulême, marquée ordinairement aux armes d'Amsterdam, parce qu'elle est presque toute destinée pour les Marchands Hollandois.

PANTE, s. f. Nom qu'on donne à une espece de Chapelet, composé de ces petites coquilles blanches qu'on nomme *Koris*, ou *Porcelaine*, & qui servent de monnoie dans plusieurs Païs de l'Asie & de l'Afrique.

PANTELER, v. n. Respirer difficilement, palpiter. Il se dit de ceux à qui le cœur bat trop fort, pour avoir couru, ou pour avoir eu quelque émotion extraordinaire. Peut être vient-il du verbe *Pant*, Anglois, qui se dit du mouvement alternatif de la poitrine, causé par la respiration, & qui se fait remarquer particulièrement au sein des Femmes. On disoit autrefois *Pantoiser*, pour, avoir la courte haleine; & l'on nommoit *Pantois*, un Homme qui respiroit difficilement.

PANTHERE, s. f. Nom d'une pierre précieuse, de couleurs fort variées, que les uns mettent entre les Onyx, & d'autres entre les Jaspes.

PANTOQUIERES, s. f. Terme de Marine. Cordes de grosseur moïenne, qui traversent les haubans d'un bord à l'autre, & qui font un entrelacement entre ceux de stribord & de bas-bord, pour les tenir plus fermes.

PANUS, s. m. Corruption de *Panis*, dont on faisoit autrefois le nom d'une tumeur érésipelateuse, garnie de petites pustules qui la font ressembler à du pain. On la nomme aujourd'hui *Panus* ou *Phygethlon*.

PAPABLE, adj., formé de Pape, & depuis long-tems en usage, pour signifier, capable d'être élu Pape, ou, propre à cette grande dignité. *Papal*, adj., se dit de tout ce qui appartient au Pape. Terre papale. Bénédiction papale. Il n'est pas besoin d'ajouter que Pape, dans son origine, signifie *Aieul*, ou Pere des Peres.

PAPIER A LA COLBERT. PAPIER A LA TELLIER. Deux sortes de Papier, fabriquées pendant l'administration de ces deux Ministres, avec leurs armes à chaque feuille.

PAPULES, s. f. Terme de Médecine, qui s'emploie souvent pour Pustules. On appelle particulièrement *Papules*, un vice de la peau, de nature rongeante & maligne, différent de l'érésipelle.

PAPYRACEE, s. m. Nom que les Naturalistes donnent au seul *Nautile* qui se trouve dans nos Mers. Sa coquille est si mince qu'on le prendroit pour du papier. *Voïez* NAUTILE. *Papiracée* est aussi le nom d'une espece de palmier de l'Amérique, dont les Amériquains se servent pour leur papier. Il est fort différent de l'ancien *Papyrus*. Sa feuille est grande, & son fruit, de la forme d'un gros navet. Il se mange. La nouvelle Espagne produit un autre *Papyracée*, que les Habitans nomment *Guaïaraba*. Sa tige est rougeâtre; sa feuille très grande, d'un verd rougeâtre, épaisse & ronde. Les Espagnols s'en servent pour écrire dessus, avec un filet. Son fruit, qui est de la grosseur d'une Aveline, est une espece d'assez bon raisin, qui contient un noïau fort dur.

PAQUEBOT, s. m. Petit vaisseau de passage, qui sert particuliérement pour les Messagers, & pour toutes les Commissions d'affaires qui demandent de la diligence. Il vient des Anglois, qui écrivent *Paquebat*.

PAQUER, v. act. Terme de Pêcheur, qui signifie presser & fouler le poisson salé, à mesure qu'on le tire du sel, & qu'on l'arrange dans des futailles. Du *Hareng paqué*, c'est du hareng arrangé par lits, dans un baril.

PAQUERETTE, s. f. Plante vulneraire, ainsi nommée parce qu'elle fleurit vers Pâque.

PAQUEFIC. *Voïez* PACFIC.

PARACHRONISME, s. m. gr. Erreur de Chronologie, qui consiste à placer un événement plus tard qu'il ne doit l'être. Le *Parachronisme* est opposé à l'Anachronisme, qui place l'événement plutôt qu'il n'est arrivé.

PARACLETIQUE, s. m. gr. Titre d'un Livre ecclésiastique des Grecs, qui contenoit des Prieres pour toute l'année & pour tous les tems; au lieu que d'autres Livres de même nature, comme le *Triodion*, le *Pentacostaire*, & le *Mencé*, ne contenoient que les offices propres des tems ou des Fêtes particulieres.

PARADIGME, s. m. gr. Terme de Grammaire, qui signifie *exemple*, *modele*. Les verbes & les noms dont on trouve la conjugaison & la déclinaison, dans le Rudiment, sont des *Paradigmes*, pour décliner les autres noms, & pour conjuguer les autres verbes.

PARADOXAL, adjectif de *Paradoxe*, qui s'emploie quelquefois aussi pour substantif. On dit le *Paradoxal*; comme on dit le vrai, le beau, &c. *Paradoxophile*, *Paradoxologue*, sont des mots composés, qui signifient celui qui aime & celui qui avance le *Paradoxe*.

PARAISONNIER, s. m. Nom ou Titre d'un Ouvrier de Verrerie, dont l'office est de souffler les glaces à miroir.

PARALLELE, s. f., se dit, en termes Militaires, des lignes qu'on tire d'une tranchée à l'autre, lorsqu'une ville est assiégée dans les formes, pour servir de contrevallation, pour resserrer par degrés les Assiegés, & pour communiquer les attaques de la gauche à la droite. On établit aussi des *paralleles* dans les Places d'armes, & elles sont munies d'un bon Parapet, flanqué de Redoutes.

PARALLELISME, s. m. Terme d'Astronomie. Il se dit de la direction de l'axe de la terre, qui demeure toujours parallele à lui-même, supposé que la Terre parcoure son orbite sans autre mouvement propre que celui de rotation autour de son axe.

PARANGORIES, s. f. gr. Anciennes corvées, qui consistoient à fournir les Chevaux & les Voitures publiques, & dont les Clercs furent exemptés, en 353, par l'Empereur *Constantius*.

PARANOMASIE, s. f. gr. Terme de Littérature, qui signifie la ressemblance que les mots de différentes Langues ont entr'eux, & qui marque qu'ils ont une même origine.

PARASCHE, s. m. heb., qui signifie *division*. Les Juifs ne divisoient pas, comme nous, les cinq Livres de la Loi en Chapitres. Ils en faisoient cinquante-quatre parties, qu'ils nommoient *paraschès*, dont ils lisoient une chaque Sabbat.

PARASITE, adj. *Plante parasite*, nom qu'on donne à celles qui croissent sur d'autres Plantes & qui se nourrissent de leur suc; telles que le *Gui*, l'*Agaric*, les *petits Capillaires*, &c.

PARASITIQUE, s. f. On donne ce nom, après *Lucien*, à l'art, ou l'adresse, de vivre aux dépens d'autrui.

PARASQUINANCIE, s. f. gr. Sorte d'Esquinancie, qui consiste dans l'inflammation des muscles externes de la gorge.

PARAT, s. m. Petite monnoie des Etats du Grand-Seigneur, qui vaut environ six liards de France. Le *Parat* est d'argent, mais d'un très bas aloi.

PARATHENAR, s. m. gr. Nom d'un muscle assez long, qui forme le bord extérieur du pié, & qui se nomme aussi *Hypothenar*. Il sert particulierement à séparer le petit orteil des autres.

PARATRE, s. m. Mot formé de Pere, qui se dit dans le même sens que Marâtre; c'est-à-dire, que comme Marâtre se prend pour la Femme en secondes nôces du Pere, & pour une mauvaise Mere, *Parâtre* signifie le Mari d'une Femme qui a des Enfans d'un premier Mariage, & un mauvais Pere.

PARDAOS ou PARDOS DE REALES, s. m. Nom qu'on donne, dans les Indes orientales, aux piastres, ou pieces de huit, seules monnoies d'Espagne qui aient cours dans ces Regions. On y nomme simplement *Pardaos*, ou *Cherafins*, des pieces d'argent de mauvais aloi, que les Portugais y fabriquent, & dont chacune vaut vingt fanons du même argent.

PAREAS, s. m. Nom d'un Serpent de Syrie, qui est tantôt couleur de cuivre & tantôt noirâtre, mais dont la morsure n'est pas mortelle, quoiqu'elle cause une douloureuse inflammation.

PAREAUX, s. m. Nom que les Pêcheurs donnent à des cailloux pesans, qu'ils attachent le long de la Senne, pour en arrêter le bas au fond de l'eau.

PAREIRA BRAVA, s. f. Racine du Bresil, qui est un excellent diuretique, & qui passe même pour un antidote contre toutes les plantes venimeuses. Elle est ordinairement de la grosseur du petit doigt, ligneuse, tortueuse, sillonée dans sa longueur, brune au-dehors, sans odeur, & d'une saveur douce, mêlée d'amertume. Son nom signifie, en Portugais, *vigne sauvage & bâtarde*. Elle pousse des tiges longues, rameuses & semblables à celles de la Vigne, qui s'attachent aux murailles & aux arbres. On attribue, à la poudre de cette racine, prise dans du vin, une merveilleuse vertu pour la pierre.

PARENESE, s. f. gr. Discours moral, tel que les Sermons, les Homelies, &c., pour exciter à la pratique du bien & à la haine du mal. De-là le nom de *Parenetiques*, qu'on donne à tous les Ouvrages d'exhortation. On divise les discours de Religion en *Dogmatiques*, *Parenetiques*, *Ascetiques* & *Mystiques*.

PARENTALES, s. f. lat. Devoirs funebres que les Romains rendoient aux personnes de leur Famille. Il n'est en usage qu'en parlant de l'ancienne Rome.

PARERE, s. m. Ital. Terme de Commerce, emprunté des Italiens, qui signifie, avis, ou conseil d'un Négociant; & proprement, ce qu'il lui semble d'une chose. Nous avons un Ouvrage de *Savary*, intitulé *Parere*, ou conseils sur le Commerce.

PARFOURNIR, v. act. Terme de Palais, qui signifie *contribuer subsidiairement*, ou donner sa part, pour achever un paiement.

PARILI, s. m. Nom d'un arbre du Malabar, dont la racine & les feuilles ont la vertu de corriger la disposition mélancolique du sang, & d'adoucir les humeurs âcres & salées.

PARNASSE FRANÇOIS, s. m. Ouvrage mémorable de M. *Titon du Tillet*. C'est un groupe composé de Figures en pié, & de Médaillons de bronze, representant les meilleurs Poëtes de France, & *Louis XIV*, Protecteur des beaux Arts. On nomme *Parnasse*, un Dictionnaire Poétique, à l'usage des Colleges; parce qu'il sert aux Ecoliers à faire des Vers, comme la fameuse Montagne du *Parnasse*, qui est l'habitation des Muses, passe pour la source de toute Poésie.

PARNASSIE, s. f. Plante rafraichissante, dont le nom vient de sa ressemblance avec une Plante décrite par les Anciens, qui croissoit sur le mont-Parnasse. Ses feuilles ressemblent à celles de la Violette, mais font plus petites & d'un verd plus blanchâtre. Ses petites tiges, qui s'élevent de la longueur de la main, portent au sommet une seule fleur, composée de dix feuilles blanches. Elle croit en terre grasse, dans les Prés & les lieux humides.

PARNASSIM, s. m. Nom des Directeurs d'une Synagogue Juive. L'assemblée des *Parnassims*.

PAROLI, s. m. Terme de Jeu, qui signifie le double de ce qu'on a joué la premiere fois. Il prend d'autres sens, dans le figuré; comme *faire paroli à quelqu'un*, pour, *lui être égal*, ou pour, *faire une réponse convenable à quelque discours qu'il a tenu*, &c.

PARPIROLLE, s. f. Petite monnoie de Savoie, fabriquée à Chamberi & dans d'autres lieux. C'est un mêlange de cuivre & d'argent, de la valeur d'un sou.

PARSIMONIE, s. f. lat. Epargne, dans l'emploi de l'argent, & de tous les biens qui peuvent diminuer par la dépense.

PARTE, A PARTÉ, s. m. Terme de Théâtre, purement latin, qui signifie tout ce qu'un Acteur fait ou dit *à l'écart*, & qu'on suppose que les autres n'apperçoivent ou n'entendent point, quoiqu'ils forment ensemble une même Scene. Un *a parté* demande beaucoup d'art. La Fontaine soutenoit que les *a parté* blessent le bon sens.

PARTERRE, s. m. Nom qu'on donne à des especes de Satins, ou de Damas, semés de fleurs naturelles, qui representent l'émail d'un Jardin.

PARTHENIE, s. f. gr., qui signifie *Vierge*. On donnoit ce surnom à *Minerve*, parce qu'on supposoit qu'elle avoit toujours conservé sa Virginité.

PARTIBUS, IN PARTIBUS. Terme latin, adopté en françois. On appelle *Evêque in Partibus*, en sousentendant *Infidelium*, celui qui possede un titre d'Evêché dans un Païs occupé par les Infideles. Cet usage commença dans l'Eglise, lorsque les Chrétiens furent chassés de Jerusalem & de l'Orient, par les Sarasins. On esperoit de faire rentrer, par cette voie, la foi & le gouvernement ecclésiastique dans les mêmes Païs.

PARTICIPATION, s. f. lat. En termes de Commerce, on appelle *Société en participation*, une des quatre Sociétés anonymes des Marchands. Parmi les Religieux, des Lettres de *participation* sont un espece de Certificat, par lequel ils rendent témoignage qu'ils ont part à une personne séculiere des mérites de leurs prieres & de leurs bonnes œuvres.

PARTICULARISER, v. act. Terme de Justice criminelle. *Particulariser* une affaire, c'est la poursuivre contr'un seul de ceux qui s'y trouvent impliqués.

PARTIL, adj. Terme d'Astrologie, qui se dit d'un aspect, lorsqu'il est précisément dans le degré qui le forme, comme *Platique* se dit de l'aspect imparfait. Le *Trine partil* est celui de cent vingt degrés. Par exemple, le Soleil est en *trine parti* de la Lune, lorsqu'il est au douziéme degré du Lion & que la Lune est au douziéme degré du Sagittaire, parce qu'alors ils sont éloignés l'un de l'autre de cent vingt degrés, qui font justement le tiers du Zodiaque.

PARTITIF, adj. On appelle, en Grammaire, articles *partitifs*, ou indéterminés, les genitifs des articles, lorsqu'ils deviennent nominatifs ou accusatifs, soit avant les noms des choses, soit avant ceux des personnes. Leur usage est de restreindre l'étendue de la signification des noms. Aussi peut-on presque toujours y substituer le pronom *quelque*. Par exemple, lorsque je dis, *des gens savans* pensent comme moi, je ne parle pas de tous les gens savans, mais de *quelques gens savans*. J'ai acheté des Livres, c'est-à-dire, *quelques Livres*. On voit que ces articles s'appellent *Partitifs*, parce qu'ils ne désignent qu'une *partie* des sujets.

PARVIS, s. m. On donne ordinairement ce nom à la Place qui est devant une Eglise ; mais on ne s'accorde pas sur son origine, que les uns lui font tirer de Paradis, & d'autres plus vraisemblablement de *Parvisium*, qui étoit un lieu au bas de la Nef, où l'on tenoit autrefois les Ecoles des petits Enfans.

PASCALINE, s. f. Machine ainsi nommée du célebre *Pascal*, son Auteur, pour faire toutes les opérations d'Arithmétique, avec une parfaite justesse, sans le secours du raisonnement. Elle est à la Bibliotheque du Roi. On la nomme autrement *Roulette*, ou *Roue Pascaline*. Le Chevalier *Morland* en a publié deux à Londres, en 1673.

PAS D'HORLOGERIE, s. m. Nom qu'on donne à chaque tour que fait la fusée, ou à chaque tour que fait la chaîne, ou la corde, autour de la fusée. Les fusées ont ordinairement sept pas ou sept pas & demi.

PASQUE, s. f. *Voiez* PAQUE.

PASQUERETTE, s. f. *Voiez* PAQUERETTE.

PASSAGE, s. m. Terme d'Ouvriers en cuir, qui se dit de la préparation qu'on donne aux peaux, en les passant dans diverses drogues.

PASSAGE DE SERVITUDE. PASSAGE DE SOUFFRANCE. Termes de Coutume. Le premier est une liberté de passage, dont on jouit sur l'heritage d'autrui, par convention ou prescription. Le *passage* de souffrance est celui qu'on est obligé de souffrir sur son fond, en vertu d'un titre.

PASSANDEAU, s. m. Nom d'une ancienne piece de canon, de huit livres de balle, & qui pesoit trois mille cinq cens livres.

PASSATION, s. f. Terme de Pratique, qui se dit de l'action de passer un Acte, un Contrat, &c.

PASSE, s. f., qui signifie, en termes de Marine, *passage*, *débouquement*.

PASSE-DEBOUT, s. m. On donne ce nom à l'acquit que les Commis des Douanes accordent, pour les Marchandises qui doivent traverser quelque Païs sans y être déchargées.

PASSEMENT, s. m. Vieux mot, qui s'est conservé en usage, pour signifier *dentelle* & tous les ouvrages qui se font avec des fuseaux, pour servir d'ornement sur les habits.

PASSE-PERLE, s. m. Nom d'un fil de fer très fin, qui sert à faire des Cardes, & qui nous vient de Ligourne.

PASSERIE, s. f. Nom d'une espece de traité, ou de convention pour le Commerce, qui s'observe, même en tems de guerre, entre les Habitans des frontieres de France & d'Espagne, auxquels il est permis en tout tems de commercer ensemble, par les portes ou les passages des Pyrenées, qui sont exprimés dans la convention.

PASSERILLE, ou PASSULE, s. f. Raisin sec de Frontignan, qui fait, avec ses vins muscats, un objet considérable de Commerce. Les Médecins étendent ces noms à toutes sortes de raisins sechés au Soleil. On trouve, chez les Apotiquaires, de ces raisins apportés de Damas, de Smyrne, de Candie, &c., qu'ils appellent *Zibibum*.

PASSIBLE, adj. lat., qui signifie ce qui est capable de souffrir. Il est opposé à impassible. L'Humanité, dans la personne de Jesus-Christ, étoit *passible*, & la Divinité impassible. En termes de Coutume, *passible* se dit pour celui qui doit supporter quelque chose. Accepter une succession, c'est se rendre *passible* de toutes les dettes de celui dont on devient l'héritier.

PASSION, s. f. lat. Mouvement intérieur qui nous porte à quelque chose. Les *passions* ne sont pas des vices en elles-mêmes. C'est leur objet qui leur fait prendre la qualité de vices ou de vertus. On peut nommer les vertus, des *passions* louables. *Passion*, en Peinture, se dit d'un mouvement du corps, accompagné de certains traits sur le visage, qui marquent une agitation de l'Ame. *Passion*, qui signifie *souffrance*, ne se dit que des tourmens, des insultes & de la mort auxquels Notre-

Seigneur s'est assujetti pour la rédemption du genre humain, & des Peintures ou des Estampes qui les representent. *Passionné*, adj., se dit de tout ce qui porte le caractere d'une passion violente. *Se passionner*, v. act., c'est marquer, par des apparences extérieures, qu'on est animé de quelque passion.

PASSULE, s. f. *Voïez* PASSERILLE. On appelle *Passulat*, du miel préparé avec des raisins cuits dans l'eau.

PASTEQUE, s. f. Nom d'une sorte de Melon, qui s'appelle aussi *Melon d'eau*. Sa figure est ronde, sa couleur d'un verd brun, & tachetée de quelques marques blanchâtres. Il n'est excellent que dans les Païs chauds. Sa plante a quelque ressemblance avec celle de la Citrouille; mais ses feuilles sont plus petites & plus découpées. Il a la chair un peu rougeâtre. On le regarde comme le plus rafraichissant de tous les fruits.

PASTEUR, s. m. Nom qu'on donne aux Princes Arabes qui regnerent en Egypte, & qui composent la seconde dynastie des Egyptiens. Elle dura 20 ans.

PASTICHE, s. m. Ital. On donne le nom de *Pastiches* à des tableaux d'imitation, dans lesquels l'Auteur a contrefait la maniere de quelque Peintre, ses touches, son goût de dessein, son coloris, &c. *Lucas Jordans*, & *David Teniers*, ont excellé dans ce genre.

PATACA. *Voïez* PATAQUE.

PATACH. *Cendre de Patach*. Nom d'une cendre, qui se fait d'une herbe commune aux environs de la Mer noire. Elle sert pour faire du Savon & pour dégraisser les Draps. Mais elle est moins estimée que celle de Tripoli.

PATAGONS, s. m. Nom qu'on donne aux Habitans de la Côte occidentale du Détroit de Magellan.

PATA LEONIS. *Voïez* PIÉ DE LION.

PATAQUE ou PATACA, s. f. Nom que les Portugais donnent à la Piastre d'Espagne, ou Piece de huit.

PATAVINITÉ. *Voïez* PATOIS.

PATELET, s. m. ou VALIDE. Espece de Morue verte, qui tient le cinquiéme rang dans le triage qui se fait de diverses sortes de Morues.

PATELLE. *Voïez* LE PAS.

PATHOGNOMIQUE, adject. gr. On appelle signes *Pathognomiques*, ceux qui sont particuliers à chaque disposition du corps, c'est-à-dire, à la santé comme aux maladies. On juge quelquefois mal sur un seul de ces signes; mais ils donnent une sorte de certitude, lorsqu'il s'en trouve plusieurs de réunis.

PATIENCE, s. f. Terme de Blason, par lequel on designe une Salamandre dans un feu ardent: comme on appelle *immortalité*, un Phenix sur son bucher; *Vigilance*, une Grue avec une pierre dans son pié levé; & *Piété*, un Pelican qui s'ouvre le sein sur ses Petits.

PATOIS, s. m. Nom qu'on donne à un langage grossier & corrompu, qui est en usage dans un canton particulier, & qui tire son origine de quelque langue plus exacte. On fait venir ce mot de celui de *Patavinité*, célebre par le reproche qu'on en fait à *Tite-Live*. Il étoit de Padoue; & l'on prétend que son style se ressent quelquefois du Païs de sa naissance.

PATRAT. PERE PATRAT, subst. m. Nom d'un Officier de l'ancienne Rome, Chef du College des Feciaux, qui composoient un Conseil de guerre, pour examiner la Justice ou l'Injustice des Entreprises militaires. Leurs autres fonctions répondoient à peu-près à celles de nos Hérauts-d'armes.

PATRE, s. m. Mot formé de *Pasteur*, qui se dit de ceux qui menent paître les Bestiaux; comme *Berger*, de celui qui conduit les Moutons. Au Levant, on appelle *Patremens*, des peaux de Bœufs & de Vaches, qui se levent en Hiver.

PATRES. *Voïez* AD PATRES, qui est une expression prise de l'Ecriture Sainte.

PATTE DE LION, s. f. Plante vulneraire, & bonne, dans les lavemens, pour la sciatique. Elle croît, en Italie, dans les Champs & parmi les Blés. Ses fleurs ressemblent à celles de l'Anémone, & ses feuilles à celles des Choux, quoique déchiquetées comme celles des Pavots.

PATTE-D'OIE, s. f. Plante, dont la feuille a la figure du pié d'une Oie. Ses feuilles ressemblent à celles de l'Arroche sauvage, mais sont plus amples & d'une odeur forte. Ses fleurs naissent en épis. Elle croit le long des vieux murs & dans les terres incultes. On prétend qu'elle fait mourir les Pourceaux, & que prise intérieurement, elle seroit un poison pour les Hommes.

PATTER, v. n. Terme de Chasse, qui se dit d'un Animal qui emporte la terre avec ses piés, dans les lieux humides. Un Lievre qui a *atté*, c'est-à-dire, qui a laissé des traces de ses piés.

PATURE DE CHAMEAU, s. f. ou JONC ODORANT. Nom d'une Plante médecinale.

PAVATE, s. m. Arbrisseau des Indes dont les feuilles, qui ressemblent aux petites de l'Oranger, & la fleur, qui a l'odeur & la figure de celle du Chevrefeuille, sont d'un grand usage dans la Médecine du Païs.

PAVESADE, s. f. Mot formé de Pavois, qui signifie une sorte de toit, ou de couverture, qu'on faisoit autrefois de plusieurs *Pavois*, ou Boucliers. Depuis, on a donné le même nom, dans nos Trouppes, à de grandes claies portatives, derriere lesquelles les Archers étoient placés, pour tirer.

PAVES ANCIENS. On avoit anciennement deux manieres différentes de paver les grands chemins. Les uns se pavoient de pierre, & les autres étoient cimentés de sable & de terre glaise. Les premiers étoient à trois rangs. Celui du milieu, qui servoit aux gens de pié, étoit un peu plus élevé que les deux autres, pour empêcher les eaux de s'y arrêter. Il étoit pavé à la rustique, c'est-à-dire, de gros pavés de pierre à joints incertains, sans aucun équarrissement.

Les deux autres rangs étoient couverts de sable, lié avec des terres grasses; & les Chevaux y marchoient fort à l'aise. On trouvoit par intervalles, sur les bordures, de grosses pierres dressées à une hauteur commode pour monter à Cheval, parce que les Anciens n'avoient pas l'usage des étriers. On trouvoit encore les colomnes milliaires, avec des inscriptions qui marquoient les distances des lieux, & le côté du chemin qui menoit d'un lieu à l'autre. Les chemins de la seconde maniere, c'est-à-dire, seulement de sable & de terre glaise, étoient en dos-d'âne; de sorte que l'eau ne pouvant s'y arrêter, ils étoient toujours sans boue & sans poussiere.

PAVIE, s. f. Espece de linge ouvré, qui se manufacture en Flandres & en basse Normandie.

PAULETTE, s. f. Nom d'un droit que le Roi fait lever sur les Charges de Magistrature. C'est la soixantieme partie du prix d'un Office. Lorsqu'un Officier meurt sans avoir païé *la Paulette*, son Office va aux parties casuelles, & est perdu pour ses Héritiers. L'origine de ce droit est en 1604. L'Inventeur se nommoit *Paulet*.

PAULO-POST-FUTUR, s. m. Terme de Grammaire, composé de deux mots latins & un françois, qui signifie un tems dont les Grecs se servent dans les verbes *passifs*, outre les futurs ordinaires. La particule *ecce*, jointe à un present, marque fort bien ce que les Grecs nomment un *Paulo-post-futur*.

PAYSAGE. *Voïez* PAÏSAGE.

PEAN. *Voïez* PEON.

PECCABLE, adj. lat., qui signifie capable de pécher. Il est opposé à *impeccable*, qui se dit de certaines Ames privilegiées, telles que la Sainte Vierge & les Apôtres après la descente du Saint Esprit, qui étoient confirmées en grace, & par conséquent impeccables.

PECHÉ ORIGINEL, s. m. *Voïez* ORIGINEL, dans l'article ORIGINAIRE.

PECHÉ PHILOSOPHIQUE, s. m. On

On donne ce nom à une action humaine, contraire à la nature & à la raison, qui étant commise par celui qui n'a aucune connoissance de Dieu, ou qui n'y pense point actuellement, n'est pas, suivant quelques Théologiens, une offense qui mérite la peine éternelle. Cette Doctrine a trouvé tant d'opposition, que ses Partisans l'ont abandonnée.

PECHYAGRE, s. f. gr. Espece de goutte, qui attaque particuliérement le *coude*.

PECOULS, s. m. ou PETITS BASINS. Nom qu'on donne à des bordures de bois unies, qui servent à encadrer des Estampes.

- PECTEN, s. m. *Voïez* PEIGNE.

PECTINAL, adj., formé du mot latin qui signifie *Peigne*, & nom qu'on donne aux Poissons dont l'arête imite les peignes ; tels que la Sole, la Plie, la Limande, le Carrelet, &c. On en fait une classe particuliere, qui se nomme *les Pectinaux*.

PEDERASTIE, s. f. gr. Amour pour les jeunes Garçons. Ce mot étoit autrefois honnête, pour exprimer une passion que la Religion & l'honnêteté défendent aujourd'hui de nommer.

PEDICULAIRE, s. f. Plante vantée pour les hemorrhagies. On la nomme ordinairement *Pediculaire des Prés*, parce qu'elle croît dans les Prés, dans les Marais & les autres lieux humides. Ses tiges sont à-peu-près de la hauteur d'un demi-pié, creuses, foibles, les unes rampantes, d'autres droites ; ses feuilles ressemblent à celles du *Fili-pendula*, mais sont plus petites & découpées plus menu ; ses fleurs, qui forment comme un mufle, sont de couleur purpurine, ou rouge, ou incarnate, ou blanche.

PEDILUVE, subst. masc. lat. comp. Nom que les Médecins donnent à un Bain qui n'est que pour les piés.

PEDOTROPHIE, s. f. gr. Maniere de nourrir les Enfans à la mammelle. C'est le titre d'un fameux Poëme de Scevole de Sainte Marthe, où

Supplém.

ce sujet est fort bien traité. Nous en avons une traduction en Prose, de l'année 1698.

PEGÉES, s. f. Nom qu'on donnoit anciennement aux Nymphes des Fontaines, comme celui de Naïades. Il est formé d'un mot grec, qui signifie *Fontaine*. On appelloit *Pegomancie*, une sorte de divination, qui se faisoit par les Fontaines, en y jettant des sorts, qu'on croïoit heureux lorsqu'ils alloient au fond, & malheureux s'ils surnageoient.

PEIGNE ou PECTEN, s. m. Nom d'une Coquille bivalve, de la forme des Cames ; mais extrêmement applatie. Ses deux valves sont presque égales ; avec des canelures, plus ou moins relevées, depuis la charniere jusqu'à l'extrémité opposée, dont les différences lui font donner plusieurs noms. C'est une espece de *Petoncle* qu'on appelle aussi *Pelerine*. La plûpart ont deux oreilles aux côtés de la charniere ; d'autres n'en ont qu'une, & d'autres n'en ont point. Leurs Analogues fossiles se nomment *Pectinites*.

PEINTURER, v. act., formé de Peinture, comme Peinture l'est de Peindre. Il signifie revêtir quelque chose d'une simple couleur, ou de plusieurs si l'on veut, mais sans art & sans autre dessein que de leur ôter leur couleur naturelle ; au lieu que *Peindre* signifie exercer l'art de la Peinture. La différence, entre ces deux mots, est la même qu'entre les deux verbes latins, *Pingere* & *Picturare*.

PELADE, s. f. Nom qu'on donne à la laine qu'on fait tomber, avec la chaux, des peaux de Moutons & de Brebis.

PELAINS, s. m. Satins de la Chine, que la Compagnie des Indes achete de divers Indiens, par les mains desquels le Commerce les fait passer.

PELECIN, s. m. gr. Plante qui se cultive dans les Jardins, & qui a beaucoup de rapport avec la *Securidique*. Ses tiges sont anguleuses, & divisées en plusieurs rameaux. Ses feuilles sont rangées par paires. Elle

C c

porte de petites fleurs rouges, plusieurs jointes ensemble sur des calices dentelés, auxquelles succédent des fruits longs, applattis, & dentés par les bords, qui contiennent quantité de semences de la forme d'un petit rein.

PELERINE, s. f. Nom d'une fameuse Perle, qui fut apportée, en 1574, à *Philippe II*, Roi d'Espagne. Elle est en forme de Poire, & de la grosseur d'un œuf de Pigeon.

PELIN ou PLIN, s. m. Nom d'une Eau, préparée avec de la chaux, que les Tanneurs emploient dans leurs opérations.

PELISSE, s. f. Robbe fourrée de peau, dont on se sert beaucoup dans les Païs du Nord & au Levant. On donne, en France, le nom de *Pelisse* à la peau même dont on fourre les habits; & les Femmes nomment *Pelisse*, un Mantelet doublé de peau.

PELLETÉE, ou PELLERÉE, ou PELLEE, s. f. Ce qu'on peut lever ou remuer de terre, ou de toute autre chose, avec une Pelle. L'usage le plus commun est pour *Pellerée*.

PELLICULE, s. f. lat. Diminutif, pour *petite peau*. On emploie souvent ce mot au lieu d'Epiderme.

PELOTAGE, s. m. Nom qu'on donne à la troisième sorte des laines de Vigogne, par la seule raison qu'elles viennent d'Espagne en pelotes.

PEMPHIGODES, adj. gr. Terme de Médecine, qui se dit des fievres distinguées par des flatuosités & des enflures, dans lesquelles il s'exhale, par les pores, une sorte d'air épais, ou de sueur fort déliée.

PENAILLON, PENARD, ET PENAILLE. Noms que la *Fontaine* a donnés souvent aux Moines, & dont l'origine latine ne fait pas naître une idée fort honnête.

PENAL, s. m. Mesure de grains en usage dans quelques Provinces de France, qui revient à deux Boisseaux de Paris. *Penal*, adjectif de *Peine*, se dit d'une Loi qui inflige quelque peine ou quelque amende.

PENDANT, s. m. On dit figurément qu'une chose est le *pendant* d'une autre, pour dire qu'elle lui ressemble, ou qu'elle peut aller de pair avec elle. Cette figure est prise, suivant les uns, de deux Tableaux d'égale grandeur; & suivant d'autres, de deux *pendans* d'oreille. Les *pendans* d'un ceinturon sont la partie où l'on passe l'épée.

PENDAR, s. m. Poire qui meurit à la fin de Septembre, & qui ressemble beaucoup à la Cassolete par sa chair, son eau & son goût.

PENDILLON, s. m. Verge d'horlogerie, qui est rivée avec la tige de l'échappement, pour communiquer le mouvement au Pendule, & le maintenir en vibration. Elle se nomme aussi *Fourchette*.

PENDULE SIMPLE. PENDULE MIXTE. PENDULE INFLEXIBLE. Le premier est celui qui étant suspendu, continue ses vibrations sans aucun secours étranger; le second, celui qui est maintenu en vibration par un rouage; & le troisième, celui qui est fixé sur la verge de la palette de l'échappement.

PENIDES, s. m. Nom d'un médicament pour la toux & pour les maux de la poitrine & des poumons, qui est fait de sucre cuit dans une décoction d'orge, & qui se tire ou se file ordinairement en forme de corde. C'est ce qu'on appelle vulgairement du *sucre d'orge*.

PENOABSON, s. m. Arbre de l'Amerique, dont les feuilles ressemblent à celles du Pourpier, & sont toujours vertes. Il a l'écorce odoriférante; & son fruit, qui est de la grosseur d'une Orange, contient dix ou douze amandes, dont on exprime une huile qui guérit les plaies, quoique ce fruit soit un poison.

PENSUM, s. m. Mot purement latin, qui est devenu françois, par l'usage des Ecoles, où l'on donne ce nom à une sorte de pénitence, qui consiste à faire quelque ouvrage audelà du devoir ordinaire, en punition de quelque faute.

PENTACRINOS, s. m. gr. Nom d'une pierre rousse & argilleuse, figurée en angles, qui, dans leur séparation, representent *cinq feuilles de Lis*.

PENTHESE, s. f. Nom qu'on donnoit, dans l'ancienne Eglise d'Orient, à la Fête de la Purification, qui se célebre le 2 de Février.

PEON ou PEAN, subst. masc. Terme de Poésie, qui se dit de plusieurs sortes de piés qu'on emploïoit particuliérement dans les Hymnes, à l'honneur d'Apollon, surnommé *Pean*. On en distingue quatre; le premier, composé d'une longue & trois breves; le second, d'une breve, une longue & deux breves; le troisieme, de deux longues, une breve & une longue; le quatrieme, de trois breves & une longue.

PEPLE ou PEPLUS, s. m. lat. Nom d'une robbe blanche, sans manches, toute brochée d'or, qu'on mettoit à la Statue de Minerve dans les Processions des grandes Panathenées, & sur laquelle étoient representés les Combats & les grandes Actions des Dieux & des Heros.

PERAGRATION, s. f. lat. Terme d'Astronomie, qui signifie *course*, ou *action de parcourir*. On appelle mois de *Peragration*, le tems que la Lune emploie pour faire la révolution d'un Point du Zodiaque jusqu'à son retour au même Point.

PERAGRE, s. m. Arbrisseau du Malabar, dont la racine infusée dans du petit lait, ou du vin, est emploïée contre les maladies du ventre. Sa poudre desseche les pustules; & le suc de ses feuilles est un excellent vermifuge.

PERCALLES-MAURIS, s. f. Toiles blanches de coton, plus fines que grosses, qui nous viennent de Pondichery.

PERCE-BOIS. *Voïez* MENUISIERES.

PERCE-CHAUSSÉE, s. m. Insecte, de la couleur & de la grosseur d'un Hanneton, qui perce si facilement la terre, qu'on lui voit quelquefois traverser une chaussée, d'où il tire son nom.

PERCEPTIBLE, adject., tiré du latin, qui ne se dit gueres que des choses qui peuvent être apperçues par les yeux du corps. Il est opposé à *imperceptible*. En termes de Palais, *Percevoir* des fruits, ou des revenus, c'est les recevoir, les recueillir.

PEREGRINE, adj. lat. *Communion peregrine*. Nom qu'on donnoit autrefois, dans l'Eglise, à une dégradation des Clercs, par laquelle ils étoient réduits à un ordre inférieur. On ne s'accorde pas sur la signification de ce mot, qui suivant quelques-uns marque simplement un état étranger à l'ordre de celui qui y étoit réduit.

PEREGRINOMANIE, s. f. lat. & gr. Passion de voïager. C'est le sens le plus naturel de ce mot; quoiqu'il ait été quelquefois emploïé pour signifier, *passion* pour la lecture des Relations de Voïages.

PERES. PETITS PERES. Religieux de l'Ordre de Saint Augustin, qui furent établis à Paris, en 1608, par la Reine *Marguerite*, d'abord au Faubourg Saint Germain, d'où ils furent transportés, sept ans après, au quartier de Montmartre. Ce fut leur pauvreté & la petitesse de leur établissement, qui leur fit donner le nom qu'ils portent encore, quoique leur fortune soit avantageusement changée.

PERFECTIONNEMENT, s. m. Mot assez moderne, mais qui manquoit à la langue pour signifier l'action de perfectionner une chose. *Perfection* est l'état d'une chose perfectionnée.

PERFORANT, adj. Terme d'Anatomie. Le *Muscle perforant* est un muscle des doigts, qu'on nomme aussi *le profond*. Le *Perforé* en est un autre, nommé plus communément *le Sublime*. Celui-ci est situé le long de la partie interne de l'avant bras, & se termine, vers le poignet, par quatre extrémités séparées. L'autre est placé plus profondément & couvert du premier.

PERIAPTES, s. m. gr. Figures magiques qu'on portoit anciennement suspendues au cou, pour se garantir de diverses maladies. Comme ce mot ne signifie qu'une *chose suspendue*, on en faisoit aussi le nom de plusieurs remedes qu'on portoit au cou. Le sachet anti-apoplectique de M. *Arnoult* est un *Periapte*.

PERIBOLE, s. f. gr. Les Médecins donnent ce nom à un transport d'humeurs, de l'interieur du corps à sa surface, qui sert à la guérison, ou du moins au soulagement du Malade; comme il arrive lorsqu'une Maladie est appaisée par une abondante eruption de pustules. On fait le même mot masculin, pour signifier un espace planté d'arbres, que les Anciens laissoient autour des Temples, ordinairement fermé d'un mur, & consacré aux Divinités du lieu. Les premiers Chrétiens avoient aussi des *Periboles*, autour de leurs Eglises. On y voïoit des Cellules, de petits Jardins, des Bains, des Cours & des Portiques, qui, sous les Empereurs Chrétiens, devinrent des asyles inviolables pour ceux qui s'y étoient refugiés. Le nom de *Peribole* convient à tout ce qui environne quelque chose; tel qu'un Gardefou, un Parapet, les bords d'un Navire, &c.

PERICHORES, s. m. & adj. gr. Les Grecs donnoient ce nom aux Jeux qui n'étoient, ni sacrés, ni périodiques, & dans lesquels les Vainqueurs recevoient pour prix, non une simple couronne, mais de l'argent, ou quelque chose d'équivalent.

PERICLYMENE, s. f. Nom d'une Plante, qui ressemble au Chevrefeuille. Sa fleur, qui est monopetale, a l'apparence d'un tuïau, dont le sommet est divisé en plusieurs segmens presqu'égaux.

PERIMER, v. act. Terme de Pratique, qui ne se dit que d'une instance, lorsqu'elle vient à tomber, faute d'avoir été poursuivie. C'est alors une instance *perimée*, ou qu'on a laissé *perimer*. Voïez PEREMPTOIRE.

PERIODE, s. f. Mot grec qui se dit, dans une Maladie, du tems compris entre deux accès, ou Paroxismes. Le *période* du sang, c'est sa circulation.

PERIPETIE, s. f. gr. Terme de Poésie dramatique, qui signifie proprement *circonstances*, mais qui se dit d'un changement inopiné d'action, d'un évenement imprévu, qui change l'état des choses, & qu'on appelle aussi *Catastrophe*.

PERIPLOQUE, s. f. Plante sarmenteuse, qui s'entortille autour des arbres, dans les Bois, & qui est un poison pour tous les animaux à quatre piés. Ses feuilles sont oblongues, pointues & veineuses. Ses fleurs, qui viennent aux sommités des branches, sont disposées en Etoile, velues & purpurines en haut, mais sans poil & d'un jaune verdâtre en bas. Cette plante rend du lait lorsqu'elle est rompue.

PERIR, v. n. On le fait quelquefois actif, dans le style burlesque. Mais il n'y a que le Peuple, & le plus grossier, qui ait jamais emploié sérieusement ce verbe, dans une signification active, & qui ait dit, par exemple, *perir* quelqu'un, pour, perdre quelqu'un. Cependant le nouveau supplément au Dictionnaire universel lui donne ce sens, & veut l'établir par des exemples nobles & sérieux.

PERISCYPHISME, s. m. gr. Opération chirurgicale, qui, suivant l'étymologie du mot, consiste dans une incision autour du crâne, & qui se fait pour remédier à de copieuses fluxions sur les yeux, lorsqu'elles viennent de vaisseaux fort profonds.

PERLE, POUPES DE PERLES, s. f. Nom qu'on donne à des excrescences, en forme de *demi-perles*, qui s'élevent dans l'interieur des Nacres, & que les Jouailliers scient adroitement pour les mettre en œuvre.

PERLOIR, s. m. Nom d'un petit instrument de divers Artistes, avec lequel ils forment de petits ornemens en forme de *Perle*.

PERMEZ, s. f. Nom d'une petite Nacelle, à peu-près de la forme des Gondoles de Venise, qui sert, à Constantinople, pour aller d'un bord du Port à l'autre.

PER OBITUM. Terme latin,

qui signifie, *par Mort*. Il est adopté, en style ecclésiastique. Un Bénéfice vacant *per Obitum*.

PERPÉTUITÉ. PERPÉTUATION. Deux substantifs feminins de *perpétuer* & *perpétuel*. Le premier signifie *durée perpétuelle*, ou qui ne finit point. Le second ne se prend que pour l'action par laquelle une chose se perpétue, ou par laquelle on la continue de maniere qu'elle devient perpétuelle. La *perpétuation* des especes est un point fort obscur.

PERQUISITION, s. f. lat. Recherche, soin qu'on prend pour trouver ou découvrir quelque chose. Ce mot est passé, du Palais, dans l'usage commun.

PERRAU, s. m. Grand chauderon de cuivre, qui sert particuliérement aux Epiciers, pour y faire amollir, dans l'eau chaude, la cire qu'ils emploient à la fabrique des Cierges.

PERRELLE, s. f. Terre séche, en petites écailles grises, qui vient de Saint Flour, en Auvergne, où elle se prend sur les Rochers, & qui se vend chez les Droguistes, pour la composition du Tournesol en patte, qu'on appelle autrement *Orseille*.

PERRUCHE, s. f. Nom qu'on donne à la femelle du Perroquet.

PERS, adject. Ancien mot, qui signifie bleu. Yeux *pers*. Couleur *perse*.

PER SALTUM. Terme latin, qui signifie *Par saut*. On appelle l'Ordination *per saltum*, lorsqu'on reçoit un Ordre supérieur, sans avoir passé par les inférieurs ; comme si l'on étoit ordonné Prêtre, sans avoir reçu le Diaconat. Ces Ordinations sont défendues par les Canons.

PERSAN, s. m. & adj. Habitant de la Perse, ou ce qui appartient à cet Empire. On disoit autrefois *les Perses* ; mais l'usage est aujourd'hui pour *Persans*. On ne laisse pas de dire, un habit à la *Persienne* ; & une étoffe de *Perse* se nomme une *Persienne*. On dit même, depuis peu, *une Perse*.

PERSÉCUTION, s. f. Ce mot, lorsqu'il n'est accompagné de rien, signifie les anciennes persécutions contre le Christianisme. On en compte ordinairement vingt-quatre.

PERSES, s. f. Nom qu'on donne à ces belles Toiles, peintes au pinceau, qui viennent de Perse ; comme on nomme *Indiennes*, celles qui viennent des Indes.

PERSICAIRE, s. f. Nom d'une fleur assez agréable, dont les tiges s'élevent fort haut, & qui nous vient de Perse.

PERSICITE, s. f. Pierre argilleuse, qui tire son nom de sa ressemblance avec la *Pêche*. Voïez PECHE & l'origine de son nom.

PERSICOT, s. m. Liqueur agréable & spiritueuse, dont la base est de l'esprit de vin, des noïaux de Pêches, & du sucre, avec un extrait de Persil & d'autres ingrédiens.

PERSIENNES, s. f. Nom qu'on donne à des Jalousies, ou des Châssis de bois, qui s'ouvrent en dehors, comme des Contrevents, & sur lesquelles sont assemblées, à distance égale, des tringles de bois, en abatjours, qui garantissent une Chambre du Soleil. Cet usage nous vient de Perse.

PERSIFLAGE, s. m. Terme nouveau, qui s'est accredité tout d'un coup, à Paris. Je l'ai défini, dans un autre endroit, l'*Art*, ou l'action, de railler agréablement un Sot, par des raisonnemens & des figures qu'il n'entend pas, ou qu'il prend dans un autre sens : ainsi, *persifler* quelqu'un, c'est le railler, sans qu'il s'en apperçoive. Cependant, il semble que sous ce mot on comprend aussi tout badinage d'idées & d'expressions, qui laisse du doute ou de l'embarras sur leur véritable sens. *Persifleur* signifie celui qui persifle. C'est un *Persifleur* éternel, un agréable, un ennuïeux *Persifleur*.

PERSONNALITÉS, s. f. Choses personnelles, qui appartiennent à la personne, ou aux qualités personnelles. On donne ce nom aux recits, aux reproches, aux injures, qui attaquent personnellement quelqu'un ; car il ne se prend guere qu'en mauvaise *part*. La satyre s'attache aux *personnalités* ; la critique ne doit tomber que sur les Ouvrages.

PERSPIRATION, s. f. lat. Espece de transpiration insensible, qui se fait continuellement par les pores du corps, & qu'on distingue, par ce mot, de la transpiration visible, telle que la sueur. Lorsque la perspiration manque, la respiration devient languissante.

PERTE, s. f. Nom d'une sorte de Toile de chanvre, qui se fabrique en divers endroits de Bretagne, surtout dans un village nommé Perte.

PESANT, s. m. Espece de Verrotrie, qui sert à la Traite, sur les Côtes d'Afrique, & dont on distingue deux especes, la jaune & la verte.

PESCESE, s. m. Nom d'un Droit ou d'un Tribut, qu'on paie au Grand-Seigneur, pour devenir Patriarche de Constantinople. Il n'étoit autrefois que de mille ducats; mais l'ambition des Concurrens l'a fait monter jusqu'à soixante mille écus.

PESCHE. Voïez PECHE.

PESNE. Voïez PENE.

PETALE, s. m. gr. Terme de Botaniste, qui signifie la feuille d'une fleur. Une fleur monopetale est celle qui est composée d'une seule feuille.

PETALISME, s. m. gr. Sentence populaire, par laquelle les Syracusains condamnoient à l'exil, pour cinq ans, ceux d'entre leurs Concitoïens dont la puissance paroissoit dangereuse pour la liberté publique. Le Petalisme étoit à Syracuse, ce que l'Ostracisme étoit dans Athenes.

PETAURE, s. m. gr. Espece de Branloire ancienne, qui étoit composée d'une roue, portée en l'air sur un essieu, par le moïen de laquelle deux personnes se balançoient, en se servant de contrepoids mutuel.

PETITION, s. f. lat. En termes de Logique, on appelle Petition de principe, un sophisme qui consiste à supposer, comme certain, ce qui ne l'est pas & qui a besoin de preuve.

PHAGRE ou PAGRE, s. m. Poisson de mer, fort semblable au Rouget, mais plus grand & plus gros, couvert d'écailles rondes & tendres,

& de fort bonne chair. Il a, dans la tête, des pierres dont la poudre est aperitive, & bonne pour la gravelle & le cours de ventre. On fait venir son nom du mot latin qui signifie fraise; parce que sa rougeur lui donne la couleur de ce fruit.

PHALARIQUE, s. f. Ancienne machine de Guerre, qui étoit une espece de lance armée, entortillée d'étouppe pleine de souffre & d'autres matieres inflammables, pour percer des toits, & mettre ainsi le feu aux Maisons, en les y laissant attachées. Son nom venoit de Phalaris, célebre Tyran d'Agrigente, en Sicile.

PHALENE, s. m. gr. Nom que les Naturalistes donnent au Papillon nocturne, pour le distinguer du Papillon de jour.

PHANTASIASTES, s. m. Nom qu'on a donné à des Hérétiques qui soutenoient que le corps de Notre-Seigneur étoit aérien, & que par conséquent il n'avoit pas souffert.

PHARMACEUTIQUE, s. f. gr. Partie de la Médecine, qui donne la description des remedes, & qui enseigne la maniere de les emploïer utilement. Le Pharmacien est celui qui exerce la Pharmacie; comme le Pharmacopole, celui qui vend les remedes préparés.

PHARYNGOTOME, s. m. gr. Instrument de Chirurgie, qui sert à scarifier les amygdales enflées, & à diverses opérations dans le fond de la gorge.

PHARYNGIEN, SEL PHARYNGIEN, s. m. Nom d'un sel artificiel en usage dans l'Esquinancie & les autres maladies du Pharynx.

PHELANDRE, s. m. Nom d'une Plante, qui se nomme aussi Ciguë aquatique, & dont on distingue deux especes, qui loin d'être un poison, comme la véritable Ciguë, sont emploïées pour purifier le sang, pour exciter l'urine, & contre la pierre & le scorbut.

PHELLODRYS, s. m. Arbre qui porte du gland, & dont la feuille ressemble à celle du Liege, d'où il tire son nom, qui est grec. Par son bois & son écorce, il ressemble au Hêtre; ce qui le fait nommer, en Italie, où il est fort commun, *Corcosugato*, c'est-à-dire, *Hêtre-liege*.

PHENOMENE, s. m. gr. Accident extraordinaire, qui surprend par sa nouveauté. Il se dit proprement des effets naturels, ou physiques.

PHERECRATE, s. m. Terme de Poésie, qui est le nom d'une espece de vers, grec ou latin, composé d'un dactyle entre deux spondées.

PHILAUTIE, s. f. gr. Amour de soi-même, qu'on nomme communément *Amour propre*.

PHILIPPE, s. m. Monnoie d'or de Flandres, frappée sous plusieurs Rois d'Espagne, qui se sont nommés *Philippe*. Elle se nomme *Ride* en Allemand. Il y a aussi des *Philippes* d'argent, qui pesent près de six deniers plus que les Ecus de France de neuf au marc, mais qui ne prennent de fin que neuf deniers vingt grains.

PHILODOXE, s. m. gr. Ce mot, qui signifie proprement, *Amateur de Doctrine*, a été employé par quelques bons Ecrivains, pour signifier celui qui aime ses propres opinions, & qui s'y attache avec trop d'opiniâtreté.

PHILOTESIE, s. f. gr., qui signifie, témoignage d'amitié. C'étoit le nom que les Anciens grecs donnoient à l'usage de boire à la santé l'un de l'autre; ce qui se pratiquoit en Grece, non-seulement dans les festins, mais plus particulierement à l'arrivée des Hôtes. Pour cette cérémonie, ils buvoient successivement dans la même coupe. Mais il n'étoit permis qu'aux Etrangers de boire à la santé des Femmes.

PHLOGOSE, s. f. gr. *Inflammation* contre nature, sans apparence de tumeur.

PHLYCTENES, s. f. gr. *Pustules*, ou petites vessies, qui s'élevent sur la superficie de la peau.

PHOCENE, s. f. Nom d'un grand Poisson, qui a beaucoup de ressemblance avec le Dauphin, & dont la graisse est nervale & résolutive. C'est une espece de Marsouin.

PHŒBUS, s. m. Un des noms que les Poëtes Grecs & Latins ont donné au Soleil, ou à Apollon. Il se dit aussi d'une fausse élévation, dans les idées & les termes, qui est rarement accompagnée de justesse & de clareté.

PHŒNICOPTERE, s. m. Oiseau aquatique, de couleur cendrée & de la grosseur d'un Heron. Il a le bec recourbé & le cou fort long. On vante l'usage de sa chair pour l'épilepsie.

PHŒNICURE, s. m. gr. Autre oiseau, de la grosseur du Coucou. Son nom lui vient de la couleur de sa *queue*, qui est rouge. Il vole ordinairement seul. Il vit de Mouches & d'Araignées. On prétend qu'il change de couleur en Hiver. Sa retraite est sur les arbres élevés, & dans les fentes des hautes murailles.

PHOLADE, s. f. gr. Coquille de Mer, qui n'est pas rare sur les Côtes de Provence. Il s'en trouve de bivalves & de multivales. Les premieres sont de la forme d'une Moule, les deux valves plus renflées, mais égales. Les Multivalves ont les deux valves principales plus applaties, avec une charniere au côté. Dans l'un des bouts de la coquille, est jointe une queue en tuyau, quatre fois longue comme la coquille même. Celles-ci n'ont que trois valves: d'autres en ont cinq. Une singularité caracterise le poisson des Bivalves. Il entre, très petit, dans des pierres, ou dans le solide du corps d'autres coquilles. Il s'y loge. Il y croît, y vit, & y creuse son tombeau. De-là vient le nom de *Pholade*, qui signifie *caché*, renfermé. Ce n'est que depuis peu d'années qu'on connoît des *Pholades fossiles*. M. Mussart, qui les a découvertes, en a des deux premieres especes, tant en coquilles dans leur état naturel, qu'en noïaux. On y voit des *Pholades* en coquille bivalves, dans leurs loges; & la coquille est six fois plus grande que le trou, par lequel l'Animal a pu entrer. Séparé de sa coquille, il se nomme *Pholas*.

PHRYGIENNE, adject. *Pierre*

phrygienne. Nom d'une pierre dont les Teinturiers se servent. Elle est blanche, avec de petits cercles de la même couleur.

PHTHISIE OCULAIRE, s. f. Maladie de la prunelle, lorsque se rétrécissant elle fait voir les objets plus gros qu'ils ne sont.

PHYCIS, s. m. Poisson de mer, qui ressemble à la Perche marine. Il se trouve vers le rivage, entre l'algue, la mousse & la boue. Sa chair est estimée.

PHYSOCELE, s. f. gr. Hernie venteuse du scrotum, qui s'appelle aussi *Pneumatocele*.

PHYTOLAQUE, s. f. Plante de la Virginie, que les Botanistes cultivent en Europe. Son nom, qui signifie *Plante de Laque*, lui vient de ce que ses baies rendent un suc purpurin, approchant de la couleur de la Laque. Sa tige est grosse, ronde, rougeâtre, & divisée en plusieurs rameaux. Ses feuilles sont d'un verd pâle, quelquefois rougeâtre, & dispersées sans ordre. Sa fleur est en rose, d'un rouge pâle; & le pistile se convertit en baie presque ronde, d'un rouge brun.

PI, s. m. Terme de Justice, qui paroît une corruption de *Pei*, pris pour *poitrine*. Quand un Laïc prête serment, en Justice, on lui fait lever la main; mais lorsque c'est un Prêtre, on la lui fait porter au *pi*, c'est-à-dire, à la poitrine. Dans quelques Provinces, on appelle *Pis*, les mammelons de la Vache, par lesquels on tire le lait.

PIACULAIRE, adj. lat. On appelle Sacrifice *piaculaire*, ou *expiatoire*, celui qui se fait pour expier quelque péché.

PIAN ou EPIAN. Nom de la Verole, en Amerique. Les symptômes n'y sont pas toujours les mêmes qu'en Europe; mais le seul climat y peut mettre cette différence; comme il est à présumer que la même raison, jointe à la longueur du tems, en a mis entre les anciens maux vénériens & ceux d'aujourd'hui, tels qu'on les connoît à present. Ainsi, lorsqu'on demande si les Anciens ont eu cette maladie, quelque nom qu'ils lui aient donné, la question n'est pas juste, & suppose une constance de causes, qui paroît impossible.

PIASTE, s. m. Terme de Relation. *Piaste*, en Pologne, est opposé à Etranger. On y appelle un Roi *Piaste*, un Roi de la Nation. Il paroît que les *Piastes* Polonois sont proprement les Descendans des grandes & anciennes Maisons.

PIC, s. m. Poids de la Chine, célebre dans le commerce, & qui revient à cent vingt-cinq livres, poids de marc. On nomme aussi *Pic*, une mesure de longueur, en usage dans toutes les Echelles du Levant, qui contient deux piés, deux pouces, deux lignes, c'est-à-dire, $\frac{3}{5}$ de l'aune de Paris.

PICHOLINES, s. f. Ital. Nom qu'on donne aux petites Olives.

PICOT, s. m. Nom d'une espece de Limande, qui se prend à l'entrée des Rivieres, & qui a peu de goût.

PIC-VERD, s. m. Nom d'un Oiseau qui est proprement le *Pic*. On ajoûte *Verd*, pour ceux qui sont de cette couleur, & l'on prononce *Pivert*. Voïez PIC.

PIÉ-BOT, s. m. Terme de plaisanterie, qui se dit pour *Boiteux*. Quelques-uns prétendent que *Pié-bot* signifie proprement celui à qui la partie antérieure du pié manque, & à qui il ne reste presque que le talon pour s'appuïer.

PIECE DE SAINTE HELENE. Espece de Monnoie ancienne, ou de médailles creuses, en forme de petite tasse, auxquelles les Antiquaires ont donné ce nom.

PIÉ D'ALEXANDRIE, s. m. Racine médecinale, qui est une espece de Pyrethre.

PIÉ-FOURCHÉ, s. m. Impôt du *Pié-fourché*. C'est un droit qui se leve sur les ventes, le transport & les entrées du Betail, gros & menu.

PIE-MARINE, s. f. Oiseau de mer, dont tout le plumage est verd, à l'exception du derriere de la tête, des piés & d'une partie des aîles. Il à la forme de la Pie; mais le bec un peu plus long & très aigu.

PIERRAILLE, s. f. Mêlange informe de diverses sortes de pierres.

PIERRE CRYSTALLISÉE, s. f. Espece de pierre précieuse, dont les plus belles sont les plus diaphanes & les plus nettes.

PIERRE DE LYNX. Voïez BELEMNITE.

PIERRE DE MEDOC. Voï. MEDOC.

PIERRE DE SARSENAGE. Petite pierre de la grosseur d'une Lentille, dure, polie, de différentes couleurs, qu'on trouve, en Dauphiné, sur la montagne de Sarsenage, & qu'on se met dans les yeux, pour les nettoïer. On prétend qu'étant alcaline & facile à pénétrer, elle s'abreuve de la serosité de l'œil, avec laquelle elle entraîne tout ce qui s'y trouve d'impur.

PIERRE-FILTRE, s. f. Pierre qui vient du Mexique, & qui a reçu ce nom parce qu'elle est si poreuse, qu'elle laisse passer toutes les liqueurs. On en fait des vases, où l'eau se dépouille de toutes ses impuretés.

PIERRE HYSTERIQUE. Nom d'une pierre longue & ronde, pesante, noire & polie, qui s'applique sur le nombril des Femmes, pour les guérir des vapeurs. On prétend qu'elle s'y attache assez fort. Elle vient de la Nouvelle Espagne.

PIERRE JUDAIQUE, c'est-à-dire, qui vient de Judée. Elle est ordinairement de la forme d'une petite Olive, raïée tout autour de lignes, à distance égale; quelquefois aussi sans raies, & de forme cylindrique. Sa couleur est grise. Elle se réduit facilement en poudre. Les Médecins l'emploient contre la pierre, & le cours de ventre.

PIERRE PLANTE, s. f. ou LITOPHYTE. On donne ce nom à certaines productions de la nature, qui tiennent du minéral & du vegetal, telles que le corail, & qu'on distingue des *Dendrites*.

PIERRE PLOMBIERE. Voïez PLOMBIERE.

Voïez un grand nombre d'autres pierres, dont les noms se trouvent *Supplém.*

rassemblés dans le Supplément au Dictionnaire Universel. On s'est borné ici aux plus curieuses.

PIETE, s. f. Nom d'un Oiseau, plus grand que la Cercelle, & moindre que le Morillon. Il y a des *Pietes* entierement blanches: mais leur couleur commune est d'avoir le dessous de la gorge & du ventre, tout bleu; le dessus du corps, noir, & les aîles comme celles d'une Pie. Leur bec est rond, & dentelé par les bords. Cet oiseau est commun dans le Beauvoisis & le Soisonnois.

PIETÉ, s. f. Terme de Blason, qui signifie un Pelican s'ouvrant le sein sur ses Petits, pour les nourrir de son sang. *Mont-de-pieté*. Voïez LOMBARD.

PIETOT, s. m. Petite monnoie, qui se fabrique & qui a cours dans l'Isle de Malte. Elle vaut un grain & demi, ou trois deniers de France.

PIEVES, s. f. Nom qu'on donne, dans l'Isle de Corse, à un certain nombre de Villages, liés, dans le même Canton, par des usages & par des interêts communs, & qui sont à-peu-près ce que les Tribus étoient à Rome.

PIGACHE, s. f. Terme de Chasse, qui se dit de la connoissance qu'on tire du pié d'un Sanglier, lorsqu'il a une pince, à la trace plus longue que l'autre.

PIGEON. CŒUR DE PIGEON. Nom d'une espece de Prune, qui a la figure ronde, & presque plate. Il y a une espece de Pomme qui se nomme aussi *Pigeon*, ou Pomme de *Pigeon*. L'Ordre militaire du *Pigeon*, qui dura peu, fut institué en 1379, par *Jean I*, Roi de Castille. Sa marque étoit un pigeon d'or, émaillé de blanc, qui pendoit d'une chaîne ornée de raïons solaires. On donne le nom de *Pigeonier* à un lieu secret, où les Chirurgiens reçoivent & pansent ceux qui sont attaqués du mal immonde.

PIGNOCHER, v. n. Quelques-uns prononcent *Pinocher*. C'est manger à la maniere des oiseaux; c'est-à-dire, à petits morceaux, avec peu de marques d'appétit.

PILAKENS. *Voïez* PYLAKENS.

PILAU, f. m. Nom qu'on donne, après les Levantins, à du riz préparé & cuit avec du beurre ou de la graisse, & du jus de viande. Les grains de riz, dans le Pilau, ne sont pas écrasés ni fondus à notre maniere. Ils sont enflés, mais entiers.

PILES, f. f. Grands vaisseaux de pierre dure, dans lesquels les Italiens & les Provençaux mettent les huiles qu'ils veulent garder. On appelle *Pile des Chartreux*, *pile des Jésuites*, les laines primes d'Espagne, qui passent pour les meilleures laines Espagnoles.

PILET, f. m. Oiseau de mer, de la nature des Macreuses, mais plus en chair. Le *Pilet* se mange les jours maigres, comme une sorte de Poisson. La *Pilette* est un petit Oiseau de passage, de très bon goût, qui aime le bord des Rivieres, & qui suit la saison de cette petite espece de Becassines qu'on nomme *Cul-blancs*.

PILIER, f. m. Nom de tout massif qui sert à soutenir quelque partie d'un édifice. On appelle *Pilier butant*, un corps de maçonnerie, élevé pour contretenir la poussée d'une voute ou d'*un arc*, & *Pilier de bitte*, deux grosses pieces de bois, posées debout, & entretenues par un traversin.

PILON. Terme de Librairie. Mettre, ou envoïer, des Livres au Pilon, c'est les déchirer par morceaux, de sorte qu'ils ne puissent plus servir qu'aux Moulins à Papiers & aux Cartonniers, pour être *pilonnés*, c'est à dire, réduits en cette espece de bouillie dont on fait le Papier & diverses sortes de Carton.

PILOTAGE, f. m. Art du Pilote, qui consiste à bien conduire un vaisseau par les regles de la navigation. *Pilotage*, ou *Lamanage*, est aussi le nom des droits qui sont dûs aux Pilotes Lamaneurs, pour aider aux Navires, dans l'entrée & la sortie des Ports.

PILOT-BOUFFI, f. m. Terme de plaisanterie, qui a figuré long-tems sur le Théâtre & dans les Chansons, & qu'on trouvoit écrit sur les murs de tous les Cabarets, à-peu-près comme celui de *Bequille*, qui a eu quelque-tems le même sort. S'il en faut croire un couplet du Théâtre Italien (Comédie de *Pasquin* & *Marphorio*, au troisieme Tome) c'étoit le nom d'un grand Usurier de Mante.

PIMPANT, adj. Mot d'origine Angloise, qui signifie brillant de parure, leste, & quelquefois même, fanfaron. Les Anglois appellent *Pimp*, ce que nous nommons un *Petit-maitre*.

PINACE ou PINASSE, f. f. Nom qu'on donne à des étoffes d'écorce d'arbres, qui se font aux Indes orientales.

PINCÉ, adject. L'air *pincé* se dit pour affecté, peu naturel.

PINCHINA, f. m. Etoffe de laine non-croisée, qui s'est fabriquée d'abord à Toulon, & qu'on a dans la suite imitée dans d'autres Villes de France. C'est une espece de gros drap, d'une aune de largeur, & dont les pieces ont vingt-un à vingt-deux aunes de long, mesure de Paris.

PINÇON. *Voïez* PINSON.

PINDAIRA, f. m. Arbre du Bresil, célebre dans les Relations, qui ressemble beaucoup au Poivrier par sa figure & par les qualités de son fruit.

PINDARIQUE, adj. Odes *pindariques*, c'est-à-dire, dans le goût de *Pindare*. Quelques-uns de nos meilleurs Poëtes ont fait des Odes, à l'imitation de ce Poëte grec, fameux par l'élévation de ses idées, & par un excès d'enthousiasme qui le rend quelquefois obscur. On remarque qu'il a toujours loué la Religion & la Vertu. *Pindariser*, v. n., se dit figurément pour, parler d'une maniere affectée, trop recherchée, peu naturelle.

PINEAU, f. m. Raisin fort noir & fort doux. Le vin qu'on en fait se nomme *Pineau*, en Auvergne, d'où l'on croit qu'il vient originairement; *Auvernas*, dans l'Orleannois, & *Morillon* en d'autres endroits.

PINÉE, f. f. Nom qu'on donne à toutes sortes de Morues seche.

PINGUIN, f. m. *Voïez* PEN-

SOUIN, qui est le nom le plus commun de cette espece d'oiseau.

PINIPINICHI, s. m. Arbre des Indes, de la figure d'un Pommier, dont on tire, par diverses incisions, un suc blanc & laiteux qui est un violent purgatif.

PIOLLER. v. n., qui exprime le cri des Poulets. Les Poules *piaillent*, & les Poulets *piollent*.

PION, s. m. Terme du Jeu d'échecs, qui paroît corrompu de *Piéton*, pour signifier les plus petites pieces du Jeu, qui en composent la premiere ligne, & qui en sont comme l'Infanterie. A Pondichery, on appelle *Pions*, les Gardes du Gouverneur.

PIOTTE, s. f. Nom d'une espece de petites Gondoles, qui sont fort en usage à Venise.

PIPER, v. act. Mot assez bas, qui signifie tromper. En termes de Joueurs, on nomme *Dés pipés*, des Dés falsifiés qui servent à tromper.

PIQUE, TRAITER A LA PIQUE. En Afrique & en Canada, *traiter à la pique* avec une Nation sauvage, c'est faire le commerce avec elle, en se tenant sur ses gardes, & comme la *pique* à la main.

PIQUENIQUE, s. m. Terme de Société, d'origine obscure, qui signifie *à frais égaux*. Un *piquenique*, est un repas entre plusieurs personnes, dont chacun partage également la dépense.

PIQUEPUCES. *Voïez* PÉNITENS.

PIQUEUR, s. masc. En termes de Jeu, les *Piqueurs* ou les *Capons*, sont ceux qui se tiennent près des Joueurs, pour leur prêter de l'argent à gros intérêt.

PIRAMBU, s. m. Poisson de la mer du Bresil, dont le nom signifie *Ronfleur*. Il fait entendre, en effet, une sorte de ronflement. Sa grandeur est de huit ou neuf palmes. Il a dans la gueule, deux pierres larges de cinq ou six doigts, qui lui servent à briser le coquillage dont il fait sa nourriture. Les Sauvages portent de ces pierres au cou.

PIRATE, s. m. *Voïez* CORSAIRE & FORBAN.

PISSITE, s. m. gr. Liqueur composée de moût de vin & de goudron, à laquelle on attribue des qualités détersives & pectorales. Elle facilite la digestion. On pourroit donner le même nom à tous les vins grecs, qui sentent toujours le *goudron*.

PISTER. *Voïez* PISTON.

PITHO, s. f. gr. Nom de l'ancienne Déesse de la *persuasion*, qui étoit invoquée par les Orateurs. Elle avoit des Temples dans la Grece, & l'on voïoit, à Megare, une Statue de cette Déesse, de la main de Praxitele.

PITREPITE, s. m. Liqueur très forte, mais agréable, qu'on cite en exemple pour ce qu'il y a de plus vif & de plus piquant dans ce genre.

PITTORESQUE, adj. Ital., qui se dit de ce qui se sent de l'invention, de l'imagination, par laquelle on distingue les grands Peintres. On appelle *Pittoresques*, non-seulement les expressions singulieres d'un ouvrage de Peinture, mais encore tous les ornemens de l'Art ou de la Nature, toutes les Perspectives, dont il semble qu'on pourroit faire un beau Tableau. On dit fort bien une description *pittoresque*.

PIVERD. *Voïez* PIC-VERD.

PIVOINE, s. m. Nom d'un bel Oiseau, qui est une espece de Bec-figue. Sa grandeur est celle d'un Moineau. Il a le bec très court, large & noir; toute la tête noire; la queue noire & fort longue; le dos d'un bleu cendré; le dessous du ventre, de la gorge & de l'estomac, d'un beau rouge; les jambes & les piés roussâtres. Il se retire, en Eté, dans les Forêts. En Hiver, il paroît dans les Plaines, il s'approche des Maisons, & sa chair est alors excellente. On distingue plusieurs sortes de *pivoines*.

PIVOTER, v. n. Boire, sans que les levres touchent au verre ou à la bouteille, en se versant d'enhaut la liqueur dans la bouche. C'est ce qui se nomme aussi, *Boire à la regalade*.

PLACITÉ, adj. lat. Terme de Palais, qui se dit pour statué, approuvé, agréé.

PLAFOND, f. m. Deſſous d'un plancher, ſoit qu'il ſoit de pierre, de bois, de plâtre, &c., ſimple, ou à compartimens. Les *plafonds* des anciens Palais étoient de bois précieux & d'ouvrages de marqueterie, ornés d'ivoire, de nacres de perle, de lames de bronze &c., ou même entiérement de bronze. Les Peintres appellent *plafond* un ouvrage de peinture fait pour être vu de bas en haut, & dont les figures par conſéquent doivent être raccourcies & vues en deſſous.

PLAIN ou PLEIN, adv. Terme de Marine, qui eſt un commandement d'Officier, lorſqu'il s'apperçoit qu'on ſerre le vent de trop près, & qu'on fait barbeïer ou friſer la voile du côté du Lof. Ainſi, *Plain* & *au Lof* ſont des commandemens qui ordonnent des manœuvres oppoſées.

PLAMÉE, ſ. f. Eſpece de Chaux, dont les Tanneurs ſe ſervent, pour faire tomber le poil de leurs cuirs. On s'en ſert auſſi pour bâtir en moilon, ſurtout dans les lieux où le Plâtre eſt rare. *Plamer* un cuir, c'eſt en faire tomber le poil ou la bourre.

PLAN, ſ. m. lat., qui ſe dit, en général, de toutes les repreſentations de la poſition des corps ſolides. Les Peintres nomment *dégradation d'un plan*, la différente diminution des objets, à meſure qu'ils ſont repreſentés plus éloignés.

PLANETAIRE, ſ. m., qui ſignifie la repreſentation, en plan ou en relief, du cours des *Planetes*.

PLANETOLABE, ſ. m. gr. Inſtrument aſtronomique, pour meſurer les Planetes. On vante celui qui fut inventé, en 1685, par *Lothaire Zumbac*.

PLAUTAIN, Arbre. *Voyez* PLATANE.

PLANTE ANIMALE. *Voïez* ZOOPHYTE.

PLANTEUR, ſ. m. Nom qu'on donne, dans les Relations des Colonies Angloiſes, aux nouveaux Habitans qui s'y établiſſent; pour les diſtinguer des *Avanturiers*, c'eſt-à-dire de ceux qui prennent des actions dans les Compagnies de Commerce formées à l'occaſion de ces Colonies. Les *Planteurs* ſe nomment en France, *Colons* ou *Conceſſionaires*; & les Avanturiers portent le nom d'Actionnaires.

PLANTUREUX, adject., formé apparemment de Plante. Il ſignifie fertile, abondant en choſes bonnes & agréables, &c., & ne convient proprement qu'aux terres; mais il ſe dit, dans le figuré, de tout ce qui eſt remarquable par ſon abondance & ſa richeſſe. Une table *plantureuſe*. Un *plantureux* établiſſement. *Plantureuſement* eſt l'adverbe.

PLASME, ſ. f. gr. Nom qu'on donne aux Emeraudes brutes, qu'on broie pour les faire entrer dans quelque médicament. Les meilleures ſont celles qui ſont d'un verd un peu gai.

PLASTRE. *Voïez* PLATRE.

PLATE, ſ. f. Nom que les Anglois donnent à toutes ſortes de vaiſſelle d'argent. Nos tarifs de Douanne donnent le même nom au cuivre qui s'appelle Roſette, apparemment parce qu'il vient en plaques fort minces.

PLATEAU, ſ. m. Nom qu'on donne, en termes de Guerre, à un terrein élevé, mais plat & uni, où l'on place une batterie de canon.

PLAT-FOND. *Voïez* PLAFOND.

PLATILLE, ſ. f. Eſpece de toile de Lin, très blanche, qui ſe fabrique particuliérement en Anjou & dans le Beauvoiſis.

PLATRE, ſ. m. Nom qu'on donne à une figure tirée en plâtre. *Tirer un plâtre* ſur quelqu'un, c'eſt prendre la figure de ſon viſage avec du plâtre préparé.

PLEIN. Terme de Marine. *Voïez* PLAIN.

PLEIN-SUCRE, ſ. m. Terme de Confiſeur, qui ſignifie une livre de ſucre pour une livre de fruit.

PLENIPOTENTIAIRE, ſ. m. & adject. Mot compoſé, qui ſignifie proprement celui qui eſt revêtu d'une pleine puiſſance. C'eſt le nom qu'on donne aux Ambaſſadeurs & autres Miniſtres, auxquels la Cour donne un plein pouvoir pour terminet quelque affaire importante avec une Cour étrangere.

PLEVENE. Terme des Coutumes de Bretagne & de Normandie, qui signifie Caution, Plege. *Pleuir*, c'est donner caution.

PLEURES, s. f. On donne ce nom à des laines qui se coupent sur une Bête, après qu'elle est morte.

PLEUREUSES, s. f. Bandes de toile blanche, qui se portent, retroussées de la largeur de trois ou quatre pouces sur le bord des manches de l'habit, dans le grand deuil. Nous avons vu naître cet usage, & nos Voisins l'ont adopté.

PLICA ou PLIQUE, s. f. Maladie des Cheveux, qui se nomme plus ordinairement *Plique Polonoise*, parce qu'elle est assez commune en Pologne. Les cheveux, qui sont autant de tuïaux, se remplissent de sang, & deviennent fort roides, avec une sensibilité très douloureuse. La *Plique* se nommoit anciennement *Trichome*, d'un mot grec qui signifie *Cheveu*.

PLISSON, s. m. Excellent mets de Poitou, qui mérite d'être plus connu. Il est composé de lait & de crême. On prend une pinte de crême nouvelle, qu'on mêle avec une terrinée de lait fraîchement tiré, & on les remue bien ensemble. On laisse reposer ce mélange dans un lieu frais, l'espace d'un demi-jour; puis on le met sur le feu pendant une demi-heure, sans le faire bouillir, & on le remet encore au frais pendant six heures. Ensuite, on le remet une demi-heure au feu, & on le fait refroidir une seconde fois pendant six heures. On le met pour la troisieme fois au feu, pendant une demi-heure; après quoi, il ne lui faut simplement que le tems de refroidir. Il se forme dessus, une espece de croute, épaisse d'environ trois doigts, qui se nomme *Plisson*. On la leve, avec la précaution de ne pas la rompre, & on la sert saupoudrée de sucre.

PLOMB LAMINÉ & PLOMB MINÉRAL. On nomme *Plomb laminé*, du *plomb* pressé entre deux cylindres, qui prend ainsi la forme de lame, avec une épaisseur uniforme que le *plomb* commun n'a pas. On doit cette invention aux Anglois. On distingue trois sortes de *plomb mineral*; l'un, qu'on nomme *Alquifou*, & qui ne sert qu'aux Potiers de terre; l'autre, qui est sans nom, parce qu'il est sans usage; & le troisieme, qui est proprement ce qu'on appelle *Mine de plomb noire*, *Plomb de mine*, ou *Craïon*.

PLOMO-RONCO, s. m. Minerai d'argent, le plus riche de ceux qui se tirent des mines du Chili & du Perou. Il est noir & mêlé de plomb.

PLOQUER, v. act., qui signifie l'action d'emploïer le *ploc*. Voïez PLOC.

PLUCHE, s. f. Voïez PELUCHE, qui est la maniere d'écrire, quoiqu'on prononce *pluche*.

PLUIE, s. f. Etoffe de soie, ou de laine, mêlée avec du fil d'or ou d'argent, trait en larme. Elle tire ce nom des nuances de l'or & de l'argent qui brillent, comme s'il y étoit tombé une *pluie fine*, sur laquelle le Soleil fit tomber ses raïons.

PLUME DE PAON, s. f. Pierre fine, de couleur verdâtre, raïée comme les Barbes d'une plume, & qui paroît pourpre à la lumiere. C'est une agathe tendre.

PLUME-MARINE, s. f. Plante qui croît sur les rochers, & qui a quelque ressemblance avec l'aîle d'un oiseau. On la nomme aussi *Verge ailée*. Elle est quelquefois entourée d'une matiere visqueuse, qui luit, dans les ténebres, comme un Phosphore.

PLUMITIF, s. m. Terme de Palais, qui se dit d'une Minute que le Greffier écrit à la hâte & en abrégé, lorsque le Juge prononce à l'Audience.

PNEUMATOCELE, s. f. gr. Fausse *Hernie* du scrotum, causée par un amas d'*air* qui le gonfle. On la nomme aussi *Physocele*. La *Pneumatomphale* est une fausse hernie du nombril, causée par des *vents*. La *Pneumatose* est une enflure de l'estomac, causée par des vents ou des flatuosités.

POCATSJETTI, s. m. Nom d'un

petit arbrisseau du Malabar, dont les feuilles, en poudre, sechent les ulceres & dissipent les excrescences fongueuses. Prises intérieurement, elles excitent la sueur.

POCONE, s. f. Plante célèbre de la Virgine, qui croît sur les Montagnes. Elle rend un suc rouge, qui amollit les humeurs. Les Sauvages le mêlent avec de l'huile, & s'en frottent le corps.

POIDS DE TABLE, s. m. Poids différent de celui de marc, dont on se sert dans quelques Provinces. La livre de *poids de table* est composée de seize onces, comme celle du *poids de marc*; mais les onces n'en sont pas si fortes.

POINTES NAÏVES, s. f. Nom que les Lapidaires donnent à des diamans bruts, d'une forme extraordinaire, qui viennent particuliérement de la mine de Soumelpour, au Bengale.

POINTILLADE, s. f. Arbrisseau des Antilles, ainsi nommé de *M. de Pointis*, Gouverneur de ces Isles. On le cultive dans les Jardins de l'Europe. Sa hauteur est de six ou sept piés. Ses feuilles sont oblongues, chacune armée d'une épine crochue. Son écorce est de couleur purpurine. Ses fleurs, qui sont d'un rouge purpurin & d'une grande beauté, sont rangées, jusqu'au nombre de cinquante, en un long épi qui naît aux sommités des branches.

POIRIER. *Ordre du Poirier*, ou *de Saint Julien du Poirier*. C'est le nom d'un Ordre Espagnol de Chevalerie, institué, en 1176, par *Gomez Fernand*, Roi de Leon, & qui a porté depuis le nom d'*Alcantara*.

POIS DE MERVEILLE, s. m. Plante, dont le fruit, qui est d'une singuliere beauté, est une sorte de petit *pois*, en partie noirs, en partie blancs, & marqués d'un cœur; ce qui lui fait donner aussi le nom de *Cœur des Indes*. Les fleurs sont d'un beau verd, & découpées comme l'Ache.

POITRINAIRE. POITRINAL. Deux adjectifs de *Poitrine*, dont le premier devient substantif, pour signifier celui qui a la poitrine mauvaise, ou qui est malade de la poitrine. *Poitrinal* se dit quelquefois des choses qui appartiennent à la poitrine, ou qui s'attachent dessus.

POLACRE, s. f. D'autres disent *Polaque*. On appelle *habit à la Polacre*, un habit dont les deux devants se croisent, & s'attachent vers les épaules par deux rangs de boutons; ce qui vient apparemment des *Polaques*, ou *Polacres*, dont nous en avons pris l'usage.

POLEMOSCOPE, s. m. gr. Lunette à longue vue, destinée au service de la guerre.

POLICE, s. f. En terme d'Imprimerie, c'est un état qui sert à régler le nombre des caractères, dans une fonte complete; c'est-à-dire, combien il doit se trouver de chaque sorte de caractères, ou de lettres, à proportion du corps entier.

POLLICITATION, s. f. lat. Terme de droit civil, qui signifie l'obligation, par simple *promesse*, de faire, ou donner, quelque chose. Il y a cette différence, entre le pacte & la *pollicitation*, que le pacte est un consentement de deux ou de plusieurs personnes, & que la *pollicitation* est la promesse du seul *Pollicitant*.

POLOSE, s. m. Espece de cuivre rouge, qu'on allie avec l'étaim, pour en faire ce metal composé qui se nomme *Fonte verte*.

POLYANTHÉE, adj. gr. Terme de Fleuriste, qui signifie, *à plusieurs fleurs*. Ainsi, une oreille d'Ours polianthée est celle qui forme un gros bouquet de fleurs au haut de sa tige. On a nommé *Polyanthées* certains Recueils de passages, tirés des Anciens ou des Modernes, & réduits en ordre Alphabetique, surtout pour l'usage des Prédicateurs.

POLYGLOTTE, s. f. Nom d'un Oiseau des Indes, de la grandeur de l'Etourneau, blanc & rougeâtre, avec des figures, à la tête & à la queue, qui représentent des couronnes argentées. Son chant est si agréable, & si *varié*, qu'il en a reçu le nom de *Polyglotte*.

POLYPE, f. m. On a donné nouvellement le nom de *Polype*, à une production de la nature, qui avoit paſſé juſqu'alors pour une Plante, & qu'on a reconnue pour un animal. Il eſt aquatique. Sa forme eſt celle d'un Cylindre; & dans quelque dimenſion qu'on le coupe, ſes parties ſéparées & miſes dans des vaſes à part, pourvu qu'ils ſoient remplis de la même eau qui les a formées, reprennent en moins de vingt-quatre heures la portion qui leur manque; c'eſt-à-dire, qu'il revient une tête à la partie qui n'en avoit plus, & qu'il en eſt de même de toutes les autres. On ne connoît, entre les *Polypes*, aucune différence de ſexe. Ils engendrent à la maniere des Plantes. Leurs Petits ſortent, tout formés, de toute la ſurface de leur corps. Ils reſtent, quelque-tems après leur naiſſance, comme implantés ſur cette ſurface par leur partie inférieure; & pendant que ces premiers Enfans achevent de naître, ils en font d'autres par les mêmes voies; de ſorte que le Pere eſt Grand-pere avant que d'avoir enfanté tout-à-fait ſon premier né. Ils ne nâgent point. Ils s'attachent fortement par la queue & avec leur glu, contre les corps ſur leſquels ils s'arrêtent. Ils vivent de la plûpart des petits Inſectes qui nâgent dans les eaux. Quoiqu'on ne leur découvre pas d'yeux, on a des preuves qu'ils aiment la lumiere. Ils ſont tués par un petit Inſecte plat, qui multiplie prodigieuſement ſur eux, qui les ſuce, & qui les détruit. Ce qui leur fait donner le nom de *Polypes*, c'eſt qu'ils ont deux cornes, qui reſſemblent aux bras de l'animal de Mer qui porte ce nom. Ils ſont d'ailleurs, informes; & leur corps, d'un bout à l'autre, n'eſt qu'un canal, vuide lorſqu'il n'y a point d'aliment. Leur chair, conſidérée avec le microſcope, paroît toute couverte de petits grains; mais ces grains ne ſont point adhérens à leur ſubſtance & s'en détachent facilement. En un mot, c'eſt une des plus ſingulieres productions de la nature.

POLYSYNODIE, ſ. f. gr. compoſé, qui ſignifie *multiplicité de conſeils*. L'adminiſtration de France, dans ſa forme preſente, peut être regardée comme une eſpece de *Polyſynodie*. Feu M. l'Abbé *de Saint Pierre* a publié un plan de *Polyſynodie*, pour la tranquillité de toute l'Europe.

POLYTRICHION, ſ. m. Mot grec, qui ſignifie *beaucoup de cheveux*, & nom d'une plante dont les tiges reſſemblent en effet à une épaiſſe chevelure. Ses feuilles ſont ſemblables à celles de la Lentille. On lui attribue les propriétés du *Capillus Veneris*.

POLYVALVE, ſ. m. & adj. Mot compoſé du grec & du latin. *Voïez* MULTIVALVE.

POMME-FIGUE, ſ. f. Nom d'une eſpece de *pomme* qui eſt verte, & qui ſort de l'arbre comme les Figues ſortent du Figuier. La *pomme-roſe* eſt une ſorte de *pomme d'Apis*.

POMPON, ſ. m. Nom que les Femmes donnent à divers petits ornemens, ſurtout à de petits rubans, longs de la moitié du doigt, qu'elles doublent, en rapprochant les deux bouts, pour en former une petite boucle ronde qu'elles placent en divers endroits de leur coeffure. *Pompon* eſt devenu ſynonyme avec Colifichet.

PONANT, ſ. m. ou PONENT, de *Ponente*, Italien. Nom qu'on donne, en Italie & dans le Levant, à la partie du Monde que nous nommons *Occident*, ou *Couchant*, ou *Oueſt*. Vice-Amiral du *Ponant*. Eſcadre du *Ponant*. Quelques Relations appellent *Officier ponantin*, *Matelot ponantin*, un Officier, un Matelot de la Mer océane; par oppoſition à *Levantin*, qui ſe dit de ceux des Mers du Levant.

PONCHE. *Voïez* PUNCH.

PONCIS, ſ. m. En termes de Deſſinateur & de Graveur, c'eſt un deſſein piqué & frotté avec du charbon en poudre. En termes de Maître à écrire, c'eſt une demi-feuille de papier, coupée fort droit, qu'on met ſur le papier où l'on écrit, pour ſervir à rendre les lignes droites.

PONCTUATION, ſ. f. Art, ou

foin, de séparer les phrases les unes des autres, & de les diviser en elles mêmes, par des *points*, des *virgules* & d'autres marques, qui servent à regler le sens, dans les Manuscrits & les Livres imprimés. *Ponctuer* est le verbe. De-là, *Ponctuel*, adject., pour, exact, regulier, qui ne manque en aucun *point* ; & *Ponctualité*, substantif feminin, qui se dit dans le dernier sens.

PONDAGE, s. m. Terme d'Histoire & nom d'un Droit qui se leve en Angleterre, par tonneau, sur les Marchandises. *Tonnage & pondage*. Il est formé du mot Anglois qui signifie *poids*.

PONDERATION, s. f. lat. Terme de Peinture, par lequel on entend un *juste équilibre des corps*, nécessaire pour le mouvement ; en conséquence du principe, que les Peintres ne peuvent donner à leurs figures l'attitude & le mouvement qu'elles demandent, sans observer les vraies regles de la Nature.

PONGA, s. m. Arbre du Malabar, que les Portugais nomment *Gaca*, parce que son fruit est attaché aux rameaux, comme celui de cette plante. Cet arbre est toujours verd. Le fruit, qui est armé de piquans, s'emploie dans la Médecine, pour les cataplasmes maturatifs. Le *Pongelion* est un autre arbre du même Païs, dont le suc, avallé avec du lait, chasse les vents du corps. Son écorce, broïée dans de l'huile, fait une onction admirable pour fortifier le corps. Le *Ponna*, autre arbre du Malabar, donne des amandes dont on tire une huile qui appaise les douleurs des membres.

PONTS ET CHAUSSÉES, s. m. On comprend sous ce nom, en France, ce qui regarde les grands chemins & les voieries. Ce sont les Tresoriers de France qui ont l'inspection des Ponts & Chaussées de leur département.

POPULAGUE, s. f. lat. Plante, qui se nomme aussi Souci des marais, parce que ses fleurs sont disposées en rose, d'un jaune doré resplendissant. Ses feuilles ressemblent à celles de la petite Chelydoine. Le nom de *Populague* lui vient de ce qu'elle croit ordinairement entre les *Peupliers*, dans les cantons aquatiques.

PORCELAINE, s. f. Nom d'un coquillage univalve, qui s'appelle autrement *Conque*, ou Coquille, *de Venus*. Les Koris, qui servent de monnoie dans plusieurs Païs, sont une petite espece de coquillage, & portent quelquefois, dans nos Relations, le nom de *Porcelaines*.

PORPHYRION, s. m. Oiseau aquatique, de la grandeur d'un Coq, & de couleur bleue ou diversifiée. Son bec est gros & pointu. Il porte une crête sur sa tête. Ses jambes sont longues. Ses piés ont cinq doigts. Sa queue est forte. Il vit de Poissons.

PORPHYRISER, v. act., formé de *Porphyre*, pour signifier, battre & réduire en poudre ; parcèque les bonnes pierres à broïer sont de porphyre, qui est plus dur qu'aucune autre sorte de marbre.

PORRECTION, s. f. lat., qui signifie, *action de presenter en étendant les bras*. Ce terme n'est en usage que pour les Ordres qui se nomment *Mineurs*, & qui se conferent par la *porrection* des choses qui en designent les fonctions.

PORTAGE, s. m. Terme de Relation, qui se dit, en Amérique, de la nécessité où l'on est de porter les Canots par terre, aux chûtes d'eau qui interrompent le cours des Rivieres.

PORTATIF, adj., qui signifie ce qui peut être porté, ou ce qui est facile à porter. On donnoit autrefois, en France, cette qualité à un *Evêque in partibus*, & à ceux qui, prêtant leur nom à d'autres, portoient le titre d'un Evêché ou d'une Abbaïe, dont ils ne touchoient pas le revenu.

PORTE-FLAMANDE, s. f. On nomme ainsi une grande Porte composée de deux jambages de pierre, avec un couronnement & une fermeture de grilles de fer.

PORTE-PLEIN, ou seulement PLEIN. Commandement de Mer. *Voïez* PLAIN.

PORTES,

PORTES, s. f. Nom qu'on donne à divers passages des Pyrénées, où le privilege des *Passeries* est établi. *Voï.* PASSERIE. Les principaux de ces Passages sont les *Portes* d'Aula, de Salan & de Mortelat.

PORTION CONGRUE. Terme ecclésiastique, qui se dit d'un certain revenu fixe, en forme de pension, pour les Curés dont le bénéfice n'a pas d'autre fond que le Casuel & l'Obituaire. La *portion congrue* n'est que de cent écus. *Voïez* CONGRU.

PORTIQUE, s. m. Terme d'ancienne Philosophie, qui se dit de l'Ecole de Zénon & de la Doctrine des Stoïciens.

PORTOR, s. m. Nom d'une sorte de marbre noir, mêlée de grandes veines jaunes, qui imitent l'or.

PORTRAIT, s. m. Nom qu'on donne à un Marteau dont les Paveurs se servent pour fendre & tailler le grès.

PORTULAN, s. m. Ital. Nom qu'on donne à un Livre qui contient la description de chaque Port de Mer, du fond qui s'y trouve, de ses marées, de la maniere d'y entrer & d'en sortir, de ses inconvéniens & de ses avantages. Nous avons plusieurs *Portulans* de la Méditerranée.

POSE, s. f. Terme militaire. On appelle *Poses*, dans une Ville de guerre, les Sentinelles d'augmentation, que les Caporaux doivent aller poser, pour la nuit, dans certains postes désignés, après que la retraite est battue.

POSPOLITE, s. f. Nom qu'on donne à l'armée de Pologne, composée de la Noblesse du Païs. Elle peut former un corps d'environ cent cinquante mille Hommes. On la nomme *Pospolite russienne*, qui ne signifie pas *de Russie*, mais *Pospolite marchante*. Russienne, en ce sens, est une corruption de *Rusch*, mot Polonois, qui signifie *mouvement*.

POST-DATER, v. act., moitié latin & moitié françois. *Post-dater* une Lettre, un Acte, c'est en reculer la date.

POSTICHE, adj. lat., qui signifie cequi est mis à la place de quelque chose qui n'y est pas & qui y devroit être naturellement. Ainsi, les cheveux d'une perruque sont des cheveux *postiches*.

POST-LIMINIE, s. f. lat., qui signifie *par-delà les limites*. C'est un terme de Droit, qui se dit de l'action par laquelle on est rétabli dans un état d'où l'on avoit été tiré par violence. Les Habitans des Frontieres sont souvent dans le cas de reclamer le droit de *Post-liminie*, parceque la guerre les rend tantôt Sujets d'un Etat & tantôt d'un autre.

POSTULATUM, s. m. Terme de Géométrie, purement latin, qui signifie *demande*. Dans la Méthode geometrique, on commence par des propositions évidentes, qui se nomment *Axiomes*, & par des propositions qui ne répugnent à rien, qu'on appelle *Postulata*, ou *Demandes*. C'est de ce point qu'on part pour démontrer. *Postuler*, v. act., qui vient de la même source, signifie *demander, solliciter*; & *Postulant*, s. m., celui qui demande.

POT, s. f. Nom d'une petite sorte de papier, qui sert, dans les Cartes à jouer, pour mettre du côté de la figure.

POTÉ, s. f. Titre d'honneur de certaines Terres. On fait venir ce mot, du substantif latin qui signifie *puissance*. Sully, sur Loire; *Asnois*, en Nivernois; *la Magdeleine de Vezelay*, &c., sont des *Potés*.

POUCE-PIÉ, s. m. Coquillage multivalve, qui a la forme d'un gland de Chêne, ce qui le fait nommer aussi *Balanus*, & dont les piés ressemblent à des pouces, d'où lui vient le nom de *Pouce-pié*. Sa chair devient rouge en cuisant, & passe pour plus délicate que celle de l'Ecrevisse. On le trouve attaché aux Rochers, sur les Côtes de Bretagne & de Normandie.

POUCHOC, s. m. Drogue du Roïaume de Siam, qui sert également pour la Médecine & pour la teinture en jaune.

POU DE SOIE, s. m. Etoffe de soie, à grains, qui est une sorte de Ferrandine.

POUDING, f. m. Angl. Pâte composée de divers ingrédiens, tels que de la mie de pain, de la moelle de Bœuf, des raisins de Corinthe, & cuite à l'eau. Elle est fort en usage, en Angleterre, où elle tient lieu de potage. On y fait quantité d'autres espèces de *Pouding*. Les Anglois écrivent *Puding*. Ils se sont corrigés d'y mettre de l'eau distillée des feuilles de Laurier-cerise, depuis qu'ils l'ont reconnue pour un poison.

POUDRE IMPÉRIALE, f. f. Célèbre poudre qui se fait dans la grande Chartreuse, & dont les vertus sont merveilleuses pour toutes sortes de plaies.

POUDRES. *Fête des Poudres.* Fameuse Fête que les Anglois célèbrent tous les ans, en mémoire de l'heureuse délivrance du Roi *Jaques I*, & de tout le Parlement d'Angleterre, qu'on avoit entrepris de faire sauter avec le Palais, par le moïen d'une grosse quantité de poudre dont on avoit rempli les caves. Les Catholiques furent injustement accusés de cet attentat.

POUILLÉ, f. m. Ancien terme d'Eglise, qui signifie un Catalogue de Bénéfices, où leurs Collateurs, leurs Patrons & leurs revenus sont marqués.

POULANGIS, f. m. Espèce d'Etoffe grossière, qui est une *Tiretaine*, laine & fil, fabriquée aux environs d'Auxerre.

POULIAT, f. m. Nom des Indiens de la plus basse Tribu, ou Caste, du Malabar. Elle passe pour souillée; cequi lui attire un souverain mépris de toutes les autres.

POUNDAGE. *Voïez* PONDAGE, qui s'écrit POUNDAGE en Anglois.

POUPART, f. m. Coquillage de mer, dont le Poisson est fort délicat. C'est une espèce de Crabe, dans laquelle on trouve une matière grasse & jaunâtre, qui se nomme *Taumalin*, & dont on fait, avec quelques assaisonnemens, une sauce admirable pour manger la chair.

POUPES DE PERLES. *Voï.* PERLE.

POUSET, f. m. Nom du pastel, ou de la couleur rouge, qui se trouve dans la graine d'écarlatte, & qui sert pour la teinture.

POUSSE, f. f. On donne ce nom à la poussière ou au grabeau du Poivre & de quelques autres Drogues & Epiceries. La *Pousse*, en termes vulgaires, se dit pour le Corps des Archers.

POZZOLANE. *Voï.* POUSSOLANE.

PRAME, f. f. Nom d'une sorte de Navire Moscovite, qui n'est propre que pour les Canaux, & qui emploie des rames & des voiles.

PRASIN, f. m. gr. ou PRASE. C'est le nom d'une pierre précieuse, couleur de *Porreau*, comme ce mot le signifie, & qu'on nomme aussi Mere d'Emeraude, parcequ'elle en renferme presque toujours. On en distingue plusieurs espèces, toutes luisantes, mais peu estimées des Lapidaires, qui la regardent comme une Emeraude imparfaite. Elle vient ordinairement des deux Indes; mais il s'en trouve aussi en Bohême, & dans d'autres Païs de l'Europe.

PRÉAMBULE, f. m. Cequi se fait, ou cequi se dit, avant que de commencer quelque chose, & qui en est comme l'introduction, pour préparer le Lecteur, ou l'Auditeur, à cequi doit suivre.

PRÊCHEURS. *Freres Prêcheurs.* Nom qu'on donne aux Religieux de l'Ordre de Saint Dominique, depuis qu'ils furent emploïés à la conversion des Albigeois. On rapporte que ce titre plut tant à Saint Dominique, qu'il voulut le retenir, le fit mettre dans son sceau, & obtint du Pape *Honoré III*, qu'il fut conservé à son Ordre.

PRÉCIPUT, f. m. lat. Terme de Palais, qui signifie cequ'un Mari, ou une Femme, à droit de prendre sur la Communauté, avant tout partage; & cequ'un Aîné a, pour son droit d'Aînesse, dans une Terre Seigneuriale. En un mot, c'est cequi se prélève sur un tout, par préférence à d'autres Interessés.

PRÉCURSEUR, f. m. Celui qui en annonce un autre dont il est suivi. Il se dit des choses comme des personnes. On dit fort bien de certains signes, qu'ils sont les *précurseurs*, ou les avant-coureurs d'un évènement.

PRÉDESTINATIANISME, s. m. lat. Nom qu'on donne à une hérésie concernant la *Prédestination*.

PRÉDÉTERMINATION, s. f. lat. Résolution, décret, qui a précedé quelque chose. On appelle *Prédetermination physique*, une Doctrine qui enseigne que Dieu détermine toutes les actions des Créatures spirituelles & libres, par une impulsion physique, qui précede toute détermination de la cause seconde. Les *Prédéterminans* sont ceux qui soutiennent cette Doctrine. Comme ils en nient les conséquences, on a dit d'eux qu'ils sont bons Catholiques, & mauvais Philosophes.

PRÉDIAL, adj. lat. Terme de Droit, qui se dit de *cequi appartient aux fonds & aux héritages*. Une rente prédiale ou *fonciere*.

PRÉJUDICIÉ, adject. Lettre de change *préjudiciée*. C'est, en langage de Commerce, une Lettre de change qui n'arrive dans le lieu, où elle doit être païée, qu'après l'expiration des jours de grace, lorsque le mal vient de cequ'elle est partie trop tard.

PRÉJUDICIEL, adj. En termes de Palais, on appelle une question *préjudicielle*, celle qui dépend d'une autre & qui doit être jugée auparavant. Ainsi, ce mot n'est pas formé de Préjudice, qui signifie tort, dommage ; non plus que dans *fraix préjudiciaux*.

PREMIERES COULEURS, s. f. Sorte d'Emeraudes qui se vendent au marc. C'est cequ'on nomme plus ordinairement Negres-cartes.

PREMIER-PRIS, s. m. Terme de Jeu. Au Lansquenet, c'est le Coupeur, lorsque sa carte est amenée la premiere par celui qui tient la main. De-là l'usage figurée de ce terme, pour signifier un Homme de contenance triste & embarrassée. Il a l'air d'un *Premier-pris*.

PRÉNOTION, s. f. lat. Connoissance imparfaite qu'on a d'une chose, avant que de la bien comprendre.

PRÉOLIERS, s. m. Nom qui est donné aux Maîtres Jardiniers, dans leurs Statuts, pour la Ville, Fauxbourg & Banlieue de Paris.

PRÉPATOUE, s. m. Terme de Vignoble. C'est le nom qu'on donne à certains Plants de vigne, choisis en divers endroits, & qui est apparemment une corruption de *pris par tout*.

PRÉPONDERANT, adject. lat., qui signifie cequi *pese plus*, cequi fait pancher la balancer. On appelle *voix préponderante*, dans une élection, celle, qui dans le cas d'égalité, détermine les suffrages pour ou contre, en se joignant à l'un ou l'autre Parti. C'est ordinairement le privilege du Chef d'une Compagnie.

PRESBYTERE, s. m. gr. Habitation d'un Prêtre. On donne vulgairement ce nom à la Maison établie pour le Curé d'une Paroisse. Elle fait partie de son Bénéfice. *Presbytere* est aussi le nom d'une libéralité que le Pape fait, à l'Office du Jeudi-Saint.

PRESCRIPTION LÉGALE & PRESCRIPTION STATUAIRE, s. ff. La *prescription légale* est celle qui descend de la Loi, comme la *prescription* de dix ans, entre Présens, & vingt ans, entre Absens ; la *prescription statuaire*, celle qui provient de la Coutume, comme la *prescription* d'an & jour, pour le retrait lignager.

PRÈS & PLEIN, adv. Commandement de mer, qui ordonne au Pilote d'aller au plus près du vent, mais de maniere que les voiles soient toujours pleines. *Voïez* PLAIN.

PRÉSOMPTIF, adj. lat. Terme de Palais. On appelle *Héritier présomptif*, celui qui doit naturellement heriter de quelqu'un, à moins que le Testament ne s'y oppose ; celui qui heriteroit d'une Personne, si elle mouroit *ab intestat*. Préjomption, s. f., se dit aussi, dans le même langage, pour *conjectures* qui se tirent naturellement des choses. Il vient de *présumer*, comme *présomption*, qui signifie orgueil. *Voïez* PRÉSUMER.

PRESSER, v. n. Terme de Mer, qui ne se dit qu'en parlant de l'Angleterre, d'où il est pris. *Presser*, c'est obliger les Equipages des vaisseaux Marchands, & les Bateliers de la Thamise, à servir sur les Vaisseaux de guerre. *Voïez* EMBARGO.

PRESSURER, v. act. Terme de Vigneron, qui se dit pour *presser fortement*. On pressure les grappes, le marc, &c., sur la mai du Pressoir.

PREST, s. m. Terme du service de la Maison du Roi. On y appelle *Prest*, l'essai que le Gentilhomme servant de jour fait faire, au Chef du Gobelet, de tout cequi doit servir au Roi pour la table, comme Pain, Sel, Serviettes, Cuilliere, Fourchette, Couteau & Cure-dent; cequ'il fait avec un petit morceau de pain, dont il touche toutes ces choses, & qu'il fait manger ensuite au Chef du Gobelet. La table, où se fait cet essai, & qui se nomme Table du *prest*, est gardée par le Gentilhomme servant.

PRETE-NOM, s. m. Celui qui, sans entrer dans le fond d'une affaire, en paroît le principal Acteur, & signe un Acte où le véritable Contractant ne veut pas paroître. Les Fermes générales du Roi s'adjugent à des *Prete-noms*, & chaque Bail est ainsi distingué par le nom d'un Contractant imaginaire.

PRÉTÉRIT, s. m. lat. Terme de Grammaire, & nom qu'on donne aux tems d'un verbe, qui marquent le passé.

PRETINTAILLES, s. f. Mot d'origine incertaine. Il signifie un assemblage d'étoffes, de différentes formes & de différentes couleurs, & d'autres ornemens, dont les Femmes décorent leurs habits. Il s'emploie, dans le figuré, pour quantité de petites choses qui vont ordinairement à la suite des grandes.

PRÉVENTION, s. f. lat. En matiere Béneficiale, c'est le droit que le Pape a de pourvoir à un Bénéfice, dans les six mois accordés à l'Ordinaire pour le conférer. En termes de Palais, c'est l'avantage d'un Juge supérieur sur un inférieur, lorsque le premier est saisi d'un Criminel plutôt que l'autre. En termes de Rhétorique, c'est une figure par laquelle l'Orateur prévient cequ'on pourroit lui opposer. Dans l'acception simple, *Prévention* se dit de tout cequi dispose le Jugement, ou la Volonté, à se déterminer, indépendamment des motifs de la vérité & de la justice. Il se dit aussi de la disposition de celui qui se laisse ainsi prévenir l'esprit ou le cœur.

PRIAPEES, s. f. On donne ce nom aux Poésies libres & obscenes; parceque les anciennes Statues de Priape étoient fort immodestes. *Priapisme*, s. m., est le nom d'une maladie de la verge, lorsqu'elle s'étend avec douleur.

PRIERES, s. f. Les Anciens personnifioient les *Prieres*, & les faisoient Filles de Jupiter. *Homere* les represente boiteuses, ridées, aïant toujours les yeux baissés, l'air rampant & humilié, marchant sans cesse après l'*Injure*, pour guérir les maux qu'elle a faits.

PRIÉS, s. m. Le conseil des *Priés*, ou *Pregadi*, est un des plus célebres Conseils de la République de Venise, où l'on décide toutes les affaires qui concernent la Paix, la Guerre, les Alliances & les Ligues.

PRIEUR DU PEUPLE ROMAIN, s. m. Nom d'un Officier de Rome, qui répond à nos Maires, & que le Pape nomme tous les trois mois.

PRIEURÉ-CURE, s. f. Nom qu'on donne à une Cure desservie par un Religieux & dépendante d'un Monastere. La plûpart ont été de petites Communautés, dans leur origine, comme les Prieurés simples.

PRIME, s. m. Nom qu'on donne à la premiere sorte de laine d'Espagne, qui est la plus fine & la plus estimée. Dans la division du marc d'argent, *prime* se dit de la vingt-quatrieme partie d'un grain. Il se dit aussi, dans le Commerce de la Morue, de celle qui arrive de la premiere Pêche. *Prime* d'Emeraude. *Voïez* PRESME.

PRIORITE, s. f. lat. Etat d'une chose qui est la premiere de plusieurs autres, ou qui est avant une autre. Il n'est guere d'usage qu'en matiere de sciences. Les Théologiens distinguent la *priorité* d'ordre, la *priorité* de tems, la *priorité* de nature.

PRITANÉE. *Voïez* PRYTANÉE.

PROBATOIRE, adj. lat., qui signifie cequi sert à mettre une chose à l'épreuve. On donne ce nom, en Sorbonne, aux Actes dans lesquels on examine la capacité d'un Aspirant.

PROCATARCTIQUE, adj. gr. Terme de Médecine, qui signifie *primitif*. On donne ce nom aux causes des maladies, qui agissent les premieres, & qui mettent les autres en mouvement. Elles sont ou *internes*, telles que les passions de l'Ame; ou *externes*, & c'est tout cequi est capable de nous offenser.

PROCELEUSMATIQUE, s. m. gr. Terme de Prosodie, qui signifie un pié de vers, composé de quatre breves.

PROCLAMATION, s. f. lat. Ce mot, qui signifie *Publication solemnelle*, est synonyme avec *Ban*, *dénonciation*. Il est en usage dans la plûpart des Coutumes du Roïaume. Les Seigneurs de Fiefs sont obligés de faire les proclamations ordinaires, pour avertir leurs Vassaux de leur rendre foi & hommage dans le tems prescrit par la Coutume.

PRODROME, s. m. gr. *Avant coureur*, ou chose qui en précede une autre. Quelques horloges ont un *Prodrome*, c'est-à-dire, un petit battement sur la cloche, qui se fait entendre quelques minutes avant que l'heure sonne. Les Auteurs donnent quelquefois le nom de *Prodrome* à un Ecrit, par lequel ils en annoncent d'autres qui doivent le suivre.

PROEMPTOSE, s. f. gr. Terme d'Astronomie. C'est cequi fait que les nouvelles Lunes, par l'Equation lunaire, arrivent un jour plus tard qu'elles ne seroient arrivées sans cette équation.

PROFECTIF, adj. lat. Terme de Palais. On appelle Biens *profectifs*, ceux qui viennent de la succession directe du Pere, de la Mere, & des autres Ascendans. Les Astrologues judiciaires appellent *profection*, un certain calcul, par lequel ils font faire tous les ans un signe imaginaire, à chaque Planete & à chaque lieu du Ciel.

PROJET, s. m. lat. Dessein, Plan, qu'on a conçu de quelque chose, pour l'exécuter. On appelle *Projet*, sur la Côte de Barbarie, & surtout au Bastion de France où se fait la Pêche du Corail, le Pêcheur qui jette l'espece de filet avec lequel on tire le Corail, du fond de la Mer.

PROLONGE, s. f. Terme d'Artillerie, & nom d'un cordage qui sert à tirer le canon en retraite, lorsqu'une Piece est embourbée. En termes de mer, *Prolonger* un cap, une côte, c'est continuer de les suivre.

PROMINENCE, s. f. lat. Avancement. Il ne se dit gueres qu'en termes d'Art. La *prominence* d'un Bastion. La *prominence* du nez & des levres, sur le visage.

PROMOTEUR, s. m. lat. Nom d'un Officier des Tribunaux ecclésiastiques, qui répond au Procureur du Roi dans les Jurisdictions séculieres. Dans les Conciles, il y a des Officiers de ce nom, qui sont chargés de veiller à l'observation de la discipline prescrite, & qui poursuivent les Transgresseurs. *Promoteur* se dit aussi, dans le langage commun, de celui qui sert au progrès de quelque chose. Le grand *Colbert* fut un puissant *Promoteur* du Commerce.

PROMPTUAIRE, s. f. lat. Terme de Droit, qui signifie proprement un lieu d'où l'on tire, ou qui fournit quelque chose, mais qui ne se dit que pour signifier, un Extrait, un Texte, un Abregé du Droit.

PRONONCÉ, s. m. En termes de Palais, on appelle le *Prononcé* d'un Arrêt, ou d'une Sentence, son explication ou son dispositif.

PRONOSTIQUE. *Voïez* PROGNOSTIQUE.

PROODIQUE, s. m. gr. Terme de Poésie, qui signifie un grand Vers par rapport à un petit. Ainsi, dans les Distiques composés d'un Hexametre & d'un Pentametre, le premier est un *Proodique*, & le second est cequ'on nomme l'*Epode*.

PROPAGANDE, s. f. lat. ou *Congrégation de la Propagande*. C'est le nom d'un célebre Tribunal, établi à Rome pour les affaires qui regardent la *propagation* de la Foi.

PROPAGATEUR, adjectif tiré du latin, qui se dit de celui qui sert à la propagation de quelque chose. *Propager*, v. act., se dit aussi, en termes de Physique, pour, répandre, étendre, multiplier. *Propagation*, s. f., signifie l'augmentation de toutes sortes d'Êtres.

PROPETIDES, s. f. Femmes de l'Isle de Chypre, qui se prostituoient dans le Temple de *Venus*. Elles furent métamorphosées en rochers. *Ovide* dit ingénieusement qu'après avoir foulé aux piés les Loix de la pudeur, elles étoient devenues si insensibles à tout, qu'il ne fallut qu'un leger changement, pour cette métamorphose.

PROPHYLACTIQUE, s. & adj. gr., qui se dit de cequi sert, ou qui tend à *conserver*. On appelle *prophylactiques*, ou préservatifs, les remedes qui entretiennent la santé, & qui préviennent les maladies.

PROPOSANT, adj. *Cardinal proposant*. Nom qu'on donne à un Cardinal, établi à Rome, pour recevoir la Profession de foi de ceux qui sont nommés à des Evêchés en Païs d'Obédience, & pour les proposer aux autres Cardinaux.

PROSEUQUE, s. f. gr. Lieu destiné à la Priere. C'est le nom que les Juifs donnoient à des édifices, différens de la Synagogue, qu'ils élevoient dans les Campagnes, pour y faire leurs Prieres. C'étoient des especes de Halles ouvertes.

PROSPECTUS, s. m. Mot purement latin, qui est adopté, dans la Librairie, pour signifier une sorte de *vûe anticipée* qu'on donne d'un Ouvrage qui n'est point encore publié, & qui doit l'être, soit par souscription, ou par la voie commune. C'est cequ'on nomme aussi *Projet*, & *Programme*. Un *Prospectus* contient quelquefois, non-seulement l'idée générale de l'Ouvrage, mais encore un fragment, pour servir comme de montre, le format & la quantité des Volumes, le caractere, le papier, les conditions, & les promesses.

PROSTAPHERESE, s. f. Terme grec d'Astronomie, qui signifie, en soi-même, *retranchement*, mais qui est plutôt pris pour *équation*. Il se dit de la maniere de trouver le mouvement moïen des Astres, en compensant leur irrégularité apparente, qui nous les represente tantôt marchant avec lenteur, tantôt avec vitesse. L'arc du Zodiaque, compris entre la ligne du vrai mouvement d'une Planete & celle du mouvement moïen, se nomme *Prostapherese*.

PROSTHESE, s. f gr., qui signifie *addition*. On donne ce nom à l'opération de Chirurgie par laquelle on ajoute au corps humain quelque partie artificielle, à la place de celle qui manque; telle, par exemple, qu'une jambe de bois, un nez d'argent, &c.

PROTE, s. m. Mot grec, qui signifie *premier*. De-là le titre de *Protomartyr*, pour Saint Etienne. Dans les Imprimeries, on nomme *Prote*, celui qui est chargé de la direction de l'Ouvrage, & qui voit, le premier, toutes les Epreuves.

PROTOCANONIQUE, adj. gr. Nom qu'on donne aux Livres sacrés, qui étoient reconnus pour tels, avant même qu'on eut fait des Canons. On divise les Livres de la Bible, en trois Classes ; les *Protocanoniques*, les *Deuterocanoniques*, & les *Apocryphes*.

PROVENDE, s. f. Mélange de Pois, d'Avoine & de Vesce, qu'on donne aux Brebis & aux Moutons.

PROVISOIRE, adj., qui se dit, en termes de Pratique, de cequi se fait par provision. *Provisoirement* est l'adverbe.

PRUNELAIE, s. f. Nom qu'on donne à un lieu planté de Pruniers.

PSALMODIE, s. f. gr. Chant simple & uni, ou plutôt récitation soutenue, des *pseaumes*. On ne fait remonter l'institution de la Psalmodie alternative, qu'à l'an 350. La *Psalmodie* continuelle, en latin *Laus perennis*, fut établie, en Orient, par Saint Alexandre, Fondateur des Acœmetes, & fut embrassée dans plusieurs Monasteres d'Occident.

PSEAUTIER, s. m. Nom du voile dont les Religieuses se couvrent la tête & les épaules.

PSEUDAMANTES, s. f. gr. Nom des pierres factices ou fausses, qui ont l'apparence de pierres précieuses; telles que les Pierres du Temple, les *Stras*, &c. Avec du sable blanc & graveleux, on fait toutes sortes de fausses pierres, en y ajoutant des couleurs. Par exemple, un peu de vermillon, joint au verre en poudre, qu'on fait fondre, donne une belle Emeraude.

PSYCHAGOGIQUES, s. m. & adj. gr. Remedes puissans, qui *rappellent à la vie*, dans un état desespéré, ou lorsqu'on paroît mort; comme dans la lethargie, l'apoplexie, &c.

PTERYGION, s. m. gr., qui signifie *petite aîle*, & dont on a fait le nom des petites excrescences charnues, qui couvrent quelquefois diverses parties du corps, surtout les ongles des piés & des mains.

PTILOSE, s. f. gr., qui signifie *chûte des cils*. C'est une maladie du bord des Paupieres, accompagnée de callosité & de dureté.

PTYALAGOGUES, s. m. Mot grec composé, & terme de Médecine, qui signifie Remedes qui *excitent le Ptyalisme ou crachement*.

PTYAS, s. m. ou **PTYADE**, gr. Nom d'une sorte d'Aspic, qui jette son venin *en crachant*, & sans morsure. Quelques Anciens ont cru que c'étoit d'un *Ptyas* que *Cleopatre* s'étoit servie pour s'empoisonner.

PUBLICATION. PUBLICITÉ, sl. ff. de *Publier*. Le premier signifie l'action de *publier* quelque chose; & le second, l'état d'une chose qui a été *publiée*, ou qui est *publique*.

PUCERON, s. m. Insecte qui nâge dans les eaux & qui multiplie beaucoup. Il est rougeâtre & sautille dans l'eau comme les Puces, dont son nom est un diminutif.

PUCHAMIAS, s. m. Nom d'un Arbre de la Virginie, qui porte un fruit délicieux dans sa parfaite maturité, & fort semblable à la Nefle.

PUGILAT, s. m. lat. Nom d'un combat des anciens Athletes. C'étoit celui dans lequel deux Athletes se battoient *à coups de poings*, les bras armés de *cestes*, c'est-à-dire, de brassarts de cuir. Le *Pugilat* est encore en usage parmi les Persans.

PUI, s. m. Nom d'une Fête Poétique, qui se célebre dans quelques Villes de France, telles que Rouen, Caen, &c., à l'honneur de l'Immaculée Conception de la Sainte Vierge. Elle consiste dans la distribution de quelques prix, qu'on donne à ceux qui ont fait les meilleures pieces de Vers sur ce sujet. On fait venir *Pui*, du *Podium* Romain, qui étoit un lieu élevé devant l'Orchestre du Théâtre, où se plaçoient les Consuls & les Empereurs; parceque les prix du *Pui* se distribuent sur un Théâtre. Voïez PALINOD, qui est un autre nom de la même Fête.

PUINÉ, s. m., qu'on croit composé de deux mots, *né*, & de *puis*. Il a la même signification que *cadet*, mais il est moins en usage.

PUITS, s. m. Nom d'une machine de Venise, en forme de Puits, qui sert à porter dedans, & sur un Brancard, le Doge autour de la Place de Saint Marc, le jour de son élection.

PULO, s. m. On prononce *Poulo*. Mot Indien, qui signifie *Isle*: desorte que tous les noms Géographiques auxquels il est joint sont des noms d'Isles de la Mer des Indes.

PULSATIF, adj. lat., qui se dit, en termes de Médecine, de tout ce qui cause une sensation de *battement*, comme il arrive dans certaines inflammations. Ces battemens répondent aux pulsations des arteres.

PULSILOGE ou **PULSIMÉTRE**, sf. mm. gr. & lat. Instrument qui sert à mesurer la vîtesse du pouls. On en attribue l'invention à *Sanctorius*; & *Floyer* en a fait un Traité.

PUMICIN, s. m. Nom qu'on donne à l'huile de Palme, telle qu'on l'apporte du Sénégal & d'autres lieux de l'Afrique. Quelques-uns la nomment *Huile du Sénégal*.

PUPUE, s. f. Nom vulgaire qu'on donne à la *Huppe*, parceque son chant en exprime le son. Aussi *Pupuler* se dit-il, pour exprimer la maniere de crier de cet oiseau.

PURETTE, s. f. Poudre magnetique qui se trouve près de Gènes, dans un lieu sec, nommé *Mortuo*. Elle est plus pesante que le sable, noire, brillante. Elle s'attache au fer aimanté; & proche d'une pierre d'Aimant, elle se remue comme de la limaille de fer. Les Génois ne s'en servent que pour sécher l'Ecriture, comme de poudre dorée ou de buis.

PURIM, PUR, ou PHUR, s. m. Mot hebreu, qui signifie *Lots* ou *Sorts*. C'est le nom d'une Fête célebre des Juifs, instituée en mémoire des sorts qui furent jettés par *Aman*, leur Ennemi à la Cour d'Assuerus, pour régler le mois auquel il vouloit que toute leur Nation fut détruite. Cette Fête dure deux jours, mais il n'y a que le premier qui soit solemnel. On y lit publiquement le Livre d'Esther. Les Juifs frappent des piés, avec un bruit effroïable, chaque fois que le nom d'*Aman* est répété. Leurs transports de joie vont si loin pendant ces deux jours, que les bonnes mœurs en sont quelquefois blessées.

PURISME, s. m. Mot formé de *pur*, pour signifier le caractere des Ecrivains, qui ne s'attachent qu'à la pureté du langage, & qui croient avoir atteint à la perfection du style lorsqu'il ne leur est point échappé de faute contre la langue. On a fait aussi *Puriste*, s. pour signifier ceux qui affectent cette grande exactitude.

PUSILLANIMITÉ, s. f. lat. *Foiblesse* ou bassesse d'*Ame*. C'est un vice opposé à la grandeur d'ame ou la magnanimité. *Pusillanime* est l'adjectif.

PUTREDINAIRES, s. m. lat. Nom qu'on donne aux Philosophes qui prétendent qu'un grand nombre d'animaux se forment de *pourriture* & de *corruption*; sentiment fort rare aujourd'hui.

PY. *Voïez* PI.

PYLAKENS, s. m. Nom d'un drap d'Angleterre, dont la Piece est de vingt-quatre à vingt-six aunes.

PYOSE, s. f. gr. Maladie de l'œil, qui consiste dans une espece de *suppuration* continuelle.

PYRAMIDALE, s. f. Nom d'une Plante qui s'éleve fort haut, & qui porte des fleurs bleues, depuis la base jusqu'à sa pointe.

PYRAMISTE, s. m. Espece de Papillon, que la vue du feu semble attirer, même en plein jour, & qui est fort sujet à se précipiter dans la flamme des chandelles.

PYRETOLOGIE, s. f. Mot grec composé, qui signifie, *discours* ou *Traité sur les fievres*.

PYROMETRE, s. m. gr. Instrument de Physique, de l'invention de *Mussembrock*, qui sert à *mesurer* les divers degrés du *feu*, & de ses effets. On appelle *Pyronomie* la science qui enseigne à *regler le feu*, dans les opérations de Chymie.

PYRRHONISME, s. m. Doctrine des Pirrhoniens. *Voïez* PIRRHONIENS.

Q.

Q, Dans les ordonnances de Médecine, signifie *quantité*. C'est le caractere de la monnoie fabriquée à Perpignan.

QUADRATURE, s. f. lat. Nom que les Horlogers donnent à la différente maniere de construction des Horloges, des Pendules, & des Montres.

QUADRIFOLIUM, s. m. lat. Plante qui a quelque ressemblance avec le Trefle, mais qui porte, sur une même queue, *quatre feuilles* d'un purpurin noirâtre. Ses fleurs sont blanches. On la cultive dans les Jardins, moins pour sa beauté que pour ses vertus, qui la rendent excellente en décoction pour les fievres malignes & pourpreuses.

QUADRIGE, s. f. lat. Char des Anciens, tiré par *quatre Chevaux, de front*. On a conservé ce nom pour la figure de ces Chars, qui se trouve sur quantité de Médailles.

QUADRILLE, s. m. Nom qu'on donnoit, dans les Tournois, aux divisions de quatre, dans le nombre des

des Chevaliers. C'est à-présent celui d'un Jeu de cartes entre quatre personnes, imité de l'Ombre, dont la plûpart des regles y sont observées.

QUADRIN, s. m. Petite monnoie de Rome, qui est proprement le denier Romain. Cinquante *quadrins* font le Jule.

QUAMOTCH, s. m. Plante d'Amérique, qui se cultive aujourd'hui en Europe. Elle monte & se soutient, comme le Liseron, autour des Perches & des Plantes voisines. Ses rameaux sont d'un rouge noirâtre ; ses feuilles oblongues, découpées, & disposées en aîle ; ses fleurs, d'un très beau rouge, en forme d'entonnoir ; & son fruit, qui est oblong, d'un goût tirant sur le Poivre.

QUANDROS, s. m. Nom d'une pierre de couleur blanche, qui se trouve dans la tête du Vautour, & qui est quelquefois fort belle. On lui attribue la vertu d'augmenter le lait des Femmes.

QUANQUAM. Mot purement latin, qui signifie *quoique*. On donne ce nom aux Harangues & autres discours latins de College, par la seule raison qu'ils commencent souvent par *Quanquam*.

QUARANTAIN, s. m. Drap de laine qui se fabrique dans nos Provinces méridionales, dont la chaîne est composée de quarante fois cent fils, c'est-à-dire quatre mille.

QUARANTE-HEURES. *Prieres de quarante-heures*. On donne ce nom à des Prieres extraordinaires, qui se font pour invoquer le Ciel dans des besoins pressans. On ne s'accorde pas sur la date de leur institution : mais, suivant leur premiere forme, qui est aujourd'hui fort changée, elles commençoient à quatre heures du matin, & continuoient, sans interruption, jusqu'au lendemain à huit heures du soir.

QUARENTIE, s. f. Cour de quarante Juges, qui porte ce nom, à Venise.

QUARRE. BÉQUARRE. Terme de Musique, qui signifie jouer ou chanter d'un demi-ton plus haut que le *Bémol*.

Supplém.

QUARRÉ. *Prose quarrée*. Nom qu'on donne au style des Inscriptions, qui, par sa noblesse & par l'arrangement de ses lignes, tient comme le milieu entre la Prose commune & les Vers. On a substitué ce nom à celui de *Style lapidaire*, parceque les Inscriptions & les Epitaphes se gravant aussi souvent aujourd'hui sur le cuivre que sur *la pierre*, il en falloit un qui convînt à toutes sortes de matieres.

QUART, s. m. Nom qu'on donne à des caisses de Sapin, plus longues que larges, dans lesquelles les raisins en grappes, qui se nomment *Raisins aux Jubis*, viennent de Provence.

QUARTE. Fievre *quarte*. Voïez FIEVRE.

QUARTERON, s. m. Nom que les Batteurs d'or donnent à un petit Livre de papier quarré, qui contient vingt-cinq feuilles d'or ou d'argent battu.

QUATERNITÉ, s. f. Terme dogmatique, qui se dit de *quatre* personnes, comme *Trinité* se dit de *trois*. Quelques Théologiens, & même le fameux PIERRE LOMBARD, ont été accusés d'avoir donné, par leurs explications, l'idée d'une *Quaternité* en Dieu.

QUATRE-QUINT, s. m. Terme de Coutume. Le *Quatre-quint* est une espece de légitime coutumiere des biens propres, dont il n'est pas permis, en Païs coutumier, de disposer au préjudice de ses Héritiers.

QUATRIEMEUR, s. m. Nom qu'on donne aux Commis des Aides, dans les Provinces où l'on paie au Roi le quatrieme du vin & des autres liqueurs : ce qui ne regarde guere que la Normandie, car on ne paie ailleurs que le huitieme.

QUENOUILLE. *Tombé en quenouille*. Expression figurée, pour dire d'une chose, qu'elle est devenue le partage des Femmes ; parceque la *quenouille* est un instrument propre à leur sexe.

QUERAÏBA, s. m. Arbre du Bresil, dont l'écorce, pilée & appliquée sur les plaies & les ulceres, passe pour un excellent vulneraire.

F f

QUERIMONIE, s. f. lat. Terme d'Officialité, qui se dit d'une plainte faite aux Juges d'Eglise, pour obtenir permission de publier des Monitoires.

QUEUE DE RAT, s. f. Nom qu'on donne à une espece de lime ronde, qui sert à arrondir les trous percés dans les métaux. On appelle *Cheval queue de rat*, celui qui a la queue dégarnie de poil. En termes de Mer, certaines manœuvres, dont le cordage est plus gros par le haut que par le bas, se nomment *queues de rat*, ou *à queue de rat*.

QUEUE DE SOURIS, s. f. Petite plante basse, astringente & dessicative, dont on prétend que les Grenouilles sont fort friandes. Ses feuilles sont étroites; & d'entr'elles il s'éleve de petites tiges, qui portent à leurs sommités de petites fleurs à cinq feuilles, de couleur herbeuse. Elle croît dans les Champs, les Prés & les Jardins.

QUIÉTISME, s. m. Doctrine qui a fait beaucoup de bruit à la fin du siécle précédent, & qui a été condamnée, en 687, par le Saint Siege. C'est ce qu'on nomme autrement le *Molinosisme*, parcequ'un Prêtre Espagnol, nommé *Molinos*, passe pour son premier Auteur. Elle regarde la vie spirituelle. Ses Sectateurs ont été nommés *Quiétistes*. *Quiétude*, s. f., qui signifie repos, ne se dit qu'en termes ascetiques, pour *tranquillité de l'Ame*.

QUILLAGE, s. m. *Droit de quillage*. C'est un droit que les Vaisseaux Marchands paient dans les Ports de France, la premiere fois qu'ils y entrent.

QUINCAJOU, s. m. Animal sauvage d'Amerique qui approche du Chat. Il a le poil rouge-brun, & la queue extrêmement longue. Il fait la guerre à d'autres animaux, surtout à l'Orignal, sur lequel il se jette de dessus les branches d'arbre. On prétend que l'Orignal va se jetter aussi-tôt dans l'eau, pour s'en défaire.

QUINETTE ou **QUIGNETTE**, s. f. Nom d'un Camelot, tout de laine, & quelquefois mêlé de poil de Chevre, qui se fabrique en Flandres, à Lille & aux environs.

QUINQUENOVE, s. m. Nom d'un Jeu, qui se joue à deux dés, formé de deux mots latins, qui signifient *cinq* & *neuf*.

QUINTAINE, s. f. Ancien Jeu d'exercice, qui consistoit à jetter, en courant, des dards contre une grosse piece de bois fichée en terre, à laquelle on attachoit un bouclier. A cet exercice ont succédé la *Course au Faquin* & les *Têtes*.

QUINTAL, *charger au quintal*. Terme de Marine, qui se dit, sur la Méditerranée, pour signifier ce qu'on entend sur l'Océan par *charger à cueillette*, c'est-à-dire, rassembler des Marchandises de différentes mains, pour faire tout d'un-coup la charge d'un Navire.

QUINTE. *Lingot d'or quinté*. C'est de l'or essaïé, pesé & marqué par les Essaïeurs & les Commis roïaux. *Quinter* l'or & l'argent, c'est le marquer, après l'avoir essaïé & pesé, & en avoir fait païer le droit de *quint* pour le Roi.

QUINTILLE, s. m. Nom d'une espece de Jeu d'Hombre à *cinq*, qui s'est joué de nos jours, en France; mais la mode en a passé plutôt que celle du *Quadrille*, qui est un jeu d'Hombre à *quatre*.

QUINTINISTES, s. m. Ridicules Hérétiques, qui tirerent leur nom d'un Tailleur d'habits, Picard, nommé *Quintin*, au commencement du seizieme siecle. Ils admettoient toutes sortes de Religions.

QUINZE, s. m. Nom d'un Jeu de hasard très ruineux, qui consiste à prendre successivement des cartes entre les Joueurs; & celui qui a, le premier, quinze par les points de ses cartes, ou qui en approche le plus, est le Vainqueur.

QUIOSSER, v. act. Terme de Tanneurs & de Megissiers, qui signifie frotter le cuir sur une sorte de pierre à aiguiser, qu'on nomme *Quiosse*. *Quiossage*, s. m., est l'action de faire passer les cuirs sous la *Quiosse*.

QUIRAPANGA, s. m. Nom d'un célèbre Oiseau de l'Amérique méridionale, petit & blanc, dont la voix ressemble au son d'une sonnette, & se fait entendre d'une demi-lieue.

QUITTE. Mot assez bisarre, qui vient sans doute du verbe *quitter*, mais qui prend des régimes sans nombre & des significations fort différentes. *Etre quitte*, c'est ne rien devoir. *Quitte à bon marché. Quitte, pour mourir. Quitte ou double. Quitte d'un engagement. Quitte avec une révérence*, &c.

QUI-VIVE, s. m. Terme de Guerre, dont on fait un seul mot. C'est le cri d'une Sentinelle, lorsqu'elle entend du bruit. D'où vient, dans le sens figuré, *Etre sur le qui-vive*, pour, être sans cesse en allarme, ou pour *être d'humeur délicate*, facile à s'offencer, ou pour, *être toujours prêt à répondre à faire face, à se mettre en mouvement*, &c.

QUOCOLOS, s. m. Vulgairement *Pierre à verre*. C'est le nom d'une Pierre qui ressemble au Marbre, mais un peu transparente, rendant du feu comme la pierre à fusil, d'un blanc verdâtre, avec des veines comme le talc de Venise. Elle perd sa transparence au feu; & s'il est bien fort, elle se convertit en verre. Le *Quocolos* est commun en Italie.

QUOTE, adj. lat. *Voïez* QUOTIENT. *Quote* n'a d'usage que dans cette expression. *Quote-part*, qui se dit de la part que chacun doit fournir ou recevoir dans la répartition d'une somme totale. *Ma quote-part monte à telle somme. Quotité*, substantif de *Quote*, signifie une portion d'un tout. Il ne se dit guere qu'en termes de Coutume & de Pratique.

R.

LA lettre R étoit autrefois le caractère de la Monnoie fabriquée à Villeneuve lez-Avignon. A present, c'est la marque de celle d'Orleans.

RABAT, s. m. Dans quelques Provinces, on donne le nom de *Rabats*, aux Lutins & aux Esprits; comme *vieille Rabache* est un nom injurieux qu'on y donne aux vieilles Femmes. De-là apparemment, *Rabacher*, pour, parler beaucoup, repeter souvent les mêmes choses; foible ordinaire des vieilles Femmes.

RABATTRE, v. n. En termes de Teinture, il se dit pour corriger une couleur trop vive, par une legere teinture qui se nomme *Rabat*.

RABES, s. f. ou RAVES. On appelle *Rabes de Morue*, les œufs de ce poisson, salés & mis en barique. Dans quelques endroits on dit *Raves de Morue*.

RABETE, s. f. Graine d'une espece de Choux, dont on fait une sorte d'huile.

RACINAGE, s. m. Terme de Teinture. C'est le nom qu'on donne à la décoction de la racine, de l'écorce & des feuilles du Noïer, & de la coque de Noix.

RACINE DE RHODE, vulgairement RHODIA. C'est la racine d'une Plante qui est une sorte d'Orpin. Son nom lui vient du mot grec qui signifie *Rose*, parcequ'elle a l'odeur & le goût de cette fleur. Cette Plante croît sur les Alpes, dans les lieux ombrageux. Elle pousse plusieurs tiges. Ses feuilles sont oblongues, pointues, & dentelées. Ses petites fleurs, qui croissent en bouquets, sont d'un jaune pâle, ou rougeâtre tirant sur le purpurin. La racine, qui est grosse, tubereuse & cassante, d'un brun foncé en dehors, & blanchâtre en dedans, s'applique en poudre sur les temples, pour la migraine & les autres maux de tête.

RACINE SAINT CHARLES, s. f. Racine de l'Amérique, fort vantée pour le scorbut, la vérole, & d'autres maladies. Elle se prend en poudre ou en décoction. Son écorce est un excellent sudorifique, qui a le goût amer, & l'odeur aromatique. Ses tiges & ses feuilles ressemblent à celles du Houblon, & s'attachent de même à ce qu'elles rencontrent.

RACINE VIERGE, s. f. Nom d'une racine purgative, qui évacue

surtout les humeurs grossieres, & bonne particulierement en décoction pour exciter les menstrues & les urines. Elle se trouve chez les Apotiquaires sous le nom de *Sceau de Notre-Dame.* Sa Plante croît dans les Bois. Ses feuilles ressemblent à celles du *Cyclamen*, mais sont deux ou trois fois plus grandes & plus pointues. Les fleurs sortent des aisselles des feuilles, sont disposées en grappes, chacune avec la forme d'un petit bassin, de couleur jaune & verdâtre, ou pâles.

RADIER, s. m. Terme d'art. C'est le nom d'une espece de grille, propre à porter les Planchers sur lesquels on commence, dans l'eau, les fondations des Ecluses, les Batardeaux, &c.

RADIALE, *Couronne radiale.* Nom qu'on donne à une Couronne à raïons, qui se trouve, dans les médailles, sur la tête des Princes qui ont été mis au rang des Dieux.

RAFFES, s. f. Rognures de peaux, de cuir, & d'autres choses de cette nature qui ont été travaillées & debitées.

RAISIN DE MER. Arbrisseau, de la hauteur d'un Homme, dont le tronc, qui est quelquefois gros comme le bras, jette plusieurs rameaux grêles & sans feuilles. Les fleurs sortent des nœuds, & sont disposées en petites grappes de couleur blanchâtre. Le fruit, qui ressemble aux Mûres de Renard, est aussi en grappes, comme le Raisin, & prend une couleur rouge, d'un goût acide, mais agréable. Cette Plante est commune dans nos Provinces méridionales. On appelle aussi *Raisin de mer*, un Insecte marin, qui est une espece de Limaçon, de figure oblongue, couvert de glandes rouges & bleues qu'on prendroit pour des Raisins. Il a deux cornes à la tête, comme le Limaçon. Les œufs de la *Seche*, agglutinés ensemble, ont la forme & la couleur d'une grappe de Raisin; cequi leur fait donner aussi le nom de *Raisin de mer*.

RAISIN DE RENARD, s. m. Plante des Bois épais, dont la Baie est fort estimée contre la peste & les autres maladies contagieuses. On applique sa feuille sur les Bubons pestilentiels. Elle croît de la hauteur d'un demi-pié, d'une seule tige. Ses feuilles sont larges, oblongues, un peu pointues, noirâtres, & croissent au nombre de quatre, en forme de croix. Sa sommité soutient une petite fleur herbeuse, de quatre feuilles vertes, rangées aussi en croix. La Baie ou le fruit est mou comme un Raisin, de la même grosseur, de couleur obscure, & d'une odeur peu agréable.

RAISIN D'OURS, s. m. Nom d'une Plante fort astringente, qui croît dans les parties chaudes de l'Europe. Elle tire son nom de la ressemblance de ses Baies avec les Raisins, & de cequ'on prétend que les Ours en sont fort friands. Ses fleurs, qui ont la forme de grelots, de couleur rouge, croissent en grappes. Ses feuilles approchent de celles du Bouis, & sont raïées des deux côtés.

RAISINS AUX JUBIS On donne ce nom, dans le Commerce, aux Raisins qui nous viennent, en caisse, de Provence & d'autres lieux; comme on appelle *Picardans* une plus petite espece, qui vient de Provence & de Languedoc en grappes.

RAISINS DE CALABRE. Espece de Raisins d'un très bon goût, quoiqu'un peu gras, qui nous viennent secs, par petits barils.

RAMALLER, v. act. Terme d'art. *Ramaller* une peau de Bouc, ou de Chevre, c'est lui donner la façon nécessaire, pour la passer en Chamois; cequi ne se fait qu'après l'avoir passée à l'huile.

RAMBERGE, s. f. Nom d'une sorte d'anciens Navires Anglois, dont on trouve la description dans les Mémoires de *du Bellai*, l. 10. En termes de Jardinage, *Rame* & *Ramberge* se dit des *Melons*, lorsqu'au lieu d'être vineux & sucrés, ils ont un goût desagréable qui leur vient du voisinage de la *Ramberge*, herbe puante, assez commune sur les couches & dans les vignobles, où elle est nuisible. Cette Plante se nomme aussi *Mercuriale*. Elle s'emploie pour les clysteres.

RAMBOUR, s. m. Nom d'une fort belle espece de Pommes, vertes d'un côté, & fouettées de rouge de l'autre, qui se mangent au mois d'Août & qui durent peu. On fait venir leur nom de *Rambures*, Village de Picardie, où l'on prétend qu'elles ont commencé à être connues.

RAMES, s. f. Nom que les Rubanniers donnent à des ficelles, qui traversent les lisserons, & dont le jeu est le principal artifice de tout le travail de la Rubannerie. On appelle *Coton de rames*, des cotons filés qui viennent du Levant, & qu'on emploie pour la trame des toiles cotonines, dont on fait les grandes & les petites voiles des Bâtimens de mer.

RAMISTE, adj. Epithete qu'on donne à l'*J* & l'*V* consonnes. Ce n'est qu'au milieu du seizieme siécle qu'on a commencé à distinguer les *J* & les *V* des *I* & *U* voïelles. *Pierre Ramus*, ou *la Ramée*, Philosophe célebre, fut l'inventeur de cette distinction; & c'est de lui que ces deux lettres ont pris le nom de consonnes *Ramistes*. Ensuite un Libraire, nommé *Gilles Beys*, emploïa, pour la premiere fois, cette méthode dans le Commentaire de *Mignault* sur les Epîtres d'*Horace*, publié, à Paris, en 1584.

RAMPE, s. f. En termes de Fortifications, la *rampe* est une pente douce, qui se fait le long du Talus d'un Rempart & qu'on place suivant l'occasion & le besoin.

RAMPIN, adj. Terme de Manége. On appelle *Cheval rampin*, celui qui marche seulement sur la pince des piés de derriere, & qui n'appuie point le talon à terre.

RANCIDITÉ, s. f. lat. Espece de corruption, que la chaleur, ou la vieillesse, fait contracter aux substances huileuses & aux graisses, & qui leur donne un goût desagréable. *Rance* est l'adjectif.

RANCIO, s. m. Mot emprunté de l'Espagnol, qui signifie *vieux*, & dont on a fait le nom d'un Vin & d'un Tabac d'Espagne fort vieux.

RANCOUR, s. m. Drogue qui sert aux Teinturiers.

RANDIA, s. m. Arbrisseau de l'Amérique, commun dans le Canton de Vera Cruz, dont la fleur n'est composée que d'une feuille. Elle fait place à un fruit ovale, qui n'a qu'une cellule, remplie de semences plates qui se mangent.

RANGUE, s. m. Terme de Mer, & commandement pour faire ranger les Matelots le long d'une manœuvre.

RAPHANISTRE, s. m. ou RAPISTRE BLANC. Nom d'une Plante, vulneraire, & qui excite les mois aux Femmes. Elle croît dans les Champs, de la hauteur d'un pié, rameuse dès sa racine, & garnie de petites épines. Ses feuilles sont larges & velues, ses fleurs, disposées en croix, blanches & raïées de bleu, soutenues d'un calice rougeâtre.

RAPONTIQUE. *Voyez* RHAPONTIQUE.

RAPPELLER, v. n. Terme militaire, qui signifie Battre le tambour d'une maniere particuliere, pour faire revenir les Soldats au Drapeau. Elle s'emploie aussi comme une marque d'honneur. A la Cour, on *bat aux Champs* pour le Roi; on ne fait que rappeller pour les Enfans de France. *Rappel* est le substantif.

RAPPORTÉES. *Pieces rapportées*. On appelle Ouvrages de Pieces rapportées, les Ouvrages de Marqueterie, & tout ce qui est composé de parties d'une matiere différente, que l'art ajuste ensemble pour le dessein qu'on se propose.

RAQUE, s. m. Mot corrompu d'*Attack*, & nom Indien de toutes sortes d'Eau-de-vies, ou de liqueurs fortes. On en fait de riz, & du suc distillé de différens arbres.

RAQUETTE, s. f. Plante d'Amérique, dont le fruit, qui est une espece de figue, rend l'urine rouge, quand on en a mangé. Le P. Labat y a découvert de petits animaux, qu'il nomme *cochenilles*.

RASE DE MAROC, s. f. Nom d'une petite Serge, partie de laines françoises & partie de laines communes d'Espagne, qui se fabrique en Champagne.

RASPHUYS, s. m. Maisons de force Hollandoises, où l'on renferme les Débauchés, & les gens sans aveu, pour les occuper à scier du bois de Bresil; comme on les occupe, au Château de Bissêtre, à battre du Ciment.

RASSADE, s. f. Nom qu'on donne à des espèces de petites Perles de verre, ou d'émail, dont on fait diverses sortes d'ornemens. La Compagnie des Indes en emploie beaucoup dans le Commerce avec les Indiens & les Negres, qui les prennent en échange pour des choses plus précieuses. C'est cequ'on nomme aussi de la Verroterie: & l'on en distingue différentes sortes.

RATAN ou ROTIN, s. m. Sorte de roseaux des Indes, dont les uns servent à faire des cannes à marcher, & d'autres se fendent par morceaux, pour faire des meubles de cannes.

RATÉE. *Canne ratée.* Nom qu'on donne aux Cannes à sucre, qui, aïant été entamées par les Rats, s'aigrissent, deviennent noirâtres, & ne peuvent plus servir qu'à faire de l'Eau-de-vie.

RAVALEMENT. *Clavessin à ravalement.* On donne ce nom à un Clavessin qui a plus de touches, que les Clavessins ordinaires.

RAVESTAN, s. m. Nom d'une sorte de grands Paniers, qui sont surtout en usage dans les Verreries, pour y conserver les pieces de verre jusqu'à cequ'on les empaille.

RAUQUE, adj. lat., qui se dit du son, surtout de celui de la voix, pour signifier qu'elle est altérée. Une *voix rauque*, c'est-à-dire dure, desagréable, comme celle d'une personne enrouée. *Raucité* est le substantif.

RÉ. Particule qui est souvent *réduplicative*, c'est-à-dire, qu'elle signifie le renouvellement de l'action.

RÉ. *Voïez* REU.

RÉBARBATIF, adj. Comme on disoit autrefois *Rébarbaratif*, il ne paroît pas douteux que ce mot ne soit formé de *Barbare*. Aussi signifie-t'il dur, *révoltant*. Un air, un ton, *rébarbatif.*

REBARDER, v. act. Terme de Jardinage. *Rebarder une planche*, c'est en tirer un peu de terre, pour retenir, dans le milieu, l'eau des arrosemens & de la pluie.

REBEC, s. m. Ancien instrument de Musique pastorale, qui n'avoit que trois cordes, & que les Espagnols nomment *Rabel*.

REBLE, s. f. Nom d'une Plante commune, qui est une espece de *Grateron*, ou le *Grateron* même.

REBOURS, s. m. Le contraire d'une chose. Son ordre, ou son sens, renversé. Avec *a* & *au*, il devient adverbe. *A rebours* signifie, dans le sens, ou l'ordre, opposé au vrai. *Au rebours* se dit simplement, pour, au contraire. *Rebours* est aussi adjectif, & signifie, dans ce sens, *Revêche*, difficile à persuader ou à gouverner.

REBUFE, s. f. Nom d'un instrument puéril, composé d'une petite branche de fer, pliée en deux, avec une languette d'acier, qui lui fait faire ressort. Il se tient entre les dents, & l'on fait remuer la languette, en y passant la main, avec une sorte de mesure. On le nomme aussi, *Guimbarde*, *Epinette*, *Trompe*, &c.

RECALCITRANT, adject. lat. Terme du langage familier, qui signifie proprement *regimbant*, mais qui se dit de l'humeur, pour *revêche*, *difficile*, *contrariant*.

RECENSEMENT, s. m. lat. Terme de Commerce & de Douanes, qui se dit pour *nouvel examen*, vérification de comptes, de poids, sur lesquels on craint de s'être trompé. En termes d'Officialité, *Recensement* signifie audition des Témoins qui viennent déposer en conséquence de la publication d'un Monitoire.

RECEPER. *Voïez* RESEPER.

RÉCHAUD, s. m. Terme de Teinture, qui se dit de chaque fois qu'on met une étoffe dans la teinture chaude. Ainsi, donner le premier, le second, *réchaud*, c'est mettre une première, une seconde fois, l'étoffe dans la chaudiere qui est sur le feu.

RECIF. Voiez RESSIF.

RECIPIENDAIRE, s. m. lat. Celui qui doit être reçu dans quelque Charge, ou dans quelque Société.

RECISION, s. f. lat. Terme de Palais. On nomme *Lettres de recision*, des Lettres obtenues du Prince, pour casser quelque Acte.

RÉCLINAISON, s. f. Terme de Gnomonique, pour exprimer la situation d'un Plan, qui s'incline & panche sur l'horison. On distingue la *déclinaison*, l'*inclinaison*, & la *Réclinaison* des Plans.

RECOCHER, v. act. Terme de Patisserie. *Recocher la pâte*, c'est la battre une seconde fois du plat de la main.

RÉCOLTER, v. act., formé de *Récolte*. Le grain *récolté*, c'est-à-dire, recueilli par la Moisson.

RECOUVÉ. *Toiles recouvées*, ou *crues recouvées*. Nom d'une sorte de toile, du nombre de celles qu'on nomme *Crès*, & qui s'emploie pour le Commerce des Antilles.

RECRÉANCE. *Lettres de Recréance*. Nom qu'on donne, en Hollande, aux Lettres que les Etats généraux donnent à un Ambassadeur étranger, lorsqu'il retourne à sa Cour.

RÉCREMENT, s. m. Nom qu'on donne aux humeurs qui se séparent de la masse du sang & qui y rentrent, ou qui sont retenues dans d'autres endroits pour quelque usage. C'est comme l'opposé d'*excrement*. *Recrementiel*, adj., se dit des humeurs qu'on nomme *Recremens*.

RECRUE, s. f. RECRUTER, v. act. & n. Termes militaires. *Recruter*, ou faire *Recrue*, c'est lever de nouveaux Soldats, pour completer les Compagnies & les Régimens.

RECTA, adv. Mot purement latin, qui suppose celui de *via*, pour signifier *directement*, par le *chemin droit*. Il n'est adopté que dans le style familier.

RECTO, s. m. Terme de Palais & de Librairie, emprunté du latin, & qui suppose *folio*, pour signifier la *page droite* d'un Livre ouvert. C'est l'opposé de *verso*, qui signifie le revers de cette page. Ces expressions viennent de ce qu'anciennement chaque feuillet n'aïant qu'un chiffre au premier côté de la page, il falloit un nom pour désigner le second côté.

RÉCUPERER, v. act. lat. Mot qui n'est gueres en usage que dans le style familier, où l'on dit, *se recuperer*, pour, se dédommager d'une perte. *Récuperation*, s. f., qui signifie *recouvrement*, se dit en termes d'Astronomie, pour ce recouvrement de lumiere que fait un Astre après avoir été éclipsé. Encore a-t-il fait place à celui d'*Emersion*, qui signifie la même chose.

REDACTION, s. f. lat. Assemblage, compilation, de plusieurs choses, morales ou physiques, dans un ordre qu'on leur donne entre elles. *Rédacteur*, s. m., qui signifie celui qui a rédigé quelque chose par écrit, ne se dit guere qu'en style de Littérature, de ceux qui nous ont laissé des compilations & des abregés d'Ouvrages d'autrui. Ces deux mots sont formés de *Rédiger*, verbe actif qui s'emploie dans le même sens. Les *Rédacteurs* des Canons. La *Rédaction* de la Coutume de Paris. *Rédiger* les Ordonnances de nos Rois.

REDRESSER LES TORTS. Terme de Chevalerie errante, qui signifie réparer les dommages & les injures, soulager l'innocence & la vertu opprimées. Il ne s'emploie plus que dans le langage badin. On appelle, à Paris, *Redresseurs*, les Filoux & tous ceux qui emploient leur industrie à tromper, pour vivre & faire figure aux dépens d'autrui.

RÉDUCTION, s. f. Nom qu'on donne, dans les Indes occidentales, à des Peuplades Indiennes gouvernées par les Jesuites. Telles sont les *Réductions* du Paraguai.

REDUIRE, v. act. Terme de Peinture, qui signifie copier un Sujet, en grand ou en petit. C'est la même chose que *graticuler*, verbe formé du mot Italien, qui signifie *gril*, parceque, pour réduire ou graticuler un dessein, on le divise en petits carreaux égaux, tracés avec un craion, sur un autre papier, & sous une échelle différente, mais dans une égale proportion.

RÉDUPLICATION, s. f., formé du verbe latin, qui signifie *redoubler*, comme redoublement l'est de ce verbe françois. Leur différence presqu'unique est que réduplication ne s'emploie guères que dans les Arts. C'est aussi le nom d'une figure de Rhétorique, qui consiste à répéter un mot dans le cours d'une phrase; comme celle, qu'on nomme *Répétition*, consiste à répéter un ou plusieurs mots, au commencement de la phrase. *Réduplicatif* est l'adjectif.

RÉÉDITION, s. f. Terme de Librairie, qui s'est mis en usage pour nouvelle Edition. *Rééditeur* se dit aussi de celui qui la donne.

RÉFACTION, s. f. Terme de Douanne & de Commerce, qui signifie la remise que les Commis des Bureaux d'entrée & de sortie doivent faire, aux Marchands, de l'excedent de poids que certaines marchandises doivent avoir, lorsqu'elles ont été mouillées, au-dessus de celui qu'elles auroient naturellement si elles étoient séches. Telles sont les laines, les cotons, les chanvres, les lins, &c.

RÉFÉRER, v. act. Terme de Palais. C'est faire le rapport d'une chose à quelqu'un, ou le rapport d'une chose à une autre. On réfère une affaire au Parlement. Tout doit être referé à la derniere fin.

REFIN, s. m. Terme de Manufacture & de Commerce, qui se dit d'une sorte de laine très fine; comme on appelle *Refleuret*, une seconde laine d'Espagne, qui est la meilleure après la prime.

RÉFLEXIBLE, adj., qui signifie cequi peut être réfléchi. *Réflexibilité*, s. f., est la qualité de cequi se réfléchit, ou la faculté de se réfléchir.

REFONTE, s. f. Nouvelle fonte des Monnoies; ou action de les refondre, pour en faire de nouvelles especes. Quelquefois sans faire de refonte, on les change par de nouvelles empreintes; cequi se nomme simplement *Réformation*.

RÉFRACTEUR, s. m. lat. Esprit réfracteur, se dit pour Rebelle à quelque vérité, à quelque raisonnement, à quelque offre, ou quelque loi.

REFRINGENT, adj. lat., qui se dit de cequi cause une *réfraction*. Une lentille, spheriquement convexe, ou concave, est refringente.

REFUGE. *Ordre du Refuge*. C'est un Ordre de Religieuses, établi pour la retraite des Femmes & des Filles débauchées. Il a pris son origine à Nanci, d'où il s'est répandu dans plusieurs Villes du Roïaume.

RÉGALADE. *Boire à la régalade*. Voïez PIVOTER.

REGENCE, s. f. Mot formé du latin, qui signifie gouvernement, & qui se dit, dans quelques Etats, du corps des Officiers ou Magistrats qui en ont l'administration. Les trois *Regences* de Barbarie sont Alger, Tunis & Tripoli.

RÉGIME, s. m. formé de *régir*, qui s'emploie, en termes de Gens d'affaires, pour Administration. *Régime* est aussi le nom qu'on donne aux grappes de certains fruits; tels que les Bananiers, les Plantains, les Cocos, &c.

REGLES, s. f., toujours pluriel, signifie les purgations naturelles des Femmes, qui se nomment aussi leurs *Mois* & leurs *Ordinaires*.

REGNE, s. m. En termes d'Histoire naturelle, & de Chymie, *Regne* se dit des différentes Classes dans lesquelles on range les mixtes. Les Plantes, les Gommes, les Sucs, les Fruits, &c., forment le *regne* végétal. Le *regne* animal comprend tous les Animaux. Le *regne* minéral s'étend sur les Métaux, les Marcassites, les Pyrites, &c.

REGONFLEMENT, s. m. Pression, contre Nature, d'un liquide, dont le cours est arrêté par quelque obstacle.

REGRADILLER, v. act. Terme de Perruquier & de Coeffeuse, qui signifie friser les cheveux avec un fer chaud.

RÉINSTALLER, v. act. Installer une

une seconde fois, rétablir quelqu'un, dans un emploi dont il a été dépossédé.

REINTÉ, adj. Terme de Chasse, qui se dit d'un Chien dont les reins sont élevés en arc, & larges; signe de force, qui le fait préférer à ceux qui ont les reins étroits.

REIS, s. m. Nom d'une Monnoie de Portugal, qui ne vaut gueres plus d'un denier de France, & qui ne laisse pas d'être Monnoie de compte. Une pistole d'Espagne vaut deux mille Reis.

REKIET, s. m. Terme de relation. C'est le nom de la fameuse salutation que les Turcs font en s'inclinant dans leurs Mosquées. Les deux premiers *Rekiets* sont pour l'honneur & la louange de Dieu; les deux suivans sont pour celui qui les fait; & le reste, pour ses Amis & ses Affaires.

RELATIONAIRE, s. m. Nom que les Auteurs des Journaux Littéraires ont introduit, pour signifier ceux qui composent ou qui publient des Relations de Voïages.

RELEGUÉ, s. m. On donne ce nom à la Pension qu'obtient un Gendarme de la Garde, ou un Chevauleger, lorsqu'il a servi un certain nombre d'années. Elle est ordinairement de cinq cens quarante livres. C'est cequ'on appelle *retraite* dans les Gardes-du-corps.

RELEVÉ, s. m. On appelle *relevé de compte*, l'extrait de tous les articles d'un compte, qui regardent le même objet. En termes de Philosophie, *relevé* est l'opposé d'*abbaissement*. Le clin d'œil renferme trois points successifs; l'acte de la volonté qui le commande, l'abbaissement de la paupiere & son *relevé*.

RELEVER, v. act. En termes de Marine, *relever la Galere*, se dit des Forçats, qui se soulevent & qui s'en rendent maîtres.

RELIEF, s. m., qui se dit d'un ordre, que l'Officier obtient du Ministre, pour se faire païer ses appointemens échus pendant son absence.

RELIEN, s. m. Nom que les Artificiers donnent à de la Poudre écra-

Supplém.

sée grossierement, sans être tamisée, dont l'action n'est pas aussi vive que celle de la Poudre grenée.

RELOCATION, s. f. lat. Nom qu'on donne à un Contrat, par lequel un Débiteur, qui a vendu à son Créancier un héritage, pour l'argent qu'il lui doit, avec faculté de rachat perpétuel, s'en rend le Fermier pour une somme à laquelle cequ'il doit peut monter.

RELOUAGE, s. m. On donne ce nom au tems où le Hareng fraie; cequi arrive vers la fin de Décembre.

RÉMÉMORATIF, adj., qui se dit de cequi sert à faire ressouvenir, à rappeller la mémoire. La plûpart des Fêtes Juives étoient *rémémoratives*.

REMISSIBLE, adj. lat., qui signifie cequi peut être *remis*, c'est-à-dire, pardonné; cequi est digne de grace, de *remission*.

REMISSION, s. f. lat. Terme de Médecine, pour signifier relâchement, modération, surtout dans les fiévres. La *Rémission* est différente de l'*Intermission*. Dans la premiere, la fiévre subsiste; dans celle-ci, elle cesse tout-à-fait, jusqu'à un nouveau paroxisme.

REMOTIS. A REMOTIS. Expression purement latine, adoptée dès le tems de *Rabelais*, pour signifier, dans l'éloignement, à l'écart.

REMOULIN, s. m. Nom qu'on donnoit autrefois à l'Etoile, ou marque blanche, qui se voit souvent au front du Cheval, & qu'on nomme aujourd'hui la Pelotte.

REMOUX. *Voïez* REMOLE.

REMPLIR, v. act. En termes d'Ouvrieres en points, c'est travailler à faire du fond. Entre les Velineuses, il y en a qui font de la trace, d'autres du fond, d'autres des dentelons & du reseau, d'autres de la broderie, qu'elles nomment *de la Brode*, &c. Celles qui travaillent en fond s'appellent *Remplisseuses*, parcequ'elles remplissent les feuilles & les fleurs qui ne sont que tracées.

REMUAGE. BILLET DE REMUAGE, s. m. A Paris, on donne

G g

ce nom à un Billet que les Marchands & les Bourgeois sont obligés d'aller prendre au Bureau des Aides, lorsqu'ils veulent transporter leur vin d'une cave à une autre.

REMUER, v. act. En termes de Teneurs de livres, c'est renvoïer un compte, d'une feuille à une autre.

RENAL, adj. formé de rein. On appelle Calcul *renal*, Pierre *renale*, le Calcul, ou la Pierre, qui se forme dans les reins.

RENCONTRÉE VALEUR DE MOI-MEME. Terme de Lettres de change, qui s'emploie dans celles qu'un Banquier, ou Négociant, tire de son Débiteur, afin qu'elles paroissent toujours être de ses propres deniers. C'est la troisieme espece de Lettres de change.

RENGORGEURS, s. m. Nom de deux muscles, qui servent à différens mouvemens de la tête, sur la premiere & la seconde vertebre du cou. Ils ont été découverts par un Chirurgien de Paris, nommé *du Pré*.

RENIÉ, adjectif passif, que l'usage fait prendre dans une signification active, pour certaines expressions, telles que Chrétien *renié*, Moine *renié*, &c. Il signifie, dans ces exemples, *qui a renié*, ou *renégat*.

RENTRANT, adject. Angle *rentrant*, par opposition à *saillant*. C'est un angle dont l'ouverture est en dehors & la pointe en dedans, au lieu que l'angle saillant presente sa pointe en dehors. On prétend trouver, dans les angles saillans & les angles rentrans qui sont sur les Côtes de France & d'Angleterre, le long du Canal qui les sepere, une preuve qu'elles étoient anciennement jointes, & qu'elles ont été séparées par la violence des flots. Les Ouvrages de Fortification, tracés en Etoile, sont tous composés d'angles saillans & rentrans.

RÉORDINATION, s. f. Terme ecclésiastique, qui signifie l'action de conférer une seconde fois les Ordres sacrés, à celui dont la premiere ordination est jugée nulle, pour quelque défaut essentiel.

RÉPARATION CIVILE, s. f. Somme qu'un Criminel est condamné à païer à quelqu'un, pour le dédommager du tort qu'il lui a causé par son crime. Les réparations civiles emportent la contrainte par corps, & doivent être païées préférablement à l'amende adjugée au Roi sur les biens du même Coupable.

RÉPARITION, s. f. Terme d'Astronomie, qui se dit de la vue d'un Astre, lorsqu'il recommence à se montrer après une Eclipse. Ce mot est opposé à *Occultation*.

REPIC, s. m. Terme du Jeu de piquet. Lorsqu'on fait trente points en main, avant que l'Adversaire ait joué, on compte quatre-vingt-dix; ce qui entraine ordinairement le gain de la partie. C'est ce qui s'appelle *repic*; & de-là l'expression figurée, *faire quelqu'un repic*, pour, emporter sur lui quelque avantage considérable.

RÉPLÉTION, s. f. lat. Terme de Médecine, qui se dit d'un excès d'embonpoint. En termes de Bénéfices, on appelle *réplétion* l'état d'un Gradué qui est *rempli*, c'est-à-dire, qui obtient un Bénéfice de six cens livres en vertu de ses grades. Elle forme une exclusion plus grande que l'incompatibilité de deux Bénéfices. Mais les Bénéfices situés hors du Roïaume ne sont pas comptés pour la *réplétion*.

REPOLON, s. m. Terme de Manége, qui signifie une demi-volte, la croupe en-dedans, formée en cinq tems. Quelques-uns donnent le même nom au Galop, l'espace d'un demi-mille.

REPOUSSÉ, adj. Laines *repoussées*, ou *tappées*. On donne ce nom aux jeunes laines maigres & élancées, qui croissent avant que la vieille soit tondue.

REPRISE DE FIEF, s. f. Terme féodal, qui signifie l'action de relever un fief par la foi & hommage. Le Successeur d'un Vassal *reprend un fief*, lorsqu'il en reçoit la possession des mains du Seigneur, en lui faisant la foi & hommage, & lui païant ses droits.

RÉPULSION, s. f. lat. Terme de Physique, qui signifie l'action de repousser.

REQUERABLE, adj. lat. Terme de Coutume, qui signifie cequi doit être demandé. Le cens n'est point *requerable*, mais *portable* & *amendable* : c'est-à-dire, qu'un Tenancier est obligé de le porter à terme, sans se le faire demander ; faute dequoi il doit l'*amende*, de cinq sous parisis, qui est encourue par la seule expiration du jour auquel il devoit païer.

REQUÊTE, s. f. I. Acte par lequel on fait quelque demande. *Requête civile, Requête d'ampliation, Requête d'emploi, Requête d'intervention*, &c., sont differens termes de Palais, dont la signification est déterminée par l'objet & la forme de la *Requête*.

RESEDA, s. m. Plante qui croît dans les Champs, & dont on fait venir le nom, du verbe latin qui signifie appaiser, parcequ'elle appaise les douleurs. Elle pousse plusieurs tiges, d'un pié & demi de hauteur. Ses feuilles sont rangées alternativement, découpées, de couleur verte obscure, & d'un goût d'herbe potagere. Les fleurs naissent aux sommités des tiges & des rameaux, & leur couleur est jaune. On distingue un autre *reseda*, qui vient du Levant, & dont l'odeur est fort agréable.

RESERVES COUTUMIERES, s. f. On donne ce nom à toutes les parts & portions, que les Coutumes assignent aux *Héritiers ab intestat*, dans les propres ou les autres biens.

RESIDU, s. m. lat., qui signifie *reste*. Il n'est gueres en usage qu'en termes d'Art, & dans les Actes, surtout dans les Testamens.

RÉSILIER, v. act. lat. Terme de Contrat, qui signifie casser, annuller. On resille un Bail, un Contrat, c'est-à-dire, qu'on le rompt, qu'on s'en dégage. *Resiliation*, s. f., se dit dans le même sens.

RESINGLE, s. m. Nom d'un Outil d'Horlogerie, qui sert à redresser les Boëtes de montre bosselées.

RESNES. *Voïez* RÊNES.

RÉSOLUTION, s. f. lat. Dans le sens Physique, ce mot s'emploie diversement. Les Médecins le prennent pour un relâchement de nerfs & de muscles, qui répond à la Paralysie ; les Chymistes, pour la dissolution des mixtes & leur réduction en principes, cequi revient à l'Analyse, qui est totale ou partielle. Il signifie aussi, en Médecine, l'atténuation & la dissipation d'une humeur, qui disparoît & se trouve guérie, quand sa cause s'est fondue, ou qu'elle s'est dissipée par la transpiration, ou qu'elle est rentrée dans les veines.

RESPECTIF, adj. lat. Terme de Philosophie, qui a la même signification que Relatif, & qui est passé dans l'usage commun. *Respectivement* se dit aussi pour Relativement.

RESPECTUEUX. *Silence respectueux*. Expression moderne, pour signifier la disposition de ceux qui croient qu'on n'est pas obligé de s'expliquer sur certaines Constitutions ecclésiastiques, & que, quelque Jugement qu'on en porte, il suffit de se taire, pour rendre cequi est dû à l'autorité d'où elles émanent. *Clément IX* a paru tolérer cette distinction. *Clément XI* l'a condamnée, par sa Bulle du 15 Juillet 1705.

RESSORT, s. m. En termes de Palais, *Ressort* se dit pour *étendue de Jurisdiction*. *Ressortir* à un Tribunal, c'est en dépendre pour tout cequi concerne son autorité. Les Pairies ressortissent ou sont ressortissantes à la Grand'Chambre du Parlement de Paris.

RESTAUPER, v. act. Terme des Païs-bas, qui signifie raccommoder à l'aiguille les trous d'une toile, par des entrelacemens de fil, qui imitent l'ouvrage des Tisserans sur le métier. Les jeunes Filles se font tant d'honneur de cet Art, qu'au linge neuf qu'elles portent, elles affectent quelquefois de couper une piece, pour faire voir leur adresse dans la perfection avec laquelle elles ont sû la raccommoder.

RESTORNER, v. act. Terme de Teneur de livres, qui se dit pour, contrepoſer un article mal porté, dans le grand Livre, au debet ou au crédit d'un compte. *Reſtorne*, ſ. f., ſe dit pour contrepoſition. On appelle auſſi *reſtorne*, une prime d'aſſurance, que celui qui s'eſt fait aſſurer ſe fait rendre par les Aſſureurs, lorſqu'il a fait aſſurer trop, ou lorſqu'il ne charge pas les marchandiſes pour le lieu auquel il les avoit deſtinées. *Reſtorner* ſe dit auſſi dans ce ſens, & ſignifie *reſtituer*.

RESTRINGENT, adj. lat., qui ſe dit de cequi a la vertu de reſtraindre ou de reſſerrer. *Reſtrainte*, un des ſubſtantifs de *reſtraindre*, eſt un terme de Chiromance. Il ſe dit de la ligne, qui ſe forme, en pliant un peu le poignet, à la jonction de la main avec le bras. Elle ſe nomme auſſi Raſette. On en tire des préſages pour la longueur de la vie.

RESUMPTE, ſ. f. lat. Terme de la Faculté de Théologie, & nom d'un Acte qui doit être ſoutenu par les nouveaux Docteurs, pour avoir part aux ſuffrages. On appelle, dans le même langage, Docteur *reſumpté*, un Docteur qui a fait ſa *reſumpte*.

RETENTION, ſ. f. lat. Action de retenir. On en a formé, en termes de Palais, *Retentionaire*, pour ſignifier celui qui retient entre les mains cequi appartient à d'autres.

RETENUE. *Brevet de retenue*, ſ. m. C'eſt un Brevet accordé, par la Cour, à un Officier qui poſſede une Charge, en vertu duquel ſes Héritiers ont droit de ſe la faire païer après ſa mort, par ſon Succeſſeur. Les Charges, ſur leſquelles ces Brevets ſont accordés, ne different des autres qu'en cequ'elles ſont à vie.

RÉTICENCE, ſ. f. lat. Figure de rhetorique, par laquelle on feint de ne pas vouloir dire une choſe, dont on ne laiſſe pas de parler en paſſant.

RETICULAIRE, adj. lat. *Corps réticulaire*. On donne ce nom à la premiere des deux membranes dont la peau humaine eſt compoſée, parcequ'elle eſt faite en forme de *ret*, qui laiſſe paſſer, au travers de ſes trous, les mammelons de celle qui eſt deſſous.

RETIPORE, ſ. f. Nom d'une Plante pierreuſe, dont les pores ſont en forme de ret, & lui donnent quelque reſſemblance avec les Roſeaux.

RET-MARIN, ſ. m. Nom qu'on donne à une matiere ſeche, aſſez ſemblable à du parchemin, formée ordinairement en bourſe, de la groſſeur d'une petite pomme, & percée comme un ret de pêche, de couleur cendrée, d'une odeur & d'un goût marin, qui ſe trouve ſur le rivage de la mer, & qui étant calcinée au feu eſt bonne pour les goitres & le ſcorbut.

RETRAIT DEMI-DENIER, ſ. m. Terme de Coutume. Cette eſpece de retrait a lieu lorſqu'un héritage aïant été acheté pendant la communauté d'un mariage, dont l'un des Conjoints eſt Parent lignager du Vendeur, il eſt partagé, après la diſſolution de la communauté par la mort, comme un acquet de la communauté qui étoit entre le Survivant & les Héritiers du Mort. En ce cas, la moitié de cet Héritage eſt ſujette au Retrait, contre le Survivant, qui n'eſt pas Parent lignager du Vendeur, ou contre les Héritiers du Mort, qui n'étoit pas Parent du Vendeur.

RÉTROCESSION, ſ. f. lat. Terme de Pratique, qui ſignifie l'action de céder, par un nouvel acte, quelque droit qu'on avoit acquis par tranſport, & qu'on rend à celui de qui on l'avoit reçu.

RETRUDER, v. act. lat. Terme de Palais, qui ſe dit pour *remettre* quelqu'un en Priſon. Il n'eſt en uſage qu'à l'égard des perſonnes empriſonnées pour dettes civiles.

REU ou RÉ, adj. Terme de diverſes Provinces, qui paroît venir du mot latin qui ſignifie *coupable*. En Normandie, on dit vulgairement, je ſuis *Reu*, pour, je ſuis ſans réponſe, je n'ai pas de replique. En Artois, on dit je ſuis *Ré*.

RÉVERBERE, ſ. m. Nom d'une machine, ordinairement de métal, qu'on ajoûte à une lampe, ou un flambeau, pour en augmenter la lumiere.

REVERSAUX, f. m. Nom qu'on donne, en Allemagne, à certains decrets par lesquels on déclare que ce qui s'est fait, dans un cas particulier, ne pourra nuire au Privilege d'un lieu. Les Empereurs, qui se font sacrer hors d'Aix-la-Chapelle, donnent des *reversaux* à cette Ville.

RÉVOLUTION, f. f. lat. Changement extraordinaire, bouleversement qui change entièrement l'état d'une chose. Il y a des révolutions physiques & des révolutions morales.

REVULSIF, adj. formé du latin, qui signifie, en termes de Médecine, cequi détourne les humeurs vers les parties opposées. La saignée du pié est révulsive à l'égard de la tête.

RHACHITIS, f. f. gr. Maladie, qui consiste dans des obstructions, ou des nœuds, qui, arrêtant le cours des liquides dans le corps humain, y causent deux grands maux, la douleur & la difformité. On appelle Rhachitique, une personne nouée & contrefaite.

RHACOSE, f. f. gr. Relachement de la peau du scrotum, qui ne vient que de la foiblesse des petits vaisseaux.

RHAGADIOLE, f. m. Plante, dont le nom est formé apparemment de *Rhagades*, puisqu'on lui attribue la vertu de guérir cette maladie. Elle croît dans les lieux chauds, en plusieurs tiges rameuses & lanugineuses. Ses feuilles sont longues & velues. Sa fleur forme un bouquet, à-demi fleurons jaunes, soutenus d'un calice composé de quelques feuilles étroites & pliées en goutiere.

RHASUT, f. m. Espece d'Aristoloche étrangere, qui contient beaucoup d'huile & de sel, & qui, appliquée extérieurement, passe pour un bon vulnéraire. On l'apporte d'Alep.

RHETRA, f. f. gr. Nom que les Lacédémoniens donnoient aux Loix de Lycurgue, comme les Athéniens nommoient *Cyrbes* & *Axones* celles de Solon. La plûpart des Loix romaines étoient tirées de ces deux sources.

RHODIA. *Voïez* RACINE DE RHODE.

RHOGMÉE, f. f. gr. Fracture du crâne, qui consiste dans une *fente* droite, étroite & longue, par laquelle les os ne sont pas déplacés.

RHUS ou RHOE, f. m. Arbrisseau, dont le fruit s'emploïoit autrefois dans les cuisines, au lieu de sel. Ce fruit ressemble un peu à la Lentille. Il est d'un goût acide & astringent. Les feuilles sont oblongues, dentelées & rougeâtres; les fleurs, disposées en grappes, & de couleur blanche. Les Arabes ont nommé cet arbrisseau *Sumach*. *Voï*. ROURE.

RIBLETTE, f. f. Tranche de viande, qu'on fait rôtir sur le gril, & qu'on assaisonne de sel & de poivre. On donne aussi ce nom à une Omelette au lard.

RICH, f. m. Espece de Loup cervier, dont la fourrure est très fine. Il n'est pas rare en Suede & en Pologne. C'est apparemment par allusion aux vrais *richs*, qu'on a donné le nom de *riches* à une espece de Lapins, qui ont le poil tirant sur le bleu, & qu'on éleve en grand nombre, dans plusieurs endroits, pour le profit qu'on tire de leur peau.

RICIN, f. m. *Voïez* RICINUS.

RICINOÏDE, f. f. Espece de Noix des Barbades, auxquelles on a donné ce nom, parcequ'elles ont les mêmes vertus que le *ricin*. Il s'en trouve aussi dans d'autres endroits de l'Amérique.

RICOCHET, f. m. *Batterie à ricochet*. C'est un terme d'artillerie, comme charger *à ricochet*, tirer *à ricochet*, &c. Pour tirer *à ricochet*, on charge la piece à-demi: elle ne porte alors le boulet qu'à une certaine distance, où il tombe, saute, roule, & fait des *ricochets*, comme les pierres plates qu'on jette sur l'eau en l'effleurant. On tire *à ricochet* pour nettoïer un chemin couvert, un rempart, &c. C'est à M. *de Vauban* qu'on attribue l'invention de cette méthode.

RIDELLE, f. f. Morceau de bois,

rond & plané, qui regne sur le haut & tout le long du chariot & de la charette, au travers duquel passent les Epars & les Rollons.

RIGIDE, adj. lat., qui signifie proprement roide, mais qui ne s'emploie que dans le figuré, pour severe, exact, rigoureux. Une morale, une vertu, *rigide*. Un attachement *rigide* à la vertu.

RIGORISME, s. m., formé du mot latin, qui signifie *rigueur*. Il se dit de la vertu outrée, de la Morale trop severe, & de tout cequi paroît d'une sévérité excessive. Le *rigoriste* est celui qui porte la sévérité à l'excès. Dans les Païs-bas, on en a fait comme un nom de Secte, par opposition à ceux qu'on accuse de relâchement dans la Morale.

RINAIRE ou RHINAIRE, adject. gr. Nom que les Médecins donnent au ver qui s'engendre quelquefois dans la racine du *nez*.

RINGRAVE, s. f. Ancienne espece de culotte fort ample, à la ceinture de laquelle il y avoit des aiguilletes, & qui étoit ornée de rubans.

RISBERME, s. m. Terme de Fortification, qui signifie un composé de fascinage & de grillage, tel qu'on le fait quelquefois au pié du mur d'une Ville.

RISDALE. *Voïez* RICHEDALE.

RITOURNELLE, s. f. Terme de Musique, qui signifie une reprise de certains airs, que jouent les violons.

RIZE, s. m. Terme de compte, dans les Etats du Grand-Seigneur; comme le Leck dans l'Indoustan, la tonne d'or en Hollande, le million en France, &c. Le *Rize* est un sac de quinze mille ducats.

ROBBE D'UNE COQUILLE. C'est la couverture, ou la superficie, de la coquille, après qu'on en a levé l'épiderme. *Robbe*, en termes de Venerie, se dit de la couleur des Chiens. Une meute toute d'une robbe, c'està-dire, de la même couleur. On appelle *Garance robiée*, celle dont l'écorce n'a pas été levée.

ROBERTINE, s. f. & adj Nom qu'on donne, dans la Faculté de Théologie de Paris, à une These qu'il faut soutenir pour être de la Maison de Sorbonne. Ce nom lui vient de celui de *Robert Sorbon*, Instituteur de la Sorbonne.

ROBRE. *Voïez* ROUVRE.

ROCHE D'ÉMERAUDES, s. f. On donne ce nom à de petits amas d'Émeraudes unies par une petite pierre, où elles sont comme enchassées.

ROCHER ou MUREX. Nom d'un coquillage, dont les pointes & les tubercules servent à garantir son ouverture, de l'approche des Rochers. Le caractere générique des Murex, ou Rochers, est d'avoir la bouche oblongue, garnie de dents, & tout le corps couvert de pointes, ou de boutons, avec une tête élevée & une base allongée. Les Anciens se servoient du suc d'un coquillage de cette espece, pour teindre en pourpre. *Voïez* POURPRE.

ROHANDRIAN, s. m. Titre d'honneur des Grands de l'Isle de Madagascar.

ROLLES GASCONS, *Normands*, & *François*. On donne ce nom, en Angleterre, à des volumes d'anciennes Chartres, deposés à la Tour de Londres.

ROI DES ROMAINS, s. m. Titre qu'on donne, dans l'Empire d'Allemagne, à celui qui est designé par les Electeurs pour succéder à la Couronne impériale.

ROME. *Voïez* RUM.

ROMESTEC, s. m. Nom d'un jeu de cartes assez difficile, d'où est venu le Proverbe, *il entend le romestec*, pour dire de quelqu'un qu'il est habile & entendu.

ROMPT-PIERRE. *Voïez* SAXIFRAGE.

RONAS, s. m. Racine dont il se fait un grand commerce en Perse & aux Indes, où l'on s'en sert pour les couleurs rouges des toiles peintes.

RONDE. *Ecriture ronde*. Nom d'une des trois sortes d'Ecriture à la main. Les deux autres sont l'Italienne & la Batarde. On n'emploïoit autrefois que l'Ecriture ronde dans les Finances; mais elle y a fait place à la Bâtarde. *Ronde*, s. f., se dit de la visite des Postes, qui se fait régulierement toutes les nuits dans les Villes de guerre.

RONDON, s. m. Terme de Fauconnerie. *Fondre en rondon* se dit de l'Oiseau qui tombe avec impétuosité sur sa proie.

ROND-POINT, s. m. Partie d'une Eglise, qui fait l'extrêmité opposée au grand Portail. On lui donne ce nom, parcequ'elle est ordinairement terminée en demi-cercle.

RONVILLE, s. f. Nom d'une Poire fort tardive, qui s'appelle autrement *Martin-sire*, & *Hocrenaille*. Elle n'est bonne qu'aux mois de Janvier & de Fevrier.

ROQUELAURE, s. f. Sorte de Manteau qui se boutonne par-devant, & qui tiroit ce nom de M. *le Duc de Roquelaure* son inventeur. Elle a fait place aux Redingotes.

ROQUETTE, s. f. Au Levant, *faire la roquette*, c'est jetter des fusées pendant la nuit, pour donner quelque signal.

ROQUILLE, s. f. Mesure des choses liquides, qui contient la moitié du demi-septier, c'est-à-dire, la huitieme partie d'une Pinte.

ROSAT, adj. Mot formé de *rose*, usité seulement au masculin, pour signifier cequi a l'odeur de rose, ou cequi est en partie composé de rose.

ROSE-D'OR, s. f. Figure d'une rose en or, que le Pape benit à la Messe du quatrieme Dimanche de Carême, qu'il porte à la procession, & qu'il envoie souvent à quelque Souverain.

ROSEREAUX, s. m. Peaux communes, qui viennent de Moscovie, & qui servent à fourrer des Bonnets.

ROSETTE, s. f. Nom qu'on donne à diverses figures, tournées en forme de petite Rose épanouie. Un diamant à *rosette* est un diamant taillé en facettes par-dessus, & plat par dessous. La toile, qui se nomme *rosette*, est un linge ouvré, qu'on fait en Flandre & en Basse-Normandie.

ROSIERE ou ROSSE. s. f. Petit poisson d'eau douce, dont la chair est bonne, quoiqu'un peu amere. Il est long d'un demi-pié, large, couvert d'écailles jaunes & bleues, & sa queue a la rougeur d'une Rose, d'où lui vient son nom.

ROSSANE, s. f. Nom d'une espece de Pêche, qui est une Pavie de couleur jaune.

ROSSICLER, s. m. Minéral noir, qu'on tire des mines du Chili & du Perou. Il est très riche, & l'argent qu'on en tire est très estimé. Son nom lui vient de cequ'étant mouillé, & frotté contre le fer, il rougit.

ROSSINANTE, s. m. Mauvais Cheval, Rosse; par allusion au Cheval de Dom *Quichotte*, qu'on represente maigre & efflanqué.

ROS-SOLIS, s. m. Plante, dont le nom latin signifie *rosée du Soleil*. On en compte deux especes, auxquelles on attribue des vertus contre la peste. Leurs feuilles sont épaisses, velues, & répandent quelques goutes d'une sorte de *rosée*, ou de liqueur.

ROTATEUR, s. m. On nomme *le Rotateur* un excellent morceau de Sculpture antique, déterré à Rome & porté à Florence, qui represente un Esclave, aiguisant un couteau. Les Médecins nomment *rotateurs*, deux muscles de l'œil, qu'on appelle autrement obliques.

ROTATION, s. f. lat. Terme d'Astronomie, qui signifie l'action de tourner, comme une roue. On appelle *mouvement de rotation*, celui des corps célestes qui tournent sur leur centre.

ROT-DE-BIF. Mot corrompu de l'Anglois, dont on a fait le nom de la partie de derriere de certains animaux, tels que le Mouton, l'Agneau, le Chevreuil, &c., qu'on sert rôtie. Le mot Anglois est *rosted-beef*, qui signifie *Bœuf rôti*.

ROTIN. *Voïez* RATAN.

ROUBLE, s. m. Belle monnoie d'argent, de Moscovie, dont la valeur est aujourd'hui d'environ sept livres de France. Le *rouble* est aussi une monnoie de compte, pour les évaluations des paiemens du commerce; & dans ce sens, il est équivalent à deux Richedales.

ROUCK, s. m. Oiseau d'une force & d'une grandeur prodigieuses, qui se trouve, dit-on, dans l'Arabie, & qui est apparemment le même que celui qu'on nomme *Condur* ou *Contur* au Pérou.

ROUHAN. *Voïez* ROUAN.

ROULEAU, s. m. ou CYLINDRE. Coquillage, dont le caractere générique est d'avoir les deux extrêmités à peu près de la même largeur, & celle d'enbas toujours un peu moindre.

ROULETTE. *Jeu de la roulette.* Ce Jeu, qui a causé bien des maux en France, se joue sur une table de forme bisarre, avec une petite boule, poussée par une rigole; d'où sortant, entre diverses petites buttes, contre lesquelles son mouvement la fait heurter, elle va se rendre dans un des portiques noirs ou blancs, qui font gagner s'ils sont de la couleur de la boule, & perdre s'ils n'en sont pas.

ROUPIE, s. f. Nom d'une monnoie de Perse, d'argent, qui pese deux cens dix huit de nos grains. Elle est au titre d'onze deniers quinze grains & demi. Elle vaut par conséquent cinquante & un de nos sous.

ROURE, s. f. ou ROUX. Drogue qui sert à teindre en verd, & qui s'emploie aussi dans la préparation de certaines peaux, particuliérement du Maroquin noir. Elle se nomme aussi *Sumach*, qui paroît son nom d'origine.

ROUSSELINE, s. f. Nom d'une Poire qui se nomme autrement *Muscat fleuri*.

ROUVEZEAU, s. m. Nom d'une espece de Pomme, qui est blanchâtre & colorée, mais de bonté médiocre.

ROUVIEUX, adj. Terme de Cavalerie. Un Cheval *rouvieux* est un Cheval malade d'une espece de gale, qui lui vient à la criniere, d'où il sort des eaux rousses, puantes & corrosives, qui font tomber le poil.

ROUVRE ou ROBRE, s. m. Nom d'une espece de Chêne, qui croît dans les lieux montagneux, & dont le bois est plus dur, que celui des autres especes. Il est aussi plus bas, mais fort gros & souvent tortu. Ses glands sont plus petits que ceux des Chênes ordinaires.

RU, s. m. Vieux mot, qui a signifié canal d'un petit ruisseau, & qui se dit encore dans cette expression; *il n'y a que le ru entre ces deux Maisons.*

RUBANNERIE, s. f. Nom de la Profession & de la Marchandise des Rubaniers, c'est-à-dire, de ceux qui font & vendent du ruban.

RUBARBE. *Voïez* RHEUBARBE.

RUBASSE, s. f. Nom d'une espece de crystal, artificiellement coloré.

RUBEOLE, s. f. Plante, dont on vante la vertu pour l'Esquinancie. Elle croît aux lieux montagneux, & ressemble beaucoup à la Garance. Ses feuilles sont étroites & luisantes, & ses fleurs ordinairement rouges, mais quelquefois blanches. Leur odeur approche de celle du Jasmin.

RUBETE, s. f. Nom d'une Grenouille venimeuse, dont on tire un suc qui passe pour un poison fort subtil.

RUBLE. *Voïez* ROUBLE.

RUCHE, s. f. Dans les Salines de Normandie, la *ruche* est une mesure, qui contient le poids d'environ cinquante livres de Sel.

RUCK. *Voïez* ROUCK.

RUE DE CHEVRE ou GALEGUE, s. f. Plante cordiale & sudorifique, dont les Italiens se servent utilement dans toutes sortes de fievres, dans la petite verole, la rougeole, & contre le poison & les vers. Elle croît sans culture en Italie. On ne la connoît, en France, que dans les Jardins. Ses feuilles viennent par paires; & ses fleurs, qui ressemblent à celles des Pois, sont d'une couleur pâle, blanchâtre, ou bleue.

RUFFIEN, s. m. Vieux mot, qui ne s'emploie plus qu'en badinant tant, pour signifier, livré à la débauche des Femmes. On le fait venir du mot Allemand *Ruef*, qui signifie *voute*, comme *Fornication* vient du mot latin, qui signifie la même chose; parcequ'anciennement les Femmes débauchées avoient des logemens particuliers qui étoient *voutés*.

RUGISSEMENT, s. m. lat. Mot qui exprime le cri naturel du Lion, & qui s'emploie, dans le figuré, pour toutes sortes de cris, ou de bruits, capables de causer de l'épouvante. *Rugir* est le verbe. On dit fort bien, que les flots, que les vents, rugissent.

RUINES. PIERRE DE RUINES, s. f. On donne ce nom à certaines pierres figurées, sur lesquelles on voit des représentations de vieilles ruines, aussi naturelles que si elles étoient l'ouvrage du Pinceau.

RUMINER, v. act. Action propre à certains Animaux, qui signifie, remâcher à vuide. La Loi de Moïse défendoit de manger des Animaux quadrupedes, à l'exception de ceux qui étoient *rumineurs*. *Ruminer* se dit, dans le figuré, pour méditer, rouler quelque chose dans son esprit.

RUMPHAL, s. m. Plante des Indes, qui est une espece d'*Arum*, dont la racine est un spécifique contre la morsure des Serpens, & pour les maladies vénériennes, quoique le suc des tiges & des feuilles soit un poison.

RUSME, s. m. Minéral qui ressemble en figure & en couleur à du Machefer, & qui se trouve dans plusieurs Païs du Levant. Les Turcs s'en servent pour dépilatoire.

RUSTIQUE. *Voïez* RURAL. On donnoit autrefois le nom de *Langue romaine rustique* à la langue latine, telle qu'on la parloit après l'invasion des Barbares. C'étoit un composé du Latin & du Tudesque ou Celtique, qu'on nommoit aussi *Roman*, & d'où s'est formée la langue françoise.

RUYSCHIANE, s. f. Plante, dont la feuille ressemble à celle du Romarin, avec moins d'épaisseur.

Supplém.

Ses fleurs, qui sont d'abord disposées de six en six, se rassemblent ensuite en forme d'épi.

RYTHME, s. m. gr. Mesure des vers; ou nombre, cadence, proportion, que les parties d'un mouvement ont les unes avec les autres. On a donné le nom de *Rythmique* à l'ancienne danse des Grecs.

S

S est le caractere de la monnoie fabriquée à Reims. Doublée, dans cette forme *ss*, elle signifie, dans les ordonnances des Médecins, moitié ou *semis*.

SAAMOUNA, s. m. Arbre des Indes, d'une figure extraordinaire. Le haut & le bas de son tronc sont de la même grosseur; mais dans son milieu, il est relevé de plus du double. Son bois est épineux, moelleux, & poreux comme le Liege. De ses épines, coupées lorsqu'elles sont vertes, on tire un suc excellent pour les inflammations des yeux & pour fortifier la vue.

SABLE, s. m. lat. Espece de terre, dont on distingue différentes sortes. Il y a du sable blanc, du jaune, du rouge & du noir. On appelle *sablon*, un sable fort délié. Le *Sablon d'Etampes* est renommé pour écurer la vaisselle. En termes de Chymie, *Fin de sable*, ou *Bain de sable*, se dit d'une maniere d'échauffer, qui se fait en mettant du sable entre le feu & le vaisseau. *Sabler* un verre de vin, c'est l'avaller tout-d'un-coup, le jetter dans le gosier, comme la matiere fondue se jette dans le moule de sable.

SABOT, s. m. Nom d'une sorte de *Toupie* sans fer, que les Enfans font tourner avec un fouet de cuir. Ce jeu étoit en usage dans l'ancienne Rome. *Sabot* est aussi le nom d'un coquillage univalve d'eau douce, qui excite, dit-on, l'appétit; & celui d'une Plante, qui se nomme aussi *Soulier de Notre-Dame*, parceque les deux feuilles intérieures de sa fleur, qui est unique & d'un pur-

H h

purin noir, forment une forte de *fabot* ou de foulier. Ses feuilles font larges & reffemblent à celles du Plantain, dont elles ont les vertus. Elle croît fur les Montagnes & dans les Bois.

SAC, f. m. Mot qui eft de toutes les langues, fans en excepter l'hebreu & le grec. Les Dames Angloifes en ont fait un ufage fort galant, en donnant particulierement ce nom à ceque les nôtres nomment aujourd'hui Robbe.

SACHET D'ARNOULT. Remede contre l'apoplexie, fameux par une infinité d'heureufes expériences. Il fe porte au cou, comme une efpece de Periapte; & l'ufage en eft aujourd'hui fort commun parmi ceux qui aiment la vie.

SACRAMARON, f. m. Herbe potagere de l'Amerique, dont les fleurs font agréablement mêlées de verd, de rouge, de violet & de pourpre. Ses feuilles font faines & nourriffantes.

SAGAMITÉ, f. f. Nourriture ordinaire des Peuples du Canada, compofée de blé d'Inde, de graiffe d'Animaux, de Poiffon & d'autres ingrédiens.

SALAMALEC, f. m. Salut à la Turque. Ce mot, qui fignifie, Dieu vous garde, eft en ufage chez la plûpart des Peuples Mahométans.

SALAMANDRE, f. f. Nom d'une forte d'herbe de Tartarie, qu'on prétend incombuftible. Elle eft femblable à de la laine. Elle croît fur le métal. On l'arrache, pour la faire fécher au Soleil; on la file, & l'on en fait du drap & du linge, qui n'a befoin, comme la toile d'afbefte, que d'être jetté au feu pour être netoïé.

SALAMPOURIS, f. m. Fameufes toiles de coton, qui nous viennent de plufieurs endroits de la Côte de Coromandel.

SALICAIRE, f. f. lat. Plante, ainfi nommée de cequ'elle croît dans les fauffaies, parmi les *faules*. Ses tiges font roides, rameufes & rougeâtres; fes feuilles, oblongues & pointues; & fes fleurs, qui repréfentent des épis, de couleur purpurine.

SALICOT, f. m. Plante, ou petit arbriffeau, dont le nom eft formé de *fel*, parcequ'elle eft remplie d'un fuc falé & mordant. Sa cendre fert à faire du verre, du favon, & des pierres à cautere. Elle eft bonne auffi pour les démangeaifons & les autres maladies de la peau. Le *falicot* croît fans culture, au bord de la Méditerranée. Il ne faut pas le confondre avec le *faligot*, qui eft une Plante aquatique, dont la racine fert de pain aux Pauvres, dans les tems de cherté. L'herbe, cuite dans du vin miellé, eft excellente pour les ulceres.

SALMERO, f. m. Excellent poiffon d'eau douce, qui tient un peu de la Truite, & qui eft commun dans quelques endroits d'Italie, furtout près de la ville de Trente. C'eft une efpece de petit Saumon de riviere, ou de lac.

SALPA, f. f. Nom d'un poiffon de mer, qui reffemble à la Merluche, & qu'on appelle vulgairement *Stokefiche*, du nom que lui donnent les Anglois & les Hollandois. Sa chair étant fort dure, on le fait fécher, pour l'attendrir alors à force de le battre. Le mot de *Stoke-fifh* fignifie poiffon de provifion.

SALSUGINEUX, adj. l., qui fignifie cequi a rapport au *fel*. Les Chymiftes divifent le fel, en volatil & en fixe. Le volatil eft la partie *falfugineufe* des corps mixtes, qui s'évapore; & le fixe eft celui, qui réfiftant au feu & à la diftillation, demeure dans la partie terreftre.

SALTIMBANQUE, f. m. ital. Danfeur de corde, Bouffon, Charlatan, qui amufe le Peuple par des fauts & des tours publics.

SALUBRE, adj. lat. Terme de Médecine, qui fe dit de cequi contribue à la fanté, & qui revient à *falutaire*. Salubrité, f. f., fignifie qualité d'une chofe qui la rend favorable à la fanté.

SAMARE, f. f. Efpece de Scapulaire, ou de Dalmatique, que l'Inquifition fait porter à ceux qu'elle condamne à mort. Le fond de la *famare* eft gris; & le portrait du Criminel y est representé au naturel, devant & derriere, posé sur des tisons allumés, avec des flammes qui s'élevent & des Démons à l'entour.

SAMBOUC, s. m. Bois odoriferant, que les Marchands Européens portent sur les Côtes de Guinée, pour faciliter leur commerce, par les presens qu'ils en font aux Rois du Païs, qui font grand cas de tout ce qui jette une odeur agréable. On y joint de l'Iris de Florence, & d'autres parfums.

SAMESTRE, s. m. Nom d'une sorte de corail qu'on envoie d'Europe à Smyrne, & qui fait un bon commerce, soit qu'elle soit brute ou travaillée.

SAMOLE, s. f. Plante qui ressemble à la Véronique, avec cette différence que sa fleur est composée de cinq petales, & celle de la Véronique de quatre. On lui attribue une qualité nitreuse & antiscorbutique. Elle croît dans les lieux humides. Les anciens Gaulois la croïoient toute puissante contre les maladies des Bestiaux, mais avec des précautions superstitieuses, qui consistoient à la cueillir sans la regarder, à jeun, & de la main gauche, à ne la pas déposer dans un autre lieu que celui où ces Animaux alloient boire, & à la broïer en l'y mettant.

SAMOLOÏDE, s. f. Autre Plante, qui servoit autrefois de Thé aux Anglois de la Jamaïque, où elle est fort commune. C'est aussi une espece de Véronique.

SAMORIN. *Voïez* ZAMORIN.

SAMOUL-BACHA, s. m. Nom qu'on donne, dans les Echelles du Levant, au cou de la Martre zibeline, qui est l'endroit de cette fourrure le moins estimé. *Samour* est le nom qu'on y donne à l'Animal même, que nous nommons *Martre zibeline*.

SANCTIFICATEUR, s. m. & adj. lat., qui signifie, capable de sanctifier, de rendre les Hommes saints. Ce mot n'est françois qu'en langage de Religion.

SANDASTRE, s. m. Pierre précieuse, tachetée de jaune, que sa vertu alkaline & absorbante rend un excellent contre-poison. On la prend en poudre, jusqu'à la dose d'un scrupule. Elle est connue aussi sous le nom de *Garamatites*.

SANG. *Pureté de sang.* En Espagne, on fait preuve de pureté de sang, comme on fait preuve de Noblesse pour l'Ordre de Malte. Tous les Officiers de l'Inquisition, & les Chanoines de plusieurs Chapitres, sont obligés de faire preuve. Les Chevaliers des Ordres militaires doivent la joindre aux autres. Elle consiste à faire voir qu'ils n'ont jamais eu, dans leur Famille, ni Juifs, ni Mores, ni Hérétiques, ni personne qui ait été condamné par le Tribunal de l'Inquisition.

SANG-GRIS, s. m. Liqueur très forte, & très agréable, dont on fait un grand usage, en Amérique, dans les Isles françoises & Angloises. C'est une sorte de *Pounch*, qui se fait avec du vin de Madere, du sucre, du jus de Citron, de la Canelle, du Girofle & de la muscade, & une croute de pain rôtie.

SANGLE-BLANC, s. m. Nom d'une sorte de fil, qui vient de Hollande.

SANGUINOLENT, adj. latin, dont les Médecins se servent pour signifier ce qui est mêlé de sang.

SANSONNET, s. m. Nom d'un Poisson de mer, qui est une espece de petit Maquereau.

SANTOLINE. *Voïez* XANTOLINE.

SAPAN, s. m. Nom d'un bois de teinture, semblable au bois de Bresil, que les Hollandois apportent du Japon. On distingue le gros & le petit *sapan*.

SAPHIQUE, adj. Terme de Poésie, qui se dit d'une espece de Vers grecs, inventée par la fameuse *Sapho*, & imitée par les Latins.

SAPIN, s. m. Arbre montagneux, fort droit & fort haut, dont le bois est leger, & qui jette une excellente résine. Son fruit est une sorte de pomme, qui n'est d'aucun usage. La Nouvelle France a des *sapins* de trois especes, dont celui qui se nomme *Prusse* est le plus estimé pour la mâture.

SAPONAIRE, s. f. Plante, dont le nom vient du mot latin qui signifie *savon*, parcequ'elle nettoie la peau, & qu'elle en emporte même les taches. Elle croît dans les lieux sablonneux, proche des rivieres & des étangs. Ses tiges sont d'environ deux piés, grêles, foibles & rougeâtres. Ses feuilles sont larges, assez semblables à celles du Plantain ; & ses fleurs, qui sont disposées en œillet, sont ordinairement d'un beau pourpré, quelquefois rosées, quelquefois blanches, & d'une odeur assez agréable. Le goût de la plante est nitreux.

SAQUETTER, v. act. ital. Supplice Vénitien, qui consiste à battre un Criminel à coups de sachets pleins de sable. *Saquetter* se dit aussi d'une maniere d'assassiner, connue dans la même ville, en donnant quelques coups sur le visage, avec de petits sacs remplis d'une poudre empoisonnée qui cause la mort.

SAR, s. m. Nom qu'on donne, sur les Côtes du Païs d'Aunis, à l'espece d'herbe marine, qui se nomme ailleurs *Varec*, ou *Gouesmon*. *Voïez* GOÉMON, & SARGASSE.

SARANCOLIN. *Voïez* SERANCOLIN.

SARBACANE, s. f. ital. Nom d'un long tuïau creux, dont on se sert ordinairement pour jetter des pois, ou de petites boules de terre, en les poussant fortement avec l'haleine. On s'en sert aussi comme de porte-voix, pour se faire entendre de loin.

SARCELLE, s. f. Oiseau de riviere, semblable au Canard, mais beaucoup plus petit. La différence du mâle & de la femelle consiste en ce que le mâle a la tête rouge & verte, & de petites marques noires sous l'estomac & sous le ventre, au lieu que la femelle a ces parties de couleur grise.

SARCITE, s. f. gr. Nom d'une pierre figurée, qui imite la *chair* du Bœuf, & dont la couleur tire sur le noir.

SARCO-EPIPLOCELE, SARCO-EPIPLOMPHALE, SARCO-HY-DROCELE, ss. mm. gr. Le premier signifie une hernie complete, causée par la chûte de l'Epiploon dans le scrotum. Le second, une hernie semblable, au nombril ; & le troisieme, un Sarcocele accompagné de l'Hydrocele.

SARCOPHAGE, s. m. & adj. gr. qui signifie cequi *mange*, cequi consume, *les chairs*. On donnoit anciennement ce nom aux Tombeaux, où l'on mettoit les Morts qu'on ne vouloit pas brûler. On prétend qu'ils étoient faits d'une pierre caustique, qui produisoit le même effet que la chaux vive, & que c'étoit celle qu'on nomme aujourd'hui Pierre d'*Asso*. Quelques-uns font venir *Cercueil* de *sarcophage*. Il est certain qu'on disoit autrefois *Sarcueil*.

SARGUE, s. m. Gros poisson de la mer d'Egypte, dont le corps est couvert d'écailles minces, tirant sur le violet, & souvent orné de lignes dorées & argentées, qui s'effacent lorsqu'il meurt. Sa chair est dure, mais de bon goût. On prétend qu'il aime les Chevres, jusqu'à s'avancer pour se jetter dessus, lorsqu'il les sent, ou qu'il voit leur ombre.

SART. *Voïez* SAR.

SASSENAGE. *Voïez* PIERRE.

SATURATION, s. f. lat. Terme de Chymie, qui signifie proprement l'état d'un estomac rassasié, mais qui se dit de l'imprégnation parfaite d'un alkali avec un acide, ou d'un acide avec un alkali ; de sorte que le mêlange soit tout-à-fait neutre.

SATYRIASE, s. m. gr., qui signifie une ardeur continuelle des sens, pour les plaisirs de l'amour.

SAVANNE, s. f. Nom qu'on donne, dans les Colonies de l'Amérique, aux Prairies, & à toutes les Plaines qui produisent de l'herbe pour la nourriture des Bestiaux.

SAUCISSONS, ou TURBANS, s. m. Nom que les Droguistes & les Epiciers donnent à la gomme gutte en rouleaux.

SAUNAGE, s. m. lat. Vente, ou Commerce du sel. On appelle *Faux-saunage* un trafic de sel, qui se fait en fraude des droits du Roi. *Sauner*, en termes de Gabelle, c'est faire du sel. Une *saunerie* est un lieu où le sel se fait ; & *saunier* se dit aussi de celui qui fait ou qui vend du sel.

SAVONNIERE, s. f. Plante qui se nomme autrement *Saponaire*. *Voïez* ce mot.

SAUSSAIE, s. f. lat. Lieu où l'on plante & où croissent des saules & des osiers.

SAUVE-VIE, s. f. Plante, qui est une des cinq sortes de Capillaires, ainsi nommée de son excellence pour les maux de poitrine. Elle croît dans les murailles, & ses feuilles ressemblent à celles de la Rue ; d'où lui vient aussi le nom de *Rue des murailles*.

SAYE. *Voïez* SAIE.

SBIRRE, s. m. ital. Nom qu'on donne, en Italie, aux Sergens & aux Archers, principalement à Rome, où ils forment un corps assez considérable.

SCABELLON, s. m. Terme d'Architecture, qui signifie *Piédestal*. La gaîne de *scabellon* est la partie rallongée, qui est entre la base & le chapiteau du *scabellon*, qui va en diminuant, du haut en bas, & qui a la forme d'une gaîne. Les Statues n'ont souvent qu'une gaîne pour tout Piédestal.

SCANDER, v. act. Terme de Poésie, qui signifie, compter la mesure, ou les piés, des Vers. Quelques-uns en ont fait le substantif *scansion*, pour signifier l'art ou la maniere de *scander*.

SCAPE, s. f. l. Nom que les Marins donnent à la tige de l'ancre. Elle se nomme aussi *stangue*. Les grapins sont au bout d'en-bas ; & celui d'en-haut est traversé par une piece de bois qui s'appelle *Trabe*. Toutes ces parties ensemble composent l'ancre.

SCARLATINE, adj. *Fievre scarlatine*. On donne ce nom à une Fievre continue, accompagnée de taches rouges, comme l'*écarlate*, & plus fréquente en Été qu'en Hiver, surtout parmi les Enfans.

SCAVISSON, s. m. ou ESCAVISSON. Nom d'une drogue des Indes orientales, que nos Droguistes, qui la vendent, prennent pour le menu de la canelle fine, ou pour de la canelle matte.

SCEAU DAUPHIN, s. m. Grand sceau particulier pour les expéditions de la Province du Dauphiné. Il representé l'image du Roi à Cheval, avec un Ecu pendu au cou, dans lequel sont les armes écartelées de France & de Dauphiné.

SCEAU DE SALOMON, ou POLYGONATE, s. m. Plante des haies, des bois, & d'autres lieux ombrageux, dont la racine pilée rend un jus qui efface toutes les taches & même les meurtrissures du visage. On en distille une eau, pour le teint des Femmes. Ses feuilles sont larges & oblongues, les tiges hautes d'environ trois piés, & les fleurs en cloches allongées, de couleur blanche.

SCECACHUL, s. m. Plante dont les fleurs ressemblent à la Violette & sont seulement plus grandes. Il leur succede des grains noirs, nommés *Kulkul* ou *Kilkil*, dont le suc est doux. Cette Plante, qui est fort rare, croît dans les lieux ombrageux. On prétend que ses grains & sa racine ont des vertus prolifiques.

SCHAGRI-COTTAM, s. m. Cornouiller du Malabar, dont le fruit, en décoction, resserre la luette. On attribue, au suc de ses feuilles, la vertu de guérir le flux hépatique.

SCHENANTE, s. f. Herbe aromatique, qui est une espece de Chien-dent, assez commune dans l'Isle de Bourbon, & dont on vante l'infusion pour le rhume.

SCHERAPH. *Voïez* SERAPH.

SCHNAPAN ou CHENAPAN, s. m. Mot Allemand, qui signifie Fusilier, & nom qu'on donne, du côté de la Lorraine Allemande, à des Païsans retirés dans les Bois, où ils volent les Passans. Pendant la Guerre, ils s'attachent au Parti qui les autorise à faire des courses & à piller. *Schnapan* est aussi le nom d'une monnoie qui vaut environ quarante sous, dans quelques endroits d'Allemagne.

SCHULLI, s. m. Arbrisseau du

Malabar, dont les feuilles, en poudre & mêlées avec l'huile du *Figuier infernal*, dissipent toutes sortes de tumeurs, surtout celles qui viennent aux parties génitales.

SCIADE, s. m. Nom qu'on donnoit au Bonnet des Empereurs grecs.

SCIAÏTE, ou SCHIAIS, s. m. Nom d'une Secte de Mahométans, opposés aux *Sunnis*. *Voïez ce dernier mot.*

SCIAMACHIE, s. f. gr. *Combat avec son ombre.* C'étoit le nom d'un exercice en usage chez les Anciens, qui consistoit dans des agitations de bras, pour se rendre les jointures plus souples.

SCIE-ESCOURE, & SCIE-VOGUE, ss. mm. Termes de commandement, dont on se sert dans les Batimens à rames; le premier pour faire ramer à rebours, c'est-à-dire, en poussant la rame en avant, au lieu de la tirer à soi par le mouvement ordinaire; le second, pour faire revirer le Batiment, ce qui demande que les Rameurs d'un côté rament en avant, & ceux de l'autre, en arriere.

SCILLES, s. f. Espece de gros Oignons amers, qui viennent d'Espagne, & dont le cœur est un poison. On les emploie pour quelques emplâtres & quelques onguens. Il en vient aussi de Normandie, surtout des environs de Quillebœuf.

SCIŒNE, s. f. Grand poisson de mer, qui ressemble beaucoup au *Durdo*. Sa tête est grande & grosse, son corps revêtu d'écailles, qui sont rangées obliquement, ses dents longues & aiguës, & son dos armé de deux aiguillons. La *sciœne* de l'Ocean est de couleur de fer, & celle de la Méditerranée de couleur argentine & dorée. Ce poisson est fort bon. Sa longueur ordinaire est d'environ six piés, & son poids de cinquante ou soixante livres.

SCISSION, s. f. lat. Action de couper. Quelques Historiens emploient ce mot au lieu de Schisme, pour signifier les divisions de l'Eglise.

SCLEROME, s. m. gr. Tumeur qui se forme dans quelque partie de l'*Uterus*, & qui est une espece de squirre.

SCOPELISME, s. m. lat. Nom d'un crime ancien, qui consistoit à jetter des pierres, ou du gravier, dans le champ de son Voisin, pour l'empêcher de produire. Ce mot vient du substantif latin, qui signifie pierre, ou *rocher*.

SCORIE, s. f. lat. Crasse, Ecume, de métal, qui en sort lorsqu'on le met au feu. Les *scories* sont poreuses comme des Eponges. La Litharge est du plomb réduit en scorie par la calcination.

SCORPIOJELLE, s. f. Nom qu'on donne à l'huile de Scorpion, qui est un remede souverain pour la piquûre de ce dangereux Insecte.

SCORPIS ou SCORPENE, s. m. Poisson de mer, différent du Scorpion marin, & dont la piquûre n'est pas si venimeuse. Il est bon à manger. Sa couleur est cendrée, ou brune.

SCOTOMIE, s. f. gr. Nom d'une maladie des yeux, qui cause des éblouïssemens. On la nomme aussi *vertige ténébreux*, parceque c'est une sorte de vertige, qui procede de l'obscurité de la vue.

SCROL, s. m. Poisson de riviere, commun dans le Danube, & de fort bonne chair. C'est une espece de Perche, rougeâtre sur le dos, verdâtre aux côtés, avec plusieurs points rouges, & blanche sous le ventre.

SCRUTATEUR, s. m. lat. Terme de Religion, qui ne se dit, en ce sens, que de ceux qui veulent *approfondir* les mysteres. Dans les Conciles, on nomme *Scrutateurs*, ceux qui sont chargés de recueillir les suffrages, de les mettre par écrit, & de les porter au Bureau des Consulteurs, pour y être comptés.

SCRUTIN, s. m. lat. Nom qu'on donnoit anciennement à l'Assemblée où l'on examinoit les dispositions des Cathécumenes.

SCURRILITÉ, s. f. Mot emprunté du latin, qui signifie *plaisanterie boufonne*, *plaisanterie basse*.

SEBASTE. Mot grec, qui signifie *Auguste*, & dont les Peuples sujets de l'ancienne Rome firent le nom de plusieurs Villes, à l'honneur d'*Auguste*, second des Césars.

SECONDAIRE, adj., formé de second, pour signifier ceque n'est qu'accessoire, ceque vient en second. En termes d'Astronomie, on appelle *cercles secondaires*, des cercles qu'on fait passer par les Pôles de l'Ecliptique, & qui le coupent perpendiculairement, par le moïen desquels on détermine la situation de chaque Etoile, ou de chaque point du Ciel, par rapport à l'Ecliptique.

SECQUES, s. f. Terme de Marine, qui se dit des Terres basses, plates, & de peu de cale, où il y a des syrtes.

SECRET, s. m., qui signifie, en termes d'Organiste, la caisse où l'on réserve le vent, pour le distribuer suivant les besoins. Le *scel secret* est un petit sceau du Roi, dont on se sert pour les Expéditions secretes.

SECRETON, s. m. Toile blanche de coton, d'une moïenne finesse, qui vient des Indes orientales, particulierement de Pondichery.

SECTILE, adj. lat., qui signifie ceque peut être fendu ou scié. On se sert plus ordinairement de *scissile*, qui a la même signification : mais, en parlant des Oignons qui se plantent par quartiers, on les appelle Oignons *sectiles*.

SECUS, adv. Mot purement latin, qui signifie, *au contraire*, *autrement*, *dans un sens opposé*. On le trouve souvent emploié dans les Ouvrages françois de Jurisprudence & d'Astronomie.

SÉDATIF, adj. lat., qui signifie ceque calme, ou ceque appaise. Il se dit des remedes qui calment la douleur. On appelle *Sel sédatif*, le sel volatil du vitriol. Les racines de Pivoine, de Valeriane & d'Armoise ; les feuilles d'Hormin, de Basilic, de Morelle, de Raisin de Renard ; les fleurs de Sauge, de Fraxinelle, d'Acacia, de la Reine des Prés ; la semence de Jusquiame blanc, d'A-net, de Pivoine, &c., ont une vertu *sédative*, qui leur fait donner le nom de *Calmans*.

SEGEVEUSE, s. f. Laine qui vient d'Espagne. On en distingue plusieurs especes, dont les plus célebres sont la *Segoviane* & la *Moline*.

SEICHES, s. f. Nom qu'on donne au flux & reflux qui s'observe à la partie supérieure & inférieure du Lac de Geneve ; c'est-à-dire, à l'entrée du Rhône, qui le traverse dans sa longueur, & à l'issue de ce Fleuve, où la Ville de Geneve est située.

SEIZE. *In-seize*. Terme de Librairie. Livre, dont chaque feuille est pliée en seize feuillets, qui forment trente-deux pages.

SEL - BOUILLON, s. m. Nom qu'on donne au sel blanc, qui se fait dans quelques Elections de Normandie.

SÉLINUSIE, s. f. ou TERRE SÉLINUSIENNE. Terre médicinale, estimée des Anciens, qui a les mêmes propriétés que celle de Chio. La meilleure est luisante, blanche, friable, & se dissout d'elle-même dans un fluide. Elle est astringente & résolutive. Les Droguistes, qui la vendent, prononcent *Senilusienne*.

SELLE, s. f. On ne donne place à ce mot, que pour remarquer qu'il y a différentes sortes de *selles*. La *selle à piquer*, pour le Manége, dont les battes de devant & de derriere sont plus élevées au-dessus des arçons, pour tenir le Cavalier plus ferme ; la *selle roïale*, dont les battes sont moins élevées, & qui est la plus en usage pour la guerre & le voïage ; la *selle rase*, qui n'a des battes que devant, & peu élevées ; la *selle angloise*, qui n'a point de battes, ni devant ni derriere, & qui est par conséquent la plus legere.

SEMALE, s. m. Nom d'un Batiment étroit, dont on se sert en Hollande, pour charger les Vaisseaux.

SEMÉIOLOGIE. *Voïez le mot suivant*.

SEMÉIOTIQUE, s. f. gr. ou SEMÉIOLOGIE. Partie de la Médecine, qui, suivant la signification de ce mot composé, *traite des signes & des indications, soit de la santé ou des maladies.* La *Pathologie*, la *Semeiotique* & la *Therapeutique*, sont les principales parties de la Médecine.

SEMEN CONTRA, s. m. Mots latins, qui supposent celui de *Vermes*, & qui signifient semence contre les vers. C'est une expression adoptée par les Médecins, pour ce qu'on appelle vulgairement Poudre à vers. Cette sorte de semence, ou de graine, porte d'ailleurs divers autres noms, tels que ceux de Santoline, Semencine, Barbotine, &c.

SEMESTRE, s. m. lat. Espace de six mois. Les Officiers de plusieurs Cours servent par *semestre*. On distingue le *semestre* d'Hiver & le *semestre* d'Eté.

SEMNÉE, s. m. Terme d'Histoire ecclésiastique, qui signifie Monastere. Il etoit en usage, parmi les premiers Chrétiens, pour signifier une habitation de Moines; d'où l'on a cru pouvoir conclure que les Therapeutes étoient Chrétiens, parceque Philon parle & donne la description de leurs *semnées*.

SEMONCE, s. f. lat Vieux mot, qui signifie *avertissement*, & qui s'est conservé pour certains usages, tels que faire la semonce d'un enterrement, c'est-à-dire, inviter les Parens & les Amis d'y assister. Celui qui est chargé de cette commission se nomme *Semoneur*.

SEMPECTE, s. m. Nom qu'on donnoit, dans les anciens Monasteres, à ceux qui aïant passé cinquante ans dans la profession monastique, étoient distingués par ce titre & par divers privileges.

SEMPER VIVUM, s. m. Mot emprunté du latin, qui signifie *toujours vivant*, & dont on a fait le nom des Plantes, qui conservent leur verdeur pendant l'Hiver. On le donne particuliérement aux Joubarbes.

SENEMBI, s. m. Nom d'un Lésard de l'Amérique, long d'environ quatre piés, & large de six ou sept pouces. Il est couvert d'écailles d'un beau verd, vergeté de taches blanches & noirâtres. On trouve, dans sa tête, de petites pierres, qu'on vante beaucoup, pour inciser la pierre du rein & de la vessie.

SENIEUR, s. m. lat. Titre de Communauté, qui signifie *plus vieux, plus ancien, véteran*. *Senieur* de la Maison de Sorbonne.

SENILUSIE. *Voïez* SELINUSIE.

SENSIBLE. *Note sensible*. Terme de musique. On donne ce nom à la Note qui est immédiatement au-dessous de celle du ton, c'est-à-dire, qui ne fait qu'un demi-ton. Ainsi, dans le ton de G, *re*, *sol*, la note sensible est sa dieze; & dans F, *ut*, *fa*, c'est *mi*.

SENSILES, s. f. Nom qu'on donne, en France, aux Galeres ordinaires; à la différence des plus grosses, qui se nomment *Extraordinaires*.

SENSORIUM, s. m. Mot latin, adopté pour signifier le siége du sentiment. C'est une partie du corps, qui reçoit les impressions des objets sensibles, que lui apportent les nerfs de chaque organe des sens, & qui est par conséquent la cause immédiate de la perception. *Villis* attribue cette fonction aux corps cannelés du cerveau, & *Descartes* à la glande pinéale.

SENTENCE PRÉSIDIALE, s. m. Nom d'une Sentence rendue en dernier ressort, c'est-à-dire, sans appel & au premier chef de l'Edit des Présidiaux.

SENTENE, s. f. Nom que les Ouvriers, en fil, donnent à l'endroit par lequel on commence à devider un Echevau. Ce sont proprement les deux bouts de fil liés ensemble & tortillés sur l'Echevau.

SÉPARATOIRE, s. m. Vaisseau chymique, de figure oblongue, & presqu'uniforme, inventé pour séparer les liqueurs. Son orifice est de la grosseur du petit doigt; & par le bas il a un petit trou, de la grosseur d'une aiguille.

SEPTENNAIRE, s. m. Espace de sept ans. Quelques-uns divisent le cours de la vie de l'Homme en plusieurs parties, chacune de sept ans;

à compter du jour de la naissance, & prétendent que le tempéramment des Hommes change à chaque *septenaire*. *Septennaire*, adjectif, se dit d'un Professeur qui a servi pendant sept ans continuels dans l'Université de Paris. Les *Septennaires* sont préférés aux Gradués, pour la réquisition des Bénéfices.

SEPTIQUE, adj. gr. Putrefiant, qui a la vertu de dissoudre, de corrompre. Il se dit des remedes topiques, qui corrodent les chairs, en les fondant, & les faisant pourrir sans causer beaucoup de douleur.

SEPTUPLE, s. m. & adj. l., qui signifie sept fois autant. Une mesure *septuple* d'une autre, c'est-à-dire, sept fois plus grande. Une terre, qui rapporte au *septuple*.

SEQUELLE. *Dîme de sequelle*. Nom qu'on donne dans quelques Provinces à une Dîme que le Curé perçoit, hors des terres de sa Dimerie, par le droit qu'il a de suivre le Laboureur qui va cultiver des terres étrangeres. Elle approche beaucoup de la Dîme personnelle, quoique celle-ci ne soit pas reçue en France.

SERAPH ou CHERAPH, originairement XERAPH, s. m. Monnoie d'or de Turquie, qui vaut environ six francs de la nôtre. On appelle aussi Cheraphes, à Goa & dans toute la Presqu'Isle de l'Inde, une espece d'Agens de change, qui se tiennent au coin des rues, pour visiter les pieces d'or & d'argent qu'on leur presente, & pour les garantir dans le commerce.

SERF, s. m. lat. Vieux mot, qui signifioit autrefois *Esclave*. Sous les premieres races de nos Rois, il y avoit des *serfs*, en France, & l'Eglise même avoit ses *serfs*. Tout le monde y est si libre aujourd'hui, qu'un Esclave même y acquert la liberté, en se faisant baptiser. Mais à la servitude personnelle ont succédé des devoirs assez durs, tels que ceux qui regardent les personnes *mainmortables*, *taillables*, *couveables*, *conditionnées*, &c. On appelloit, en Nivernois, *serfs pissenés*, les Batards de *serfs*.

SERINGAT, s. m. Arbrisseau de *Supplém*. jardin, qui produit des fleurs blanches d'une odeur très forte.

SEROSITÉ, s. f. *Voïez* SEREUX & SERUM.

SERPENT D'ESCULAPE. Nom d'une espece de Serpent, la seule qu'on connoisse capable d'être apprivoisée. On assure qu'il s'en trouve en Italie, en Allemagne, en Pologne, en Espagne, en Asie, en Afrique & en Amérique, où l'on se défie si peu de ces Animaux, qu'on les laisse, dit-on, dans les lits, sans craindre d'en être mordu. Leur chair étant remplie de sel volatil & d'huile, elle peut être préparée comme celle des Viperes, & prise pour les mêmes besoins.

SERRATULE, s. f. Plante à laquelle on attribue la vertu de résoudre le caillé. Elle croît dans les Bois, & ceux de Boheme en sont remplis. Ses feuilles ressemblent à celles de la grande Valeriane. La tige est cannelée, rougeâtre, & croît à la hauteur de deux ou trois piés. Les fleurs naissent au sommet des branches, chacune en bouquet de fleurons purpurins. On la vante, en général, comme un excellent vulnéraire. Les Teinturiers s'en servent aussi, pour donner de la couleur aux draps.

SERRON, s. m. Nom des petites caisses, dans lesquelles on apporte différentes sortes de Drogues & de Marchandises, des Régions étrangeres. Un *serron* de Baume. Un *serron* d'Ambre.

SERVANTOIS, s. m. Nom que les Picards donnoient anciennement à des pieces amoureuses, & quelquefois satyriques, en Prose & en Vers. C'est M. *Huet* qui nous l'apprend, en observant que presque toutes les Provinces de France ont eu leurs Romanciers.

SESTERCE, s. m. lat. Monnoie des anciens Romains, dont la valeur est fort incertaine parmi les Savans. Il y avoit le grand & le petit *sesterce*. La plûpart croient que le petit ne valoit que dix-huit deniers de notre monnoie. Le grand *sesterce* valoit mille fois plus que le petit; & quand la quantité des *sesterces* est exprimée par un adverbe, la somme est centuple de cequ'elle seroit, si elle étoit exprimée par le simple nom numéral.

SETIOLER, v. n. Terme de jardinage, qui se dit des Plantes, lorsqu'étant trop serrées & pressées dans leur planche elles montent plus haut qu'elles ne devroient; cequi les affoiblit. Il se dit aussi des branches qui sont dans le milieu des arbres trop touffus & trop serrés.

SÉVIR, v. n. lat. Terme de Palais, qui signifie, *punir*, *châtier*, & qui est passé dans l'usage commun.

SÉVIR, s. m. Titre d'office dans l'ancienne Rome. Il y avoit deux sortes de *Sévirs*. Les premiers étoient des Décurions des six décuries des Chevaliers; & les seconds étoient les principaux Officiers des Colonies.

SEXTANT, s. m. Instrument de mathématique, dont on se sert pour mesurer les angles. Il consiste en un arc de soixante degrés, c'est-à-dire, en une portion de cercle, divisée.

SHERIF, s. m. ang. Prononcez *scherif*. C'est le nom de certains Officiers, commis en Angleterre pour faire l'exécution des Loix, pour nommer les Jurés, & faire expédier les affaires civiles & criminelles.

SIALAGOGUE, s. m. & adj. gr. Remede, qui, suivant la signification du mot composé, provoque l'évacuation de la salive.

SIAMOISE, s. f. Etoffe mêlée de soie & de coton, imitée, en France, de celles que portoient les Ambassadeurs de Siam, qui furent envoiés à *Louis XIV*. On en fait aujourd'hui de fil de lin & de coton, qui portent le même nom.

SICCITÉ, s. f. lat. Terme de Philosophie, qui revient à sécheresse. C'est la qualité de cequi est sec. La *siccité* du feu. On attribue aussi la *siccité* à la terre pure.

SIDERAL, adj. lat., qui signifie cequi concerne les Astres, les Étoiles, ou cequi se ressent de leurs prétendues influences.

SIESTE, s. f. Mot emprunté des Espagnols, pour signifier cequ'on nomme vulgairement la méridienne. C'est un certain tems qu'on donne au sommeil, pendant la plus chaude partie du jour.

SIGMA, s. m. Nom d'une lettre grecque, dont les Romains firent celui d'une Table qui en avoit la forme, c'est-à-dire, qui étoit faite en fer à cheval, & qu'ils firent succéder à cequ'ils nommoient *Triclinium*. Au lieu d'y être à-demi couchés, comme au Triclinium, ils y étoient assis sur des coussins, dans l'attitude des Tailleurs; & les places les plus honorables étoient celles des deux extrêmités.

SIGNALEMENT, s. m. Description qu'on donne de la figure d'un Criminel, pour le faire connoître & le faire arrêter. Dans les Trouppes, on envoie le *signalement* des Déserteurs à tous les Prévôts du Roïaume.

SIGNATURE, s. f. Les Botanistes donnent ce nom à de certaines conformités qu'on apperçoit entre les Plantes & une partie du corps humain; cequi fait croire à quelques-uns que ces Plantes sont des spécifiques pour les maux dont ces Parties peuvent être attaquées. C'est dans cette idée qu'on définit la *signature* des Plantes, un rapport entre leur figure & leurs effets.

SILIGINOSITÉ, s. f. lat., qui signifie qualité farineuse.

SILIQUE, s. f. Nom qu'on donnoit anciennement à une petite monnoie, de la valeur d'environ huit sous.

SILPHIUM, s. m. Racine fort estimée, dans l'Afrique orientale, par ses propriétés médecinales & par l'usage qu'on en fait dans les ragoûts. Quelques-uns croient que c'étoit celle dont on tiroit anciennement un suc, si précieux pour les Romains, qu'ils déposoient dans le tresor public tout cequ'ils en pouvoient aquérir. Ils l'appelloient gomme de Cyrene. Ceux, qui s'imaginent la reconnoître dans notre *Assa fœtida*, ne font pas attention que les Anciens donnent à cette gomme une odeur très agréable.

SILVESTRE, s. f. Graine rouge, qui sert à teindre en écarlate, & fruit d'un arbre qui ne croît qu'aux Indes occidentales, surtout dans la Nouvelle Espagne.

SILURE, s. m. Poisson du Danube, dont la chair est nourrissante, mais lâche le ventre, lorsqu'on en mange souvent. On lui attribue aussi la vertu d'éclaircir la voix.

SIMARUBA, s. f. Racine fameuse par ses vertus, en décoction, dans toutes sortes de dévoiemens, surtout dans la dyssenterie. C'est la racine d'une Plante des Indes occidentales, qui produit le bois de Caïan, fameux aussi par son extrême legereté, & dont l'écorce, qui est d'un gris jaunâtre, est un astringent fort vanté. Quelques-uns le prennent pour le *Macer* des Anciens.

SIMBOR, s. m. ou CORNE D'ÉLAN. Plante indienne, qui represente les cornes d'un Élan. Elle conserve toujours sa verdure, cequi la fait mettre au rang des Sempervives ; & n'aïant point d'autre racine qu'une substance fongueuse, il suffit, pour la faire croître, de la placer sur un lieu humide, tel qu'une pierre, ou le creux d'un arbre. On lui attribue des vertus émollientes & résolutives.

SIMILOR, s. m. Nom qu'on donne, en France, au *Zink*, fondu avec du cuivre rouge ; d'où résulte une couleur jaune, plus ou moins foncée, suivant les proportions du mélange.

SIMPLIFIER, v. act. Rendre une chose plus simple, la réduire à son état naturel, en la déchargeant de cequ'elle avoit de superflu.

SIMULACRE, s. m. lat. Simple apparence des choses, vaine representation, qui se nomme aussi *fantôme*. On dit du gouvernement de Rome, après *Jules César*, que ce n'étoit qu'un simulacre, ou un fantôme, de République.

SIMULTANÉE, adj. lat., qui signifie cequi se fait, ou cequi paroît, dans le même-tems.

SINCIPUT, s. m. lat. Terme d'Anatomie, qui signifie le devant de la tête.

SINDON, s. m. gr. Linceul. Ce mot ne s'emploie que pour exprimer le drap, ou linceul, dans lequel Notre Seigneur fut enseveli. On le distingue du suaire, qui n'étoit qu'un mouchoir dont son visage étoit couvert.

SINGE DE MER, s. m. Poisson de la Mer rouge, ainsi nommé de sa ressemblance avec le *singe* terrestre.

SINGERIE, s. f. La *singerie de Teniers* se dit de tous les *singes*, que ce Peintre a representés en divers habits.

SINUEUX, adj. lat. qui se dit de cequi a beaucoup de détours, de cequi forme beaucoup d'angles. *Sinuosité* est le substantif.

SIPHILIS. *Voïez* SYPHILIS.

SIRIASE, s. f. gr. Nom d'une maladie à laquelle les Enfans sont sujets, & qui consiste dans l'inflammation du cerveau & de ses membranes, avec une fievre ardente.

SISTER, v. n. lat. Terme de Palais. *Sister* en Jugement, c'est ajourner, assigner quelqu'un, pour comparoître en Justice ; droit que les Femmes n'ont pas dans plusieurs Provinces, lorsqu'elles ne sont pas autorisées par leurs Maris.

SISYRINCHIUM, s. m. Plante qui ressemble à l'Iris par ses feuilles & ses fleurs. Sa racine, mangée, ou en décoction, chasse les vents & appaise les tranchées.

SITE, s. m. ital. Terme de Peinture, qui se dit pour situation. On admire les *sites* du Titien.

SIUM, s. m. Nom d'une Plante aquatique, qui est une espece de Panais, fibreux & ligneux. Ses feuilles sont en ailes, & croissent par paires sur la même côte. On leur attribue la vertu de briser & de chasser la pierre, & celle de provoquer les urines.

SLOOP, s. m. angl. Prononcez *Sloup*. Ce mot signifie proprement Chaloupe. Mais les Anglois en ont fait le nom des petits Batimens que nous nommons *Corvettes*. Tout cequi est au-dessous de vingt canons est *sloop*, en Angleterre ; comme tout cequi est au-dessous du même nombre est *Corvette* en France.

SMARAGDIN, *Phosphore Smaragdin*. Nom qu'on donne au Phosphore brûlant de Kunkel, parceque sa couleur est d'un verd bleuâtre.

SOBREVESTE. *Voiez* SOUBREVESTE.

SOCIAL, adj. lat. Ce qui appartient à la Société ; comme *sociable* signifie, *capable de société*. Un Homme *sociable*. Les vertus *sociales*. On appelle *Guerre sociale*, ou des Alliés dans l'Histoire Romaine, une fameuse guerre qui commença l'an de Rome 661, & qui eut, pour source, la passion que les Alliés de Rome avoient de devenir Citoïens Romains.

SOCINIANISME, s. m. Doctrine de Fauste Socin. Quantité de grands Hommes ont été soupçonnés d'être Sociniens, c'est-à-dire, de rejetter particulièrement le Dogme de la sainte Trinité, de la Divinité de Jesus-Christ, &c.

SOCRATIQUE, adj. Amour *socratique*. Nom honnête par lequel on adoucit l'odieuse idée du vice le plus opposé à l'amour des Femmes. *Socrate* fut soupçonné d'une passion indigne de lui, pour Alcibiade.

SOLACIER, v. act. Vieux mot, qui signifie consoler, & qui n'est plus en usage que dans le langage badin, ou en vers, dans le style marotique.

SOLAIRE, adj. Physionomie *solaire* se dit pour physionomie ouverte, heureuse.

SOLANDRE, s. f. Nom d'une espece d'ulcere, ou de crevasse, qui vient au pli du jarret des chevaux, & qui rend des humeurs fort âcres.

SOLDATESQUE, s. f. Terme collectif, qui se dit d'une Trouppe de simples Soldats.

SOLDER, v. act. Terme de compte & de Finance, qui signifie regler un compte, en païer le *reliquat*, ou prendre des arrangemens pour païer, en vertu de l'*arrêté*.

SOLE. *Terre à la sole*. Terme d'Agriculture. C'est une certaine étendue de champ, sur laquelle on seme successivement, par années, des blés, puis des menus grains, & qu'on laisse en jachere la troisieme année. On divise ainsi une terre en trois *soles*.

SOLEN. Instrument de Chirurgie, qui est une espece de Boëte ronde, dans laquelle on place un membre fracturé, tel qu'une jambe, une cuisse, pour y être maintenu, après la réduction, dans la situation naturelle.

SOLETARD. *Voiez* SMECTIN.

SOLIDAIRE, adj. formé de *solide*. Un engagement *solidaire*, est celui où l'on répond pour le tout.

SOLUBLE, adj. lat. qui signifie ce qui est facile à résoudre, ou à dissoudre. Dans le premier sens, il se dit des questions & des propositions qui font l'objet de l'esprit & du raisonnement ; & *insoluble* lui est opposé. En termes de Pharmacie, il se dit de ce qui peut se dissoudre, ou se fondre, soit dans l'eau, comme tous les sels alkali, soit par quelque menstrue, ou dissolvant, comme la plûpart des corps mixtes.

SOMNIALES, adj. lat. *Dieux somniales*, qui présidoient au sommeil, & qui rendoient leurs oracles par des songes. *Hercule* en étoit un. On envoïoit les Malades dormir dans son Temple, pour y recevoir, en songe, le présage de leur rétablissement.

SOMNIFERE, adject. lat., qui se dit de ce qui porte à dormir, & qui a par conséquent la même signification que *narcotique* & *soporatif*.

SONAT, s. m. Nom qu'on donne aux peaux de Mouton, passées en Mégie, c'est-à-dire, préparées & blanchies.

SONICA, adv. Terme de Jeu, qui signifie *aussi-tôt*, *sur le champ*, *à point-nommé*, & qui se dit d'une carte qui vient en perte, ou en gain, immédiatement après celle où l'on a mis. Il est passé en usage dans le discours familier.

SONNANT, adject. Terme ecclésiastique. On appelle proposition *mal-sonnante*, celle qui peut être prise dans un sens hérétique. On y joint ordinairement, *offensive pour les oreilles pieuses*, apparemment pour soutenir la figure, qui est prise du son.

SONNEZ, s. m. Terme de Trictrac, qui se dit d'une chance de deux six. Son origine est aussi obscure que celle de la plupart des autres termes du même Jeu.

SONTO. *Thé sonto*, s. m. Nom d'une sorte de Thé, qui est fort estimée, surtout des Hollandois, qui en transportent beaucoup de Canton à Batavia.

SOPHIE, s. f. Plante dessiccative & astringente, qu'on prend pour une espece de *Sisymbrium*. Ses tiges ont environ un pié & demi de hauteur. Ses feuilles sont blanchâtres, larges, & découpées fort menu. Ses fleurs, qui naissent aux sommités des branches, sont disposées en croix & de couleur jaune pâle. Elle croît dans les lieux rudes & pierreux. On prend sa semence, depuis un scrupule jusqu'à une dragme, pour la dyssenterie, les pertes de sang, les fleurs blanches, &c.

SOPHISTIQUER, v. act. En style familier, *sophistiquer* se dit pour, alterer quelque chose par de faux raisonnemens, ou par d'autres voies; & *sophistiquerie*, s. f., pour fausse subtilité, altération.

SOPOREUX, adj. qui a, en langage de Médecine, la même signification que *soporatif*, avec cette différence, qu'il emporte l'idée d'un assoupissement dangereux. *Soporifere* & *Soporifique* sont synonymes avec *soporatif*.

SORIE, s. f. Laine d'Espagne, dont on distingue deux sortes; la *sorie* Segoviane, ou *de Los-rios*, & la *sorie* commune.

SORNE, subst. fem. Terme de Forge, qui signifie ceque les Physiciens entendent par *scorie*. *Voïez* ce mot.

SORNETTE, s. f. Terme vulgaire, qui signifie conte fabuleux, discours, ou récit, badin. On le fait venir du vieux mot *sorne*, qui a signifié *soir*, *commencement de la nuit*, parceque c'est un tems où l'on ne fait rien de fort sérieux.

SORORAL, adj. l., qui signifie cequi concerne une Sœur. En terme de Jurisprudence, on distingue les droits paternels, maternels & *sororaux*.

SORTABLE, adj. Mot assez nouveau, formé de Sort, pour signifier cequi convient, cequi est propre, au *sort*, c'est-à-dire, à l'état des personnes, ou même à la qualité des choses. Un Mariage *sortable* est celui qui se fait entre deux personnes de la même sorte, c'est-à-dire, qui se conviennent par l'âge, le bien, la naissance, &c. Alors les Partis sont *sortables*.

SORTES, s. f. Terme de Librairie, qui signifie les Livres que chaque Libraire a imprimés, & qu'il a seul droit de vendre. *Voïez* ASSORTIMENT.

SOTER, s. m. gr. Titre que les Anciens donnoient à ceux auxquels ils se croïoient redevables de leur conservation, c'est-à-dire, aux Hommes comme aux Dieux. Il signifie simplement *conservateur*. On appelloit *soteries*, des Fêtes, & des pieces de Vers, qui se faisoient en remerciment de quelque faveur.

SOTIE, s. f. Vieux mot, qui étoit autrefois, parmi nous, le nom des farces, que les Latins ont nommées *Mimes* & *Priapées*. Tous ceux qui ont traité du Théatre parlent des *soties*.

SOU, s. m. Nom d'une petite monnoie de compte, qui vaut quatre liards, ou douze deniers. Vingt sous faisoient anciennement la livre d'argent. *Voïez* LIVRE. Ce n'est pas ici le lieu d'expliquer la diversité qu'il y a eu dans les sous & les livres: mais remarquons que sous la premiere race de nos Rois, le *sou* étoit une espece de monnoie d'or, qui avoit, d'un côté, la tête du Prince, ceinte d'un diademe simple, ou perlé, & qui, pour légende, avoit le nom du Roi, ou celui du Monetaire, & de l'autre côté quelque figure historique. Les François étant devenus Chretiens, le *sou* eut une croix, & pour légende le lieu de la fabrication. La taille de ces *sous* d'or étoit de soixante & douze à la livre. *Sou en dedans*, *sou en dehors*, sont deux termes de Finances. Avoir un *sou en dehors*, c'est avoir le droit de lever, outre la somme principale, un sou par livre, pour les frais du recouvrement. On a *un sou en dedans*, lorsqu'on a, pour profit, un sou par livre de la somme principale.

SOUBREVESTE ou SOBREVESTE, s. f. Partie de l'habillement des Mousquetaires de la garde, qui est une espece de juste-au-corps sans manches, bleu, & galonné comme les casaques, avec une croix, devant & derriere, de velours blanc, bordée d'un galon d'argent, & des fleurs-de-lis aux angles de la croix. Le Roi fournit la casaque & la *soubreveste*, & l'on rend l'une & l'autre en quittant la Compagnie. Il n'y a que les Officiers supérieurs qui ne portent point la *sorbreveste*.

SOUCIS, s. m. Mousselines de soie, raiées de diverses couleurs, qui viennent des Indes orientales. De-là *soucis de Hanneton*, pour certains petits ornemens des robbes de Femmes.

SOUFFLER LE VERRE. SOUFFLER L'EMAIL. Termes d'Art. C'est former du verre, ou de l'émail, en soufflant, avec la bouche, dans un tuïau, (de fer pour la Verrerie, & de verre pour l'Email) dont on trempe le bout dans la matiere liquide. On appelle de même, *sucre soufflé*, ou cuit à *soufflé*, du sucre qui s'envole en l'air par feuilles séches, lorsqu'on souffle au travers d'une écumoire qu'on y a trempée. Les Massepains & la plûpart des Conserves se font avec du sucre cuit *à soufflé*. C'est le troisieme degré de cuisson qu'on donne au sucre.

SOUFFRANCE, s. f. En termes de fiefs, c'est le terme que le Seigneur donne à son Vassal, pour lui rendre la foi & l'hommage. En matiere de compte, c'est un délai qu'on donne aux comptables, pour rapporter leurs quittances.

SOUILLE, subst. fem. En termes de Chasse, *souille* se dit de la bourbe, où la Bête noire se met sur le ventre.

SOULIER DE NOTRE-DAME. *Voïez* SABOT.

SOURD, adj. Les Corroïeurs appellent *Couteau sourd*, une espece de Plane, peu tranchante, qui leur sert à préparer les cuirs.

SOURDINE, s. f. Nom qu'on donne, dans une Montre à répétion, à un petit ressort, qui, retenant le marteau, l'empêche de frapper sur le timbre.

SOURDON, s. m. Nom d'un coquillage, qui a beaucoup de rapport au Lavignon; mais qui se tient moins enfoncé dans le sable, parceque les tuïaux, qui lui servent à tirer & à jetter l'eau, sont plus courts. Il la pousse à plus de deux piés de distance; cequi le fait découvrir.

SOURIS, s. f. Les Femmes donnent le nom de *souris* à une fausse coesse, qu'elles mettent sous les deux autres, lorsqu'elles se coeffent à trois rangs. On nomme *souris* un muscle charnu, qui tient à l'os du manche d'une éclanche, près de la jointure. En termes de Commerce, la Martre zibeline s'appelle *souris de Moscovie*.

SOURSOMMEAU, s. m. Espece de Panier, monté sur des piés, qui sert à contenir des fruits. On appelle aussi *soursommeau*, cequi se met dans l'entre-bas d'une Bête de charge, c'est-à-dire, entre les deux ballots, ou les deux paniers.

SOUS-COSTAUX, s. m. & adj. Nom qu'on donne à des plans charnus, de différentes largeurs, & très minces, situés plus ou moins obliquement en-dedans des Côtes, près de leurs angles osseux, & régnant dans la même direction que les *intercostaux* internes.

SOUSCRIPTION, s. f. lat. Terme qui signifie simplement l'action d'écrire une chose au-dessous d'une autre, & qui ne se disoit gueres que du nom dont on signe ordinairement les lettres, comme *suscription* se dit de l'adresse qu'on met sur une lettre pliée. Mais, depuis la fin du dernier siecle, on donne aussi le nom de *souscription* à toute entreprise, qui, étant formée entre plusieurs personnes, demande que chacun de ceux qui la forment souscrive son nom au Plan, ou à l'engagement, pour garantir la part qu'il y prend; & particuliérement à une méthode nouvelle de publier les Livres, en s'assurant, d'avance, d'un certain nombre d'Acheteurs, qu'on invite par un Programme, & qui se font inscrire, à des conditions approuvées, chez le Libraire, ou chez l'Auteur. Ceux, qui achetent un Livre par *souscription*, se nomment *Souscripteurs*, ou *Souscrivans*.

SOUTE, s. f. Nom d'un composé de certaines herbes marines, dont on fait une maniere de sel, propre à blanchir le linge. *Voïez* SOUDE.

SOUTERRAINES, s. f. Nom d'une espece de Guêpes, qui sont les plus communes & les plus incommodes. Elles habitent la terre, dans de petites cavernes qu'elles se creusent, ou qu'elles trouvent ouvertes par des Taupes & des Insectes. On les nomme aussi *Guêpes* domestiques. *Voïez* GUEPE.

SPADASSIN, s. m. Vieux mot, tiré de l'Italien, qui signifie celui qui porte une Epée. Il se dit encore dans le burlesque.

SPALMER, v. act. Terme de marine, qui signifie, enduire un navire de Brai ou de Goudron. C'est la même chose que *Poisser*, *Goudronner*, *donner le suif*, &c. On prononce vulgairement *Espalmer*.

SPARGELLE, s. f. Plante des Bois & des lieux montagneux, qui ressemble à un petit Genet. Ses feuilles sont oblongues, velues, & semblent naître les unes des autres. Ses fleurs sont petites & jaunes. Les gousses, qui leur succedent, sont plates, comme celles du Genet.

SPARSILE, adj. lat. Terme d'Astronomie, pour *épars*. On appelle *Etoiles sparsiles*, celles qui sont comme éparses au hasard, & qui ne forment point de constellation.

SPATAGUE, s. m. Espece de Coquillage, du genre des Oursins, fait en forme de cœur arrondi, & garni de spatules. Il se nomme aussi *Pas de Poulain*. Les *Spatagues* fossiles sont sans spatules & sans pointes.

SPEAUTRE. Terme vulgaire pour Epeautre. *Voïez ce mot*.

SPÉCULATION, s. f. En termes de Commerce, on nomme *spéculation* une étoffe raïée, dont le fond est de coton, & les raïures de fleuret; comme une autre étoffe, dont la chaîne est de soie teinte, & la trame de fil ou de coton blanc.

SPERGULE, s. f. Plante des champs, qu'on croit propre à augmenter le lait des Vaches, & qu'on donne aussi pour nourriture aux Poules & aux Pigeons. Elle pousse plusieurs tiges, de la hauteur d'un pié. Ses feuilles sont petites & jaunâtres, disposées en raïons autour des nœuds des branches. Ses fleurs, qui naissent au sommet des tiges, sont disposées en rose, & de couleur blanche. Il leur succede un petit fruit membraneux, presque rond, qui renferme de petites semences rondes & noires.

SPICILÉGE, s. m. lat. Ce mot composé, qui signifie proprement recueil, ou glane d'épis, est le titre de quelques Collections de Pieces, d'Actes & autres monumens qui n'avoient jamais été imprimés. Le *spicilége* de Dom *Luc d'Acheri*. Le *spicilége* de *Fabricius*.

SPINA VENTOSA, s. m. Termes latins, qui signifient *Epine venteuse*, & dont les Médecins ont fait le nom d'une maladie qui consiste dans une Carie intérieure des os, surtout vers les jointures, où elle a coutume de commencer sans douleur. Elle s'accroît ensuite par des progrès si douloureux, qu'on se croit percé d'épines, d'où lui vient une partie de son nom; comme l'autre vient de ce que la tumeur semble remplie d'une humeur flatueuse, & qu'elle imite l'œdeme.

SPINHUYS, s. m. Maisons de force, des Villes de Hollande, où l'on enferme les Filles de mauvaise vie, pour les occuper à divers travaux convenables à leur sexe. Ce mot Hollandois signifie *Maison où l'on file*.

SPINUS, s. m. Petite oiseau, de la grosseur du Chardonneret, & de couleur jaune & noire. Il est commun dans les Païs chauds, surtout en Italie. Son nom lui vient de son bec, qui est pointu comme une *Epine*. Son chant est fort agréable.

SPIRÉE, s. f. Arbrisseau de Jardin, qui ne croît pas à plus de trois piés de hauteur. Ses rameaux sont grêles, & l'écorce en est rouge. Ses feuilles sont longues & étroites, dentelées, vertes en dessus, & rougeâtres en-dessous. Ses fleurs sont petites, & disposées aux sommets des branches en forme de grappes, ou d'épis, de la longueur du doigt. Elles sont composées de cinq feuilles, en rose, & de couleur incarnate.

SPIRITUALITÉ, s. f. En termes de vie dévote, on entend, par ce mot, tout ce qui a rapport aux exercices intérieurs d'une Ame dégagée des sens, qui ne cherche qu'à se perfectionner aux yeux de Dieu. La véritable *spiritualité* peut se trouver au milieu du bruit & des affaires du Monde.

SPLÉNITE, s. f. Nom d'une veine de la main gauche, elle ressemble à la *Jecoraire*, qui est celle de la main droite, & qu'on nomme vulgairement *Salvatelle*.

SPONGIEUX, adjectif d'Éponge. Il se dit de tout ce qui a les qualités de l'Eponge. Il y a des pierres, des os, & des bois *spongieux*.

SPUMOSITÉ, s. f. lat. Terme de Physique, qui se dit des différentes écumes que produisent les corps.

SPUTATION, s. f. lat. Action de cracher, crachement. Ce mot n'est guères en usage qu'en langage de Médecine.

SQUADRONISTE, s. m. Nom qu'on donne, dans les Conclaves, aux Cardinaux de l'*Escadron volant*, c'est-à-dire, qui ne sont d'aucune faction, & qui se jettent dans le Parti qui leur plaît le plus.

SQUELLETÉ, s. m. Mot grec, qui signifie proprement *ce qui est desséché*. On donne ce nom aux ossemens d'un corps animal mort & décharné, tels qu'ils sont dans leur situation naturelle.

SQUINANTI, s. m. Lin d'Egypte, qui est le meilleur de tous ceux du même Païs, & dont il se fait un très grand commerce.

SQUINE, s. f. vulgairement ESQUINE. Racine médecinale, qui vient des Indes orientales & occidentales, à laquelle on attribue de grandes vertus, en décoction, pour purifier le sang.

STAGNATION, s. f. lat. Terme de Médecine, qui se dit d'un amas de sang, ou d'humeurs, dont la circulation est trop lente, & qui semblent croupir dans leurs vaisseaux, comme l'eau dans un *Etang*. C'est ce qui se nomme aussi *stase*.

STALACTITE, s. f. gr. Nom de certaines Pierres, qui se trouvent dans plusieurs cavernes de la Basse-Saxe, & qui sont produites par des gouttes d'eau qui, tombant des voutes, se gèlent & se pétrifient sur le champ. Les unes sont transparentes, & de forme cylindrique. L'on y trouve quelquefois des figures fort curieuses, d'où leur vient le nom de *stalactites* ; à la différence de celles qui se nomment *stalagmites*, & qui sont opaques & de figure ronde.

STALLE, s. f. lat. Siège de bois, qu'on nomme aussi *Forme*, & qui sert, dans les Eglises, à ceux qui chantent l'office. On distingue les hautes & les basses *stalles*. Elles se haussent & se baissent par le moïen de deux fiches ; & lors même qu'elles sont levées, on peut encore y être assis, sur une espèce de cul-de-lampe, qui porte le nom de *patience*.

STAMPE, s. f. ital. Instrument qui sert à marquer les Negres, dans l'Isle Saint Domingue, pour les reconnoître. C'est ordinairement une lame d'argent très mince, terminée de maniere qu'elle forme le chiffre du Proprietaire. On disoit autrefois *stampe*, au lieu d'Estampe, pour signifier des Images, en papier, gravées en bois, ou en taille-douce. L'usage a prévalu pour *Estampe*.

STANGUE, s. f. Terme de Blason, qui se dit de la tige droite d'une ancre.

STANTÉ. *Voïez* STENTÉ.

STAPHYLOME, s. m. gr. Maladie des yeux, qui consiste dans une tumeur sur la cornée, en forme de *grappe*

grappe de raisin, suivant la signification du mot, & dont on distingue deux sortes; l'une, qui est un gonflement de la cornée transparente; l'autre, formée par l'uvée, qui, à l'occasion de quelque cause, interne ou externe, passe au travers de la cornée, & défigure l'œil, par une humeur qui détruit ordinairement la vue.

STARIE, s. f. Terme latin, & de terminaison françoise. Les Hollandois nomment ainsi le tems que les Commandans de leurs Escortes, pour le Levant, passent à Smyrne, au-delà de celui qui leur est accordé par leur Commission.

STASE, s. f. gr. Voïez STAGNATION.

STATEUR. *Jupiter stateur*. Nom célebre de Jupiter, que les Romains lui donnerent, en lui bâtissant un Temple au pié du Mont Palatin, parcequ'à la priere de *Romulus*, il les avoit arrêtés, lorsqu'ils fuïoient devant les Samnites.

STATHOUDER, s. m. Terme Hollandois, qui signifie Chef de l'État, & qui est, en effet, le titre du Chef de la République de Hollande. Cette dignité, qui est héréditaire aujourd'hui dans la branche Hollandoise de Nassau, se nomme *Stathouderat*.

STATIONAIRE. *Fievre stationaire*. Nom qu'on donne à certaines fievres continues, qui dépendent d'une disposition particuliere des saisons & des alimens, & qui regnent pendant un tems. Elles sont opposées aux fievres *intercurrentes*.

STATIONAL, adject. On appelle Eglises *stationales*, celles qui, dans les tems de Jubilé, ou d'autres Fêtes ecclésiastiques, sont marquées par les Evêques pour les *stations*, c'est-à-dire, pour recevoir les visites des Fideles.

STATMEISTRE, s. m. Mot allemand, devenu françois. A Strasbourg, on donne ce nom à des Gentilshommes d'ancienne Famille, qui gouvernent la ville avec les Ammeistres, qui sont les Echevins.

STEATITE, s. f. gr. Pierre de *Supplém.*

couleur brune & roussâtre, de substance molle, assez semblable au *suif*, d'où vient son nom; comme celui de *steatocele*, qui est une fausse hernie, ou une *tumeur* du scrotum, causée par une matiere semblable à du *suif*.

STELECHTITE, s. f. gr. Pierre qui vient d'Allemagne, & qui se vend chez nos Droguistes. On en fait un Opiat pour nettoïer les dents. Sa couleur est grise; & sa figure, celle d'un petit *tronc d'arbre*, dont on auroit rompu les branches.

STERLET, s. m. ou STRELET. Nom d'un Poisson commun dans les Rivieres de Moscovie, & dont la chair est meilleure que celle même de l'Esturgeon, avec lequel il a quelque rapport. Sa plus grande longueur n'est que d'une aune.

STERNO-COSTAUX, s. m. & adj. lat. Nom de certains muscles, qu'on appelle autrement le triangulaire du *sternum*. Ils sont disposés obliquement à chaque côté du sternum, sur la surface interne des cartilages de la deuxieme, troisieme, quatrieme, cinquieme & sixieme des vraies côtes.

STICADE ou STECAS, s. f. Nom d'une Plante qui entre dans la composition de la Thériaque.

STICHOMANTIE, s. f. gr. Art *de deviner par les vers*. Les Anciens écrivoient, sur plusieurs petits billets, des vers dont le sens regardoit l'avenir, & qu'ils appelloient fatidiques. Ils jettoient ces billets dans une Urne, & celui, qu'ils tiroient le premier, étoit pris pour la réponse à leur question. Les vers des Sybilles, & les Poésies d'Homere, servoient ordinairement à cet usage. Les Chrétiens des premiers siecles avoient aussi leur *stichomantie*, qu'ils exerçoient avec la Bible & le Psautier, en prenant, pour la volonté de Dieu, le premier passage sur lequel ils tomboient, à l'ouverture du Livre.

STIGMATE, s. m. Les Botanistes nomment *stigmate*, dans les Pistilles, une petite mousse qui forme, sur l'embrion, une pellicule membraneuse & transparente.

K k

STILE. *Voïez* STYLE.

STIMULANT, adj. lat. Terme de Médecine, qui se dit de cequi a la vertu d'*exciter* & de *réveiller* ; par opposition à *calmant* & *assoupissant*.

STINKERKE, s. f. Grand mouchoir de toile, de coton, ou de soie, que les Femmes nouent autour du cou, & dont les deux bouts pendent, ou sont entrelacés, par-devant. Elles lui donnerent ce nom, en France, après la bataille de Stinkerke, en 1691.

STIPULES, s. f. lat. Nom que les Botanistes donnent à deux petites feuilles pointues, qui se trouvent au pié des feuilles de plusieurs especes de Plantes.

STRABISME, s. m. gr. Mauvaise disposition de l'œil, qui le rend louche, & qui fait regarder de travers. *Strabon*, ancien nom propre grec, signifioit *louche*.

STRANGULATION, s. f. lat. Étranglement, action d'étrangler. Il ne se dit qu'en termes dogmatiques.

STRAPASSER, v. act. & n. ital. Terme de peinture, qui signifie travailler à la hâte. Un dessein *strapassé*, c'est-à-dire, auquel on n'a pas emploïé beaucoup de tems. On dit quelquefois d'un Peintre, qui travaille promptement, que c'est un grand *Strapasson*.

STRELETSES, s. m. Nom d'un grand corps d'Infanterie Moscovite, qui sont à-peu-près ceque les Janissaires sont en Turquie.

STRICT, adj. lat. Étroit, resserré. Ce mot ne s'emploie que dans le sens moral. Obligation *stricte*, c'est-à-dire, étroite & rigoureuse.

STRIE, s. f. lat. Terme de Conchyliologie, qui se dit des raïures qui sont sur les coquillages ; différentes des cannelures, qui sont plus grandes & plus régulieres. *Strié*, adject., signifie *canelé*.

STRIGIL, s. m. lat. Espece de petite ratissoire, dont les Anciens se servoient, dans leurs Bains, pour se décrasser le corps.

STROECKS, s. m. Petits vaisseaux plats, dont on se sert sur le Volga, pour le commerce d'Astracan & de la Mer Caspienne.

STROMATES, s. m. gr. Titre de plusieurs anciens Ouvrages, qui signifie proprement *Tapisseries*, & qui se prend pour *mélange* de différens sujets, tel que l'ouvrage de Saint Clément d'Alexandrie.

STRONGLE, s. m. gr. Nom qu'on donne aux vers des intestins, parceque, suivant la signification du mot, ils sont ordinairement longs & ronds.

STROPHE, s. f. gr. Terme de Poésie, qui, en parlant des Odes grecques ou latines, signifie cequ'on nomme Stance, en françois.

STRYGES, s. m. Nom qu'on donne aux *Vampires* de Russie, c'est-à-dire, à des corps qu'on trouve entiers dans leurs cercueils, quoiqu'il y ait longtems qu'ils soient morts. *Voïez* VAMPIRE.

STYGIEN, adj. Cequi appartient au fleuve Styx. En Chymie, on appelle Eaux *stygiennes* toutes les Eaux fortes, parceque, semblables à celles du styx, elles rongent les métaux.

STYLE, substantif masc. grec. On appelle *vieux style* & *nouveau style*, la différente maniere de compter, avant & depuis la réformation du Calendrier. Quelques États Protestans s'étoient obstinés à rejetter le nouveau *style*, par la seule raison qu'il vient de Rome ; mais la confusion de leur Chronologie les a forcés de l'adopter en 1753. *Voïez* GRÉGORIEN.

STYLITE, s. m. gr. On a donné ce nom à quelques Saints, qui ont passé, dit-on, plusieurs années debout sur une colomne ; mortification assurément fort pénible.

STYRAX, s. m. Arbre des Indes, qui produit une résine, dont la Médecine fait usage. Elle se vend, chez les Droguistes, sous les noms de *styrax sec* ou *styrax calamite*, & de *styrax liquide*. La premiere est une substance résineuse, en grains, de couleur rouge ; & la seconde, une liqueur grasse, de consistence mielleuse, & de couleur brune. Toutes deux ont l'odeur très forte.

SUAIRE, s. m. lat. Mot consacré pour signifier un drap, où l'on prétend que la figure de Notre-Seigneur est imprimée, & qu'on garde à Besançon.

SUAVE, adj. SUAVITÉ, s. f., tous deux empruntés du latin, pour signifier, l'un *doux*, l'autre *douceur*. Ils ne se disent gueres que de cequi est agréable, ou doux, pour les sens. Une odeur *suave*. La *suavité* de certains sons.

SUBINTRANT, adj. lat. *Fievre subintrante*. Les Médecins nomment ainsi des fievres intermittentes, dans lesquelles l'accès recommence avant que le précédent soit fini ; cequi les rend continues.

SUBJONCTIF, s. m. lat. Terme de Grammaire. C'est le quatrieme mode, dans la conjugaison des verbes, auquel on donne ce nom, parcequ'il est gouverné ordinairement par quelque autre verbe, ou par quelque particule.

SUBRÉCOT, s. m. Terme vulgaire, qui signifie cequi est *au-dessus de l'écot*, & qui, pour suivre l'origine latine, devroit s'écrire *suprécot*.

SUBSÉQUENT, adj. l., qui signifie cequi suit immédiatement quelque chose. *Subsequemment* est l'adverbe. Mais l'un & l'autre ne s'emploient gueres qu'en style de Pratique.

SUBSTITUTION, s. f. lat. En termes de Droit, on appelle *substitution* un acte revêtu de l'autorité, par lequel des biens héréditaires sont assurés aux Descendans, soit à perpétuité, soit jusqu'à certains degrés. On distingue plusieurs sortes de *substitutions* : la *graduelle*, qui se fait par Contrat de mariage, ou par d'autres dispositions entre Vifs ; la *directe*, par laquelle les biens de la succession se transferent directement de la personne que l'on veut ; l'*Exemplaire*, qui se fait par les Parens, à leurs Enfans, lorsque la foiblesse de leur esprit, ou quelque autre raison d'impuissance, leur ôte le pouvoir de régler leur derniere volonté ; la *Fideicommissaire*, qui est celle par laquelle on charge son Héritier, testamentaire, ou *ab intestat*, de rendre toute la succession, ou partie, à quelqu'un, après la mort de cet Héritier ; la *graduelle & perpétuelle*, qui est une espece de *substitution fidei-commissaire*, par laquelle on fait des degrés de *substitution* jusqu'à l'infini ; la *Pupillaire*, qui se fait à un Pupille, par celui en la puissance duquel il est, au cas qu'il décede avant l'âge de puberté ; la *Réciproque*, par laquelle plusieurs Héritiers sont substitués les uns aux autres ; la *Vulgaire*, par laquelle on substitue à l'Héritier, au cas qu'il ne se porte pas pour Héritier.

SUBURBICAIRE, adj. lat. Nom qu'on donnoit aux Provinces d'Italie, qui composoient le Diocèse de Rome. On en comptoit dix.

SUBUTKO, s. m. Oiseau de proie, de la grosseur du Corbeau, & fort semblable à la Buse. Il vit de Serpens, de Crapaux & de Grenouilles. En Egypte, où il est commun, on prend ses testicules en poudre, pour s'exciter aux plaisirs de l'amour ; cequi lui a fait donner le nom grec d'*Hippotriorchis*.

SUC NOURRISSIER, s. m. Terme de Médecine, qui se dit d'une humeur lymphatique un peu visqueuse, douce, balsamique, fournie par les arteres lymphatiques à toutes les parties du corps, pour les *nourrir* & réparer la perte continuelle qui se fait par la transpiration & par les autres sécrétions.

SUCCESSION, s. f. lat. Action, ou droit, de succéder. Il se dit aussi des choses auxquelles on succede, où l'on a droit de succéder. Les Loix qui regardent la succession, prise pour héritage, sont d'une extrême variété, dans les différentes Provinces du Roïaume. *Succession unde vir & uxor* se dit d'une succession particuliere, en vertu de laquelle le Survivant de deux personnes mariées succede au Mort, à l'exclusion du Fisc, lorsque le Mort ne laisse, ni Descendant, ni Ascendant, ni Collatéraux. On appelle *succession du Fisc*, celle qui est vacante, & pour laquelle il ne se presente point d'Héritiers, ni Mari, ni Femme; parceque dans ce cas, les biens du Mort appartiennent au Fisc, qui est représenté par les Seigneurs Hauts-Justiciers, en vertu du *Droit de desherence*, suivant lequel ils prennent chacun ce qui est situé dans l'étendue de leurs Justices.

SUCCISE, s. f. Plante, qui est une espece de *scabieuse*. On la distingue, elle même, en deux especes; la premiere, qui n'est point velue, la seconde qui l'est; toutes deux d'ailleurs avec des feuilles semblables à celles de la Scabieuse, mais sans découpures, & seulement un peu crenelées sur les bords. Leurs fleurs sont de couleur bleue, quelquefois purpurine ou blanche. La *succise* est sudorifique, cordiaque & vulnéraire. Quelques-uns la nomment *Morsure du Diable*, parceque sa racine paroît mordue & rongée.

SUCET, s. m. *Voïez* REMORE.

SUCRE, s. m. Liqueur qui se tire d'une sorte de cannes, & qui, s'étant épaissie & blanchie par le feu, devient assez semblable au sel congelé & durci. On en distingue jusqu'à six différens degrés de cuisson, qui sont, le *lissé*, le *perlé*, le *soufflé*, à la *plume*, le *cassé*, & le *caramel*. Sucre-tapé se dit du sucre mis en petits pains, depuis trois livres jusqu'à sept. Sucre-verd est le nom d'une assez bonne espece de Poire, dont on distingue deux sortes, la grosse & la petite.

SUGGRONDE. *Voïez* SUBGRONDE.

SUGILLATION, s. f. Espece de meurtrissure, qui se nomme vulgairement *suçon*, parcequ'elle se fait en suçant la peau de quelque partie du corps.

SULFUREUX, adj. lat. Cequi est rempli, impregné, de soufre ou de parties *sulfureuses*.

SUIE D'ENCENS, s. f. Petites parties d'Encens mâle, qu'on fait bruler, pour en faire du noir de fumée.

SUITES, s. f. Terme de Venerie, qui signifie les testicules d'un Sanglier; comme celles du Cerf se nomment *Daintiers*.

SULÉVES, s. m. Divinités champêtres, qu'on trouve représentées assises, tenant des fruits & des épis. On ignore l'origine de leur nom.

SUPERPOSITION, s. f. lat. Terme ecclésiastique. On appelloit Jeûnes de *superposition*, ou *Jeûnes doubles*, des jeûnes autrefois en usage, qui consistoient à passer plusieurs jours de suite sans manger.

SUPERPURGATION, s. f. lat. Terme de Médecine, qui se dit de l'effet postérieur d'une médecine, lorsqu'en étant resté quelques parties mal délaïées, dans l'estomac, elle recommence, le jour suivant, à causer des tranchées & des évacuations.

SUPPRESSION, subst. fem. En termes de Chymie, le *Feu de suppression*, se fait en couvrant un vaisseau & cequ'il renferme, de sable, sur lequel on met des charbons allumés, afin que la matiere reçoive de la chaleur par-dessus & par-dessous.

SUPRALAPSAIRE, s. m. lat. Terme de Théologie, qui se dit de ceux qui croient, ou qui enseignent, que Dieu, sans avoir égard aux bonnes & aux mauvaises œuvres des Hommes, a résolu, par un décret éternel, de sauver les uns & de damner les autres.

SUPRÊME, adj. lat., qui signifie cequi est au dessus de tout, supérieur à tout. Il se dit des qualités comme de l'ordre & du rang. *Suprême*, s. f., est le nom d'une fort bonne Poire, qui vient à la fin de l'Été, & qui se nomme autrement *Poire de figue*.

SURATE, s. f. Nom qu'on donne à chaque division de l'Alcoran, & qui signifie *leçon*. L'Alcoran est divisé en cent quatorze Chapitres ou *surates*.

SURCOSTAUX, s. m. & adj. lat. Nom de quelques muscles, qui s'appellent aussi *Releveurs de côtes*, & qui sont placés obliquement sur les parties postérieures des côtes, attenant les vertebres. Ils sont inégalement triangulaires.

SURDORÉ, s. m. Galon d'or

qui a été doré une seconde fois. On donne ce nom au galon de Paris, qui se conserve toujours beau ; tandis que celui de Lyon perd en peu de tems son éclat.

SURÉMINENT, adj. lat. Élevé au suprême degré, distingué par son élévation. Il ne se dit, que dans le sens moral, d'une dignité, d'une vertu, &c.

SURGE, adject. *Laines surges*. On donne ce nom aux laines grasses, ou en suint, qui se vendent sans être lavées ni dégraissées, telles qu'il en vient beaucoup du Levant.

SUR-INTENDANT, s. m. Titre de plusieurs grandes charges. Il y avoit autrefois un *Sur-intendant* des Finances, mais cette charge fut supprimée en 1661, après M. *Fouquet*, pour faire place à celle de Controlleur général, qui a la même autorité & les mêmes fonctions. En 1626, le titre de la charge de Grand-Amiral fut changé en celui de Grand-Maître, chef & *sur-intendant* de la Navigation ; mais, en 1683, il fut rétabli en faveur du Comte de Toulouse. Ainsi le titre de *sur-intendant* ne resta que pour les Bâtimens, les Postes, & la Musique du Roi. Les Luthériens appellent *Sur-intendans* les Chefs des Diocèses de leur Secte ; comme les nôtres se nomment Evêques.

SURON ou CERON, s. m. Ballot couvert de peau de bœuf, fraîche & sans apprêt, le poil en dedans, cousu avec des filets & des lanieres de la même peau.

SURSIS, s. m. Terme de Palais, qui signifie délai, retardement. C'est le substantif du verbe *surseoir*.

SURTOUT, s. m. Grande piece de vaisselle, ordinairement d'argent ou de cuivre doré, qu'on sert sur la table des Grands, & sur laquelle on place les saliers, les sucriers, les poivriers, & tout cequi est d'usage dans le cours d'un repas, avec des bobeches pour y mettre des bougies, &c. On nomme aussi *surtout* une petite charrette fort legere, à deux roues, faite en forme de manne, qui sert à transporter des provisions ou du bagage.

SUSPENSION, s. f. lat. Terme de Grammaire, qui signifie un repos marqué, dans une phrase où le sens est interrompu & n'est point achevé. C'est une espece de figure, qui a quelquefois beaucoup de force.

SUSPICION, s. f. lat. Terme de Palais, qui s'emploie pour *soupçon*, & dans le même sens ; comme *suspecter*, pour *soupçonner*.

SYCOPHANTE, s. m. Mot grec, qui est passé dans notre langue, pour signifier imposteur, trompeur, calomniateur, fripon. Dans son origine, il signifioit *Délateur*.

SYCOSE, s. f. gr. Tumeur à l'anus, dont on distingue deux especes, la *sycose* dure & ronde, & la *sycose* humide & inégale.

SYLVE, s. f. Mot purement latin, emprunté pour conserver l'idée & le nom d'un Jeu public des anciens Romains, qui étoit une espece de chasse. On faisoit exprès une *Sylve*, c'est-à-dire, un Bois, composé de grands arbres transplantés, où l'on lâchoit quantité de Bêtes, que le Peuple y prenoit à la course. Ces Animaux n'étoient pas féroces, comme dans un autre Jeu de même nature, qui se nommoit le *Pancarpe*. L'usage des *Sylves* dura jusqu'à Constantin.

SYMBOLOGIQUE, s. f. gr. Nom qu'on donne à la partie de la Pathologie, qui traite des signes & des symptômes des maladies.

SYMPTOSE, s. f. Affaissement, ou contraction, des membres ou des vaisseaux du corps, par épuisement après des évacuations, ou par simple lassitude.

SYNAXARION, s. m. gr. Livre de l'Eglise grecque, qui contient un Recueil abregé de la vie des *Saints*.

SYNCHRONISME, s. m. Mot grec composé, & nom qu'on donne à un tableau qui represente, sous un coup d'œil, l'ordre de tous les tems. *Synchroniste* se dit pour *contemporain*, qui a vécu dans le même tems.

SYNCRETISME, s. m. gr. Terme dogmatique, qui signifie conciliation de sentimens opposés, rapprochement de diverses Communions pour se réunir. On a proposé des *syncretismes*, qui ne pouvoient consister que dans une tolérance mutuelle.

SYNODON, s. m. Poisson de mer, qui tire son nom de la grande quantité de ses dents, qui lui ont fait donner aussi celui de Denter. Il est commun dans la Mer Adriatique. Son poids est depuis trois livres jusqu'à dix. Sa chair est fort bonne. Il a la gueule grande, le museau pointu, les dents faites en scie, les yeux grands, le dos relevé, de couleur rougeâtre, tirant sur le blanc, le ventre argentin, & la queue courbée. Il a, dans la tête, des pierres, qu'on nomme *synodontides*, & qu'on prend, broyées, pour la pierre & la gravelle.

SYPHILIS, s. f. Mot d'origine incertaine, dont *Fra Castor* a fait, en latin, le nom de la Verole, & sur lequel il a composé un fort beau Poëme.

SYRIAQUE, s. m. & adj. Nom d'une ancienne langue, qui n'est pourtant qu'une dialecte de l'Hebreu, & qui ne peut passer, par conséquent, pour une Langue-mere.

SYRINGA, subst. masc. gr. *Voïez* SERINGA, qui est le nom vulgaire : mais son vrai nom est *syringa*, formé du mot grec qui signifie *fistule*, ou *flûte*, parceque son bois, vuidé de sa moelle, peut servir à faire des flûtes & d'autres instrumens creux.

SYRO-MACÉDONIEN, adjectif composé. L'Époque *Syro-macédonienne* est fort célebre parmi les Chronologistes.

SYRVENTES, s. m. Vieux mot, & nom de certains Poëmes en vieux langage françois, mêlés de louanges & de satyres, sur les expéditions d'outre-mer. On les nommoit *Servantois*, en Picardie.

SYSTALTIQUE, adj. gr., formé de *systole*, & qui se dit de cequi a la vertu de resserrer ; comme le mouvement du cœur, qui se nomme *systole* : celui des arteres, des nerfs & de toutes les fibres nerveuses, qui, par leur force élastique, se contractent alternativement, broie les liquides & en accelere le mouvement progressif. *Systaltique* & *Peristaltique* ont à-peu-près la même signification.

SYSTÊME, s. m. Nom qu'on a donné au projet, conçu & exécuté par le fameux *Law*, de tirer tout l'argent du Roïaume, en y substituant des Billets de Banque, des Souscriptions, des Actions, des Primes, & d'autres malheureux Papiers qui ont comme inondé la France.

T.

T Est le caractere de la monnoie qui se fabrique à Nantes.

TABAGIE, s. f. Nom des lieux publics, où l'on va fumer en compagnie, & boire ordinairement de la biere en fumant. C'est cequ'on nomme, en Flandres, *Estaminets*. Les Boêtes, où l'on met du Tabac en poudre, se nomment *Tabatieres*, quoiqu'en s'attachant à l'origine, il fallut écrire & prononcer *Tabaquiere*.

TABARINAGE, s. m. Mot passé en usage pour signifier Bouffonnerie, & formé de *Tabarin*, nom d'un Valet du fameux *Mondor*, Charlatan de la Place Dauphine, vers le commencement du dix-septieme siecle. Nous avons un Recueil des grossieres plaisanteries de *Tabarin*, sous le titre de *Questions & Fantaisies Tabariniques*.

TABERNACLE, s. m. Mot tiré du latin, qui signifie proprement *Tente*, ou *Pavillon*. Dans une Galere, le *Tabernacle*, est un petit espace un peu exhaussé, vers la pouppe, d'où le Capitaine donne ses ordres.

TABIFIQUE, adject. lat., formé du mot qui signifie maladie de langueur, phtisie, consomption, marasme. Une qualité, un poison *tabifique*, c'est cequi cause cette maladie.

TABLATURE, s. f. Piece de Musique, écrite suivant toutes les régles, pour servir à apprendre la musique vocale ou instrumentale.

Comme cette maniere d'apprendre est exacte & pénible, de-là vient l'expression figurée, *donner de la tablature* à quelqu'un, pour, lui donner de la peine & de l'embarras.

TABLE DE LOKE, s. f. Morceau de planche, divisé en quatre ou cinq colomnes, pour écrire avec de la craie l'estime de chaque jour. La premiere marque les heures, de deux en deux ; la seconde, le Rhumb du vent, ou la direction du vaisseau par rapport aux principaux points indiqués par la Boussole ; la troisieme, la quantité de nœuds qu'on a filés en jettant le Loke ; la quatrieme, le vent qui souffle, & la cinquieme, les observations sur les variations de l'aiman. Les nœuds de la ligne, ou de la corde, sont ordinairement éloignés les uns des autres, d'environ quarante-&-un piés huit pouces pour le tiers d'une lieue. Ainsi, l'intervalle de trois nœuds, filés dans une demie minute, fait une lieue de chemin par heure. *Voïez* LOKE.

TABLE. *Poids de table.* Nom d'une sorte de poids, en usage dans les Provinces de Languedoc & de Provence. *Voïez* POIDS. On appelle *Tables*, ou Rouelles d'Essai, deux plaques d'étaim, dont l'une est dans la Chambre du Procureur du Roi du Châtelet, & l'autre dans celle de la Communauté des Potiers d'Etaim, sur lesquelles les Maîtres Potiers sont obligés d'empreindre les marques des poinçons dont ils doivent se servir pour marquer leurs Ouvrages.

TABLETTERIE, s. f. Art de faire des Ouvrages de pieces de rapport & d'autres Ouvrages délicats de menuiserie, qui est exercé par les Tabletiers.

TACHES HÉPATIQUES, s. f. Nom qu'on donne aux chaleurs de de foie. On appelle *taches* du Soleil & de la Lune, certaines obscurités qui paroissent en différentes parties de la surface de ces Astres, & qu'on explique diversement. Les *taches*, qui ont paru sur la surface du Soleil, ont fait connoître qu'il tourne sur son axe.

TACTILE, adj. formé de *tact*, qui signifie, en termes de Philosophie, ce qui est l'objet du *toucher*. La chaleur, la dureté, &c., sont des qualités *tactiles*.

TADORNE, s. m. Oiseau aquatique, qui ressemble au Canard, mais qui est plus gros, & qu'on voit rarement en France.

TAFFETAS D'HERBE, ou AREDAS. Nom d'une espece de Taffetas des Indes, fabriqué d'un fil doux & lustré qu'on tire de diverses herbes.

TAFTOLOGIE. *Voïez* TAUTOLOGIE.

TAFFIA, s. m. Nom que les Naturels des Antilles donnent à l'Eau-de-vie de cannes, c'est-à-dire, à celle qui se fait avec les écumes & les gros sirops de sucre. Les François l'appellent *Guildive*, & les Anglois *Rum*.

TAGERA, s. f. Plante orientale, dont les feuilles broïées & appliquées sur la piquûre des Abeilles, en calment les douleurs. On emploie ses semences, broïées avec du saffran, pour les pustules & les ulceres.

TAILLEVENTS, s. m. Oiseaux maritimes, de la grosseur d'un Pigeon, qui ont le vol de l'Hirondelle, & qui paroissent voler sans interruption. Comme on les trouve à plus de six cens lieues de terre, on croit qu'ils se reposent sur la mer même lorsqu'ils se lassent du mouvement ; ce qui est d'autant plus vraisemblable qu'ils ont les jambes courtes & les piés d'une Oie.

TAILLEUR D'ARMES SUR ÉTAIM. TAILLEUR D'IMAGE SUR IVOIRE. Les Maîtres Potiers d'étaim de Paris prennent la premiere de ces deux qualités dans leurs Lettres de Maîtrise ; & les Maîtres Peigniers-Tabletiers prennent la seconde.

TAILLIS, s. m. Terme de l'Échiquier d'Angleterre, c'est le nom d'un bâton fendu par la moitié & marqué de quelques entailles, où l'on marque l'argent qu'on prête sur les Actes du Parlement.

TAIN, s. m. Quelques-uns donnent ce nom à une lame d'étaim fort mince, qui se met derriere les glaces de miroir: mais voïez *Teint.*

TAISSON, s. m. Ancien nom de l'Animal qui s'appelle aujourd'hui Blaireau.

TALAIRES, s. m. lat. On nomme *Talaires*, ou *Talonieres*, les aîles qu'un Mercure porte aux talons, pour faire ses courses plus vîte, en qualité de Messager des Dieux.

TALIR KARA, s. m. Racine d'un arbre de Malabar du même nom, dont on fait une boisson qui pousse puissamment par les sueurs. On ne connoît, à l'arbre, ni fleurs ni fruit.

TALLEVANE, s. f. Nom d'une sorte de grands Pots de grès, longs & ronds, dans lesquels on met du beurre.

TALLIPOT, s. m. Arbre célebre de l'Isle de Ceylan, dont les feuilles sont si grandes, qu'une seule est capable de mettre plusieurs Hommes à couvert de la pluie. Elles se conservent si souples, en séchant, qu'elles se plient comme des éventails. Aussi les Insulaires ne sortent-ils jamais sans une feuille de *Tallipot*, qui leur sert de Parasol, & même de Tente, dans leurs voïages. Ces feuilles sont d'ailleurs fort legeres.

TALONIERES, s. f. *Voïez* TALAIRES.

TALUTER, v. act., formé de *talus*, pour signifier donner du *talus*, de la pente, ou élever un *talus*.

TAMACOSIO, s. m. Animal du Paraguai, dont on trouve une description curieuse, au vingt-cinquieme Tome des Lettres édifiantes.

TAMBACK. *Voïez* TOMBACK.

TAMOATA, s. m. Poisson d'eau douce de l'Amérique, dont la tête est couverte d'une écaille en forme de bouclier, & le corps revêtu d'une sorte de cuirasse, composée de longues écailles. Sa chair est fort bonne. Il est long d'environ un pié & demi, & de couleur obscure. Les Portugais l'ont nommé *Soldido*, qui signifie *armé*.

TANESIE, s. f. Plante commune, à laquelle on attribue des vertus carminatives, vulneraires, hysteriques & aperitives. On la vante surtout pour les vapeurs. L'odeur en est desagréable, & le goût amer. Ses feuilles sont grandes, en forme d'aîles, découpées & dentelées, de couleur verd-jaunâtre. Ses fleurs, qui naissent en bouquets, au sommet des tiges, sont d'un assez beau jaune doré. La hauteur des tiges est de deux ou trois piés.

TANG, s. m. Nom de différentes especes de Mousselines, unies, & brodées à fleurs, que les Anglois apportent des Indes orientales. D'autres se nomment *Tanjebs.*

TANI, s. m. Arbre des Indes orientales, qui porte un fruit en forme de Poire, de la grosseur d'une Prune. La poulpe, qui est verte & succulente, mais insipide, contient une amande très agréable & très saine.

TANTE ou CALEMARE, s. f. Nom d'une espece de poisson de mer, qui ressemble beaucoup à *la Séche.*

TANTIEME, adj. formé de *tant*, pour marquer le nombre indéterminé du rang d'une chose. Il répond à quantiéme, qui suppose ordinairement une interrogation.

TAPÉ. *Poires tapées.* Nom qu'on donne à des Poires, applaties & séchées au four, qui se vendent chez les Epiciers. On appelle Sucre *tapé*, du sucre terré, en petits pains, & fait de cassonade blanche.

TAPIN, s. m. Espece d'Oranger des Indes, dont le fruit a la forme & la couleur de l'orange, avec un assez bon goût, mais une odeur dégoûtante. Ses feuilles écrasées sont excellentes, en cataplasme, pour les inflammations.

TAPITI, s. m. Animal sauvage du Bresil, qui aboie comme les Chiens. On en distingue plusieurs especes, les uns sans queue, d'autres avec une queue fort longue.

TAPSEL, s. m. Grosse toile de coton raïée, ordinairement de couleur bleue, qui vient, en quantité, du Bengale & d'autres lieux.

TARI, s. m. Liqueur agréable, qu'on

qu'on tire des Palmiers & des Cocotiers. Elle tient lieu de vin, dans la plus grande partie des Indes orientales. Elle fortifie, elle enivre même. Mais elle n'est bonne que dans sa fraîcheur; & dans l'espace de vingt-quatre heures elle devient aigre. On la nomme aussi *Soury*.

TARLATANE, s. f. Espece de Toile fine, qui a beaucoup de rapport à la Mousseline, & dont les Femmes se font des coeffes, des manchettes, & des mouchoirs de cou. Il y a une Mousseline orientale, très blanche & très claire, qui se nomme *Tarlatane-Chavonis*.

TAROT, s. m. Nom d'un instrument à anche & à vent, qui a onze trous, & qui sert de basse aux concerts de musette. On le nomme communément *basson*. *Tarot* est aussi le nom d'un petit instrument d'acier bien trempé, en forme de vis, qui sert à faire des écrous.

TARSO, s. m. Espece de marbre, très dur & très blanc, qui se trouve en divers endroits de Toscane, & qu'on employe dans la composition du verre.

TARTARE, s. m. Nom qu'on donne, dans les Trouppes de la Maison du Roi, aux Valets qui servent en campagne.

TARTUFE, s. m. ital. Nom d'un personnage de Comédie, qui est passé en usage pour signifier *Hypocrite*. On prétend qu'il est formé du mot italien qui signifie *Truffe*. *Voïez ce mot*. *Tartufisme* & *Tartuserie* se disent aussi pour *Hypocrisie*.

TARY. *Voïez* TARI.

TATAUBA, s. m. Arbre du Bresil, dont le fruit, qui porte le même nom, se mange au sucre & au vin, & fait les délices du Païs. Il contient une infinité de petits grains blanchâtres.

TATI, s. m. Nom indien du petit oiseau que nos Voïageurs ont nommé *Oiseau-mouche*. V. OISEAU.

TAUMALIN, s. m. Espece de matiere grasse, qui se trouve dans le corps des Crabes & autres coquillages. Elle est rougeâtre, jaunâtre, ou verdâtre, suivant leur espece. On *Supplém.*

en fait une bonne sauce pour le poisson même, en la délaïant avec du jus de citron, du sel & du poivre.

TAUPE-GRILLON, s. m. ou GRILLON-TAUPE. Nom d'un insecte d'environ deux pouces de long, qui a deux antennes devant lui & deux autres derriere, deux ailes fort courtes & deux fort longues, avec une large cuirasse sur le dos, & deux bras armés chacun d'une espece de scie. Il habite sous terre, comme la Taupe, & son cri ressemble à celui du Grillon. *Taupe*, en langage de Chirurgie, ou le mot latin *Talpa*, est le nom d'une tumeur molle & de figure irréguliere, qui se forme sous les tegumens de la tête. Elle contient un pus blanc & épais, quelquefois si âcre, qu'il carie le crâne. C'est une espece d'Atherome, qui se nomme aussi *Tortue*.

TAUPKANE, s. m. Nom de l'Arsenal, ou plutôt de la Fonderie de Constantinople, qui est hors des murs du Galata, à la pointe qui regarde le Serail.

TAURICIDER, v. n. Terme de Relation, qui signifie, faire des réjouissances à la maniere d'Espagne, par des combats de Taureaux.

TAUROBOLE, s. m. Nom que les Anciens donnoient au sacrifice d'un Taureau. On a beaucoup parlé du *Taurobole* de Lectoure, & de celui de la Montagne de Fourviere, à Lyon, c'est-à-dire, de deux Monumens, trouvés dans ces lieux, qui representent un de ces sacrifices.

TAUTOGRAMME, adj. gr. On appelle vers *tautogrammes*, ou *lettrisés*, ceux dont tous les mots commencent par une même lettre, tels que le celebre Poëme latin du combat des Cochons, contenant trois cens cinquante vers dont tous les mots commencent par un P. On l'attribue à Pierre *Placentz*, Allemand, qui s'y est déguisé sous le nom de *Publius Porcius*. Un autre Allemand, *Christianus Pierius*, en a composé un, de mille deux cens vers, sur la mort de Jesus-Christ, dont les mots commencent tous par C.; & un autre sur l'Empereur Maximilien, dans lequel ils commencent par M. & C.

TEFFILIN, f. m. Nom que les Juifs donnent à des morceaux de parchemin, taillés d'une certaine forme, sur lesquels ils écrivent, avec une encre faite exprès, divers passages de la Loi de Moïse, & qu'ils portent au bras & au front.

TELA, f. m. Espece de monnoie, ou plutôt de Médaille d'or, du poids des ducats d'or d'Allemagne, qui se frappe & se distribue au Peuple, à l'avénement de chaque Roi de Perse à la couronne.

TEMPÉRANS, f. m. & adj. lat. Ce mot, qui porte sa signification par lui-même, est un terme de médecine. Il se dit des remedes qui servent à éteindre une chaleur contre nature, telle que celle des fievres, des inflammations, des mouvemens spasmodiques, &c.

TENAILLON, f. m. En termes de Fortifications, le *tenaillon* est un ouvrage, placé dans le fossé pour en défendre le passage, & fait en forme de *tenaille* renforcée, c'est-à-dire, une *tenaille* à flancs. On nomme aussi *tenaillon* une piece faite d'un bastion détaché, avec double contregarde, formant un angle à *tenaille* dont l'angle rentrant regarde l'angle saillant du Bastion ou Ravelin ; ce qui forme une espece de lunettes.

TENDANCE, f. f. Action de tendre, de se porter, vers quelque chose. C'est un terme de Physique. Tous les corps ont une *tendance* naturelle vers leur centre.

TENDRE A CAILLOU, f. m. Nom d'un arbre de l'Amérique, qui le tire de son extrême dureté. Il est haut de vingt-cinq à trente piés ; mais il n'a pas plus de douze à quatorze pouces de diametre. Son écorce est blanchâtre & peu adhérente. Il a peu de branches & de feuilles, & sa séve se séche bientôt lorsqu'il est abbattu.

TÉNONTAGRE, f. f. gr. Espece de goutte, dont le siege est dans les tendons larges ; par exemple, dans les ligamens tendineux de la nuque du cou.

TENSON, f. m. Terme d'ancienne Poésie Provençale, qui signifioit une dispute de galanterie, dans laquelle deux ou plusieurs Poètes soutenoient des partis différens. On donne aussi le nom de *tensons* à des Pieces galantes, qu'on appelloit autrement *jeux-partis*.

TENUE, adject. lat., qui se dit quelquefois pour mince, délicat, composé de petites parties qui ont peu de liaison entre elles. *Tenuité* est le substantif. La *tenue* d'une assemblée signifie le tems pendant lequel elle se tient.

TENURE, f. f. & TENEMENT, f. m. Termes du droit féodal, qui signifient mouvance, dépendance, & étendue, d'un fief. Une terre dans la *tenure*, ou le *tenement*, d'un Duché.

TÉRATOSCOPIE, f. f. gr. Science qui s'attache, suivant la signification du mot composé, à l'examen des prodiges, tels que les accouchemens monstrueux, les pluies de pierres, de sang, &c., les combats d'armées aériennes, &c.

TERCERE, f. m. Mot emprunté de l'Espagnol, qui signifie ce qu'on appelle plus ordinairement un *Mercure*, un Entremetteur d'amour.

TERFEZ, f. m. Nom d'une espece de Truffe, qui croît dans les sables d'Afrique, sans pousser aucune tige, & qui parvient à la grosseur de l'orange. Elle est saine & nourrissante, cuite sous la cendre ou bouillie à l'eau. Son écorce est blanchâtre.

TERMINTHE, f. m. gr. Espece de Tubercule inflammatoire, noir ou verdâtre, dont les jambes sont ordinairement le siege, & sur lequel se forme une pustule noire & ronde, qui, en se desséchant, prend la forme du *terminthe*, fruit du Terebinthe.

TERNEUVIER. *Voïez* TERRE-NEUVIERS.

TERRE-A-SUCRE, f. f. Nom d'une espece de terre grasse, avec laquelle on blanchit le sucre, pour en faire de la cassonade blanche. De-là *sucre terré*, qui est du sucre mis en pain, après avoir été blanchi par cette méthode. Il y a quantité d'especes de terre, qu'on distingue par l'addition de quelque autre mot qui exprime leur nature, ou leur origine, ou leur usage. On nomme *Terre de Bellievre*, dans les Manufactures des Glaces, la terre dont on construit le dedans & les glacis des Fours ; *Terre cimolée*, ou *Cimolienne*, une terre savoneuse qu'on tire de l'Isle Argentiere, & qui sert à décrasser le linge ; la Médecine l'emploie aussi pour résoudre les humeurs : *Terre du Japon*, ou *Cachou*, une espece de terre, ou de suc épaissi, qui tient de la nature du vitriol, & qu'on croit bonne pour fortifier la poitrine : *Terre moulard*, la terre qui se trouve au fond de l'auge des Rémouleurs, & dont on fait usage dans la teinture, particulierement pour le noir : *Terre de Patna*, une espece de terre sigillée, qui se vend chez les Droguistes, pour adoucir les humeurs acides du corps, & pour arrêter les cours de ventre & les hémorrhagies. Dans le Païs, on en fait des vases d'une extrême legereté, qui communiquent un goût & une odeur agréable à l'eau : *Terre de Perse*, ce qui porte aussi le nom de *Rouge-d'Inde*, parcequ'elle sert aux Dames Indiennes pour se rougir le visage, & même de *rouge d'Angleterre*, parceque les Anglois l'apportent des environs de Bander-Abassi : *Terre de pierre*, une espece de Minéral, qu'on nomme vulgairement *Castine*, & qui sert pour la fonte du Fer : *Terre verte de Verone*, ou *Chypre*, une terre séche, de cette couleur, qui vient d'Italie, & qu'on emploie pour la teinture, &c. On se garde de répéter les noms de plusieurs autres *terres*, dont on a parlé sous le mot distinctif.

TERRENEUVIER, s. m. Nom qu'on donne aux Marchands qui entreprennent la Pêche des Morues sur le Banc de Terre-neuve, & aux Navires qu'ils emploient pour cette entreprise.

TERRENOIX, s. f. Plante, dont la racine est bulbeuse, de la grosseur d'une *noix*, ou d'une châtaigne, dont elle a le goût, & qui se mange, cuite sous la cendre ou à l'eau. Elle est commune en Angleterre & en Hollande. Sa feuille ressemble à celle du Persil & tient à une longue queue purpurine. Ses fleurs croissent à l'extrêmité des tiges, en ombelle à cinq feuilles blanches.

TERTIANAIRE, s. f. Plante des marais & autres lieux humides, dont on vante la vertu, non-seulement pour la fievre tierce, d'où lui vient son nom, mais pour les blessures & le venin. Ses feuilles sont longues & étroites, pointues, dentelées dans leurs bords, rudes & d'un goût amer. Ses fleurs, qui sont d'un violet tirant sur le bleu, & marquées de petits points d'un bleu foncé, sortent des aisselles, deux à deux, en forme de gueule, ou de tuïau découpé par le haut en deux levres. La hauteur ordinaire des tiges est environ d'un pié & demi. L'odeur de la Plante est assez agréable.

TESSEAUX, s. m. ou BARRES DE HUNE. Pieces de bois, mises de travers l'une sur l'autre, qui font saillie autour de chaque mât d'un Navire, au-dessous de la hune, pour la soutenir, & même pour en servir aux mâts qui n'en ont point.

TESSON, s. m. Nom d'un animal qui fait sa retraite sous terre, comme le Renard, dont il est ennemi. C'est une espece de Blereau.

TESTON, s. m. Ancienne monnoie d'argent, qui, sous *François I*, valoit dix sous quelques deniers, & dont l'usage a fini sous *Louis XIII*, lorsque leur valeur étoit montée par degrés à dix-neuf sous & demi. D'autres Païs, tels que la Lorraine, la Suisse, le Milanez, &c., avoient aussi leurs *testons* & leurs doubles *testons*, qui portoient, d'un côté, la tête du Prince & de l'autre ses armes. Dans *teston* l's se prononce.

TÊT, s. m., qui signifie la partie chevelue de la tête, qu'on appelle communément le crâne. Il est composé de plusieurs os, séparés par des sutures.

TÊTE, s. f. En termes de Chasse, on appelle *tête*, le bois du Cerf. *Têtes ouvertes* se dit des *têtes* de Cerf, de Daim & de Chevreuil, dont les perches font fort écartées; cequi est leur plus belle qualité.

TÊTE-CHEVRE, s. f. Oiseau nocturne, dont le nom vient de la singuliere propriété qu'on lui attribue de *teter*, ou *sucer*, les mammelles des Chevres, parcequ'il en aime beaucoup le lait. Mais il les pique, dit-on, si cruellement qu'elles en meurent. Il étoit fort connu des Anciens, qui lui donnoient le même nom en latin. C'est une espece de Fresaie, plus grosse qu'un Merle. Sa tête est longue, ses yeux grands & noirs, son bec court, peu crochu, & chargé de petites plumes fort menues, vers les narines. Son cri est effroïable. Il est assez commun en Candie, où l'on remarque qu'il cherche les étables des Chevres.

TÊTE DE CHIEN, s. m. Nom d'une espece de Serpent, qui est sans venin, & qui se trouve à la Dominique. Il ne laisse pas de mordre comme un Chien, auquel il ressemble aussi par la tête. Sa graisse est extrêmement vantée pour les rhumatismes & même pour la goutte.

TÊTE DE COQ, s. f. On donne ce nom à une Caroncule de l'Uretre, qui est près de l'endroit où les vaisseaux séminaux se déchargent dans ce Canal.

TÊTE DE MORT, s. f. Nom que les Marchands de Tableaux & les Doreurs de Paris donnent aux bordures de bois uni, qui ont six pouces de hauteur sur quatre pouces neuf lignes de largeur; apparemment de ceque les premieres Estampes, pour lesquelles on en fit, representoient des têtes de Morts.

TÊTE DE NEGRES, s. f. C'est ainsi qu'on nomme, sur les Côtes d'Afrique où se fait la traite des Negres, & même aux Isles Antilles, ceux dont l'âge est depuis seize ou dix-sept ans jusqu'à trente.

TETHÉE, s. m. Petit coquillage de mer, qui se trouve quelquefois adhérent aux huitres, mais qui naît ordinairement sur les rochers, ou dans l'algue. Son écaille est de figure sphérique, raboteuse, & moins dure que les autres coquilles. Sa chair est fongueuse. On en distingue plusieurs especes.

TETRAGONE. *Voïez* TÉTRAEDRE.

TÉTRALOGIE, s. f. gr. Nom d'un combat en usage parmi les anciens Poëtes grecs, qui consistoit à se disputer le prix par quatre pieces dramatiques contre quatre autres. Les trois premieres étoient des Tragédies, & la quatrieme une espece de Comédie, nommée *Satyre*. Ces combats poétiques commencerent vers la soixante-&-dixieme Olympiade.

TETRASTYLE, s. m. gr. Terme d'Architecture, qui signifie un Bâtiment soutenu par *quatre colomnes*.

TÊTU, s. m. Nom d'un Poisson de mer & de riviere, qui a le corps long, & couvert de petites écailles argentines mêlées de bleu. Il pese environ deux livres, & sa chair est fort bonne.

TEUTONIQUE ou GERMANIQUE. La Langue *teutonique* est la Langue des anciens Teutons. Elle n'est pas la même que la Celtique, mais elle a beaucoup influé sur celle des Allemands, des Francs, des Saxons, des Danois, des Normands, des Anglois, &c, & elle se nomme aussi *Théotisque* & *Tudesque*. On appelle *Hanse teutonique*, l'alliance des Villes *Hanseatiques*, c'est-à-dire, alliées pour le Commerce; & *Ordre teutonique*, un fameux Ordre militaire, établi d'abord sous le nom de Chevaliers *de Notre-Dame du Mont-Sion*, qui consiste à-présent en douze Provinces, *Alsace*, *Bourgogne*, *Autriche*, *Coblentz*, *Etsch*, *Franconie*, *Hesse*, *Viessen*, *Westphalie*, *Lorraine*, *Thuringe* & *Saxe*. Chaque Province a ses Commanderies & dépend d'un Commandeur Provincial, qui ressortit au grand Maître. Les armes de l'Ordre sont d'argent à une croix pattée de sable, chargée d'une croix potencée d'or.

TEXTUEL & TEXTUAIRE, adjectifs de *texte*. Le premier signifie cequi est dans un *texte*; & l'autre, cequi lui appartient. Ce dernier est aussi substantif. Alors il signifie un Livre sans Commentaire, où l'on ne trouve que le *texte* de l'Auteur. Un *Textuaire* de Droit civil, de Droit canon, de la Bible. *Petit-texte* est le nom d'un caractere d'Imprimerie, qui est entre le Petit-romain & la Mignone. C'est celui dont on s'est servi pour ce Dictionnaire.

TEXTILE, adj. lat., qui signifie ce qui peut être tiré en filets propres à faire un tissu. Il y a des pierres *textiles*, telles que l'Asbeste. M. de Réaumur prétend, après *Descartes*, que le verre même a cette qualité, du moins pendant qu'il est chaud. *Texture*, s. f., se dit quelquefois pour *tissu*, ou plutôt pour *trame*.

THAÏM, s. m. Nom d'une espece de pension que la Porte-Ottomane fournit aux Princes qu'elle prend sous sa protection, ou auxquels elle accorde un asyle.

THALASSARQUIE, s. f. gr. Mot composé, qui signifie l'*Empire des Mers*. Quelques Nations y ont prétendu, & nous avons des traités sur cette matiere.

THALICTRUM, s. m. Plante, dont la racine & les feuilles sont purgatives; du moins celles du *Thalictrum majus*, ou *Grand thalictrum*.

THAMALAPATRA, s. f. ou FEUILLE INDIQUE. Nom de certaines feuilles des Indes, qu'on fait entrer dans la composition de la Thériaque.

THAPSIE, s. f. Plante remplie d'un suc laiteux, très âpre, & un peu corrosif.

THAYON. *Voïez* THEÏON.

THÉATRE, s. m. lat. Lieu destiné aux Spectacles publics, dont le nom se prend, dans le figuré, pour tout lieu où se passe un grand événement. Le Théâtre des Anciens contenoit trois parties; la *Scene*, l'*Orchestre*, & les *degrés*, qui servoient de sieges aux Spectateurs. La Scene, en général, comprenoit tout l'espace qu'occupoient les Acteurs; mais elle avoit trois parties, dont la plus considérable étoit la *Proscene*, ou le devant. L'Orchestre, étoit un demi-cercle, enfermé au milieu des degrés, où l'on dansoit les Ballets chez les Grecs, mais qui étoit occupé, chez les Romains, par les personnes du premier rang, telles que les Sénateurs. Les degrés étoient la place des Spectateurs du commun. Ce fut *Pompée le grand* qui bâtit, à Rome, le premier Théâtre permanent. On les détruisoit, avant lui, lorsque les Jeux étoient achevés.

THÉCA, s. m. Chêne des Indes, dont on trouve des Forêts entieres dans le Malabar, & dont les feuilles rendent une liqueur qui sert à teindre en pourpre les soies & les cotons. On fait aussi, de ses fleurs, un sirop vanté pour l'hydropisie.

THEÏON, s. m. gr. Mot en usage en Artois, & dans la langue Wallone, pour signifier *Aïeul*. Il vient sans doute immédiatement des Espagnols, qui disent *Tio* & *Tia*, pour Oncle & Tante; mais originairement du grec, où *Théïos* a la même signification.

THÉNAR, s. m. gr. Nom que les Médecins donnent à l'espace de la main qui est entre le pouce & l'index. C'est aussi le nom d'un muscle de la main & du pié.

THÉOPTIE, s. f. gr. Terme de Mythologie, qui signifie *apparition des Dieux*.

THÉOTISQUE. *Voïez* TEUTONIQUE.

THÉRAPEUTES, s. m. gr. Moines du Judaïsme, qui se livroient à la vie comtemplative, & qui menoient une vie fort mortifiée. Ils ont été comme le modele sur lequel s'est formé l'état monastique.

THIOIS, s. m. Vieux mot, qui se disoit autrefois pour *Teuton*, ou Langue teutonique. Il vient du latin, *Theodisca lingua*.

THISELIN, s. m. Plante laiteuse, qui croît dans les lieux humides, & dont les racines sont apéritives. Elle ressemble, par la forme, à l'*Orcoselinum*, ou Persil de Montagne.

THLASE, s. f. gr. Nom que les Médecins donnent à une espece de fracture des os plats, qui consiste dans une contusion & un enfoncement des fibres osseuses.

THLASPIDE, s. m. Nom d'une plante, assez commune en Languedoc, dans les lieux montagneux, qui a quelque ressemblance avec le *Thlaspi*. Elle est détersive, & si apéritive, qu'on la fait prendre en décoction pour exciter les menstrues.

THOMAS. ORDRE, OU CONGRÉGATION, DE S. THOMAS DE VILLENEUVE. C'est le nom d'une association de Filles qui se sont consacrées au service des Hôpitaux, & qui reconnoissent le Curé de Saint Sulpice, de Paris, pour leur Supérieur né.

THROMBE, s. m. gr. Nom d'une tumeur formée par un sang épanché, qui se grumele quelquefois dans les tegumens, après une saignée, quand l'ouverture de la veine ne répond pas à celle de la peau, ou par d'autres accidens. C'est un grumeau, ou un *caillot*, *de sang*.

THYASES, s. f. Nom que les Anciens donnoient aux Danses des Bacchantes, qui se faisoient, avec une licence furieuse, à l'honneur de Bacchus.

THYMALLE, s. m. ou OMBRE. Poisson de riviere, qui est une espece de Truite, à laquelle on croit trouver une odeur de Thym. Sa chair est excellente. On prétend que sa graisse est bonne pour les taches & les cataractes des yeux, pour la surdité, & pour les taches de la petite verole.

THYMBRE, s. f. gr. Plante assez semblable au Thym, mais dont les feuilles naissent par étages, le long des branches & de la tige. Elle est céphalique & carminative. Sa racine est ligneuse. Son odeur participe de la Sarriette & du Thym. On en distingue plusieurs especes.

THYMIAME, s. f. Drogue qui nous vient des Indes, & qui est l'écorce de certains arbres qui portent de l'encens. Cette drogue, qui est rare & chere, s'emploie pour les maladies du poumon.

THYROÏDE, adj. gr. *Cartilage thyroïde*. C'est le nom de cequ'on appelle vulgairement le *nœud de la gorge*.

THYRSE, s. m. gr. Nom que la Fable donne à la lance de Bacchus, parcequ'il la cacha sous des *feuilles de lierre*, pour tromper les Indiens dans ses expéditions. De-là l'usage des Bacchantes, de porter une Baguette entourée de feuilles de vigne.

TIEBLE, ou RUCHET, s. m. Lieu où l'on met les ruches des Mouches à miel. On prétend que chaque ruche rapporte, par an, une pistole à son Maître.

TIENBORD, s. m. Terme de Marine, qui signifie, comme *stribord*, le côté droit d'un vaisseau, lorsqu'on a le dos tourné à la poupe.

TIERCE-FEUILLE, s. m. Figure dont on charge les Ecus des armoiries, qui a une queue, & qui est distinguée par-là du Trefle, qui n'en a point.

TIERS, s. m. Oiseau de la nature du Canard, & un peu plus gros que la Sarcelle, qui vit dans les Marais & sur les Etangs. Il est presque tout gris. La femelle a la tête rougeâtre, & les ailes blanches & grises, avec quelques plumes vertes.

TIERS-DÉTENTEUR, s. m. Terme de Barreau, qui signifie celui qui possede un immeuble sujet à l'hypotheque du Créancier d'un Vendeur. On le nomme aussi *Tiers-acquereur*. Il ne prescrit, contre l'Eglise, que par quarante ans.

TILLE, s. f. Instrument qui est tout ensemble hache & marteau, à l'usage des Tonneliers, des Couvreurs & d'autres Artisans. Il se nomme aussi *Hachette* & *Assette*.

TILLET, s. m. Nom qu'on donne à un lieu planté de Tilleuls.

TIMORÉ, adj., formé du substantif latin, qui signifie crainte. On appelle *Conscience timorée*, celle que la crainte du mal allarme facilement, qui porte la délicatesse jusqu'au scrupule.

TIN, s. m. Nom de certaines pieces de bois. *Voïez* TAIN.

TINEL, s. m. Mot tiré de l'Italien, qui signifie une Salle basse où les Domestiques mangent, dans une grande Maison. On nommoit autrefois *tinel* le son d'une cloche du Palais des Rois, pour avertir de l'heure des repas. Notre Historien Froissart donne le nom de tinel à la Cour même du Roi.

TINTENAQUE, s. m. Espece de cuivre, fort estimé, qu'on tire de la Chine. Il en passe peu en Europe, parceque les Hollandois, qui en font le plus grand Commerce, le réservent pour leur Commerce d'échange, en Orient : on croit qu'il entre dans la composition du véritable Tomback.

TIPULA, s. f. Nom d'une Mouche aquatique, qui ressemble à l'Araignée. Elle a six longues jambes, avec lesquelles elle marche sur l'eau, sans enfoncer. Son corps est de figure ovale & de couleur blanchâtre. Ses aîles sont argentées, ses yeux noirs, & sa queue pointue. Elle n'est pas nuisible, parcequ'elle n'a point de trompe ou d'aiguillon.

TIRANCE, s. f. *Pieux de tirance.* Terme de mer, & nom d'une sorte de pieux, inventés pour traîner des cordages sur le fond de la mer. Ils sont armés, à leur extrêmité, de deux pointes, entre lesquelles est un rouleau tournant sur son essieu; avec une poulie de retour à leur tête.

TIRE-TÊTE, s. m. Instrument célebre, de l'invention d'un Accoucheur de Paris, nommé *Dussé*, pour tirer l'Enfant par la tête, dans les accouchemens naturels, mais laborieux. Il est si mince, qu'il n'augmente pas d'une ligne la partie de la tête qu'il embrasse, quoiqu'il ait assez de force pour sa fonction.

TIRE-VEILLE, s. f. ou suivant quelques-uns TIRE-VIEILLE. C'est le nom des cordes qui pendent le long du bordage d'un vaisseau, à chaque côté de l'Echelle, pour aider à monter & descendre.

TIRONIEN, adject. Caracteres *tironiens*, Abbreviations *tironiennes*. Méthode d'abreger l'écriture, par des caracteres particuliers qui représentent un mot, ou plusieurs mots ensemble. On les nomme *Tironiens*, parcequ'il nous en reste un assez grand nombre qui sont attribués à Tiron, fameux Affranchi de Ciceron. On les trouve dans le Recueil de Gruter.

TITIRI, s. m. Petit Poisson de riviere, commun dans les Isles Antilles.

TITRE, subst. masc. En termes de Jurisprudence, *titre* se dit d'un article qui contient plusieurs loix, soit dans le Digeste, le Code ou les Institutes. Un long *titre*, un *titre* difficile. En termes d'Église, le *titre* est l'assignation d'une recette annuelle, qui est ordinairement de cinquante écus, pour la subsistance de celui qui veut embrasser l'état ecclésiastique. Il ne peut être saisi, ni aliéné.

TITRE PLANCHE, s. m. Terme de Libraire & de Graveur, qui est le nom d'un titre de Livre, gravé en taille-douce avec des ornemens historiés qui ont rapport au sujet de l'ouvrage.

TITRIER, s. m. Nom odieux qu'on donne à ceux qu'on accuse d'avoir fabriqué de faux titres, sur lesquels ils établissent des droits & des prétentions. La Satyre a fait tomber ce reproche sur les anciens Ordres religieux.

TLEON, s. m. Espece de Serpent du Bresil, de la grandeur de la Vipere; couvert d'écailles blanches, noires & jaunes, qui habite sur les montagnes, & dont la morsure est mortelle.

TOAST, s. m. Mot anglois qui se prononce *Toste*, & qui se dit pour *santé qu'on boit à table.* On en a fait le mot françois *Toster*, qui signifie boire à la santé de quelqu'un. Ce mot, en lui-même, signifie *Rotie*, & vient de l'usage qu'ont les Anglois de mettre quelquefois du pain rôti dans leur vin, pour boire les santés.

TOMBACK, s. m. Espece de métal des Païs orientaux. On écrivoit & l'on prononçoit autrefois *Tamback*. C'est un composé d'or, d'argent & de cuivre, mêlés & affinés ensemble, d'une maniere inconnue en Europe; ce qui le rend très précieux. Nous donnons le même nom à une assez belle composition de Zinc &

de Cuivre, qui est devenue fort commune, & qui a la belle couleur de l'or. Aussi se nomme-t'elle autrement *Similor*.

TOMINCIO, s. m. Petit oiseau du Bresil, dont on admire également la petitesse & la beauté. Il vit de fleurs, de miel & de rosée. On observe qu'en volant, il bourdonne sans cesse comme une Mouche.

TON, s. m. Espece de Gangrene, épidémique au Bresil, qui attaque particuliérement les doigts des piés, quelquefois ceux des mains, & les autres parties molles du corps, & qu'on prétend causée par une multitude d'Insectes, qui naissent dans la poussiere, & qui se répandent de toutes parts. Nos Voïageurs les nomment *Chiques*, & les Brasiliens *Tonga*. Ils marchent & sautent comme des Puces ; mais ils sont si petits, qu'on ne peut les remarquer, qu'à leur tête, qui est fort noire. Ils se logent le plus souvent sous les ongles & dans les jointures du corps.

TONDIN, s. m. Nom que les Plombiers & les Facteurs d'orgue donnent à de gros cylindres de bois, sur lesquels ils forment & arrondissent les tuïaux de plomb ou d'étaim.

TONGUE ou TONGA, s. m. Nom d'une sorte de Puce, commune dans l'Amérique méridionale. Les Sauvages se frottent les mains & les piés de certaines huiles, pour s'en garantir. *Voïez* TON.

TONLIEU, s. m. Droit Seigneurial, qui se paie par les Vendeurs ou Acheteurs de Denrées, pour les places qu'ils occupent dans les Marchés.

TONNE, s. f. Coquille univalve, de forme sphérique.

TONNELET, s. m. Nom qu'on donne à la partie basse d'un habit à la Romaine, qui contient les Lambrequins. Elle est ordinairement de toile d'or ou d'argent, avec de grandes bandes de broderie.

TONSURE, s. f. Premier degré de l'état ecclésiastique. Autrefois la *tonsure* ne se donnoit qu'avec les Ordres mineurs, & l'usage n'en est établi que depuis la fin du septieme siecle. Il paroît qu'il s'introduisit à l'exemple des Moines, qui, pour se rendre plus méprisables aux yeux du monde, se rasoient la tête, à la maniere des Esclaves.

TOPHES, s. f. Tumeurs, qui sont l'effet de la goutte, & qu'on appelle aussi *Nœuds arthritiques*, parcequ'elles ne demeurent qu'aux *jointures*.

TOQUE, s. f. Plante vulneraire, & vantée pour les cours de ventre, dont la fleur est découpée par le haut, en deux levres, qui forment une espece de casque. Sa tige est haute d'environ un pié & demi, droite, quarrée, velue, parsemée de nœuds, d'où sortent des feuilles oblongues, fort découpées, molles, velues, & d'un verd obscur. La *toque* croît dans les lieux pierreux & humides, & dans les bois.

TORAILLE, s. f. Espece de corail brut, & peu estimé, qu'on porte de l'Europe au Caire & à Alexandrie.

TORDILE, s. m. Plante de nos Provinces méridionales, dont la racine est emploïée pour chasser les mauvaises humeurs, & tout ce qu'il y a de nuisible dans le corps, sans en excepter la pierre. Sa tige est haute d'un pié. Ses feuilles sont oblongues, arrondies, dentelées, velues, & rudes. Ses fleurs, qui sont blanchâtres, naissent sur des ombelles, au sommet des branches, & sont disposées en fleurs de lis.

TOREUMATOGRAPHIE, s. f. gr. Art de connoître les bas reliefs antiques. Les Graveurs d'Italie en ont fait divers Recueils.

TORTELLE, s. f. Plante, qui se nomme autrement *Velar*, & qui jette des branches fort tortues.

TORTIONNAIRE, adj. lat. Terme de Palais, qui se dit pour violent, sans cause, injuste, capable de tourmenter beaucoup.

TORTUE, s. f. Poisson de mer, amphibie, dont le corps est couvert d'une grande écaille. Un Voïageur observe que les *tortues*, dans le tems de leur ponte, abandonnent pour deux ou trois mois les lieux où elles

se

se nourrissent, & qu'elles vont ailleurs, pour y déposer leurs œufs. On croit qu'elles ne mangent rien dans cet intervalle. Le dos des *tortues* se nomme *Carapace*.

TORTUE. Tumeur qui se forme à la tête. *Voïez* TALPA.

TOTAN, s. m. Oiseau aquatique, de grosseur médiocre, noir & blanc, qui a les jambes hautes, les piés rougeâtres, les ongles noirs, le bec d'environ trois doigts, & le cou de même longueur.

TOUANSE, s. f. Espece de satin de la Chine, plus fort, mais moins lustré que celui de France. Il y en a d'unis, d'autres à fleurs, à figures d'arbres, d'oiseaux, &c.

TOUC, s. m. Terme de Relation, & nom d'un Etendart qu'on porte devant le Grand Vizir, les Bachas & les Sangiacs. C'est une demie pique, au bout de laquelle est attachée une queue de cheval, avec un bouton d'or qui brille dessus.

TOUER *Voïez* TOUAGE.

TOUR DE L'ÉCHELLE, s. m. Terme de Coutume, qui se dit d'une servitude par laquelle celui à qui elle est due a droit, lorsqu'il fait bâtir, de poser une échelle sur l'héritage d'autrui, & d'occuper l'espace de terre qui est nécessaire pour la mettre en usage; ce qu'on évalue ordinairement à cinq ou six piés. Ceux qui n'ont pas ce droit sont obligés de païer des dédommagemens au Possesseur de l'héritage.

TOURBILLON, s. m. Nom que les Cartésiens donnent à la révolution d'une Planete, ou d'un Astre, autour de son centre, & au mouvement de l'air environnant qui la suit.

TOURELÉE, adj. formé de *tour*. On appelle *Couronnes tourelées*, ou *crenelées*, celles que portent les figures de Femmes, ou de Genies, qui représentent des Villes, sur les médailles.

TOURMENTIN, s. m. Terme de marine. C'est le nom du mât qui est enté sur le Beaupré.

TOURTOIRE, s. m. Terme de chasse, & nom des baguettes avec *Supplém.*

lesquelles on fait les battues, en frappant sur les buissons.

TOUSELLE, s. f. Sorte de Froment, qui croît en Languedoc. Il a la tige assez haute, un épi sans barbe, & le grain plus gros que celui du Froment ordinaire.

TOUTEBONNE, s. f. Plante qui ressemble à l'Horminum, dont elle a les propriétés, mais qui a ses feuilles trois ou quatre fois plus larges.

TOXIQUE, s. m. lat. On donne ce nom, en général, à toutes sortes de poisons; & quelques-uns font venir ce mot, du nom latin d'un *If*, parceque cet arbre passe pour venimeux. Les animaux, les végétaux, & les minéraux, fournissent des *toxiques*. Il suffit de nommer, dans la premiere classe, le Scorpion & la Vipere; dans la seconde, l'Aconit & la Ciguë; dans la troisieme, l'Arsenic & l'Orpiment.

TRABÉE, s. f. lat. Nom qu'on donnoit, chez les Romains, à une sorte de robbe que portoient les Consuls, les Préteurs & les Généraux, dans leurs triomphes.

TRACHÉE DES PLANTES. On donne ce nom à certaines fibres, ou filammens, qui se trouvent dans les Plantes, & qui ont quelque rapport, dans la conformation, à la trachée artere. Ce sont des vaisseaux, formés par les différens contours d'une lame fort mince, plate & assez large, qui se roulant sur elle-même en ligne spirale, forme un tuïau assez long, droit dans certaines plantes, tortueux en d'autres, étranglé, & comme divisé, dans sa longueur, en plusieurs cellules. En les déchirant, on s'appercoit qu'ils ont une espece de mouvement peristaltique. C'est une des plus singulieres découvertes de notre siecle.

TRACHOME, s. m. gr. Nom d'une maladie des paupieres, qui consiste, suivant la signification du mot, dans une *asperité* de la partie inférieure des paupieres, accompagnée de rougeur. *Voïez* SYCOSE, qui est un autre nom du même mal.

TRACIAS, s. m. ou TRACIUS.

M m

Pierre qui ressemble au Jaïet & au Soufre. On prétend qu'elle s'échauffe & se dilate en y jettant de l'eau, & qu'elle se resserre dans l'huile.

TRADITIONNAIRE, s. m. On appelle Juifs *traditionnaires*, ou *talmudistes*, ceux qui suivent les traditions marquées dans le Talmud. Ils ont, depuis près de deux mille ans, de vives disputes avec les Caraïtes, qui ne suivent que les Écritures.

TRAGUM, s. m. Espece de Kali, ou Plante, qu'on estime bonne pour la pierre, & la gravelle. Elle croît aux lieux chauds & maritimes, & pousse plusieurs tiges d'environ un pié & demi, dont les feuilles sont longues & étroites, finissent par un piquant, & sont empreintes d'un suc salé. Les fleurs naissent dans les aisselles des feuilles, & sont de couleur herbeuse.

TRAJECTOIRE, sub. fem. Terme d'Astronomie, qui se dit pour *trajet*. On trouve, par le calcul & l'approximation, la vraie *trajectoire* d'une Comete.

TRAILLE, s. f. Nom qu'on donne, sur les grandes rivieres, à ces Bateaux qui servent à passer d'un bord à l'autre, & qu'on appelle aussi Ponts volans. Les *Trailles* y rendent le même service, que les Bacs sur les petites. Elles sont attachées à un lieu fixe, construit exprès au milieu du fleuve, par une corde assez longue pour atteindre du moins de ce centre aux deux rives. On voit des *trailles* sur le Rhin, sur le Rhône, sur la Meuse, &c.

TRANCHE DES MONNOIES. On donne ce nom à la circonférence des especes, autour de laquelle on imprime une légende, ou un cordonnet, pour empêcher qu'elles ne soient rognées. Cet usage n'a commencé, en France, qu'à la fin du dernier siecle.

TRANSACTION PHILOSOPHIQUES, s. f. Nom qu'on donne à un Journal de la Société roïale de Londres, qui répond à nos Mémoires de l'Académie des Sciences.

TRANSALPIN, s. & adj. l., qui se dit de ce qui est au-delà des Alpes. Nous sommes Transalpins par rapport à l'Italie, comme les Italiens le sont par rapport à la France. On dit aussi *Ultramontain*, qui signifie, ce qui est au-delà des Monts.

TRANSIT, ACQUIT DE TRANSIT, s. m. Nom d'un Acte des Commis de la Douane, pour certaines marchandises qui doivent passer sans païer les droits.

TRANSJURANE, adject. On appelle Bourgogne *transjurane*, cette partie de la Bourgogne qui est au-delà du Mont-Jou, comme on nomme *Cisjurane* celle qui est en-deçà.

TRANSMARIN, adj. lat., qui signifie ce qui est au-delà de quelque mer. Régions, Nations, *transmarines*.

TRANSMISSION, s. f. lat. Action par laquelle on transmet, on transporte, quelque chose, ou quelque droit à une chose. *Transmissible* se dit de ce qui peut être transmis ou transporté.

TRANSSUDER, v. n. lat. Passer au travers des pores, comme par une espece de sueur ou de filtration. L'eau *transsude* par divers bois, par le cuir & d'autres corps, où l'air commun ne peut passer. Quelques-uns prétendent que la manne, qui se trouve sur certains arbres, ne tombe point du Ciel, mais *transsude* au travers des branches & des feuilles.

TRANSVASER, v. act. lat. C'est faire passer une liqueur, d'un vaisseau dans un autre ; ce qui se fait ordinairement pour la tirer au clair.

TRANSVERSAL, adj. lat. Ce qui traverse, ce qui coupe de travers, ou d'angle en angle. Il se dit quelquefois pour *oblique*. C'est dans ce sens qu'on dit ; le Zodiaque coupe *transversalement* l'Équateur.

TRAPAN, s. m. Terme d'Architecte. On donne ce nom au haut de l'escalier, où finit la charpente.

TRAQUER, v. a. Terme de chasse, qui signifie, entourer les Bêtes fauves dans un bois, les y envelopper de maniere qu'elles ne puissent se sauver ; méthode fort en usage, en Allemagne. De-là *traquet*, pour piege, & même au figuré pour *artifice*.

On appelle aussi *traquet* une espece de petit oiseau, qui remue continuellement les aîles.

TRASTRAVAT, adj. Terme de Manége. Un cheval *trastravat* est celui qui a des balzanes à deux piés, lorsqu'elles se regardent diagonalement, c'est-à-dire, que l'une est, par exemple, au pié du montoir de devant & l'autre au pié hors du montoir de derriere, ou réciproquement. On appelle *Travat* celui qui a des balzanes aux deux piés du même côté. L'un & l'autre sont peu estimés.

TRAVÉE, s. f. On donne ce nom, aux arcades de la galerie haute de la Chapelle de Versailles. *Voïez* TRAVAISON.

TRAVESTIR, v. act. Déguiser, par un changement d'habit. Il se dit au figuré, mais en mauvaise part, de tout ce qui fait paroître quelqu'un, ou quelque chose, dans un état différent de celui qui est naturel.

TRAUMATIQUE, adj. gr. Terme de Médecine, qui a la même signification que *vulneraire*.

TRAYON. *Voïez* TRAÏON.

TRÊCHEUR. *Voïez* TRESCHEUR.

TREFLIER, s. m. Qualité que prennent les Maîtres Chaînetiers de Paris, & qui vient apparemment de certaines agraffes, qui se faisoient autrefois en forme de *feuilles de trefle*.

TREIZIEME, s. m. Nom que la Coutume de Normandie donne à ce qu'on appelle ailleurs *Lots & ventes* ou droits de *Quint & requint*. Le *Treizieme* du prix de la vente est de vingt deniers pour livre.

TRELINGUER, v. act. Terme de Mer. C'est se servir du *trelingage*, qui est une corde à plusieurs branches, qu'on emploie particuliérement pour affermir les branles, dans le gros tems. Ainsi, l'on dit *trelinguer les branles*.

TRÉMA, adject. Terme d'Imprimeur. On appelle *Tréma* les voïelles sur lesquelles on met deux points, pour marquer qu'elles ne forment point une diphtongue, & qu'elles doivent être prononcées séparément, *ï tréma*, *ü tréma*. L'*ï tréma* a souvent la valeur d'un double *i i*, comme dans *raïon*, *païs*, &c.

TREME. *Voïez* TRAME.

TRÉMOUSSOIR, s. m. Nom d'une sorte de Fauteuil à ressort, inventé par le célébre Abbé de Saint Pierre, pour se tremousser, c'est-à-dire, pour s'y donner diverses sortes de mouvemens qu'il croïoit nécessaires à la santé. *Voïez* FAUTEUIL DE POSTE.

TREVOUX. Nom d'une petite ville de Bresse, en France, qui est devenue célebre par divers Livres, qui portent son nom, quoiqu'imprimés réellement à Paris. Tels sont, en particulier, les Mémoires pour servir à l'Histoire des Sciences & des Arts, qu'on appelle communément *Journal de Trevoux*, ouvrage périodique des Jésuites, & le fameux Dictionnaire Universel, qu'on appelle aussi Dictionnaire de Trevoux. Ceux, qui attribuent ce Dictionnaire aux Jésuites, ignorent qu'ils l'ont desavoué nettement, dans leur Journal, mois de Juillet 1724, pages 1288 & 1342.

TRIACLEUR, s. m. Mot corrompu de *Theriacleur*, qui étoit le nom qu'on a donné d'abord aux Vendeurs de *Thériaque*, & qui s'est dit ensuite pour *Opérateur*, *Charlatan*, *Saltimbanque*, &c., parceque les gens de cette Profession vendent ordinairement de la Thériaque, de l'Orvietan, &c.

TRIBADE, s. f. gr. Nom qu'on donne aux Femmes lascives, qui cherchent à se procurer, entr'elles, des plaisirs qu'elles ne peuvent recevoir que de l'autre sexe.

TRIBAR, s. m. Bâton qu'on met au cou de divers Animaux, pour les empêcher d'entrer dans certains lieux. Ce mot vient apparemment de la forme du *tribar* qu'on met aux pourceaux, qui est composé ordinairement de *trois barres* ou bâtons.

TRIBUT. ENFANS DE TRIBUT, s. m. On donne ce nom aux Enfans que le grand Seigneur leve en plusieurs Païs, comme une sorte de tribut sur ses Sujets chrétiens, pour en faire ordinairement des Janissaires.

TRICHIASE, s. f. gr. Maladie causée par des *poils*. Elle arrive surtout aux paupieres, par des poils inutiles & dérangés, qui croissent aux cils, avec des picotemens qui échauffent les yeux, & qui interrompent le sommeil. On appelle aussi *Trichiase* une maladie des reins & de la vessie, qui fait rendre des urines épaisses & chargées de filammens semblables à des poils. *Trichisme*, qui vient de la même source, signifie *fente capillaire*, ou fracture des os plats, si fine qu'elle en est presqu'imperceptible.

TRICLINE, s. m. lat. Salle à manger des Anciens, ainsi nommée de *trois lits* qui y étoient dressés. De là *Architriclin* & *Tricliniarque*, qui signifient proprement Maître d'Hôtel. Chaque lit étoit ordinairement pour trois personnes, & l'on n'en mettoit un plus grand nombre, que dans les occasions extraordinaires.

TRICOLOR, s. m. lat. Nom d'une Plante de parterre, dont les feuilles sont en effet de *trois couleurs*, vertes, rouges & jaunes. Les peaux de chats de trois couleurs portent le même nom dans la Pelleterie.

TRIE, s. f. Nom d'une sorte de Morue verte, qui est la troisieme espece, dans la division qui s'en fait en Normandie.

TRIGEMEAU, s. m. Nom que quelques-uns donnent aux Enfans qui naissent trois d'une seule couche; c'est-à-dire, que chacun d'eux est nommé *Trigemeau*.

TRILLION, s. m. Terme d'Arithmétique, qui signifie trois millions.

TRINQUART, s. m. Nom d'un petit Batiment de mer, qui sert à la Pêche du Hareng, dans le canal de la Manche. Il est depuis douze jusqu'à quinze tonneaux.

TRIOLET. Plante des Prés, des Collines & des Jardins, dont la graine entre dans la Thériaque, comme antidote, provoque l'urine, passé pour un bon fébrifuge, & s'emploie surtout pour l'hydropisie & les suffocations de matrice. Les feuilles du *triolet* ressemblent au trefle, & sont dentelées legerement; ses tiges s'élevent d'environ deux coudées, & ses fleurs, qui viennent en grappes, sont blanches & jaunes.

TRIPETALE, adj. gr. Terme de Botanique. Comme on nomme *Petales* les feuilles des fleurs, pour les distinguer de celles des Plantes, on appelle *Tripetales* les fleurs qui sont composées de *trois feuilles*.

TRIPIER, s. m. & adj. Ce qu'on appelle *Tripiers*, ou *Oiseaux-tripiers*, ce sont les Oiseaux de proie, qui ne peuvent être dressés, & qui donnent sur les Poules & les Poulets. Le Milan & le Corbeau sont des oiseaux *tripiers*.

TRIQUE MADAME, s. f. Nom vulgaire de la petite Joubarbe.

TRISECTION, s. f. lat. Terme de Géometrie, qui signifie *Division en trois*. La *trisection* de l'angle est un problême qui, dépendant de la solution d'une équation du troisieme degré, est impossible à trouver par les voies ordinaires de la Géométrie, c'est-à-dire, par le cercle seul & la ligne droite. On le compte entre les Problêmes chimeriques, comme la quadrature du cercle, la duplication du cube & le mouvement perpétuel.

TRISSOTIN, s. m. Fameux personnage d'une Comédie de Moliere, qui est devenu le nom de tous les *Sots*, qui ont des prétentions à l'esprit & au savoir. On prétend que Moliere voulut jouer, sous ce nom, l'Abbé Cotin, déja fort maltraité dans les Satyres de Boileau.

TRISSYLLABE, s. f. & adject. lat. Mot composé de *trois syllabes*. Quelques mots, dont les Poëtes ne faisoient autrefois que deux syllabes, sont devenus *trissyllabes*, tels que *sanglier*, &c.

TRITICITE, s. f. lat. Pierre figurée, qui imite les épis de blé; du mot latin qui signifie *blé*.

TRITOPATORIES ou TRITOPATOIRES, s. f. lat. Nom d'une ancienne solemnité, dans laquelle on invoquoit les Dieux, pour la conservation des Enfans. Les Dieux qui présidoient à la génération se nommoient *Tritopateurs*.

TRIVELIN, s. m. Synonyme de Farceur ou Baladin. C'étoit le nom d'un fameux Acteur de la Comédie italienne, qui se retira, & fut enterré aux Grands Augustins. On appelle *Trivelinade*, les pieces & les bouffonneries dans le goût de *Trivelin*.

TRIUMFETTE, s. f. Plante dont les fleurs ont plusieurs petales, en forme circulaire, qui leur donne l'apparence d'une rose.

TROCHITE, s. f. gr. Pyramide, ou colomne, de différens tronçons d'une pierre legere, qui representent des roues, formées par des lignes & par des points. *Trochite* est aussi le nom d'une pierre, dont la figure est semblable à la toupie des Enfans.

TROCHOÏDE, adj. Terme d'Anatomie, de même origine que les précédens, qui se dit de l'articulation d'un os emboêté dans la cavité d'un autre os, comme l'essieu dans une *roue*.

TROGLODYTES, s. m. gr. Ancien Peuple d'Afrique, qui *habitoit dans des cavernes*; ce qui fait donner aujourd'hui le même nom à ceux qui vivent sous terre, ou dans des creux de rochers. Les Ouvriers des mines de Suede & de Pologne sont de véritables *Troglodytes*. Nous en avons aussi dans les montages d'Auvergne, &c.

TROMBE. *Voïez* TROMPE.

TROMPETTER, v. n. Terme qui exprime le cri de l'Aigle. Les Corbeaux croassent. Les Aigles trompettent.

TRONE, s. m. ou PHYLLIRÉE, de son nom latin. C'est un arbrisseau de la grandeur du *Troêne*, dont les feuilles ressemblent aussi à celles de l'Olivier, mais sont plus noires & plus larges. Elles provoquent l'urine, & les mois des Femmes; & mâchées, elles guérissent les ulceres de la bouche.

TROPHONIUS. Antre de *Trophonius*. Fameux oracle de la Grece, dans la Béotie, qui subsista long-tems après la cessation de tous les autres. Il se rendoit avec des cérémonies curieuses, qui se trouvent dans Pausanias.

TROPOLOGIQUE, adject. gr. Terme de Commentateur, qui signifie *figuré*. Le Serpent d'airain figuroit la croix, dans le sens *tropologique*.

TRUFFIERE, s. f. Nom qu'on donne à un lieu où il vient des Truffes.

TRULLE, s. m. Célebre endroit d'un Palais des anciens Empereurs de Constantinople, où se traitoient les affaires d'État. On y tint le sixieme Concile général. On appelle *Trullisation*, du mot de *truelle*, des couches de mortier, travaillées avec la truelle au-dedans des voutes.

TRUSION, s. f. lat. Action de pousser en avant. On appelle mouvement de *trusion*, c'est-à-dire, progressif & circulaire, le mouvement du sang, du cœur au corps, par les arteres; & son retour, du corps au cœur, par les veines.

TSJAKELA, s. m. Espece de Figuier du Malabar, dont l'écorce sert à faire des cordes d'arc, & donne, d'ailleurs, une couleur rouge, qui sert à teindre le drap de Cambaie.

TUBÉRAIRE, s. f. Plante, qui est une espece d'Elianteme, dont les feuilles sont nerveuses, & semblables à celles du Plantain, mais couvertes d'une sorte de laine blanche. Ses fleurs sont jaunes, & sa tige d'environ la hauteur d'un pié. La *Tuberaire* croît dans les lieux chauds & montagueux, & passe pour astringente & détersive.

TUBERCULE, s. m. lat., formé du mot qui signifie *truffe*. On donne ce nom, par analogie, à toutes sortes de tumeurs contre nature, qui s'élevent sur le corps par une cause interne.

TUCUARA, s. f. Canne du Bresil, qui est de la grosseur de la cuisse, & qui croît quelquefois à la hauteur des plus grands arbres.

TUE-CHIEN ou TOLCHIQUE, s. m. Nom d'une Plante commune, qu'on prétend mortelle pour les Chiens à qui l'on trouve le moïen d'en faire manger.

TUIAU DE MER, s. m. ou DENTALIUM. Nom d'une coquille

de mer, univalve, de la figure d'un tuïau un peu courbé, qui se termine par une pointe fermée & fort aigüe. On distingue une seconde espece de *Tuïaux*, qui sont droits, & qu'on nomme *Arrosoirs*, dont le gros bout est applati, & percé de petits trous. Entre les fossiles on ne connoît que la premiere, qui s'appelle *Turbulites*. Le *Tuïau de mer* est ordinairement seul; cequi le distingue des *Vermisseaux de mer*, qui forment plusieurs tuïaux joints ensemble. *Voïez* VERMISSEAU DE MER.

TULIPE, s. f. Nom d'un coquillage, qui est une des especes du *Rouleau*.

TUMÉFACTION, s. f. lat. Terme de Médecine, pour tumeur, enflure.

TUNA, s. m. Arbre du Mexique, qui se nomme autrement *Figuier Indique*, & qui porte un fruit assez semblable à la figue. Il y en a de plusieurs sortes, dont la plus célebre est celle qui porte le précieux grain qu'on nomme *Cochenille*. C'est une sorte d'insecte, ou de punaise, qui s'attache sur la plante, & qui se retire dans le fruit, dont il se nourrit, & où il prend cette belle couleur qui le fait rechercher pour la Teinture. On le ramasse deux fois chaque année, en le forçant de quitter sa demeure. Les extrémités de cet insecte sont si délicates, que le soleil les aïant bien-tôt réduites en poussiere, il perd sa figure d'Animal; cequi l'a fait prendre par quelques-uns pour une véritable graine. *Voïez* COCHENILLE.

TURBE ou TOURBE, s. f. lat. Terme de Pratique, pour signifier Trouppe, multitude de gens assemblés. On dit, ordonner une *Enquête par turbe*; & l'on nomme *Turbiers* les Témoins qu'on entend dans ces Enquêtes, où dix Témoins ne sont comptés que pour un.

TURBINÉ, adj. lat. Terme d'Histoire naturelle, qui se dit particuliérement de la forme de certains coquillages, tournés en volute ou spirale, & terminés en pointe, à-peu-près comme la Toupie des Enfans.

Aussi ce mot est-il formé du nom latin d'une *Toupie*.

TURCOPOLIER, s. m. Terme de l'Ordre de Malte, qui étoit le Titre du Chef de la langue d'Angleterre, avant le Schisme. *Turcopole* signifioit anciennement, dans le Levant, un Cheveau-leger, ou une espece de *Dragon*. Le *Turcopolier* avoit, en cette qualité, le commandement de la Cavalerie & des Gardes de la Marine d'Angleterre.

TURDE, ou GRIVE DE MER. Nom d'un Poisson de mer, dont la couleur est verte ou rouge, en différentes saisons, & qui se trouve ordinairement près des rochers. Il est de moïenne grandeur, & sa chair est assez estimée.

TURELUT, s. m. Nom d'une sorte d'Alouette, dont le chant a quelque ressemblance avec le son du flageolet. De-là *Tureluter*, pour, contrefaire le flageolet.

TURGESCENCE, s. f. lat. Terme de Médecine, qui se dit d'une sorte d'*enflure*, ou d'un gonflement causé, dans le corps humain, par des humeurs superflues, qui cherchent à s'évacuer. C'est cequi se nomme aussi *Orgasme*.

TURPOT, s. m. Terme de Marine, & nom d'un soliveau de six ou sept piés de haut, qui sert au château d'avant.

TURQUIN, adj., qui se dit du bleu foncé.

TURRITE, s. f. lat. Plante carminative & sudorifique, qui tire son nom de quelque ressemblance de sa sommité, avec une *tour*. Elle croît aux lieux rudes & montagneux. Sa tige s'éleve d'environ deux piés. Ses feuilles sont petites & pointues, sans aucune queue; & ses fleurs, qui sont blanches, ont quatre feuilles, disposées en croix.

TUSCULANES, s. f. Ouvrages philosophiques de Ciceron, ainsi nommés de sa Maison de Campagne de *Tusculum*, où il les avoit composés. On en compte cinq.

TUTELE DE NAVIRE, s. f. Nom qu'on donne aux armes qu'on met, en Sculpture, au derriere d'un Navire, & qui font ordinairement celles du Prince ou du Patron. Les Anciens y faifoient fculpter des Divinités, qu'ils nommoient *Pataïques*.

TUYAU. *Voïez* TUÏAU.

TYPHODE, adject. gr. Terme de Médecine. On appelle Fievre *typhode*, une espece de fievre continue & *ardente*, qui est accompagnée de sueurs colliquatives. Elle se nomme aussi *Hydrotique*, & *Helode*.

TYRONIEN. *Voïez* TIRONIEN.

V

V, dans les citations de l'Ecriture sainte, signifie *Verset*. En termes de Libraire & d'Imprimeur, *V°* signifie *Folio verso*. V simple, ou double, barré par le haut, signifie écus de soixante sous, ou trois livres tournois. V est le caractere de la monnoie d'Amiens.

VACANT, f. m. Le *Vacant*, dans l'Ordre de Malte, c'est le revenu entier d'une Commanderie, après la mort du Commandeur, pendant l'année qui suit le Mortuaire. Il appartient au trésor de l'Ordre.

VACHE DE ROUSSI, f. f. Cuir de Vache, passé en *redon*, c'est-à-dire, en herbe, auquel on donne ensuite une charge de Bresil bouilli & de Noix de galles, pour le rougir; après quoi, on le pare, on le foule, & on le travaille.

VACIET, f. m. Quelques-uns donnent ce nom au Myrtille & à une espece d'Hyacinthe.

VACILLER, v. n. lat., qui a la même signification que chanceler, mais qui ne s'emploie qu'au figuré pour, *être incertain*, *n'être pas ferme*, ou *assuré*. Une mémoire, une vue, qui *vacille*. Des affections *vacillatoires*.

VADE. *Voïez* VA. On appelle *Vade*, en termes d'affaires & de commerce, la part, ou l'intérêt, que chaque personne d'une Compagnie a dans une entreprise. *Vade-manque* est un terme de Banquier, qui se dit pour altération, ou diminution, du fond d'une caisse.

Vade in pace, ou simplement *in pace*, expression purement latine, est le nom d'une prison fort rigoureuse, où les Moines mettoient autrefois ceux, d'entr'eux, qui avoient commis quelque grande faute, & où l'on prétend qu'ils les laissoient mourir dans le desespoir, avec une petite quantité de pain & d'eau. Quelques Evêques de France en firent des plaintes au Roi *Jean*, en 1351. Les mots latins signifient *allez en paix*.

VAGANS, f. m. lat. Terme de Marine, qui se dit, pour *Vagabonds*, de certains Mandians, qui courent les côtes, en tems d'orage, pour chercher dequoi butiner.

VAGIN, f. m. lat. Terme d'Anatomiste, qui signifie proprement fourreau, & qui s'emploie pour signifier le col de l'Uterus.

VAGISSEMENT, f. m. Mot assez nouveau, mais qui mérite d'être conservé, pour exprimer le cri des Enfans. Il n'y a pas plus de raison de le rejetter que ceux de *mugissement* & de *rugissement*.

VALABLE. Participe du verbe valoir, qui s'est mis en usage, pour signifier, bon, recevable; mais il ne se dit que du raisonnement. Une raison, une réponse, une excuse, une explication, *valable*.

VALET A PATIN, f. m. Nom d'une Pincette de Chirurgie, inventée par *Gui Patin*, pour arrêter l'hemorrhagie, en pinçant les vaisseaux, &c.

VALHALLA, f. m. Nom que les anciens Idolâtres du Nord de l'Europe donnoient à leur Paradis. L'idée du bonheur qu'ils s'y promettoient, avec leur Dieu Odin, les rendoit fort courageux.

VALIDATION, f. f. Terme de Pratique, qui se dit de ce qui sert à rendre une chose valide, à lui donner de la validité. On obtient des Lettres, à la Chambre des Comptes, pour *la validation* d'un compte. *Valider*, v. act., s'emploie dans le même sens.

VALIDE, f. f. Morue verte, qui tient le cinquieme rang dans la division qui se fait des différentes espèces, en Normandie. Elle se nomme aussi *Patelet*.

VALLI, s. m. Arbrisseau des Indes, qui s'attache à tous les arbres voisins, & dont les feuilles, qui ressemblent à celles du Frêne, s'emploient en cataplasme pour l'érésipelle. On file l'écorce pour en faire des cordes.

VALVE, s. f. lat. Terme de Conchyliogie, qui se dit pour écaille, ou piece, de coquille de mer, ou de coquille fossile. On appelle coquille univalve, celle qui n'est composée que d'une seule piece, comme le Limaçon ; bivalve, celle de deux pieces, telle que l'Huître ; & *Multivalve*, celle qui est de plusieurs pieces, comme l'Oursin.

VANCOLE, s. m. Scorpion de Madagascar, dont le venin est si subtil, que celui qui en est mordu tombe sur le champ en défaillance. Il a le ventre rond, gros & noir.

VARAIGNE, s. f. Nom de l'ouverture par laquelle on introduit l'eau dans le Jas, ou premier réservoir des Marais salans. Elle s'ouvre dans les grandes marées de Mars, & se ferme à-peu-près comme un Etang avec sa bonde.

VARANDER, v. act. Terme de Marine. *Varander* le Hareng, c'est l'égouter & le sécher, pour le mettre en caque.

VARANGUAIS, s. m. Terme de mer. Au Levant, on nomme *Varanguais*, les Marticles, qui sont les petites cordes qui aboutissent aux poulies, qu'on appelle *Araignées*.

VARENNE, s. f. Nom d'une mesure de grains, du poids d'environ trente-deux livres, dont on se sert en différens lieux.

VARET, s. m. Terme de marine, qui est le nom qu'on donne à un vaisseau submergé, coulé à fond.

VARIANTES, s. f. lat. Terme de Littérature, qui signifie les diverses leçons d'un même texte. On trouve beaucoup de *Variantes* dans les anciens Manuscrits.

VARICE, s. f. Mot tiré du latin, & nom qu'on donne aux taches de brûlure, qui se font aux jambes, lorsqu'on approche trop du feu.

VARICOCELE, s. f. gr. Tumeur du scrotum, causée par des varices qui se forment autour des testicules & des vaisseaux spermatiques. C'est une fausse hernie, qui s'appelle aussi *Hernie variqueuse*.

VARIETUR. NE *VARIETUR* est une expression purement latine, qui signifie qu'une chose ne doit pas être changée. Elle est en usage, au Palais, dans les Sentences où l'on ordonne qu'une Piece, ou un Acte, soit paraphée, *ne varietur*.

VASCULEUX, adj. Terme formé du mot latin qui signifie *petit vaisseau*, pour signifier cequi en est rempli. Telle est la membrane de l'œsophage, que cette raison fait nommer particulièrement la membrane *vasculeuse*.

VATÉ, s. m. Nom qu'on donne, dans les Indes orientales, au riz qui n'a pas été battu & qui est encore dans la cosse. *Vaté* est aussi le nom d'une liqueur fort chaude & fort piquante, qui se vend chez les Limonadiers.

VATICAN, s. m. Nom d'une des collines de Rome, de laquelle un magnifique Palais du Pape & l'Eglise même de Saint Pierre, qui sont bâtis auprès, tirent leur nom. Le *Vatican* se dit quelquefois figurément pour le Saint Siege.

VATICINATION, s. f. lat., formé du mot qui signifie *Devin*, *Prophète*, pour signifier *Prédiction*, *Prophétie*.

VAUCOUR, s. m. Espece de table, sur laquelle les Potiers de terre préparent & arrangent les morceaux de terre glaise, pour les tourner avec la roue.

VAUX, s. m. Pluriel de *Val*, vieux mot qui signifioit autrefois Vallée. Il ne s'est conservé que dans cette expression, *par monts & par vaux*.

VAXEL, s. m. Mesure en usage dans les salines de Lorraine, pour mesurer le sel. Elle pese trente-quatre à trente-cinq livres, & huit vaxels font le muid.

VAYVODE,

VAYVODE, s. m. Titre d'Office, à Constantinople, qui répond à celui de Prévôt des Maréchaux, parmi nous.

UCAUNE, s. f. Nom d'une espece d'Ecrevisse, de la grosseur d'un œuf, & de couleur jaunâtre.

VEAU D'OR, s. m., qui se dit d'un Homme qui n'a pas d'autre mérite que d'être riche ; par allusion à l'Idole de ce nom, que les Israélites se firent après leur délivrance d'Egypte.

VÉGETER, v. n., qui signifie se nourrir & croître, comme les végétaux. La Végétation est l'action de végéter, & se dit aussi de certaines productions que la Chirurgie tire des minéraux, parcequ'elles ont quelques ressemblance avec les productions des Plantes. La Végétation du Mercure s'appelle Arbre de Diane ; celle du Fer, Arbre de Mars, &c.

VEGRES. Voiez VAIGRES.

VÉHICULE, s. m. lat. Terme de Médecine, qui signifie cequi pousse, cequi chasse, quelque remede, pour faciliter son opération.

VEILLAQUÉ, s. m. Terme vulgaire, qui signifie Scélérat, Homme sans probité & sans honneur. Quelques-uns le font venir de la Nation des Valaques, qui est fort décriée dans l'Histoire.

VEILLE, s. f. En termes de Marine, l'ancre à la veille est celle qui est prête à être mouillée. On appelle Veille, ou Vigile, le jour qui précede la Fête de quelque Saint ; parcequ'autrefois on passoit une partie de la nuit à l'Eglise.

VEILLE D'ARMES, s. f. Terme d'ancienne Chevalerie, & cérémonie qui consistoit à passer la nuit dans une Chapelle, près des armes dont on devoit être armé le lendemain, en recevant la qualité de Chevalier.

VEINE, s. f. lat. Barrer la veine à un cheval, c'est la couper, ou la lier dessus & dessous, pour arrêter le cours de quelque humeur maligne.

VÉLIN, ou POINT DE FRANCE, ou POINT ROYAL. Dans la Ville d'Alençon & les lieux voisins, où ce Point a été inventé, on ne lui donne pas d'autre nom que Vélin ; & les Femmes, qui y travaillent, se nomment Vélineuses.

VELLÉITÉ, s. f. lat. Terme de Théologie, qui signifie une volonté foible, imparfaite, un desir qui n'a pas la force de conduire à l'exécution.

VELU, adj. En termes de Maçonnerie, on appelle Pierre velue, une pierre brute, qui sort de la carriere. On dit le velu d'une plante, pour dire la partie velue de sa surface. La velue, s. f., signifie, en termes de Chasse, la peau qui est sur la tête des Cerfs, des Daims & des Chevreuils, lorsqu'ils commencent à la pousser.

VENAISON, s. f. Nom qu'on donne à la chair des bêtes fauves.

VELVOTE, s. f. Nom d'une Plante qui est une espece de Linaire, & qui est fort velue.

VENDANGEURS. SAINTS VENDANGEURS. On donne ce nom, dans les Païs de Vignoble, aux Saints dont les Fêtes tombent à la fin du mois d'Avril, ou au commencement de Mai ; tems auxquels la gelée est à craindre pour les vignes.

VENDEUSE. VENDERESSE. Le Dictionnaire de l'Académie veut qu'on mette de la distinction entre ces deux mots. Venderesse signifie celle qui vend ou qui a vendu ; Vendeuse, celle dont la profession est de vendre.

VENELLE, s. f. Nom qu'on donnoit autrefois à cequ'on appelle aujourd'hui Allée, ou Corridor, dans une Maison. De-là l'expression proverbiale, enfiler la venelle.

VENEN, s. m. Fameux arbre de la Chine, dont le fruit, qui est de la grosseur de la tête, a le goût du raisin. De ses fleurs, qui sont blanches & odorantes, on extrait une excellente eau ; & du suc de son fruit, on fait une liqueur fort estimée dans le Païs.

VENIAT, s. m. Mot purement latin, qui signifie, qu'il vienne. On en a fait le nom d'un ordre par lequel la Cour, ou les Personnes en autorité, obligent quelqu'un de venir & de comparoître.

VÉNIEL, adj. lat. Terme de Religion, qui signifie proprement ce qui est digne de grace, de pardon, & qui se dit des péchés legers, qui ne méritent pas l'Enfer. *Véniellement* est l'adverbe.

VENTAIL. *Voïez* VANTAIL.

VENTILATEUR, s. m. Nom d'une machine, inventée en 1744, pour renouveller l'air dans les lieux fermés. C'est une espece de soufflet, ou de pompe d'air, qui, attirant tout l'air d'une chambre, ou d'un appartement, donne lieu à celui du dehors de le remplacer.

VENTRE, s. m. lat. Dans certains Païs, le *ventre annoblit*, c'est-à-dire, que les Femmes nobles communiquent la Noblesse à leurs Enfans.

VENTRILOQUE, s. m. lat. comp., qui signifie, *qui parle du ventre*. On donne ce nom à ceux qui, se serrant le gosier, avec une certaine contraction des muscles du bas-ventre, aquerent la facilité d'articuler un son de voix rauque & sourd, qui paroît venir d'un lieu fort éloigné.

VÊPRE, s. m., qui signifie le *soir*; du nom latin *vesper*, qu'on a donné à l'étoile du Berger, parceque cette étoile paroît le *soir*, quand elle est occidentale au Soleil. De-là le nom de *Vêpres*, pour une partie de l'Office divin, qui se disoit autrefois le soir. Ce mot n'a pas de singulier, dans ce sens.

VÊPRES SICILIENNES, s. f. Nom qu'on a donné au meurtre que les Siciliens firent des François, le jour de Pâque de l'année 1282, au premier coup de Vêpres, pendant que Charles d'Anjou, Frere de Saint Louis, étoit Roi de Naples & de Siciles.

VER A SOIE, s. m. Insecte qui tient de la Chenille, & qui file la soie. Après différentes transmutations, il sort de son cocon, en Papillon blanc. On l'appelle *Chrysalide*, s. f. gr., lorsqu'aïant perdu son état de Chenille, il devient comme une espece de fève, de couleur dorée.

VER DE PALMIER, s. m. PALM WORM, en Anglois. Nom d'un Insecte de l'Isle de Nevis, qui a un nombre infini de piés, de la grosseur des soies de Porc, avec lesquels il court d'une vitesse incroïable, quoiqu'il rampe en apparence. Sa longueur est de dix ou douze pouces. Il est couvert d'écailles, dures & noirâtres, jointes comme les tuiles d'un toît. Sa tête & sa queue sont armées d'une pointe. Les plaies, qu'il fait, sont fort douloureuses pendant l'espace de vingt-quatre heures.

VERDAGON, s. m. Nom qu'on donne au vin de mauvaise qualité, qui est excessivement *verd*, c'est-à-dire, dont le raisin n'avoit point assez de maturité.

VÉRÉCOND, adject. lat. Vieux mot, qui ne s'est conservé que dans le burlesque, pour signifier *niais*, simple, timide, qui s'embarrasse & qui rougit de rien.

VERGADELLE, s. f. Nom d'une petite espece de Morue, qui se nomme autrement Merluche & *Stockfiche*. *Voïez ce dernier mot*.

VERGE RHINLANDIQUE, s. f. Mesure qui répond à deux de nos toises, ou à douze de nos piés, & qui est en usage dans les Fortifications Hollandoises.

VERGERON, s. m. ou ALEBATTE, s. f. Espece de Fauvette, qui bat des aîles en Eté. On distingue trois especes de *Vergerons*, les gris, les blancs, & les noirâtres.

VERGETÉ, adj. formé de *Vergette*. On appelle, peau *vergetée*, celle qui a de petites raies de différentes couleurs, & la plûpart de couleur rouge.

VERKER ou VERQUAIRE, s. m. Espece de Jeu de Trictrac, venu d'Allemagne, comme son nom, qui signifie tourner. Quelques-uns disent *Reverquaire*.

VÉRINE, s. f. Nom d'une des quatre sortes de Tabac, qu'on cultive en Amérique, & qui passe pour la meilleure.

VÉRITE, s. f. Nom que les anciens Egyptiens donnoient au Pectoral du Chef de leur Justice. Il étoit composé de pierres précieuses, & à-peu-près semblable au Rational du Souverain Pontife des Juifs.

VERMISSEAU DE MER, s. m. Coquillage multivalve, dont on distingue plusieurs espèces. Celui qu'on nomme l'*Orgue* est le plus curieux pour le travail, & pour la couleur, qui tire sur le plus beau rouge. Les *vermisseaux* sont ordinairement entrelacés l'un dans l'autre, & forment des monceaux assez élevés.

VERNE, s. f. Nom d'un Bois, qui se nomme plus ordinairement *Aune*.

VERNINBOCK, s. m. Bois de teinture du Brésil, qui se nomme *Bois rouge*. On croit que *Verninbock* n'est qu'une corruption de *Fernanbuc*, d'où l'on apporte ce Bois.

VERNISSER, v. act. qui signifie enduire de vernis. *Vernir* s'est aussi mis en usage, dans le même sens.

VÉROLE, s. f. Nom de la maladie, appellée autrement *Mal de Naples*, parcequ'elle fut apportée de Naples en France. Quelques Païs étrangers, qui prétendent l'avoir reçue de France, l'appellent *Mal françois*. La vérité est que les Espagnols l'apporterent d'Amérique à Naples, où les François la prirent, & la communiquerent, peut-être, aux Peuples du Nord.

VÉRONIQUE, s. f. Mot composé du grec & du latin, qui signifie *vraie image*, & dont on a fait le nom d'un Tableau qui represente la face de Notre-Seigneur, imprimée sur un mouchoir que Sainte Veronique lui presenta, dit-on sans preuve, pour s'essuïer le visage en allant à la croix.

VERRE DORMANT, subst. masc. Nom qu'on donne à une petite fenêtre, scellée en plâtre, qui donne dans la cour d'autrui par un mur mitoïen. *Plat de verre* se dit d'une grande piece ronde de verre, qu'on taille pour en faire des panneaux de vitre.

VERRIN. *Voïez* VIRIN.

VERROU, s. m. *Baiser le verrou*. Terme de quelques Coutumes, où le Vassal, qui ne trouve pas son Seigneur dans son Château, pour lui rendre l'hommage, en est quitte pour heurter trois fois, l'appeller trois fois par son nom, & *baiser la cliquette, ou verrou de la porte*; dequoi il doit prendre acte, & en laisser copie.

VERTICILLÉ, adj. Terme de Botanique, qui se dit des feuilles ou des fleurs d'une Plante, lorsqu'elles viennent par étage & en raïons, le long de la tige & des branches. Telles sont les fleurs de l'Ormin, du Marrube, de la Siderite, &c.

VERTICITÉ, s. f., formé du verbe latin, qui signifie *tourner*. Terme de Physique, qui exprime l'action par laquelle une chose tend vers un certain côté. Ainsi, la *verticité* de l'aiguille aimantée est de tendre vers le Pôle. On observe que si l'on fait rougir un morceau de fer, & qu'on le pose du Nord au Sud, pour le faire refroidir, il aquert par cette opération la même *verticité* que l'aimant ; mais que si on le fait rougir une seconde fois, & qu'on le fasse refroidir dans une autre position, comme de l'Est à l'Ouest, il perd alors sa premiere *verticité*, & qu'il en aquert une nouvelle, de l'Orient à l'Occident.

VERTIQUEUX, adj., formé du substantif latin qui signifie *Tournant d'eau*. Les Physiciens appellent *vertiqueux* un mouvement qui se fait en spirale.

VERTU, s. f. lat. Habitude d'aimer & de faire le bien. Les Théologiens appellent la premiere de ces deux habitudes, *vertu affective*; & la seconde, *vertu effective*.

VERTUGADIN, s. m. Terme de Jardinage, qui signifie un glacis de gason, en amphithéâtre, dont les lignes circulaires, qui le renferment, ne sont point paralleles.

VERVE, s. f. Terme de Poësie, qui se dit pour enthousiasme, chaleur d'imagination, par laquelle un Poëte est disposé à composer de bons vers.

VERVEILLE, s. f. Terme de Fauconnerie. On donne ce nom à une petite plaque, attachée au pié d'un oiseau de proie, sur laquelle sont les armes du Maître.

VÉSICATION, s. f. lat. Terme de Médecine, qui se dit de la naissance des vésicules causées par la brulure. Il se dit aussi de l'action ou de l'effet des remedes vésicatoires.

VESOUL, s. m. Nom du jus de canne de sucre, à sa seconde préparation, c'est-à-dire, lorsqu'il est dans la seconde chaudiere. C'est avec le *vesoul* qu'on fait de la grappe.

VESPRES. *Voïez* VÊPRE.

VESSIGON, s. m. Enflure molle, qui vient à droite & à gauche du jarret d'un cheval.

VESTIR. *Voïez* VÊTIR.

VÉTÉRINAIRE, adject. lat. Art *vétérinaire*, c'est-à-dire, qui traite des maladies des Chevaux. Nous avons un Livre sous ce titre.

VETHCUNQUOI, s. m. Nom d'une espece de Chat sauvage de la Virginie, dont les Anglois esperent tirer du musc.

VÊTIR, v. act. l. En termes de Pratique, *vêtir* quelqu'un d'un héritage, c'est en mettre l'Aquereur en possession : de là *investiture*.

VETTADAGOU, s. m. Arbrisseau Indien, dont la fleur est blanchâtre & *Pentapetale*, c'est-à-dire, à cinq feuilles, & qui étant toujours d'une belle verdure, porte deux fois l'an ses fruits, qui sont une fort belle espece de baies.

VÊTURE, s. f. Terme ecclésiastique, qui se dit de la cérémonie qui se fait lorsqu'on donne l'*habit* religieux à quelqu'un.

VEULE, adj. Drap ou Serge *veule*. C'est le nom qu'on donne à des Etoffes, lorsqu'elles sont mal fabriquées, & qu'elles ne sont pas suffisamment frappées, ou fournies de laine. On appelle aussi Castors *veules*, les Castors secs & maigres.

VEZ-CABOULI, s. m. Racine médecinale des Indes, qui nous vient par Surate, & qui est emploïée aussi pour la Teinture.

VHEBEASON, s. m. Arbre de l'Amérique, d'une prodigieuse grosseur, dont on tire une gomme rouge.

VICOGNE, s. f. *Voïez* VIGOGNE.

VICTORIAT, s. m. lat. Terme d'Antiquaire, qui se dit des Médailles, au revers desquelles on voit une victoire assise, avec quelque légende qui y a rapport.

VIDOMNE, s. m. Titre d'une dignité qui se nomme *Vidomnat*. On ne la connoît qu'à Geneve, où elle répondoit, avant la Réformation, à celle de Vidame, en France. Les *Vidomnes* de Geneve avoient été institués pour défendre les biens temporels de l'Eglise & de l'Evêque.

VIDRECOME ou VIDERCOME, s. m. Grand verre que les Allemands emploient pour boire dans leurs Festins de cérémonie. On le presente aux personnes qu'on veut honorer.

VIENNE, s. f. Nom d'une espece de lames d'épée, qui se font à Vienne, en Dauphiné, & qui ne sont pas si estimées que les Olindes, parcequ'étant moins élastiques, elles restent dans le pli qu'on leur a donné : mais elles ne sont pas si sujettes à casser.

VIERG, s. m. Nom dont on qualifie le premier Magistrat de la ville d'Autun. Cette Magistrature répond à celle de *Maire*, qu'on appelle *Viguier*, en Languedoc. On ne s'accorde pas sur l'origine de ces deux mots ; mais celui de *vierg* est d'une extrême ancienneté.

VIEUX CORPS, s. m. Nom qu'on donne à six Régimens d'Infanterie françoise, d'ancienne création, qui sont ceux de Picardie, Piémont, Champagne, Navarre, Normandie, & la Marine. On appelle *Petits vieux* six autres anciens Régimens, qui prennent chacun le nom de leur Colonel.

VIEUX STYLE. Terme de Chronologie, qui se dit d'une maniere de compter les jours, en usage chez les Protestans, les Grecs & d'autres Nations, qui ne reconnoissent point l'autorité de Rome, & qui suivent encore l'ancien Calendrier. On comptoit onze jours de différence, du vieux style au nouveau, lorsque plusieurs Cours protestantes l'abandonnerent en 1753. *Voïez* STYLE.

VIGIE, s. f. Terme de Marine. Être en *vigie*, dans ce langage, c'est être en sentinelle.

VIGOGNE, s. f. Nom d'une espece de Moutons, du Pérou, fort sauvages, que les Espagnols nomment *Vicuñas*, & dont la laine est très fine. Ils sont plus hauts que la Chevre, de couleur fauve, très legers à la course, & se prennent, ou sont tués à la chasse, sur le sommet des montagnes où ils paissent en trouppes, & près des néges. *Vigogne* devient masculin, quand il signifie un chapeau fait de cette laine. C'est *un bon vigogne*.

VILAINE DE LA RÉALE, s. f. Nom d'une Poire, qu'on appelle vulgairement Poire de *Jasmin*, & qui se mange au commencement d'Août.

VILLÉGIATURE, substant. fem. Terme Italien, nouvellement adopté en François pour signifier le tems que les Personnes de distinction de Rome passent dans leurs maisons de campagne.

VILLES D'ARRÊT, s. f. Nom qu'on donne aux Villes, où par privilege spécial les Bourgeois & les Habitans peuvent saisir & arrêter les biens & les effets appartenans à leurs Débiteurs Forains, sans être fondés sur aucune obligation par écrit; telle est particulierement la ville de Paris.

VINAIGRETTE, s. f. ou ROULETTE. Petite voiture à deux roues, traînée par un Homme, dont on attribue l'invention au fameux Abbé de Saint Martin, surnommé la Calotte. Les *vinaigrettes* de Paris produisent un revenu considérable à celui qui en a le privilege.

VINGTAIN, s. m. Nom qu'on donne aux draps de laine, dont la chaîne est composée de vingt fois cent fils, c'est-à-dire, deux mille.

VINTANG, s. m. Arbre de Madagascar, qui produit une gomme célebre pour la guérison des plaies. Son bois est à l'épreuve des vers.

VIOLAT, adject., qui se dit des liqueurs & des pâtes où il entre de la violette. Miel, syrop, *violat*.

VIOLETTE AQUATIQUE, s. f. Autre fleur, en forme de rose, quoiqu'elle ne soit composée que d'une seule feuille, divisée en cinq segmens qui pénetrent jusqu'au fond. Quelques-uns nomment *violles*, les petites fleurs de trois couleurs, qu'on appelle autrement *Pensées*.

VIPÉRINE, s. f. Plante apportée de la Virginie, qui tire son nom de sa vertu contre la morsure des Viperes. On prétend que sa seule odeur fait fuir les Serpens à sonnettes. Elle se nomme aussi *Pouliot sauvage*, & *Dictame de Virginie*. C'est une espece de petite Aristoloche, dont les feuilles ressemblent à celles du Lierre. Ses fleurs sont d'un verd noirâtre, qui tourne à la fin sur le jaune; & son fruit a la figure d'une petite Poire. *Voïez* CONTRAYERVE.

VIRGILIEN. Sorts *virgiliens*. *Voïez* HOMÉRIQUE.

VIRGINAL, adj. lat., formé du mot qui signifie *vierge*, & qui se dit de ce qui appartient aux Vierges. *Voï.* LAIT VIRGINAL.

VIRGOULÉE. *Voïez* VIRGOULEUSE.

VIRTUALITÉ, s. f. Terme de l'École Thomiste, qui oppose ses *virtualités* aux formalités des Scotistes.

VIRTUOSE, s. m. Terme emprunté de l'Italien, pour signifier une personne, de l'un ou l'autre sexe, qui a des talens distingués, surtout pour les beaux Arts, c'est-à-dire la Musique, la Peinture, la Poésie, &c.

VIS-A-VIS, s. m. Voiture, en forme de Berline, qui n'a qu'une place dans chaque fond.

VISCACHA, s. m. Nom d'une espece de Lapin du Pérou, qui a la queue aussi longue que celle d'un Chat, & le poil si beau, que les anciens Yncas en faisoient de riches étoffes. Sa couleur est gris blanc ou cendré.

VISCOSITÉ, s. f. lat. Qualité de

cequi est gluant, c'est-à-dire, d'une humidité tenace, qui s'appelle aussi humeur *visqueuse*.

VISNAGE. *Voïez* GINGIDIUM, qui est un autre nom de la même Plante.

VISUEL, adj. lat. Terme d'Optique, qui se dit du raïon de lumiere qui part de l'objet, ou de l'œil, & qui tombe sur l'un ou l'autre.

VIVACE, adj. l., qui se dit de cequi promet une longue vie, parcequ'il en renferme les principes. L'air *vivace*. On appelle Plantes *vivaces*, celles qui portent des fleurs, plusieurs années de suite, sur les mêmes tiges & sans être transplantées. En Botanique, on distingue les Plantes *vivaces*, de celles qui meurent après avoir donné de la semence ; les unes qui sont toujours vertes, comme le Giroflier ; & les autres qui perdent leurs feuilles en Hiver, comme la Fougere.

VIVAT, s. m. Mot purement latin, qui signifie, qu'*il vive ; puisse-t'il vivre!* C'est un ancien cri d'applaudissement & d'approbation.

VIVELLE, s. f. Petit reseau qui se fait à l'aiguille, pour reprendre un trou dans la toile, au lieu d'y mettre une piece.

ULMARIA ou ULMAIRE, s. f. Nom d'une Plante qui ressemble beaucoup à l'*Orme*, & qui paroît ainsi nommée du nom latin de cet arbre. Sa tige est haute d'environ trois piés ; ses feuilles sont dentelées, & ses fleurs, ramassées en grappe. Elle est sudorifique, cordiale & vulnéraire, & l'on vante ses propriétés pour le flux de sang. Son excellence la fait nommer autrement *Reine des Prés*. Elle croît sur le bord des eaux.

UMBU, s. m. Arbrisseau du Bresil, qui ressemble beaucoup au Citronier. Son fruit est d'une fraîcheur si saine, qu'on le fait prendre dans les fievres ardentes.

UNGUIS ODORATUS, s. m. lat. ou ONGLE ODORANT. Nom d'un coquillage qui sert aux usages de la Médecine, & qu'on appelle aussi *Blata Bizantia*.

UNICORNE-MINÉRAL, s. m. Pierre médecinale, qui a la couleur & le poli d'une corne, & quelquefois même la figure ; cequi feroit juger que c'est une corne pétrifiée, si elle n'étoit trop grande & trop grosse pour avoir appartenu à quelque animal. Elle est dure à l'extérieur, jaunâtre, ou cendrée, ou brune ; mais tendre, moelleuse, douce & blanchâtre en dedans. On croit qu'elle vient du *Murga*, ou moelle de rocher, dissoute & amollie par les eaux. Ses qualités astringentes & alkalines la font emploïer pour le cours de ventre & les hémorrhagies. Il s'en trouve en Italie & dans plusieurs endroits d'Allemagne.

UNIFEUILLE, s. f. Plante des Bois, vulnéraire, & vantée pour les bubons pestilentiels. Sa tige n'est que de la longueur du doigt. Elle ne porte d'abord qu'une seule feuille, d'où elle tire son nom ; mais il en naît ensuite deux autres, plus petites. La grande est aussi large que celle du Lierre, pointue & nerveuse. Les fleurs sont blanches, petites & d'une odeur foible. Elle fleurit en Mai ou en Juin.

UNIFORME, adject., qui signifie cequi est d'une forme égale, d'une même forme. Dans le sens figuré, il se dit pour *soutenu*, qui ne se dément point. Une conduite uniforme. En termes militaires, on appelle l'*uniforme* d'un Régiment, un habit fait sur le même modele, pour la couleur & pour la forme. Ainsi, c'est un substantif, que l'usage a fait masculin. Par une Ordonnance de 1737, les Officiers mêmes sont obligés de porter constamment l'*uniforme* pendant qu'ils sont au corps, soit en marche ou dans les garnisons.

UNISSONE, adj. Terme de Poésie, qui se dit des syllabes qui ont le *même son* & qui forment les rimes.

UNIVALVE, s. & adj. Nom que les Naturalistes donnent aux coquillages qui ne sont composés que d'une écaille ; pour les distinguer des *bivalves*, qui en ont deux, des multivalves, &c. Les *univalves* se divisent en *simples*, tels que le *Herisson* de mer, l'*Oreille*, la *Patelle*, &c.; & en *volutes*, qui sont le Nautile, l'Escalier, le Sabot, le Cul-de-lampe, &c.

UNIVERSALISTES, s. m. Nom qu'on donne aux Théologiens qui reconnoissent la grace *universelle*, c'est-à-dire, accordée à tout le monde pour le salut.

UNNI, s. m. Arbre des Indes orientales, dont le fruit, qui est une sorte de pois en grappes, donne une liqueur assez semblable au vin, mais d'un goût fort aigre.

UNZAINE, s. f. Nom d'une espece de Bateaux, qui servent à transporter les sels, sur la riviere de Loire.

VOÏAGISTE, s. m. Terme emploïé, par quelques Écrivains, pour signifier celui qui a décrit un *voïage*, qui en a fait l'Histoire & la Relation; comme Voïageur signifie celui qui fait, ou qui a fait, un voïage.

VOÏANT, adj. Dans les Communautés des Quinze-vingts, on appelle *Freres voïant*, ceux qui voient clair & qui sont mariés à une Femme aveugle; & *Sœurs voïantes*, les Femmes qui voient clair & qui sont mariées à des Aveugles.

VOIE, s. f. En termes de Médecine, on appelle *premieres voies*, l'œsophage, l'estomac, les intestins, &c. sur lesquels les purgatifs, les vomitifs & les autres remedes exercent d'abord leur vertu, avant que d'agir dans d'autres parties.

VOILE D'EAU, s. f. Nom d'une voile, qui n'est gueres en usage que parmi les Hollandois. Ils la mettent à l'arriere du vaisseau, vers le bas, & jusqu'à l'eau, afin que la marée la pousse, pour faciliter le sillage du vaisseau, dans le calme. Elle est amarrée, de chaque côté, à ses écoutes. On appelle *voiles*, en Lorraine, ce qui se nomme ailleurs *trains*, c'est-à-dire, un amas de planches qui se scient dans les Montagnes de Vosge, & qu'on fait flotter sur la Moselle. Ceux qui les conduisent se nomment *Voileurs*.

VOL, s. m. Au Théâtre, on appelle *vol*, l'action d'une machine par laquelle un ou plusieurs Acteurs montent ou descendent en fendant l'air, comme s'ils voloient. *Vol qualifié*, dans le sens de larcin, se dit de celui qui est accompagné de circonstances aggravantes.

VOLANT, s. m. Habit, en forme de Surtout, dont la plus grande partie est sans doublure, pour le rendre plus leger. C'est aussi le nom d'un Jeu, qui consiste à se renvoïer avec des Raquettes, ou des Timbales, un petit morceau de liege, couvert d'étoffe & garni de plumes, qui s'appelle *volant*.

VOLCAN, s. m. Nom qu'on donne à toutes les Montagnes qui vomissent des flammes. Il y a aussi des *volcans d'eau*, c'est-à-dire, des Montagnes qui vomissent des ruisseaux d'eau, telles que celle de Guatimala, en Amérique.

VOLÉE, s. f. à *toute volée*. On dit que le canon est à toute volée, lorsqu'il est tout-à-fait horisontalement sur la semelle, comme on l'y place pour tirer à ricochet. Sonner à *toute volée*, c'est mettre les cloches en plein branle.

VOLET, s. m. Nom qu'on donne à des couvercles de vase. Comme on s'en sert ordinairement pour trier les pois, de-là l'expression proverbiale, *trier sur le volet*.

VOLICE, s. f. Latte à Ardoises, qui est plus large du double & aussi longue que la quarrée. Il n'y en a que vingt-cinq à la botte.

VOLTIGLOLE, s. f. Terme de marine. C'est le cordon de la poupe, qui sépare le corps d'une Galere, de l'aissade de poupe.

VOLUBILITÉ, s. f. lat., qui signifie proprement facilité d'un corps à être tourné ou roulé; mais qui n'est en usage que pour signifier une grande facilité de langue, dans le langage & la prononciation.

VOLUTE, ou CORNET, s. m. Coquillage univalve, fait en cône, dont une des extrémités est de forme pyramidale, & l'autre coupée à vives-arrêtes, pour former une clavicule applatie, ou une couronne dentelée. Les *volutes* de mer tirent leur nom, du contour des spirales, comme les *volutes* d'Architecture. Quelques-uns les nomment aussi *Rhombes*.

VOMBARE, s. m. Admirable Papillon de Madagascar, dont les couleurs sont un mélange d'or, d'argent, d'azur, de rouge, &c.

VONTACA, s. m. Fruit de l'Isle de Madagascar, qui se mange confit au sucre, ou au vinaigre, & dont on vante la vertu contre la dyssenterie.

VOSSE, s. m. Animal de l'Isle de Madagascar, semblable au Blaireau, & qui donne la chasse aux Poulets.

VOTATION, s. f., qui se dit, dans l'ordre de Malte, pour action de donner sa voix ou son suffrage.

VOUGE, s. f. Nom d'un épieu de Vénerie.

VOYELLE. *Voï*. VOÏELLE.

VOYER. *Voï*. VOÏER.

VRAC, s. m. Terme de Pêche du Hareng. On nomme Hareng *en vrac*, celui que les Pêcheurs apportent dans les Ports au même état qu'il a été mis dans les Barils, au moment de la Pêche.

URANOSCOPE, s. m. gr. Poisson de mer dont le fiel est propre à nettoïer la vue, & s'emploie même pour les cataractes des yeux. Quelques-uns le prennent pour le poisson de Tobie. Son nom lui vient de cequ'il a les yeux naturellement tournés vers le Ciel. Il est d'un goût & d'une odeur desagréable ; cequi vient de la bourbe où on le trouve toujours. Sa longueur est de douze ou quinze pouces, & sa couleur gris-blanchâtre. Sa tête est grosse, armée de deux aiguillons dont les pointes sont tournées vers la queue, & sans museau ; de sorte que sa bouche est placée sur son front, entre les deux yeux. Sa queue est large : ses dents sont petites, & sa langue fort courte.

UREBEC, s. m. Nom d'un petit Animal, qui ronge les bourgeons des arbres.

URETAN, s. m. Terme de marine. C'est une manœuvre passée dans une poulie, qui est tenue dans l'éperon au-dessus de la liure du Beaupré.

USKUP, s. m. Terme de Relation. C'est le nom de la fameuse corne du Bonnet des Janissaires, qui est droite par devant. Quelques-uns donnent le même nom au Bonnet même.

USNEE, s. f. Nom d'une petite Plante styptique, qui croît sur le Chêne.

USSUN, s. m. Nom d'une espece de Cerise du Perou, douce & agréable, mais qui a la propriété singuliere de teindre l'urine, de couleur de sang.

USTRINE, s. f. Nom que les Écrivains de l'Histoire Romaine donnent au lieu où l'on brûloit, à Rome, les corps des Morts. Les personnes distinguées étoient ordinairement brûlées au champs de Mars, & les personnes du commun sur le Mont Esquilin.

USUCAPION, s. m. Terme de Droit, qui a le même sens que préscription. C'est l'acquisition du Domaine & de la propriété d'une chose par la possession & la jouissance pendant le tems prescrit par les Loix.

USUEL, adj. lat., qui signifie cequi est d'usage actuel & ordinaire.

USUFRUCTUAIRE, adj. latin, qui se dit de cequi donne le droit de jouir d'une chose dont un autre a la propriété. On dit, dans ce sens, que le douaire des Femmes est un droit usufructuaire.

VÜE, A VUE. Terme de Banque. *Païer à vue*, c'est-à-dire, aussi-tôt qu'on a reçu la Lettre de change. A *trois jours de vue* signifie trois jours après la reception de la Lettre & de l'ordre de païer.

VULCANISME, s. m. Nom que quelques-uns donnent au *Cocuage* ; parceque Vulcain fut trompé souvent par sa Femme.

VULGAIRE, adj. On appelle *Langues vulgaires*, par opposition à Langues savantes, les différentes langues que les Peuples parlent aujourd'hui.

VULVAIRE, s. f. Petite Plante, qui tire son nom des vertus qu'on lui attribue pour les maux de l'Uterus

rus, & pour les vapeurs hystériques. Elle est fort puante. C'est une espece de *Chenopodium*, dont les tiges sont d'environ un pié, rameuses, & couchées à terre. Ses feuilles ressemblent à celles de l'Artiplex, mais sont plus petites. Ses fleurs sont blanchâtres. Elle croît dans les lieux incultes, tels que les Cimetieres & le pié des murailles.

W.

LE double W est le caractere de la monnoie de Lille. Dans toutes les Langues du Nord, il se prononce *ou*; & nous suivons cet usage dans les mots qui en viennent: comme dans *West*, *Watergan*, *Westminster*, &c. Cependant, il y en a quelques-uns où nous le changeons en simple *V* consonne, comme dans *Wallon*, *Walcheren*, &c.

WAGE ou CHARIOT, s. m. Nom d'un poids en usage à Amiens, qui pese cent soixante livres de cette Ville, revenant à cent quarante-cinq livres trois onces de Paris, de Strasbourg, de Besançon & d'Amsterdam, quatre Villes où les poids sont égaux. Le mot de *Wage* est apparemment le même que celui de *Wague*, qui a la même signification à Anvers.

WALLON, s. m. Langage qui se parle dans le Païs des Wallons, c'est-à-dire, dans la partie des Païs-bas, qui est entre l'Escaut & la Lis. Quelques-uns prétendent que c'est l'ancien Gaulois.

WALLONES. GARDES WALLONNES, qu'on prononce ordinairement VALONNES. C'est un Corps de Trouppes des Armées d'Espagne, qui fait partie de la Maison militaire de S. M. Catholique. Ce nom lui vient de ceque, dans son origine, il avoit été levé dans la partie de la Flandres, qui se nomme *Wallonne*.

WAQUE, s. f. Mesure de la Houille, ou Charbon de terre, dans les Houillieres de Hainaut. La *waque* de houille revient à quinze sous.

WATERGAN, s. m. Mot Flamand, adopté pour signifier un Canal, ou un Fossé plein d'eau, qui donne communication d'un lieu à un autre. On prononce *Ouatergan*.

WERST, s. m. Mesure itinéraire de Moscovie. Le *werst* contient trois mille cinq cens quatre piés d'Angleterre, c'est-à-dire, environ deux tiers de mille Anglois. Une lieue de France contient quatre *werst*s. Un degré a quatre-vingt *werst*s, ou soixante milles d'Angleterre, ou vingt lieues de France, ou quinze d'Allemagne.

WINTHERE, s. m. Écorce odoriférante, qui est une sorte de Canelle blanche.

WLLANS, s. m. Trouppe de Cavalerie legere, composée de Polonois & de Tartares, montés sur des Chevaux de ces deux Nations. Leur service est pareil à celui des Hussards. Ce Corps, qui avoit été formé, en France, par M. le Maréchal de Saxe, a été débandé après sa mort. On prononce *Oulans*.

X.

X Est le caractere de la monnoie qui se fabrique à Aix.

XALXOCOTL, s. m. Nom que les Indiens de l'Amérique donnent au Goïavier.

XANXUS, s. m. Nom d'un gros coquillage, semblable à ceux avec lesquels on peint les Tritons. Il se pêche vers l'Isle de Ceylan, ou à la Côte de la Pêcherie. Ceux de cette Côte ont, tous, leurs volutes de droite à gauche; & les Indiens en cherchent un qui ait de gauche à droite, parcequ'ils croient qu'un de leurs Dieux a choisi un *Xanxus* de cette forme pour s'y cacher. Les Hollandois vendent ces coquillages fort cher au Bengale. On les scie, suivant leur largeur, pour en faire des bracelets, qui ont un fort grand lustre.

XÉRAF. *Voiez* SERAPH.

XIPHION, s. m. gr. Nom d'une Plante, dont les feuilles ont à-peu-près la forme d'un *glaive*. Ses fleurs font odorantes, purpurines, & quelquefois blanches. Elle croît dans les Païs chauds, surtout en Espagne. Sa racine est émolliente & résolutive.

XUTAS, s. m. Oiseau des Indes occidentales, qui ressemble assez à une Oie, & qui s'apprivoise de même.

XYLOSTEON, s. m. gr. Arbrisseau dont le *bois* est blanc & comme *osseux*, d'où il tire son nom. Il croît dans les Bois montagneux, surtout en Suisse & en Allemagne. Son écorce, qui est d'abord rouge, devient ensuite blanchâtre. Ses feuilles sont oblongues & un peu velues; & ses fleurs, qui sont blanches, en forme de tuïaux évasés, croissent deux à deux sur un même pédicule.

XYSTARQUE, s. m. gr. Nom d'un Officier des anciens Gymnases, que quelques-uns confondent avec le *Gymnasiarque* même, qui en étoit le Chef.

Y.

Y Est le caractere de la monnoie qui se fabrique à Bourges.

YCHITSÉE, s. f. Drogue médecinale de la Chine, qui n'est pas moins estimée au Japon, & dont il se fait un grand commerce entre ces deux Contrées.

YEUX DE CHAT, s. m. Nom d'une petite herbe sauvage, qui est de couleur violette.

YEUX D'ÉCREVISSE, s. m. Pierres qui naissent dans la tête des grosses Écrevisses de rivière, aux Indes occidentales, & qu'on emploie pour purifier le sang, & pour arrêter le cours de ventre & le vomissement.

YNAÏA, s. m. Espece de Palmier de l'Isle de Maragnan, qui produit des fruits en grappe, de la grosseur des olives.

YOÏDE. *Voïez* HYOÏDE.

YOLATOLE, s. f. Boisson des Indes orientales, composée d'Épis de Maïs, brûlés & réduits en cendre.

YON. SAINT YON. Ordre de Freres *lais*, qui prennent le nom de Freres des Écoles Chrétiennes, & qui se consacrent à l'instruction des Enfans du premier âge. Ils ont été aggregés, en 1725, à l'état Monastique. Leur principal établissement, qui se nomme Saint Yon, est à Rouen, dans le Faubourg de Saint Sever.

YSQUIEPATLI, s. m. Animal des Indes occidentales, qui ressemble au Renard par la finesse, & qui a, comme lui, la queue fort longue. Mais il n'est long que de dix-huit ou vingt pouces; il a la gueule & les oreilles petites, les ongles courbés & la peau noire & velue. La couleur de son poil est mêlée de noir & de blanc.

YUNE, s. f. Mesure du Wirtemberg, pour les liquides. Elle contient dix masses, & elle est contenue seize fois dans l'Ame.

YVOIRE. *Voïez* IVOIRE.

YVROIE. *Voïez* IVRAIE.

Z.

Z Est le caractere de la monnoie fabriquée à Grenoble.

ZACCON, s. m. Espece de Prunier, qui croît dans la Plaine de Jericho, & qui tire son nom des Eglises de *Zacchæus*, aux environs desquelles il croît. Sa grandeur est celle d'un Oranger. Ses feuilles ressemblent à celles de l'Olivier, mais sont plus petites, plus vertes & plus pointues. De ses fruits, qui sont une sorte de Prunes, rondes, d'abord vertes, & jaunes en meurissant, on tire une huile qui sert à résoudre les humeurs froides & visqueuses.

ZAGU, s. m. ou SAGU. Espece de Palmier, qui croît aux Isles Moluques, & dont non-seulement le fruit, mais l'écorce même, donne une espece de farine, qui tient lieu de riz & de blé aux Habitans, pour en faire du pain.

ZAHORIE, s. m. & adj. gr. Nom qu'on donne à ceux qui, suivant la signification du mot, ont la *vue extrêmement perçante*, jusqu'à voir, dit-on, au travers des murailles & dans les entrailles de la terre. On raconte qu'ils ont les yeux rouges, & qu'ils ne sont pas rares en Espagne & en Portugal. Le Mercure du mois de Juin, 1718, rapporte là-dessus des choses étranges.

ZAMOLXIS, s. m. Nom du Dieu des Thraces & des Getes, fameux dans l'Histoire ancienne, par la maniere cruelle dont ses Adorateurs le consultoient. Ils choisissoient un Interprète, qu'ils jettoient en l'air, pour le faire retomber sur les pointes de trois Javelines droites. S'il en étoit percé, jusqu'à mourir sur le champ, ils croïoient que le Dieu leur étoit favorable.

ZELATRICE, s. f. C'est, parmi les Religieuses Ursulines, un titre d'Office, qui répond à celui de *Procureur*, dans les Communautés d'Hommes. Les Minimes donnent le nom de *Zeleur* à leur Procureur général, en Cour de Rome.

ZER, s. m. Terme de Relation. C'est le nom que les Persans donnent à toutes sortes de monnoies; comme on se sert du mot d'*argent*, en France, & de celui de *monney*, en Angleterre, pour toutes les especes qui ont cours. *Zer* signifie *or*, lorsqu'on parle du métal qui porte ce nom.

ZERO, s. m. Terme d'Arithmétique, qu'on emploie dans le langage commun, pour signifier *rien*, parceque le *zero* seul n'a aucune valeur, quoique, placé après un autre chiffre, il le fasse valoir 10 fois autant, &c.

ZEUMICHIEN, adj. Surnom, qui signifie le *Machiniste*, & qui fut donné à un Ancien, nommé *Chrysor*, pour avoir inventé, dit-on, l'hameçon, la ligne à pêcher, les barques pour la pêche, & d'autres instrumens utiles.

ZEYBA, s. m. Arbre des Indes occidentales, dont le tronc est quelquefois si gros, qu'à peine quinze Hommes peuvent l'embrasser.

ZEYBO, s. m. Autre arbre de la nouvelle Galice, qui porte, pour fruit, des cosses pleines d'une laine déliée.

ZIAN, s. m. Nom de la plus forte monnoie de l'État d'Alger, qui porte d'un côté le nom du Dey, & de l'autre quelques lettres de l'Alcoran. Elle est frappée à Tremizen, & sa valeur est de cent aspres.

ZIM. *Voïez* ZAIM.

ZIMBI, s. m. Nom qu'on donne, sur la Côte d'Afrique, particulièrement dans les Roïaumes d'Angola & de Congo, aux petits coquillages, qui servent de monnoie, & que la plûpart des Voïageurs nomment *Koris*. Deux mille *Limbis* font une *Macoute*.

ZINCK, s. m. Matiere métallique, dont la nature est peu connue jusqu'à présent, mais que les Potiers d'étain ne laissent pas d'emploïer dans leur soudure.

ZODIACAL, adj. de Zodiaque, qui se dit de tout ce qui lui appartient. Lumiere *Zodiacale*.

ZOGONES, s. m. gr. Nom que les Grecs donnoient aux Dieux qui présidoient à la vie des Hommes, & qu'ils invoquoient pour la prolonger ou la conserver. Les Fleuves & les Eaux courantes étoient particulierement consacrés aux *Zogones*.

ZOÏLE, s. m. Ancien Critique d'Homere, que l'envie, plutôt que le savoir & le bon goût, avoit armé contre ce grand Poëte, & dont le nom se donne aux mauvais Critiques & aux Envieux.

ZOLEDENIC, s. m. Subdivision de la livre Moscovite, qui en est la quatre vingt-seizieme partie, & qui n'a été inventée que pour la commodité du Négoce.

ZOROASTE, s. m. Célebre Législateur de l'ancienne Perse, qui regla le culte qu'on devoit rendre au Soleil & aux autres Astres. Il se vantoit de recevoir ses Loix & ses lumieres, d'un génie familier.

ZOROCHE, s. m. Minérai d'argent, du Potosi, très brillant, mais le moins riche de toutes les pierres métalliques qui se tirent des mines de cette montagne. Il ressemble au *Gypse*, qu'on nomme autrement *Talc*.

ZOT. Au Diable Zot. Expression proverbiale, qui est une espece d'ironie, par laquelle on paroît douter de quelque chose. Quelques-uns regardent *Zot* comme une corruption de *soit*. Ainsi, *au Diable Zot* seroit une sorte d'imprécation.

ZOUGET, s. m. Nom d'un oiseau aquatique, qui est une espece de Plongeon.

&.

&, Caractere d'Imprimerie, qui signifie la conjonction *et*. Les Anglois s'en servent aussi, pour *and*, qui est, dans leur Langue, la même conjonction, qu'*et* en latin & en françois. *&c.* est une abbréviation, pour *& cetera*, qui signifie *& le reste*.

F I N.

De l'Imprimerie de DIDOT.

APPROBATION.

J'AI lu, par ordre de Monseigneur le Chancelier, le supplément servant à une nouvelle édition du *Manuel Lexique* ou *Dictionnaire portatif des Mots françois &c.* Le grand nombre d'additions aussi interessantes qu'utiles, dont l'Auteur a enrichi cet Ouvrage, & les corrections qu'il a faites à quelques articles, ne peuvent manquer de redoubler l'empressement que le Public avoit déja marqué pour la premiere édition. Je n'ai rien trouvé dans cette seconde qui doive en empêcher l'impression.

A Paris le 18 Mai 1753. BONAMY.

PRIVILEGE DU ROI.

LOUIS, PAR LA GRACE DE DIEU ROI DE FRANCE ET DE NAVARRE, A nos Amés & féaux Conseillers, les Gens tenans nos Cours de Parlement, Maître des Requêtes ordinaire de notre Hôtel, Grand Conseil, Prévôt de Paris, Baillifs, Sénéchaux, leurs Lieutenans civils, & autres nos Justiciers qu'il appartiendra, SALUT. Notre amé le Sieur DIDOT, Libraire à Paris, Syndic de sa Communauté, Nous a fait exposer qu'il desireroit faire réimprimer & donner au Public des Livres qui ont pour titre, *Manuel Lexique*, ou *Dictionnaire portatif des Mots françois, &c....Dictionnaire historique, portatif*, s'il Nous plaisoit lui accorder nos Lettres de Privilége pour ce nécessaires. A CES CAUSES, voulant favorablement traiter l'Exposant, Nous lui avons permis & permettons, par ces Présentes, de faire réimprimer lesdits Livres autant de fois que bon lui semblera, & de les faire vendre & débiter par tout notre Royaume, pendant le tems de neuf années consécutives, à compter du jour de la date des Présentes. Faisons défenses à tous Imprimeurs, Libraires & autres Personnes, de quelque qualité & condition qu'elles soient, d'en introduire d'impression étrangere dans aucun lieu de notre obéissance ; comme aussi de réimprimer ou faire réimprimer, vendre, faire vendre, débiter ni contrefaire lesdits Livres, ni d'en faire aucun Extrait, sous quelque prétexte que ce puisse être, sans la permission expresse & par écrit dudit Exposant ou de ceux qui auront droit de lui, à peine de confiscation des Exemplaires contrefaits, de trois mille livres d'amende contre chacun des Contrevenans, dont un tiers à Nous, un tiers à l'Hôtel-Dieu de Paris, & l'autre tiers audit Exposant ou à celui qui aura droit de lui, & de tous dépens, dommages & intérêts : à la charge que ces Présentes seront enregistrées tout au long sur le Registre de la Communauté des Imprimeurs & Libraires de Paris, dans trois mois de la date d'icelles ; que la réimpression desdits Livres sera faite dans notre Royaume & non ailleurs, en bon papier & beaux caracteres, conformément à la Feuille imprimée, attachée pour modele sous le contre-scel des Présentes ; que l'Impétrant se conformera en tout aux Réglemens de la Librairie, & notamment à celui du dix Avril mil sept cens vingt-cinq ; qu'avant de les exposer en vente, les Imprimés qui auront servi de Copie à la réimpression desd. Livres, seront remis, dans le même état où l'Approbation y aura été donnée, ès mains de notre très cher & féal Chevalier, Chancelier de France, le Sieur De Lamoignon ; & qu'il en sera enfuite remis deux Exemplaires de chacun dans notre Bibliothéque publique, un dans celle de notre Château du Louvre, & un dans celle de notredit très cher & féal Chevalier, Chancelier de France, le Sieur De Lamoignon, & un celle de notre très cher & féal Chevalier, Garde des Sceaux de France, le Sieur de Machault, Commandeur de nos Ordres; le tout à peine de nullité des Préfentes : du contenu defquelles vous mandons & enjoignons de faire jouir ledit Expofant & fes Ayanscaufe, pleinement & paifiblement, fans fouffrir qu'il leur foit fait aucun trouble ou empêchement. Voulons que la Copie des Préfentes, qui fera imprimée tout au long, au commencement ou à la fin defdits Livres, foit tenue pour duement fignifiée, & qu'aux Copies collationnées par l'un de nos amés & féaux Confeillers-Sécretaires, foi foit ajoutée comme à l'Original. Commandons au premier notre Huiffier ou Sergent fur ce requis, de faire, pour l'exécution d'icelles, tous Actes requis & néceffaires, fans demander autre permiffion, & nonobftant Clameur de Haro, Charte Normande, & Letttes à ce contraires. Car tel eft notre plaifir. Donné à Verfailles, le vingt-unieme jour du mois de Décembre, l'an de grace mil fept cens cinquante-quatre, & de notre regne la quarantieme.

       Par le Roi en fon Confeil.
       PERRIN, avec Paraphe.

Regiftré fur le Regiftre XIII de la Chambre royale des Libraires & Imprimeurs de Paris, N°. 459, Fol°. 353, conformément aux anciens Réglemens, confirmés par celui du 28 Février 1723. A Paris, ce 24 Décembre 1754.

       DIDOT, *Syndic.*

CATALOGUE DES LIVRES

Imprimés chez DIDOT, Quai des Augustins, à la Bible d'or. Paris, 1755.

THEOLOGIE.

Biblia sacra, cum notis Franc. Vatabli, nova editio auctior & emendatior, 2 vol. in-fol.   35 l.

Pseaumes de David, *par la Roche*, in-12.   2 l.

Les Conseils de la sagesse, ou Recueil des Maximes de Salomon, les plus necessaires pour se conduire sagement: sixieme édition, in-12.   2 l. 10 s.

Histoire Sainte des deux Alliances, &c. avec des Réflexions sur chaque Livre de l'Ancien & du Nouveau Testament, & un Supplément qui conduit l'Histoire des Machabées jusqu'à la naissance de Jesus-Christ, *par feu M. de Saint-Aubin*, Bibliothéquaire de Sorbonne, 7 vol. in-12.   15 l.

Breviaire Monastique, latin & françois, à l'usage des Religieuses Bénédictines, 4 vol. in 8°.   40 l.

Œuvres de piété de Saint Ephrem, Diacre d'Edesse, & Docteur de l'Eglise, in-12, 2 vol.   4 l. 10 s.

Les Confessions de Saint Augustin, traduction nouvelle, avec des Remarques historiques & critiques, 2 vol. in 8°. latines & françoises.   8 l.

—Les mêmes, 2 vol. in-12, toutes françoises.   4 l.

Sermons de Saint Augustin sur les Pseaumes, traduits en françois: nouvelle édition, augmentée de deux Tables; la premiere, des Passages de l'Ecriture-Sainte, expliqués dans le texte; la seconde, des matieres contenues dans tout l'Ouvrage, 14 vol. in-12.   30 l.

Sermons & Homélies sur les Mysteres de N. S. *par M. l'Abbé Jérôme de Paris*, in-12.   2 l.

—Du même. Les Mysteres de la Vierge, & les Panégyriques des Saints, 2 vol. in-12.   4 l.

—Du même. Le Carême, 3 vol. in-12.   6 l.

Sermons de M. Gaspard Terrasson, ci-devant Prêtre de l'Oratoire, contenant un Avent & un Carême, in-12, 4 vol.   10 l.

Homélies sur les Evangiles des Dimanches de l'année, sur la Passion & les Mysteres de N. S. & de la Ste Vierge, & sur les Evangiles du Carême, *par Monmorel*, nouvelle édition, 10 vol. in-12.   25 l.

Défense de la Grace efficace, *par M. de la Broue*, Evêque de Mirepoix, in-12.   2 l. 10 s.

Imitation de Jesus-Christ, traduite & paraphrasée en vers François, *par Corneille*, in-12.   2 l. 10 s.

Prieres à l'usage des personnes Religieuses, *par un Prêtre de l'Oratoire*, in-12.   30 s.

Vérité de la Religion Chrétienne, *par Abadie*, avec l'Art de se connoître soi-même, nouvelle édit., in-12, 4 vol.   8 l.

Dissertation sur l'existence de Dieu, où l'on démontre cette vérité, par l'Histoire Universelle de la premiere antiquité du Monde, par la réfutation du Systême d'Epicu-

re & de Spinofa, par les caracteres de Divinité qui se remarquent dans la Religion des Juifs, & dans l'établissement du Christianisme : nouv. édit., augmentée de quelques Lettres & de la Vie de l'Auteur, par M. Jaquelot, 3 vol. in-12. 7 l. 10 f.
Dissertations sur le Messie, où l'on prouve aux Juifs que Jesus-Christ est le Messie promis & prédit dans l'Ancien Testament, par le même, in-12. 2 l. 10 f.
Traité de la Vérité & de l'Inspiration des Livres de l'Ancien & du Nouveau Testament, par le même, in 12, 2 vol. 4 l. 10 f.
Défense des Prophéties de la Religion Chrétienne, contre Grotius, Simon & ceux qui ont écrit sur ces matieres, par le Pere Baltus, de la Compagnie de Jesus, 3 volumes in 12. 6 l.

JURISPRUDENCE.

Traité de l'Indult du Parlement de Paris, ou du droit que le Chancelier de France, les Présidens, Maîtres des Requêtes, Conseillers, & autres Officiers du Parlement, ont sur les Prélatures séculieres & régulieres du Roïaume : nouv. édit. corrigée & augmentée par M. le Président Cochet de Saint-Valier, 3 vol. in-4°. 24 l.
Nouveau Coutumier général, ou Corps des Coutumes générales & particulieres de France & des Provinces connues sous le nom des Gaules : nouvelle édition, par M. de Richebourg, 4 volumes in fol. 100 l.
Coutume de la Prévôté & Vicomté de Paris, rédigée dans l'ordre naturel, par M. le Maistre, Avocat au Parlement : nouv. édit., corrigée & augmentée, in fol. 15 l.
Journal du Palais, ou Recueil des principales Décisions de tous les Parlemens & Cours Souveraines de France : quatrieme édition, 2 vol. in fol. 40 l.
Arrêts Notables du Parlement de Paris, pris des Mémoires de Maître Georges Louet, Conseiller au Parlement ; avec les Décisions de Maître Julien Brodeau, Avocat : nouv. édit., augmentée des Remarques de Maître Guy Rousseau de la Combe, 2 vol. in-fol. 40 l.
Traité des Donations, entre Vifs & Testamentaires, par Jean-Marie Ricard, Avocat au Parlement, 2 vol. in fol. 40 l.

SCIENCES ET ARTS.

Principes de la Philosophie, par René Descartes, avec figures, in-12. 2 l. 10 f.
Lettres de René Descartes, 6 vol. in 12. figures. 12 l.
Elémens de la Philosophie moderne, par Pierre Massuet, 2 vol. in-12. 5 l.
Le Spectateur ou le Socrate moderne, où l'on voit le Portrait naïf des mœurs du siécle, traduit de l'anglois, 7 vol. in-12. 17 l. 10 f.
Maximes & Sentences sur les sources de la corruption du cœur de l'Homme, in-16. 1 l.
Conseils de l'Amitié, seconde Edition, in-12. 1 l. 15 f.
Essai politique sur le Commerce, par M. Melon, in-12. 3 l.
Traité historique & dogmatique sur les Apparitions, les Visions & les Révélations particulieres, par l'Abbé Lenglet du Fresnoy, 2 vol. in-12. 4 l. 10 f.
Recueil de Dissertations anciennes & nouvelles, sur les Apparitions & les Songes, avec une Préface historique, par le même, 4 vol. in-12. 8 l.
Le Comte de Gabalis, ou Entretiens sur les Sciences secretes : nouvelle édition, augmentée des nouveaux Entretiens, des Génies assistans, & du Gnome irréconciliable, &c. par M. l'Abbé de Villars, in-12, 2 vol. 4 l.
Histoire des Plantes usuelles, dans laquelle on donne leur nom tant

François que Latin, la maniere de s'en servir, leur dose, & les principales compositions de Pharmacie dans lesquelles elles sont employées, *par M. Chomel, Docteur en Médecine* : derniere édition, 3 vol. *in*-12. 6 l.

Nouveau Traité d'Agriculture, contenant la Méthode de bien cultiver tous les Arbres à fruits, avec la maniere d'élever les Treilles, *par MM. de la Riviere & du Moulin, in*-12. 2 l.

Métallurgie, ou l'Art de tirer & de purifier les Métaux ; *avec les Dissertations les plus rares sur les Mines & les Opérations métalliques* : nouv. édit. 1751, 2 vol. *in*-12. figures. 5 l.

Nouveau Traité de Physique sur toute la Nature, ou Méditations sur tous les corps dont la Médecine tire les plus grands avantages pour guérir le Corps Humain, *in*-12, 2 volumes en un, *par M. Hunauld, Médecin.* 2 l. 10 s.

La Médecine & la Chirurgie des Pauvres, qui contiennent des remedes choisis, faciles à préparer, & sans dépense, &c. *in*-12. nouv. édition, 1748. 2 l. 10 s.

Dictionnaire Botanique & Pharmaceutique, contenant les propriétés des Minéraux & des Végétaux, avec les préparations de Pharmacie les plus usitées en Médecine & en Chirurgie, nouv. édit. *in* 8°. 5 l.

Traité des Causes, des Accidens & de la Cure de la Peste, avec un Recueil d'observations, & un détail circonstancié des précautions qu'on a prises pour subvenir aux besoins des Peuples affligés de cette maladie, ou pour la prévenir ; fait & imprimé par ordre du Roi, *par M. Senac*, vol. *in*-4°. figures. 10 l.

Traité des Maladies de la Peau, avec un Appendice concernant l'efficacité des Topiques & la maniere de leur opération, *par le Docteur Turner, traduit de l'Anglois, par M.**** 2 vol. *in* 12. 4 l. 10 s.

Exposition Anatomique de la structure du Corps humain, *par Jacq. Ben. Winslow, de l'Acad. Roïale des Sciences, in*-4°. 12 l.

Eclaircissement sur la maniere dont le sang agit sur les poumons, *par M. Helvetius, in*-4°. 1 l. 10 s. On joint cet Ouvrage à l'année 1727 des Mémoires de l'Académie des Sciences.

Essai des effets de l'Air sur le corps humain, *par M. Jean Arbuthnot*, traduit de l'Anglois, *par M. Boyer, in*-12. 2 l. 5 s.

Le Cuisinier Roïal & Bourgeois, ou Cuisinier moderne, qui apprend à ordonner les ragoûts les plus délicats & les plus à la mode, en gras & en maigre, & à faire aisément toutes sortes de Pâtisserie, avec de nouveaux Desseins de table : *Ouvrage utile à tout le monde, augmenté de la Cuisine nouvelle de Vincent de la Chapelle & des Auteurs les plus modernes*, par MASSIALOT, 3 vol. *in* 12. 6 l. 10 s.

Nouvelle Instruction pour les Confitures, les Liqueurs & les Fruits, où l'on apprend à confire toutes sortes de fruits, tant secs que liquides, divers ouvrages de sucre, & la maniere d'ordonner les fruits, *avec des figures pour les nouveaux Desseins de table* ; par le même, *in*-12. 2 l. 10 s.

Histoire de l'origine & des progrès de la Chirurgie en France, *in*-4°. figures. 9 l.
— la même, 2 vol. *in*-12. 4 l. 10 s.

Histoire de la Philosophie Hermétique, avec un Catalogue raisonné des Auteurs chymiques, *par Lenglet du Fresnoy*, 3 vol. *in*-12. 7 l. 10 s.

Œuvres de Mathématique & de Physique *de M. Mariotte, de l'Académie Roïale des Sciences*, comprenant les Traités de cet Auteur, tant ceux qui avoient déja paru séparément, que ceux qui n'avoient pas encore été publiés : nouv. édit., 2 vol. *in* 4°. avec fig., 1740. 16 l.

Les Elémens des Mathématiques, ou Traité de la Grandeur en général, qui comprend l'Arithmétique, l'Algebre, l'Analyse & les Principes de toutes les Sciences qui ont la Grandeur pour objet, *par*

P p

le P. Lamy, Prêtre de l'Oratoire: cinquième édition, revue & augmentée, in 12. 3 l.

Les Elémens de Géométrie, qui comprennent les Elémens d'Euclide, les Propositions d'Archimede, avec une idée de l'Analyse, & une Introduction aux Sections Coniques. Par le même, in-12. 2 l. 10 f.

Recherches sur les Courbes à doubles courbures, par M. Clairault, Mathématicien, in-4°. avec figures. 5 l. 10 f.

Le Livre des Comptes faits, ou Tarif général de toutes les Monnoies, tant anciennes que nouvelles, avec lequel on peut faire toute sorte de Comptes & de Multiplications, par entier & par fraction, quelque difficiles qu'ils soient, pourvû qu'on sache l'Addition, par M. Barreme, in-12. 2 l. 10 f.

Le Livre facile pour apprendre l'Arithmétique sans Maître: nouvelle édition, augmentée de la Géométrie servant à l'Arpentage & au Toisé, par le même, in-12. 2 l. 10 f.

Le Livre nécessaire, ou Tarif général des Escomptes, des Changes & des Divisions toutes faites, par le même, in-12. 2 l. 10 f.

Les Changes Etrangers, pour la réduction des Monnoies de différens Païs, par le même, 2 vol. in-8°. grand papier. 24 l.

Le Traité des Parties doubles, ou Méthode aisée pour apprendre à tenir en Parties doubles les Livres du Commerce & des Finances, par le même, in-8°. grand pap. 4 l.

L'Architecture pratique, qui comprend le détail complet de tout ce qui a rapport aux Bâtimens : Ouvrage utile à tous ceux qui veulent bâtir. Par M. Bullet, Architecte du Roi & de l'Académie Roïale d'Architecture, in-8°. figures, nouvelle édition. 6 l.

Loix des Bâtimens, suivant la Coutume de Paris, par M. Desgodets, avec les Notes de M. Goupy, in-8°. 5 l.

Etude Militaire, contenant l'Exercice de l'Infanterie. Par M. Bottée, nouv. édit. augmentée, in 12. 3 l.

La même, 2 vol. 3 l. 10 f.

Le parfait Maréchal, qui enseigne à connoître la bonté & les défauts des Chevaux, les signes & les causes de leurs maladies, les moïens de les prévenir, leur guérison, le bon & le mauvais usage de la purgation & de la saignée, par M. Soleysel, nouv. édit. in-4°. 8 l.

BELLES-LETTRES.

Quintiliani Institutiones oratoriæ, cum notis & animadversionibus Capperonerii, in fol. 15 l.

Rhéthorique, à l'usage des jeunes Demoiselles: nouv. édit. in 12. 2 l. 5 f.

La Rhétorique, ou l'Art de parler, Par le P. Lamy, sous presse.

La Connoissance des Poëtes, ou moïen facile de prendre une teinture des Humanités. 2 vol. in-12. 5 l.

Rhétorique de Gibert, in-12. 2 l. 10 f.

Manuel Lexique, ou Dictionnaire portatif des Mots François, dont la signification n'est pas familiere à tout le monde : ouvrage utile aux personnes qui veulent écrire & parler juste : par M. l'Abbé Prevost : nouv. édit., considérablem. augmentée, 2 vol. in-8°. 9 l.

Supplément à la premiere Edition du Manuel Lexique. vol. 8°. 4 l.

Dictionnaire des Arts & des Sciences, par M. Corneille, de l'Académie Françoise; nouvelle édition, corrigée & augmentée par M. de Fontenelle, de l'Académie Françoise, &c. 2 vol. in fol. 30 l.

Dictionnaire de Peinture & des termes qui y sont propres, &c; avec un Abregé de la Vie des Peintres, Sculpteurs & Graveurs, in-12. 2 vol. 4 l. 10 f.

Dictionnaire historique, portatif, contenant l'Histoire des grands Hommes & des Personnes illustres de tous les Siécles & de toutes les Nations, avec le catalogue des ouvrages des Auteurs. Par

M. l'Abbé Ladvocat, Docteur, Bibliothéquaire, & Professeur de la Chaire d'Orléans, en Sorbonne: nouvelle édition, 2 vol. in-8°. 9 l.

Nouvelle Grammaire Françoise & Espagnole, par F. Sobrino, Maitre de la Langue Espagnole à la Cour de Bruxelles, in-12. 2 l. 10 s.

Méthode contenant les Principes de la Langue Italienne, des Dialogues, & un Traité de la Poésie, par M. Bertera, in-12. 3 l.

Essai critique sur le Goût, par M. Cartaud de la Vilate, in-12. 2 l. 10 s.

Poétique Françoise à l'usage des Dames, avec des exemples: 2 vol. in-12. 4 l. 10 s.

Raisonnemens hasardés sur la Poésie Françoise, avec des Réflexions sur les Vers non-rimés: Ouvrage curieux & singulier, in-12. 1 l. 15 s.

Eglogues de Virgile, traduites, avec des Remarques, in-12. 2 l.

Métamorphoses d'Ovide, traduites en François, avec des Remarques & des Explications historiques, par M. l'Abbé Banier, de l'Académie des Inscriptions & Belles-Lettres, avec des figures à chaque sujet, 2 vol. in-4°. 15 l.

—Les mêmes, avec des figures à chaque Livre, dessinées par Picard le Romain, derniere édition, 3 vol. in-12. sous presse. 7 l. 10 s.

Le Temple des Muses, orné de 60 Tableaux, où sont représentés les événemens les plus remarquables de l'Antiquité fabuleuse, dessinés & gravés, par Bernard Picart le Romain, & accompagnés d'Explications & de Remarques, qui découvrent le vrai sens des Fables, & le fondement qu'elles ont dans l'Histoire, in-fol. grand papier. Hollande. 36 l.

Petri Danielis Huetii, & Cl. Fr. Fraguerii Carmina, in-12. 2 l. 10 s.

Œdipe de Sophocle, & les Oiseaux d'Aristophane, par M. Boivin, le jeune, in-12. 2 l. 10 s.

Œuvres Poétiques de Mellin de S. Gelais: nouvelle édition, augmentée de Pieces latines & françoises, in-12. 3 l.

Œuvres de Pierre & de Thomas Corneille, 11 vol. in-12. 27 l. 10 s.

—On vend séparément les Œuvres de Pierre Corneille, en 6 vol. 15 l.

Œuvres de Moliere: nouv. édition, revue & corrigée, in-4°. 6 vol. figures. 140 l.

Œuvres de Rousseau: nouvelle édition corrigée & augmentée d'un grand nombre de Pieces, en tous genres, & de ses Lettres, qui n'ont point encore paru, proposée par souscription après sa mort, 3 vol. in-4°. papier Roïal. 90 l.

—Les mêmes, faites sur la grande édition, page pour page, 4 vol. in-12. 10 l.

Mariane, Tragédie du Sieur Tristan Lhermite, remise au Théâtre par Rousseau, Broch. 1 l. 4 s.

Fables de Richer, in-12. 2 l. 10 s.

Recueil de Chansons & Vaudevilles, notés, 8 vol. in-12. 20 l.

Le Théâtre de Boursault, nouvelle édition, 3 vol. in-12. 7 l. 10 s.

Théâtre de le Sage, 2 vol in-12. 4 l. 10 s.

Le Théâtre Italien de Gherardi, ou Recueil de toutes les Comédies jouées par les Comédiens Italiens du Roi, pendant le tems qu'ils ont été au service, avec les airs notés, 6 vol. in-12. figures. 18 l.

Recueil des Operas représentés à l'Académie Roïale de Musique, 16 vol. in-12. 32 l.

Lettres à Madame la Marquise de P. sur l'Opéra, in-12. 1 l. 15 s.

Roland furieux: Poëme héroïque de l'Arioste, traduit par M. Mirabaud, 4 vol. in-12. 10 l.

—Le même en grand papier. 20 l.

Jerusalem delivrée: Poëme héroïque du Tasse, traduit par M. Mirabaud, seconde édition, 2 vol. in-12. 4 l. 10 s.

Les Journées amusantes de Madame de Gomez, 8 vol. in-12. 16 l.

Anecdotes Persannes, par Madame de Gomez, 2 vol. in-12. sous presse.

Les Romans de Boursault, contenant, le Prince de Condé, ne pas croire ce qu'on voit, le Marquis de Chavigni, Artemife & Polliante, 2 vol. in 12. 5 l.

Aſtrée de M. Durfé; Paſtorale allégorique, avec la clé: nouvelle édition, où fans toucher au fond ni aux épiſodes, on s'eſt contenté de corriger le langage, & d'abreger les converſations, par M.... de l'Académie des Inſcriptions & Belles-Lettres, 10 volumes in 12. figures. 20 l.

Le Songe d'Alcibiade, traduit du Grec, brochure in-12. 15 l.

Crémentine, Reine de Sanga: Hiſtoire Indienne, par Madame de Gomez, 2 vol. in 12. 4 l.

Hiſtoire de Lidéric, premier Comte de Flandre, ou Hiſtoire anecdote de la Cour de Dagobert, Roi de France, par M. le Commandeur de Vignacourt, 2 vol. in-12. 4 l.

Œuvres mêlées du Chevalier de Saint-Jorry, contenant des Lettres galantes & ſingulieres, des Anecdotes, Romans, Factums, & Pieces du Théatre Italien, 2 vol. in-12. 4 l.

Les Femmes Militaires, par le même Auteur, in-12. avec figures. 2 l.

Le Chevalier des Eſſars, & la Comteſſe de Berci, ou anecdotes de la Cour d'Henry IV, Roi de France: Hiſtoire remplie d'évenemens, 2 vol. in-12. 4 l.

Pamela, ou la Vertu récompenſée, traduit de l'Anglois: troiſième édition, 4 vol. in 12. 8 l.

Voïages & Avantures du Comte de*** & de ſon Fils, 2 vol. in-12. 4 l.

Le Soldat parvenu, ou les Avantures de M. Verval, dit Belle roſe, 2 vol. in-12, figures. Dreſde, 1753. 5 l.

Mémoires d'un Honnête-Homme, augmentés d'un ſecond volume, & de pluſieurs faits dans tout le cours de l'Ouvrage par l'Auteur du Soldat parvenu, Dreſde, 1753, 2 vol. 5 l.

Contes des Fées, par Madame Daulnoy, 4 vol in 12. ſous preſſe. 10 l.

Les trois nouveaux Contes des Fées, par M. de.... avec une Préface qui n'eſt pas moins ſérieuſe, par l'Auteur des Mémoires d'un Homme de qualité, in-12. 2 l.

Nouveaux Contes des Fées, allégoriques; contenant le Phœnix, Liſandre & Carline, Boca, &c. in 12. 2 l.

Recueil de divers Ouvrages Philoſophiques, Théologiques, Apologétiques & Critiques du Pere Daniel, de la Compagnie de Jeſus, in 4°. 3 vol. 24 l.

Œuvres diverſes de M. Pelliſſon, de l'Académie Françoiſe, contenant ſes Ouvrages d'Eloquence, de Poéſie, &c. dont la plus grande partie n'avoit pas encore paru; avec une Préface inſtructive ſur tous les Ouvrages de l'Auteur, 3 volumes in-12. 7 l. 10 ſ.

Les Ornemens de la mémoire, ou les traits brillans des Poëtes François les plus célebres, in-12. 2 l. 10 ſ.

Singularités Hiſtoriques & Littéraires, contenant pluſieurs recherches & éclairciſſemens ſur l'Hiſtoire, par Dom Liron, de la Congrégation de St Maur, 4 vol. in-12. 14 l.

Remarques Critiques ſur le Dictionnaire de Bayle. in-fol. 20 l.

Œuvres mêlées, en Proſe & en Vers, par M. l'Abbé de B***. 1 l. 16 ſ.

On vend ſéparément les Réflexions ſur les Paſſions & ſur les Goûts, avec l'Epitre aux Dieux Pénates, & autres Poéſies, in-8°. 15 ſ.

Apologie des Dames, appuyée ſur l'Hiſtoire, par M. D***. in-12. 2 l.

Les Lettres de Bourſault: cinquième édition, 3 vol. in-12. 7 l. 10 ſ.

Lettres de l'Abbé le Blanc: nouvelle édition de celles qui ont paru ſous le titre de Lettres d'un François, 3 vol. in-12. 7 l. 10 ſ.

HISTOIRE.

Methode pour apprendre facilement la Géographie; contenant un nouvel Abregé de la Sphere, la diviſion de la Terre en ſes Continens, Empires, Roïaumes, Etats, Républiques, Provinces, &c. avec la

Table des principales Villes de chaque Province : nouvelle édition augmentée des noms latins des Villes, & de la nouvelle Géographie, par M. *Robbe*, 2 vol. *in-*12, avec des Cartes Géographiques. 1747. 6 l.

Méthode abregée & facile, pour apprendre la Géographie, dédiée à Mademoiselle de Crozat, *par M. le François*: nouvelle édition, revue, corrigée & augmentée, avec des Cartes Géogr., *in-*12. 2 l. 10 f.

Dictionnaire Géographique, portatif, des quatre parties du Monde, traduit de l'Anglois de Laurent Echard, *par M. l'Abbé Vosgien*, *in-*8°. nouvelle édition, 4 l. 10 f.

Voïage de Pietro della Vallée, en Perse & autres lieux : nouvelle édition, augmentée, 8 vol. *in-*12. 18 l.

Voïage de la Mer du Sud aux Côtes du Chily & du Pérou, fait pendant les années 1712, 1713 & 1714, avec une Réponse à la Préface critique des Observations Physiques du R. P. Feuillée, par M. Frezier, *Ingénieur du Roi*, in 4°. figures. 7 l. 10 f.

Voïage de la Baie de Hudson, fait en 1746 & 1747, pour la découverte du passage du Nord-Ouest, *traduit de l'Anglois par M. Henri Elles, Agent pour cette expédition*, 2 vol. *in-*12. figures, 4 l.

Introduction à l'Histoire Générale & Politique de l'Univers, où l'on voit l'origine, les révolutions, l'état present & les intérêts des Souverains, *par M. le Baron de Pufendorff*, continuée par *Bruzen de la Martiniere*: derniere édition augmentée considérablement, 11 vol. *in-*12. Holl. 33 l.

Histoire de la Religion & de l'Eglise, depuis la Création du Monde jusqu'à l'Empire de Jovien, avec des Réflexions, 5. vol. *in-*12. 12 l.

Vie de Saint Irenée, Evêque de Lyon, *par Dom Gervaise*, 2 vol. *in-*12. 4 l. 10 f.

Vie de Rufin, Prêtre d'Aquilée, *par le même*, 2 vol. *in* 12. 4 l. 10 f.

Vie d'Abeillard & d'Eloïse, *par le même*, 2 vol. *in-*12. 4 l. 10 f.

Vie du Pape Alexandre VI, & de son fils César Borgia, 2 vol. *in-*12. 5. l.

Dictionnaire Chronologique, Historique, Critique, *sur l'origine de l'Idolatrie, des Sectes des Samaritains, des Héréfies, des Schismes, des Antipapes, & de tous les Héretiques & Fanatiques qui ont troublé l'Eglise*, par le R. P. Pinchinat, Cordelier, Prédicateur du Roi, *in-*4°. 7 l. 10 f.

Histoire du Socinianisme, *in-*4°. 6. l.

Pausanias, ou Voïage historique de la Grece, avec des Remarques & des Notes, *par M. l'Abbé Gédoyn, de l'Académie Françoise*, 2 vol. *in-*4°. figures. 20 l.

—Le même, *grand papier*, 30 l.

La Cyropædie, ou l'Histoire de Cyrus, traduite du Grec de Xenophon, *par M. Charpentier*: nouv. édit. *in-*12. 2 vol. 4 l.

Histoire de Cyrus, le jeune, & de la retraite des dix mille de Xenophon, avec un Discours sur l'Histoire Grecque, *par M. l'Abbé Pagi*, *in-*12. 2 l.

Histoire de Scipion l'Africain, & d'Epaminondas ; pour servir de suite aux Hommes Illustres de Plutarque, avec les Remarques de M. le Chevalier Follart, & un Discours sur le grand Homme, & l'Homme illustre de M. l'Abbé Sant-Pierre, vol. *in-*12.

Histoire de Théodose le Grand, *par M. Fléchier, in-*12. 2 liv. 10 f.

Histoire des Révolutions arrivées dans le Gouvernement de la République Romaine, *par M. l'Abbé de Vertot* : nouvelle édit., 3 vol. *in-*12. 7 l. 10 f.

Histoire critique de l'Etablissement de la Monarchie Françoise dans les Gaules, *par M. l'Abbé Dubos, de l'Académie Françoise* : seconde édition, augmentée considérablement. 2 vol. *in-*4°. 18 l.

—la même, *in-*12. 4 vol. 10 l.

Plan de l'Histoire générale & particuliere de la Monarchie Françoise, *par M. l'Abbé Lenglet Dufresnoy*, 3 vol. *in-*12. 7 l. 10 f.

Abregé de l'Histoire de France,

par M. de Mezeray: nouv. édition, avec les Remarques & les Notes de feu M. Amelot de la Houssaye, *in*-12, 14 vol. 35 l.
—la même, 4 vol. *in*-4°. 40 l.
L'on vend séparément l'Histoire de Louis XIII & de Louis XIV, 3 vol. *in*-12. 7 l. 10 s.
—la même édition commune, 2 volumes. 4 l. 10 s.

Mémoires Historiques & Critiques sur divers points de l'Histoire de France, & sur plusieurs autres sujets curieux, *par le même*, *in*-12. 2 l. 10 s.

Abrégé de l'Histoire de l'France, par *M. Bossuet*, *in*-4°. 10 l.
—la même, 4 vol. *in*-12. 10 l.

Recueil de divers Ecrits, pour servir d'éclaircissemens à l'Histoire de France, & de supplément à la Notice des Gaules, *par M. l'Abbé Lebeuf*, 2 vol. *in*-12. 5 l.

Parallele des Romains & des François, par rapport au Gouvernement, *par M. l'Abbé de Mably*, 2 vol. *in*-12. 1740. 5 l.

Vie de Suger, Abbé de St Denis, *par Dom Gervaise*, 3 vol. *in*-12. 6 l.

Histoire de France sous les Regnes de S. Louis, de Philippe de Valois, du Roi Jean, de Charles V, & de Charles VI, *par M. l'Abbé de Choisy*, 4 vol. *in*-12. 10 l.

Histoire de Charles VII, *par Baudot de Juilly*, 2 vol. *in*-12. 5 l.

Mémoires de Blaise de Mont-Luc, 4 vol. *in*-12. 9 l.

Lettres du Cardinal d'Ossat, avec des Notes historiques & politiques de M. Amelot de la Houssaye: nouvelle édition, plus belle & plus correcte que les précédentes, 5 vol. *in*-12. 12 l. 10 s.

Histoire de France sous le Regne d'Henri le Grand, *par M. de Perefixe*, *in*-12. 2 l. 10 s.

Histoire de Henri de la Tour d'Auvergne, Duc de Bouillon; dans laquelle ou trouve ce qui s'est passé de plus remarquable sous les Regnes de François II, de Charles IX, Henri III, Henri IV, & la Minorité de Louis XIII. *Par M. de Marsolier*, 3 vol. *in*-12. 7 l. 10 s.

Mémoires de Madame de Motteville, nouv. édit., 6 vol. *in*-12. 12 l.

La Vie du véritable Pere Joseph, Capucin, contenant l'Histoire anecdote du Cardinal de Richelieu: nouvelle édition, 2 vol. *in*-12. 4 l.

Histoire Militaire du Regne de Louis XIV, où l'on trouve un détail des Batailles, Siéges & Combats qui se sont passés sur mer & sur terre, pendant le cours de ce Regne, avec un Traité des Pratiques de l'Art Militaire, enrichie de Plans & de Figures, *par M. le Marquis de Quincy*, 7 vol. *in*-4°. *grand papier*. 150 l.

Mémoires & Réflexions sur les principaux événemens du Regne de Louis XIV, *par M. le Marquis de la Fare*. 2 l.

Histoire du Cardinal Mazarin, *par Aubery*, 4 vol. *in*-12. 9 l.

Histoire du Traité de Westphalie, qui comprend celle des Guerres & des Négociations qui précéderent ce Traité, & l'Histoire des Négociations qui se firent à Munster & à Osnabrug, pour établir la paix entre les Puissances de l'Europe, composée sur les Mémoires de la Cour & des Plénipotentiaires de France, *par le Pere Bougeant, de la Compagnie de Jesus*, 3 vol. *in*-4°. 24 l.
—la même, 6 vol. *in*-12. 15 l.

Vie du Vicomte de Turenne, *par M. l'Abbé Raguenet*, avec les Médailles frappées à l'occasion de ses victoires, *in*-12. 2 l. 10 s.

Histoire de Madame Henriette d'Angleterre, premiere Femme de Philippe de France, Duc d'Orléans, avec les Mémoires de la Cour de France, pour les années 1688 & 1689, *in*-12. 2 l. 10 s.

Mémoires de M. de la Colonie, contenant les Evénemens de la Guerre de Baviere, depuis le siége de Namur, en 1691, jusqu'à la Bataille de Belgrade en 1717, avec les avantures & les combats particuliers de l'Auteur, 2 vol. *in*-12. 4 l. 10 s.

Mémoires de la Régence, &c. nouv. édit. considérablement augmen-

tée, 5 vol. *in*-12. *petit format*, figures. 9 l.
Mémoires du Comte de Forbin, 2 vol. *in*-12. 4 l.
Histoire de l'Abbaïe Roïale de Saint Germain des Prez, depuis sa fondation; contenant la vie de ses Abbés, les Hommes Illustres qu'elle a produits, les Priviléges qui lui ont été accordés, avec la Description de ce qu'elle a de plus remarquable, enrichie de plans & de figures, *par Dom Jacques Bouillard*, *in-fol.* 12 l.
Description Géographique, Historique, Ecclésiastique, Civile & Militaire de la haute Normandie, 2 vol. *in*-4°. *avec des Cartes*, 1740. 15 l.
Dissertation sur la fondation de la Ville de Marseille, *in*-12. 2 l.
Histoire Généalogique & Chronologique de la Maison Roïale de France, & des Grands Officiers de la Couronne, *par les RR. PP. Ange & Simplicien*, 9 vol. *in-fol.* 150 l.
Mémoires de Melvil: nouvelle traduction de l'Anglois, augmentée de Lettres importantes, *par M. l'Abbé de Marsy*, 3 vol. *in*-12. 6 l.
Histoire des Révolutions de Portugal, *par M. l'Abbé Vertot*, *in*-12. 2 l. 10 s.
Histoire des Révolutions de Suede, où l'on voit les changemens arrivés dans ce Roïaume, au sujet de la Religion & du Gouvernement, *par le même*, 2 vol. *in*-12. 5 l.

Histoire de l'Empire Ottoman, par Sagredo, continuée jusqu'à présent, avec une Table des Matieres, à chaque Tome: nouvelle édition, 7 vol. *in*-12. 1730. 14 l.
Histoire des Turcs, par S. A. S. Demetrius de Cantimir, traduite en françois, par M. de Joncquieres, *in*-12. 4 vol. 10 l.
Description des Isles de l'Archipel, traduite du Flamand de O Dapper, enrichie de Cartes Géographiques & de Figures, *in-fol.* 15 l.
Histoire du Japon, *par le P. de Charlevoix, de la Compagnie de Jesus*: nouv. édit., 6 vol. *in*-12. 15 l.
Histoire de l'Isle Espagnole, ou de St Domingue, *par le même*, 4 vol. *in* 12. 12 l.
Histoire & Description de la Nouvelle France, connue sous le nom de Canada, avec des Figures & des Cartes Géographiques, 3. vol. *in*-4°. *par le même*. 30 l.
—la même, *in*-12. 6 vol. 15 l.
Histoire du Paraguay, *par le même*, 3 vol *in*-4°. *sous presse*.
—la même, 6 vol. *in*-12. *sous presse*.
Histoire de la Conquête du Mexique & de la Nouvelle Espagne, par Fernand Cortez, traduite de l'Espagnol, de Dom Antoine de Solis, *par l'Auteur du Triumvirat*, 2 vol. *in*-12. *sous presse*.
Histoire de la Découverte & de la Conquête du Pérou, traduite de l'Espagnol, d'Augustin de ZARATE, *par S. C. D.* 2 vol. *in*-12. 5 l.

Ouvrages de M. l'Abbé PREVOST.

Mémoires & Avantures d'un Homme de qualité, qui s'est retiré du monde, 8 vol. *in*-12, en 5 tomes. 12 l. 10 s.
Histoire de M. Cleveland, fils de Cromwel, nouvelle édition, 6 vol. *in*-12. 15 l.
Le Pour & Contre: Ouvrage Périodique, d'un goût nouveau, dans lequel on s'explique librement sur tout ce qui peut intéresser la curiosité du Public en matiere de Sciences, d'Arts, de Livres, &c. sans prendre parti, & sans offen-

ser personne, 20 vol. *in*-12. 70 l.
Le Doïen de Killerine: Histoire Morale, composée sur les Mémoires d'une illustre Famille d'Irlande, & ornée de tout ce qui peut rendre une lecture utile & agréable, 6 vol. *in*-12. 12 l.
Histoire de Marguerite d'Anjou, Reine d'Angleterre; contenant les Guerres de la Maison de Lancastre contre la Maison d'Yorck, 2 vol. *in*-12. 5 l.
Histoire d'une Grecque moderne, 2 vol. *in*-12. 4 l.

Mémoire pour servir à l'Histoire de Malte, ou Histoire de la jeunesse du Commandeur de *** 2 vol. in-12. 4 l.

Campagnes Philosophiques, ou Mémoires de M. de Montcal, Aide de Camp de M. le Maréchal de Schomberg, contenant l'Histoire de la Guerre d'Irlande, 2 vol. in-12. 5 l.

Tout pour l'Amour, ou le Monde bien perdu, ou la mort d'Antoine & de Cléopatre, Tragédie traduite de l'Anglois. 1 l. 4 s.

Histoire de la Vie de Ciceron, tirée de ses Ecrits & des Monumens de son siécle, avec les Preuves, & des Eclaircissemens, composée sur l'Ouvrage Anglois de M. Midleton: seconde Edition, 5 vol. in-12. 12 l. 10 s.

Voïage du Capitaine Robert Lade, en différentes parties de l'Afrique, de l'Asie & de l'Amérique, contenant l'Histoire de sa fortune, & ses Observations sur les Colonies & le Commerce des Espagnols, des Anglois, des Hollandois, &c. Ouvrage traduit de l'Anglois, 2 vol. in-12. 5 l.

Lettres de Ciceron, qu'on nomme vulgairement FAMILIERES, traduites en François sur les Editions de GRÆVIUS & de M. l'Abbé D'OLIVET, avec des Notes continuelles, 5 volumes in-12. 12. l. 10 s.

Histoire générale des Voïages, depuis le commencement du XVe. siécle, contenant ce qu'il y a de plus curieux, de plus utile & de mieux vérifié dans toutes les Relations des différentes Nations du Monde: Ouvrage traduit d'abord de l'Anglois, & continué depuis l'interruption des premiers Auteurs; par ordre de Monseigneur le Chancelier de France, 12 vol. in 4°. 140 l.

—La même, 12 vol. grand papier. 360 l.

—La même, in-12, 48 vol. 144 l.

L'Ouvrage entier sera de 15 vol. in-4°., dont le dernier contiendra les Index, les Tables, & des Supplémens de Relations postérieures, de Cartes Géographiques & de Figures. L'in-12 sera par conséquent de 60 vol.

Chaque vol in 4°. se vend 20 l.
————————En grand papier, 30 l.
————————in-12. 3 l.

On trouve chez le même Libraire les Livres nouveaux, tant de France, que des Païs étrangers.

www.ingramcontent.com/pod-product-compliance
Lightning Source LLC
Chambersburg PA
CBHW071523160426
43196CB00010B/1636